カイロから主要都市への所要時間

	ルクソール	アスワン	アブ・シンベル	...	...	...	シャルム・イッシェーフ
飛行機	1時間	1時間25分〜2時間15分	2時間				1時間
鉄道	8時間30分〜9時間30分	16〜17時間					なし
バス	10時間	12時間	な...				30分

所要時間は目安です。

主要都市の年間平均気温

カイロ

	1月	2月	3月	4月	5月	6月	7月	8月	9月	10月	11月	12月
最高	19	20	23	28	32	34	34	34	33	30	25	20
最低	9	10	12	15	18	20	22	22	20	18	14	10

ルクソール

	1月	2月	3月	4月	5月	6月	7月	8月	9月	10月	11月	12月
最高	23	25	27	35	39	41	41	40	39	35	29	24
最低	5	7	10	16	20	23	24	23	21	17	12	7

アスワン

	1月	2月	3月	4月	5月	6月	7月	8月	9月	10月	11月	12月
最高	21	25	30	35	39	41	41	40	38	38	28	24
最低	8	10	14	19	23	25	26	25	24	20	15	11

アレキサンドリア

	1月	2月	3月	4月	5月	6月	7月	8月	9月	10月	11月	12月
最高	18	19	21	24	27	29	30	30	30	28	24	20
最低	9	9	11	14	16	20	22	23	21	17	14	11

シャルム・イッシェーフ

	1月	2月	3月	4月	5月	6月	7月	8月	9月	10月	11月	12月
最高	22	23	25	30	34	37	38	37	36	31	27	23
最低	13	14	16	20	24	26	27	28	26	23	19	15

エジプトの世界遺産

■アブ・シンベルからフィラエまでのヌビア遺跡群
1979年文化遺産
Nubian Monuments from Abu Simbel to Philae

アスワンハイダム建設により水没の危機にあった遺跡を救おうと、ユネスコが行った遺跡救済キャンペーンで一躍有名になった。アブ・シンベル大神殿、アスワンのイシス神殿など、数々の巨大な神殿が移築された。

■アブー・ミーナー
1979年文化遺産
Abu Mena

イスラーム教が入ってくるまでのエジプトで大きな影響力をもち、現在も人口の1割近くを占めるキリスト教コプト派の聖地の跡。聖メナスの埋葬地として多くの巡礼客を集めていた。

■イスラーム都市カイロ
1979年文化遺産
Islamic Cairo

中世のイスラーム建築が数多く残るカイロ。特にマムルーク朝時代(1250〜1517年)の建築は数も多く、評価が高い。

■古代都市テーベとその墓地遺跡
1979年文化遺産
Ancient Thebes with its Necropolis

古代エジプト中王国と新王国時代に首都になったテーベ(現ルクソール)に残る、数々の神殿や王家の谷などの遺跡群。あのトゥトアンクアムン(ツタンカーメン)も3000年以上の間、眠り続けている。

■メンフィスとその墓地遺跡 ギザからダフシュールまでのピラミッド地帯
1979年文化遺産
Memphis and its Necropolis - the Pyramid Fields from Giza to Dahshur

古代エジプト古王国時代の首都メンフィスとその周辺に残る遺跡群。ギザにあるクフ王のピラミッドや、巨大なスフィンクスの像などが有名。この地域をぐるりと回れば、ピラミッド建築の技術がいかに完成されたかがよくわかる。

■聖カトリーナ
2002年文化遺産
Saint Catherine Area

モーセが神から十戒を授かったガバル・ムーサ(シナイ山)はキリスト教、ユダヤ教、イスラーム教の聖地。神々しい御来光を見ようと、山頂を目指す巡礼客が絶えない。ガバル・ムーサの麓にある聖カトリーナ修道院は、ビザンツ時代に創建され、今でも修道士が暮らしている。

■ワディ・イル・ヒタン
2005年自然遺産
Wadi al-Hitan

「クジラ谷」を意味するワディ・イル・ヒタンからは、クジラが陸上のほ乳類から進化した痕跡ともいえるバシロサウルスを含め、クジラ類の化石が数多く発見されている。これは生物の進化した証拠を示す非常に貴重な記録である。

地球の歩き方 E02 ● 2011〜2012年版

エジプト
Egypt

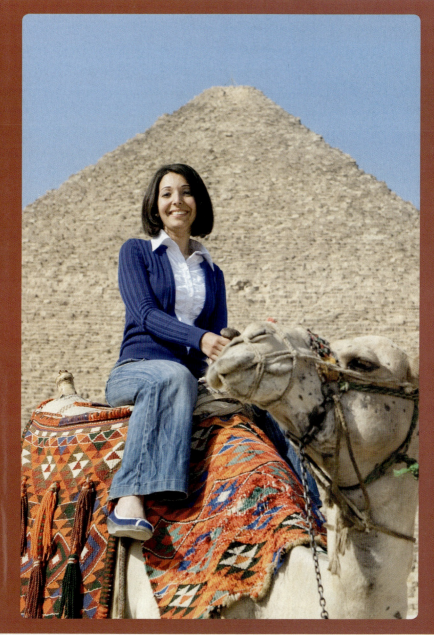

地球の歩き方 編集室

EGYPT CONTENTS

14 特集 　2010 NEWS
カーター博物館の修復が終わり一般公開へ

16 特集 　2010 NEWS
太陽の船復原プロジェクト

17 特集 　エジプトを満喫するヒント

　どこで何が見られるの？　　　　　　　　　　　18
　　ピラミッド／巨大神殿／ナイル川／砂漠／紅海
　いつ行く？　エジプト旅行のカレンダー　　　30
　　基本プランから+アルファの個性派まで
　おすすめモデルルート　　　　　　　　　　　32

　ひとりでも歩ける旅のキーワード　　　　　　34
　　移動する／食べる／泊まる／買う／読む／イスラーム
　ひとりでも話せる「旅の会話」　　　　　　　40
　　あいさつ／自己紹介／町の施設／買う／町を歩く／
　　泊まる／食べる／病気／旅のジェスチャー

　旅のグルメ　　　　　　　　　　　　　　　　50
　　どんなレストランがあるの？／指さし料理図鑑／
　　まずはトライ！　エジプト料理の定番はコレ！／
　　サラダとスープ／パンと米料理／
　　肉料理と煮込み料理／魚介類／飲み物／
　　エジプシャン・スイーツ／ジュース／
　　エジプトの国民食「コシャリ」って何？
　楽しく駆け引き「ショッピング」
　　エジプト人気みやげ　　　　　　　　　　　62

ミニ特集
　詳説！考古学博物館　　　　　　　　　　　　89
　本場エジプトのベリーダンスを体験しよう　　96
　コプト博物館　　　　　　　　　　　　　　102
　ガーマ（寺院）の歩き方　　　　　　　　　108
　ファラオ村で古代エジプト体験　　　　　　128
　ピラミッドの謎　　　　　　　　　　　　　132
　ピラミッドの造り方　　　　　　　　　　　134
　ルクソールで見られる巨大建造物　　　　　180
　王墓を彩る彩色壁画　　　　　　　　　　　184
　古代エジプトの神々　　　　　　　　　　　188
　有名王の夢の跡　　　　　　　　　　　　　190
　古代エジプトの文化　　　　　　　　　　　204
　ナイル川クルーズ　　　　　　　　　　　　236
　蒸気船スーダン号の旅　　　　　　　　　　238
　ナセル湖クルーズでヌビアの遺跡を訪ねる　265
　紅海リゾート　　　　　　　　　　　　　　274
　紅海でダイビング　　　　　　　　　　　　277
　人里離れた修行の地　　　　　　　　　　　288
　御来光登山にチャレンジ　　　　　　　　　298
　コプトの修道院を見に行こう！　　　　　　345
　「アル・タルファ」へ　　　　　　　　　　366
　砂漠ツアーへGO！　　　　　　　　　　　386
　クジラ谷に行こう！　　　　　　　　　　　388

基本情報	歩き方の使い方 …………………………………… 6
	ジェネラル インフォメーション ………………… 10

65 カイロとピラミッド

- カイロ ……………………………………… 69
  - ●カイロ中心部 …………………………… 88
- ミニ特集 詳説！考古学博物館 ………… 89
- ミニ特集 本場エジプトの
  ベリーダンスを体験しよう ……………… 96
    - ●中洲 …………………………………… 98
    - ●オールドカイロ ……………………… 100
- ミニ特集 コプト博物館 ………………… 102
    - ●イスラーム地区 ……………………… 106
- ミニ特集 ガーマ（寺院）の歩き方 …… 108
    - ●西岸地区 ……………………………… 127
- ミニ特集 ファラオ村で
  古代エジプト体験 ……………………… 128
- カイロから日帰りで訪れる
  ピラミッド群 …………………………… 130
- ミニ特集 ピラミッドの謎 ……………… 132
- ミニ特集 ピラミッドの造り方 ………… 134
- ギザ ……………………………………… 136
- サッカーラ ……………………………… 145
- メンフィス ……………………………… 149
- ダフシュール …………………………… 150
- メイドゥーム …………………………… 151
- **ファイユーム** ………………………… 171

175 ナイル川中流域

- ミニ特集 ルクソールで見られる
  巨大建造物 ……………………………… 180
- ミニ特集 王墓を彩る彩色壁画 ………… 184
- ミニ特集 古代エジプトの神々 ………… 188
- ミニ特集 有名王の夢の跡 ……………… 190
- ルクソール ……………………………… 192
    - ●ルクソール東岸 ……………………… 199
- ミニ特集 古代エジプトの文化 ………… 204
    - ●ルクソール西岸 ……………………… 206
- ナイル川中流域の遺跡 ………………… 223
    - ●テル・エル・アマルナ遺跡 ………… 224
    - ●アビドス遺跡 ………………………… 225
    - ●ハトホル神殿 デンデラ ……………… 226
    - ●クヌム神殿 エスナ …………………… 228
    - ●ヘラクレオポリス・マグナ
      ベニ・スウェーフ …………………… 229
    - ●ホルス神殿 エドフ …………………… 230
    - ●コム・オンボ神殿 …………………… 232
    - ●ベニ・ハサンの岩窟墳墓群 ………… 234
    - ●ザーウィヤト・イル・アムワート … 234
    - ●デール・イル・バルシャ遺跡 ……… 234
    - ●アシュムーネーン遺跡 ……………… 234
    - ●トゥーナト・イル・ガバル遺跡 …… 235
    - ●イル・カーブの遺跡 ………………… 235
- ミニ特集 ナイル川クルーズ …………… 236
- ミニ特集 蒸気船スーダン号の旅 ……… 238

239 ヌビア地方

アスワン 242
- ●中心部と島 247
- ●アスワン西岸 249
- ●アスワン南部 250

アブ・シンベル 258

ミニ特集 ナセル湖クルーズで
ヌビアの遺跡を訪ねる 265

269 紅海沿岸と シナイ半島

ミニ特集 紅海リゾート 274
ミニ特集 紅海でダイビング 277
ハルガダ 280
ミニ特集 人里離れた修行の地 288
聖カトリーナ 297
ミニ特集 御来光登山に
チャレンジ 298
シャルム・イッシェーフ 304
ダハブ 313
ヌエバア 319
ターバー 321

323 デルタ地域と スエズ運河

アレキサンドリア 327
ミニ特集 コプトの修道院を
見に行こう! 345
ロゼッタ 346
アブー・ミーナー 348
アラメイン 350
マルサ・マトルーフ 351
サーン・イル・ハガル 354
スエズ 356
イスマエーレーヤ 360
ポート・サイド 361

365 西方砂漠と オアシスの村

ミニ特集 「アル・タルファ」へ 366
スィーワ・オアシス 371
バフレイヤ・オアシス 378
ミニ特集 砂漠ツアーへGO! 386
ミニ特集 クジラ谷に行こう! 388
ファラフラ・オアシス 390
ダフラ・オアシス 392
ハルガ・オアシス 397

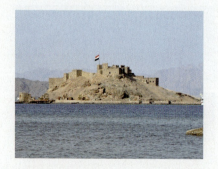

401 旅の準備とテクニック

よくわかるエジプト史	402
暦と行事	408
情報収集と旅の手続き	411
持ち物と服装	415
荷物チェックリスト	417
出国と入国	418
通貨と両替	426
旅の予算	429
郵便&電話&インターネット	431
国内交通	434
快適ホテル利用術	442
生活習慣	446
トラブルの傾向と対策	450
エジプトの病気と受診情報	454
カルトゥーシュ大全	458
ヒエログリフで自分の名前を書いてみよう	460
現代アラビア語事情	462
切って使える単語帳	465
索引	468
『地球の歩き方』シリーズ年度一覧	473

コラム (information)

ハワード・カーターと発掘	15
よくわかる五行=5つの柱（アル・アルカーン・アル・ハムサ）	39
カイロの歴史	70
空港で待ち受ける極悪詐欺師に注意！	74
ヘルワーン	88
コプトって何？	103
中世のユダヤ社会の様子を今に伝えるゲニザ文書	104
ビルカーシュのラクダ市	127
別のホテルに連れていく偽スタッフに注意！	156
ファイユームで焼き物のおみやげはいかが？	174
建築王ラメセス2世	191
大空から王家の谷を見下ろす気球ツアー	212
安宿で盗難あり。貴重品の管理に気を付けよう	214
ナイル中流域のコプト教会	229
アスワンハイダム発のフェリー	246
アブ・シンベル神殿発掘史	261
世界の国々が協力したユネスコの遺跡移転計画	268
ダイビングショップ選びは慎重に	284
ハルガダ周辺のダイビング&スノーケリングスポット	286
数泊かけてじっくり楽しみたいならダイブサファリ	291
シャルム・イッシェーフ周辺のダイビング&スノーケリングスポット	310
ダハブ周辺のダイビング&スノーケリングスポット	313
マリンスポーツのあとはハンマームで汗を流そう	316
ヌエバアからヨルダンへ	319
国境を越えてイスラエルのエイラットへ	321
ロゼッタストーン	347
聖メナスの生涯	348
ロンメル将軍とアラメインの戦い	353
スィーワ・オアシスの歴史	373
100以上のミイラが発見された黄金のミイラの谷	385
砂漠ツアーに参加する際注意したいこと	388
エジプトの10大偉人	400
ラマダーン中のエジプト	410
イスラエルと中東、アラブ諸国を回る人へ	425
トラベラーズチェック（T/C）がますます安心・便利に	427
インターネットで探すエジプト情報	433
熱いシャワーを確保するために	445
エジプト流の口ゲンカ	447
治安を揺るがすイスラーム原理主義過激派とは？	451
エジプシャンイングリッシュ	462
アラブ世界のIBM	463

出発前に必ずお読みください！　旅のトラブルと安全情報…13、450

本書で用いられる記号・略号

紹介している地区の場所を示します。

掲載地域の市外局番

目的地への行き方

- ✈ 飛行機
- 🚆 鉄道
- 🚌 バス、マイクロバス
- 🚗 タクシー
- ⛴ フェリー

エジプトの交通機関

エジプトの公共交通機関は必ずしも時刻どおりに運行しません。また「人が集まると発車する」という、時刻表そのものがないシステムのものもあります。

本書では旅行者の利便性を考え、最多発車時間帯における運行頻度を記しました。最多発車時間帯は一般に午前中で、午後早い時間に運行便が減るのが普通です。頻発とある場合は、最多出発時間帯において30分に1便程度以上、多発はおおむね1時間に1便程度を目安にしています。季節や状況によって違いますので、現地でお確かめください。公共交通機関を利用するときは、のんびり急がないのが得策です。

市外局番062

上エジプトとシナイを結ぶ交通の拠点
スエズ Suez
السويس　アラビア語：イッ・スウェース

■スエズへの行き方
- 🚌 カイロ (→P.69)から
- 🚌 トルゴマーン (→P.74)発イーストデルタバス
  6:00～21:00に30分毎
  所要2時間　運賃15E£
- 🚆 アイン・シャムス駅発
  6:10、9:30、13:10、17:15、18:35、21:30発 (金曜減便)
  所要3時間　運賃3.25E£
- 🚌 ラムセス駅 (→P.75)周辺から頻発
- 🚌 アレキサンドリア (→P.327)から
- 🚌 モウイフ・ゲディードゥ (→P.331)発
  6:00、9:00、14:30、17:00発
  所要5時間　運賃30E£
- 🚌 モウイフ・グディードゥから
  頻発　運賃30E£
- 🚌 ルクソール (→P.192)から (ハルガダ経由)
- 🚌 8:30、15:00、17:00、18:30、19:30、20:00発
  所要9時間　運賃60～75E£
- 🚌 シャルム・イッシェーフ (→P.304)から
- 🚌 7:00、9:00、10:00、16:00発
  所要5～6時間　運賃40E£
- 🚌 イスマエーレーヤ (→P.360)から
- 🚌 7:00～17:00に30分毎
  所要1時間30分
  運賃6E£
- 🚆 7:05～22:30に7便
  所要3時間
  運賃1.5E£

ポート・タウフィークは子供の遊び場でもある

ポート・タウフィークから眺めるスエズ運河

スエズの歴史は意外に古く、グレコローマン時代プトレマイオス朝ではクリスマと呼ばれていた。現在のスエズの原型はイスラーム時代の15世紀にでき、港として栄え、オスマン朝時代には軍港となった。特にメッカへの大巡礼の出発点として繁栄を極めた。そして1869年のスエズ運河の完成以降、ますます巨大な港としての重要性を帯びてくる。
スエズは砂漠気候。紅海の魚料理などがおいしく、スビエトというイカのフライが名物料理だ。スエズ運河を行く大型船を岸壁に座ってのんびりと眺めてみたい。

歩き方
スエズは中心部のスエズ (地元の人たちはスウェースと呼ぶ) とスエズ運河のあるポート・タウフィークに分かれ、両者をマイクロバスが結ぶ。マイクロバスは町の東のアルバイーンから各方面へ行く。ここからはスエズ、ポート・タウフィーク方面とバスターミナル (モウイフ、またはマハッティト・オトビース) 方面が多い。
運賃は1区間50pt均一。

スエズのマイクロバスやタクシーはこの色に統一されている

旅のモデルルート
スエズは、アフリカ大陸とシナイ半島を結ぶ交通の要衝として訪れる人も多いが、町自体に見どころは多くない。スエズではポート・タウフィークへ足を延ばして、スエズ運河を眺めたり、新鮮な魚介類を堪能したり、ゆっくりして、旅の疲れを癒したい。

356

頻出するイスラーム関係の用語

- ●イスラーム＝アッラーを唯一神とする宗教
- ●クルアーン＝イスラーム教の啓典
- ●ムハンマド＝アッラーに遣わされた預言者。英語でマホメッド
- ●ムスリム＝イスラーム教徒
- ●ラマダーン＝断食月
- ●マドラサ＝イスラーム神学校
- ●ガーマまたはマスギド＝イスラーム教寺院、英語ではモスク
  （正則アラビア語ではジャーマ、マスジド）
- ●スーク＝市場
- ●ミナレット＝尖塔、光塔 (寺院に附属されている高い建造物)

ターミナルから市の中心部へ

● 鉄道駅 鉄道駅(マハッティト・アタール)は市の北西にはずれた所にある。駅前からゲーシュ通りのヘドラー広場まで行くマイクロバスに乗れる。所要約20分、50pt.。

● 長距離バスターミナル 町から南に5kmのムバラク市にある。シナイ半島やハルガダ、ルクソール、アレキサンドリア行きの便が発着する。特にハルガダ、ルクソールへはカイロよりも本数が多くて便利。ターミナルを出て東に500mの交差点からアルバイーン行きマイクロバスが出ている。所要20分、50pt.。タクシーなら15£E程度。

旅の情報収集

スエズの観光案内所はポート・タウフィークのスエズ運河沿いにある。スタッフは親切に町や周辺の見どころについて教えてくれる。

見どころ

すばらしい夕暮れの景観
スエズ運河と湾
アナートゥクスエース・ワル・ハリーグ
قناة السويس والخليج
Canal and Bay of Suez
MAP P.357下B

郵便局
Map P.357
開8:00〜20:00
休金
中心街はピンクの教会がランドマーク

スエズの観光案内所 ❶
Map P.357下B
⊠Shaari' il qanal
☎(062)3191141
開8:00〜15:00
休金

スエズ運河
Map P.357下B
ポート・タウフィーク行きのマイクロバスの終点下車。ちなみにスエズ運河での写真撮影は禁止されている。

運河には、タンカーなどの船がゆっくりと行き来し、運河の向こうにはシナイ半島のなだらかな砂地が広がる。岸壁に座って、大型船が行き来する様をのんびりと見てみたい。また、スエズ湾の北側は遊歩道になっている。薄茶色の険しい山々と紺碧の海との対比はすばらしい。

デルタ地域とスエズ運河周辺 ▶スエズ

⊠住所
TEL 電話番号
FAX ファクス番号
mail Eメールアドレス
inet ホームページアドレス
(http://は省略。日本語で読めるサイトには末尾に🇯と記しています。)
開 開館時間
休 休業日
料 入場料

見どころのアラビア語とカタカナ読み

見どころの英語名
世界遺産登録物件には **世界遺産** と表示してあります。

パラパラマンガのようにページをめくると、ラクダのイラストとカイロの信号機の人物が走り始めます。

地　図
- ❶ 観光案内所
- Ⓗ ホテル
- Ⓡ レストラン
- Ⓢ 商店、旅行会社など
- Ⓑ 銀行
- ✉ 郵便局
- 📞 電話局
- 🚏 バス停
- 🚌 バスターミナル
- ✈ 空港

Information
お役立ち
インフォメーション

Sightseeing
足を延ばしてみよう

from Readers
読者からの投稿

アラビア語と英語表記

エジプトでは有名観光地の観光業従事者にはおおむね英語が通じますが、一般にはあまり理解されません。そこで本書では観光ポイント、ホテル名、地図上の道路名などにできるだけアラビア語を併記しました。読み方はカイロ方言を基準にしましたが、上エジプトやシナイ半島では通じにくいこともあります。そんなときはこの本の単語を見せるとよいでしょう。

欧文表記は、一般的な英語訳を採用しましたが、欧文の綴りは現地でもまちまちになっています。看板やパンフレットと照合する際に必ずしも一致するわけではありません。

歩き方の使い方

- ✉ 住所
- TEL 電話番号
- 📞 無料 日本国内で利用できる無料電話
- FAX ファクス番号
- @il Eメールアドレス
- Inet ホームページアドレス (http:// は省略。日本語で読めるサイトには末尾に🇯🇵と記しています。)
- 開 営業時間
- 休 休業日

- 💵 現金
- T/C トラベラーズチェック
- £E エジプトポンド
- US$ 米ドル
- € ユーロ
- JPY 日本円
- C/C クレジットカード
  - Ⓐ アメリカン・エキスプレス
  - Ⓓ ダイナースカード
  - Ⓙ JCBカード
  - Ⓜ マスターカード
  - Ⓥ ビザカード

▎レストラン

酒類を提供する飲食店には🍷マークを表示しています。ただし、ラマダーン中などは酒類の提供を休止している飲食店も多くあります。

▎ショップ

▎ホテル

部屋の種類・設備
- Ⓓ ドミトリー/相部屋　Ⓢ シングルルーム　Ⓦ ダブルorツインルーム（料金は1部屋あたり）
- 一部ホテルの宿泊料金は 💰=250US$〜、💰=100US$〜、💰=〜100US$ で表しています。
- ※個人旅行者向けの宿泊料金の公式レートを公表していない所は取材時の実勢料金を掲載。
- 🌀 扇風機付きの部屋　AC エアコン付きの部屋　🚿 部屋にシャワー付き　🚿 共同シャワー
- 🛁 部屋にバスタブ付きのシャワールームあり　🚿 部屋のシャワールームにバスタブはない
- 🚽 部屋にトイレ付き　🚽 共同トイレ　🍴 宿泊料金に朝食が込み　🍴 宿泊料金に朝食は含まれない

■本書の特徴

本書は、エジプトを旅行される方を対象に、個人旅行者が現地でいろいろな旅行を楽しめるように、各都市のアクセス、ホテルやレストランなどの情報を掲載しています。もちろんツアーで旅行される際にも充分活用できるようになっています。

■掲載情報のご利用にあたって

編集部では、できるだけ最新で正確な情報を掲載するよう努めていますが、現地の規則や手続きなどがしばしば変更されたり、またその解釈に見解の相違が生じることもあります。このような理由に基づく場合、または弊社に重大な過失がない場合は、本書を利用して生じた損失や不都合について、弊社は責任を負いかねますのでご了承ください。また、本書をお使いいただく際は、掲載されている情報やアドバイスがご自身の状況や立場に適しているか、すべてご自身の責任でご判断のうえでご利用ください。

■現地取材および調査時期

本書は、2010年4月から8月の取材調査データを基に編集されています。しかしながら、時間の経過とともにデータに変更が生じることがあります。特にホテルやレストランなどの料金は、旅行時点では変更されていることも多くあります。したがって、本書のデータはひとつの目安としてお考えいただき、現地では観光案内所などでできるだけ新しい情報を入手してご旅行ください。また、イード（祭り）やラマダーン（断食月）によるイスラーム教の宗教行事のための休日や営業時間の変更は記載しておりませんので、現地でお確かめください。

■発行後の情報の更新と訂正について

本書に掲載している情報で、発行後に変更されたものや、訂正箇所が明らかになったものについては『地球の歩き方』ホームページの「ガイドブック更新・訂正情報」で可能な限り最新のデータに更新しています（ホテル、レストラン料金の変更などは除く）。出発前に、ぜひ最新情報をご確認ください。

inet support.arukikata.co.jp

■投稿記事について

from Readers などの囲み記事、ホテル情報、観光ポイントなど、☺☹マークがあり文章の終わりに（　）で氏名があるものは、すべて読者の体験談です。個人の感性やそのときどきの体験が、次の旅行者への指針となるとの観点から、文章はできるだけ原文に忠実に掲載しています。

なお、☺はよかった体験、☹はがっかりした体験を表します。同一ホテルなどに多数情報が寄せられた場合は、好意的な投稿と否定的な体験をマークの数で表記しています。

例えば「他投稿＝☺☺☺☹」は、掲載の投稿のほかに、よかった体験が3通、よくなかったという意見が1通寄せられたことを意味します。また、投稿年のあとの春は2〜5月、夏は6〜9月、秋は10〜11月、12月と1月についてはその旨明記してあります。

■通貨と為替レート

エジプトの通貨はポンド（£Eと表記）、補助通貨はピアストル（pt.と表記）です。1£E＝約15円（2010年9月27日現在）。ホテル料金についてはUS＄（アメリカドル）、€（ユーロ）での回答があった場合は、その通貨単位で表記しています。

■博物館の展示

博物館では、展示物をほかの施設に貸し出したり、補修などのために非公開となることもあります。記載されている展示物は変更になることもあります。

エジプトの基本情報

▶旅の会話→ P.40

国 旗
上から赤、白、黒の汎アラブ旗の中央にサラーフッディーンの鷲。

正式国名
エジプト・アラブ共和国
Arab Republic of Egypt
アラビア語
جمهورية مصر العربية
グムフーリーヤト・ミスル・アル・アラビーヤ

国 歌
我が祖国 بلادي バラーディ

面 積
約100万1450km² (日本の約2.6倍)

人 口
約7750万人 (2007年)

首 都
カイロCairo。アラビア語でイル・カーヘラ。القاهرة 人口約2000万人 (大カイロ)

元 首
ムハンマド・ホスニ・ムバーラク大統領
رئيس محمد حسني مبارك

政 体
共和国、大統領制

民族構成
アラブ人、少数のヌビア人。

宗 教
イスラーム教スンナ派90%、コプト・キリスト教7%

言 語
アラビア語。カイロ方言が一般的だが、上エジプト、シナイ半島では発音が異なる。観光地では英語も通じる。

通貨と為替レート

£E

▶通貨と両替 → P.426
▶旅の予算 → P.429

通貨単位はポンド£E (アラビア語でギニー) で補助単位がピアストルpt. (アラビア語でエルシュまたはサアア)。1£E=100pt. = 約15円 (2010年9月27日現在)。紙幣は、25pt.、50pt.、1£E、5£E、10£E、20£E、100£E、200£E。硬貨は5pt.※、10pt.※、25pt.、50pt.、1£E。
※印は流通量は少なく、あまり見かけない。

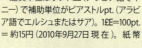
25ピアストル

1ポンド

5ポンド

20ポンド

50ポンド

200ポンド

25ピアストル　25ピアストル　50ピアストル　1ポンド

電話のかけ方

▶電話 → P.431

日本からエジプトへかける場合　例 カイロの (02) 1234-5678へかける場合

国際電話会社の番号		国際電話識別番号	エジプトの国番号	市外局番 (頭の0は取る)	相手先の電話番号
001 (KDDI)	※1	010	20	2	1234-5678
0033 (NTTコミュニケーションズ)	※1	※2			
0061 (ソフトバンクテレコム)	※1				
005345 (au携帯)	※2				
009130 (NTTドコモ携帯)	※3				
0046 (ソフトバンク携帯)	※4				

※1 「マイライン」の国際区分に登録している場合は、不要。詳細は、http://www.myline.org/
※2 auは、010は不要。
※3 NTTドコモは、事前登録が必要。009130をダイヤルしなくてもかけられる。
※4 ソフトバンクは、0046をダイヤルしなくてもかけられる。

祝祭日（おもな祝祭日）

　エジプトの祝祭日は、西暦で祝う固定祝祭日と、イスラーム暦で祝う移動祝祭日（※印）がある。観光地ではあまり影響はないが、それ以外のところでは、何もかも休業するので注意が必要。特にラマダーン（断食月）明けのイード・ル・フィトルや犠牲祭は最低3日間の祝日が続く。

月	日付		祝日名
1月	1/7	※	コプト教クリスマス
2月	2/15('11) 2/14('12)	※	マウリド・アンナビー（預言者ムハンマド生誕祭）
4月	4/25		シナイ解放記念日
4月	4/25('11) 4/16('12)	※	シャンム・イン・ナスィーム（春香祭）
5月	5/1		メーデー
7月	7/23		革命記念日
8月	8/30〜9/1('11) 8/19〜21('12)	※	イード・ル・フィトル（断食月明けのお祭り）
10月	10/6		軍隊記念日
11月	11/17〜20 ('10) 11/6〜9 ('11)	※	犠牲際
11月	11/26('11)	※	イスラーム歴の新年
12月	12/7('10)	※	イスラーム歴の新年
12月	12/23		戦勝記念日

▶イスラーム →P.38
▶暦と行事 →P.408
▶生活習慣 →P.446

ビジネスアワー

　エジプトには夏時間（4〜10月）、冬時間（11〜3月）とラマダーン時間がある。

銀行
　普通は金・土曜定休。エジプト系銀行は8:00〜14:00、土曜10:00〜12:00。外資系銀行は、平日8:00〜14:00、日曜10:00〜12:00。カイロなどの5つ星ホテル内にも銀行がある。

役所　金曜定休。9:00〜14:00。
大使館　金・土曜定休。9:00〜12:00。
デパートやショップ
　月〜木曜の平日9:00〜20:00、土曜は店によっても異なるがだいたい9:00〜13:00と17:00〜20:00（夏期）、10:00〜18:00（冬期）。大都市では昼休みを取らない店も多い。定休日は金曜。

レストラン
　軽食などのスタンドは9:00〜翌1:00。ラマダーン中は日没〜深夜。観光客の行くようなレストランは12:00〜24:00ぐらいまで。ラマダーン中も関係なく営業するところが多い。

遺跡・博物館
　基本的に8:00〜16:00だが、夏期は閉館が遅くなることもある。博物館は金曜定休のところもある。

▶インターネット →P.433

電気＆ビデオ

電圧とプラグ
　エジプトの電圧は220Vで周波数50Hz。コンセントはヨーロッパで広く使われているCタイプのもの。日本から持っていく電化製品は変圧器とアダプターが必要。

DVD方式
　エジプトのテレビ・ビデオ方式（PAL）は、日本（NTSC）と異なるので、一般的な日本国内用ビデオデッキでは再生できない。DVDソフトは地域コードRegion Codeが日本と同じ「2」と表示されていれば、DVD内蔵パソコンでは通常PAL出力対応なので再生できるが、一般的なDVDプレーヤーでは再生できない（PAL対応機種なら可）。

エジプトから日本へかける場合　例 (03) 1234-5678 または (090) 1234-5678へかける場合

国際電話識別番号	+	日本の国番号	+	市外局番と携帯電話の最初の0を除いた番号	+	相手先の電話番号
010		**81**		**3 または 90**		**1234-5678**

▶エジプト国内通話　市内へかける場合は市外局番は不要。市外へかける場合は市外局番からダイヤルする
▶公衆電話のかけ方
①受話器を持ち上げる
②テレホンカードを、カードに示された矢印の方向に入れる
③相手先の電話番号を押す
④テレホンカードの残りが画面に表示される。通話が終わったら、受話器を置き、カードを取る

チップ

▶バクシーシとチップ
→ P.446

レストランやホテルなどの料金にはサービス料が含まれていることが多い。しかし、快いサービスを受けたときはチップを支払おう。チップ目当てでわざとらしいサービスをしてくる人も多い。

バクシーシ
チップに似ているが、イスラームの教えに起源をもつ習慣。チップはサービスへの対価だが、バクシーシの場合は「喜捨」の意味合いもある。

タクシー
都市部で流しのタクシーに近距離乗車した場合は基本的に不要。ホテルなどの前でタクシーをチャーターした場合は要求されることが多い。

レストラン
観光客が利用するようなレストランでは料金の10%ぐらいが相場。

ホテル
荷物を運んでくれたポーターには1～2£E。枕銭は1～2£E。5つ星などの高級ホテルに宿泊する場合はもう少し多めに。

トイレ
空港や博物館のトイレは無料。トイレ管理人がチップ目当てにトイレットペーパーを渡したり、蛇口をひねったりするが、サービスを受けなければチップを渡す必要はない。何らかのサービスを受けた場合でも50pt.で充分。

飲料水

暑い時期のエジプトでは水分補給は必須。遺跡や砂漠の観光、長距離移動中はミネラルウオーターを携帯しよう。短期旅行者には水道水は向かない。600㎖で1.5£E、1.5ℓで2£Eが相場。観光地の売店や雑貨店、ホテル、スーパーなど購入する場所によって大幅に変わる。

気候

▶旅の服装
→ P.415

アレキサンドリアやデルタなどの地中海性気候。カイロ周辺の半乾燥気候と半砂漠気候。カイロ以南と東方砂漠、西方砂漠の砂漠気候の4つ。地中海地方は冬期に雨が降る。この時期のカイロ、アレキサンドリアや西方砂漠はかなり寒い。防寒具を忘れずに。3～5月にはハムシーンと呼ばれる砂嵐が吹く。

カイロと東京の気温と降水量

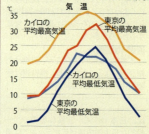
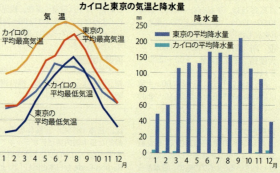

日本からのフライト時間

▶エジプトへの道
→ P.418

日本からエジプトまでのフライトは、直行便で約12時間。現在、エジプト航空の直行便が運航。

時差とサマータイム

日本との時差は7時間で、日本時間から7時間引けばよい。つまり日本のAM6:00が、エジプトでは前日のPM11:00となる。これがサマータイム実施中は6時間の時差になる。

サマータイム実施期間は4月の最終金曜～9月の最終木曜AM3:00。

※本項目のデータはエジプト大使館 エジプト学・観光局、外務省などの資料を基にしています。

General Information

郵便

郵便局はアラビア語でマクタバ・バリードゥ。営業時間は8:30～15:00で、金曜定休。中央局は無休のことが多い。エアメールは青いポストもしくはPoste Aerienneと書かれたポストに投函しよう。

郵便料金
日本へのエアメールは 2.5£E。届かないこともよくある。小包は料金が高くてもDHLやFedExを利用したほうが安心。

▶郵便 →P.431

出入国

ビザ
エジプト入国にはビザが必要。1ヵ月有効の観光ビザは、カイロ空港で簡単に取得可能。到着ホールの銀行で15US＄のシールを購入してパスポートに貼るだけでOK。なお、ビザの延長は主要都市のパスポートオフィスなどで行う。1年まで延長可能。

パスポート
エジプトに入国する際のパスポートの有効残存期間は 6ヵ月プラス滞在期間。入国カードは機内で配られることもあるが、入国審査のホールにも置いてある。出国カードは搭乗手続きの際にカウンターでもらう。

▶出国と入国 →P.418～425

税金

ビデオカメラやノートPCなど高価な電化製品は、入国する観光客が所持して使用する場合は免税で持ち込めるが、所持品のリストを税関に提出する必要がある。また、宿泊の税金としては、高級ホテルでは地方税とサービス料合わせて 17.5～22％が別料金というところもある。

安全とトラブル

2010年10月現在、エジプト全域に「充分注意して下さい」が出されている。

空港内、出入口付近
自称「政府の人間」が言葉巧みに話しかけ高額なツアーを売りつける。

空港のタクシー
知り合いのホテルに連れていく、もしくは連れていったホテルから手数料を取る。

観光専門タクシー
法外な料金を要求したり、みやげ物屋に連行する。

ラクダ引き
乗ったら最後、自力で降りられないのをいいことに法外な料金を要求する。

チカン
ピラミッドの内部で体を触られたり、人込みでもチカンは多発。

病気
ミネラルウオーターが体に合わず下痢になることも多い。

警察署	**122**
消防署	**125**
救急車	**123**

▶トラブルの傾向と対策 →P.450～453

▶エジプトの病気と受診情報 →P.454～457

年齢制限

レンタカーは会社によっても異なるが、26歳以上から利用が可能。酒類の購入はビールが18歳から、そのほかの酒も含めると21歳から購入可能。タバコは18歳から。

度量衡

エジプトでは日本と同じメートル法が用いられている。普通、数字はアラビア語の数字（.١٢٣٤٥٦٧٨٩）を用いる。アラビア語は普通右から左に読むが、数字は左から右に読む。

▶アラビア語の数字 →P.37、P.464

その他

写真撮影
空港や駅などの公共施設、軍事施設での写真撮影は禁止されている。

服装
イスラーム寺院、コプト教の教会などの宗教施設はタンクトップ、ショートパンツでの入場は禁止。

2010 NEWS
カーター博物館の修復が終わり一般公開へ

トゥトアンクアムン（ツタンカーメン）の墓の発見者として名高いハワード・カーターが、発掘時に拠点としていたルクソールの家（→P.211）がこのたび公開された。この小さな建物には、考古学への永遠の夢が詰まっている。

1 カーターの寝室。トゥトアンクアムン墓発見日の11月4日には宿泊することもできる 2 カーターの思いのこもった発掘道具は必見！ 3 発掘品を撮影したカメラ 4 広々としたキッチン 5 机にディスプレイされた手紙や写真。トゥトアンクアムンの棺のスケッチもある 6 戸外は暑くてもひんやり涼しい執務室

ハワード・カーターと発掘

　ハワード・カーター Howard Carterはトゥトアンクアムン（ツタンカーメン）の墓を発掘したイギリス人考古学者。1916年にイギリス人貴族カナーヴォン卿がトゥトアンクアムン発掘のスポンサーとなり、発掘を行うが、思うような成果は上げられなかった。カナーヴォン卿は発掘を打ち切ろうと考えていたが、カーターの熱意に押され、発掘を継続させた。

　カーターは1922年11月4日に王家の谷でトゥトアンクアムンの墓を発見。墓は王墓としては珍しく、3000年以上の年月を経ても盗掘の影響をあまり受けておらず、棺の上には乾いた矢車草の花束も置かれていた。花束は王妃アンケセナーメンによるものといわれ、後にカーターはインタビューで、最も心を打たれたできごととして語っている。

太陽の船復原プロジェクト いよいよスタート！

2010 NEWS

このテントの中で作業中！

大ピラミッド横に建設された大テント（右の建物は、太陽の船博物館）

復原された第一の太陽の船

ダハシュール北現場。赤ピラミッドを背景に吉村先生

みなさんも、参加してみませんか！

　太陽の船を復原すれば、古代エジプトの来世観や造船技術等多くの謎が実証されるのではないかと考えています。そうなれば、古代エジプトの謎がまたひとつ解き明かされることになるでしょう。これは、私の発掘人生の集大成としてぜひとも成し遂げたいプロジェクトです。
　現在NPO法人「太陽の船復原研究所」http://www.solarboat.or.jp/が設立され、太陽の船の木材が埋まっている船坑（ピット）を覆う大型テントが完成し、ピット上部の蓋石を取り外す準備を進めているところです。
　太陽の船復原研究所では、発掘・復原プロジェクトを応援するサポーターを募集しています。読者のみなさんも、私と一緒に謎解きに挑戦してみませんか？
公式HP「吉村作治のエジプトピア」
http://www.egypt.co.jp では、新規メルマガ会員募集中です!! ご登録お待ちしております。

　太陽の船とは、古代エジプト時代、死したファラオの魂が太陽神ラーとともに乗り込んで天空を航行する船のこと。最も有名な太陽の船は、1954年にギザのクフ王の大ピラミッド南側で発見され、復原後にピラミッドに隣接する博物館に展示されている。全長43m、当時貴重だったレバノン杉で造られた今から約4500年も前の世界最古の大型木造船だ。
　その船と一対になる第二の太陽の船が吉村作治先生率いる早稲田大学古代エジプト調査隊によって発見されたのが1987年のこと。そして今、ついに太陽の船復原プロジェクトが始動し、本格的な発掘調査が始まったのだ。古代のロマン、太陽の船の全貌が明らかになる日もすぐそこまで来ている。

吉村作治（よしむら・さくじ）
早稲田大学名誉教授・工学博士
1966年、アジア発の早大エジプト調査隊を組織し現地に赴いて以来、40年以上にわたり発掘調査を継続、数々の発見により国際的評価を得る。『ミイラ発見!!―私のエジプト発掘物語―』等著書多数。

エジプトを満喫するヒント

どこで何が見られるの？	18	旅の会話	40
エジプト旅行のカレンダー	30	旅のグルメ	50
おすすめモデルルート	32	エジプト人気みやげ	62
旅のキーワード	34		

どこで何が見られるの?

キーワードで知る簡単エリアガイド

地中海

アレキサンドリア

スフィンクスの前にはいつも観光客でにぎわっている

カイロ&ピラミッド
これが見られる
活気あふれるスーク
エジプトを象徴するピラミッド
横たわるラメセス2世
➜ P.65

西方(リビア)砂漠

黒砂漠と白砂漠

砂漠とオアシス
これが見られる
砂の造形美
砂漠の露天風呂　満天の星
ナツメヤシ　太古の化石
➜ P.365

ルクソール&中流域の巨大神殿
これが見られる
王墓を飾る美しい壁画
圧倒的な存在感を誇る
葬祭殿や神殿
➜ P.175

白砂漠から眺める夕日

アブ・シンベル
これが見られる
ラメセス2世の残した巨大神殿
蒼き水をたたえるナセル湖
おかっぱ頭のハトホル柱
➜ P.258

ラメセス2世の巨像が鎮座する
アブ・シンベル大神殿

アレキサンドリアの海岸

エジプトを満喫するヒント

アレキサンドリア＆スエズ運河
これが見られる
地中海　おしゃれな人
大型タンカー
ロンメル将軍の足跡
→P.323

デルタ地方　スエズ運河

↑下エジプト
ギザ　カイロ　スエズ
↓上エジプト

シナイ半島

スエズ湾　アカバ湾

聖カトリーナ
シナイ山

シナイ半島
これが見られる
草木1本寄せ付けない
赤い岩肌
モーセの十戒
→P.297

どこで何が見られるの？

シャルム・イッシェーフ
ハルガダ

紅海

東方砂漠

ナイル川

シナイ山からの眺め

ルクソール

紅海リゾート
これが見られる
ナポレオンフィッシュ
タンクを背負うラクダ
青い海
→P.280

ヤッコエイ（リーフスティングレイ）

黄昏にたたずむ
ルクソール神殿

アスワン
ナセル湖

アスワン
これが見られる
夕日に輝くナイルの水面
イシス神殿
ヌビアの文化
→P.242

ヌビア地方

アブ・シンベル

アスワンを流れるナイル川

ギザの3大ピラミッドの
ベストビューポイントはどこ？

エジプトといえばピラミッド。何はともあれ、
カイロ近郊のギザのピラミッドを見ずには帰れまい。
最大の大きさを誇るクフ王のピラミッド、
スフィンクスを従えたカフラー王のピラミッド、
小さいが均整のとれたメンカウラー王のピラミッド。
どれも威厳に満ちた堂々たる姿だ。
ラクダに乗ってピラミッドへ……。
これこそが、エジプトでなければできない体験！

●詳細は→P.130

よく見ると、なかなかの美男子スフィンクス。迫力ある姿を望遠で狙って！

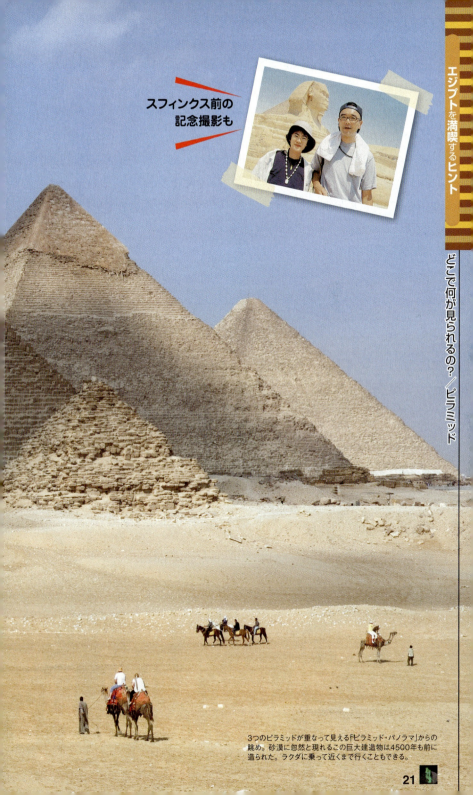

スフィンクス前の記念撮影も

エジプトを満喫するヒント

どこで何が見られるの？／ピラミッド

3つのピラミッドが重なって見える「ピラミッド・パノラマ」からの眺め。砂漠に忽然と現れるこの巨大建造物は4500年も前に造られた。ラクダに乗って近くまで行くこともできる。

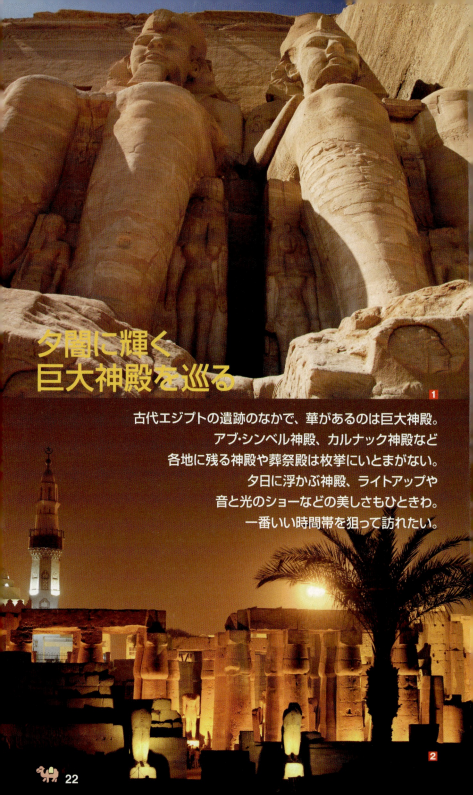

夕闇に輝く巨大神殿を巡る

古代エジプトの遺跡のなかで、華があるのは巨大神殿。
アブ・シンベル神殿、カルナック神殿など
各地に残る神殿や葬祭殿は枚挙にいとまがない。
夕日に浮かぶ神殿、ライトアップや
音と光のショーなどの美しさもひときわ。
一番いい時間帯を狙って訪れたい。

エジプトを満喫するヒント／どこで何が見られるの？／巨大神殿

ここ見て！
巨大な列柱が132本！上の方には明かりとりが、列柱のカルトゥーシ（王名を刻んだヒエログリフ）にも注目！

1 アブ・シンベル大神殿正面のラメセス2世座像●詳細は→P.260
2 ルクソール神殿のライトアップ●詳細は→P.199 **3** イシス神殿では音と光のショーが行われる●詳細は→P.251 **4** カルナック神殿の大列柱室●詳細は→P.199 **5** 彩色がよく残るラメセス3世葬祭殿の列柱室●詳細は→P.210

悠久の時を刻むナイルの流れ
西岸に日が沈む極上のひととき

「エジプトはナイルの賜(たまもの)」。
古代から、エジプトの農業はナイルに支えられ、
高度な文明もナイルとともに育った。
巨大なピラミッドや神殿を造ることができたのも、
切り出した石を運べる水運があったからこそ。
そして、ナイルの流れは美しい風景をももたらせてくれた。
浅瀬に小舟が浮かぶアスワンの夕景、
西岸の砂漠が真っ赤に燃えるルクソール……。甲乙つけがたい美しさだ。

ここ見て!
ルクソールの老舗ホテル「ウィンターパレス」には夕日の望めるテラスが。
●詳細は→P.219

エジプトを満喫するヒント

どこで何が見られるの？／ナイル川

カタラクト（小さな滝、早瀬）や小島の多いアスワンは、変化に富んだナイルが楽しめる町。フルーカ（帆掛け舟）に乗って、ナイルの風に吹かれるのもおすすめ。
●詳細は→P.246

砂漠の星空を
ひとりじめ

カイロから5時間。
バスは西方砂漠のオアシス、バフレイヤへと到着する。
ここは砂漠の4WDツアーの起点となる町。
1泊2日で気軽に砂漠が体験できるとあって、
砂漠ツアーは人気のアクティビティだ。
バフレイヤを出た4WDは、鉱泉などに寄りながら、
真っ白な岩が林立する白砂漠を目指す。
暮れなずむ夕日に映し出される砂漠の風紋、
夜は満天の星と、見どころはつきない。
砂漠のキャンプもまた貴重な体験となるだろう。

●詳細は→P.386

真っ白な岩は、長い年月の浸食により真ん中が細くなっている。青い空にキラキラ輝く岩も必見！

エジプトを満喫するヒント
どこで何が見られるの？／砂漠

1 ベドウィン風のテントでキャンピング **2** 夕食は炭火焼きのチキンやフルーツなど、ボリュームたっぷり **3** 白砂漠に沈む夕日。白砂漠がオレンジ色に染まる **4** 白砂漠には人が隠れられるくらいの大きさのキノコ岩がいっぱい **5** 岩の上から白砂漠を見渡そう **6** ツアーの途中、白砂漠をラクダで回っているグループを見かけた **7** 夕食の匂いをかぎつけて、砂漠のキツネ、フェネックがやってきた **8** ゆっくりとラクダで西方砂漠を回る

紅海リゾートで楽しむ
エキゾチック・バカンス！

エジプトの東に広がる海を、紅海という。
周囲の砂漠が夕日に照らされ、
それを映し出す海が真っ赤に
染まるから「紅海」。
砂漠には河川が少なく、
汚染されていない美しい海。
ダイバー憧れの海としても名高い。
アラビックな雰囲気も上手に活かされた
素敵なリゾートも次々オープン。
紅海のバカンス、次の休暇でいかがですか？

1 プライベートビーチから紅海を眺める。海のグラデーションが美しい（A） 2 オリエンタルな雰囲気もエジプトならでは ●詳細は→P.309（B）
3 ブルータイルが美しい、イスラミック・テイストのスパ・センター（C） 4 回廊はまるで宮殿のよう（D） 5 シャルム・イッシェーフにて潜水艦ツアーで海中散歩 6 古代エジプトの遺跡をモチーフにしたプールも（A）
A ハルガダ・シェラトン
B シェラトン・シャルム・イッシェーフ
C ハルガダ・カスケード
D ハルガダ・オベロイ

エジプトを満喫するヒント

どこで何が見られるの？ 紅海

ここ見て！
ダイビングができなくても、海中散歩が楽しめるアクティビティがたくさん！

5

6

29

いつ行く？
エジプト旅行のカレンダー

ダハブで会ったアクセサリー売りの女の子

エジプトは暑いという人が多いけれど、冬にはコートが必要なぐらい冷える地域もある。夏の暑さも、熱風の中にいるような上エジプト地方（ナイル川上流域）と、湿気のあるデルタ地方ではずいぶん印象が違う。また、遺跡の多くは砂漠地帯（あるいは半砂漠）にあるので、日が沈むと急速に冷え込む。1日の気温差が最大で20度にもなることがあり、夏服だけでは対応できない。

月			12月	1月	2月	3月	4月	
ラマダーンと祭り								
シーズン			ピークシーズン			3〜5月は砂嵐が起きる		
航空運賃	（万円）		年末年始●					
	20		●					
	15			●	●			
	10					●	●	
カイロ			昼間、日が差せば暑く感じるが、基本的には冬は長袖が必要。夜間は上着必携だ。安いホテルには基本的に暖房設備はない。			そろそろ暑くなり始める。服装は夏用で、夜の冷え込みに対応するために上着を持っていこう。		
月平均気温 (最高/最低)			20/10	19/9	20/10	23/12	28/15	
アレキサンドリア			日本人にとってはそれほどでもないが、現地ではストーブを使用するほど寒く感じる。セーターや上着が必要。雨が降る日もたまにある。			3月のうちはまだ少し寒い日もあるが、4月に入ると晴天の暖かい日が多くなる。		
月平均気温 (最高/最低)			20/10	18/9	19/9	20/11	24/14	
アスワン（ルクソールはやや気温が低い）			昼間は綿の長袖シャツか半袖でも充分。夜間は冷え込むので音と光のショーに行く人は重装備で。砂漠のオアシスの冬はかなり寒い。			3月中旬以降から気温が上がり始め、4月はもう夏と変わらないほど暑くなることも。		
月平均気温 (最高/最低)			24/11	21/8	25/10	30/14	35/19	
紅海沿岸やシナイ半島			昼間は暑い。水温はやや低いがマリンスポーツが楽しめる。海水浴はちょっと厳しい。夜になると非常に冷えるので上着の準備は必要だ。			リゾート客が多くなるのは、ヨーロッパのイースター（復活祭）以降。ホテルの料金も上がる。		
月平均気温 (最高/最低)			23/15	22/13	23/14	25/16	30/20	

エジプトを満喫するヒント

ネコと一緒にくつろいでいるおじさん

地理と気候

いつ行く？ エジプト旅行のカレンダー

	5月	6月	7月	8月	9月	10月	11月
		断食月（2011年7月31日）～イードル・フィトル（～9月1日）				犠牲祭（2011年11月6日～）	
	こともある	非常に暑い				ショルダーシーズン	
	● ゴールデンウイーク						●
	●			夏休み	●	●	
		●	●	●			
カイロの夜景		昼間は暑くて市内を歩き回るのはつらい。ゆったりしたスケジュールで早朝や夕方の時間帯を有効に使うこと。				秋の風情は感じられないが、10月になると、30度を切る日も出てきて、だいぶ涼しくなってくる。	
	32/18	34/20	34/22	34/22	33/20	30/18	25/14
アブ・イール海岸		日本の夏の暑さぐらい。湿度は日本ほどではないが、カラカラというわけでもない。ほかの地域に比べれば快適。				涼しくて過ごしやすい日が続くが、11月に入るとやや寒くなり、雨が降る日もある。	
	27/16	29/20	30/22	30/23	30/21	28/17	24/14
イシス神殿		この暑さが「エジプトらしい」という人もいるが、ドライヤーの中にいるように感じられるほど非常に暑いので、相応の覚悟で訪れること。				日没後は冷えるので上着の準備を忘れずに。冬になると地元の人は毛皮を着る。	
	39/23	41/25	41/26	40/26	38/24	38/20	28/15
紅海のビーチ		マリンスポーツをする人は、日焼け対策が必要。プライベートビーチなら肌を出してもOK！				日中はまだ暑い。マリンスポーツは楽しめるが、水温は少し冷たくなる。	
	34/24	37/26	38/27	37/28	36/26	31/23	27/19

基本プランから＋アルファの個性派まで
おすすめモデルルート

1 主要な古代遺跡を巡るコース 8〜10日間

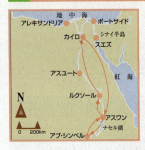

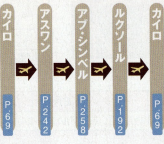

カイロ → アスワン → アブ・シンベル → ルクソール → カイロ
P.69　P.242　P.258　P.192　P.69

旅の計画を立てるのも楽しみのうち

　都市間移動がすべて飛行機でできる効率のよいルート。旅の出発はエジプトの表玄関のカイロ。考古学博物館やギザのピラミッドへすぐ行ってもいいが、物価感覚が鍛えられて交渉上手になるまでは、地方で過ごすのもいい方法だ。そこで、飛行機で一気にアスワンへ。2日ほど滞在し、イシス神殿やアスワンハイダム、フルーカに乗って中洲の島々の見どころを回る。次の日はアブ・シンベルを往復。アスワンへ戻ったあと、ルクソールへ移動し東岸と西岸を2日ほどかけて見学する。

　カイロに戻ったあとは、エジプト考古学博物館、最大のハイライトであるギザのピラミッドとスフィンクスへ。午後はオールドカイロやイスラーム地区を訪れるとよい。次の日にサッカーラやメンフィス、ダフシュールなどでいろいろな形のピラミッドを見学しよう。帰国前に、ハーン・ハリーリなどのスークでおみやげを買おう。

option 西方砂漠 オアシスの旅 2〜3日間

カイロ → バフレイヤ・オアシス または ファラフラ・オアシス → カイロ
P.69　P.390　P.378　P.69

アレキサンドリア → スィーワ・オアシス → アレキサンドリア
P.327　P.371　P.327

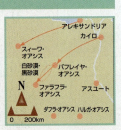

　上記の遺跡見学コースに、ちょっと変わった体験を付け加えたい人のためのオプションコース。エジプトの大砂丘をジープで疾走し、満天の星空の下で夜を明かすサファリツアーが人気急上昇中。

　それぞれのオアシスは離れており、交通の便もよくないので、すべてのオアシスを巡るのは現実的ではない。どれかに絞って観光しよう。一番人気は白砂漠と黒砂漠へのサファリツアーの起点であるバフレイヤ・オアシスやファラフラ・オアシス。アレキサンドリアに行く人は、鉱泉や温泉、古代遺跡を訪ねるスィーワ・オアシスのサファリツアーが便利だ。

option 紅海リゾート満喫の旅 4日間〜

カイロ → シャルム・イッシェーフ → 聖カトリーナ → ヌエバア → アカバ（ヨルダン）

P.69 / P.304 / P.297 / P.319

マリンスポーツのメニューはいろいろ

エジプトの魅力は古代遺跡だけじゃない。紅海沿岸は中東最大級のリゾート地帯でもある。紅海沿岸を南に下っていくと、数々のリゾートがあり、シナイ半島の西側、アカバ湾にもリゾートは多い。

世界で最も美しいといわれている紅海を楽しむなら、やはりダイビングやスノーケリングに挑戦してみたい。基地となるのはハルガダかシャルム・イッシェーフか、バックパッカーが集うダハブ。いずれもアトラクションが豊富でのんびりできるビーチもある。どちらか1都市で充分だが、ハルガダ〜シャルム・イッシェーフ間をフェリーで渡ることもできる。余裕があれば聖カトリーナを訪れ、シナイ山で御来光を拝むのもよい。ヌエバアからは船でヨルダンのアカバへ抜けられる。

ビュッフェでランチをどうぞ

2 コンパクトに回る欲張りコース 16日間〜

カイロ → ルクソール → ハルガダ → アスワン → アブ・シンベル → カイロ → バフレイヤ・オアシス

P.69 / P.192 / P.280 / P.242 / P.258 / P.69 / P.378

カイロからルクソールへ飛行機で移動。2〜3日かけて王家の谷やカルナック神殿などの古代エジプトの遺跡を見学する。紅海も楽しみたいので、バスで5時間のハルガダへ移動。2泊ぐらいでマリンスポーツを楽しみルクソールへ戻る。ルクソールからアスワンへはナイル川クルーズで。2〜3泊の船旅だが、ガラベーヤ・パーティがあったり、非常に盛り上がる。アスワンではフルーカ遊びを含めて急ぎ足なら市内見学に2日、アブ・シンベル往復にも1日みておこう。飛行機でアブ・シンベルに向かえば、空からの神殿が楽しめる。カイロまでは寝台列車で戻る。カイロ（ギザ）でピラミッドなどを見学し、その後砂漠のオアシスへ。砂漠ではぜひ1泊して満天の星を眺めたい。カイロでの滞在はこの往復を含め5日程度をみておこう。

ひとりでも歩ける
旅のキーワード

移動する

●徒歩
エジプトでは、歩行者優先の思考はない。横断中の人がいても車は平気で突っ込んでくる。また、歩行者も狭い車間でもその間を縫って道路を横断する。観光地で歩いているときも気を抜かないこと。

●いろいろなバス ➡P.437
エジプトには鉄道もあるが、便利さからいうとバスがメインの乗り物になる。バスにはエアコンの付いた高級長距離バスから、バンを改造したマイクロバスまで、いろいろあるので使い分けが必要。市内を走る大型バスは、いつも込んでいて、乗るときも降りるときも命がけ。アラビア数字を覚えて行き先の番号を把握しよう。

エジプト全土を走る長距離バス

●鉄道 ➡P.434
エジプトでは、エアコン付き車両を連ねた長距離急行列車が走っており、乗車時間の長いカイロ〜上エジプト間の移動では、車内が広い分、バスより楽。エジプト人にも人気が高く、早めに切符を購入しないと売り切れてしまったり、外国人は利用できない列車があったりする。

●動物 ➡P.441
ロバや馬、ラクダも市内交通、あるいは遺跡やビーチまでの観光客輸送手段として活躍していることがある。ただし、馬車はともかく子供や老人が引いて歩いて

ラクダに乗ってシナイ山を登る

いるような動物は、その背中に乗っても、徒歩のスピードと変わらない。

●ヒッチハイク
列車やバスを降りたあと、遺跡への数kmは何も交通手段がないことも多い。軽トラックなどが通りかかったら、停めて乗せてもらおう。

●飛行機 ➡P.434
カイロ、ルクソール、アスワン、アブ・シンベル、それに紅海沿岸のリゾートだけを訪れる人には、飛行機だけで長距離移動が可能だ。国土が広いので飛行機のメリットは充分ある。

●ナイル川の船旅 ➡P.236、265、441
クルーズ船が、ルクソール〜アスワン間と、ナセル湖に就航している。フルーカという白い帆を張った小さな船でも数時間〜数泊の旅が可能。水辺から見る神殿も、また感動的だ。ただし進み具合は風まかせだ。

フルーカでナイルを渡るのも楽しい

食べる

●シュワルマ&ターメイヤ

エジプトの街角で、大きな肉の塊がくるくる回っていたら、それがシュワルマ。ターメイヤは小さなコロッケで、これまた露店でも揚げている。どちらも指を差して注文すれば、パンに挟んでテイク・アウェイができる。女性のひとり旅でレストランに入りにくいとき、食欲があまりないとき、気軽に食べられる。

●コシャリ ➡P.60

1杯60円程度と安くておいしい庶民のファストフード。米とマカロニが混ざった不思議な食べ物だが、おいしい店には行列ができる。トマト味が基本だが、テーブルの酢や唐辛子ソースでアレンジするのがポイント。

●カルカデーヤvsコクテール ➡P.57

エジプトでは暑さのために水分補給を怠らないことが肝心だが、ミネラルウオーターばかりでは飽きてしまう。そこで登場するのが街角のジューススタンド。果物をその場で搾ってくれるのがスタンダードだが、コクテールというミックスジュースも人気。カルカデーヤは紫色のハイビスカスティーで熱くしても冷やしてもおいしい。

●スイーツ ➡P.58

バクラワに代表されるアラブの菓子は、たいていは歯がうずくほど甘い。日常的に飲む紅茶も、ものすごく砂糖を入れて飲む人が多い。暑いからこそ慣れるとやみつきになる、という人も多いが……。

泊まる

●安宿 ➡P.444

カイロやアレキサンドリアなど大都市の安宿は、ビルの上階の数フロアを使用して営業していることが多い。ホテルの多いエリアでは、上のほうを見ながら探すと、窓のところに看板が出ている。

エジプトの建物は一般に古いので、エレベーターは故障していたり、中途半端な位置でドアが開くなど、乗るのをためらうほど古い場合がある。ビルの7階や8階まで荷物を抱えて上がるのはつらい。よく確認すること。

親切な安宿のオーナーだと、居心地がよく連泊してしまうことも

●ホテルの良し悪し

シャワーとトイレの境目にカーテンなどの仕切りがなくそこら中が水浸しになる、お湯が満足に出ない、トイレットペーパーなどの備品がない、掃除が行き届いていない、クラクションの音などが気になって眠れない、地域(オアシスなど)によっては停電になる……。こういったところが、安宿の欠点。キッチンが使える、宿泊者と情報交換できるなど安宿ならではのメリットもあるが、なんせ当たり外れが大きいのが安宿である。また、従業員がしつこくツアーの勧誘をする、掃除のおばさんがチップをねだるなどというスタッフの質による良し悪しもある。

そういうもんだ、とおおらかに構えるのが安宿で快適に過ごすコツ。何しろ1泊300円程度の値段で宿泊することができるからだ。それが嫌なら高級ホテルへどうぞ。1万円も出せば一流ホテルに泊まれるのだから。

買う

●適当にたくさん払ってあげる

　エジプトでは、バクシーシ（喜捨）の考えがあるので、金持ちの外国人旅行者に対して余計にお金を払わせることを悪いことだとはあまり思っていない。日本人から見れば同じ商品なのに、「現地の人向けの料金」、「旅行者向けの料金」、さらに「日本人向けのスペシャルプライス」まであって、納得がしがたいところがあるだろう。

　エジプトで最も消耗するのが、お金を支払うとき。商店で物を買うときはもちろん、切符を買うときや、ミネラルウオーターを1本買うだけでも「いくら？」「ほんとに？」「料金表見せてよ」「高いんじゃない？」「ほかではもっと安かった」などと牽制しながら折り合いをつけていく。もらったチケットがアラビア語だった場合、手書きで料金が記入されているタイプのものだと、高いのか安いのかさっぱりわからない。一事が万事このとおりだから、真剣に向き合うと非常に疲れる。

　解決策はひとつ。神経質にならずに適当にやり過ごすこと。観光客向けのみやげ物屋や乗り物で値切るのはイベントだと割り切り、それ以外のところでは、「絶対に正規料金で買う」と思わないこと。正しい料金などないと思ったほうがいい。

●相場を知る

　エジプトの物価は安い。400円でシングルに泊まることができ、軽食なら20〜40円という世界だ。カイロからアスワンまで16時間かかるバスが1500円。こんな具合だから、日本の物価思考をガラリと変えないと、どうしても何かと高く見積もりがち。特に、カイロに到着してすぐ砂漠ツアーを申し込んだり、ピラミッドのラクダに乗ったり、ハーン・ハリーリで買い物をするというのは戦う前に敗戦を宣言しているようなもの。2〜3日は何も買わず、見るだけショッピングをして相場を把握することに専念しよう。

旅の予算

泊まる	安宿	300円〜	設備には期待しないこと。400〜500円が多い
	中級	3000円〜	当たりハズレの多いクラス。5000円まででいい宿が見つかったらラッキー
	高級	1万円〜	外資系の有名ホテルでも古いと1万円ぐらい。景色がよいクラシックホテルなどは高い
食べる	コシャリ	45円〜	スパゲティのようでもあり、ピラフのようでもあり……
	ターメイヤサンド	45円〜	持ち帰りのできる軽食。内容充実、栄養バランスもいいので腹もちもいい
	大衆食堂の定食	200円〜	チキンの丸焼き4分の1、パン、サラダといったところでこの値段
	マクドナルド	400円〜	オリジナルメニューのマック・アラビーヤを試してみよう
嗜好品	マールボロ	130円	国産のクレオパトラなら70円
	ビール（ステラ）	100円〜	酒屋は少なく、大衆食堂ではまず酒を出さない。中高級レストランで400円〜
交通	カイロ空港〜市内　バス	15円	エアコン付きの大型バスは30円
	タクシー	750円ほど	値段交渉が必要。市内から空港だと450円〜
	カイロ市内バス	8〜30円	バスの種類や大きさによっても値段が違う。距離にもよる
	カイロ〜ルクソール　バス	1500円ほど	休憩はあるものの狭い車内に10時間座り続けるのはつらいかも
	飛行機	7900円ほど	エジプト航空
	鉄道	2500円ほど	1等の場合。高級寝台列車も走る
観光	考古学博物館入場料	900円	ミイラ室は別に1500円。写真撮影は禁止
	ギザのピラミッド	900円	クフ王のピラミッド内はプラス1500円、音と光のショーは1125円
	ルクソール東岸	1725円	カルナック神殿とルクソール神殿。カルナックの音と光のショーは1500円
	ルクソール西岸	3300円ほど	おもな見どころ5ヵ所を見学。トゥトアンクアムンの墓は1500円
	アブ・シンベル神殿	1350円	音と光のショーは1125円

1£E＝15円で計算した場合

読む

アラビア語の数字を覚える

エジプトの公用語はアラビア語。日本人にとってあまりにもなじみがないため、看板の字をひとつとっても、文字の区切りはどこなのか、何と読むのか、意味は何かサッパリわからない人が大半だろう。

バス番号と行き先表示

アラビア語の数字が書かれている時計。けっこう便利

そうはいっても、エジプトをひとりで歩くためにはアラビア語が必要だ。会話はまずあいさつから。「アッサラーム・アレイコム」(こんにちは)のひとことで、相手との距離が驚くほど縮まる。人にものを尋ねたいときや道に迷ったら、本書のアラビア語表記を見せてみよう。

そして、絶対に覚えなければいけないのはアラビア語の数字だ。バスの番号や値段など、旅行者に大切な数字がみんなアラビア数字なのだ。数字は0〜9の10個しかないから、覚えるのはそれほど難しくない。ただし、2と3、7と8など似ているものもあるのでやっかいだ。2ケタの数字を読む場合、1の位を読んでから10の位を読む。例えば25なら5(ハムサ)と(ワ)20(アシュリーン)といった具合。

知らなきゃ困るアラビア語の数字

1	١	ワーヘド	18	١٨	タマンターシャル
2	٢	イトネーン	19	١٩	ティスアターシャル
3	٣	タラータ	20	٢٠	アシュリーン
4	٤	アルバア	25	٢٥	ハムサ・ワ・アシュリーン
5	٥	ハムサ	30	٣٠	タラーティーン
6	٦	スィッタ	40	٤٠	アルバイーン
7	٧	サブア	50	٥٠	ハムスィーン
8	٨	タマニヤ	60	٦٠	スィッティーン
9	٩	ティスア	70	٧٠	サブイーン
10	١٠	アシャラ	80	٨٠	タマニーン
11	١١	ホダーシャル	90	٩٠	ティッスィーン
12	١٢	イトナーシャル	100	١٠٠	ミーア
13	١٣	タラターシャル	150	١٥٠	ミーア・ワ・ハムスィーン
14	١٤	アルバターシャル	200	٢٠٠	ミティーン
15	١٥	ハムサターシャル	300	٣٠٠	トゥルトゥミーア
16	١٦	スィッターシャル	1000	١٠٠٠	アルフ
17	١٧	サブアターシャル	2000	٢٠٠٠	アリフェーン

イスラーム

●日常の会話のなかに表れる「神」という言葉

イスラームとは西暦7世紀にアラビア半島に現れた、セム的一神教の伝統を引く宗教であり、先行するユダヤ教、キリスト教とは兄弟の関係にある。唯一の神のことをアラビア語で「アッラー」というが、「アッラー」という神様が信仰されているわけではない。彼らは神を信じていて、その「神」という言葉がアラビア語でたまたま「アッラー」と言うだけのことだ。

その「神」という言葉がどれほど日常生活とよく結びついているかを示すのに、「アッラー」というフレーズが入った言葉がアラビア語ではとても多いことが挙げられる。「インシャアッラー(神の思し召しのままに)」という言葉は、しばしばエジプトの人々の無責任さを表すといわれたりするが、むしろ信仰のあつさを示すものと受け取るべきだろう。おかげさまで、というニュアンスで「アル・ハムドゥリッラー」というのもよく使われる。あくびをするときや、びっくりしたときに「ラーイラハイラッラー」などとつぶやく人を見たり、マジ?というような感じで「ワッラーヒ?」と叫んでいるのを聞くと、身近な存在だということが実感できる。

携帯用のミニ・クルアーン(コーラン)まで売られている

●生活の各場面まで広がるイスラームの規定

イスラームは宗教が根本であるものの、生活習慣や文化といった日常の生活にまで広がっている。だから礼拝の場所であるガーマ(→P.108)などの場も、本来は聖的な意味合いはない。礼拝もあえていえば日常の風景のひとこまに過ぎない。

キリスト教は、「聖なるもの」と「俗なるもの」をはっきり区別するが、イスラームでは曖昧だ。したがって神父や司教といった聖職者という概念も存在しない。イスラーム法学者が日常で起こるさまざまな問題を、イスラーム的にはどのように解決すれば正しいのかを教えてくれるが、イスラーム法学者にキリスト教の聖職者機構のような権力機関があるわけではない。

●バクシーシ →P.446

イスラームには「喜捨」、つまり「持てる者が持たざる者に施しを与えるのは美徳」という考えがある。バクシーシ(チップと施しの両方の意味がある)というシステムにも、この考えが根底にある。定価に慣れていない日本人にはなじめないシステムだが、イスラームでは普通のこと。ガーマ(寺院)やマスギド(モスク)では、入場したり、サービスを受けるたびにこのバクシーシが請求されるが、どの場合も高い額を請求されるというわけではない。異常に高い額のバクシーシを請求されたら、もちろん抗議すべきだが、ほとんどの場合はチップと同程度の額を払えば大丈夫だ。

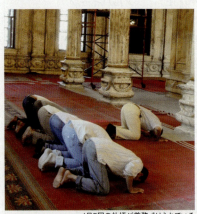

1日5回の礼拝が義務づけられている

よくわかる 五行 ＝5つの柱 (アル・アルカーン・アル・ハムサ)

1 シャハーダ (信仰告白)

日本語にすれば「アッラーのほかに神はなく、ムハンマドはアッラーの使徒である」という硬い言葉になるが、礼拝の場ではもちろん、何かあれば口をついて出てくる、いわば決まり文句。

すべての指針となるクルアーン (コーラン) が書かれたキーホルダー

2 サラート (礼拝)

エジプトで信仰されているスンナ派では1日5回の礼拝が義務づけられている。時間は夜明け、正午、午後、日没、夜半と定められ、地域や季節によって変わる。この時間になると、ガーマ (寺院) やマスギド (モスク) からアザーンが町に流れてくる。これは「いざや礼拝に来たれ」という呼びかけである。

金曜の集団礼拝

3 ザカート (喜捨)

喜捨は自発的に施されるものではなく義務として制度化されている。ザカートとして集められた財産は、貧しい巡礼者、借金を返済できない人など恵まれない人々のために使われる。なお、自発的な喜捨はサダカと呼び、区別されている。「バクシーシ」はこのサダカに含まれ、弱い人は強い人から施されることは当然だ、という意識に基づいた習慣ともいえる。

喜捨は病院の運営にも役立てられる

4 サウム (断食)

イスラームでは太陽暦より1年が10日程度短い太陰暦が使われているが、第9月であるラマダーン月には、毎日太陽が昇ってから沈むまでの間、病人や妊婦、旅人など一部の例外を除き、何も食べない。タバコを吸うことや唾を飲むことも禁止される。旅行者は日中でも食べてよく、ホテルなどのレストランも開いている。しかし庶民的な店は日没後からの開店となる。

移動遊園地がやってくる

5 ハッジ (巡礼)

第12月の巡礼月の8日から10日まで、余裕のある人は、定められた方法でメッカを訪れることになっている。彼らは帰国するとハッジと呼ばれ、尊敬の対象となる。

家の壁に巡礼の旅を絵で描いている

ひとりでも話せる「旅の会話」

あいさつ

基本的なあいさつ

さようなら
مع السلامة　マアッサラーマ

また会いましょう
اشوفك تانيه　アシューファック・ターニヤ

はい
أيوه　アイワ

いいえ
لا　ラ

基本単語　代名詞

私 أنا アナ　　あなた(男性) أنت インタ

あなた(女性) أنت インティ

彼 هو フワ　　彼女 هي ヒヤ

私たち احنا イフナ

あなたたち انتو イントゥ

Q1 こんにちは（時間に関係なく）
السلام عليكم　アッサラーム　アレイコム

Q1の返事、こんにちは
و عليكم السلام　ワアレイコムッサラーム

Q2 ありがとう　شكرا　シュクラン

Q2の返事、どういたしまして　عفوا　アフワン

Q3 元気？
ازايك؟
イザイヤック

Q3の返事、おかげさまで
الحمد لله
アルハムドゥリッラー

Q4 お会いできて光栄です
فرصة سعيدة
フルサ・サイーダ

Q4の返事、こちらこそ
اهلاً وسهلاً
アフランワ・サハラン

自己紹介

私の名前は〜です　●● اسمي ～　イスミ〜
日本人です　انا ياباني　アナ・ヤバーニー
私は学生です　انا طالب　アナ・ターリブ
エジプトは初めてです　اول مرة في مصر
アウウィル・マッラ・フィー・マスル

25歳です　عندي خمسة وعشرين سنة
アンディ・ハムサ・ワ・アシュリーン・サナ

●国名、国籍

エジプト	مصر	マスル
日本人	ياباني	ヤバーニー
中国人	صيني	スィーニー
韓国人	كوري	クーリー

●自己紹介の基本単語

会社員	موظف	ムワッザフ		
公務員	موظف الحكومة	ムワッザフ・イル・フクーマ		
既婚	متزوج	ミトザウウィグ	未婚 عازب アージブ
仏教徒	بوذي	ブージー	キリスト教徒 مسيحي マスィーヒ

知らなきゃ困るアラビア語の数字

1	١	ワーヘド	18	١٨	タマンターシャル
2	٢	イトネーン	19	١٩	ティスアターシャル
3	٣	タラータ	20	٢٠	アシュリーン
4	٤	アルバア	25	٢٥	ハムサ・ワ・アシュリーン
5	٥	ハムサ	30	٣٠	タラーティーン
6	٦	スィッタ	40	٤٠	アルバイーン
7	٧	サブア	50	٥٠	ハムスィーン
8	٨	タマニヤ	60	٦٠	スィッティーン
9	٩	ティスア	70	٧٠	サブイーン
10	١٠	アシャラ	80	٨٠	タマニーン
11	١١	ホダーシャル	90	٩٠	ティッスィーン
12	١٢	イトナーシャル	100	١٠٠	ミーア
13	١٣	タラターシャル	150	١٥٠	ミーア・ワ・ハムスィーン
14	١٤	アルバターシャル	200	٢٠٠	ミティーン
15	١٥	ハムサターシャル	300	٣٠٠	トゥルトゥミーア
16	١٦	スィッターシャル	1000	١٠٠٠	アルフ
17	١٧	サブアターシャル	2000	٢٠٠٠	アリフェーン

町の施設

レストラン مطعم マトゥアム

ホテル فندق フンドゥク
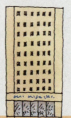

病院 مستشفى ムスタシファ

旅行会社 شركة سياحة シャリキト・スィヤーハ

薬局 صيدلية / اجزاخانه エグザハーナまたはサイデリーヤ
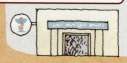

郵便局 بوسطه ポスタ

航空会社 شركة طيران シャリキト・タヤラーン

銀行 بنك バンク

本、文房具屋 مكتبة マクタバ

警察 بوليس ポリース

市場 سوق スーク

博物館 متحف マトゥハフ

イスラーム寺院 مسجد / جامع ガーマまたはマスギド

大使館 السفارة イッスィファーラ

●●はどこですか？
●● فين？ ・フェーン？

町を歩く

●●は今日開いていますか?
●● المفتوح النهارده؟
●● イル・マフトゥーハ・インナハールダ

●●は何時から開いていますか?
من الساعة كام ●● المفتوح ؟
ミニル・サーツ・カーム ●● イル・マフトゥーハ

観光案内所 ℹ
مكتب الاستعلامات
マクタブ・イル・イスティウラマート

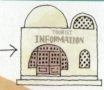

入場料はいくらですか?
بكام الدخول؟
ビカーム・イル・ドフール

広場
ميدان
ミダーン

ここで(降ります)
هنا كويس
ヘナ・クワイエス

●町歩きの基本単語

ここ هنا ヘナ

いや、まだ先 لا، ابعد
ラー、アブアド

左 شمال シマール

右 يمين ヤミーン

真っすぐ على طول アラトゥール

近い قريب ウラッイブ

遠い بعيد バイード

●交通機関などの基本単語

切符 تذكرة タズカラ

座席番号 نمرة المكان
ニムリト・イル・マカーン

今日 النهارده
インナハールダ

あした بكرة ボクラ

朝 صبح スブフ

夕方 مساء ミサーア

町なかで

駅はどこ? المحطة فين؟ イル・マハッタ・フェーン?

(市内バスの運転手に向かって) どこに行くの?
انت رايح فين؟ インタ・ラーイフ・フェーン?

〜へはどうやって行くの? ...? ازاي اروح イザーイ・アルーフ?

タフリール広場に行きたい．
عاوز أروح ميدان التحرير．
アーウィズ・アルーフ・ミダーン・イッタフリール

駅やバスターミナルで

●●までの切符をください تذكرة ل ●● من فضلك
タズカラッ・リ・●●・ミン・ファドラック

列車は何時に来ますか? القطر ييجي الساعة كام؟
イル・アトル・イーギ・イッサーア・カーム?

●●行きのバスはありますか? فيه اوتوبيس ل ●●؟
フィー・オトビース・リ・●●?

次のバスは何時? الاتوبيس اللي جاي الساعة كام؟
イル・オトビース・イッリ・ガーイ・イッサーア・カーム?

● 鉄道の基本単語

| 1等 درجة أولى ダラガ・ウーラ | 2等 درجة تانية ダラガ・タニヤ |

エアコン付き مكيف ムカイヤフ　寝台車 قطر النوم アトル・インノーム
出発時間 مواعيد المغادرة マワイード・イル・ムガーダラ
到着時間 مواعيد الوصول マワイード・イル・ウスール

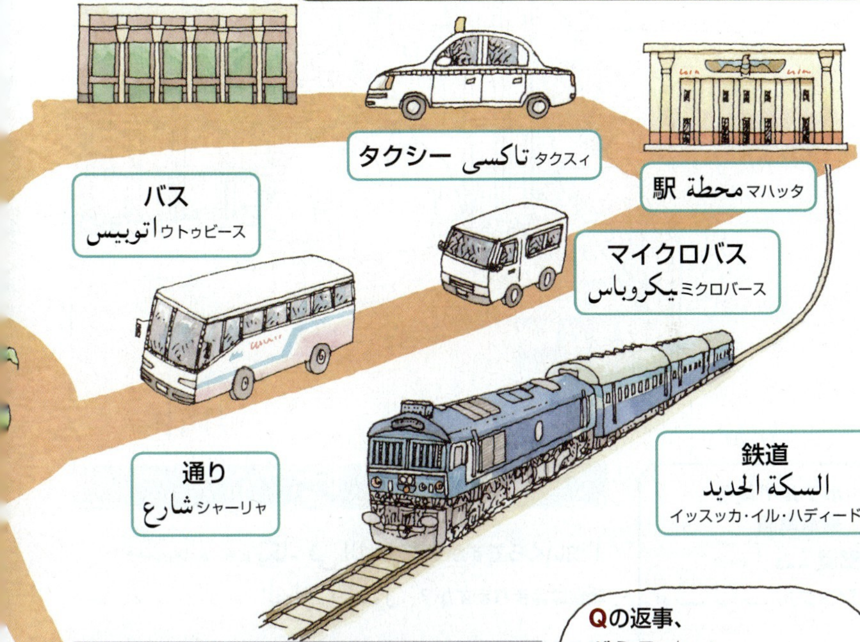

バスターミナル
محطة الاتوبيس
ムハッティト・イル・オトビース

タクシー تاكسي タクスィ

駅 محطة マハッタ

バス اتوبيس ウトゥビース

マイクロバス ميكروباص ミクロバース

通り شارع シャーリヤ

鉄道
السكة الحديد
イッスッカ・イル・ハディード

エジプトを満喫するヒント

ひとりでも話せる「旅の会話」

見どころ

Qの返事、
どうぞ تفضل トゥファッダル
ダメ（禁止）ممنوع マムヌーア
あり得ない、ダメ（不可能）
مش ممكن ミシュ・ムムキン

Q. ここで写真を撮っても
いいですか？
ممكن التصوير هنا ؟
ムムキン・イッタスウィール・ヘナ？

● 観光で使う基本単語

トイレ حمام ハンマーム
（男性）رجال ラガール
（女性）سيدات サイエーダート
入口 دخول ドフール
出口 خروج ホルーグ
観光警察 شرطة السياحية
ショルタット・イッスィヤヘーヤ
博物館 متحف マトハフ
神殿 معبد マアバド
モスク جامع ガーマ
ピラミッド الأهرام
イル・アフラーム

45

泊まる

空き部屋はありますか？
عندك اوده؟　アンダック・オーダ？

●ホテルで使う基本単語

部屋　اوضة　オーダ
シングル　اوضة لواحد　オーダトル・ワーヘド
ダブル　اوضة اثنين　オーダト・イトネーン
エアコン　هوا تكيف　ハワ・タキーフ
朝食　فطار　フィタール
シャワー　دوش　ドゥーシュ
テレビ　تلفزيون　テレフィズィヨーン
故障　مكسور　マクスール
断水　ما فيش ميه　マーフィーシュ・マイヤ
暑い　حار　ハーッル
寒い　بارد　バーリドゥ
熱い　ساخن　サーヒン

チェックイン

1泊いくらですか？　بكام فى الليلة؟　ビカーム・フィレーラ

朝食は含まれますか？　الفطار مشمول　イル・フィタール・マシュムール

部屋を見せてもらえますか？　ممكن اشوف اوده؟　モムケン・アシューフ・イル・オーダ

●●がある部屋を探しています　عاوز اوده مع ●●　アイーズ・オーダ・マア・●●

滞在中に

鍵をください。205号室です
المفتاح, من فضلك. نمره مائتين وخمسة.　イル・ムフターフ、ミン・ファドラック。ニムラ・ミーテーン・ウィ・ハムサ

ドアが開きません　مش عارف افتح الباب　ミシュ・アーリフ・アフタフ・イル・バーブ

部屋でダニや蚊に刺されました。何とかしてください
فيه ناموس و قراد فى الاوده. ممكن تساعدنى؟　フィー・ナムース・ワ・アーラド・フィル・オーダ。ムムキン・トゥサーイド・ニー？

お湯が出ません　ما فيش ميه سخنه.　マーフィーシュ・ミヤ・ソフナ

部屋を換えてください？　ممكن تغير لى اوده؟　モムケン・ティガイヤル・リー・オーダ？

食べる

レストランにて

すみません لو سمحت ラウ・サマフトゥ

これいくら？ بكام ده؟ ビカーム・ダー？

サラダは頼んでません ما قلتش سلطة マー・ウルティシュ・サラタ

おすすめは？ نصح ب ايه؟ ナスフ・ビッ・エー

●●を持ってきて アッディニー―●● اديني ●●؟

お会計お願いします。 حساب من فضلك ヒサーブ・ミン・ファドラック

おいしかった لذيذ ラズィーズ

この料理は何と言いますか？ اكله دي اسمها ايه アークラ・ディー・イスマー・エー

英語メニューはありますか？ في عندك مينو بانجليزي シフィー・アンダック・ミヌー・ビングリーズィー

お皿をもう一枚ください عاوز طبق تانيه アーウィズ・タバウ・ターニヤ

ありがとうございました شكراجزيلا シュクラン・ゲズィーラン

●レストランで使う 形容詞

大きい كبير キビール
小さい صغير スガイヤル
たくさん كثير ケティール
少し شويه シュワイヤ
辛い حار ハーッル
冷たい بارد バーリドゥ
甘い、よい حلو ヘルワ
2分の1キロ نص كيلو ノッス・キロ
4分の1キロ ربع كيلو ロブウ・キロ
ハーフ نص ノッス

●レストランで使う 基本単語

皿 طبق タバウ
コップ كوباية クッバーヤ
ティーカップ فنجان フィンガーン
フォーク شوكة ショーカ
ナイフ سكينة スィッキーナ
スプーン ملعقة ミルアカ

（指をさして）これ、ください
دي من فضلك
ディー・ミン・ファドラック

> エジプトを満喫するヒント ひとりでも話せる「旅の会話」

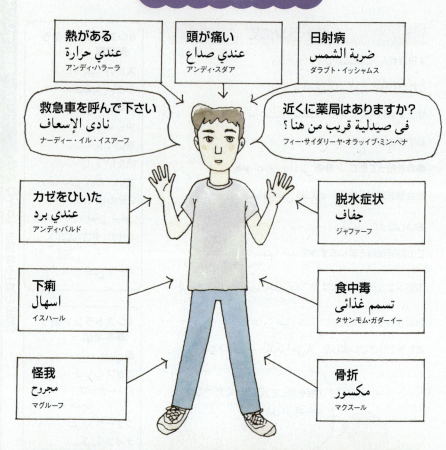

旅のジェスチャー

身振り手振りでもコミュニケーションできる。
動作は「これでもかっ」というぐらいにオーバーに!

ちょっと待った!

用途
この手の形を覚えておくと便利。タクシーを停めるときにも使える。少し揺らすと気持ちが伝わる。

ベリーグッド

用途
ちょっと待ったの手を口元に持っていきチュッとする。「ヘルワ!」と付け足すと完ペキ!

なんで? どうしたの?

用途
手の形をそのままで手首を左右に回すと気持ちが出る。「おいおい」と突っ込むときにも使う。

もうおしまい

用途
手のひらを下に、野球の「セーフ」を小さくするような感じ。「ハラース」と付け足すとさらに効果的。

タクシー、停まって!

用途
人差し指を下に向け、上下に揺らす。タクシーの運転手と目があったら目的地を叫ぶといい。

一緒に

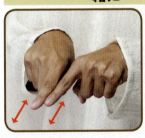

用途
人差し指を立てて両手でこすり合わせる。「一緒に行く」を意味する。アラビア語で「サワサワ」と言う。

男の人に呼びかけるときの言葉

ハッグ

敬虔なイスラム教徒ヒゲと帽子がポイント

アンミー

普通のおじさんおやっさん!と元気に

スィーディ

ヨ、お金持ちの旦那!という感じ

キャプテン

青年実業家風英語で話しかけると喜ぶ

エジプトを満喫するヒント
ひとりでも話せる「旅の会話」

旅のグルメ

エジプトではどんなものが食べられるの？
そんな疑問にお答えすべく、
エジプト料理をド〜ンと紹介しよう。
メニューのアラビア語も活用してほしい！

どんなレストランがあるの？

高級レストラン
ホテル内などにあるレストラン

　エジプトの高級レストランは、高級ホテル内にあることが多い。また、中華料理や日本食、イタリア料理やフランス料理などといった各国料理店も高級ホテルの中にある。こういった店では、もちろんお酒も置いている。高級なオリエンタルレストランのなかにはベリーダンス・ショーなどもやっているところがある。

ディナークルーズ

　おもにカイロにある船上レストラン。出発はだいたい20:00前後で、22:00頃に戻ってくる。どれもナイル川やカイロの夜景を見ながら豪勢な食事を楽しむというもの。ジャズバンドの演奏やベリーダンス・ショー（→P.96）なども催される。一緒に踊って盛り上がろう！　エジプト旅行最後の夜の思い出にぴったり。

カイロにある高層ホテル内のレストラン

ディナークルーズ船から夜のカイロを眺める

中級レストラン

主要都市や観光地に多く、こぎれいで客席数もそこそこ多い店。観光客が入りやすいように、英語メニューがあり、店員も英語を話す。値段はそれほど高くない。メニューも豊富で、スパゲティやピザ、シーフードを出す店もある。

このクラスのレストランになると内装にこだわっている店も多い

おしゃれなファストフード

エジプトで人気の外資系ファストフードチェーンは、ケンタッキー・フライドチキン（KFC）やマクドナルドだ。カイロやアレキサンドリア、観光地やリゾート地など外国人が多いスポットにある。店内はエアコンが効いていて涼しいのもうれしい。エジプトの食事をおいしく食べられない人におすすめ。

エジプト限定メニュー、マック・アラビーヤを試してみよう

マクドナルドでは限定グッズも販売しているので要チェックだ！

庶民的な店
大衆食堂（定食屋）

数はあまり多くはないが、地元の人たちでにぎわう名物店がどの町にも1軒はあるはず。店先でコフタを焼いていたり、鳥の丸焼きが回っていたりと食欲をそそる。メニューの数はあまりないが、セットメニューの定食があるところが多い。英語のメニューなんてないが、店のオヤジさんが親切な店が多いので、困ることはない。

コシャリ屋

エジプトに来たらぜひ試してもらいたい国民的なメニュー。町の中心やメインストリート、スークなどには必ず何軒かあり、大衆食堂の少ないエジプトでは非常に助かる存在だ。コシャリとは、米、マカロニ、スパゲティ、レンズ豆が混ざったものの上にトマトソースをかけたもの。値段は並で3〜4£Eと激安！ 詳しくはP.60にて。

大衆食堂では庶民的な料理が楽しめる

コシャリはエジプト庶民の味

ターメイヤなどサンドイッチ屋

サンドイッチ屋もシュワルマスタンドと同じく、町のあちこちにある。注文の仕方は簡単。ショーケースの前で、入れてほしい具材を指さすだけ。なかでも最も人気のあるのはターメイヤだ。ターメイヤはそら豆を粉にし、香辛料を入れ団子にして揚げた野菜コロッケ。揚げたてはすごくおいしい。

ターメイヤの屋台はエジプトの朝の風景といってもいいほど

エジプトを満喫するヒント　旅のグルメ

指さし料理図鑑

写真を指さして、アラビア語を見せれば似たような料理が食べられるよ

まずはトライ！ エジプト料理の定番はコレ！

アエーシ عيش
中央から半分に割いて、中に前菜を入れて食べる

トルシー طرشى
野菜のピクルス盛り合わせ

モロヘーヤ ملوخيه
クレオパトラの美容の元となったといわれているスープ。専用の包丁で粘るまで刻む

マフシー محشى
ピーマンやズッキーニ、ナスなどの野菜にピラフを詰めた料理

ホンモス حمص
ヒヨコ豆のペースト。豆の食感が少し残っており、ニンニクの風味が効いている

ターメイヤ طعمية
そら豆のコロッケ

タヒーナ طحينة
ゴマのペースト。アエーシとの相性はナンバーワン

ババガヌーク بابا غنوج
焼きナスのペースト。あっさりとした味が日本人好み

サラダとスープ

トルシーは屋台やスーパーでよく売られているピクルス。タマネギ、ピーマン、ニンジン、カブ、キュウリなどがある。オリーブは肉厚でおいしい。

フールは干しそら豆をひと晩かけて煮込んだ料理。あまり味がしないので卓上の塩やレモン汁、シャッタと呼ばれるソースをかけ、アエーシですくって食べる。朝食として屋台が出ていることもある。

エジプトが原産のモロヘーヤは、ご飯を入れるとお茶漬けのようでおいしい。

فول
フール
豆の煮込み。アエーシとよく合うので、朝食で出てくることが多い

クセ有り

ملوخية
モロヘーヤ
ネバネバした食感は好みが分かれるが、味はすっきりとしている

クセ有り

طرشى
トルシー
エジプト風ピクルス

زيتون
ザイトゥーン
オリーブは肉厚でおいしい

سلطة بلدي
サラタ・バラディ
季節の野菜サラダ

شربة عدس
ショルバト・アドゥス
レンズ豆のスープ

定番

شوربة لسان العصفور
ショルバト・リサン・アスフール
麦状のパスタが入ったチキンスープ

شربة جضرا
ショルバト・ホダラーツ
トマトベースの野菜スープ

その他の豆料理やサラダ		
フール・イスカンダラーニ	فول اسكندراني	フールに刻んだタマネギを混ぜたもの
フール・ミダンミス	فول مدمس	フールとレンズ豆をつぶしたもの
フール・ビッゼブダ	فول بالزبدة	バター入りのフール
ファソーリア	فاصوليا	インゲン豆の煮込み
ショルバト・ホムモス	شربة حمص	ヒヨコ豆のスープ

エジプトを満喫するヒント　旅のグルメ

パンと米料理

パンの伝統は古代までさかのぼり、丸いアエーシを常食にしている。ライスには極細の短いパスタが入っている。マフシーはピーマンやトマトに米を詰めた料理。

عيش بلدي
アエーシ・バラディ
黒いアエーシ

定番

عيش شامي
アエーシ・シャーミ
白いアエーシ

عيش فينو
アエーシ・フィーノ
朝食やサンドイッチ用に使うアエーシ

عيش شامي
アエーシ・カイザル
精白粉を使ったサンドイッチ用のアエーシ

بقسمات
ボッソマート
ゴマ付き棒状パン

رز
ロズ
ライス

صيادية
サヤーディヤ
魚料理に供される味付けご飯

محشي رز
マフシー・ロズ
野菜にロズを入れて詰んだもの

肉料理と煮込み料理

シシ・カバーブはご存じ中東の名物料理。香辛料につけて臭みを取った羊の肉を串焼きにして食べる。鶏肉の串焼きはシシ・タウークとも呼ばれる。コフタは羊の挽き肉を固めて肉団子にし、香辛料をつけて焼いたもの。

鶏のグリルは定食屋で安く食べられる定番料理。サラダやライスもセットで値段も良心的だ。壺焼きグリルのターゲンやシャクシューカは店によって中の具もさまざま。

مشويات مشكلة
マシュウィヤート・ムシュキラ
いろいろな肉が楽しめるミックスグリル

كفتة
コフタ
細長いミートボール

定番

فرخة مشوية
ファルハ・マシュウィー
こんがり焼けた鶏肉のグリル

شيش طاووك
シシ・タウーク
鶏肉の串焼き

حمام محشي
ハマーム・マフシー 定番
米を詰めたハトのグリル

موزة
モーザ
羊の足。意外と柔らかい

كبدة
ギブダ クセ有り
レバー。これは素揚げでレバー特有のクセがある

كفتة بالطرب
コフタ・ビッダルブ
エジプト風ソーセージ。スゴッともいう

أرنب مشوية
アルナブ・マシュウィー
ウサギのグリル。家庭でよく食べる

شكشوكة
シャクシューカ
煮込み料理。器や具はいろいろ

طاجن
ターゲン
壺焼き料理。具はいろいろ

داوود باشا
ダーウード・バシャ
ミートボールのトマト煮込み

كباب حالا
カバーブ・ハーラー
羊肉の柔らか煮

		その他の肉料理と食材
マハッル・カバーブ	محل كباب	カバブ屋
シュワルマ	شورمة	回転焼き肉。そぎ落として食べる
スゴッ	سجوق	サラミソーセージ
カバーブ	كباب	串焼き肉
リシュ・ダーニー	ر ش ضاني	ラムチョップ
ムサカ	مسقعة	ナスと挽き肉のトマト煮込み
ラフム・ファルーフ	لحم خروف	羊肉
ニーファ	نيفة	子ヤギの肉
ハマーム	حمام	ハト
ファルージュ	فراج	鶏肉（若鶏）
ラフム・ファルージュ	لحم فروج	ウサギ
ラフム・イジュル	لحم عجل	牛肉

魚介類

地中海と紅海で獲れる海の幸も豊富。ファイユーム近郊のカルーン湖、ナセル湖でも漁業が盛んだ。リゾート地にはシーフードレストランも多い。

سمك مشوي
サマック・マシュウィー
こんがり焼けた魚のグリル

شوربة السمك
ショルバト・イッサマク
魚介たっぷりのスープ

كالاماري مقلي
カラマリ・マアリー
イカの唐揚げ

سبيط مقلي
スビエト・マアリー
甲イカの一種の揚げ物

جمبري مشوي
スガンバリ・マシュウィー
テナガエビのグリル

その他の魚介類

サマック	سمك	魚、魚料理	ボーリー	بوري	ボラ
フィッシーフ	فسيخ	塩漬けの魚	デニース	دنيس	クロダイ（チヌ）
ガンバリ	جمبري	エビ	ムースィー	موسى	ヒラメ、カレイ
アフタボートゥ	اخطبوط	タコ	ボルティ	بلطى	ティラピア
カブーリヤー	كبوريا	カニ	ダラーク	دراك	マス

🍸 アルコールの楽しみ方 🍸

エジプトはイスラームの国。イスラームでは飲酒を禁止しているので、お酒を飲む人は少ない。しかし、少ないながら酒屋もあるし、中級以上のレストランなら酒が置いてある。また、高級ホテルならお酒を出すバーも併設されていることが多い。それでも、お酒のビンを包まずに歩いたり、酔っぱらって歩くと捕まることもあるので気を付けること。特にラマダーン月（断食月）は普段飲酒をする人も戒律を守るようになるので注意しよう。

お酒はどこで買う？
●町の酒屋

カイロやアレキサンドリアなどの大都市には、数は多くないが酒屋がある。外観は日本の酒屋と同じで、多くの種類のお酒を取り扱っているが、ビールなどは冷やしてないことがある。

●空港

エジプトの空港では国際線の制限エリア（パスポートコントロールの外）でしか酒類は売っていない。

飲み物

新鮮なフルーツをその場でジュースにしてくれるジューススタンドは値段も安く手軽だ。コーヒーは粉を沈殿させて飲むタイプ。インスタントコーヒーはネスカフェと呼ばれる。

شاي
シャーイ
エジプト人は甘～い紅茶が大好き

قهوة
アホワ
煮出す方式のトルコ式コーヒー

كركدية
カルカデーヤ
甘酸っぱいカルカデのジュース

كوكتيل
コクテール
季節の果物が入ったミックスジュース

بيرة
ビラ（ビール）
ステラやサッカーラがビールの代表銘柄

その他の飲み物

アスィール	عصير	ジュース
シャーイ・ミン・ゲール・スッカル	شاي من غير سكر	砂糖なし紅茶
シャーイ・ビナアナーア	شاي بالنعناع	ミントティー
シャーイ・ティイール	شاي ثقيل	カムシーナという小さなグラスで出される。シャーイ・アラブとも呼ばれるベドウィン名物
ナビーズ	نبيذ	ワイン
アホワ・サーダ	قهوة سادة	ブラックコーヒー
ラバン	لبن	牛乳
サフラブ	سحلب	冬の温かい飲み物

🍸 お酒の銘柄 🍸

ビールといえばステラ
星のマークで有名なステラビールStellaは、エジプトのビールの代名詞。創業は1897年と歴史も古い。濃い味でコクがある。サッカーラSakaraは缶やビンにサッカーラの階段ピラミッドのイラストが入っている。こちらはさっぱりした味わい。そのほかにも海外の銘柄があるが、こちらはかなり割高だ。

エジプトのビール各種

クレオパトラも好きだったワイン
古代エジプトではワインは王侯貴族の飲み物とされていた。もちろん現代のエジプトでもワインは造られている。銘柄もいくつかあるが、よく目にするのはオマル・ハイヤームという赤ワイン。ロゼならルビデジプトRubis d'Egypteというものが有名。優雅なひとときを過ごすのにはよい。

銘柄も意外に豊富

旅のグルメ／エジプトを満喫するヒント

エジプシャン・スイーツ

エジプト人は甘いものが大好物。エジプシャン・スイーツの特徴は、とにかく甘いこと。特にシロップにどっぷり浸かったバクラワやバスブーサなどは、驚きの甘さかもしれないが、慣れるとやみつきになることも。特に歩き回ったあとや、食後にはこれを食べないと気が済まない人もいるほどだ。おもに菓子屋のほか、スークの屋台などでも売られている。

ام علي
オンム・アリー

牛乳にパンなどの生地を浸し、さまざまなナッツやレーズンをちりばめてオーブンで焼いたもの。

كنافة
コナーファ

ナッツとシロップたっぷりのケーキ。チーズ入りのもある。見た目ほど甘くはなく、サクっとした食感が美味。

مهلبية
マハラベーヤ

砂糖を加えた牛乳にコーンスターチを入れて温め、とろみをつけたもの。ナッツやシナモンをちりばめることも。

بقلاوة
バクラワ

ナッツを包んだパイ生地を重ねて焼いてシロップをかけた甘～い焼き菓子。エジプトはもちろん、中東諸国、ギリシア、東欧でも広く食べられる。あまりの甘さにびっくりするかも。

رز بلبن
ロズ・ビ・ラバーン

ミルクベースのライスプリン。お米の形が残っているので、最初は抵抗があるかもしれない。上の写真はアイスクリームのトッピング付き。

بسبوسة
バスブーサ

シロップ漬けのケーキ。写真はクリーム（ケシュタ）がトッピングされている。

فطير
フティール

層になった生地の間にカスタードクリームを挟んだフティールは、上にトッピングする具でカスタマイズできる。

قطايف
アダイフ

ナッツとハチミツがたっぷり入った揚げ菓子。揚げ餃子のようだが、皮は厚く、ハチミツが染みこんでいる。

ジュース

新鮮なフルーツをその場でジュースにしてくれるジューススタンドは安い、早い、うまいの三拍子が揃っており、歩いていてのどがカラカラに乾いたときはオアシスのようにさえ見える。値段も安く、町のいたるところにあるのでぜひ利用しよう。基本的に立ち飲み、前払いだが、店内にイスがあることもある。

町なかのジュース屋ではオレンジとニンジンなら基本的にどの季節でも用意している。そのほかのフルーツは季節によって変化するので、下記の写真とアラビア語を参考にお気に入りを探そう。最近はフルーツを冷凍して保存し、季節を問わずにさまざまなジュースが飲める店もある。

マンジョ　マーンゴ　マンゴー
アサブ　アサブ　サトウキビ
ブルトカーン　ポルトアーン　オレンジ
リモン　ラムーン　レモン

モーズ　モーズ　バナナ
ジャワーファ　ガワーファ　グアバ
ガザル　ガザル　にんじん
シャンマーム　シャンマーム　メロン

ファラウラ　ファラウラ　イチゴ
バラハ　バラハ　ナツメヤシ
ビッティーフ　ビッティーフ　スイカ
ティーン　ティーン　イチジク

その他の果物類

ユセフ・ファンディ	يوسف افندي	ミカン	トゥッファーフ	تفاح		リンゴ
ミシュミシュ	مشمش	アンズ	グレープフルーツ	جريب فروتس		グレープフルーツ
コンメトラ	كمثرا	洋なし	タマル・ヒンディー	تمر هندي		タマリンド
アエナブ	عنب	ブドウ	ドゥーム	دوم		ドームヤシ(ヤシの一種)
ホーフ	جوخ	モモ	ガルギール	جرجير		ルッコラ

旅のグルメ

エジプトの国民食「コシャリ」って何？

كشري

エジプトの町で、必ずといってよいほど見かけるのがコシャリ屋。コシャリはエジプト特有の料理で、デルタ地域の南半分から、ルクソールあたりまであるポピュラーな軽食。しかし、けっこう奥が深いのだ。

カイロのものは全体的に米の割合が多い店と、米とスパゲティが均等の店など、コシャリ屋によって配合のバランスが変わってくる。人それぞれコシャリの食べ方があり、また、ソースをかける順番も量も人それぞれだ。さらにコシャリをテイク・アウェイして、上にさまざまなものをのせて食べてみよう。例えばシャワルマやコフタ、ターメイヤも案外いける。いろいろ試して自分なりのコシャリの食べ方を発見しよう。

そんなおいしいコシャリだが、実はこれでおなかをこわす人もけっこう多いので、店選びは慎重に。

■**注文の仕方**

コシャリ屋のほとんどは前払い形式。ちなみに大盛りは**キビール**、小盛りは**スガイヤル**。並盛りは**ワスタ**。お金を払ったらもらったレシートをコシャリのカウンターに出す。店内と持ち帰りで値段が違う店もある。

食べ方は一緒に運ばれてくるトマトソースをコシャリにかけ、ぐちゃぐちゃと混ぜるだけ。エジプト人は**カル**(酢)と**シャッタ**(辛いソース)で調整するが、最初のうちは自分の好みもわからないので、店員に任せるのも手だ。店によっては食塩が置かれていることも。

コシャリを徹底大解剖！

トマトソース
味の決め手になるもの

アドゥス(レンズ豆)とホンモス(ヒヨコ豆)
コシャリには欠かせないのがこのふたつ。レンズ豆はレンズの形をした小さな豆。ヒヨコ豆は大粒でコリコリしている

タアレーヤ
サクサクに揚げたタマネギ。これが多いか少ないかでコシャリの食感が決まる

ロズ(ライス)
エジプト米を炊いたもの。味は日本米とあまり変わらない

マカロナ(パスタ)
マカロニと短く切られたスパゲッティ。日本人には茹ですぎのように感じるが、コシャリにはこれくらいがちょうどいい

カル(酢)とシャッタ(辛ソース)
両方とも食べるときはお好みで入れる。ただし、シャッタ(写真右)をかけすぎると、かなり辛くなるので要注意

編集室オススメ!! カイロのコシャリ人気店 食べ比べ!

アブー・ターレク Abou Tarek
أبو طارق　アブー・ターレク　**Map P.84B2**
✉16 Shaari' Maaruuf　TEL(02)25775935　FAX なし
Inet www.aboutarek.com
営7:30～23:00　休無休
£E　T/C不可　CC不可

●コシャリの名店として知られており、いつも人でにぎわっている。並盛り5£E、大盛り7£E。テイク・アウェイのみ、小盛り3£E。コシャリを食べると、希望者には店のテーマソングが入ったCDを無料でプレゼントされる。

私がアブー・ターレクのオーナーです。少し硬めに炊かれた米やパスタと、はっきりとした味のソースがウチのコシャリの人気の秘密でしょう!

サイエド・ハナフィー Sayed Hanafy
سيد حنفي　サイエド・ハナフィー
Map P.85C1　✉Shaari' Arfii
TEL(02)25769162　FAX なし
営24時間　休無休
£E　T/C不可　CC不可

●アルフィ通りの入口にある。派手な看板が目印。小盛り5£E、並盛り6£E、大盛り7£E。テイク・アウェイにすると小盛り3£E、並盛り5£Eになる。

ウチのコシャリは豆やタアレーヤがいっぱい入ってるから、サクサクだよ!

エル・コドゥワ El Kodwa
مطعم الكدوة　マトゥアム・イル・コドワ
折込Mapカイロ A3　✉3 Shaari' Ahmed Amen
TEL(02)37603537　FAX なし
営24時間　休無休
£E　T/C不可　CC不可

●地下鉄ドッキ駅のすぐ近く。タフリール通りから北に少し行った場所にある。小盛り4£E、並盛り6£E、大盛り7£E。別売りのソースは各1.5£E。店内は新しくて清潔な感じ。

自慢は何といってもソースの豊富さ。5種類あるから、何度来ても楽しめるよ!

タフリール Koshary El Tahrir
كشري التحرير
コシャリ・イッタフリール　**Map P.84B3**
✉126 Shaari' il-Tahriir
TEL(02)27958418　FAX なし
営7:00～翌1:00　休無休
£E　T/C不可　CC不可

●カフェテリア風の店内が好評。小盛り5£E、並盛り6£E、大盛り7£E。テイク・アウェイだと2£E安くなる。

ルークス Lux
لوكس　ルークス
Map P.84B3
✉Midaan Faiaki
TEL(02)27945178　FAX なし
営24時間　休無休
£E　T/C不可　CC不可

●老舗の部類に入るコシャリのチェーン店。小盛り3£E、並盛り4£E、大盛り5£E。

エル・オムダ El Omda
مطعم العمدة
マトゥアム・イル・オムダ
折込Mapカイロ A3
✉131 Shaari' it-Tahriir
TEL(02)33368320　FAX なし
営24時間　休無休
£E　T/C不可　CC不可

●地下鉄ドッキ駅のすぐ近く。店は狭く、テイク・アウェイのみ。コシャリは小盛り3.5£E～。

楽しく駆け引き「ショッピング」
エジプト人気みやげ

香水ビン

ハーン・ハリーリ（→P.110）名物ガラスの香水ビン。もちろん中身を入れることも可能。「クレオパトラの香りをいかが」などと言って観光客を誘う。割高だったり壊れていたり、トラブルが多いのもダントツで香水ビンだ。

色も大きさもいろいろある香水ビン。エジプトの砂を入れて持ち帰るのもおすすめ

パピルス

本物はひとつひとつパピルスを重ねていくので、曲げても破れない

パピルスには本物とニセ物がある。本物はどの方向に引っぱっても、少々曲げても破れないが、ニセ物は折り曲げるとパリッと割れてしまう。ピラミッド周辺で、「ゼンブデ、センエン」なあんて言って売ってるのはもちろんニセ物。

色彩が美しいパピルス。『女三楽士』は人気のデザイン

神殿や王墓のレリーフをモチーフにした絵柄が多い

古代エジプトのモチーフ

古代エジプトをモチーフにしたグッズも人気が高い。ピラミッドやスフィンクスのパワーで運気が上がるか？

胴体がほんのりと光るスフィンクスのランプ

3大ピラミッドにちなんで3つで1セット

カイロの考古学博物館で売られていたロゼッタストーンのレプリカ

ホルス神の像。ひとつ買うといろいろ揃えたくなる

伝統工芸品

象嵌細工、銅製品の加工など、イスラームならではの装飾を施した工芸品は、品のいいおみやげに。

ランプはインテリアに最適

貝殻を使った象嵌細工はモザイークと呼ばれる

衣料品、アクセサリー

エジプト綿は数少ない高品質ブランド。Tシャツなら文句はないが、ガラベーヤになると、もらっても困るかも。パジャマにぴったりという人もいるけどね。

パジャマや部屋着にもなるガラベーヤ

アスワンのスークで買ったカラフルなヌビア風帽子

妬みや嫉妬などの邪視から守る魔よけのペンダント

スカーフの図柄はエジプトらしいものが揃っている

古代エジプトのレリーフが描かれたTシャツはおみやげの定番

嗜好品

シーシャ（左）を買ったら、専用のタバコの葉（上）も買おう

水パイプの道具など、持って帰るには少々難アリだが、好きな人にはウケるかも。

エジプト限定グッズ

ハードロック・カフェ（→P.169）で販売されているファラオ・ベア。身に纏っている包帯を取るとなんとファラオの姿に！

エジプトを満喫するヒント 楽しく駆け引き「ショッピング」 エジプト人気みやげ

ショップ別おみやげカタログ

ノマド
Nomad（→P.170）

ラクダがプリントされたミニバッグ

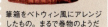
筆箱をベドウィン風にアレンジしたもの。まるで巻物のようだ

ネフェルタリ
Nefertari（→P.170）

オリーブ石けん。動物型など、かわいらしいものもある

アルファ・マーケット
Alfa Market（→P.170）

エジプトの味を一発で再現できるスパイスミックス。カバーブやマフシーの素など、裏には英語で作り方も記載している

エジプト人に人気のお菓子、モルト。クロワッサンにチョコレートが入っている

エジプトチョコレート専門店　ハーン ハリーリ バザール

エジプトのおすすめ
エジプトのとっておきのお土産をセレクト

古代エジプトの遺跡をモチーフにした
パッケージにチョコを詰めました。
エジプトのおみやげに
大人気の商品を
ご用意しております。

ギフトに最適

チョコレート
溶けないチョコレート
試食付き

- ピラミッド チョコ（16個/箱）
- ツタンカーメン チョコ（10個/箱）
- クレオパトラ チョコ（12個/箱）
- デーツ（なつめやし）チョコ（12個/箱）
- ミント チョコ（20個/箱）

オリーブオイル石けん
人気アイテム

オリーブオイルの無添加石けん
肌に優しく、デリケートなお肌の方に…
100％オリーブオイル石けん
ヤギミルク、はちみつのオリーブオイル石けん

ハンドタオル
エジプトらしい刺繍の入った
100％エジプト綿のハンドタオル

オリーブオイル
ファラオ・エキストラ・バージン・オリーブオイル
他にもオーガニック製品を取り揃えております。

お支払い　＄・￥・EGP の現金がご利用頂けます。
お釣りも同通貨を準備しております。

【営業時間】10:30AM - 6:30PM
【電話番号】010-4456-423
【Web】www.lookategypt.com

Egypt

喧噪のカイロとピラミッド

カイロ ……………………………… 69
ギザ …………………………………… 136
サッカーラ …………………………… 145
メンフィス …………………………… 149
ダフシュール ………………………… 150
メイドゥーム ………………………… 151
ファイユーム ……………………… 171

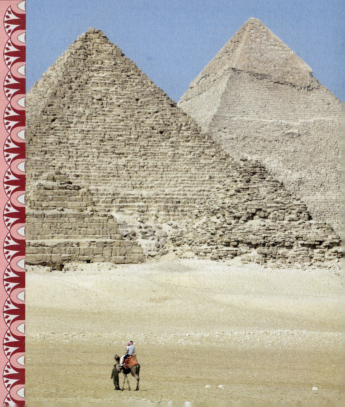

> カイロ 旅のガイダンス

カイロとピラミッド
Cairo & Pyramids

カイロタワーからギザの3大ピラミッドを眺める

カイロ周辺の地形

カイロとギザ（ギザ周辺のピラミッド群）は、ナイル・デルタの付け根部分にある。ナイル河畔は、英語でナイル・バレー（ナイル谷）といわれているように、水の流れによって削られた谷のようになっている。

日本では谷というと、狭く切り立った断崖絶壁を想像するが、緩やかなナイルの流れが造り出した、広大な低地だ。カイロは、その低地部分にできた町。東側にあるムカッタムの丘という高さ150mほどの丘までが低地部分、さらに東へ行けば東方砂漠へ、逆にナイル川を渡った西側が西方砂漠というわけだ。

ナイル川西岸地域の気候

カイロ周辺の気候は北側の地中海気候と南側の砂漠気候の間ぐらい。雨季は冬で寒暖の差も大きく、冬はとても寒いが夏は暑い。冬のカイロではストーブが必要なほどだ。

ナイル川西岸のピラミッド群のある地域は砂漠。暑くて乾燥している。1日の温度差が大きいことも特徴で、日が沈むと急激に寒くなる。

プランニングのコツ

このエリアで絶対にはずせない見どころは、ギザの3大ピラミッドと、エジプト考古学博物館。それぞれに3時間〜半日ぐらいは時間をかけたいところ。1日しかカイロで時間が取れない場合は、このふたつとハーン・ハリーリぐらいまでが精いっぱいだろう。カイロでもう1日取れればイスラーム地区とオールドカイロを、さらに1日あれば郊外のピラミッドを見て回ることもできる。

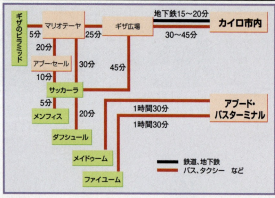

●ピラミッド群

ピラミッドの見学に1日しか時間の取れない場合は、午前中にギザのピラミッドに行き、午後はサッカーラやダフシュールのピラミッド、またはエジプト考古学博物館に行くのがいいだろう。

カイロでの滞在に2日ほど時間が取れるなら、1日目に考古学博物館とギザのピラミッドをじっくり見学し、2日目をサッカーラ、メンフィス、ダフシュールに充てれば、ゆっくりと多くの見どころを回ることができる。

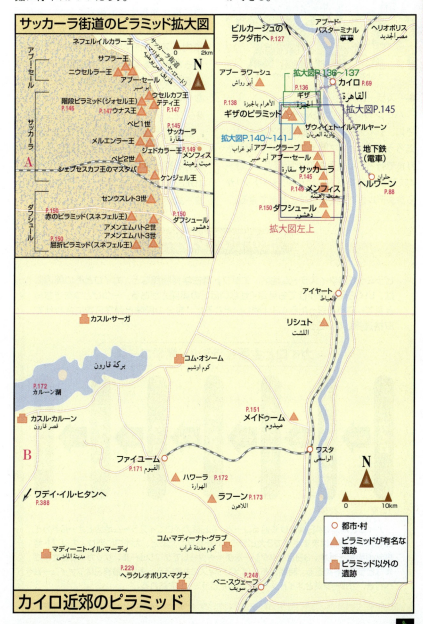

カイロ 旅のガイダンス

ライトアップされたスルタン・カラーウーンのマドラサ

●イスラーム地区

ハーン・ハリーリでおみやげを探すついでに、イスラーム地区を散策するのもいいだろう。フトゥーフ門やズウェーラ門あたりまで行って引き返すのが手軽だが、3〜4時間ほど余裕があればハーン・ハリーリからシタデルまで足を延ばすことができる。

移動のコツ

●公共交通

カイロ市内の公共交通機関は、旅行者にとって必ずしも利用しやすいものではない。地下鉄や一部のバスなら初めてカイロに来た旅行者でも乗りこなすことができるかもしれないが、一般市民が利用する市内バスやマイクロバスを乗りこなそうと思ったら、ある程度の土地勘とカイロ市内を走る主要道路の概略をつかんでおかないといけない。

●タクシー

流しの一般的なタクシーなら近くの距離で2〜4£Eだが、ホテルの前などで待ち受ける観光客専門のタクシーだといきなり10£Eということも。また、カイロにはメーター式のタクシーが増えている。

旅のモデルルート

ピラミッド群やイスラーム地区、エジプト考古学博物館など、カイロとその周辺には、いくら時間をかけても見尽くせないほどの奥深さがある。一つひとつをきちんと見ていこうと思ったら4日は欲しいところだ。自分の興味と滞在日数に合わせて取捨選択していこう。

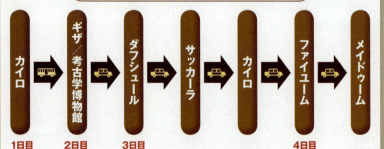

カイロと主要ピラミッド見学コース

カイロ → ギザ/考古学博物館 → ダフシュール → サッカーラ → カイロ → ファイユーム → メイドゥーム

1日目 / 2日目 / 3日目 / 4日目

カイロと周辺を4日間かけて巡るコース。初日はカイロでイスラーム地区とオールドカイロを見学。翌日はまずギザで3大ピラミッドを見学したあと、カイロに戻り、エジプト考古学博物館を見学。3日目はタクシーをチャーターしてダフシュール、サッカーラとさまざまなピラミッドを巡る。時間があればメンフィスにも寄ろう。そして最終日はファイユームへ行き、カルーン湖とメイドゥームを含めたピラミッドを訪れる。

世界で最も混沌という言葉が似合う町
カイロ Cairo

القاهرة　アラビア語：イル・カーヘラ

市外局番02

シタデルから眺めたカイロ市内

　エジプトを語ることはナイルを語ることであるといわれる。祈りを呼びかけるイスラーム寺院の尖塔からの声、橋の上を通る車の音。ナイルは喧噪に包まれている。それでも、川は悠然と流れる。人口1200万人ともいわれるこの町で、静かに詩人になりたかったら、騒音がおさまる朝早くにナイルの流れを眺めることだ。

　川は耕作に適した黒い土を下流に運び、その土が堆積してできあがったデルタにあるのがカイロである。カイロの年間降水量は25mm。川の水は大切な資源だ。

　昔から、ナイル流域に人が住み、肥沃なデルタのカイロを中心に、権力争奪のドラマが展開した。王朝の時代に始まり、古代帝国、アラブ、十字軍の時代を経て、オスマン朝、フランス、イギリスに支配された。町は「歴史のカンヅメ」と思えばいいわけで、やっぱり少し歴史を知っていたほうが、カイロがグーンと味わい深く見えること間違いない。「寄木細工の図画」のようだ、とカイロの町を見て言った人がいる。『佳人之奇遇』を著した明治時代の小説家、東海散士（柴四朗）である。100年経った今でも印象は変わらない。

　古いものを壊してその上に新しいものを建てたのではなくて、古い町の隣に新しい町を建設していったのがカイロである。南のオールドカイロから、ムカッタムの丘に沿って北へ北へと町は広がっていき、その東北部が現在のイスラーム地区である。その北のほうに、エジプト鉄道の始発駅ラムセス駅がある、というふうに覚えておけばいい。

■カイロへの行き方

✈世界各地から便が発着。
🚌下に挙げた以外にも各都市から便がある。
🚢ルクソールなど、ナイル川流域や、アレキサンドリア、スエズなどから便がある。

●**アレキサンドリア（→P.327）から**
✈日・月曜を除く毎日1〜2便
所要：30〜45分
運賃：194£E
🚌頻発
所要：3〜5時間
運賃：18〜27£E
🚂マスル駅から頻発
所要：2〜4時間
運賃：20〜52£E

●**ルクソール（→P.192）から**
✈毎日9〜12便
所要：1時間〜1時間30分
運賃：527£E
🚂18:30、20:00
所要：約10時間
運賃：100〜110£E
🚌20:00
所要：9〜10時間
運賃：165£E
※上記以外にもルクソール行きの列車は何便かあるが、基本的に外国人にはチケットを販売していない。

●**アスワン（→P.242）から**
✈毎日3〜9便
所要：1時間20分〜2時間20分
運賃：685£E
🚂15:30
所要：12時間
運賃：100£E
🚌16:00、17:00、19:15、20:00発
所要：12時間
運賃：60US$

●**シャルム・イッシェーフ（→P.304）から**
✈毎日5〜7便
所要：1時間
運賃：408£E
🚌7:30〜翌1:00に14便
所要：7時間
運賃：60〜80£E

Information
カイロの歴史

オールドカイロ、これこそカイロの母

　ここで、カイロの歴史を振り返ってみよう。古代エジプト古王国時代、あのギザの3大ピラミッドの時代に首都がおかれていたのはメンフィスで、カイロ南方のナイル西岸にある。太陽神ラー信仰の発祥の地ヘリオポリスも、現在のアイン・シャムスおよびマタレーヤ（カイロ北東部）にある。
　メンフィスもヘリオポリスも、現在のカイロの町から30kmくらいの距離だが、何といっても、カイロの町が形成され、都市として重要な意味をもってくるのは、末期王朝時代、バビロン城が築かれてからのこと。
　このバビロン城は、現在のオールドカイロ地区にあった。アムル将軍率いるアラブ軍が、バビロン城を陥落させたのが641年。その翌年にエジプトの征服を完了したアラブ軍は、バビロン城の地を首都に定めた。アムルが、バビロンを攻めるときにテント（フスタート）を据えた地に建てられたのがガーマ・アムル (→P.105) である。
　だからこの地は軍事都市（ミスル）であったが、政治、宗教、商業の都市として、以後発展していくことになる。ミスル・アル・フスタート (→P.105)、これが、この都市の最初の名称である。
　このフスタートは、イスラームの正統カリフ（641～658年）、ウマイヤ朝（658～750年）の両時代におけるエジプト州都で、やがて地中海最大の商業都市に成長していく。イスラームの町、カイロを象徴するガーマで、エジプトで最初のイスラーム建築（現在のものは再建されたもの）が、ガーマ・アムルだ。だからこのオールドカイロ地区こそが、カイロの母体といえるのだ。
　アッバース朝（750～868年）は、フスタートの北にアスカルという新しい町を造った。この政庁がおかれたのが、現在のオールドカイロの市街地というわけ。オールドカイロは、アラビア語では、マスル・イル・アディーマ（旧マスル）という。

北へ北へと街が延びる

　このアスカルの北に、もうひとつ新しい町ができた。アル・カターイーである。アッバース朝が弱体化してくると、アッバース朝から派遣されていたエジプト総督、つまり軍人が実権を握り、事実上の独立政権を確立した。これが、トゥールーン朝（868～905年）であり、イフシード朝（935～969年）である。
　アフマド・イブン・トゥールーンという総督が、アル・カターイーの町に政治の中心をおいたので、今でも、この地に古い建物が残り、現存するエジプト最古のガーマ・アフマド・イブン・トゥールーン (→P.121) も、ここにある。続いてイフシード朝の首都も、この地におかれた。

カイロの語源は？

　アル・カターイーの北に、東西約0.9km、南北約1.2kmの城塞都市を建造した将軍がいる。969年、すでにチュニジアで支配を確立していたファーティマ朝のエジプト遠征軍事司令官ゴウハル将軍がその人。
　彼は当時のファーティマ朝第4代カリフ・ムイッズの名をとって、この都市を、マディーニト・イル・カーヘラ・ムイッズィー（ムイッズの勝利の町）と命名した。このカーヘラ（勝利者）のイタリア語読みが、カイロである。
　歴史上、初めてカイロという都市名が登場したのが、この時期。やがてこのカイロという名が町全体の名前になっていく。
　カーヘラは、政治的中心地として繁栄し、その中心には、970年にガーマ・アズハル (→P.110) が、988年には付属のマドラサ（高等教育施設）が設立された。このマドラサが現在のアズハル大学で、「史上最古の大学」と伝えられている。

カターイー城塞のイスラーム地区

　十字軍との戦いで知られる勇将サラディン（サラーフッディーン）はシーア派のファーティマ朝を滅ぼし、スンナ派の復活を宣言した。彼がカイロの南東部ムカッタムの丘の西端に城塞を造り、ここに政治の中心を移したのが1183年のこと。
　以来ここは700年の間、各支配階級の居住区となった。城壁が堅固なことが、いろいろな支配者にとって好都合だったわけである。その間に設けられた城壁は、先のカーヘラを囲んだ城壁の5倍の長さで、今もその一部が残る。ナイルの中洲のローダ島にも、「ローダ城」と呼ばれる城を造り、武器弾薬を貯蔵したのもサラディンである。

カイロが、紅海を経由する新たな東西貿易の主要中継地になったのがマムルーク朝（1250〜1517年）時代。14世紀初めには、最盛期を迎え、人口約50万の大都市になった。この頃カターイーには、ブルーモスク（ガーマ・アズラク、→P.119)、ガーマ・スルタン・ハサン（→P.119)などが建てられ、シタデル（→P.123）の北に、カーイトゥベーイの町もできた。町周辺の地形が、ほぼ現在のようになったのも、この「繁栄カイロ」時代のことだ。当時は、ナイル中洲のゲズィーラ島と東岸のブラーク地区はひとつの巨大なブラーク島であった。それが、ナイル川の氾濫で分断され、かたや陸続き、かたや中洲の現在の姿になった。「エジプトの歴史はナイルの歴史」。地形そのものがそうなのだ。

オスマン朝の支配下に入る16世紀初めから、カイロはガーマ・アズハル周辺から西のほうへと拡大していった。現在、一括してイスラーム地区と呼ばれているのが、イブン・トゥールーン周辺からフトゥーフ門（→P.115）周辺である。

カイロの近代都市開発

エジプト近代史は、1798年のナポレオンのエジプト侵攻から始まる。フランス軍は一時、エジプトを占領したけれども、イギリス、オスマン朝連合軍に敗れて撤退した。その混乱をついたのが、アルバニア出身のオスマン朝軍人ムハンマド・アリーである。彼はナポレオンによる占領時にオスマン朝から将校として派遣された後、頭角を現した。彼は実権を握ってオスマン朝から半独立し、近代化政策を次々と進め、対外的にも積極策をとった。

カイロ都市復興計画もこのひとつで、カイロ近代都市の基礎造りが、この時期にずいぶん行われた。しかし、何といっても、カイロの都市化は、19世紀後半の鉄道、通信網の整備が決め手であった。ブラーク地区の港湾施設、ナイルの護岸工事……。近代化によりアブディーン地区、官公庁街、アズバキーヤ地区の繁華街が誕生し、両岸地区は、タラアト・ハルブ広場を中心とする銀行や商社が集まるオフィス街、アスル・イン・ニール地区とつながっていく。

「エジプト革命」が起こったのは1952年。この革命まで、エジプトの事実上の権力者、イギリス総領事の官邸（現在の英国大使館）があったのが、タフリール広場の南、ナイル川沿いにあるガーデン・シティ。ナイル川とイスラーム地区に挟まれた、この一帯がカイロ中心部である。歴史を追ってくると、こうして、近代ビルの集中するカイロの町の真っただ中に達するというわけだ。

そして、歴史をのせて、川は今日も流れる。どう？「カイロとはナイルである」てなことをつぶやいてみたいと思わない？

マムルーク朝時代のカイロ

カイロの歴史略年表

4世紀	オールドカイロにバビロン城が建設される
641年	アムル・ブン・アース率いるアラブ軍がオールドカイロを制圧。フスタートを造営
750年	フスタートの北側にアスカルができる
868年	アスカルの北側にアル・カターイーができる
970年	ガーマ・アズハル完成
973年	町の名前をアル・カーヘラとする
1168年	十字軍の襲撃を恐れ、フスタートに火が放たれる
1169年	サラーフ・イッディーン（サラディン）がカイロを掌握、シタデルを建設
1250年	マムルーク朝興る
1382年	ハーン・ハリーリの市場ができる
1517年	オスマン朝の支配下に入る
1798年	ナポレオン軍がカイロ侵攻
1805年	ムハンマド・アリーがエジプト総督に就任
1856年	カイロ-アレキサンドリア鉄道が開業
1857年	ガーマ・ムハンマド・アリ完成
1902年	エジプト考古学博物館開館
20世紀初頭	ガーデンシティ、ザマーレク、ヘリオポリスが開発
1952年	イギリスから独立。タフリール広場周辺やコルニーシュ通り、ナイル川の橋が整備される
1955年	ラムセス2世像が駅前に立つ（2006年撤去）
1961年	カイロタワー完成
1987年	地下鉄1号線が開通

旅のモデルルート

カイロの主要な見どころは大雑把に分けると、ギザ、エジプト考古学博物館、オールドカイロ、イスラーム地区の4つの地点に集約される。それぞれの地域にどれくらい時間を割くかによってモデルルートはおのずと決まってくる。

1 オールドカイロ半日コース

聖ジョージ教会 → コプト博物館 → ムアッラカ教会 → ローダ島

9:00～9:30 9:30～11:00 11:00～11:30 12:00～12:30

中心部から地下鉄で行けるオールドカイロ。アクセスが簡単なうえ、見どころが集中しているので初めてのカイロ歩きはここから。徒歩で半日あればひととおり見学できる。余裕があればローダ島のナイロメーターに行くもよし。さらに北に歩けばローマ水道橋だ。

2 イスラーム地区を中心に回る半日コース

シタデル → ガーマ・スルタン・ハサン → ズウェーラ門 → ハーン・ハリーリ

9:00～10:30 10:45～11:15 11:45～12:15 13:00～15:00

おみやげ屋が集まるハーン・ハリーリ

歴史や宗教にサラっと触れるならこのコースを。まず午前中にシタデル（→P.123）に行き、そこからハーン・ハリーリに向かって歩いていこう。昼過ぎにはアズハル広場に着くはず。周辺のレストランで腹ごしらえをして、すぐ近くのハーン・ハリーリを散策しよう。多くのミナレットに上りたいという人はバクシーシ用の小銭や代用品を持っていくと重宝する。

3 カイロ&ギザ1日集中コース

ギザ → エジプト考古学博物館 → シタデル → ディナークルーズ

8:00～10:00 11:00～14:00 15:30～17:00 19:00～21:00

ギザのピラミッドには時間をかけたい

まずはギザで3大ピラミッドを開場と同時に見学。次にカイロの中心部に戻り、エジプト考古学博物館をゆっくりと見学。遅い昼食をとり、次にシタデルへと移動する。時間に余裕があったら、イスラーム地区のそのほかの施設を見学したり、ハーン・ハリーリでおみやげを買うのもいいだろう。日が暮れたらナイトクルーズに繰り出して、ベリーダンスを満喫しよう。

歩き方

カイロは東西に10km、南北に15kmの大都市。だが観光ポイントの集まっている地区は中心から5km圏内だ。その中心街を知るためには、まず次の3つの地域を頭に描いているとわかりやすい。エジプト考古学博物館やタフリール広場のある**カイロ中心部**。その東にあるガーマ・アズハルやガーマ・スルタン・ハサンなど数多くのガーマの並ぶ**イスラーム地区** Il-Qaahira Il-Islaamiiya。そしてカイロ中心部から3kmほど南の、カイロ発祥の地**オールドカイロ**Masr Il-Qadiima。

空港から市の中心部へ

●**カイロ空港** 空港は中心から約15kmの北東部にある。すいていれば、車で30分ほどの距離だが、午後と夕方のラッシュ時は渋滞のため1時間以上かかることもある。特に出発のときは余裕をもとう。国際線は利用する航空会社によって、出発、到着とも第1～第3ターミナルに分かれている（2010年8月現在、第2ターミナルは改装工事中）。日本からのエジプト航空の便が利用するのは第3ターミナルだ。エジプト航空の国内線も第3ターミナルから出発している（→P.420～421）。

カイロ空港第3ターミナル

●**カイロ空港～市内** 空港から市内へはタクシーまたはバスで。タクシーは運転手同士が料金の定額化を図っているので、値段の交渉は難しく、ほとんどの場合、50～70£Eを市内への固定料金として一歩も引かない。空港内にあるリムジン会社は先払い制になっており、市内への料金は90£E～。あとで当然のようにバクシーシを要求される。逆に市内から空港への運賃はメーター式タクシーで25£E～、旧型タクシーで30～60£E（空港への入場料5£E別）。

市内バスは空港バスターミナルから発着している。空港バスターミナルへは各ターミナル前のバス停からトランスファーバスで。

第3ターミナルから空港バスターミナルへ出発するトランスファーバス

カイロの中心、タフリール広場

カイロの横断信号機。信号が赤に近づくと中の人物は小走りになる

■**カイロ国際空港**
折込Map大カイロ C1
Map P.420-421
[inet]www.cairo-airport.com

■**他のターミナル、空港バスターミナルへの移動**
第1ターミナルと第3ターミナルは離れているので、トランスファーバスと呼ばれる無料のバス、またはタクシーで移動する。バスは各ターミナルと空港バスターミナル間を結んでおり、ターミナル間を移動する場合、いったん空港バスターミナルに移動し、目的のターミナル行きバスに乗り換える。目的地はTerminal 1やTerminal 3と電光表示されている。各ターミナルの入口に停留所がある。タクシーでも移動する場合、短い距離にもかかわらず15～20£Eほどかかる。

タフリール広場行きエアコン付き356番のバスはこのアラビア語の表示

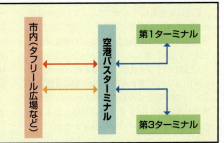

空港～市内のバス路線	
━━ トランファーバス	
━━ タフリール広場行き	
356番	6:00～翌1:00に1時間毎、2£E
27番（ミニバス）	5:00～23:00に頻発、50pt.（エアコン付きは2£E）
400番	24時間運行（深夜は減便）、50pt.
━━ ギザ広場行き（タフリール広場経由）	
949番	5:00～23:00に頻発、1£E

市内（タフリール広場など） ⇔ 空港バスターミナル ⇔ 第1ターミナル / 第3ターミナル

バス、マイクロバスターミナルの場所

■トルゴマーン
Map P.84B1

■アブード
折込Map大カイロ B1

■シナイバスターミナル
Map P.75欄外

■ムニーブ
折込Map大カイロ A2

■タフリール西&東
Map P.84A2

■アフマド・ヘルミ広場
Map P.80A2

■ラムセス広場
Map P.80B2

■オラリー
Map P.80B1

■ギザ広場
Map P.137D

■シタデル（アルア）
Map P.107C2

■マリオテーヤ
Map P.136B

トルゴマーンターミナルはエジプト各地からのバスが発着する巨大ターミナル

トルゴマーンは大きな道路から入った所にある。あちこちに写真の道路標識があるが、Cairo Gatewayとあるので注意

■長距離バスターミナルから市の中心部へ■

カイロのおもな長距離バスターミナルは4つ

トルゴマーン Turgoman Bus Station →Map P.76
محطة ترجمان マハッティト・トルゴマーン

●おもな発着路線　国内の主要都市、観光地へのバスが発着している。**シナイ半島方面**（イーストデルタ）やルクソール、アスワンなど**上エジプト方面**（アッパーエジプト）、ハルガダなど**紅海沿岸方面**（アッパーエジプト、スーパージェット）、バフレイヤ・オアシス、ハルガ・オアシスなどの**西方砂漠方面**（アッパーエジプト）、**砂漠ロード経由アレキサンドリア行き**（ウエストデルタ）、スエズ、ポート・サイドなどの**スエズ運河方面**（イーストデルタ）などの路線がある。

市内からバスターミナルへは、地下鉄オラービ駅で下車、高架下のガラー通りShaari' Galaaをナーセル駅のほうへ向かって進む。ほどなく大きな道路シャナーン通りShaari' Shanaanが高架をともなって右に延びているのでここを右折。次の交差点を左折すればターミナルに着く。ナーセル駅からならガラー通りを北東へ歩き、サハーファ通りShaari' is-Sahaafaを入り、マスギドの角で右折。旧型タクシーならタフリール広場からで5£Eほどが目安。

アブード Aboud Bus Terminal →Map P.77
محطة عبود マハッティト・アブード

カイロ～アレキサンドリア農業ロードの始発点。**農業ロード経由アレキサンドリア行き**（ウエストデルタ）、タンタなどの**中央デルタ方面**（ミドルデルタ）、ファイユーム、アスワン、ハルガダなど**中部、上エジプト方面**（アッパーエジプト）の路線が発着する。隣にはデルタ方面へのセルビスが並ぶ。ただし、ここから出発するアレキサンドリア行きのバスはスィーディ・ガベル駅の手前で停車するので要注意だ。

市内へはマイクロバスがラムセス駅との間を往復しており50pt.。マイクロバスはアフマド・ヘルミ広場の北側に多い。

Information

空港で待ち受ける極悪詐欺師に注意！

空港には到着したばかりでエジプトの物価感覚がわからない旅行者に言葉巧みに話しかけ、高額なツアーを売る悪徳な旅行会社の被害があとを絶ちません。彼らは「私はガバメントスタッフだ」と胸のバッジを見せ、旅行者を安心させます。しかし、バッジに書かれたアラビア語には空港内立ち入り許可証としか記されていません。彼らは政府と何の関係もないのです。「英語も話せない日本人がひとりで旅行できるはずがない。ツアーに参加すれば安心……」などと不安をあおり、ルクソールやアスワンを含めた1000£E以上のツアーを売りつけます。同様にホテルの勧誘をするケースもあります。ツアーに参加したい人は直接旅行会社に行って値段を確かめ、直接交渉するほうがよいでしょう。なお、高額なツアーの勧誘は市内のホテルでも行われています。くれぐれも注意してください。

（編集室）

シナイ・バスターミナル Sinai Bus Terminal →Map 右欄外
محطة سيناء للاوتوبيسات マハッティト・スィーナー・リル・オトビーサート

アッバセーヤ'Abbaasiiyaにあり、おもにシナイ半島方面行きのバス（イーストデルタ）が発着する。また、シナイ半島からのカイロ行きのバス（イーストデルタ）はここが終点のことが多い。逆に出発の際は、ほとんどがトルゴマーンターミナル発なので、ここまで来る必要はない。

また、ここからはヨルダン、シリア、リビアといった国際バスの便も発着しており、チケットもここで販売している。

シナイ・バスターミナルから踏切のある交差点を渡り、北側の角に行けば、ラムセス駅やタフリール行きのバスやミニバスを簡単につかまえられる。

アッバセーヤで声をかけてくるタクシーは、料金はボる、指示しないホテルへ勝手に連れていくなど評判が悪いので、通りへ出て流しのタクシーをつかまえるのが確実で安上がり。旧型タクシーの場合、市内中心部まで高くても10£EくらいでOKだ。

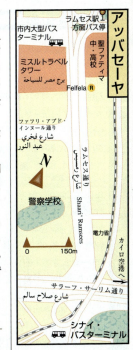

ムニーブ Mouneeb Bus Terminal →Map P.77
محطة المنيب マハッティト・イル・ムニーブ

地下鉄ムニーブ駅からは徒歩10分ほどで着く。上エジプトやバフレイヤ・オアシス方面へのバスが発車するのがこのバスターミナル。

■鉄道駅から市の中心部へ■

エジプト国内各地への鉄道はラムセス駅から出発している。ただし、寝台列車アベラ・エジプトのルクソールとアスワン行きはギザ駅発。スエズへの直通はヘリオポリス近くのアイン・シャムス駅発なので要注意。

ラムセス駅 Ramses Train Station
محطة رمسيس マハッティト・ラムスィース

カイロのターミナル駅。上エジプト行きのチケット売り場は入口を入って真っすぐ行ってホームを抜け、地下道を抜け、階段を上ってぐるっと回らなければいけない。1等と2等で窓口のある部屋が違うので注意。アレキサンドリアなど、デルタ地方のチケット売り場は入口奥のチケット売り場。

寝台列車アベラ・エジプトのオフィスは❶の横にある。時刻表や料金などの確認もでき、チケットの購入も可能だが、列車はギザ駅発。

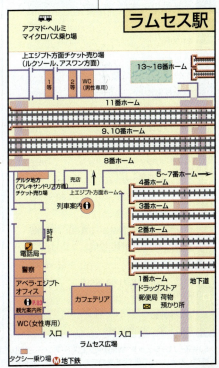

トルゴマーン発の長距離バス路線

SJ

ハルガダ 65£E
7:30、14:30、23:30 発

シャルム・イッシェーフ 85£E
7:30、15:30、23:00、24:00 発

イーストデルタ（ED）

シャルム・イッシェーフ 60〜80£E
6:30、10:30、16:30、23:00、翌1:00、翌1:30発

ダハブ（シャルム・イッシェーフ経由） 90£E
7:15、13:30、19:30、翌0:15発
※シナイ半島方面への夜行便は人気なので予約しよう。

聖カトリーナ 45£E
11:00発

ヌエバア、ターバー 70〜80£E
6:00、9:30、22:00、23:00発

アリーシュ 30£E
7:15、8:15、19:30発

スエズ 15£E
6:00〜21:00の30分毎

イスマエーレーヤ 10£E
6:00〜20:00の30分毎

ポート・サイド 23£E
6:00〜21:30、1時間に1〜2便

アッパーエジプト（UE）

ルクソール 100£E
21:00発

ハルガダ 75£E
8:00、13:00、18:30発

ハルガ・オアシス 65£E
21:30、22:30発

ファラフラ・オアシス 55£E
7:00、18:00発

ダフラ・オアシス 70£E
7:30、20:30発

バフレイヤ・オアシス 30〜35£E
7:00、8:00発

WMD

アレキサンドリア（砂漠ロード経由） 30£E
5:30〜翌1:00、1時間に約1便

マルサ・マトルーフ 55〜65£E
6:45、7:45、9:15、11:00、15:15、21:45、翌0:30発

タンタ方面 8£E
7:00〜20:00の1時間毎

※SJ＝スーパージェット、WMD＝ウエスト・アンド・ミドルデルタ
※時刻、料金は2010年7月のものです。発車時刻、料金等は予告なく変更されることがあります。

トルゴマーンターミナルの奥にはショッピングモールを建設中。一部の店舗やフードコートは営業している

トルゴマーンターミナル

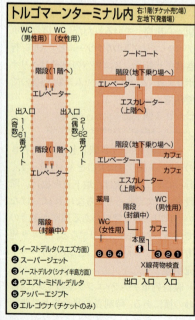

トルゴマーンターミナル内
右:1階（チケット売り場）
左:地下（発着場）

❶ イーストデルタ（スエズ方面）
❷ スーパージェット
❸ イーストデルタ（シナイ半島方面）
❹ ウエスト・ミドル・デルタ
❺ アッパーエジプト
❻ エル・ゴウナ（チケットのみ）

シナイ・ターミナル発の長距離バス路線

アッパーエジプト（UE）

シャルム・イッシェーフ	70£E
7:00、11:00、17:00、23:00、翌0:30発 ※夜行便は人気なので予約しよう。	

ダハブ	90£E
7:45、14:00、20:00、翌0:30発 ※夜行便は人気なので予約しよう。	

聖カトリーナ	45£E
11:30発	

ヌエバア、ターバー	70～80£E
6:30、10:00、22:00、23:00発	

ムニーブ発の長距離バス路線

UE

バフレイヤ・オアシス	30£E
8:00、14:00、17:00発	

ルクソール	65£E
17:30発	

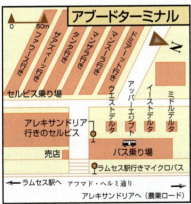

アブードターミナル

ムニーブ周辺図

カイロ空港バスターミナル発の長距離バス路線

WMD	アレキサンドリア（砂漠ロード経由）	40£E
	5:30～翌4:30、1時間1便程度	

SJ	アレキサンドリア（砂漠ロード経由）	40£E
	10:30～19:30、1時間1便程度	

アブード発の長距離バス路線

ED

ザアズィーツ	6£E
7:00～20:00の1時間毎	

ドミアート	20£E
7:00～20:00の1時間毎	

アッパーエジプト（UE）

ルクソール	100£E
20:30発	

アスワン	100£E
17:30発	

ハルガダ、サファーガ	75£E
17:30、20:30、22:00発	

エスナ、エドフ	70£E
19:00発	

エナ	60£E
18:30、20:00発	

イル・バルヤナ	50£E
18:00、20:00、21:00発	

ソハーグ	50～70£E
8:00～翌1:00、1時間1便程度	

アスユート	40～60£E
8:30～翌1:00、2時間毎	

マッラウィ	35£E
7:00～24:00、1時間1便程度	

ミニヤ	30£E
6:30～翌1:00、、1時間1便程度	

ベニ・スウェーフ、メイドゥーム	20£E
6:00～18:00、1時間1便程度	

ファイユーム	15£E
7:00～19:00、1時間1便程度	

WD	アレキサンドリア（農業ロード経由）	18£E
	6:00～22:00、1時間に1便	

MD	タンタ方面	7£E
	2時間に1便程度	

※UE＝アッパーエジプト、ED＝イーストデルタ、SJ＝スーパージェット、MD＝ミドルデルタ、WD＝ウエストデルタ、WMD＝ウエスト・アンド・ミドルデルタ

※時刻、料金は2010年7月のものです。発車時刻、料金等は予告なく変更されることがあります。

■カイロの市内バス

市内バスは5:00〜23:00に運行(ラマダーン中は翌2:00まで運行)。ミニバスは深夜まで走っている。ここで挙げたターミナルのほかにも、オールド・カイロにあるガーマ・アムル、シタデル西のイッサイダ・アイシャ、ハーン・ハリーリ東側のアッデラーサなど、いくつものターミナルがある。

行き先表示はアラビア語のみ

ラムセス・ヒルトン前にあるタフリール西のギザ方面乗り場

タフリール東の空港行き356番のバスはここから。車体の色は白だったり黄緑だったりとまちまち

■カイロでバスに乗る

バス停は少々わかりにくい所にあるが、人が集まっていればそこがバス停。目的のバスが来ると、手を挙げ、走り乗り込む。アラビア語の数字を覚えるとバスは乗りこなせる。町なかの人に尋ねてもデタラメばかりだが、運転手はきちんと教えてくれる。「Cairo City?」と聞くよりは「タフリールか?」と詳しい場所まで言うとよい。
(千葉県　まあみい　'10春)

■市内と近郊のバス交通

カイロの中心部だけなら徒歩で充分回れるが、ギザやサッカーラなど、カイロを起点に日帰りで訪れる見どころを含めると、とても広い。カイロを満喫するためにはバスや地下鉄を利用することになる。喧噪のカイロを楽しんでみよう。バスにはフロント上部と出口ドア(前のドア)の右に、番号と行き先がアラビア語で書かれている。

料金は大型のバスが50pt.か1£E、緑色でも小さいバスが1.25〜1.5£E。白色や緑色のエアコン付きバスは2£E。

ターミナルには必ず**コントローラー**と呼ばれる運行指示係の詰所があり、どの番号のバスに乗ればいいかここで係員に聞くのが一番確実。ただ、ターミナルにいつバスが来るか、どこにバスが停まるかは彼らもよくわかっていないようだ。

アフマド・ヘルミ広場のコントローラー

タフリール広場 Abdel Muneem Riad Square
ميدان التحرير ミダーン・イッタフリール

東側とナイル川寄りの西側のふたつがあり、それぞれ行き先別に分かれている。ここには以前アブド・イル・ムニム・リアドという長距離バスターミナルがあり、市内バスのアラビア語の行き先表示に今でも書いてあったりするが、その名称を耳にすることはないので、ここでは西側をタフリール西、東側をタフリール東と呼ぶ。地下鉄サーダート(タフリール)駅構内の表示板にはいまだにBus Stationと書かれているがもう存在しない。エジプト考古学博物館北の地下道を使うと便利。

●**タフリール西**　西岸のモハンデスィーンやインバーバ、さらにはデルタ地方のカルユーブやアナーテル方面へのバスが発着する。利用できそうな路線はギザのピラミッド方面(スフィンクス側入口)行き997番、ザマーレクやモハンデスィーンに行く336番、シタデル西へ行く160番や154番、便数は少ないがアズハル広場方面行き63番などだ。

●**タフリール東**　アッバセーヤや空港方面など、北東部へのバスが多く発着している。空港行きの356番のエアコン付きバスもここから出発。

アフマド・ヘルミ広場 Midaan Ahmed Helmi
ميدان أحمد حلمي ミダーン・アフマド・ヘルミ

ラムセス駅の北にあり、多方面のバスが発着する。地下鉄ムバーラク駅からは、ラムセス駅の地下道を通って行くことができる。ザマーレク、モハンデスィーン方面に行くバスや、アッバセーヤ方面の便数が多い。アズハル広場、シタデルなどイスラーム地区や、オールドカイロ方面へもバスが出ている。

アタバ Ataba Square
العتبة イル・アタバ

アタバ広場の立体駐車場の下のガレージ。エジプト人でさえ、人が多くてごちゃごちゃしてわかりにくいというターミナル。外国人旅行者はほとんど使わないが、各方面へ向かうバスが出ている。どれも超満員。

ギザ広場 Giza Square
ميدان الجيزة ミダーン・イル・ギーザ

カイロ大学に隣接しており、動物園や地下鉄駅にもわりと近い。サッカーラ、カイロ空港、イッサイイダ・ゼーナブis-Sayyida Zeenab行きが出ている。

●エアコン付き357番、355番ピラミッド行き

カイロとギザのピラミッドを結ぶ交通手段として便利なのが、エアコン付き357番と355番のバス。どこでも乗車OK。エアコン付きバスの料金は一律2£Eと少し高いが、普通の市内バスより快適。始発はヘリオポリスのヘガーズィー広場（→折込Map大カイロC1)で、タフリール広場近くでは、タフリール東と西のバスターミナルの間の道でバスを停めて乗車する。エジプト考古学博物館の横も通るが、バス停がないので、信号が赤でバスが停まっていれば乗ることができる。

タフリール東と西の間の道に停車する357番ピラミッド行きのバス

🟰マイクロバス🟰

カイロの地理に少し慣れれば、タクシー代わりに使える便利な移動手段。バスよりも値段は多少高いが、乗り降りは自由で、必ず座れるので旅行者も利用しやすい。

マイクロバス乗り場は、大型バス乗り場の横や近くに併設されていることが多い。行き先の表示はアラビア語のみだが、

カイロ●歩き方

😟 バスを見つけるのは大変
バスターミナルでピラミッドに行く357番バスを見つけるのは大変だったので、あらかじめいくつか交通手段の候補を挙げておいたほうがいい。
（茨城県　dream　'09夏）

😟 ギザ行きのバスは寒い
とにかくバスは寒い！　羽織るものを持っていくべき。
（千葉県　まあみい　'10春）

■357番バスのルート
ヘガーズィー広場→ロキスィー→アイン・シャムス大学前→アッバセーヤ→地下鉄ガムラ駅→ラムセス駅→ガラー通り→タフリール東→エジプト考古学博物館→モガンマア→ナイル川沿い→マニアル宮殿→カイロ動物園→ギザ広場→ピラミッド通り→ギザのピラミッド

■355番バスのルート
ヘガーズィー広場→ロキスィー→アイン・シャムス大学前→アッバセーヤ→地下鉄ガムラ駅→ラムセス駅→ガラー通り→タフリール東→エジプト考古学博物館→モガンマア→ナイル川沿い→マニアル宮殿→カイロ動物園→ギザ広場→ファイサル通り→ギザのピラミッド

※バスのルートは交通事情により予告なく変更されることがあります。

おもな近郊バス路線

タフリール西発				
997番	ピラミッド方面スフィンクス行き		ミニバス73番	ザマーレク経由モハンデスィーン行き
336番	ザマーレク経由モハンデスィーン行き		18番	インバーバ行き
26、82番	ワールドトレードセンター、ショブラ方面		●アタバ発	
63番	ファラキ、アタバ経由アズハル方面行き		957番	ピラミッド方面行き
154、160番	イッサイイダ・ゼーナブ経由イッサイイダ・アイシャ行き		大型バス315	アッバセーヤ方面行き
			103番	ザマーレク経由モハンデスィーン行き
●タフリール東発			ミニバス90番	イル・マアザ・ターミナル行き
27、356番	カイロ国際空港行き		●ギザ広場発	
●アフマド・ヘルミ広場発			大型バス949番	カイロ空港方面行き
30番	モハンデスィーン経由ピラミッド行き		大型バス333番	ピラミッド方面行き
401、407番	イッサイイダ・ゼーナブ経由シタデル行き		大型バス335番	サッカーラ行き
134番	イッサイイダ・ゼーナブ経由ガーマ・アムル行き		大型バス306番	イッサイイダ・ゼーナブ行き

ワゴン車を改造したマイクロバス

ラムセス駅北口の西側に広がる、アフマド・ヘルミのマイクロバス乗り場

ギザ広場のバス乗り場

普通は運転手などが行き先を連呼しているのでわかりやすい。また、行き先ごとに車が列を作っているので、満席の場合は後ろの車に乗ればよい。料金は50pt.〜1£E。

おもな乗り場はタフリール西、アフマド・ヘルミ広場、ラムセス広場、イッサイイダ・アイシャ、ギザ広場、マリオテーヤなど。

●**タフリール西**　ギザ、ショブラ方面のタフリール西の大型バス乗り場の横にある。おもな行き先はヘリオポリス、マアーディ、ヘルワーン、ファイサル、ピラミッドなど。

●**アフマド・ヘルミ広場**　ラムセス駅の北口から出て左側がマイクロバス乗り場で、右側が市内バス乗り場になっている。マイクロバス乗り場からは、アッバセーヤ、マアーディ、ヘルワーンなど、カイロの各方面への便が発着している。アブード行きの便は、アフマド・ヘルミ通り沿いから発着する。

●**ラムセス広場**　ゴムホレーヤ通りShaari' il-Gumhuuriiyaの北側。ガーマの東側にあたる。おもな行き先はアタバ、アズハル広場（フセイン）、イッサイイダ・アイシャ（シタデルの西側）などで、イスラーム地区に行くときに便利。

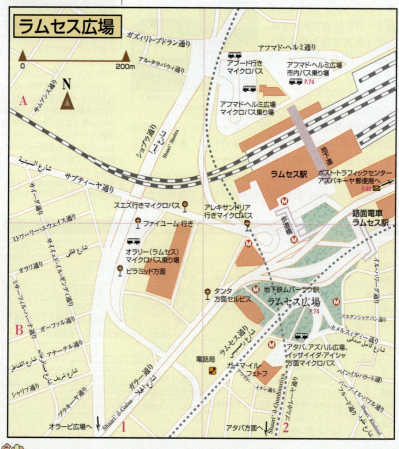

●**ギザ広場**　乗り場はいくつかに分かれており、高架下からはイッサイイダ・アイシャ（シタデル方面）、ヘルワーン、ファイサル、マアーディ、ケルダーサ村行きが出ている。市内大型バスターミナルに隣接する乗り場からはピラミッド、ファイサル方面、ファイユームやカルーン湖へのマイクロバスも出ている。

オラリー（ラムセス）Qolali
قللى オラリ

ワゴン車の車体をそのまま使ったマイクロバスが集まるオラリー

ラムセス駅の西側にある。停まっている車の数も多く、行き先はピラミッド方面が多く、ファイユーム行きの便もある。

イッサイイダ・アイシャ　is-sayyida 'Aisha
السيدة عائشة イッサイイダ・アイシャ

シタデル（→P.123）からサラーフ・サーリム通り沿いに少し行った所。ラムセス駅、アタバ、ギザ方面へ出ている。ラムセス、アタバ行きはシタデル寄り、オールドカイロやギザ方面はサラーフ・サーリム通り沿い、ガーマ・イッサイイダ・アイシャの横のマイクロバスのターミナルから頻発。

イッサイイダ・アイシャのマイクロバスターミナル

マリオテーヤ　il-Maryuutiiya
المريوطية イル・マリオテーヤ

アフラーム通り沿いにあるピラミッド病院（ムスタシュファ・イル・ハラム）を越えた橋のたもと。車の数は多くないが、サッカーラ、ダフシュールなどの遺跡へ行くことができる。

マリオテーヤのマイクロバス乗り場

▬タクシー▬

カイロの地理に不慣れな旅行者にとって、便利な交通手段はタクシー。タクシーは旧型とメーター式とに分かれている。

●**旧型タクシー**　旧型タクシーは白と黒のツートーンカラーのタクシーがほとんど。観光客にとってタクシー利用の最大の難関は料金。短距離は運転手に聞いてもボッたくられるだけだ。欄外の目安を参考に、車を降りてから窓越しに渡す。おおむね1kmで2〜3£Eが相場。ナイル川を渡るとやや割高になる。相場どおりなら観光客には文句を言ってくるのが普通で、むきになって抗議したり、車から降りて追っかけてこなければOKくらいに考えよう。10£E札などで払うとつり札が戻ってくることはあまりない。ピラミッドや空港などの長距離は走り出したら運転手が「どれくらい払う？」と聞いてくることが多い。交渉して折り合わなければそこで車を替えてもかまわない。

●**メーター式タクシー**　最近増えつつあるのがメーター式タクシー。白地の車体に黒いチェックのデザインがが主流。料金は初乗り1km（1.2kmのものもある）2.5£Eで、以降200mごとに25pt.加算され、渋滞や信号待ちなどの待機時間も加算対象となる。最近はメーターを改造したタクシーも現れ始めているので注意が必要。場合によってはほかのタクシーに乗り換えたほうが安上がりということもある。また、料金は異なるが、イエローキャブ（黄色い車体）のタクシーもある。

タクシー料金の目安
■**タフリール広場の周辺地域で乗車した場合**

●ギザのピラミッド	20£E
●トルゴマーン・バスターミナル	5£E
●ラムセス駅	5£E
●ザマーレク	5£E
●モハンデスィーン	9£E
●シタデル	7〜8£E
●ハーン・ハリーリ	5£E
●カイロ空港	25〜60£E（入場料5£Eが必要）

白黒のツートーンのタクシーは旧型

メーター式のタクシーは近年増加中

ラッシュ時の地下鉄ナーセル駅。自動改札機は故障しているものも多い

地下鉄

現在開通している路線はイル・マルグ・イル・ゲディーダ～ヘルワーン線とショブラ・イル・ヘーマ～イル・ムニーブ線のふたつ。将来的にはカイロ国際空港まで延伸する計画がある。料金は均一で1£E。駅構内には英語表記もあるので安心だ。

乗り換え駅はラムセス駅近くの**ムバーラク駅**、タフリール広場の**サーダート駅**ということを覚えておこう。

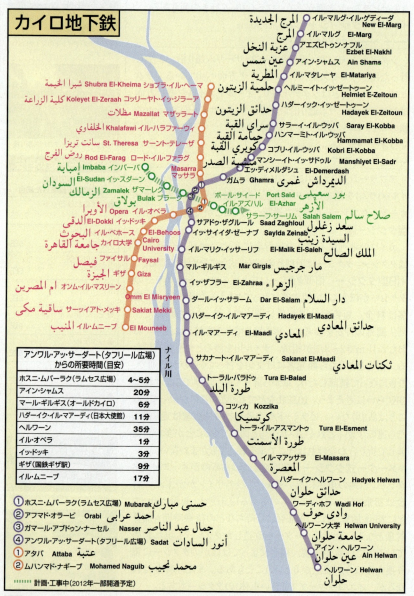

観光客にとってはラムセス駅～タフリール広場間をはじめ、オールドカイロやマアーディ、ヘルワーン、ドッキ、カイロ動物園へ行くのに便利だ。切符は窓口の係員から買う。

中間の2両は女性専用車両（ドア上やホームに女性専用を示すピクトグラムが表示されている）なので注意しよう。

■路面電車■

以前はカイロの中心街も走っていたが、現在はおもにラムセス駅～ヘリオポリスの移動手段として用いられている。

■水上バス■

7路線の航路と13ヵ所の桟橋がある。タフリール広場近く、テレビ塔前にメイン桟橋があり、カイロ動物園、オールドカイロなどに行く。観光客が利用しやすいルートは、オールドカイロ～カイロ大学～タフリール、オールドカイロ～ギザ（ピラミッドではなくギザ市）などだ。

■両替・郵便・電話■

●**両替** 銀行や両替所はタフリール広場からアタバにかけて、アスル・インニール通りやタラアト・ハルブ通り沿いに多い。高級ホテルにも銀行があり、両替ができる。トラベラーズチェックの両替はタラアト・ハルブ広場近くのトーマスクックThomas Cookやアメリカン・エキスプレスAmerican Expressが便利。

●**ATM** ATMの数は多く、クレジットカードでのキャッシングならほとんどのATMで可能。

●**郵便** 郵便局は市内各所に点在。ただし、航空小包はラムセス駅東側のアズバキーヤ郵便局のみ。EMSの発送はアタバの中央郵便局近くにあるEMSセンターのみ。DHLのオフィスはアブデル・ハーリク・サルワット通りにある。

●**電話** 電話局はタフリール広場やラムセス通りなどにある。カード式電話のメナテルがあちこちに普及している。

■旅の情報収集■

●**観光案内所** アドリ通りやラムセス駅、ギザのピラミッドのクフ王側入口の3ヵ所にある。

●**書店** タラアト・ハルブ広場周辺やアスル・イン・ニール通り、高級ホテル内では英語などの書籍が購入可能。ガイドブック、地図など英語の書籍が最も充実していて値段も手頃なのは、アメリカン大学構内の書店。

●**町の情報誌** "Cairo Today"は英語の月刊誌。イベントや、レストランなどカイロの最新情報を紹介している。

■インターネットカフェ■

インターネットカフェはタフリール広場やタラアト・ハルブ広場周辺に多い。ホテル内のインターネットサービスは1時間10£Eほどで、無線LANを使用できるところも増えてきた。ほかにも、マクドナルドなどのカフェでは無線LANを無料で使うことができる。

地下鉄の中央の車両は女性専用なので男性は要注意

■水上バス

オールドカイロやギザへは8:00～16:00に頻発。運賃は1£E。

■トーマスクック

Map P.84B2

✉ 17 Mahmuud Bassiuni
☎ (02)25743955
Inet www.thomascookegypt.com
営 8:00～17:00　休 金

■アメリカン・エキスプレス

Map P.84B3

✉ Shaari' Qasr in-Niil
☎ (02)25747991
営 9:00～15:00　休 金

■アズバキーヤ郵便局

Map P.80A2

ラムセス駅東側のポスト・トラフィック・センターに併設。
営 9:00～14:00　休 無休
航空小包は1kg48£E＋税78.2£E

■DHL　Map P.85C2

✉ 38 Shaari' 'Abd il-Khaaliq Tharwat
☎ (02)23029801
営 9:00～17:00　休 金
料金例：日本へ10kgで3622£E

■カイロの❶

●**アドリ通りの観光案内所❶**

Map P.85C2

✉ 5 Shaari' 'Adli
☎ (02)23913454
営 9:00～19:00　休 無休

●**ラムセス駅の観光案内所❶**

Map P.75

✉ Mahattit Ramsiis
☎ (02)25790767
営 8:30～20:00　休 無休

●**ギザのピラミッド前の
　観光案内所❶　Map P.140A2**

✉ Shaari' il-Ahraam
☎ (02)33838823
営 9:00～17:00　休 無休

■アメリカン大学構内の書店

Map P.84A3

大学構内に入るのにパスポートなど身分証が必要。
営 9:00～18:00　休 金

■Various Internet Cafe

Map P.84A3

営 9:00～19:30　休 無休
料 1時間5£E

■HANY Internet Cafe

Map P.84B2

営 10:00～22:00　休 無休
料 1時間2£E

カイロ MAP

おもな航空会社のオフィス

エジプト航空
TEL 090070000（コールセンター）
① タラアト・ハルブ通り TEL (02)23927664
② アドリ通り TEL (02)23911417
③ エール・フランス TEL (02)27706250
④ KLMオランダ航空 TEL (02)27706251
⑤ トルコ航空 TEL (02)23960465
⑥ アエロフロート TEL (02)23937409
⑦ ロイヤル・ヨルダン航空 TEL (02)25750905

カタール航空 TEL (02)25750343
アリタリア航空 TEL (02)33330612
ブリティッシュ・エアウェイズ TEL (02)24800380
ルフトハンザ TEL (02)27398339
エミレーツ航空 TEL (02)33361555
大韓航空 TEL (02)25768255
シンガポール航空 TEL (02)37497841

85

■モガンマア　Map P.84A3
圏8:00～13:30　砠無休
圏6ヵ月未満3.1£E
6～11ヵ月53.1£E　1年83.1£E
再入国シングル51.1£E
再入国マルチ61.1£E

■EGYTRAV　Map P.84A3
⊠1 Shaari' Qasr in-Niil Midaan it-Tahriir
TEL(02)25766548(内線119)
TEL(010)1142332(携帯)
FAX(02)25778861
inetwww.egytrav.com
mailjpndpt@egytrav.com
担当:マリアム進士
圏9:00～17:00(日本語担当)
オフィスは9:00～21:00
砠金・土（オフィスは無休）

■Nile Melody　Map P.84A2
エジプト専門の旅行会社、ナイルストーリー(→P.412)のカイロ本社。オフィスは建物の3階にある。
⊠3 Shaari' Khadrawy, Off Shaari' Mahmoud Bassiuni
TEL(02)25783127
FAX(02)25795698
担当:和田正根（まさね）
inetwww.nilestory.co.jp
圏9:00～17:00
砠金・土（オフィスは金曜休業）

■ビザの延長

ビザの延長手続きができるのはタフリール広場に面したモガンマアという役所。込み合うこともあるので、午前中に済ませてしまいたい。入口でセキュリティチェックがあり、カメラ、ビデオ類は預けなければならない。

●**申請の手順**　在留許可・再入国ビザの申請は、モガンマアの建物に向かって右側1階（日本式2階）にあるResidence Sectionへ。大きな建物なのでややわかりづらいが、「ビザ・エクステンション　Visa Extension」と聞けば、係の人や警備の人が教えてくれる。29番の向かいに座る警察官から申請書をもらい、必要事項を記入し、印紙を購入して12～14番の窓口（番号はよく変わるのでその場で確認しよう）に提出すればよい。再入国ビザの場合は申請書から提出まですべて1～4番窓口だ。

■旅行会社

旅行会社をうまく活用すれば、限られた日数でもスムーズに回ることが可能だ。しかし、悪徳旅行会社も多く、料金に内容がともなわないようなツアーを組まれたりする場合もあるので注意が必要だ。旅行会社を利用する際は、何軒か回ってみて料金の相場を調べたり、料金はもちろん、訪れる遺跡の名称やその数、フルーカに乗る時間など内容をよく確認しよう。

欄外は、現地での個人旅行の手配に実績があり、日本人スタッフが常駐している旅行会社である。

カイロで手配できるツアー例

●2名で参加した場合の1名分料金

❶終日カイロ観光（昼食含む、日本語ガイド付き）
エジプト考古学博物館、ギザのピラミッド、シタデルなどを観光。
A社60US$～（入場料別）、B社105US$～（入場料含む）。

❷ピラミッド終日観光（昼食含む）
ギザのピラミッド、サッカーラ、ダフシュールなどのピラミッドを観光。
A社30US$～（入場料別）、B社110US$～（入場料含む）。

❸オールドカイロ半日観光
コプト博物館、聖ジョージ修道院、聖バーバラ教会、ガーマ・アムルを観光。
A社20US$～（入場料別）、B社50US$～（入場料含む）。

❹ギザのピラミッド音と光のショー
ホテルまでの往復送迎付き。A社12US$～（入場料別）、B社42US$～（入場料含む）。

❺バフレイヤ・オアシスと白砂漠2泊3日
宿泊地はバウィーティ。砂漠でのキャンプもアレンジ可能。A社235US$～。

●ナイル川ディナークルーズ
ベリーダンス付きナイル川のディナークルーズ
ホテルまでの往復送迎付き。A社65US$～、B社56US$～。

●ホテル手配（1室1～2名）
例)カイロ　4つ星ホテル　1泊70US$～（朝食付き）　5つ星ホテル　1泊110US$～（朝食付き）

※上記料金は目安で、シーズンや利用条件により異なりますので、旅行会社にお問い合わせください。
なお、B社の料金にはドライバー、ガイドへのチップは含まれません（A社は含まれる）。

中洲・ゲズィーラ島北部

カイロ ● 歩き方

N 0 200m

A

P.169
R Sequoia

S Mounaya Gallery
ハンガリー大使館

P.170
S Nefertari

バングラデシュ大使館

中国大使館

شارع أبو الفدا
شارع الجزيرة الوسطى
شارع اسماعيل محمد
شارع محمد المرعشلي

マフムード・アズィーズ通り
ケズィーラ・アル・ワスタ通り
アブー・イル・フェダー通り
ハサン・サブリ通り
マンスール・モハンマド通り
ムハンマド・アル・マルアシリー通り

B

H Flamenco
S スーパーMetro
イスマイール・ムハンマド通り

S スーパーSaudi
S Nefertari(2号店)

P.159
Conrad H

レバノン大使館
マーリク・アル・アフダル通り
ブルガリア大使館

P.160
H Longchamps

S Alfa Market
P.170

ハサン・サブリ通り
アフマド・サブリ通り
スペイン大使館

P.167
Thai Elephant R

シッタ・ウ・アジュリーン・ヨリョ通り
シャーリウ・イブン・ザンキー通り
イブン・ザンキー通り

P.168
La Mezza Luna R
S Fair Trade Egypt

R Gannet Fawaakat
リビア大使館
Abu El Sid R

P.160
H May Fair

C

L'aroma R

P.161
H Cairo Marriott

P.98
イスラーム陶器博物館

P.97
Nile Maxim R

Fauchon S

P.170
S Nomad

1   2

87

アブディーン宮殿

■アブディーン宮殿
✉Midaan Qasr Abdiin
TEL(02)23916909
🕘9:00～15:00 休金
💰15£E(学生10£E) カメラ10£E
観光客用の入口は建物の東側。西側からは入れない。

■イスラーム芸術博物館
✉Shaari' Boor Sa'iid
TEL(02)23901520
※2010年7月現在閉館中。2010年10月に再オープン予定。

イスラーム芸術博物館

■スーク・イル・アタバ
木曜の晩がにぎやか。

アタバのスーク

カイロ中心部 Central Cairo

قصر النيل والعابدين

アラビア語：アスル・イン・ニール・ウィ・イル・アブディーン

贅沢三昧の豪華宮殿
アブディーン宮殿
Abdeen Palace　　MAP P.85C3

アスル・イル・アブディーン
قصر العابدين

その豪奢な生活でエジプト経済を破綻させた、ムハンマド・アリ朝のイスマイール王の贅沢な建築物。代々、王の住居だったが、1952年のナセル革命後は大統領府所有になった。

フスタートの発掘品もある
イスラーム芸術博物館
Museum of Islamic Art　　MAP P.85D3

マトゥハフ・イル・ファンヌ・イル・イスラーミー
متحف الفن الإسلامي

オールドカイロにある廃墟フスタートからの発掘品をはじめ、芸術工芸品などを展示している見ごたえのある博物館。各時代ごとに展示室が分かれており、イスラーム進出以来の歴史を追うように見学できる。特に木細工が豊富で、その緻密さには感嘆する。

何でも揃う
スーク・イル・アタバ
Ataba Market　　MAP P.85D2

スーッ・イル・アタバ
سوق العتبة

アタバ市場は、「台所」の名にふさわしく、肉、野菜、魚などあらゆる食料が売られている。細い道は迷路のように入り組んでいる。丸裸の羊や、鶏の頭をはね、肉の塊となるべくさばかれる光景など、庶民の生活の匂いを強く感じさせる。また、スークの周りでは家電製品の店が並び、裏路地には電気部品のジャンク屋まである。

Sightseeing
足を延ばしてみよう

ヘルワーン Helwan　Map P.67A

حلوان

ヘルワーンの日本庭園

ヘルワーンは、カイロから南へ30km、ナイル川から少し内陸部へ入った地点にある。カイロ郊外の住宅地といった感じだが、豊富な天然鉱泉に恵まれ、保養地として有名な場所である。

ヘルワーンの天然鉱泉はすべて硫黄泉で、鉱泉浴場に注ぎこんでいる。浴場といっても、長期滞在者向けの温泉療養施設で、観光客向けの施設ではない。

また、ヘルワーン駅の南にある日本庭園は、昭和天皇が皇太子時代にイギリス国王の戴冠式に出席し、ロンドンからの帰路、カイロに立ち寄ったことを記念して造られた。庭園の設計はイタリア人と中国人が行ったので、庭園は中国風。庭園には、約40体の仏像(らしきもの)が置かれ、なぜか「アリババと40人の盗賊」と呼ばれている。

■ヘルワーンへの行き方
地下鉄で終点ヘルワーン駅下車。

詳説！考古学博物館

ミニ特集

トゥトアンクアムン(ツタンカーメン)の
黄金のマスクを見に行こう

歴代のファラオたちの財宝が眠る、あまりにも有名な博物館。
かの有名なラメセス2世も現在はここに眠っている。
館内も広いけど、展示物のほうが圧倒的に多いから、
じっくり見るとなると何日あっても足りない。

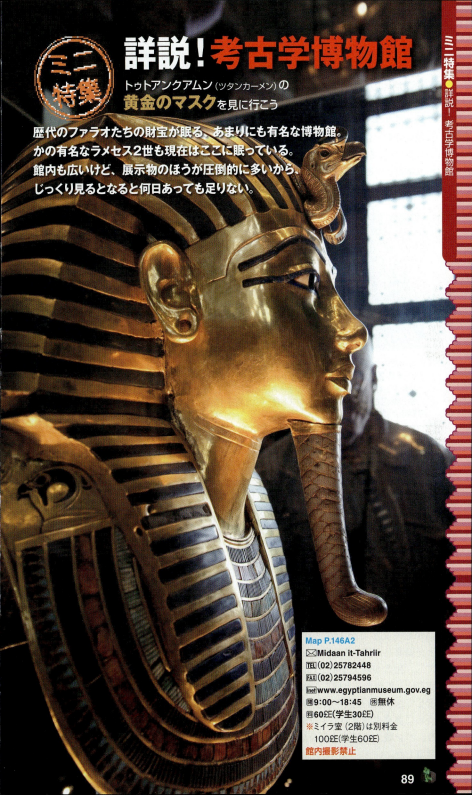

Map P.146A2
✉ Midaan it-Tahriir
TEL (02) 25782448
FAX (02) 25794596
Inet www.egyptianmuseum.gov.eg
営 9:00～18:45　困 無休
料 60£E(学生30£E)
※ミイラ室(2階)は別料金
　100£E(学生60£E)
館内撮影禁止

1階

1階は時代（王朝）別に展示されている。右の地図の順路に従って時計回りで見ていくと、古王国、中王国、新王国と時代に沿って見学できる。とにかく、展示物の数はかなり豊富なので、事前に少し勉強しておくとさらに楽しめるかも。通路にも立像などがあるから、じっくり見て回ろう。

（　）内は作品番号

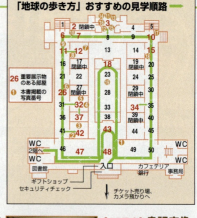

「地球の歩き方」おすすめの見学順路

【48号通路】
カーセケムウイ王座像
King Khasekhemwy
(3056/14)
古代エジプトのファラオ像としては最古。上エジプトの王冠をかぶり、セド祭のための衣装を身に着けている。

【42号室】書記座像
The Egyptian Scribe
(141/43)
端正な顔つきの書記座像は美術の教科書にも出てくるからよく知られているが、実際はガラスケースに入った高さ50cmほどの小さなもの。

【43号通路】
ナルメル王のパレット Narmer Palette
ナルメル王は、第1王朝の創始者ネメス王と同一人物と推定されている。上下エジプト統一のための闘争が描かれている。

【47号通路】
ジョセル王の座像 King Zoser Statue
石灰岩で作られたこの等身大の座像は、これまでに発見された最古のエジプト王の座像。サッカーラで発見された。

考古学博物館の興味深い展示物

●"暮らし"がわかる副葬品

来世を現世の延長としてとらえていた古代エジプト人にとって、埋葬にともなう副葬品は、常に来世における日々の生活に役立つためのものだった。金銀財宝だけではなく、家具や食べ物、そして化粧道具などの日用品も一緒に墓に埋葬した。

また現物に加えて、墓の壁面には副葬品が絵や文字で記されていた。それはたとえ副葬品が壊れたり腐敗したりしたとしても、死者が呪文を唱えれば、それらが実物として現れると信じられていたから。そしてさらに日用品や食物が途切れないために農業や漁業の様子を壁画に描いたり、パン職人の模型などを副葬品として埋葬した。

副葬品や壁画からは、古代エジプト人たちの実際の生活をも知ることができる。

模型からは古代エジプトの日常生活が見て取れる(27号室)

●古代エジプトの宝飾品

現代人と同様に古代エジプト人も高価な宝飾品に憧れ、それらを副葬品とした。特にエジプトでは黄金とラピスラズリというふたつの原材料が好まれていた。

ラピスラズリは、濃い青色の中に金色の細片が入っている石。

ツタンカーメンの墓から発掘された装飾品

【42号室】
カ・アペル像
Ka aper (Sheikh el Balad) (140/40)

村長（シェイフ・エル・バラド）の像ともいわれる。エジプト史上発見されている最古の実物大木像。実際のカ・アペルはサッカーラの神官だった人物。

【32号室】
セネブと家族の像
Seneb the dwarf and his family (6055/39)

【37号室】 クフ王座像 King Khuhu (143)

32号室の先の37号室の壁にひっそりと展示されている。高さ7.50cmのこの小さな像こそ、かのクフ王の姿を伝える現存する唯一の像。見逃さないように。

【42号室】 カフラー王座像
Khafra and Horus (138/131)

アブ・シンベル近郊で採掘された、地球上で最も固い石のひとつ、閃緑岩製の像で、王の力強さを象徴している。ホルス神が翼を広げて王の頭を抱えているのは、王権の安泰を約束する祝福のポーズといわれる。

【32号室】
ラーホテプとネフェルトの座像
Prince Rahotep and his wife Nofret (223/27)

美しく彩色された高さ1mくらいの像。古王国時代の傑作。

エジプトでも紀元前の黄金とラピスラズリは、最高の組み合わせとして古代エジプト人たちの憧れの的だった。

●ウシャブティ

ウシャブティは、「こたえる者」という意味をもつ、呪術的なミイラの形をした小像のことである。ウシャブティは、来世において、必要なときに墓主が呼び出せば死者の身代わりとなって労働に従事してくれると考えられていた。

ユヤとトゥヤの墓から出土したウシャブティ

材質はファイアンス、木、青銅など時代とともにその数を増し、セティ1世の王墓からは、1000体近くのウシャブティが発見されている。

●カノプス壺

カノプス壺とは、ミイラから取り出した内臓を収めていた石製や陶器製の容器のこと。4つひと組で用いられ、それぞれホルス神の息子である4人の神の頭部が模された蓋が備えられていた。

人頭のイムセティ神は肝臓、猿の頭部のハピ神は肺、ジャッカルの頭部のドゥアムテフ神は胃、そしてハヤブサの頭部をもつケベフセヌエフ神には腸が、それぞれ入れられていた。古代エジプト人にとって肉体の保存は最重要課題であったため、これらの最も重要な4つの内臓も遺体同様ていねいに保存された。

カノプス壺(上)とカノプス壺が入っていた黄金の厨子(下)

1階

【26号通路】
メンチュヘテプ2世座像
Montuhotep II

【12号室】
ハトホル礼拝堂 Hathor Shrine (445/138)
雌牛はハトホル女神の化身。後ろの礼拝堂の壁面には、ハトシェプスト女王と、雌牛の腹の下で乳を飲むトゥトモセ（トトメス）3世が描かれている。

【12号室】
トゥトモセ（トトメス）3世立像
Thutmosis III (62)

【11号室】
ハトシェプスト女王のオシリス柱頭部
Head from an Osiride Statue of Queen Hatshepsut (94)
ルクソールのハトシェプスト葬祭殿の第3テラス正面にあるオシリス列柱の頭部。付け髭や赤色の皮膚は男性を表す象徴で、女王ではなく王として振る舞った彼女の姿をよく表している。

【6～7号通路】
ハトシェプスト女王のスフィンクス
Granite Sphinx of Queen Hatshepsut (6152)
新王国時代で最も有名な出土物。石灰岩製で、破片を集めて修復された。

Hot News!

考古学博物館は、新しい建物（大エジプト博物館 The Grand Egyptian Museum）をギザのアレキサンドリア・ロード沿い（メーヴェンピック・ホテルの向かい側）に建築中（→Map P.136A）。2012年の開業を目指して計画が進められている。かつてラムセス駅の前に置かれていたラメセス2世像もここで展示される予定だ。なお、総事業費700億円の約半分が日本のODAによるものである。詳細情報は公式ウエブサイトでもアップデート予定。
[net] www.gem.gov.eg

ギザの郊外にある博物館建設予定地

【3号室】アマルナ美術

3号室はアテン神と呼ばれる太陽神だけを信仰する宗教改革を行い、アマルナ美術を生んだアクエンアテンに関わる展示。下の写真を含めて全部で4体のアクエンアテンの巨像があるが、すべてカルナックのアテン神殿に建てられたもの。細面に長く真っすぐな鼻、ふくよかな腰の表現に後のアマルナ美術へのつながりが感じられる。

アマルナ美術が展示されている第3室

小さな彫像の表情も見逃さないで

【10号通路】
ホルス神に守られる子供時代のラメセス2世
Ramses II as a child protected by the god Horun (6245)

【3号室】
アクエンアテン王の巨像
King Akhenaten (6015、6016、6182)

【15号通路】
メリト・アムン（ホワイト・クイーン）
Merit-Amon The White Queen

メリト・アムンはラメセス2世の娘。

【3号室】ネフェルトイティ王妃の頭部
Queen Nefertiti (161)

アクエンアテンの愛妻、ネフェルトイティ。テル・エル・アマルナ出土。

【18号中央ギャラリー】
1階中央のギャラリー

古王国時代のものを中心に展示されている。奥に見えるのがアメンホテプ3世と王妃ティの巨像。センターに見える三角錐はキャップストーンという。

2階

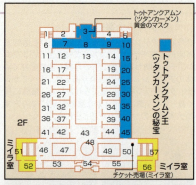

　2階は、遺物の種類ごとに部屋が分かれているから、どこから見始めてもいい。しかし何といってもトゥトアンクアムン（ツタンカーメン）の秘宝が一番人気だ。黄金のマスクのある狭い部屋はいつも超満員なのでじっくり見たいのなら開館と同時に黄金のマスクの部屋へと向かおう。

【2号室】
タニスの王墓の財宝
The Treasure of the Royal Tombs of Tanis

末期王朝のタニス（サーン・イル・ハガル）の王墓からの出土品を展示している。隣のトゥトアンクアムンの部屋には及ぶべくもないが、金銀の副葬品には一見の価値がある。

【27号室】
供物を運ぶ女性像
Offering bearer carrying a square basket(6081/74)

この部屋には、生活や仕事の様子が表現されたミニチュアが展示されている。牛の頭数調査Meket Ra's Models (6080/76)も有名だ。

【27号室】櫂を漕ぐ舟
Models of rowing boats

【29号室】パピルス文書
この部屋には色鮮やかに表現されたパピルス文書が集められている。ヒエログリフ（聖刻文字）やヒエラティック（神官文字）、デモティック（民衆文字）、コプト文字、ギリシア文字なども展示されている。

【37号室】40人編成のエジプト人槍隊
model of a regiment of infantry (3345/73)

ほかにも、ヌビア人弓隊model of a regiment of Nubian soldiers (3346/72) が展示されており、高さ30cmぐらいの人形がずらりと並ぶさまは壮観だ。ヌビア人とエジプト人の肌の色の違いまで精巧に表現されている。

【3号室】
トゥトアンクアムン（ツタンカーメン）の黄金のマスク
Funerary mask of Tutankhamun

エジプト考古学博物館で最も人気の高い展示物。宝飾の部屋は暗くされており、いっそう黄金が輝きを増す。なお、ミイラはルクソールの王家の谷の王墓内で公開されている。

【35号通路】
トゥトアンクアムン（ツタンカーメン）の玉座
Throne of Tutankhamun（179）

トゥトアンクアムンとその妻が描かれた玉座。肘掛けは翼、脚はライオンの足をモチーフにしている。

【45号通路】
トゥトアンクアムン（ツタンカーメン）の立像
Ka Statue of Tutankhamun（180）

墓の入口を守っていた2体で1対の立像。顔の表情などにアマルナ美術の影響が見られる。

【10号通路】
ハトホルの牝牛の装飾のある寝台
Funerary Couches of Tutankhamun（69/183）

カバや雌ライオンの装飾がある寝台もすぐ近くに展示されている。また、10号室の隅にはトゥトアンクアムン（ツタンカーメン）の妻アンクエスアメンが置いたヤグルマソウが展示されている。

ツタンカーメンの財宝

- ホルス神のペンダント
- スカラベとウアジェト神のブレスレット
- ウジェト神の目のペンダント
- ウアジェト神の装飾品
- ネクベト神の装飾品
- スカラベの胸飾り
- 胸飾り
- スカラベのブレスレット
- ヌート神の胸飾り

ミニ特集●詳説！考古学博物館

本場エジプトのベリーダンスを体験しよう

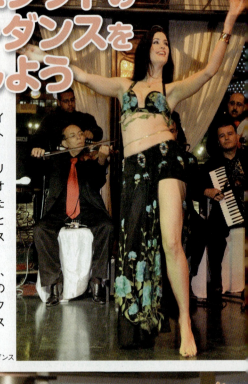

ベリーダンスは中近東が発祥の地で（インド北部という説もある）、古代エジプトのクレオパトラも踊ったと伝えられる。

腹部（belly）の特徴的な動きからベリーダンスbelly danceと名付けられた。オリエンタル・ダンスOriental Dance、またはラッカス・シャルキー Raqqas Sharqiとも呼ばれ、中近東諸国ではベリーダンスと言っても通じにくい。

この踊りには子孫繁栄の意味があり、結婚式でよく踊られ、大衆娯楽としてのショーも主流だ。また、カイロ市内ではクルーズ船や高級レストランでベリーダンスを観賞することができる。

バンド演奏とともに踊る豪華なベリーダンス

高級バーでも披露されるほどエジプトでは人気のダンス

カイロでベリーダンス・ショーが楽しめるクルーズ船&レストラン

ナイル・マキシム（クルーズ船） Nile Maxim　P187C2　TEL(02)27388888
毎日17:45、20:15、22:45、翌1:45発
料セットメニュー 260〜346£E
ベリーダンス・ショーのほか、スーフィーダンスや歌謡ショーなどもある。約2時間のクルーズ。

ゴールデン・ファラオ（クルーズ船） Golden Pharaoh　折込MapカイロA4　TEL(02)35701000
毎日19:45、20:30、22:30発　料201£E(22:15発のクルーズ250£E、ランチクルーズ175£E)
クルーズの所要時間は約2時間。ランチクルーズは15:00発。姉妹船ナイル・ファラオもある。

アブー・ナワース（メナ・ハウス・オベロイ内） Abu Nawas　Map P.140A2　TEL(02)33773222
圏19:30〜翌3:00　困無休　ミニマムチャージなし　料平均予算ひとり200£E〜
コンチネンタルレストラン。ベリーダンス・ショーは21:30と24:00から。所要時間は約1時間。

スカラベ（クルーズ船） Scarabee　Map P.84A3　TEL(02)27943444
毎日19:30、22:00発　料ミニマムチャージ200£E
クルーズの所要時間は約2時間。金曜の昼にもランチクルーズ（14:30発、100£E）が運航される。

ミニ特集 ●本場エジプトのベリーダンスを体験しよう

イスラーム神秘主義に起源をもつスーフィーの回転舞踊、タンヌーラ

スーフィズムと呼ばれるイスラーム神秘主義は、アラビア語でタサッウフという。スーフ（羊毛）でできた粗末な衣装を身にまとった者という意味。スーフィズムは7世紀頃から始まり各地で多くの神秘主義教団が形成された。エジプトではデルタ地域の町タンタにゆかりのあるアフマディー教団が13世紀に成立し、オスマン朝時代にはエジプトにおける最大勢力となった。

スーフィーダンスの名前でも知られる旋舞は、スーフィーの修行のひとつ。トルコのメヴレヴィー教団のセマーが有名だ。回転することで陶酔の極致に達し、神により近づくことを目的としている。この旋舞はエジプトではタンヌーラと呼ばれており、ベリーダンスショーの幕あいなどでもショーアップされた旋舞を観ることができる。ドーナツ状のスカートをくるくると回しながら上下に移動させ、頭にすっぽりとかぶる技は神秘主義の修行というよりは名人芸に近いのかもしれない。ハーン・ハリーリ近くのスルタン・ゴーリーのウィカーラ（→P.112）で行われるタンヌーラも有名だ。

タンヌーラはスカートを回しながら踊る

管楽器や笛などで音色を奏でる

スルタン・ゴーリーのウィカーラで披露されたタンヌーラ

カイロタワーはカイロのシンボル的存在

■カイロタワー
TEL (02)27383790
🕘 9:00〜24:00
🚫 無休
💰 70£E

■現代美術館
🚇 地下鉄オペラ駅下車
TEL (02)27366667
🕘 9:00〜15:00
　17:00〜21:00
🚫 日　💰 10£E(学生5£E)
フラッシュ撮影、ビデオ撮影禁止。

●ミュージックライブラリー
TEL (02)27398061
🕘 9:00〜16:00
🚫 金・土　💰 無料

エジプトの現代美術が展示される

■イスラーム陶器博物館
🚌 アタバから103番(シッタ・ウ・アシュリーン・ヨリヨ通り〜ガラー通りでも乗車可能)でマリオット・ホテル下車。徒歩3分。
TEL (02)27373298
🕘 10:00〜14:00
　17:00〜21:00
🚫 金　💰 25£E(学生12£E)

イズニックの水差しなど充実した展示

中洲 (ゲズィーラ島&ローダ島)
Gezira & Roda

جزيرة الزمالك والروضة
アラビア語:ゲジリート・イル・ザマーレク・ウィ・イル・ローダ

カイロ市内を流れるナイル川には、大きなふたつの中洲がある。ひとつがカイロタワーのある**ゲズィーラ島**、もうひとつがその南にある**ローダ島**だ。

空から眺める360度の大パノラマ　ボルグ・イル・カーヒラ
カイロタワー　برج القاهرة
Cairo Tower　折込MAP カイロB2

タフリール橋をゲズィーラ島へ渡ってすぐ北に行き、左へ曲がると上エジプトの象徴ロータス(ハス)をかたどったカイロタワーがある。高さ187m、東京タワーには及ぶべくもないが、展望台からは、カイロ市街はもちろん、天気がよければギザのピラミッド、シタデル、ナイルデルタまでも見渡せる。回転式の展望レストランやカフェテリアもある。

現代美術と音楽を知ろう　イル・マトゥハフ・イル・アスリ・イル・ハディース
現代美術館　المتحف العصري الحديث
National Museum of Egyphtian Modern Art　折込MAP カイロB2

オペラハウスの敷地内にあり、1940年代から現代までの興味深いエジプト美術が展示されている。モフタール博物館所蔵品も、現在はこの美術館の分館に移されている。隣にはミュージックライブラリーがあり、2階では民族音楽、クラシックなどのテープ、CD、ビデオが視聴できる。

オペラハウスはエジプトの青少年、社会人に対して芸術を鑑賞する場として、1986年に日本・JICAの協力で建設された。ここでは文化、バレエや声楽、楽器の授業などを提供しており、文化的教育の一端を担っている。バレエ、オペラ、コンサートなどのイベントが年間を通して数百本開催され、観光客が楽しむことも可能だ。

世界屈指の陶器コレクション　マトゥハフ・イル・ハザフ・イル・イスラーミー
イスラーム陶器博物館　متحف الخزف الاسلامي
Museum of National Ceramics　MAP P87C2

マリオット・ホテル横の瀟洒な建物がイスラーム陶器博物館。ここにはウマイヤ朝からオスマン朝にいたるイスラーム時代のエジプト歴代王朝をはじめ、トルコ、イラン、シリア、北アフリカ、イベリア半島など、イスラーム世界の各地域の陶器を集めている。なかでもマムルーク朝やオスマン朝時代の、鮮やかなブルーの陶器コレクションは必見。これだけの量と質のイズニックやキュタフヤ産の陶器コレクションはトルコ本国でもお目にかかれないほどだ。各王朝や産地ごとのデザインを比べてみるのもおもしろい。

博物館の建物自体も、ムハンマド・アリの孫にあたるアムル・イブラーヒームの宮殿だっただけあり、調度品や装飾も見ごたえがある。建物の裏にはオブジェがあちこちに置かれている。

オールドカイロとロータ島を結ぶ橋
モナステルリ橋
クブリ・モナステルリ
كوبري مونسترلي
| Kubri Monasterli | 折込MAP オールドカイロB |

　ロータ島とオールドカイロを結ぶノスタルジックな木製の橋。地元の人たちはフランス橋などともいうが、どちらにしても橋の名前はあまり知られてはいない。この橋でロータ島に渡り、左へ曲がれば、ウンム・クルスーム博物館とナイロメーターのあるモナステルリ宮殿がある。

ナイルの洪水を予測する
ナイロメーター
ミーヤース・イルティファーア・ミヤーフ・インニール
مقياس ارتفاع مياه النيل
| Nilometer | 折込MAP オールドカイロB |

　かつてナイル川は、定期的に氾濫していた。そしてこの洪水を事前に予測するため、ナイル川の水位を計るナイロメーターが流域のあちこちに設置された。ロータ島の南端にあるナイロメーターもそのひとつで、トゥールーン朝時代の716年に造られたもの。観測所には木造のナイロメーターが中に納められている。構造は単純で、深い縦穴を掘り、ナイル川と地下トンネルで結ぶ。川の水位が上昇すると、縦穴内の水位も上がる仕組みだ。建物の横にあるモナステルリ宮殿のテラスからはナイル川を眺めることもできる。

国民的女性歌手の遺品を集めた
ウンム・クルスーム博物館
イル・マトゥハフ・ウンム・クルスーム
المتحف ام الكلثوم
| Umm Kulthum Museum | 折込MAP オールドカイロB |

　ナイロメーターの横に2002年にできた博物館。エジプトだけではなく、アラブ世界でも最も愛された大女性歌手、ウンム・クルスームにまつわる品を集めている。館内には彼女が身にまとっていたステージ衣装やトレードマークのサングラス、各国首相からの感謝状などが展示されている。ビデオルームでは彼女の生涯のドキュメント番組が流されている（アラビア語のみ）。パソコン端末のあるAVライブラリーもあり、音楽や映像を自由に楽しむことができる。ちなみにウンム・クルスームのテープやCDは入口近くの売店で購入することができる。

豪華絢爛
マニアル宮殿
マトゥハフ・アスル・イル・マニアル
متحف قصر المنيل
| Manial Palace | 折込MAP カイロB3 |

　もとはムハンマド・アリのために建てられた宮殿。迎賓館や、ムハンマド・アリが居住していた宮殿が見学可能なので、豪華な調度品を見てみよう。敷地内には小規模ながら博物館があり、当時の様子が再現され、おもにオスマン朝時代の調度品が展示されている。入口は北側。

モナステルリ橋の瀟洒な姿

■モナステルリ橋
🚇地下鉄マル・ギルギス駅から徒歩15分
🚌アイン・シャムス発ミニバス302番モナステルリ橋行きが、ラムセス駅やガラー通り、コルニーシュ通りを経由する。

■ナイロメーター
開 9:00～16:00
料 15£E（学生8£E）

導水路の口がいくつも見える

■ウンム・クルスーム博物館
TEL (02)23631467
開 9:00～16:00
休 無休
料 2£E

カラフルな衣装の一部はイタリア人デザイナーの作

■マニアル宮殿
🚌355、357番ピラミッド行きのバスでも行ける。
開 2010年7月現在閉鎖中。2010年11月再オープン予定。

マニアル宮殿はしばらく改装中

オールドカイロ Old Cairo

مصر القديمة

アラビア語：マスル・イル・アディーマ

オールドカイロの路地

■オールドカイロへの行き方
🚇地下鉄が便利。
運行：タフリールからヘルワーン行きで、4つ目マル・ギルギス下車。
運賃：1£E
🚌アフマド・ヘルミからバス134番 ガーマ・アムル行き。50pt.。イッサイイダ・アイシャから217番。ガーマ・アムルのバスターミナルには市内各地からバスの便が発着する。

134番のバスの表示。右の赤字がガーマ・アムル、左の赤字がアフマド・ヘルミ

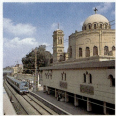
マル・ギルギス駅に入ってきた電車

■聖ジョージ教会
肌を露出した服装では中に入れないので、くれぐれも服装には注意しよう。
🕐8:00～16:00
💰無料

聖ジョージ教会の外観

　オールドカイロはカイロ発祥の地だけあって、エジプトの歴史を肌で感じられるような雰囲気の町。マル・ギルギス駅に降り立つと、目の前にはローマ時代の塔と壁が見える。この壁の内側は、いわば観光名所だらけだ。

　オールドカイロ地区には、今でもコプト教徒がかなりいる。コプト教（→P.103）というのは、原始キリスト教会の流れをくむといわれる一派。エジプトでは、キリスト教はかなり早くから広まったようだ。オールドカイロに残っている教会は、4世紀末から5世紀に建てられたものと、10世紀になって再建された聖ジョージ女子修道院、聖バーバラ教会、聖ジョージ教会、ムアッラカ教会などがある。

　コプト教会をよりどころにしていた人たちは、アラブ軍が侵入する以前、ビザンツ帝国の圧政から逃れるべく、抵抗運動を続けていた。だから、アラブ人が入ってきたとき、彼らは対ビザンツ戦でアラブ軍に協力したのである。

　イスラーム化していく状況下でも、コプト教徒たちはキリスト教を守り、古代エジプト語を源流とするコプト語を守った。現在はエジプト総人口のおよそ1割、300万から400万人のコプト教徒がいると推定されている。しかし日常の服装や生活様式は（少なくとも外見上は）イスラーム教徒と変わりがなく、宗教行事のときにコプト語を使うほかは、アラビア語を使用する。

　また、この地域にあるフスタート陶器センター（→P.105）とスーク・フスタートでは、伝統工芸の保護や後継者の育成を行っている。フスタート陶器センターは政府のバックアップを受け、工芸品も販売している。スーク・フスタートは、オールドカイロ再開発プロジェクトの一環として、陶芸やガラス職人を集め、「第2のハーン・ハリーリ」を目指して中世のスークを模して造られたショッピングエリアでもある。

スーク・フスタート

駅からきれいなドームが見える
聖ジョージ教会
世界遺産 Greek Orthodox Church of St. George

デール・マール・ギルギス

دير مار جرجس

MAP P101B

　日曜に聖ジョージ教会へ行けば、礼拝にやってくる人々の姿を見ることができる。入口の階段の反対側には、みやげ物屋が並び、コプト織などを売っている。

現在は教会となっているこの建物、ほとんど地下に埋もれている。建物自体が、かなり傷んでいるし、内部は薄暗い。そのため厳粛さを余計に感じる。

　この教会は、イエスの家族が難を逃れるためエジプトに渡ったという、新約聖書の伝承に述べられている、一行が身を寄せた場所に建てられている。この一角に教会が集中しているのも、この伝承のためである。

　聖ジョージ教会から道沿いに北へ少し進み、階段を下りると掘割の歩道がある。中世ヨーロッパを思わせる石畳が続き、沿道には聖ジョージ女子修道院や聖ジョージ修道院、聖バーバラ教会などが点在する。

聖ジョージ教会の内部

ムアッラカ教会の内部は身廊が4つある珍しい造り

ムアッラカ教会の入口

カラフルなランプが売られていた

マル・ギルギス駅西側は、小さなスークになっている

ミニ特集
初期キリスト教がよくわかる中身の濃い博物館
コプト博物館

コプト博物館は、コプト文化の記念碑的な芸術品や文書、フレスコ画、彫刻、壺、コプト織などを展示している博物館。時代でいえば、古代王朝およびグレコローマン時代から、アラブ・イスラーム国家へと移行する頃。そのため、古代エジプトの美術とグレコローマンの伝統を受けている。コプト語をはじめ、各国語で書かれた古い聖書なども残る。

1 アダムとイブがテーマのモザイク画 **2** 緻密な装飾が施された象嵌細工の棺 **3** 寄せ木細工など、アラブの伝統工芸がステンドグラスのデザインに活かされている **4** 半円形の壁面に刻まれたイエス。精悍な顔付きだ **5** 7・8世紀に作られた円形のタペストリー。杖を持ったふたりの人物を描いている **6** メトロ駅の目の前にあるコプト博物館 **7** コプトのイコンにはイエスを抱く聖母マリアの題材にも牛などの動物が登場する

ミニ特集●コプト博物館

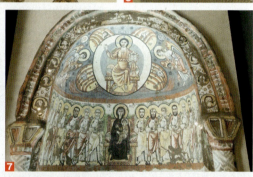

Map P.101B　TEL(02)23628766
Inet www.copticmuseum.gov.eg
開9:00～17:00　料50£E(学生25£E)
カメラやビデオカメラは入口で預ける。
館内撮影禁止

コプトって何？

　コプト教とは、エジプトを中心とした原始キリスト教の一派である。

　エジプトにおけるキリスト教の宣教は、紀元40年頃から福音書を書いた聖マルコによってアレキサンドリアから始まったといわれている。2世紀にはほぼ国内全土に広がり、エジプト人の多くはキリスト教徒になった。当時のアレキサンドリアは、ローマ、アンティオキアと並ぶ古代キリスト教の中心地であったが、アレキサンドリアのクリスチャンはキリスト単性論（キリストの人性よりも神性を尊重する）者であったため、451年のカルケドン公会議では異端の宣告を受けた。その後は独自の総司教を立てて孤立の道を歩んでいたが、7世紀のアラブ軍によるエジプト征服でイスラームへの改宗者が相次ぎ、コプト教会勢力はかなり衰えたといってよい。

　ところでコプト教徒は、ローマ皇帝ディオクレティアヌスの時代に残酷きわまりない迫害に遭遇し、多くの殉教者を出したことを記憶しておくため、ディオクレティアヌスが即位した284年をコプト元年とするコプト暦を用いている。これは太陽暦であるが、彼らはしばしば殉教暦とも呼んでいる。祝祭の日取りは、コプト正教派は、基本的に東方諸教会と同じで、カトリックと合同した新派は西方教会に従っている。そのため同じコプトでも正教派のクリスマスは1月7日であって、新派は12月25日になっている。

■聖セルジウス教会

内部の写真撮影は禁止。
⏰ 8:00〜16:00
💰 無料

聖セルジウス教会の入口は階段を下りた所にある

■ベン・エズラ・シナゴーグ

内部の写真撮影は禁止。
⏰ 9:00〜16:00
💰 無料

聖家族が立ち寄ったともいわれる場所
聖セルジウス教会
カニースィト・アブー・セルガ
كنيسة أبو سرجة

世界遺産 Church of St. Sergius　　MAP P101B

　303年に殉教した、ローマ帝国の役人である聖セルジウスと聖バッカスのために捧げられた聖バシリカ様式の教会。教会のある場所は、聖家族がエジプトに避難したときに過ごした洞窟としても知られている。教会は5世紀にその洞窟の上に建てられ、その後焼失されたあとに何度も再建された。教会の全体が再建されたのはファーティマ朝の12世紀。イエスの家族が過ごした洞窟は翼廊の中央部分の下にあったといわれている。

史料的価値の高い文書が見つかった
ベン・エズラ・シナゴーグ
カニースィト・ベン・エズラ
كنيسة بن عزرا

世界遺産 Ben Ezra Synagogue　　MAP P101B

　8世紀、ファーティマ朝の時代に聖ミカエル教会跡に建てられた。聖ミカエル教会は時の支配者、カリフ・ハーキムによって閉鎖され、土地と建物はユダヤ人コミュニティに売られた。現在の建物は1890年、エルサレムの大ラビ・アブラハム・

Information

中世のユダヤ社会の様子を今に伝えるゲニザ文書

　ゲニザGenizahとは、ヘブライ文字の書かれた文書や儀礼用具のうち、すでに使用されなくなったものを保管しておくためにシナゴーグ(ユダヤ教の会堂)などの建物に併設された保管所を指すヘブライ語である。中世のユダヤ共同体では、ユダヤの伝統に基づいてヘブライ語で「神」の名前の書かれた紙を破棄しないよう、使用済みの大量の紙がゲニザに貯えられて保存されてきた。このなかでも、特に19世紀末にフスタート(オールドカイロ)のパレスティナ系のエズラ・シナゴーグのゲニザから発見された大量の文書が「カイロ・ゲニザ」(以下ゲニザ文書と表記)と呼ばれる。

　全体で25万枚以上にもなるゲニザ文書の原本は、現在イギリス、アメリカ、フランス、ハンガリー、ロシア、イスラエルなどを中心とする世界各地の19の図書館および幾人かの個人により分散して所有されているが、大半はイギリスのケンブリッジ大学図書館やオックスフォード大学のボドレイアン図書館に所蔵されている。

　ゲニザに使用済みの紙を貯蔵する習慣は、19世紀にいたるまで継続されてきたため、発見された文書の書かれた年代の幅は9世紀から19世紀までと広いが、その大部分は10世紀半ばから13世紀半ばに集中している。そしてこれらの文書が書かれた場所は西はスペインから東はイ

数奇な運命をたどってきたベン・エズラ・シナゴーグ。ここでゲニザ文書が発見された

ンドに及ぶ。

　25万枚余りの紙の内訳は、礼拝用の詩、宗教書の断片などに代表される文学的文書とユダヤ共同体の日常生活について書かれた記録文書に大別されるが、記録文書はすべて合わせても1万枚余りで、ゲニザ文書全体のほんの一部を占めるに過ぎない。記録文書の約半数は公私両面にわたる手紙、商業上の往復書簡であり、以下種々の契約書や婚姻・離婚などの証書、ラビ(ユダヤ教律法学者)法廷の裁判記録、帳簿、計算書などと続く。

　文学的文書のほぼすべてがヘブライ語で書かれているのに対し、記録文書の大部分はヘブライ文字表記のアラビア語で書かれている。ゲニザ文書は、中世ユダヤ社会およびイスラーム世界、また当時の東西交易の様子を解明しようとする社会経済史の分野に大きく貢献するものとして、今後のさらなる研究が待たれている。

(嶋田英晴)

ベン・エズラによって改修、増築が行われたものである。この工事中に大発見があった。シナゴーグの地下から何万点にも及ぶ文書が発見されたのだ。これらは9～19世紀のもの。当時の社会を知る貴重な史料である。

ベン・エズラ・シナゴーグの入口

ガーマ・アムル
アフリカで最初のイスラム寺院
ガーマ・アムル・ブヌル・アース
جامع عمرو بن العاص

|世界遺産 Amr Ibn el-As Mosque | MAP P101A|

ガーマ・アムルの名前は、641年にエジプトを征服したアラブ軍の総司令官アムル・ブン・アル・アースに由来する。彼は、バビロン城北側にフスタート（テントの意味）を建て、ビザンツ軍のこもるバビロン城を陥落させた。そしてエジプト州首都を建設し、イスラーム寺院を建立した。首都の名がイル・フスタート、その寺院がガーマ・アムルである。

建設当時のガーマ・アムルは、屋根にヤシの葉を葺いただけの簡素なものだったという。フスタートのイスラム教徒が増えるにつれて拡張され、827年には現在の縦120m、横110mの大きさになった。これはカイロのガーマのなかでも最大級。建物自体は13世紀以降に再建されたものだが、広い礼拝堂では、屋根を支える細身の円柱が独特のリズム感を生み出し、軽やかな雰囲気を醸し出している。

ガーマ・アムルの中庭

■ガーマ・アムル
圏9:00～20:00　困無休
囲寄付歓迎

フスタート
見渡す限り砂色に染まる荒れ果てた廃都
イル・フスタート
الفسطاط

|世界遺産 Fustat | 折込MAP 大カイロB2|

フスタート陶器センターの後方に広がる荒地が、アラビア語でエジプトの語源でもあるミスル＝軍営都市の廃墟、フスタート。かつて、商業の一大中心地として繁栄した都でもある。

1167年、エルサレム王国のアルマナック国王はエジプト進撃を開始。カイロに迫った1168年、この地が占領、要塞化されることをおそれたファーティマ朝は、自らの手でフスタートを焼き払った。以後800年、廃墟をさらしているのが、今の姿である。

フスタート一帯は、そのまま文化財として保護されている。危険なので、勝手に歩き回ると事故のもと。眺めて満足するのが、ここでの最上の過ごし方だ。廃墟から出土した品は、イスラーム芸術博物館（→P.88）に陳列されている。中国の青磁なども出ていて、フスタートがシルクロードにつながっていることがわかって、日本が急に近く感じられたりする。

■フスタート
圏9:00～17:00　困無休
囲5£E

■フスタート陶器センター
折込Map大カイロ B2
圏9:00～15:00
困金・土　囲無料

ところどころに遺構が残る

フスタート陶器センターの職人

水道橋
サラーフ・サーリム通り沿いの巨大な橋
カンタリト・イル・ミヤーフ
قنطرة المياه

|Aqueduct | 折込MAP 大カイロB4|

ローダ島の真ん中あたりのナイル川東岸から、シタデルまで続く巨大な水道橋。もともとはローマ時代に建設されたが、現在見られるのは14～15世紀に造られたものだ。

■水道橋
メトロのイル・マリク・イッサーリフ駅から線路沿いに北に歩いた所が西端。マグラ・イル・ウユーン通りからサラーフ・サーリム通り沿いに延びている。

断続的に水道橋の跡が残る

イスラーム地区 Islamic Cairo

القاهرة الإسلامية
アラビア語：イル・カーヘラ・イル・イスラーミーヤ

ガーマ・アフマド・イブン・トゥールーンのミナレットからイスラーム地区を眺める

エジプトの世界遺産といえば、ピラミッドや神殿などの古代遺跡が有名だが、カイロのイスラーム地区のイスラーム建築群も世界遺産に登録されており、その数は600以上にのぼる。とはいえ、資金不足などから調査、修復があまり進んでおらず、なかには焼失してしまったものもある。

カイロは、ファーティマ朝からマムルーク朝にかけて、イスラーム世界の中心として長い間繁栄してきた。また、「1000のミナレットの町」と形容されるように、高い所から眺めれば、雑踏の間にミナレットが林立しているのがわかる。現在でもこの地区は中世の面影を色濃く残すカイロの下町であり、屋外博物館のように実際の建物を見比べながらイスラーム建築の変遷をたどることができる。

ひと口にイスラーム地区といってもその範囲は広い。北はフトゥーフ門から南はシタデル、東は死者の町まで、南北4km、東西2kmの範囲にわたり、大小さまざまな建築物が点在している。アズハル広場周辺、ホセイン〜フトゥーフ門周辺、ズウェーラ門〜ガーマ・スルタン・ハサン周辺、シタデル〜イブン・トゥールーン周辺、死者の町の5つに分けられる。イスラーム地区を歩くときも、この区分を頭に入れておいたほうが効率的に見どころを回れる。

■イスラーム地区へ
イスラーム地区へはカイロの各地からバスやセルビスが出ているが、どこを目的にするかでアクセスが異なる。アズハル地区、イッサイイダ・アイシャへはラムセス広場、またはアフマド・ヘルミ広場からマイクロバス、西端のイッサイイダ・ゼーナブへは地下鉄やバスの利用が便利。

■イスラーム地区内部はバスの便がほとんどない
イスラーム地区中心部は細い路地が多く、一部の大きな通りを除いてバスの便はない。徒歩での移動が基本となる。

ハーン・ハリーリで売られている小物

アズハル公園から眺めたイスラーム地区

多くの人でにぎわうアズハル広場周辺のムイッズ通り

イスラーム地区概念図

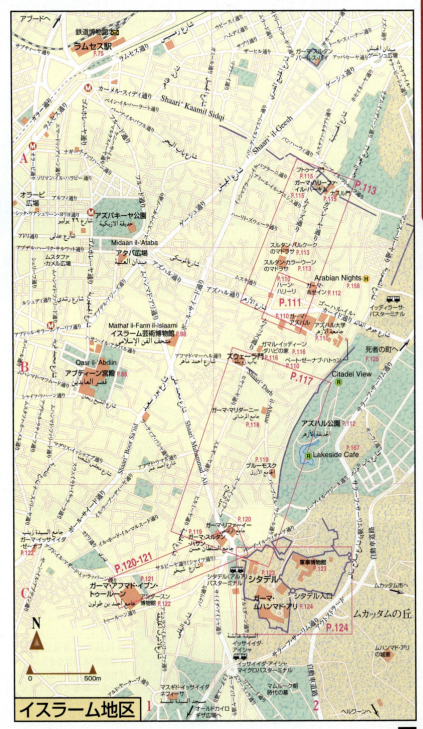

ミニ特集 図説 ガーマ(寺院)の歩き方

カイロのイスラーム地区は1300年以上もの歴史がある。
しかもこれらのイスラーム建築は世界遺産に指定されている。
これほどまでに長い歴史の建築物を集めた町は、
世界中どこを探してもここカイロしかない。

❶天井ドームとシャンデリア

丸いドームをもつイスラーム建築は、カイロではマムルーク朝時代に多く造られた。シャンデリアはガーマ・ムハンマド・アリのものが美しい。

ガーマ・ムハンマド・アリの天井ドーム

ガーマ・ムハンマド・アリのシャンデリア

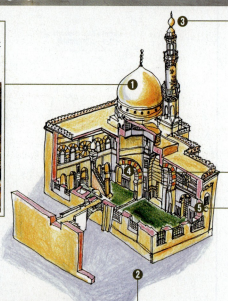

ガーマでウドゥーをする人

❷礼拝前に身を清める

礼拝前の沐浴はウドゥーと呼ばれている。手→口→顔→腕→足の順番で洗っていく。入口や中庭などにウドゥーをする泉亭がある。

❸ミナレット

建築様式の違いはドームの形状などいろいろなところに現れるが、最もわかりやすいのはアザーンを呼びかける場所、ミナレットの外観の装飾だろう。

カイロは「1000のミナレットをもつ町」として知られ、多彩な種類のミナレットが見られる。時代ごとに建築様式が変更されることによって、ミナレットもまた変化してきた。

また、ミナレットのからの風景もまた美しく、特にガーマ・アフマド・イブン・トゥールーンは高さが40mもあるので、壮大なパノラマが楽しめる。

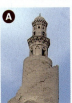
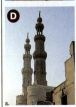 

Ⓐ ガーマ・アフマド・イブン・トゥールーン
　（9世紀、トゥールーン朝）
Ⓑ ガーマ・イル・ハーキム（11世紀、ファーティマ朝）
Ⓒ スルタン・カラーウーンのマドラサ
　（13世紀、マムルーク朝）
Ⓓ ズウェーラ門（15世紀、マムルーク朝）
Ⓔ ガーマ・イル・アクマル（12世紀、ファーティマ朝）
Ⓕ ガーマ・ホセイン（19世紀、オスマン朝）

見学のマナー

靴カバー
本当は靴を脱いで入場しなければならないが、脱ぐ代わりに靴カバーを貸し出すところも。利用したら1£Eほどのバクシーシを。

スカーフ
女性が寺院に入る際、スカーフの着用は必須。入口でも貸し出していることも多い。利用したら50pt.ほどのバクシーシを払う。

❺霊廟

ガーマの内部には、その建物にゆかりにある人物の墓があることも多い。

ブルーモスク内にある霊廟

❹ミンバルとミフラーブ

ミンバルは金曜の集団礼拝で使用される説教壇。ミフラーブはメッカの方向を示すくぼみで、タイルで装飾されていることもある。

木製のミンバル

ミフラーブはガーマで最も重要

■アズハル広場周辺へ

🚌 マンスーリーヤ通りとサラーフ・サーレム通りの間に、イッディラーサ・バスターミナルがあり、カイロ市内各地から大型バスが運行されている。タフリール西からは110、186、190番で、1£E。

🚌 ラムセス広場からマイクロバス75pt。

🚕 タフリール広場から約5£E（帰路は8£E が相場）。

■ガーマ・アズハル

🕐 9:00〜19:00（マドラサ）
💰 無料だが、礼拝の時間は避けよう。クルアーンを音読中の人が多いのでジャマしないように。

ガーマ・アズハルの中庭

■ガーマ・アブル・ダハブ

🕐 8:30〜18:00（冬期〜17:00）
💰 25£E（学生15£E）

ガーマ・アブル・ダハブの外観

■ハーン・ハリーリ

🕐 9:00〜23:00頃 休日

ハーン・ハリーリのベデスタン入口

アズハル広場周辺

アズハル広場周辺は、19世紀に今のカイロ中心部ができるまで、カイロの中心として栄えたエリア。特に、中心を南北に走るムイッズ通りShaari' il-Mu'izz周辺は、当時の人々の生活を彷彿とさせるような庶民の活気でいっぱいだ。みやげ物屋で有名なハーン・ハリーリのスークもここにある。

イスラーム世界の最高学府をもつ
ガーマ・アズハル

ガーマ・イル・アズハル
جامع الأزهر

世界遺産 The Mosque of el-Azhar　MAP P.111B2

アズハル広場に面して建つ、由緒ある寺院。創建は970年、ファーティマ朝の将軍ゴウハルによる。988年には付属のマドラサ（高等教育施設）がカリフ・ムイッズによって建てられ、これが現在のアズハル大学となった。今に残るイスラーム世界最古の高等学府である。ファーティマ朝の時代には、シーア派の教えが広められて、イスラーム世界各地に派遣されて布教活動をするダーイー（布教者）養成の役割も果たしていた。

しかしアイユーブ朝の時代に入ると、サラーフッディーン（サラディン）はスンナ派であったため、アズハルのマドラサは閉鎖された。後にバフリー・マムルーク朝3代スルタン、バイバルス1世によって再開され、やがてスンナ派学問の中心地となっていく。近代になってからは、1936年の法令でガーマとマドラサに分けられた。

マムルーク朝とオスマン朝が混り合った
ガーマ・アブル・ダハブ

ガーマ・アブッダハブ
متحف الفن الإسلامي

世界遺産 The Mosque of Abu Dhahab　MAP P.111B2

ガーマ・アズハルの横に建っている。オスマン朝時代の1774年に建てられた。アブル・ダハブとは金持ちという意味。ミナレットなどにはマムルーク朝の雰囲気も残している。

カイロの一大おみやげセンター
ハーン・ハリーリ

ハーン・イル・ハリーリ
خان الخليلي

世界遺産 Khan el-Khaliili　MAP P.111

ハーン・ハリーリの歴史は長く、14世紀末には市ができていたらしい。19世紀初めには12の大バザールがひとつになったといわれているが、今残っているのはここだけ。大半がみやげ物屋で、旅行者が必ず立ち寄る観光名所だ。

ガーマ・ホセイン西側の一帯が、ハーン・ハリーリのバザール。バザールの中は細い道がくねくねと曲がりながら何本にも分かれていて、まさに迷路。その迷路の両側にみやげ物屋がびっしりと並ぶ。金銀銅などの金属細工や食器、宝石類、革細工、木箱に貝の裏側をモザイク模様に切り貼りした象嵌細工の工芸品、アラバスター（古代から彫刻に用いられた石）製品、シーシャ（水パイプ）など、何時間見ても飽きない。

from Readers

楽しいぞ！ ハーン・ハリーリ

😊 日本製のボールペン、ティッシュ、ガムが欲しいと言っていました。値段交渉も活発で、エジプト人の人柄にも触れられておもしろいです。
（和歌山県　オオガシ　'09夏）

😊 お店の人はかなりぼったくってきますが、それでもおみやげの種類や品数は圧倒的に多くて楽しめます。裏通りに入ると、観光客相手ではなさそうな職人さんのお店もあります。
（兵庫県　相楽　'10夏）

😊 値段交渉は根気強さが必要ですが、納得できる値段にしてくれた場合は、相手に「シュクラン（ありがとう）」のひとことを忘れずに。日本のキャンディやガムも値段交渉時に有効でした。
（兵庫県　トドすけ　'09秋）

☹ 迷路のように入り組んでいて、途中で迷子になり、集合場所に戻れなくなってしまった。30分歩き回り現地の人の助けも得ながらなんとか脱出できたが、冷や汗の出た体験でした。位置を確認しながら奥に進んだほうがいいと思った。
（東京都　高加奈美　'09秋）

☹ 革のウオーキングシューズを履いていたら、ハーン・ハリーリで靴磨きにしつこく「1US$」と追い駆け回られた。
（東京都　カイロで紅茶　'10春）

111

■ガーマ・ホセイン
男性と女性の入口は別々になっている。異教徒は入場を断られることもある。

高いミナレットのガーマ・ホセイン

■スルタン・ゴーリーのマドラサ
圏 10:00～22:00
困 無休　圏 寄付歓迎

■スーフィーの旋舞ショー
Map P.111B2
スルタン・ゴーリーのウィカーラにある屋内ステージでは、スーフィーの旋舞ショー（タンヌーラ）を無料で鑑賞できる。月・水・土曜の20:30（冬期は21:30）開始。開場は1時間前から。ビデオ撮影禁止
圏 無料

タンヌーラと呼ばれる旋舞

■アズハル公園
圏 月～水9:00～23:00頃
木～日9:00～24:00頃
困 無休
圏 火 3£E　水～月 5£E　祝 7£E

緑豊かなアズハル公園

有名な巡礼地として由緒ある
ガーマ・ホセイン
ガーマ・スィードナル・ホセイン
جامع سيدنا الحسين
世界遺産 The Mosque of el-Hussein　MAP P.111A2

ガーマ・アズハルからアズハル通りを渡った所に、大きな広場がある。ラマダーンやイード、預言者ムハンマドの生誕祭など、祭礼のときには礼拝の儀式でとてもにぎわう。この広場に隣接する建物が、ガーマ・ホセインだ。

ファーティマ朝はシーア派政権だったが、そもそもシーア派とは第4代カリフ、アリを真の指導者、初代イマームとする人々のこと。そしてファーティマとは、預言者ムハンマドの四女でアリの妻だった女性の名前。ファーティマ朝のカリフはアリとファーティマの次男ホセイン（第3代イマーム）の末裔といわれている。このホセインは、680年にイラクのカルバラーの地でウマイヤ朝と戦って戦死したが、なんと500年近くも後の1153年に彼の頭蓋骨と思われるもの（ちなみに胴体はイラクにある）が、ファーティマ朝のカイロに持ち込まれた。ガーマ・ホセインは、このことをきっかけに建てられた。現存の建物は19世紀に建てられたものだ。

スークの入口にある
スルタン・ゴーリーのマドラサ
マドラシト・イッスルターン・カーンソーフ・イル・ゴーリー
مدرسة السلطان قانصوه الغوري
世界遺産 The Mosque of el-Ghuri　MAP P.111B1

ムイッズ通りの左右にあり、ここからズウェーラ門まではとてもにぎやかなエリア。混雑で身動きがとれなくなることもあるほどだ。このマドラサや周辺のゴーリーと名の付く一連の建物は、ブルジー・マムルーク朝末期のスルタン・ゴーリーによって1504～05年にかけて建てられた。王朝が衰退の過程にあってなお、これだけのものが造られるとは驚きだ。マドラサと対をなすのが彼の廟。鍾乳石のような入口の装飾はとても優美だ。

スルタン・ゴーリーのマドラサのイーワーンとムイッズ通りまで広がるスーク

丘の上からイスラーム地区を見物
アズハル公園
ハディーキト・イル・アズハル
حديقة الأزهر
El-Azhar Park　MAP P.107B2

イスラーム地区の東端、サラーフ・サーリム通りとサラーフッディーン（サラディン）の城壁とに挟まれた小高い丘にある公園。緑で覆われた公園内は、人工の池や噴水などが造られ、何とも涼しげ。ここからのイスラーム地区の眺めは絶景だ。公園内には、レストラン、カフェ、ピザ屋などもあるので、イスラーム地区の喧噪を遠くに聞きながら、のんびりと食事を楽しんではいかがだろう。

ホセイン〜フトゥーフ門周辺

　ズウェーラ門からフトゥーフ門へ向かって延びるムイッズ通りは、ファーティマ朝時代からの目抜き通りだが、現存する建物はあまりない。現在はムイッズ通りに沿ってマムルーク朝時代の壮麗なマドラサなどが並ぶ。ハーン・ハリーリを抜けたら、ぜひ歩きながら楽しみたい。ムイッズ通り、ハーン・ハリーリから北へと見どころを紹介してみよう。

スパイスとつながりのある
スルタン・バルスバイのマドラサ

マドラシト・イッスルターン・アシュラフ・バルスバイ

مدرسة السلطان الاشرف بارسباي

世界遺産 The Mosque of el-Ashraf Barsbay　　MAP P.111AB1

スルタン・バルスバイのマドラサ

　1422年の創建。ハーン・ハリーリのメインストリートであるムスキ通りを西に行き、香水屋の角の向かいにある。バルスバイはブルジー・マムルーク朝のスルタン。キプロス島を陥落させ、短い間ではあったが、香辛料の通商路を管理下においた。周辺には香辛料の店も多い。

見ごたえのある
スルタン・カラーウーンのマドラサ

マドラシト・イッスルターン・アラーウーン

مدرسة السلطان قلاوون

世界遺産 The Madrassa of Sultan Qalawun　　MAP P.113B

　バルスバイからムイッズ通りを少し北に行くと、左側に見える大きな建物がスルタン・カラーウーンのマドラサだ。バフリー・マムルーク朝第8代スルタン・カラーウーンが1284年に建てたもの。マドラサとスルタン・カラーウーンの廟、回廊の奥には当時の病院の跡がある。注目すべきは入口の装飾。内部には美しいステンドグラスやモザイクもある。当時としては驚くほど設備が整っており、高度な手術も可能だった。

カラーウーンと並んで大きな
スルタン・バルクークのマドラサ

マドラシト・イッスルターン・バルクーク

مدرسة السلطان برقوق

世界遺産 The Madrassa of Sultan Barquq　　MAP P.113B

　スルタン・カラーウーンのすぐ隣。1384年から86年にかけて、ブルジー・マムルーク朝の初代スルタン・バルクークによって建てられた。バルクークはコーカサス地方出身のチェルケス人の軍人奴隷だった。彼は、権力者の内紛をうまく利用し、軍人奴

■スルタン・バルスバイのマドラサ
圏9:00〜21:00
圏寄付歓迎

■スルタン・カラーウーンのマドラサ
圏8:00〜22:00
圏寄付歓迎

アラベスク装飾が美しいスルタン・カラーウーンのマドラサ入口

■スルタン・バルクークのマドラサ
圏寄付歓迎
※2010年7月現在閉鎖中。

スルタン・カラーウーンのマドラサ（左）とスルタン・バルクークのマドラサ（右）

■**バシュターク宮殿**
入口は表通りから路地を入った所にある。表通りに面した部分は1階が商店なので見逃しやすい。
圏10:00〜14:00
圏寄付歓迎

何気なく建っているバシュターク宮殿

■**サビール・クッターブ・アブドゥル・ラフマーン・ケトフダー**
入口は東側の路地。
圏9:00〜21:00
圏無料

ライトアップされたサビール・クッターブ・アブドゥル・ラフマーン・ケトフダー

■**サビール・ソリマン・アガ・スィラフダール**
Map P.113A
圏9:00〜18:00
圏10£E（学生5£E）

隷の身分からスルタンにまでかけあがった人物。入口を通って中庭へ出ると4つの部屋がある。イスラーム・スンナ派の4大法学派にそれぞれ割り当てられており、100人以上の学生がここで学んでいたといわれている。

スルタン・カラーウーンのマドラサとの間にある、バフリー・マムルーク朝最盛期のスルタン・ナースィルの廟とマドラサは、入口の装飾やミナレットが見どころ。

かつての栄華を偲ぶ
バシュターク宮殿

アスル・イル・アミール・バシュターク
قصر الأمير بشتاك

世界遺産 **Bishtak Palace**　　　　MAP P.113B

スルタン・バルクークの北向かいにあるのが、バシュターク宮殿だ。宮殿というには少し貧相だが、実は、これは東大宮殿の一部に過ぎない。

ファーティマ朝最盛期のカリフ・アジーズは、10世紀末にムイッズ通りを挟んで東西に巨大な宮殿を建てた。これはバイナル・カスライン（ふたつの宮殿の間の意味）と呼ばれ、東大宮殿と西小宮殿の宮殿は地下道で結ばれていたという。東大宮殿には1万2000人の奴隷、1000頭の馬がいて、西側のカーフル（楠）庭園には、世界中から珍しい動植物が集められていたという。

第6代カリフ・ハーキムは、1005年にこの宮殿の一角に神学、法学、哲学、数学、天文学などの研究機関、ダール・アル・ヒクマ（知恵の館）を設けた。その蔵書はなんと10万冊といわれている。しかし、ファーティマ朝末期からファーティマ朝を滅亡させたサラーフッディーンは図書を二束三文で売り飛ばしてしまい、その役割を終えてしまった。

今はほとんど崩れ落ち、かなり無惨な姿をさらしているが、屋上からの景色はなかなかすばらしい。

上が学校、下が井戸
サビール・クッターブ・アブド・イッラフマーン・ケトホダ
サビール・クッターブ・アブドゥル・ラフマーン・ケトフダー

سبيل كتاب عبد الرحمن كتخدا

世界遺産 **Sabil-Kuttab of Abd Al-Rahman Katkhuda**　MAP P.113B

バシュターク宮殿の斜め向かいの交差点にあり、凝った装飾でひときわ異彩を放っている。現在ガーマになっているサビール・クッターブ・シェイフ・ムタッハルも、同じ名前で呼ばれることがある。これはオスマン朝時代の1764年に建てられたもので保存状態もよい。下が共同井戸（サビール）になっており、上階が子供たちの初等教育の場（クッターブ）という、エジプトで独自に発展した公共施設だ。

イスラーム地区にはこのようなサビール・クッターブがいくつも残っている。ここから約400m北に行った所にあるサビール・ソリマン・アガ・スィラフダールもそのひとつで、6ヵ月分の貯水量を誇る地下貯水池を見学できる。

ハーキムのガーマ
ガーマ・ハリーファ・イル・ハーキム

ガーマ・イル・ハリーファ・イル・ハーキム・バーアムリッラー

جامع الخليفة الحاكم بامر الله

世界遺産 The Mosque of el-Hakim　　　MAP P.113A

　ムイッズ通りの北端東側、城壁沿いにあり、ファーティマ朝第6代カリフ、ハーキムが1013年に完成させた、カイロ最初の石造りのガーマ。1017年、突然ハーキムを生き神として崇拝する人々が現れ、ハーキムも、自らを神がこの世に現れた救世主としたという。この派閥が後にイスラームと決別したドルーズ派を生むこととなっていく。このガーマは十字軍の捕虜の牢獄として使われたり、ナポレオンの要塞として使われたので、かなり荒れ果てていた。現在の建物は20世紀に入って再建されたものだ。だから床もピカピカ。よく電動ワックスマシーンで磨いている。

　ハーキムは、シーア派色を強め、キリスト教徒やユダヤ教徒を迫害、弾圧し、エルサレムの聖墳墓教会を破壊したことでも知られる。彼の最期にも謎が多く、1021年のある夜、ムカッタムの丘近くの砂漠に忽然と消えたともいわれている。ちょっとミステリアスな歴史でもある。従来は狂信的なカリフだと評価されてきたが、最近は見直しが進められてきている。

■ガーマ・ハリーファ・イル・ハーキム
圏8:00〜20:00
围寄付歓迎

ガーマの回廊とミナレット

ミフラーブの前はアーチで仕切られ、シャンデリアがあるなど、ほかの部分とは区別されている

1000年間カイロを見守ってきた
フトゥーフ門とナスル門

バーブ・イル・フトゥーフ、バーブ・インナスル

باب الفتوح باب النصر

世界遺産 Bab el-Futuh and Bab el-Nasr　　　MAP P.113A

丸みをおびたフトゥーフ門

　ムイッズ通りの北端がフトゥーフ(征服)門、ガーマ・ハリーファ・イル・ハーキムを挟んでその約150m東がナスル(勝利)門。ズウェーラ門と同じくカーヘラの城壁にあった門だ。ズウェーラ門と比べると、上部は塔のような造りにはなっておらず、高さはズウェーラ門ほどはない。ナスル門は角張った造りで、フトゥーフ門は巨大な円柱が2本立ち並んでいる感じ。また、門とともにカーヘラの城壁がかなり残っているのも、ズウェーラ門と違う。フトゥーフ、ナスル両門とともに迫力があり、威圧感を覚える。

　ナスル門を入ってすぐ左の建物はカーイトゥベーイのウィカーラと呼ばれている。ウィカーラとは規模の大きな隊商宿のこと。巡礼の頃になると、各地からメッカに向かう人で大変にぎわったといわれているが、現在はほとんど残っていない。このウィカーラは数少ない生き残りのひとつだ。ズウェーラ、フトゥーフ、ナスル各門の今の姿は、11世紀終わりにファーティマ朝第8代カリフ、ムスタンスィルのもとで軍事司令官を務めたバドル・アル・ジャマリー将軍によって建て直された。

■フトゥーフ門、ナスル門
围寄付歓迎
※2010年7月現在内部の見学はできない。

巨大なナスル門

ナスル門からの眺め

婦人服を扱う店が多い、ズウェーラ門近くのムイッズ通り

■ガマル・イッディーン・ダハビの家
営9:00～17:00　困無休
料20£E(学生10£E)
隣のマクハーが管理、運営を行っている。扉が閉まっている場合はマクハーにいるスタッフに頼んで、鍵を持ってきてもらおう。

ムイッズ通りから行く場合、ここの道へ入っていくとガマル・イッディーン・ダハビの家がある

■ガーマ・ムアイヤド・イッシェイフ
営9:00～22:00
料寄付歓迎

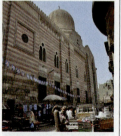
ガーマ・ムアイヤド・イッシェイフ

ズウェーラ門周辺

スルタン・ゴーリーのマドラサからムイッズ通りを南へ入ると、道の両端にさまざまな店がひしめく庶民のスークがある。みやげ物屋が多いハーン・ハリーリとは比べものにならないくらい庶民の熱気が渦巻いている。

またガーマ・アズハルからズウェーラ門にかけての地域には、古い家が残っている。2階の出窓が外に張り出したマシャラベーヤと呼ばれる造りのものだ。

金持ちの豪邸だった
ガマル・イッディーン・ダハビの家
ベート・ガマール・イッディーン・イル・ダハビ
بيت جمال الدين الذهبي
世界遺産 **House of Gamal el-Din el-Dhahabi**　MAP P.107B2

ガマル・イッディーン・ダハビの路地はマシャラベーヤの出窓が目印

ムイッズ通りから少し東に入った所にある。中庭を囲むように建物があり、部屋がいくつにも分かれている。この地域のなかで最も保存状態がよく、マシャラベーヤの装飾がとてもきれいだ。ダハブがアラビア語で黄金を意味するように、ガマル・イッディーン・ダハビは17世紀に金の取引で財をなした人物。このあたりは道が入り組んでおりわかりにくいが、ウィカーラがあったり、古い家があったり、はたまたサビール・クッタープがあったりと、歩き回っていて楽しいエリアだ。

もとは牢獄だった
ガーマ・ムアイヤド・イッシェイフ
ガーマ・ムアイヤド・イッシェイフ
جامع مؤيد الشيخ
世界遺産 **El-Muayyad Mosque**　MAP P.117A

入口の鍾乳装飾が美しい

ムイッズ通りを南に行くとズウェーラ門が見えてくる。その麓、右側に隣接するのが、1415年に建てられたガーマ・ムアイヤド・イッシェイフ。入口にある大きな鉄扉とその上の装飾が美しい。中庭は木々の茂るきれいな庭園だ。

以前は牢獄がここにあり、これを建てたスルタン・ムアイヤドはスルタンに即位する前、彼自身もここに投獄されていた。スルタンとなったムアイヤドは牢獄を取り壊して、ガーマを建てたが、処刑場だけは残った。

オスマン朝との戦いに敗れたマムルーク朝最後のスルタン、トマン・ベイはここで処刑され、首はズウェーラ門につるされたという。

中世カイロの南端は処刑門
ズウェーラ門
バーブ・ズウェーラ
باب زويلة
世界遺産 **Bab Zuwayla**　MAP P.117A

ムイッズ通りの終点はここズウェーラ門。創建は1092年、フトゥーフ門、ナスル門と並んで現存する3つの城門のひとつ。処刑された罪人の首がよくこの門につるされていたそうだ。ズ

ウェーラとは、このエリアにファーティマ朝の傭兵として駐屯していたベルベル人の部族の名前。巨大な塔が2本天空にそびえていて、地面から塔のてっぺんまで、門全体を1枚の写真に収めるのはとても無理。

この2本の塔はガーマ・ムアイヤド・イッシェイフのミナレットとして建てられた。このミナレットの上からはイスラーム地区の大パノラマが広がる。また、ズウェーラ門の見どころを解説したパネルもある。

ズウェーラ門～ガーマ・スルタン・ハサン周辺

ズウェーラ門から南はカーヘラの城壁の外側。アイユーブ朝やマムルーク朝時代になって発展した街区だ。ハーン・ハリーリのほうから歩いてきて、ズウェーラ門を抜けると、道が3つに分かれている。

■ズウェーラ門
圃 8:30～17:00
圍 15£E(学生8£E)

ズウェーラ門の上にそびえる尖塔は、正式にはガーマ・ムアイヤド・イッシェイフのものだ

タペストリーに刺繍をするテント職人。小さな布はおみやげにもぴったり

テント以外にもあらゆる布製品が売られているカサバ・ラドワーン・ベイでおみやげを選ぶのも楽しい

屋根に覆われているカサバ・ラドワーン・ベイ

ガーマ・ムアイヤド・イッシェイフ周辺のスーク

ズウェーラ門周辺

マスギド・カーニー・ベグの前では小さなスークが開いていた

ズウェーラ門を出て、そのまま真っすぐヒヤミーヤ通りShaari' il-Khiyamiiyaを行けば、屋根付きのスーク、カサバ・ラドワーン・ベイに入る。このあたりにテント職人の店が並ぶ。ここで作られたテント生地は、11世紀にはすでにファーティマ朝の軍隊に納入されていたという。店先では、職人さんがタペストリーに刺繍を施したり、修繕している。

カサバ・ラドワーン・ベイを抜けると、通りの名はイッ・スルギーヤに変わる。この通りにはオスマン朝時代の建物がいくつか残っている。通りを直進すると、ムハンマド・アリ通りShaari' Muhammad 'Aliに出る。左には、スルタン・ハサンとリファーイーの双子のガーマが見えるはずだ。

ズウェーラ門を出たら右に曲がってアフマド・マーヘル通りShaari' Ahmad Maahirを直進すれば、ボール・サイード通りShaari' Bor Sa'iidに出る。通りを渡った所にイスラーム芸術博物館がある。

静かな朝のダルブ・イル・アフマル通り

ダルブ・イル・アフマル通り〜シタデル周辺

ズウェーラ門を抜けて左へ。見どころが多いのはこの通り。道は少し広いので、ミニバスもたまに通る。

■ガーマ・サーリフ・タラアイー
⊙13:00〜日没後の礼拝
⊙寄付歓迎

ズウェーラ門の目の前
ガーマ・サーリフ・タラアイー
ガーマ・イッサーリフ・タラアイー
جامع الصالح طلائع
世界遺産 The Mosque of Salih Tala'i　　MAP P.117A

ガーマ・サーリフ・タラアイー

ズウェーラ門を抜けてすぐ左に見えるのが、ガーマ・サーリフ・タラアイー。ファーティマ朝最後のカリフ・アーディドの宰相サーリフ・タラアイーが建てた。規模はそれほど大きくはないが、中庭の連続アーチの装飾など、均整がとれ洗練された建築は、ファーティマ朝期におけるイスラーム建築様式の到達点ともいわれる。

ダルブ・イル・アフマル通りをさらに行くと左側に見えるのが、1480年に建てられたガーマ・イスハーキGaami' Ishaaqiだ。マムルーク朝後期の典型的なガーマで、1階部分が店舗になっている。さらに通りを行くと右側に見えてくるのが、1325年に建てられたガーマ・アフマド・ミフマンダールGaami' Ahmad Mihmandaar。ここも正面入口の装飾が美しい。

マムルーク朝後期の美しい建築のひとつ、ガーマ・イスハーキ

■ガーマ・マリダーニー
⊙8:00〜22:00
⊙寄付歓迎

ファラオ時代の石柱がある
ガーマ・マリダーニー
ガーマ・イル・マリダーニー
جامع المرضاني
世界遺産 The Mosque of el-Maridani　　MAP P.117A

ガーマ・アフマド・ミフマンダールから道沿いに行った右側にある。スルタン・カラーウーンの家臣、アルトゥンブガによって1340年に完成した。内部のアーチはファラオ時代の石柱を用いて造られている。美しいミナレットは典型的なマムルーク朝

様式だが、そのなかでも最も古いものだそうだ。

ガーマ・マリダーニーから南へ行くと、右側に見えてくる大きな建物が、**ベート・ラッザーズ**Beet ir-Razzaazと、**ウンム・スルタン・シャアバーンのマドラサ**Madrasit Umm Sultaan Sha'baanだ。

青い花柄タイルが美しい
ブルーモスク（ガーマ・アズラク）
イル・ガーマ・イル・アズラック
الجامع الأزرق
世界遺産 **The Blue Mosque** MAP P.117B

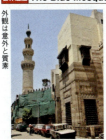
外観は意外と質素

ブルーモスクといえば、本家はイスタンブールにあるスルタン・アフメット・ジャーミィ。こちらのブルーモスクはもとの名前をガーマ・アクスンクルといい、マムルーク朝時代の軍人、シャムスッディン・アクスンクルによって1346年に建てられた。アクスンクルとはトルコ語で「白い鷹」という意味。

では、なぜブルーモスク（ガーマ・アズラク）と呼ばれるのか。オスマン朝時代になって、エジプトに赴任してきた総督のイブラヒーム・アガがホームシックになり、わざわざブルータイルの名産地だったトルコのイズニックから1652年にタイルを取り寄せ、故郷のブルーモスクに似せて、内装を青くしたからだ。しかし、現在まで残っているのはミフラーブの周りのみ。中庭の南の部屋には3つの霊廟があり、タイルで飾られているのがイブラヒーム・アガの墓。このほかにもアクスンクルの墓や、アクスンクルが仕えていたスルタンの息子、アラアッディーンの墓もある。

ブルーモスクに隣接しているのは、前述のイブラーヒーム・アガの家。さらにバーブ・イル・ワジール通りを南へ直進していくと、カイロのランドマークであるガーマ・ムハンマド・アリが見えてくる。突きあたりを右に行けばガーマ・スルタン・ハサンが見える。

世界最大級のイスラーム建築
ガーマ・スルタン・ハサン
ガーマ・イッスルターン・ハサン
جامع السلطان حسن
世界遺産 **The Mosque of Sultan Hassan** MAP P.117B、121

アタバからムハンマド・アリ通りを直進すると現れる双子のような巨大建造物。右側にあるのがガーマ・スルタン・ハサン。マムルーク朝建築を代表するひとつとあって、その威容に圧倒されることだろう。内部には4つのイーワーンがあり、最奥部に霊廟がある。またミナレットは90mの高さ。以前は上ることができたが、安全上の問題から現在は禁止されている。

ライトアップされたガーマ・スルタン・ハサン

ガーマ・マリダーニーはマムルーク朝様式のミナレットが目印

■ブルーモスク
🕐10:00～17:00 💰寄付歓迎
2010年7月現在、内部改装工事中。常時入場できるわけではない。

内部は2010年7月現在改装中

美しいイズニックタイル

■ガーマ・スルタン・ハサン
🚌タフリール東から大型バス951番 運賃:50pt.
🚌アフマド・ヘルミ広場から407番 運賃:50pt.
マイクロバス、イッサイイダ・アイシャ行き 運賃:1£E
🕐8:00～16:30
💰25£E(学生15£E)

チャハル・イーワーンと呼ばれる4つのアーチ部をもつガーマ・スルタン・ハサンの中庭

■ガーマ・リファーイー
🕐 8:00〜16:30
💰 25£E（学生15£E）

最後のシャーが眠る
ガーマ・リファーイー
世界遺産 The Mosque of el-Rifai

ガーマ・イッリファーイー
جامع الرفاعي
MAP P.117B、121

ガーマ・スルタン・ハサンと並んで建つ。こちらは建造が新しく、20世紀に入ってからのもの。リファーイー教団の創始者、シャイフ・リファーイーのザーウィエ（聖者の墓）の跡地に造られた。リファーイーの墓をはじめ、ムハンマド・アリ朝のフアード1世（在位1917〜36）、イラン革命直前の最後のシャー、パフラヴィ2世（在位1941〜79）の墓がある。

マスギド・アミール・イルガイのドームとミナレット

また、この建物のある横の道からスーク・イッスィラーフ Suuq is-Silahに入ると、右側に1373年建造の**マスギド・アミール・イルガイ**がある。バフリー・マムルーク朝の名建築のひとつとされている。

内部を照らすシャンデリアも相当の大きさがある

ガーマ・スルタン・ハサン〜イブン・トゥールーン周辺

ガーマ・アフマド・イブン・トゥールーンのミナレットを上るとパノラマが楽しめる

ガーマ・スルタン・ハサンとガーマ・リファーイーの間を抜けると、サラーフッディーン・アイユービー広場に出る。この広場の横にあるのが、1567年建造の**マスギド・マフムード・パシャ**。その隣にあるのは、枝分かれしたミナレットをもつ、**カーニー・ベーイ・イッサイフィーのマドラサ**。ここからガーマ・アフマド・イブン・トゥールーンへは、サラーフッディーン・アイユービー広場から西へ延びるサ

■サビール・クッターブ・
　カーイトゥベーイ Map P.121
🕐 9:00〜16:00
💰 25£E（学生15£E）

サビール・クッターブ・カーイトゥベーイ

ルビーヤ通り（シャイフ通り）を通っていこう。しばらく行くと、1479年創建のサビール・クッターブ・カーイトゥベーイが左側に見える。地下貯水槽や美しい装飾のある共同井戸などが公開されている。その先にあるのが1413年創建の**マスギド・カーニー・ベーイ・イル・ムハンマディ**。さらに行くと、道の両脇に2本の尖塔が見える。このふたつの建物は14世紀半ばに、アミール・シャイフによって建てられた。北側がガーマで南側がハーンカー（イスラーム神秘主義の修行場）だ。

次の交差点の北側には、19世紀に建てられた**サビール・クッターブ・ウンム・アッバース**がある。1440年創建の**マスギド・タグリバルディ**の横を通っていくと、見えてくるのが**ガーマ・アフマド・イブン・トゥールーン**。入口は左に曲がって少し行った所だ。

マスギド・カーニー・ベーイ・イル・ムハンマディ

道の両側にミナレットがそびえるアミール・シャイフのハーンカー（右）とマスギド（左）

カイロに現存する最古のガーマ
ガーマ・アフマド・イブン・トゥールーン
جامع أحمد بن طولون

|世界遺産| The Mosque of Ibn Tulun | MAP P.120 |

回廊に囲まれている中庭

バグダッドのアッバース朝カリフの支配から独立して、エジプトにトゥールーン朝を開いたアフマド・イブン・トゥールーンによって、879年に完成した。中庭を囲む回廊の柱は、隅に円柱を埋め込んだ巨大なレンガ角柱で支えられ、非常に重厚な印象を与える。

また、高さ40mのミナレットは、外側にらせん階段が付いた独特の形状。これはトゥールーンが青春時代を過ごしたイラクのサーマッラーの大モスクを真似たもの。頂上からは、カイロの下町をはじめギザのピラミッドまで大パノラマが広がっている。ミナレットは、入口を入って回廊を右へ行った所の扉から外に出て左側。

■**ガーマ・アフマド・イブン・トゥールーン**
開 8:00～17:00
料 寄付歓迎
内部に入ると靴にカバーをかぶせてくれる。バクシーシは50pt.で充分。

珍しいらせん階段付きミナレット

イブン・トゥールーン周辺

■アンダースン博物館
🕐 9:00～16:00
💰 35£E（学生20£E）
カメラ、ビデオ無料

マシャラベーヤの装飾が美しい

■ガーマ・イッサイイダ・ゼーナブ
バクシーシを払うと奥の廟に入れてくれる。
🚌 タフリール西から大型バス154、160番
運賃:50pt.
🚌 アフマド・ヘルミ広場から174、407番
🚌 ギザ広場から306番
🚇 イッサイイダ・ゼーナブ駅下車。徒歩15分
🕐 8:00～22:00
💰 寄付歓迎

ガーマ・イッサイイダ・ゼーナブ

高台にあるガーマ・ムハンマド・アリはシタデルエリアの目印となる

オスマン朝時代をかいま見る
アンダースン博物館
世界遺産 **The Gayer-Anderson Museum**

マトゥハフ・ガーイル・アンダルソン
متحف جاير اندرسون
MAP P.120

アンダースン博物館の中庭

オスマン朝時代の2軒の邸宅を、1930年代に英国人の美術収集家アンダースンがひとつに改装した。
エジプトの伝統文化に通じていたアンダースンは、邸宅を原形に復元し、それに合う家具などの調度や美術工芸品を集めてオスマン朝時代の裕福な商人の暮らしぶりを再現した。ハーレムに女性が隠れる小部屋や、噴水も設けられた2階の居間など、小さいけれど、なかなか見ごたえがある。

庶民を見守るおっかさん的存在
ガーマ・イッサイイダ・ゼーナブ
The Mosque of Sayyida Zeinab

ガーマ・イッサイイダ・ゼーナブ
جامع السيدة زينب
MAP P.107C1

イスラーム地区の端、ガーマ・アフマド・イブン・トゥールーンの北西、ボール・サイード通りとナースィリーヤ通りの角にある。この界隈はイッサイイダ・ゼーナブの門前町。アズハル周辺同様、活気に満ちたカイロの下町としていつも大勢の人でにぎわっている。

ガーマ・イッサイイダ・ゼーナブ内部の美しい装飾

ガーマ・イッサイイダ・ゼーナブ内部のアーチも美しい

イッサイイダ・ゼーナブはウム・ハーシム（預言者ムハンマドの孫娘）として民衆にあがめられ、そのガーマにあるランプの油は万病に効くと信じられている。ゼーナブの廟の前で、病気治癒の祈願のために祈ったり泣いたりしている人々がいることもある。

その向かいには、美しい装飾をもつ、**サビール・クッターブ・スルタン・ムスタファ**がある。オスマン朝中期の建築で、スルタン、ムスタファ3世によって建てられた。窓の装飾は典型的なオスマン朝様式のものだ。

シタデル周辺

ガーマ・ムハンマド・アリは、カイロ観光のハイライトのひとつでもある。シタデルの入口はサラーフ・サーリム通り沿いにある。サラーフッディーン・アイユービー広場止まりのバスに乗るとぐるっと1周しなければならない。シタデルの南西にあるイッサイイダ・アイシャ・バスターミナルからでもかなり歩く。便数は少ないが、各地からサラーフ・サーリム通りのシタデル正面を通るバスがある。

政治の中枢として機能してきた
シタデル

イル・アルア
القلعة

世界遺産 The Citadel　　MAP P.107C2

ムカッタムの丘側のシタデルの入口

十字軍を打ち破った中世アラブ世界の英雄にしてアイユーブ朝の創始者サラーフッディーン（サラディン）が、1176年、対十字軍の拠点としてムカッタムの丘の一角に建設した城塞。アラビア語ではカルア（カイロ方言ではアルア）と呼ぶ。サラーフッディーンの死後も建設が進められ、マムルーク朝、オスマン朝の支配を通して19世紀のムハンマド・アリの時代まで、カイロ市内を一望できるここシタデルが支配の中枢として機能した。ここには、軍事博物館、ガーマ・ムハンマド・アリをはじめ、マムルーク朝やオスマン朝時代の建物や、城壁から延びる何本もの塔、英国支配時代の牢獄など、見どころが多い。時間があれば、城内を探検してみよう。

大きなドームが特徴
ガーマ・ソリマン・バシャ

ガーマ・ソリマン・バシャ
جامع سليمان باشا

世界遺産 The Mosque of Sulayman Pasha　　MAP P.124

軍事博物館の東側にある。カイロで最初の大きなドームをもったオスマン朝様式のガーマ。1528年にオスマン朝の軍人スレイマン・パシャによって、聖者廟の上に建てられた。

いろんな武器が展示してある
軍事博物館

イル・マトゥハフ・イル・ハルビ・イル・カウミ
المتحف الحربي القومي

The Military Museum　　MAP P.124

軍事博物館出口の展示コーナー

シタデルの北側にあり、中世から、現代の中東戦争にいたるまでの武器や絵画、銅像、模型などが並んでいる。博物館出口には戦闘機や戦車の実物も展示されている。

アザブ門は、ガーマ・スルタン・ハサンの前にあるのでシタデルの中からは行けない

■シタデル
🚌 タフリール西から大型バス154、160番
運賃:1£E
🚌 アフマド・ヘルミ広場から401番
運賃:1£E
マイクロバス、イッサイイダ・アイシャ行き
運賃:1£E
🚌 ギザ広場からもマイクロバスが出ている。イッサイイダ・アイシャのバスターミナルからはサラーフ・サーリム通りを通るマイクロバスが頻発している。また、アズハル地区のイッディラーサ・バスターミナルとイッサイイダ・アイシャ、オールドカイロのガーマ・アムルを結ぶ大型バスやミニバスがサラーフ・サーリム通りを通るので便利。
⏰8:00〜17:00
金曜はお祈りの時間だけすべての施設が入場不可になる。
💰50£E（学生25£E）

■ガーマ・ソリマン・バシャ
開館時間はシタデルと同じ。

3つの小ドームの上に大ドームが載るガーマ・ソリマン・バシャの内部

■軍事博物館
シタデルの入口で買ったチケットをそのまま使う。開館時間はシタデルと同じ。

エジプトの英雄たちの像もある

■ガーマ・ムハンマド・アリ
シタデルの入口で買ったチケットをそのまま使う。開館時間はシタデルと同じ。

高台の上に建つカイロのランドマーク
ガーマ・ムハンマド・アリ
|世界遺産| The Mosque of Muhammad Ali

ガーマ・ムハンマド・アリ
جامع محمد علي
MAP P.124

ドームやミナレットにオスマン朝様式の影響が見られる

オスマン朝はかつて強大な勢力を誇っていたが、その支配下にあったアラブ諸国のなかでもいち早く近代化の基礎を築いたのが、ムハンマド・アリである。

1857年に完成したこのガーマ・ムハンマド・アリは、イスタンブールのガーマを真似て造った。そのため、いくつもの巨大なドームと鉛筆形の2本の高いミナレットをもつ。これはエジプトのほかのガーマにはほとんど見られない特徴だ。日暮れどき、薄あかね色に染まったガーマ・ムハンマド・アリのシルエットはとても美しい。また、内装も外見に負けないくらい豪華。大きなシャンデリア、たくさんのランプ、それを取り巻くステンドグラス。光が織りなすハーモニーは、とても荘厳な雰囲気だ。

普段は、ランプもシャンデリアも消えているけれど、金曜のお昼の

内部の壮麗さでは、イスラーム地区でぬきんでている

シタデルの見どころ〈番外〉

●アザブ門
1754年、オスマン朝の軍人のラドワーン・ケトゥフダーによって建てられた。この門は11世紀の建築物である、フトゥーフ門を真似て造られたものだ。

ガーマ・インナースィル・ムハンマド

●ガーマ・インナースィル・ムハンマド
ガーマ・ムハンマド・アリの横にあって、1335年にマムルーク朝スルタン、インナースィル・ムハンマドによって建てられた。回廊はファラオ時代の石材が用いられている。ミナレットはイランで見られるようにタイルで覆われているが、これはイランのタブリーズから移住してきた人々によるといわれている。

祈りが終わった直後は、まだ灯っていてとても美しい。天井ドームの四隅には、初代4人のカリフの名が描かれた円盤が飾ってある。入口の右にあるのは、ムハンマド・アリ廟。もちろん内部も見学できる。

中庭北端には、ルクソール神殿のオベリスクを贈ったお返しに、フランス政府から贈られた時計が飾ってあるが、今では動いていない。オベリスクのほうはパリのコンコルド広場に今でも建っているのだが。

シタデルは高台にあるので、ガーマの南西からはイスラーム地区、さらにカイロ全景、晴れた日はギザのピラミッドのシルエットまで見渡せる。

ガーマ・ムハンマド・アリの中庭

死者の町（北の墓地）

なんだか怖そうな名前だが、ミイラやゾンビの棲む町ではない。イスラーム地区の最東端。アズハル通りを真っすぐ東へ行くと、サラーフ・サーリム通りにぶつかる。この通りを北に少し行くと歩道橋が見える。この歩道橋の上から東側を見てみよう。ここでしか見ることのできないような、変わった風景が広がっている。実はムカッタムの丘の麓は全部中世からの墓地。マムルーク朝のスルタンや高官たちもこの地を選んで自らの墓を建てた。大きなマドラサやスーフィーの修練場などを併設して、自らの信仰心と権威を後世に示し、聖者廟なども多かったこの地で、死後の安息を得ようとしたのだろうか。いわばマムルーク朝時代の王家の谷みたいなもの。現在は2万人を超える人々がこの地域に住んでいる。このあたりは観光客はあまり行かない地域だが、保存状態もよく、マムルーク朝を代表する壮麗な建物が並んでいる。時間と興味があれば、ぜひとも足を運んでみたいエリアだ。

小さな広場にある
カーイトゥベーイの墓とマスギド
カブル・カイトバイ・ウィ・マスギド

قبر قايتباي ومسجده

世界遺産 The Mosque of Sultan Qaitbey　MAP P.125B

サラーフ・サーリム通りの歩道橋を渡って、死者の町に入り、通りを真っすぐ行った突きあたりの広場の右側にある。1£E札を持っている人は裏側を見てみよう。それがカーイトゥベーイの墓とマスギドだ。カーイトゥベーイはアレキサンドリアの要塞など数多くの建築物を残したが、そのなかでも傑作といわれるのが、彼が眠るこのマスギド（1474年建立）である。

■カーイトゥベーイの墓とマスギド
圓9:00〜20:00
圏寄付歓迎

歩道橋から眺めた死者の町。保存状態がよい建物が多い

カーイトゥベーイの墓とマスギドはミナレットが目印

■スルタン・バルスバイのハーンカー
カーイトゥベーイの前の道を北へ真っすぐ行くと右側にある。
圏9:00～22:00
料寄付歓迎

■スルタン・バルクークのハーンカー
圏9:00～日没後の礼拝
料寄付歓迎

アミール・クルクマースのマドラサは長期修復中

2本のミナレットが印象的なスルタン・バルクークのハーンカー

外観はもとより、ステンドグラスや絨毯の下に見える大理石の床板など、内部の豪華な装飾も見どころだ。管理人にバクシーシを払えば屋上にも出られる。

ドーム装飾の発展段階を示す　ハーンカー・イッスルターン・バルスバイ
スルタン・バルスバイのハーンカー
خانقاه السلطان بارسباي

世界遺産　**The Complex of Sultan Ashraf Barsbey**　MAP P.125A

洗練された幾何学模様が彫り込まれたドームは、まさに傑作

カーイトゥベーイの墓とスルタン・バルクークのハーンカーの間にあるのがスルタン・バルスバイのハーンカー。建造は1432年で、年代的にはスルタン・バルクークのハーンカー、スルタン・バルスバイのハーンカー、カーイトゥベーイの墓の順。年代順に見ていくと、マムルーク朝のドームの装飾がどのように移り変わっていったかがわかる。ガーマの中にある木製のミンバルも必見。ミナレットはオスマン朝時代に加えられた。

マムルーク朝建築の傑作　ハーンカー・イッスルターン・バルクーク
スルタン・バルクークのハーンカー
خانقاه السلطان برقوق

世界遺産　**The Khanqah of Sultan Farag Ibn Barquq**　MAP P.125A

幾何学紋様が美しい木製のミンバル

バルスバイのハーンカーからさらに北に行くと、ひときわ大きな建物が右側に見えてくる。それがスルタン・バルクークのハーンカー。1400年にバルクークの息子、スルタン・ファラジによって建造が始まり、1411年に完成した。中庭がとても広いのが印象的だ。

スルタン・ファラジは10歳で即位した後、2度も退位させられ、23歳のときにダマスカスで殺害されたという悲劇のスルタンだ。ハーンカーの2階に上ったら、窓から北側を眺めてみよう。緑の庭園と墓地の風景が広がっている。ここから前方左側に見えるのがアミール・クルクマースのマドラサである。長い間修復中のために中には入れない。さらに階段を上って屋上に出ると2対のドームと尖塔がある。これらに施された緻密なデザインはとても美しい。

西岸地区 West Side

محافظة الجيزة

アラビア語：モハーフェジト・イル・ギーザ

動物園は庶民の憩いの場

動物もいいけれど人間観察もおもしろい　ハディーキト・イル・ハヤワーン
カイロ動物園
Hadiiqit il-Hayawaan　　折込MAPカイロA4

حديقة الحيوان

　カイロ動物園と呼ばれているが、入口には、大きくGiza Zooの文字が書いてある。ナイル川の西岸はもうギザ市なのだ。この動物園には、ペットネコの原型であるヨーロッパネコ（古代エジプトが世界で初めて野生ネコを家畜化したといわれている）など珍しい動物もいる。係員にバクシーシを渡して、ライオンやトラに触ったりする人もいて、カイロっ子の休日風景がかいま見られる。道路を挟んで北側にはオルマン植物園がある。

■カイロ動物園
入口はいくつかあり、カイロ大学のほうからも入場可。ピラミッドやギザ行きのバスはすべて動物園の前を通る。
圏8:30～17:30（冬期～16:30）
圏20£E
ビデオ30£E

■オルマン植物園
圏8:30～16:30
圏50pt.

足を延ばしてみよう

Sightseeing
ビルカーシュのラクダ市
Camel Market in Birqash　Map P.67A外

سوق الجمال في برقاش

　ビルカーシュはカイロから北西へ約35kmにあり、エジプト最大のラクダ市が開かれる場所としても知られている。ラクダ市は金曜と日曜に開催され、金曜の6:00～12:00が取引時間のピークで数百頭のラクダが取引される。ラクダはエジプト国内のみならず、スーダンやソマリアなど、近隣諸国からも運ばれてくる。

　ラクダ市ではラクダの取引やトラックへの詰め込む様子などを見ることができる。また、市場内を全速力で逃げまどうラクダや棒を振り回しながらラクダを追いかける仲買人も多く見かけるので、とばっちりを受けないよう常に周囲に気を配ろう。もちろん、仲買人の取引の邪魔にならないように。

待機しているラクダ

■ビルカーシュのラクダ市への行き方
🚌タフリール西からマイクロバスでインバーバへ（所要約20分、1£E）。インバーバでニクラ方面へのマイクロバスに乗り換え、ニクラーの橋で下車（所要約40分、2£E）。ニクラーの橋と線路を越えた所にある小型トラック乗り場からビルカーシュへ（所要約20分、1£E）。
🚕カイロ市内からタクシーをチャーターして100～150£E。ラクダ市のある場所がわからないドライバーが多いので、時間にはある程度余裕をもたせて移動しよう。

目印となるニクラーの橋

ニクラー発ビルカーシュ行きの小型トラック

●ビルカーシュのラクダ市
圏6:00～17:00
困土、月～木　圏25£E　カメラ10£E

簡単に逃げられないよう、ラクダの片足を結びつけている

ファラオ村で古代エジプト体験

ミニ特集

古代エジプトを現代に復活させたファラオ村。
パピルスが生い茂る運河のクルーズや、
再現された王墓や遺跡の見学など、
楽しみながら知識を深めよう。

　ファラオ村のクルーズでは、遊覧船で細い運河をゆっくりと進みながら、エジプトの神や偉大なファラオについて解説を聞く。次いで古代エジプトの伝統的な農作業や漁、パピルス作りや香水などの伝統的産業を役者が実演してくれる。

　遊覧船で説明が終わると、下船して神殿へ。復元された神殿内を見学し、内部の仕組みについて学ぶ。このほかに古代エジプトの貴族と農民の家も復元されており、当時の生活に触れることができる。

　このあとに続くのは博物館の見学。10もある博物館は、一つひとつが特定のテーマに沿った簡潔な展示がされている。なかでも特に興味深いのはトゥトアンクアムン（ツタンカーメン）の墓だ。トゥトアンクアムンの墓はルクソールで公開され、副葬品はカイロの考古学博物館に収蔵されている。しかし、ここでは墓の中に副葬品が置かれ、発掘当時の様子を忠実に再現している。本物を見ていない人はもちろん、両方とも見た人も興味を惹き付けられる。そのほか、ピラミッド建設博物館ではピラミッドがどのように建てられたか、3つの仮説をそれぞれ模型によって紹介している。

　ファラオ村では博物館以外にも、ファラオニック・スタジオで古代エジプトのコスチュームで記念撮影したり、アート・センターで、おみやげを探したりと、丸1日たっぷり楽しむことができる。

ミニ特集●ファラオ村で古代エジプト体験

折込Map大カイロA2
🚕タフリール広場からタクシーで20£E前後
www.pharaonicvillage.com
🕘9:00～20:00(冬期～18:00) 困無休
🎫ファラオ村+博物館+クルーズ178£E(+ランチ付き201£E)　カメラ15£E　ビデオ30£E
ツアー、もしくは団体で行かないと、遊覧船が出発しない。少人数で行くと人数が集まるまで待たなければならない

見学の最後は、ゆっくりとナイル川クルーズ

遊覧船に乗りながら英語で古代エジプトの産業を紹介してくれる。左はパピルス作りの様子

副葬品の置かれた位置まで忠実に再現されたトゥトアンクアムン(ツタンカーメン)の墓

有力な仮説をもとに再現されたピラミッドの建築作業図

香水ビンの実演販売もある

129

いろいろな形のピラミッドを見比べてみよう
カイロから日帰りで訪れるピラミッド群

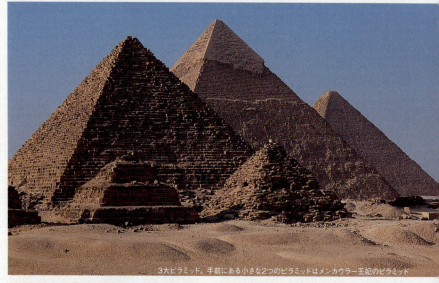
3大ピラミッド。手前にある小さな2つのピラミッドはメンカウラー王妃のピラミッド

世界に名立たる有名な3大ピラミッドは、カイロから西13kmのギザにある。でもピラミッドといってもギザだけじゃない。エジプトにはギザのピラミッドのほかに、サッカーラの階段ピラミッド、ダフシュールの屈折ピラミッドなど、大小無数のピラミッドがある。こうした建築工法の試行錯誤を経てできたのが、ギザの3大ピラミッド。宇宙的神秘を秘めたあの四角錐の美しさは、ピラミッドの造営技術と人間の美意識が見事に融合した到達点といえるだろう。

■ホテルからのツアーやタクシーをチャーターするときに注意したいこと
カイロからのツアーではギザのピラミッドのほか、サッカーラやメンフィスを回るものがオーソドックス。最近はダフシュールまで足を延ばすツアーも増えてきた。入場料は含まれないことが多い。安宿からのツアーは何人かでタクシーをチャーターする形のものも多い。いきなりラクダ乗り場に乗り付けるようなタクシードライバーはまず悪質とみて間違いない。料金トラブルも多いので、内容や時間を確認しよう。

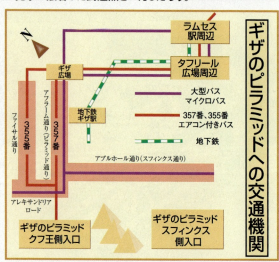
ギザのピラミッドへの交通機関

130

旅のモデルルート

この地域は砂漠で暑いので、早朝を有効に使うこと。昼下がりから夕方が一番暑い。帽子やサングラスは必携だ。レストランや売店も乏しいので水と軽食を持っていこう。

ギザのピラミッドだけで、徒歩で熱心に回れば半日がかり。ギザのピラミッド付近で客を引くタクシーには要注意。ラクダや馬で回るツアーも内容や金銭面でのトラブルが多い。クフ王のピラミッド内部は人数制限があるので、中にも入りたい人は、8:00と13:00のチケット発売時を逃さないようにしよう。

1 ギザのピラミッドハイライト

カイロ市内 6:30〜7:00 → ギザのピラミッド 7:30〜10:00 → サッカーラ、ダフシュール 13:00〜15:00

時間はないけれど、ギザの3大ピラミッドだけでは物足りない人におすすめのコース。タクシーをチャーターして(前日までに手配して値段交渉しておくのも手)朝早く、ギザのピラミッドに行こう。その後サッカーラ、もしくはダフシュールのピラミッドのどちらかへ。タクシーの料金は1台60〜100££をみておこう。ギザのピラミッドをゆっくり見学したらランチタイム。アレキサンドリアロード沿いには、少し高いがレストランも数軒ある。スフィンクス側出口のKFC(→P.167)で、ピラミッドを眺めながらランチをとるのもよいだろう。

午後からはサッカーラかダフシュールのどちらかへ。ギザから近いのはサッカーラだが、どちらも広範囲に遺跡が点在しているので、見学には最低でも1時間はみておきたい。時間と体力に余裕があれば両方見て回ることも可能だ。

2 サッカーラ街道の遺跡群欲張り1日コース

カイロ市内 6:30〜7:00 → サッカーラ 7:30〜10:00 → メンフィス 10:30〜11:00 → ダフシュール 13:00〜14:00 → メイドゥーム 15:00〜16:00

タクシーをチャーターし、サッカーラ街道を南下しながら、点在するピラミッド群を見学するコース。こちらのコースも朝早いスタートだ。のどかな田園風景が両側に続くサッカーラ街道には、レストランがほとんどない。簡単な昼食と飲み水を多めに持参したい。途中に数軒あるホテルのレストランを利用するという手もある。ダフシュールの入口にあたるマンシェーヤの町には、雑貨屋が数軒あるので、飲料水やお菓子ぐらいなら補給できる。すべて回ると駆け足になってしまうので、じっくり見学したい人は距離が離れたメイドゥームは省略してもよい。サッカーラとダフシュールだけなら、カイロから半日で回ることもできる。

サッカーラの遺跡群は見どころを1周すると約10kmにもなる。暑い夏は冷房の効いたイムホテプ博物館で休憩するなどして対処しよう。ダフシュールも赤のピラミッドと屈折ピラミッドがかなり離れているので、遺跡近くまで直接乗り付けられるタクシーが威力を発揮する。ちなみに赤のピラミッド内部の通路は傾斜が相当きつい。日頃運動していないと、あとでかなりの筋肉痛に襲われることもある。

ピラミッドの謎

世界の7不思議といわれたピラミッドは、近年内部に新しい部屋が発見されたりと、まだまだ発掘や研究の途上だ。何しろ4500年も前の建造物、未知の部分も多い。珍説が飛び出すのもピラミッドの未知なる力ゆえ。そう思えばロマンが広がるというものだ。ここでは諸説を幅広く紹介するが、解答は各人の想像にお任せしよう。

ミステリー1 ピラミッドは何のために造られたの？

仮説1 ピラミッドは「墓」!?

クフ王のピラミッドの玄室

王が建てた巨大建造物の使い道として、最も合理的なのは王墓だ。

内部には玄室と呼んでいる部屋があり、棺桶のような石もある。一方で、墓ではないという説の最大の根拠は、これまでどのピラミッドからも王の遺体が出てこないこと。副葬品や壁画がなく、同じ王が複数個建造した例があることも理由だ。

では王墓ではなかったのかというと、それを否定できるだけの明確な理由もまたない。ピラミッドは王墓の発展過程のなかで出現することから、やはり王墓として考えるべきなのかもしれない。

クフ王のピラミッドの回廊

仮説2 ピラミッドは「記念建造物」!?

当時の来世観を伝えているピラミッドテキストには「天への階段が彼（王）のために造られる。それによって天に昇るために」という呪文が刻まれている。王はその死後、天へと昇り、星となり、太陽神とともに天空を巡るのだと考えられていた。

ピラミッドの建設はその方法のひとつであり、王が天へと駆け上る階段を具現化したという説。

ミステリー2 いまだ解明されない ピラミッドパワー ってホント?

パワー1 ピラミッドの中では腐らない!?

クフ王のピラミッド内部でミイラ化した死骸が見つかったことから、ピラミッド内部ではものが腐らないとする説。相似形に造った模型でも、バラの花が長持ちする、ワインやタバコの味がまろやかになるなどといわれた。

クフ王ピラミッドの入口

パワー2 頭がよくなる!?

ピラミッド内部では集中力が増す、頭の冴えがよくなるという説。この説の流行時は子供部屋をピラミッド型にする人もいた。ギザのピラミッドでは、瞑想すると悟りが得られると信じて、玄室で座禅を組んでいる欧米の若者がときどきいる。

仮説3 ピラミッドは「公共事業」!?

メンデルスゾーンによって提唱された「ピラミッド公共事業説」によると、ナイル川の氾濫期に農業ができない人のために、国家のもとで行われた公共事業であるという説。壁画などから、現物支給により賃金が支払われていたことや、奴隷を使った強制労働ではなかったことがわかっている。

特集 ピラミッドの造り方

ピラミッド建設は農閑期の
失業対策といわれ、
公共事業の役割を担っていた。
王に感謝する落書きも発見されている。

　ピラミッドの建築方法はまだ充分に解明されてはいない。その驚嘆すべき正確な方位の測量技術や、ピラミッドの基底部を水平に設定する方法、また現代の技術をもってしても困難であろう巨大な石材の切り出しと輸送の方法、そしてそれら膨大な量の石材を積み上げるためにどのような傾斜路が用いられたのかは、いまだ謎のままである。ここでは、広く知られている仮説をいくつか紹介する。

★ステップ1 方位を決める

　太陽を利用して北の方向を見つける方法や、星が昇った地点と没した地点を利用し北の方向を見つける方法などが推測されてきた。

★ステップ2 土台を平にならす

　硬い岩盤の地を選び、縦横に樋を造り水をためて水平を定める計測方法。水位線で岩盤を削り、最終的に樋を埋めれば水平になる。ただし他の方法を提唱している学者もいる。

ステップ3 石を切り出す 日干しレンガを造る

古王国時代のピラミッドの建設方法を記したレリーフなどは何も残っていないが、新王国時代になると、日干しレンガを造ったり、大きな石を動かしたりする作業風景が描かれるようになった。ピラミッドには日干しレンガで造られたものと、切り出した石材を使用したものがあるが、石材については、石切場での調査と壁画などに描かれた様子などから、切り出しや運搬方法の解明が進んでいる。

ステップ4 石を運ぶ

大きな石を運ぶためには、まず傾斜路を造り、石をソリに載せて大勢の人が引いたと考えられている。しかし、どのように傾斜路をつけたかは、これまでにも数多くの説が歴史家や考古学者のみならず建築家などの視点から提唱されてきた。現時点では、直線で造られた傾斜路を用いたという説が妥当ではないかと考えられている。

世界の墓の大きさ比べ

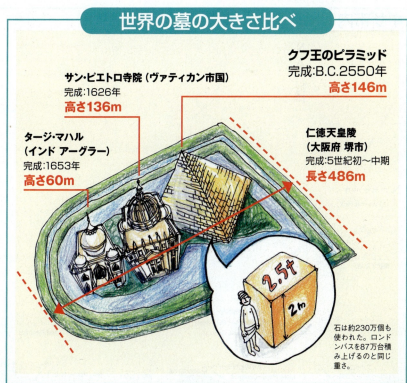

サン・ピエトロ寺院（ヴァティカン市国）
完成：1626年
高さ136m

クフ王のピラミッド
完成：B.C.2550年
高さ146m

タージ・マハル（インド アーグラー）
完成：1653年
高さ60m

仁徳天皇陵（大阪府 堺市）
完成：5世紀初～中期
長さ486m

石は約230万個も使われた。ロンドンバスを87万台積み上げるのと同じ重さ。

■ギザのピラミッドへの行き方
● タフリール東ターミナルの横から
🚌357番エアコン付きバス(→P.79)が便利。クフ王側の入口に近いメナ・ハウス・オベロイ・ホテル前に着く。355番エアコン付きバスはギザ広場までは同じルートでその後ファイサル通りを経由して同じ場所に到着。
運賃:2£E

● タフリール西から
🚌大型バス900番などアフラーム通りからアレキサンドリア砂漠ロードに入るので、交差点で下車しよう。メナ・ハウス・オベロイ・ホテルはすぐ。そのまま乗って行けば、メリディアン・ホテルなどが集まるリマーヤ広場へ行く。
運賃:50pt.
🚌マイクロバス
運賃:1£E

● ラムセス駅周辺から
🚌大型バス30番
運賃:50pt.
🚌マイクロバス(オラーリ発)
運賃:1£E

ギザ Giza

الجيزة

アラビア語:イル・ギーザ

ギザのピラミッドは今から約4500年ほど前、古代エジプト王国第4王朝の時代に造られた。4500年という時間と巨大な存在の前では、言葉なんてもはや何の力ももたない。まずは自分の目で見て、そのスケールの大きさに圧倒されてもらうしかない。

ピラミッドの観光シーズンは冬。夏はカイロから近いとはいえ半砂漠地帯でかなり暑い。夏だったら早朝に行ったほうがいい。ピラミッドに圧倒される前に砂漠の暑熱に圧倒されるなんてことになりかねないから。

ピラミッドは高台にある。バスを降りてしばらく歩き、大きなピラミッドの前に立つと、はるかカイロの町が見渡せる。突然足元の砂漠が終わって緑が始まる様子を見ると、カイロという都市が砂漠に囲まれたナイルの大オアシスであるという事実をあらためて実感できる。

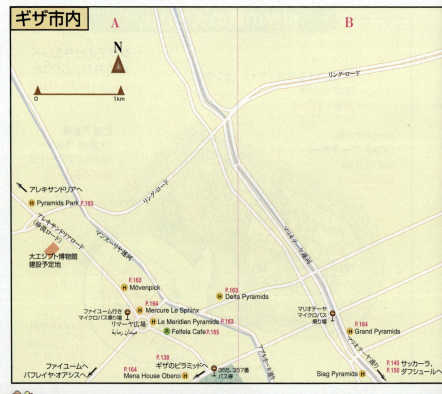

■ギザのピラミッドへの行き方

● **357番エアコン付きバス** カイロ市内からクフ王のピラミッド入口の近くまで行く。運賃はほかの公共交通機関に比べて高いが、交通事情に不慣れな旅行者にとっては便利。

● **大型バス** タフリール西の市内バスターミナルからが一番本数が多い。ピラミッド行きのバスはクフ王側入口に近いメナ・ハウス・オベロイの交差点を北に曲がりアレキサンドリアロードに入るものと、その交差点の500m手前を南に曲がりスフィンクス側の入口方向へ向かうものがある。クフ王側に行きたい場合は、「メイダーン・リマーヤ（リマーヤ広場）」、スフィンクス側に行きたい場合は「アブル・ホール（スフィンクス）」へ行くかと運転手や車掌に聞くといい。

● **マイクロバス** タフリール西や、オラリーなどから出ている。「ハラム」を連呼する車に乗ればよい。運賃は1£E。ピラミッド入口の近くまで行く。

● **タクシー** 白と黒のツートーンの流しのタクシーなら、カイロ中心部（タフリール広場周辺）から片道20£E前後。ホテルの前に停まっている観光客専門のタクシーは往復で50£Eが目安だが、かなりボラれることも多い。

■カイロ市内の渋滞を避ける

地下鉄でギザ駅Giza Stationまで行き、駅の北側のアフラーム通りからマイクロバスやタクシーで行くと時間の節約になる。

■カイロ市内への帰り方

クフ王側の入口を出て、357番のバスに乗るのが確実だが、スフィンクス側から出てしばらく進んだアブルホール通りでもバスなどをつかまえることができる。ピラミッド周辺は市街地なのでタクシーも多い。

☹ 悪質な客引き

客引きに「ここからタクシーは入れないから特別に許可された私の車で行こう」「ラクダに乗ってピラミッドに近寄れる」などとしつこくからまれた。「チケット売り場からは何キロもあるし、徒歩では無理」とうそばかりついたうえ、チケット売り場までついてきた。

（北海道 NO&O '09夏）

カイロ近郊 ● ギザ

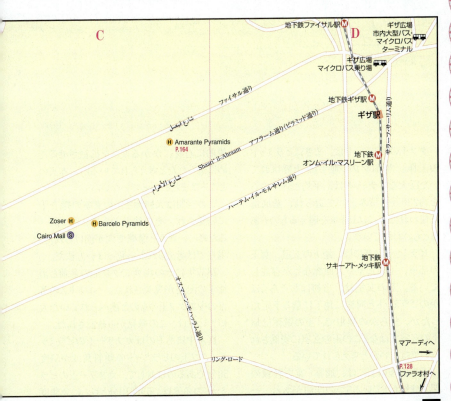

メンカウラー王のピラミッド
親 子
カフラー王のピラミッド 子

建造：B.C.2550年頃
1辺の長さ：215m

建造：B.C.2550年頃
1辺の長さ：103m

👉 表層石が残っているのがカフラー

👉 一番小さいのがメンカウラー

ギザの3大ピラミッド GIZA

　クフ王のピラミッドは、まさにピラミッドの王様。当時「クフの地平線」と呼ばれていた巨大なピラミッドは、平均2.5トンの石を約230万個積み上げて造られ、基底部に使われた石には15トンを超えるものもあるともいわれている。

　ピラミッド内部には、地下の玄室、女王の部屋、王の玄室や大回廊などが存在している。王の玄室は、当初はおそらくほかのピラミッドと同様に地下に造る予定だったが、何らかの理由で、王の遺体は地下の玄室ではなくこの王の玄室に安置されたのではないかと考えられている。

　王の玄室の上には、通称「重力軽減の間」と呼ばれている5つの空間がある。一般的に石材にかかる重さを拡散させるために造られたと考えられているが、本当のところはまだわかっていない。

　この空間は大回廊と王の玄室の探査中に発見され、その後その上をさらに調べるために、なんと爆薬で穴が開けられた。現在では考えられない荒っぽい方法だ。

　1837年にその場所でクフ王の名前と治世年の記述が発見された。ヘロドトスの著書の中でクフ王のものと述べられていた大ピラミッドは、この発見から確認された。

　真ん中にあるのはカフラー王のピラミッド。クフ王のピラミッドの傾斜角度が51度50分であるのに対して、カフラー王のピラミッドの角度は、53度10分とさらに急角度

カイロ近郊 ●ギザの3大ピラミッド

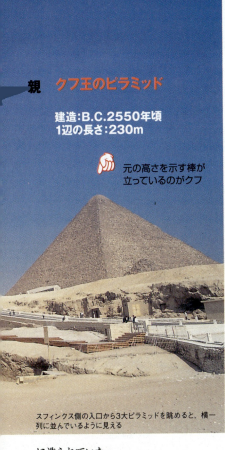

親 **クフ王のピラミッド**

建造：B.C.2550年頃
1辺の長さ：230m

 元の高さを示す棒が立っているのがクフ

スフィンクス側の入口から3大ピラミッドを眺めると、横一列に並んでいるように見える

スフィンクス神殿前は絶好の記念撮影ポイント

音と光のショーではピラミッドとスフィンクスもライトアップされる

に造られていた。

　このピラミッドの特徴は、スフィンクスが付属していること。スフィンクスは、高さ20m、長さは57mあり、巨大な天然の岩山を基に造られていた。

　メンカウラー王のピラミッドは、前のふたつよりもかなり規模の小さなものだ。一説によると、メンカウラー王の治世にエジプトはその強大な力を失いつつあったからであるともいわれている。メンカウラー王のピラミッドの、表面の化粧石は、残存部分から想像すると、これまでのピラミッドのような石灰岩ではなく、花崗岩であったことから、外見が少し赤っぽかったのではないかと考えられている。

　古王国時代に盛んに建造されたピラミッドはその後も造られ続けた。ただし古王国時代のように巨大なものは造られることはなかった。中王国時代には、それなりに規模の大きなピラミッドが造られたのだが、財政難により、その建築方法は雑になり、以前のものには到底及ばなかった。材料もこれまで使用されてきた高価な石材に代わり、昔のように日干しレンガが使用され、崩れやすくなってしまう。そうしてピラミッド建設は衰退していった。

ピラミッド・パノラマからの眺め。入口からは1.5kmほど離れているので、ラクダで連れてきてもらうこともできる

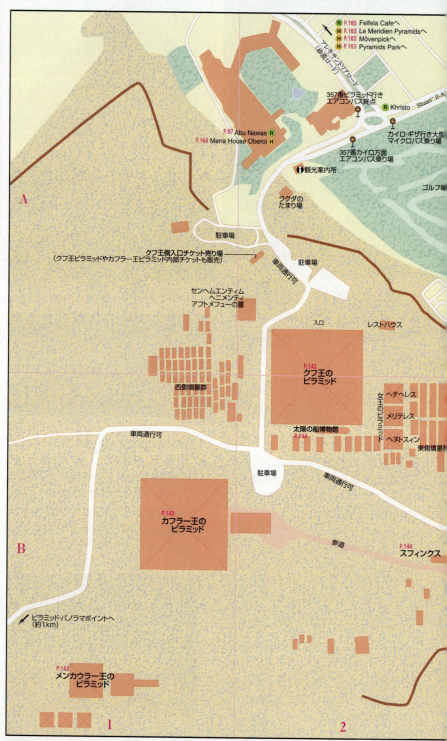

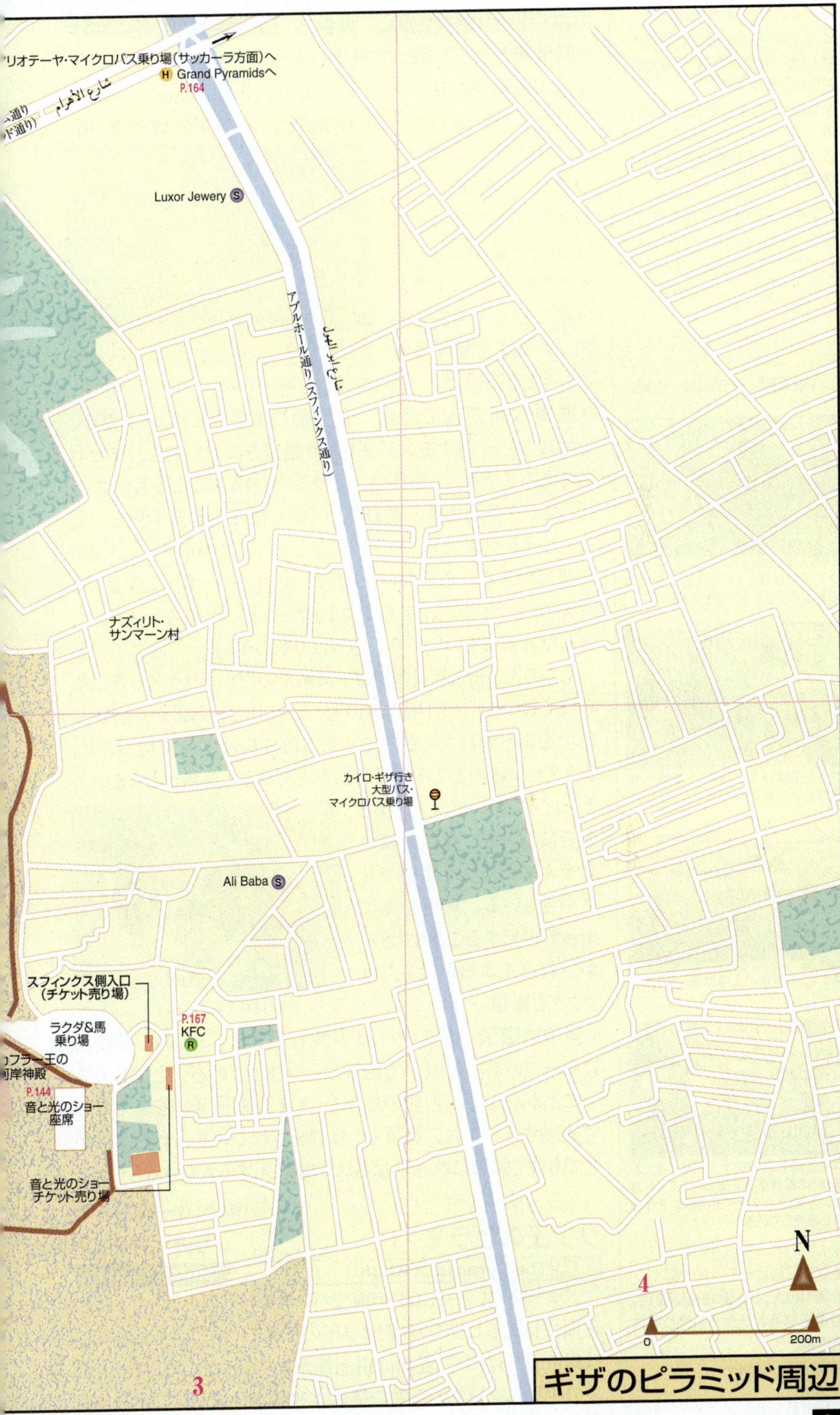

カイロ近郊 ● ギザ MAP

リオテーヤ・マイクロバス乗り場（サッカーラ方面）へ
H Grand Pyramidsへ
P.164

شارع أبو الهول

Luxor Jewery S

アブルホール通り（スフィンクス通り）

ナズィリト・サンマーン村

カイロ・ギザ行き
大型バス・
マイクロバス乗り場

Ali Baba S

スフィンクス側入口
（チケット売り場）

ラクダ＆馬乗り場

P.167
KFC R

カフラー王の河岸神殿

P.144
音と光のショー座席

音と光のショーチケット売り場

N
4
0　　200m

3

ギザのピラミッド周辺

141

■ギザのピラミッド地域
Map P.67A, P.140

圓8:00〜18:00(冬期〜16:00)
囲60£E(学生30£E)
原則として当日の出入りは自由。出るときに係員に確認しよう。通し番号で当日分かどうか確認している。

😠 嘘の入口を教える客引き
クフ王側の徒歩の入口もバスなどが通る車道沿いをそのまま進んでください。観光案内所を越えたあたりで現地人に「徒歩の入口はこっち」とラクダ乗り場に連れていかれかけました。
（京都府　ゆきぶん　'10春）

クフ王のピラミッドを仰ぎ見る位置にあるチケット売り場と入場口

クフ王側の入口手前にある観光案内所とツーリストポリス

スフィンクス前の入場券売り場

クフ王側入口のチケット売り場。左端から2番目がクフ王のピラミッド内部、左端がカフラー王内部のチケットを販売している

■クフ王のピラミッド内部
午前150人、午後150人限定。定員になるとチケット売り場は閉まる。
圓8:00〜、13:00〜
囲100£E

歩き方

● **時間をたっぷり取って見学しよう**　ギザ広場とピラミッドを結ぶ道路が、ピラミッド通りShaari' il-Ahraam。チケット売り場はクフ王のピラミッドの手前と、スフィンクス側の2ヵ所。ここでピラミッドエリアのチケットを買う。3大ピラミッドとスフィンクスはかなり離れている。すべてのピラミッドを駆け足で回っても2〜3時間。内部まで見学するなら半日がかりだ。

メンカウラー王のピラミッドまではかなりの距離

● **悪質な商売人に注意**　世界的に有名なピラミッドだが、その周りを徘徊するエジプト人の悪質さにおいても、また有名である。「チケットを拝見。ピラミッドの入口はこっちだよ」と言ってラクダ乗り場に連れていくのも彼らの常套手段といえる。ガイドや物売り、ラクダ引きなど、とにかく「しつこい」の一語に尽きる。必要ないなら「ミシュ・アーウィズ（女性ならミシュ・アーウィザ）」、「アイ・ドント・ウォント」、「いらないよ」など、どんな言葉でもいいから、きっぱり断ろう。

もちろん、せっかくエジプトに来たのだからラクダの背にゆられてピラミッドを1周するのもいいけれど、とにかく法外な値段をふっかけてくるので、乗る前に負けずに値切ること。ラクダと一緒のところを記念撮影してやるとか何かうまいことを言っておいて、カメラを人質に取って、身代金に大金をふんだくった悪徳ラクダ引きもいる。馬車や馬に乗って観光することもできるが、料金をふっかける点はラクダと同様。

ラクダの客引きはかなりしつこい

● **登頂は厳禁**　ピラミッドは表装石が崩れているので階段状になっている。近づいて見ると一つひとつの石がとても大きいことがわかる。古代のピラミッド建設の技術力をあらためて実感する。なお、登頂(?)は禁止されている。上空は風がとても強く強風に吹き飛ばされて墜落死する人もいるらしい。

| ベラメッド・ナンバラ・ワーン | ハラム・ホーフー・ビル・ギーザ |

クフ王のピラミッド
世界遺産　The Pyramid of Khufu　　هرم خوفو بالجيزة　MAP P.140A2

メナ・ハウス（→P.164）の前でバスを降りて坂を上っていくと正面に見えるピラミッドがクフ王のピラミッドだ。本来の高さは146mだったが、現在は頂上部がなくなったため137m。頂上の中央に立っている鉄の棒は本来の頂上を示している。避

雷針ではない。かつて表面は外装用の化粧岩で覆われていたが、今では全部盗まれてごつごつした石がむき出しになっている。

内部への入口は盗掘用として開けられた場所。入口にもぎりのおじさんがいる。内部の撮影は禁止で、カメラはここで預ける。まず細いトンネルを少し歩く。それから回廊を上る。途中背中をかがめて歩かなければいけない場所もある。大回廊を通って花崗岩でできた玄室へ。別に壁画があるわけでもない。でも石を積み上げた中にこんな空間がポッカリとあるのが、ちょっと信じられないような気がする。玄室の両側の壁に穴がふたつ開いており、片側には送風機がはめ込まれている。

ベラメッド・ナンバラ・トゥー
カフラー王のピラミッド
ハラム・ハフラア
هرم خفرع
世界遺産 The Pyramid of Kharfe　　MAP P.140B1

頭頂部に残る化粧板が目印

カフラー王のピラミッドは、3つのピラミッドの真ん中に位置する。高さ143m、クフ王のピラミッドよりもやや小ぶりだけれど、保存状態が大変よく、表面を覆っていた化粧岩も上部と下部の一部にそのまま残っており、エジプトで最も美しいピラミッドだといわれている。内部は、回廊も比較的広く、また団体観光客はクフ王のピラミッドしか見ないので、すいていて静かである。

カフラー王のピラミッド正面には葬祭殿があり、ここから参道が真っすぐ河岸神殿に通じている。これらをまとめてピラミッドコンプレックスと呼んでいる。

ベラメッド・ナンバラ・スリー
メンカウラー王のピラミッド
ハラム・メンカウラア
هرم منقرع
世界遺産 The Pyramid of Menkaura　　MAP P.140B1

手前がメンカウラー王のピラミッド。奥はカフラー王

3大ピラミッドの一番奥にあり、高さも65.5mと、3つのうちで最も小さい。ここまで来ると人はいよいよ少なくなり、暗い玄室にひとりで入るのはちょっと勇気がいりそう。

メンカウラー王のピラミッドの向うは、もう西方（リビア）砂漠。南側には王妃のピラミッドが3墓ある。

クフ王のピラミッド断面図
重力軽減装置／石落とし装置／換気孔／王の玄室／換気孔／石棺／女王の部屋／大回廊／（向こうに早稲田隊発見の部屋）／フランス隊発見の砂岩の部屋／通路閉鎖石材／もとの入口／現在の入口／地下の玄室／0　50m

😊 ピラミッド内部へのチケット
チケットの売り出し時間に売り場へ行っても購入は難しい。ツアーなどが大量購入しているため、個人で行く人は気合を入れて！私たちは3度挑戦し、やっと入れました。
（北海道　ボンタ　'09秋）

■ カフラー王のピラミッド内部
園 ギザのピラミッド地域と同じ
料 30£E（学生15£E）
カメラの持ち込み不可

😞 カフラー王のピラミッド内
ただ湿った空洞なので楽しくない。
（千葉県　まあみい　'10春）

😞 置物の価値
ピラミッドで置物を「全部、1000円」と売っていますが、交渉したら100円になりました。それでも元が取れているということです。
（京都府　ゆきぶん　'10春）

😞 写真撮影は要注意
ピラミッド付近では民族衣装を着たおじさんがいて、写真撮影をしているとピースサインをして笑いかけてきたり、「一緒に写真を撮ろう」と持ちかけてくる。それで一緒に写真を撮ったり、シャッターを押してもらうとお金を請求してくる。ラクダについても同様で、写真を撮るよと飼い主にお金を請求される。ラクダに乗った警官も同様なので要注意！
（東京都　ジェシカ　'09夏）

■ メンカウラー王のピラミッド内部
※2010年8月現在閉鎖中。

スフィンクスの周りにはカフラー王の河岸神殿がある。スフィンクスを目の前で見たい人は中に入ってみよう

頭は人間、体はライオン！なぞなぞを出すことでも有名！

スフィンクス

アブル・ホール
أبو الهول

世界遺産 The Great Sphinx　　　MAP P.140B2

　人面獣身で有名なスフィンクスは、アラビア語でアブル・ホール（畏怖の父）といい、ファラオや神を守護する聖獣とされている。全長57m、高さ20m。カフラー王のピラミッド同じ時代に造られ、頭はカフラー王に似せたという説もある。でもアラブ人の侵入後、鼻が削られ、イギリスにヒゲを取られたその顔は、畏怖というよりむしろ愛敬がある。そのヒゲは現在イギリスの大英博物館にあって、エジプト政府は返還交渉中だ。ヒゲといってもちょびヒゲじゃない。トゥトアンクアムン（ツタンカーメン）がつけているあのなが〜いアゴヒゲ。

闇の中に浮かび上がるピラミッド

音と光のショー

アルド・イッソートゥ・ワ・ッダウ
عرض الصوت والضوء

Sound and Light Show　　　MAP P.141B3

音と光のショー 上演スケジュール				
	1回目	2回目	3回目	4回目
夏期	20:30	21:30	22:30	23:30
冬期	18:30	19:30	20:30	21:30
月曜	英	仏	西	
火曜	英	伊	仏	
水曜	英	仏	独	西
木曜	日	英	仏	アラビア
金曜	英	仏	伊	
土曜	英	西	伊	
日曜	独	仏	露	英

※スケジュールは予告なく変更される可能性がある。
URL www.soundandlight.com.eg
料 75£E　学割なし

　毎晩2〜3回ずつ、ピラミッドやスフィンクスに照明を当てて、古代エジプトの歴史を語る音と光のショーが行われる。所要約1時間。各国語で行われる。闇の中に効果音とともに浮かび上

音と光のショーで浮かび上がるピラミッド

がるスフィンクスやピラミッドは確かに迫力もあるけど、話の内容はあんまりおもしろくなく、ちょっと退屈。日本語の上演のない日でも、日本語のオーディオガイドがある。また、ショーの行われる時間は夏でも相当冷えるので、上着持参のうえで行ったほうがいい。冬場はできるだけ厚着して行くこと。

天空を旅していた？

太陽の船博物館

マトゥハフ・マルカブ・イッシャムス
متحف مركب الشمس

Solar Boat Museum　　　MAP P.140B2

■太陽の船博物館
開 9:00〜17:00（冬期〜16:00）
料 50£E（学生25£E）
入場すると靴カバーを履かされる。バクシーシは50pt.程度で充分。

　1954年に発見されたクフ王の船と考えられる木造船が公開されている。死後のクフ王が、天空を旅するときに使う「太陽の船」という説もあるが、まだはっきりしない。発見当時この船は、数万という

14年かかって復元された太陽の船

パーツに分かれていたので復元するのに14年もかかった。今では、長さ43mの威容を存分に見せてくれる。館内にはミュージアムショップがあり、各種ガイドブックの取り揃えが充実している。また、冷房が効いているので、暑い日は休憩場所にもなる。トイレもある。

建物自体も船に似た形をしている

サッカーラ Saqqara

سقارة

アラビア語：サッアーラ

サッカーラ街道の交通の起点、マリオテーヤ

アブー・セールのマイクロバス乗り場

ギザの南約10km。サッカーラは、エジプトでのピラミッド建設の第一歩をしるしたといわれるジョセル王の階段ピラミッドがあることで有名だ。6重の階段状になったこのピラミッドは、高さ約60m、基底部140m×128mと、ギザのピラミッドよりは小ぶりだが、その形状は独特なもの。

階段ピラミッド西側の小高い丘からは、北にギザ、アブー・セールのピラミッド、南にはダフシュールのピラミッドなどが眺められ、絶好のポイントになっている。

のどかな風景が広がるサッカーラは周辺に観光用のカーペットスクールが点々と並ぶ。スクールといっても教えるわけではなく、観光客向けに実演して見せるだけだが、ツアーだとたいていどこかの店に立ち寄っている。

●**サッカーラの遺跡は広大だ** アブー・セールからのバスを降りて西へ10分ほど歩くと警察のチェックポイントがあり、その先の駐車場の奥にイムホテプ博物館を併設したチケット売り場がある。

階段ピラミッドを中心とするピラミッドコンプレックスや、その周辺に点在するマスタバ墳群、ウナス王のピラミッド、テティ王のピラミッドなどは、西側の高台の上に点在しており、すべて見るためには丸1日かかる。チケット売り場にもたいていタクシーがいるので、時間がない場合は利用しよう。高台にはロバやラクダのような移動に利用できるものはない。2010年8月現在、ペピ1世のピラミッド以南のいわゆる南サッカーラの遺跡群は原則として非公開。北サッカーラだけなら、徒歩でもなんとか回ることができる。

■サッカーラ（→Map P.145）への行き方
🚕カイロ市内からタクシーをチャーターして50〜70£Eが相場、見学時間、訪れる見どころによっても料金は若干変わる。
●**カイロからマリオテーヤへ**
🚐カイロ市内からピラミッド行きのバス、マイクロバスならすべて、マリオテーヤを通る。目印はピラミッド病院。
●**マリオテーヤからサッカーラへ**
🚐ピラミッド通りを横切るマリオテーヤ運河の橋付近から、アブー・セール行きマイクロバス（所要20分。1£E）に乗る。アブー・セールでサッカーラ行きマイクロバス（1£E）に乗り換え。ピラミッドに行きたいといえば、最寄りの十字路で降ろしてくれる。所要10分。
マリオテーヤ発サッカーラ行きマイクロバスや、ギザ広場発の大型バス335番は、マリオテーヤ運河沿いに南下するので、最寄りの交差点で降りてから遺跡までは2km以上ある。アブー・セール乗り換えがベスト。
運賃：1.5£E

サッカーラ街道周辺

■サッカーラのピラミッド
⏰8:00〜17:00(冬期〜16:00)
💰60£E(学生30£E)

■ジョセル王の
　ピラミッドコンプレックス
⏰サッカーラのピラミッド地域と同じ
※2010年8月現在、ピラミッド内部とセルダブは非公開。

セド祭の中庭

中庭の東側にある3本の柱の後ろが王の小館

階段ピラミッドで有名な
ジョセル王のピラミッドコンプレックス
イル・マグムーア・イル・ハラメーヤ・リル・マレク・ゾーセル・フィ・サッカーラ

المجموعة الهرمية للملك زوسر فى سقارة

世界遺産 **The Djoser Complex**　MAP P.147

入り口にある柱廊

東西277m、南北545mの周壁に囲まれ、階段ピラミッドを中心にセド祭殿、葬祭殿といった建物が残っており、ピラミッドコンプレックス（複合建築）の仕組みがわかりやすい。周壁に1ヵ所だけある入口から入り、2列に20本の柱が並ぶ柱廊を抜けると、北側に階段ピラミッドのある中庭に出る。

第3王朝のジョセル王は、それまでのエジプトでは見られなかった「石材」を用い、マスタバ墓（長方形の大墓）をなんと6段も重ね、まったく新しい形の墓を造り上げた。この階段ピラミッドの建設過程は次のようなものだったと考えられている。まず地面から下に向かって掘られた約4m四方の竪坑と王の玄室の上に、通常どおりに1辺が約63mで高さが約8mのマスタバ墓が築かれた。次にマスタバ墓の周壁が増築され、そしてさらにその外側に増築が加えられる。次に増築が加えられたこのマスタバ墓を第1段目として、4段の階段ピラミッドが造られ、そしてさらにその4段の階段ピラミッドを取り囲むようにして、6段の階段ピラミッドが加えられたというもの。石だけで造られた墓の表面には、きれいに磨かれ真っ白に光り輝く石灰岩が用いられたという。

南にある壁は高く、その上部にはコブラの装飾

マスタバ墓を重ねていった結果、階段ピラミッドになった

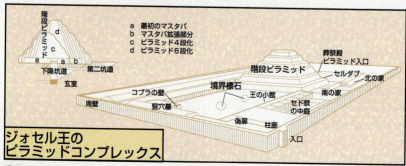
ジョセル王の
ピラミッドコンプレックス

a 最初のマスタバ
b マスタバ拡張部分
c ピラミッド4段化
d ピラミッド6段化

があるので見逃さないように。中庭には2ヵ所にB字を横たえたような基礎が残っているが、これはセド祭で王が周りを走る儀式に使われた標石。中庭の東側には王の小館と呼ばれる建物があり、その裏側がセド祭の中庭。ジョセル王を表した未完成の彫像が建っている。セド祭の中庭を北へ抜けると、正面に南の家と呼ばれる建物がある。内部にはヒエログリフが残っているが、これは新王国時代の旅行者がジョセル王の名を書き残した落書きだ。南の家の裏側には北の家があり、さらに階段ピラミッドの北側にある葬祭殿や、現在はカイロ博物館に展示されているジョセル王の座像が見つかったセルダブがあるが、現在は立ち入ることができない。

ジョセル王のピラミッドコンプレックスの柱廊。ここを抜けると階段ピラミッドの前に出る

ピラミッドテキストが見られる
テティ王のピラミッド
ハラム・イル・マレク・ティティ
هرم الملك تيتي
世界遺産 The Pyramid of Teti　　MAP P.147

　テティ王のピラミッドは崩れかけの丘のような状態になっている。内部にはピラミッドテキストと呼ばれるヒエログリフ文書がある。これは前王ウナスがそのピラミッドで始めたもので、王の魂が来世で出合う困難を乗り越え、永遠に生きるための呪文が書かれたものだ。

文字が刻まれた
ウナス王のピラミッド
ハラム・イル・マレク・ウーナース
هرم الملك اوناس
世界遺産 The Pyramid of Unas　　MAP P.147

　ウナス王のピラミッドは古王国時代に造られたピラミッドのなかでも最小のもの。ほとんど崩れかけの丘のような状態になっている。内部にはピラミッドテキストと呼ばれる、神々への讃歌や王の正しさなどを表現したヒエログリフ文書があるが、残念ながら入場することはできない。

■テティ王のピラミッド
■ウナス王のピラミッド
※2010年8月現在、内部は公開していない。

崩れかけて瓦礫のようになっているウナス王のピラミッドだが、内部には貴重なヒエログリフ文書が残っている。びっしりと刻まれた文字は壮観だ

テティ王のピラミッド内部にから発掘されたピラミッドテキスト

カイロ近郊●サッカーラ 見どころ

■イムホテプ博物館
圏サッカーラのピラミッド地域と同じ

イムホテプ博物館はサッカーラ遺跡のチケットオフィスに併設されているので、遺跡を見る前にぜひ訪れたい

階段ピラミッドのコンプレックスから出土したファイアンスが埋め込まれた壁。博物館の最も奥に展示されている

■メレルカのマスタバ　Map P.147
■カゲムニのマスタバ　Map P.147
■ティのマスタバ　Map P.147
■プタハホテプとアクティホテプのマスタバ　Map P.147
■セラペウム　Map P.147
圏サッカーラのピラミッド地域と同じ

※2010年8月現在、カゲムニとティのマスタバ以外のマスタバ墳内部は公開されていない。

ティのマスタバにある、ティの指示の下で進む船作りの様子を描いた壁画

プタハホテプのマスタバに残る壁画。右の列は供物を運ぶ男。ロータスやパピルスの緑が鮮やか

階段ピラミッドの設計者を記念した
イムホテプ博物館
Imhotep Museum

マトハフ・イムホテプ
متحف ايمحتب
MAP P.147

サッカーラの階段ピラミッドを造ったのは、当時の宰相であり建築家でもあったイムホテプ。それまで日干しレンガや木材が一般的だったエジプトの建築は、彼の登場とともに、巨大な石材が使われるようになったのだ。

展示品の数は多くないが、テーマに沿ったわかりやすい展示が魅力のイムホテプ博物館

イムホテプ博物館は、そんな古代エジプトの天才建築家の名を冠した博物館。サッカーラで発掘された品を多数展示しているが、特に建築、美術、工芸に特化している。イムホテプの手がけた建築の一部を展示しながら、彼の古代エジプト建築に与えた影響を解説したり、壁画や彫像から古代エジプトの美意識を探ったりと、エジプトのほかの博物館では見られないユニークな内容。特に注目すべきは第3ホール。階段ピラミッドのコンプレックスから出土した壁は、ファイアンスといわれる青い陶器が埋め込まれた大変美しいものだ。

動物のミイラもあった
マスタバ墳とセラペウム
世界遺産 **Tombs and Serapeum**

イル・マサーテブ
المصاطب
MAP P.147

サッカーラには多数のマスタバ（長方形の大墓）があり、美しい彩色壁画が描かれたいくつかの内部を見ることができる。見逃せないのは、メレルカのマスタバとティのマスタバ。メレルカのマスタバは32もの部屋がある古王国時代最大級の

メレルカのマスタバにある等身大のメレルカ像。本物はカイロの考古学博物館に収蔵されている

もので、テティ時代の宰相であったメレルカと、その妻でティの娘、その息子の墓だ。隣にあるカゲムニのマスタバも内部を見ることができる。

かつては141のスフィンクスが並んでいたスフィンクス参道を西に行くと、ティのマスタバがある。規模は小さいが美しい彩色壁画が壁一面に描かれ、必見だ。ほかにも、プタハホテプとアクティホテプのマスタバも内部を見ることができる。ティのマスタバとの間には、聖牛アピスのために造られたというセラペウムがあり、巨大な地下大回廊と、雄牛のミイラが納められた石棺が発見されている。

メンフィス Memphis

ميت رهينة
アラビア語：ミト・ラヒーナ

メンフィス博物館中庭にあるスフィンクス像

アラバスター（雪花石膏）製のスフィンクスで有名なメンフィスは、古代エジプト古王国時代には首都として栄えた。メンフィスの名前はペピ1世のピラミッドを意味するメン・ネフェルがギリシア語風に訛ったものとされている。

メンフィスの最盛期は第6王朝時代で、プタハ神信仰の中心地となった。古代エジプト時代の歴史家、マネトはメンフィスの名前をヒク・プタハ（プタハ神の魂が宿る場所）と記している。第18王朝以降、テーベが都になると次第に衰退していった。しかしペルシア支配時代に勢いを取り戻し、グレコローマン時代もアレキサンドリアに次ぐ第2の都市として栄えた。7世紀のイスラーム流入以降、町は廃墟となり、その石材も周囲の村々へと消えていった。

歴史的には重要な役割を果たしてきた都だが、現在では廃墟となっており、スフィンクスのほかは一部の遺跡を残すだけである。博物館の周囲はミト・ラヒーナの集落が広がる。遺跡の入口近くのみやげ物屋で軽食を出している。

横たわるラメセス2世像の大きさに偉大さを実感　マトハフ・ミト・ラヒーナ

メンフィス博物館
Menphis Museum　متحف ميت رهينة　MAP P.145

建物の1階には、脚の一部が欠けたラメセス2世の巨像が横たわったまま保存されている。この像は体長が15mもあり、2階の回廊から見下ろすこともできる。

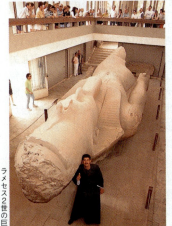

また、建物を出てすぐ前の広場の真ん中に、1912年に発見された10mぐらいのスフィンクスがある。ギザのスフィンクスは顔が一部崩れているが、こちらは比較的良好な状態。

ミト・ラヒーナの集落の中には、プタハ神を祀った神殿跡がある。聖牛アピスのミイラを作るために使用された解剖台がある。

ラメセス2世の巨像

■メンフィス（→Map P.145）への行き方
メンフィスのあるミト・ラヒーナ村への拠点はサッカーラ村。サッカーラ行きマイクロバスの終点でミト・ラヒーナ方面に乗り換える。博物館へ行く分かれ道まで5分ほど。博物館までは徒歩10分ほど。
運賃：50pt.

■サッカーラ村への行き方
●マリオテーヤ運河から
🚌マイクロバスが頻発。
運賃：1.25pt.
●ギザ広場から
🚌大型バス335番
運賃：50pt.

■メンフィス博物館
開8:00～16:00
料35£E（学生15£E）

メンフィス博物館入口

プタハ神殿跡

ラメセス2世像

柱に刻まれたレリーフ

149

ダフシュール Dahshur

دهشور

アラビア語:ダフシュール

■ダフシュール
（→Map P.145）への行き方
ダフシュールはサッカーラ村のさらに南。ピラミッドへの起点はマンシェーヤだ。ダフシュールまで行くと行き過ぎ。サッカーラ村で乗り換えるのが一般的。
●サッカーラ村から
🚌多発
運賃:50pt.
●マリオテーヤから
🚌1日数便
運賃:75pt.
マンシェーヤ村からチケット売り場までは2kmある。村の外れからチケット売り場を通るマイクロバスがたまに出るので、見かけたら利用しよう。

角が崩れているのは、後に人々が建築資材として持っていったからだ

ダフシュールにはふたつのピラミッドがある。これらはスネフェル王のものとされ、ピラミッドの成り立ちを考証するうえで、考古学上貴重なものだ。スネフェル王はクフ王の父にあたる人物。メイドゥームをはじめ全部で4つのピラミッドを造ったと考えられている。

遺跡の周囲に休憩できるような施設は何もない。ひたすら歩くので必ず水を持っていこう。カイロからマイクロバスで行こうと思っている人は早朝く出発することも大事。

途中で計画を変更した
屈折ピラミッド
イル・ハラム・イル・ムンハニ
الهرم المنحني
世界遺産 The Bent Pyramid　　　　　　MAP P.145

高さ105mの真ん中（下から50mぐらい）の地点で角度が変わっているので、屈折ピラミッドと呼ばれている。下部の傾斜は52度、上部は43度22分と傾斜が緩くなっているわけだ。27分で、そこから上の部分は、43度22分になっていることから、屈折ピラミッドと呼ばれている。なぜ屈折しているのかというと、石を積み上げていく過程で、角度が急勾配過ぎて石の重量を支えきれなくなったためだと推測されている。以前は建設中に王が亡くなったため、工事を短縮するために角度を変えたのだという説もあったが、現在では亀裂を石膏で補修した跡が確認されていることから、この説は放棄されている。

😊 ダフシュールのピラミッド
チケット売り場が16:00ピッタリに閉まるので、見学は17:00まででもたくさんの車がUターンして返されていました。役人管理なので、屈折ピラミッドでも、16:40頃になると早く出なさいとうるさく言ってきます。
（香川県 ゆき '10春）

緩やかな傾斜の真正ピラミッド
赤のピラミッド
イル・ハラム・イル・アフマル
الهرم الأحمر
世界遺産 The Red Pyramid　　　　　　MAP P.145

北のピラミッドは、赤っぽい石が使われているので赤のピラミッドと呼ばれている。断面が二等辺三角形の真正ピラミッドとしては最古のものとして有名だ。屈折ピラミッドと同じ失敗を繰り返さないよう、石材を斜め積みではなく、平行に積む方法がとられて建造された。赤のピラミッドの角度は、屈折ピラミッドの上部とほぼ同じ43度22分だった。この角度は、手に握った砂漠の砂を下に落としてできる砂山の角度とほぼ同じ。砂粒をピラミッド建設用の石材と考えてみると、安定性抜群であったと考えられている。

玄室までの階段はけっこう急なので、体力に自信がない人はちょっと注意しよう。また、内部はかなり臭い。マスクかハンカチを用意しよう。

■ダフシュールのピラミッド
🕐8:00～16:00
💰30£E(学生15£E)
■屈折ピラミッド
赤のピラミッドから南へ2kmの位置にある。ここからダフシュールへは抜けられないので、赤のピラミッドへ戻る必要がある。
■赤のピラミッド
チケット売り場から西へ2kmの位置にある。

赤のピラミッド

メイドゥーム Meidum

ميدوم

アラビア語:メイドゥーム

ナイル川を離れてファイユーム (→P.171)に行く途中の砂漠に、忽然と現れるのが、このメイドゥームのピラミッド。表装石が崩れたため、3段の階段状となっている。これが、古代エジプト史上初めて建造された真正ピラミッドとピラミッドコンプレックスだ。

ジョセル王の階段ピラミッドのあとに、セケムケト王の階段ピラミッド、サッカーラ北方のザウィイエト・イル・アルヤーンのカーバ王の未完成の階段ピラミッドなどが、相次いで造られた。そして、スネフェル王の治世の間に、ピラミッドの形式は、いわゆる階段ピラミッド状のものから四角錐へと大いなる変貌を遂げる。

メイドゥームは今まで組織的に発掘されたことがない。つまり、まだまだこれからも大発見が期待できる遺跡なのだ。遺跡周辺には宿泊施設はないので、ファイユームに行くか、カイロに戻るしかない。レストランもないが、雑貨屋やカフェテリアなどはメイドゥームの町の幹線道路沿いにある。

真正ピラミッド
表装石が崩れた
The Pyramid of Meidum

ハラム・イル・カッダーブ
هرم الكذاب
MAP P.152

真正ピラミッドは、古王国時代のフニ王が着手し、息子のスネフェル王が完成させたといわれている。石材はほかのピラミッドと同様、カイロ南のトゥーラ産石灰岩。最初は7段の階段ピラミッドとして建設されたが、その後ひと回り大きい8段の階段ピラミッドになり、最後に瓦礫を詰め化粧板を載せた四角錐ピラミッドとして完成した。

■メイドゥーム (→Map P.67B)
　への行き方
●カイロのアブード (→P.74)から
🚌6:30～16:00の1時間毎
所要:約1時間30分
運賃:15£E
メイドゥームの村の手前でピラミッドが見えてくる。バス道路から遺跡までは2km。

●ワスタから
メイドゥームの町まで3km、遺跡までは12km。
🚕見学の間1時間待たせて運賃往復30£E。

ワスタ駅周辺

メイドゥームの田園風景

■メイドゥームのピラミッド地域
🕗8:00～17:00(冬期～16:00)
💰35£E(学生15£E)
入場料はピラミッド北側の管理事務所で払う。

■真正ピラミッド
🕗メイドゥームのピラミッド地域と同じ

カイロ近郊　ダフシュール/メイドゥーム　見どころ

緑の中に浮かぶ真正ピラミッド

石積みが崩れ落ちた真正ピラミッド

真正ピラミッド内部

■ピラミッドコンプレックス
圏メイドゥームのピラミッド地域と同じ

ピラミッドの入口

しかし、現在では石積みが崩れ落ち、台形のような形になってしまっている。そのためアラビア語では「ハラム・イル・カッダーブ（＝偽りのピラミッド）」と呼ばれている。崩れた理由は、内側のピラミッドの外壁がなめらかであったため外側の瓦礫との接合が弱かったことや、土台は自然の岩盤だったが一部が砂の上に建てられたこと、ピラミッドの内側のブロックの築き方が悪かったことなど。崩れた時期はまだわかっていないが、この外壁が崩れたために当時建設中だったダフシュールのピラミッドは、途中から傾斜を変え崩れにくくしたので屈折ピラミッドになったという説もある。ここで考えられた工法は、その後約600年にわたって受け継がれたという。このピラミッドは、建造法を知る手がかりとなる貴重なもの。

エジプト史上初の
ピラミッドコンプレックス
The Pyramid Complex

イル・マグムーア・イル・ハラミーヤ
المجموعة الهرمية

MAP P.152

●葬祭殿　同時期にできたダフシュールと同様、こぢんまり

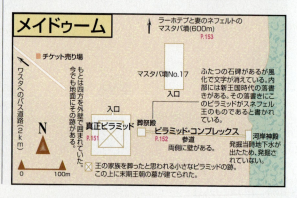

した神殿。中庭に祭壇とふたつの石灰岩製の石碑があるのみ。もとは王の名や肖像が刻んであったのだが、風化してしまった。内壁の一部に新王国時代に書かれた落書きがあり、このピラミッドがスネフェル王のものであると明記されている。

●**参道、河岸神殿**　両側を壁に囲まれた幅3m、長さ210mの参道が農地に向かって延び、その先に河岸神殿がある。約100年前に発掘を始めたが、地下水が多いために作業が難しく、現在も完全には発掘されていない。

ピラミッドの東側にある葬祭殿

■**マスタバ墳**
圖メイドゥームのピラミッド地域と同じ

かなり崩れている17番のマスタバ墳

ピラミッドへ続く参道

高度な芸術品が多く発見された
マスタバ墳
Tombs

マスタバット・フィルオーン
مصطبة فرعون
MAP P.152

17番のマスタバ墳の玄室にある石棺

　ピラミッドの北と東に広がるマスタバ墳群は、古王国時代最も栄えた第4王朝の初期に泥レンガで造られたもの。なかでもふたつのマスタバ墳が有名。スネフェル王の皇子ラーホテプと妻のネフェルトの墓からは、エジプト美術史上最高傑作といわれる「夫婦座像」が発見された。またネフェルマアトと妻のイテットの墓からは有名な「鴨の図」が発見された。現在は両方ともカイロの考古学博物館（→P.89）に展示されている。

　東側では、すぐ隣にある埋葬者不明の17番のマスタバ墳が見もの。ここは南側の入口から入り、地面を這ったり、階段を下りたりして行くので、ちょっとした冒険ができる。地下10mの玄室に石棺が置かれている。玄室はT字型に広がっており、埋葬者の位の高さを偲ばせている。この墓はふたつの特徴があり、どちらも、墓が完成する前に埋葬者が死亡したことを物語っている。ひとつはミイラが肉を除かれ骨だけの状態で麻でくるまれていたことで、これは古王国時代だけに見られる方法だ。そしてもうひとつは、地下の玄室に行く通路が1本もなかったことである。現在は古代の盗掘者が開けた穴から階段を通っていく。

カイロのエジプト考古学博物館の32号室で見ることができるラーホテプとネフェルトの座像

ラーホテプと妻ネフェルトのマスタバは遠く離れており、現在は非公開

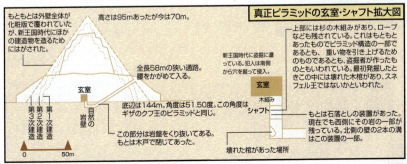
真正ピラミッドの玄室・シャフト拡大図

カイロとギザのホテル&レストラン
星の数ほどあるホテルのなかからお気に入りを見つけよう

HOTEL

日本からホテルへの電話
国際電話会社の番号 + 010 + 国番号 20 + 市外局番の最初の 0 を取った掲載の電話番号

　大観光都市カイロには多くのホテルがある。1泊3万円以上する外国資本の高級ホテルから1泊300円のドミトリー形式の宿まで、バラエティに富む。目的や予算に応じて選ぼう。安宿はタフリール広場～タラアト・ハルブ通り、オラービ広場～シッタ・ウ・アシュリーン・ヨリヨ通りやアドリ通りに多い。空港のタクシーの運転手が勝手に連れていくようなホテルはツアーの勧誘がしつこいことが多く、ホテルから手数料を取ることも多い。客引きを通すと値段が上がることもあるので自分で探すのが原則。

新市街中心部の経済的、中級ホテル

スルタン Sultan Hotel
経済的　Map P.84B1

فندق سلطان　フンドゥク・スルターン

✉ 4 Suuq it-tawfiqiiya
TEL (02)25772258　FAX なし
D なし　　　20£E
S なし
W なし
£E　TC 不可　CC 不可

　カイロで最も有名な安宿。基本的にどの部屋もドミトリーで使用することが多い。ビルの2階で出入りしやすく、常に込んでいるので事前に予約したほうがいい。冷蔵庫やキッチンは無料。

サファリ Safary Hotel
経済的　Map P.84B1

سفري هوتيل　サファリ・ホテル

✉ 4 Suuq it-tawfiqiiya
TEL (02)25778692
FAX なし
D なし　　　20£E
S なし
W なし
£E
TC 不可　CC 不可

　スルタンと同じビルの最上階にある。スルタンと並んで日本人長期旅行者が多く滞在する。晩ご飯の自炊をシェア（シェア飯と呼ばれる）できたりとアットホームな雰囲気。3～6人部屋のドミトリーは男女別。無線LANは別料金。

イスマイリア・ハウス Ismailia House Hotel　経済的　Map P.84A3

فندق إسماعيلية هاوس　フンドゥク・イスマーイリヤ・ハウス

✉ 1-3 Midaan it-Tahriir
TEL (02)27963122　FAX なし
Inet ismailiahousehotel.com
D 30〜35£E
S 45〜80£E
W 90£E〜
W 100£E〜
US$ € £E
TC 不可　CC 不可

タフリール広場に面し、受付はビルの8階。日本人や韓国人の利用が多い。ドミトリーは基本的に男女別で、1部屋あたりのベッド数は4〜5。エアコン、バスタブ付きの個室は S 160£E、W 180£E。7階の新しい部屋からはタフリール広場を見下ろすことができる。

😊 交通の便もよく、お湯もたくさん出ました。朝食は部屋に持ってきてくれました。　（和歌山県　KANA　'10春）
☹ 広場側の部屋は絶景です。でも、お湯は10分ほどしか出ません。　（東京都　HEROみねぞう　'09秋）

さくら Pension Sakura　経済的　折込Mapカイロ B3

بنسيون ساكورا　パンシィヨン・サクラ

✉ 22b Shaari' Hussein Hegazy
TEL (02)27941537　FAX なし
Inet www.h2.dion.ne.jp/~fumiya/sakura.html
D 8US$
S 13US$（さくら2）
W 18US$（さくら2）
US$ € JPY £E　TC 不可　CC 不可

タフリール広場を南に行き、ガソリンスタンドの向かいの路地を入ると建物の入口に小さな看板が出ている。オーナーは日本語が話せ、日本人旅行者に人気。男女別ドミトリーのほか、別館「さくら2」もある。館内は禁煙。

😊 親切で日本語が得意なオーナーや、ツアーのドライバーもしつこくなく好印象だった。　（茨城県　dream　'09夏）
☹ 共同のバス、トイレ、洗面所はひとつしかなく汚いし、わずかに温かいお湯が出る程度。（埼玉県　うめちゃん　'10春）
☹ 部屋もアリや蚊が多くあまり衛生的ではありません。　（東京都　新婚（一人）旅行　'09秋）

キングス・パレス Kings Palace Hotel　経済的　Map P.84B2

فندق كنجز بالاس　フンドゥク・キングズ・パラース

✉ 3 Ibrahim il-Qabbani
TEL (02)23919374　FAX (02)23920401
Inet www.kingspalacegroup.com
D 35£E
S 100£E
W 130£E
US$ € £E　TC 不可　CC M V

ホテルは建物の5階にある。男女別ドミトリーも含めて全室エアコン付き。キッチンや無線LANは無料で利用することができる。オーナーは日本で外国人討論番組に出たほど日本語が堪能。

ヌビアン Nubian Hostel　経済的　Map P.84B3

فندق النوبية　フンドゥク・イン・ヌービーヤ

✉ 4 Shaari' Alwii
TEL (02)23924314　FAX なし
Inet www.nubian-hostel.com
D 40£E
S 80£E
S 110£E
W 100£E
W 130£E
US$ € £E　TC 不可　CC 不可

歩行者天国のアルウィ通りにある。客室は全15室あり、レセプション横にはヌビア風のサロンがある。宿泊者は洗濯機や無線LANを無料で利用することができる。予約の申し込みは、宿泊予約サイトのホステルワールドから行う。3泊以上の滞在で空港送迎無料。

サラ・イン Sara Inn Hostel　経済的　Map P.84B3

فندق سارة إن　フンドゥク・サーラ・イン

✉ 21 Yuusef il-Gendi
TEL (02)23922940　FAX なし
Inet www.sarainnhostel.com
D 50£E
S 125〜140£E
W 170〜180£E
US$ € £E
TC 不可　CC 不可

タラアト・ハルブ広場近くにある人気のホテル。ファン付き、シャワー、トイレ共同の部屋もあり、S 80£E、W 115£E。シャワー、トイレ付きの部屋に2泊以上する場合、空港送迎が無料。無線LANも利用可能。

ダハブ Dahab Hostel

経済的　Map P.84B2

فندق دهب　フンドゥク・ダハブ

📧 26 Shaari' Mahmoud Bassouni
TEL (02)25799104　FAX なし
Inet www.dahabhostel.com
S 35£E
S A/C 55£E
W 45£E
W A/C 65£E
US$ € £E　TC 不可　CC 不可

トーマスクックの向かいにある、ホテルが3軒入ったビルの屋上。室内はシンプルで狭いが、サロンなど共同スペースはシナイ半島のダハブの雰囲気。朝食は5£E、無線LANは無料。エアコン付きの部屋はW100£E。

☺ 部屋は本当に狭いですが、とてもキレイでした。屋上の共同スペースは明るく素敵です！　　(新潟県　Mix　'09秋)

ライアリー Lialy Hostel

経済的　Map P.84B2

فندق ليالي　フンドゥク・ラヤーリー

📧 8 Midaan Talaat Harb
TEL (02)25752802　FAX なし
@ lialy_hostel@yahoo.com
S 70£E
W 100£E
£E　TC 不可　CC 不可

タラアト・ハルブ広場に面した便利な立地の宿。ドミトリーは男女混合。マットレスの質もよい。エアコン付きの個室は30£Eアップ。全13室。無線LANは別料金。

キング・トゥト King Tut Hostel

経済的　Map P.84B2

فندق كينج توت　フンドゥク・キーング・トゥト

📧 37 Shaari' Talaat Harb
TEL (02)223917897　FAX なし
Inet www.kingtuthostel.com
S A/C 70£E
S A/C 105£E
W A/C 90£E
W A/C 150£E
US$ € £E　TC 不可　CC 不可

タラアト・ハルブ通り沿い、インド領事館と同じ建物の8階にある。設備もまだ新しくとてもきれい。ベドウィン風のサロンもある。上階に同系列で、眺めのよいホテルができた。こちらも新しく清潔。無線LANの利用は無料。

ベルリン Berlin Hotel

経済的　Map P.84B2

برلين هوتيل　ベルリーン・ホテル

📧 2 Shaari' il-Shawarbii Qasr in-Niil
TEL & FAX (02)23957502
Inet berlinhotelcairo@hotmail.com
S A/C 117£E
W A/C 157£E
US$ € £E
TC 不可
CC 不可

カイロの老舗ホテル。2010年8月には長期滞在者向けの客室も完成し、1ヵ月あたりの料金はS1800£E〜、W2100£E〜で共同キッチンもある。無線LANは無料で利用することができる。ベリーダンス教室の手配も可能。

ベドウィン Bedouin Hotel

経済的　Map P.84B3

فندق البدوية　フンドゥク・イル・バダウィーヤ

📧 4 Shaari' Elwy
TEL (02)23934138　FAX なし
Inet www.bedouinhostel.com
S A/C 120£E
W 110£E
W A/C 140£E
US$ € £E　TC 不可　CC 不可

歩行者天国のアルウィ通りにある。ベドウィン風内装のサロンがある家族経営のホテル。ベドウィン出身のオーナーのあたたかいもてなしが評判。無線LANは無料で利用することができる。

ミュージアム・ビュー Museum View Hotel

経済的　Map P.84A3

فندق ميوزيم فيو　フンドゥク・ミューズィユム・フュー

📧 2 Shaari' Champollion
TEL (02)25752479　FAX なし
Inet www.museumviewhotel.com
S A/C 120£E
W A/C 160£E
US$ € £E
TC 不可　CC 不可

エジプト考古学博物館の近くにあるホテル。客室は広めで、ファン付き、バス、トイレ共同の客室もありS80£E、W120£E。無線LANは無料で利用可能。バルコニー付きの部屋もある。

☺ 自分の家のようにくつろいでほしいというスタッフの心遣いが伝わるよいホテルでした。　(東京都　ゆみぱん　'10春)

セレクト Hotel Select　　経済的　Map P.85C2

فندق سلكت　フンドゥク・セレクト

- 19 Shaari' 'Adli
- TEL (02)23933707　FAX なし
- [S][A/C] 130£E
- [S][A/C] 150£E
- [W][A/C] 160£E
- [W][A/C] 180£E
- US$ € £E　不可　不可

シナゴーグを警備する警察を横目に、路地を入った奥に入口がある。8階にあり、清潔感のある部屋のバルコニーからは新市街が眼下に見渡せる。無線LANは無料で利用することができる。

ルナ Hotel Luna　　経済的　Map P.84B2

فندق لونا　フンドゥク・ルーナー

- 27 Shaari' Tala'at Harb
- TEL & FAX (02)23961020
- Inet www.hotellunacairo.com
- [S][A/C] 100£E
- [S][A/C] 150£E
- [W][A/C] 140£E
- [W][A/C] 200£E
- US$ € £E　不可　不可

タラアト・ハルブ通りのビルの5階にあり、ベドウィン風サロンが自慢の宿。全21室はどの部屋も広々していて清潔。同じフロアにさらに調度をグレードアップしたLuna Oasisもある。無線LANは無料で利用することができる。

カールトン Carlton Hotel　　経済的　Map P.84B1

فندق كارلتون　フンドゥク・カールトゥーン

- 21 Shaari' Sitta wa 'Ashriin Yoliyo
- TEL (02)25755022
- FAX (02)25755323
- @il www.carltonhotelcairo.com
- [S][A/C] 150〜175£E
- [W][A/C] 225〜250£E
- US$ € £E　不可　M V

映画館の向かいにある。古びてはいるが、ランドリーサービスもきちんとしていて料金も安い。部屋も広く、屋上にレストランもある。無線LANは1階にて無料で利用することができる。

ローマ Pension Roma　　経済的　Map P.85C2

بنسيون روما　パンシィヨン・ローマ

- 169 Shaari' Muhammad Fariid
- TEL (02)23911088
- FAX (02)25796243
- @il www.pensionroma.com.eg
- [S] 66.5〜73.5£E
- [S][A/C] 150£E
- [W][A/C] 250£E
- £E　不可　不可

落ち着いた雰囲気とシックな部屋で各国の旅行者に人気が高い。全39室の部屋は広々としていて清潔。ファン、バス、トイレ付きの客室もある。家具はアンティーク調。無線LANは無料で利用することができる。

パリス Paris Hotel　　経済的　Map P.84B3

فندق باريس　フンドゥク・バリース

- 15 Shaari' Talaat Harb
- TEL (02)23950921　FAX なし
- @il www.hotelpariscairo.blogspot.com
- [S][A/C] 30US$
- [W][A/C] 40US$
- US$ € £E
- 不可　不可

タラアト・ハルブ通りのフェルフェラ（テイク・アウェイ）のビル4階にある。赤を基調にしたおしゃれな内装で清潔。日本語対応のPCと無線LAN、キッチンは無料で利用することができる。

Information
別のホテルへ連れていく偽スタッフに注意！

悪質な客引きは人気のあるホテルのスタッフを装って、ビルの入口などで待ちかまえています。彼らは「私はこのホテルのスタッフだ。今日は満室だよ」などと名刺を見せてきたりします。たとえ満室だと言われても、自分でそのホテルに行って、自分の目で確かめる作業を怠ってはいけません。こういった客引きが連れていこうとする「同じオーナーのホテル」と称するホテルにかぎって、高額なツアーを売りつけたり、現金盗難事件が起こることもあるのです。客引きに満室だと言われても無視し、自分の足でホテルまで行き、空室の有無を確認するようにしましょう。

オデオン・パレス Odeon Palace Hotel　　中級　Map P.84B2

فندق اوديون بالاس　フンドゥク・オーデョン・パーラース

✉ 6 Dr. Shaari' 'Abd il Hamid Saiid
TEL & FAX (02)25767971
Inet www.hodeon.com
[S][AC][🛏][🚿][📶] 47US$
[W][AC][🛏][🚿][📶] 60US$
US$ € £E
T/C 不可　CC 不可

アブデル・ハミード・サイド通り沿いにある中級ホテル。館内は古びているが、手入れが行き届いているので快適に滞在することができる。無線LANは9・10階にて無料で利用することができる。朝食は別料金で20£E。

ビクトリア Victoria　　中級　Map P.85C1

فندق فيكتوريا　フンドゥク・ヴィクトリア

✉ 66 Shaari' il-Gumhuuriiya
TEL (02)25892290
FAX (02)25913008
[S][AC][🛏][🚿][📶] 40€
[W][AC][🛏][🚿][📶] 54€
US$ € £E
T/C 不可　CC 不可

町の中心からはややはずれているが、設備も充実した中級ホテル。ビュッフェ式の朝食付き。部屋も広々としており、バスタブも付いている。外国人旅行者の利用も多く、人気が高いので、シーズン中は予約したほうが無難。

😊ひとり旅の中年女性にもおすすめのホテル。安心して泊まれます。古い建物ですが設備はひととおり揃っており、メトロの駅も歩いてすぐなので、どこへ行くにもとても便利でした。　　　　　　　　　　（山口県　yasmen　'09春）

カイロ・ハーン Cairo Khan Hotel　　中級　Map P.85C2

فندق كايروخان　フンドゥク・カイロハーン

✉ 12 Shaari' Sitta wa 'Ashriin Yoliyo
TEL (02)23922015
FAX (02)23906799
Inet www.cairokhan.com
[S][AC][🛏][🚿][📶] 90US$
[W][AC][🛏][🚿][📶] 117US$
US$ € £E
T/C 不可
CC A M V

シッタ・ウ・アシュリーン・ヨリヨ通り沿いに点在する中級ホテルのひとつ。入口は狭いが、ドアマンが陽気に迎えてくれる。エレベーターでレセプションへ上がる。改装済みの部屋は高級感がある。バスタブ付きの部屋もある。無線LANは無料で利用することができる。

イスラーム地区のホテル

アラビアンナイツ Arabian Nights Hotel　　経済的　Map P.107B2

فندق سيدنا الحسين　フンドゥク・スィードナール・ホセイン

✉ 10 Shaari' il-'Aaded il-Gamaliiya
TEL & FAX (02)25894230
@ arabiannightshotel@yahoo.com
[S][AC][🛏][🚿][📶] 70£E
[S][AC][🛏][🚿][📶] 100£E
[W][AC][🛏][🚿][📶] 120£E
[W][AC][🛏][🚿][📶] 150£E
US$ € £E　T/C 不可　CC 不可

アズハル地区の北東にあるホテル。客室は全30室で、サテライトテレビ付き。屋上には眺めのよいカフェがあり、日曜の夜は屋上でタンヌーラの旋舞ショーが行われる。無線LANは無料で利用することができる。

ル・リアド Le Riad　　高級　Map P.113A

فندق الرياض　フンドゥク・イル・リヤード

✉ 114 Shaari' el-Mu'izz Li-Din Allah
TEL (02)27876075
FAX (02)27862438
Inet www.leriad-hoteldecharme.com
[S][W][AC][🛏][🚿][📶] 240€〜
US$ € £E
T/C 不可
CC J M V

フランス人女性がオーナーのデザイナーズホテル。何年もかけて改装した客室の内装や調度品は全室異なる。客室によっては最新式のスパシャワーが付きのバスルームもある。屋上のカフェからの眺めも自慢。無線LANは無料で利用することができる。イスラーム地区にあるので館内での飲酒は不可。

新市街中心部の高級ホテル

シェファード Shepheard Hotel　　　　　　高級　Map P.84A3

فندق شبرد　フンドゥク・シェバルド

✉ Shaari' il-Korniish
Inet www.shepheard-hotel.com
TEL (02)27921000
FAX (02)27921010
⑤⑩Ⓦ🅰Ⓒ🚿🚽📺🧊180US$〜
⑤⑩Ⓦ🅰Ⓒ🚿🚽📺🧊200US$〜（ナイルビュー）
💳 US$ € £E
TC 不可
CC A D M V

ラムセス・ヒルトン Ramses Hilton　　　　高級　Map P.84A2

رمسيس هيلتون　ラムスィース・ヒルトン

タフリール広場の北側に建つ老舗の高層ホテル。独特な建物の形は、カイロのどこからでも目立つのでよい目印になる。ツアー客だけでなく、商用で利用する人も多い。

✉ 1115 Shaari' il-Korniish
日本の予約先 TEL (03)6863-7700
TEL (02)25777444
FAX (02)25757942
Inet www.hilton.co.jp
⑤⑩Ⓦ🅰Ⓒ🚿🚽📺🧊250US$〜
㊟ 税＋サービス24％別途
💳 US$ € £E
TC 不可　CC A D J M V

😥最上階にあるレストラン、夜景はいいのですが冷房がかかりすぎて寒くて困りました。隣の客はご主人がコートを取りに帰っていました。カーディガンなどの暖かい物をお忘れなく。
（在ドイツ　おしゅう&ハンちゃん　'10春）

セミラミス・インターコンチネンタル Semiramis Intercontinental　سميرميس انتر كونتننتال　セミラミス・インテルコンティネンタル

Map P.84A3

✉ Shaari' il-Korniish P.O.Box 60
日本の予約先 ☎0120-455-655　TEL (02)27957171　FAX (02)27963020　Inet www.ichotelsgroup.com
㊟🅿🍴　💳 US$ €　TC 不可　CC A D M V

●欧米人をはじめツアーの利用が多い713室の大型ホテル。カジノやナイトクラブ、バーなどもあり、ナイトライフも楽しめる。特に日・火・木曜にナイトクラブで開催されるベリーダンスショーが有名。

フォーシーズンズ・ナイル・プラザ Four Seasons Nile Plaza　فور سيزنز نيل بلازا　フォル・シーズンズ・ナイル・プラザ

折込Mapカイロ B3

✉ 1089 Korniish il-Niil
日本の予約先 ☎0120-024-754　TEL (02)27917000　FAX (02)27926900　Inet www.fourseasons.com
㊟🅿🍴　💳 US$ € £E　TC 不可　CC A D J M V

●ハイアットの向かい側にできたホテル。建物も新しく、居住性を追求したというその内装は、明るい色調で統一されている。ナイルビューの部屋からの眺めは抜群。館内には寿司バーを設置したフュージョン料理の店Aquaがある。

コンラッド Conrad International Cairo　كونراد انترناشيونال القاهرة　コンラッド・インテルナショナル・イル・カーヒラ

✉ 1191 Shaari' il-Korniish
Map P.87B2
日本の予約先 TEL (03)6863-7700　TEL (02)25808000　FAX (02)25808080　Inet www.conradhotels.com
㊟🅿🍴　💳 US$ € £E　TC 不可　CC A D M V

●ワールド・トレード・センター横にあるホテル。ビジネスユースにも最適。ナイル川を見渡すカフェも心地よい。

159

中洲（ザマーレク）と西岸のホテル

メイ・フェア May Fair Hotel　　経済的　Map P.87C1

فندق ماي فير　フンドゥク・メイ・フェール

✉ 9 Shaari' Aziiz Usmaan Zamaalek
TEL (02)27357315
FAX (02)27350424
Inet www.mayfaircairo.com
S A/C 📞 ➡ 220£E
W A/C 📞 ➡ 250£E
💳 £E TC 不可
CC 不可

レセプションはビルの2階にある。きれいなテラスが自慢のホテル。エアコンなしの部屋はさらに安い。トイレ共同の部屋は、S130£E、W150£E。部屋は清潔。ロビーにて無線LANは無料で利用することができる。空港送迎もあり。

ロンシャン Hotel Longchamps　　中級　Map P.87B1

فندق لونج شامب　フンドゥク・ロングシャンプ

✉ 21 Shaari' Ismaa'iil Muhammad
TEL (02)27352311
FAX (02)27359644
Inet www.hotellongchamps.com
S A/C 📞 ➡ 58〜72US$
W A/C 📞 ➡ 78〜98US$
💳 US$ € £E
TC 不可
CC J M V（手数料2.5%別途）

レセプションはビルの5階にある。館内は手入れが行き届いており、客室によって内装は異なる。レセプション脇やラウンジにはオーナーのコレクションであるアンティーク雑貨が置かれている。無線LANは無料で利用することができる。

サフィール・カイロ Safir Cairo　　高級　折込Mapカイロ A3

فندق سفير القاهرة　フンドゥク・サフィール・イル・カーヒラ

✉ Midaan Misaaha Dokki
TEL (02)37482424
FAX (02)37608453
Inet www.safirhotels.com
S A/C 📞 ➡ 150US$
W A/C 📞 ➡ 170US$
💳 US$ € £E
TC 不可　CC A D M V

ドッキのメサーハ広場に建つ、全250室のホテル。全室ベランダ付きで、客室は落ち着いた感じの内装。ホテルにはフィットネスセンターやプールが併設されている。寿司バーもある。無線LANは別料金で利用可能。

グランド・ハイアット Grand Hyatt Cairo　　最高級　折込Mapカイロ B3

جراند حياة　グランド・ハイヤット

ローダ島の最北端にある高さ142m、全716室の大型高層ホテル。最上階には回転式展望レストラン（約1時間15分で1周する）があるほか、各国料理があるフードコートも充実している。

✉ Shaari' il-Korniish
日本の予約先: TEL (03)3288-1234
TEL (02)23651234
FAX (02)23621927
Inet www.cairo.grand.hyatt.com
S W A/C 📞 ➡ 225US$〜
S W A/C 📞 ➡ 250US$〜
税＋サービス24%別途
💳 US$ € £E TC 不可 CC A D M V

160

マリオット Cairo Marriott Hotel & Casino　最高級　Map P.87C2

ماريوت マリヨット

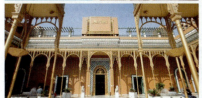

ゲズィーラ島東岸。全1250室の超大型ホテル。かつて宮殿だったので庭園も広く美しい。レストラン、パブ（ライブ演奏あり）など、どれも豪華。贅の限りを尽くしたホテルだ。日本食レストラン「トリイ」もある。

✉Shaari' Saraya il-Geziira Zamaalek
日本の予約先:無料0120-142-536　TEL(02)27283000
FAX(02)27283001　Inet www.cairomarriotthotel.com
S W A C ■ □ 220US$〜　税+サービス24%別途
US$ £ TC不可 CC A D M V

😊部屋は少し年季が入っていますが、ホテルスタッフの対応、立地、設備は申し分ありません。
（広島県　ひろ　'09秋）

フォーシーズンズ・ファースト・レジデンス Four Seasons First Residence　最高級　折込Mapカイロ A4

فور سيزنز فرست ريزيدنس フォル・スィーズンズ・フェルスト・レジデンス

動物園のすぐ横にある。現在のところカイロで最も豪華なホテル。青い外観と大聖堂のようなエントランスは周囲に異彩を放っている。レセプションはエレベーターで上がった3階にある。ベッドルームを3つも備える最高級のロイヤルスイートは、なんと1泊約1万2000US$。併設のスパも人気が高い。

✉35 Shaari' Giza
日本の予約先:無料0120-024-754
TEL(02)35731212　FAX(02)35681616
Inet www.fourseasons.com
S W A C ■ □ 430US$〜
税+サービス25.5%別途
US$ £ TC不可 CC A D M V

😊ゆかたと歯ブラシがありました。NHKも見られます。全部のレストランでスマートカジュアルと思ってください。唯一ここではキンキンに冷えた飲み物が出てきました。スタッフの対応もよい。　（茨城県　ラー油　'09夏）

ピラミサ Pyramisa Hotel & Casino-Cairo　فندق پيراميزا ピラミザ・イル・カーヒラ

折込Mapカイロ A3

✉60 Shaari' Giza Dokki
TEL(02)33367000　FAX(02)37605347　Inet www.pyramisaegypt.com
🅟📶 US$ € £ TC不可 CC A D M V

●ドッキのシェラトンから南に少し行った所にある。全377室の大型ホテル。ビュッフェ形式のレストランはコンチネンタル＆エジプト料理を出す。中華料理やオリエンタルレストランもあり、英国風パブ、ディスコ、カジノといった設備も揃う。館内の旅行会社ではイスラエル行きのバスチケットを販売している。

カイロ・シェラトン Cairo Sheraton Hotel & Tower & Casino　شيراتون القاهرة シェラトン・イル・カーヒラ

折込Mapカイロ B3

✉Midaan Galaa P.O.Box 11
日本の予約先:無料0120-003-535　TEL(02)33369700　FAX(02)33364601　Inet www.starwoodhotels.com
🅟📶 US$ € £ TC不可 CC A D J M V

●ドッキのガラー広場に面していて、周囲のランドマーク的存在の老舗ホテル。どこに行くにも便利な立地。本館とタワーで料金が違う。レストランはリノベーション中で閉まっているところが多いが、鉄板焼き料理のサッポロ、レバノン料理のAladinなどはオープンしている。

ソフィテル・エル・ゲズィーラ Sofitel El Gezirah Hotel　فندق الجزيرة フンドゥク・イル・ゲズィーラ

折込Mapカイロ B3

✉El-Orman Giza
日本の予約先:無料00531-61-6353　TEL(02)27373737　FAX(02)27355056　Inet www.sofitel.com
🅟📶 US$ € £ TC不可 CC A D M V

●ゲズィーラ島最南端という抜群の立地条件。高くそびえる円形のタワー型高層ホテルなので、どの部屋からもナイル川の景色を堪能できる（東岸と西岸の違いはある）。全室443室でバルコニー付き。無線LANは無料で利用することができる。

空港周辺の高級ホテル

イベロテル・ラ・パサージュ Iberotel La Passage　　高級　Map P.420

لو باساج

ノヴォテルのすぐ隣にある。ヤシが配された南国的なプールを囲むように客室棟がある。15分おきに空港まで無料の専用送迎バスもある。

✉ Cairo Airport Road
TEL (02)22670099　FAX (02)24180761
Inet www.iberotel.net
S A/C 🚿 🚽 150US$　W A/C 🚿 🚽 200US$
💰US$ € £E　TC 不可　CC A D M V

●シティ・スターズやハーン・ハリーリ行きのバスがあり便利です。空港送迎もあり、静かで過ごしやすいです。とってもきれいなサウナがあり、エジプトの疲れを癒すには最高の場所です。
　　　　　　　　　　　　　　　　　　　　　　（東京都　小杉 博美　'09年秋）

ノヴォテル・カイロ・エアポート Novotel Cairo Airport　فندق نوفوتيل المطار　フンドゥク・ノヴォテル・イル・マタール

✉ In front of Air Port　　　　　　　　　　　　　　　　Map P.420
日本の予約先：無料 00531-61-6353　TEL (02)22918520　FAX (02)22914794　Inet www.novotel.com
🍳🚿🚽　💰US$ € £E　TC 不可　CC A D M V

●空港のバスターミナルの裏側にある。30分おきに24時間無料の専用送迎バスが運行しているので、トランジットや深夜到着、早朝出発など、空港の近くで休みたいときには便利。中庭にプールもある。部屋はビジネスホテルのような感じで機能的にまとまっている。

メリディアン・ヘリオポリス Le Meridien Heliopolis　ميريديان هليوبوليس　ミリディヤーン・ヘリヨポリス

✉ 51 Shaari' il-'Uruba　　　　　　　　　　　　　　　折込Map大カイロ C1
日本の予約先：無料 0120-09-4040　TEL (02)22905055　FAX (02)24172492　Inet www.starwoodhotels.com
🍳🚿🚽　💰US$ € £E　TC 不可　CC A D M V

●空港へと延びるウルーバ通り沿い。ヘリオポリスの中心や大統領官邸などに近い。屋外プールやフィットネスジムなども完備している。本格タイ料理を出す店やディスコもある。無線LANはロビーにて無料で利用することができる。空港からホテルへの送迎バスは宿泊日の2日前までに要予約。

フェアモント・ヘリオポリス Hotel Fairmont Heliopolis　فيمونت هليوبوليس　フィルモント・ヘリヨポリス

✉ Shaari' il-'Uruba　　　　　　　　　　　　　　　　折込Map大カイロ C1
TEL (02)22677730　FAX (02)22677600　Inet www.fairmont.com
🍳🚿🚽　💰US$ € £E　TC 不可　CC A D M V

●ウルーバ通り沿いにあり、空港にも近い。外観はやや殺風景だが、内装はやはり高級ホテル。全550室。イタリア、レバノン、中華料理のレストランがある。無線LANは無料で利用することができる。

インターコンチネンタル・シティ・スターズ Intercontinental City Stars

انتر كونتننتال سيتي ستارز　インテルコンティネンタル・シティ・スタルズ

✉ Shaari' Omar ibn il-Khattab, Heliopolis　　　　折込Map大カイロ C1
日本の予約先：無料 0120-455-655　TEL (02)24800100　FAX (02)24800200　Inet www.ichotelsgroup.com
🍳🚿🚽　💰US$　TC 不可　CC A D M V

●シティスターズに隣接して建つ全774室の最高級ホテル。鉄板焼きShogunをはじめ、イタリア、レバノン料理など4つのレストランやカジノも備えている。ロビーも広々として高級感にあふれている。ビジネスユースにも対応。無線LANは無料で利用することができる。

ピラミッド周辺の中高級ホテル

デルタ・ピラミッズ　Delta Pyramids Hotel　　中級　Map P.136A

フンドゥク・デルタ・イル・アフラーム　فندق دلته الأهرام

✉Shaari' Faysal
TEL(02)33833000
FAX(02)33856989
Inet www.deltacasablancahotel.org
[S][AC]🛏🚿🚽📺□80US$
[W][AC]🛏🚿🚽📺□120US$
税+サービス24%別途
💰US$ € £E　[TC]不可　[CC]M V

😊窓からピラミッドが見えて最高でした。ただ、ホテル前の道を走る車が真夜中でも平気でクラクションを鳴らしまくるので、なかなか寝付けなかったです。耳栓を持っていったほうがいいかもしれません。（愛知県　Cozy　'09年12月）

メリディアン・ピラミッズ　Le Meridien Pyramids　　高級　Map P.136A

ミルディヤーン　ميريديان

✉Midaan il-Remaaya Alexandria Rd.
日本の予約先：[無料]0120-09-4040
TEL(02)33773388
FAX(02)33771730
Inet www.starwoodhotels.com
[S][W][AC]🛏🚿🚽📺□120€〜
税+サービス24%別途
💰US$ € £E
[TC]不可
[CC]A M V

ピラミッドの前からアレキサンドリア・ロードを行くと、最初に右側に見えるホテル。すぐそばのリマーヤ広場は各方面からのバスが到着するジャンクション。全522室のうちピラミッドビューは約93室と少ないが、ロビーも豪華で雰囲気がいい。ピラミッドビューのプールやフィットネスセンター、スパなどの設備も充実。

ピラミッズ・パーク　Pyramids Park Resort　　高級　Map P.136A

ビラーミーズ・パルク　بيروميس بارك

✉Alexandria Rd.
TEL(02)38388300
FAX(02)38388400
[S][AC]🛏🚿🚽📺□150US$〜
[W][AC]🛏🚿🚽📺□180US$〜
税+サービス24%別途
💰US$ € £E
[TC]不可
[CC]A D J M V

アレキサンドリア・ロードをしばらく行った所にある。ピラミッドからは少し遠く、車で15分はかかる。高速道路には近いので、車でカイロ市内へ向かう場合はピラミッド通りの渋滞に巻きこまれずスムーズ。ピラミッドビューの部屋はないが、広い敷地内にレストランやバーが6つ、ビジネスセンターやカイロ最大級のプールもある。

メーヴェンピック　Mövenpick Resort Jollie Ville Cairo Pyramids　　高級　Map P.136A

カイロ・モヴェン・ピク・ジョリ・ヴィル　كايرو موفن بيك جولي فيل

✉Alexandria Rd.
TEL(02)33772666　FAX(02)33775006
Inet www.moevenpick-hotels.com
[S][AC]🛏🚿🚽📺□145US$〜
[W][AC]🛏🚿🚽📺□175US$〜
💰US$ € £E　[TC]不可　[CC]A D J M V

低層コテージタイプで全240室。リゾートで有名なホテルチェーンだけあって、自慢は広く手入れの行き届いた庭園と、ゆったりくつろげるプール。ジョギングコースやテニスコートなどスポーツ施設も充実。イタリア料理とタイ料理のレストランが併設されている。ルーフカフェからもピラミッドを見ることができる。

😊ホテルの敷地がとにかく広い。夜は庭園がライトアップされていてとてもきれいです。（千葉県　山本祐敬　'09夏）

163

メルキュール･ル･スフィンクス Mercure Le Sphinx　　高級　Map P.136A

メルキュール･ル･スフィンクス　ميركيور لو سفينكس

リマーヤ広場を挟んでメリディアンと向かい合う位置にあり、交通の便はいい。2階建ての客室棟が広い敷地に延びる構成で、どの部屋からも中庭が見える。プールやフィットネスセンター、スパなどの設備も充実している。2軒のレストランと3軒のバーも併設されている。インターネットへの接続は別料金。ピラミッドビューの部屋は全280室中30室。

✉ Midaan il-Remaaya
日本の予約先:☎00531-61-6353
TEL (02)33767555
FAX (02)33774930
Inet www.mercure.com
S W A/C 冷蔵庫 TV 150US$～
💰 US$ € £E
T/C不可 CC A D J M V

メナ･ハウス･オベロイ Mena House Oberoi　　最高級　Map P.140A2

منا هاوس اوبروي　メナ･ハウス･オベロイ

1869年創業。ルーズベルトとチャーチルが会談したり、第4次中東戦争の停戦が合意されるなど、20世紀史の舞台となったホテル。本館と新館それぞれにピラミッドビューの部屋がある。また、毎年6月に開催されるベリーダンス･フェスティバル「アハラン･ワ･サハラン」の会場でもある。

✉ Shaari' il-Ahraam
TEL (02)33773222　FAX (02)33767777
Inet www.oberoihotels.com
S A/C 冷蔵庫 TV 150€　W A/C 冷蔵庫 TV 170€
S A/C 冷蔵庫 TV 170€　W A/C 冷蔵庫 TV 210€(ナイルビュー)
💰 £E　T/C不可　CC A D J M V

😊ピラミッド･ビューは最高でした。部屋もモダンで、エントランスにも高級感がありました。唯一プールに入りながらピラミッドが見えるホテルとのことでしたが、改装中で入れなかったです。深夜に着いてもうっすらピラミッドが見えます。朝起きたとき、感動しました。　　　　　（茨城県　ラー油 '09夏）

グランド･ピラミッズ Grand Pyramids　فندق جراند بيراميس　フンドゥク･グランド･ピラミーズ

Map P.136B

✉ 53 Shaari' Studio Misr, Maryoteya
TEL (02)33881883　FAX (02)33882022　Inet www.grandpyramidshotel.com
💰 US$ € £E　T/C不可　CC A D J M V
●サッカーラ街道とピラミッド通りが交差する好立地に位置するホテル。アジア系の団体客の利用が多い。スイミングプールは屋外と屋内のものがあり、レストランも4軒ある。

カタラクト･ピラミッド･リゾート Cataract Pyramids Resort　كاتاراكت بيروميس ريزورت　カタラクト･ピラミーズ･リゾルト

Map P.145

✉ Sakkara Road El Haraneya
TEL (02)37718060　FAX (02)37718073　Inet www.catarachotels.com
💰 US$ € £E　T/C不可　CC A D J M V
●サッカーラ街道沿いにある全398室の大型ホテル。マリオテーヤへのマイクロバスが頻繁に通る。カイロでも最大級の屋外プールを囲んで、コテージ棟と、広めの客室棟が配置されている。

アマランテ･ピラミッズ Hotel Amarante Pyramids　هوتيل امارانتي بيراميس　ホテル･アマランテ･ピラミーズ

Map P.137C

✉ 29 Shaari' Abuu Haazem
TEL (02)37812211　FAX (02)37811441　Inet www.amarantepyramids.com
CC A D J M V
●旧シェラトン･ロイヤル･ガーデンズ･ホテル。南国風のプールを囲むように客室棟が建つリゾートタイプのホテル。レストランも充実している。

Restaurant

もともと外食の習慣があまりないエジプトでは、大衆食堂的な店は少ない。カイロの主流は庶民のファストフードであるターメイヤやコシャリ屋だ。イタリア料理、中華料理、日本料理などのレストランの多くは、高級ホテル内かザマーレク、モハンデスィーン、ヘリオポリスやマアーディなどの高級住宅地に多い。ハンバーガーやピザなどのファストフードは、タフリール広場やピラミッド通りにも多い。

アラベスク　Arabesque　　高級　エジプト料理

أرابيسكو　アラビスク

Map P.84A3

- 6 Shaari' Qasr il-Nil
- TEL (02)25748677
- FAX (02)27730025
- 営 12:00～14:00　18:00～24:00　休 無休
- 税+サービス22％別途
- £E　TC 不可　CC AMV

タフリール広場からアスル・イン・ニール通りに入り、駐車場の横。入口を進んだ奥の右にレストラン専用の入口がある。高級感があり、雰囲気のいい店。洗練された味のエジプト料理を出す。おすすめは、ウエーターがライスを入れてくれる、モロヘイヤのスープ49£E～。

😊 モロヘイヤのチキンを頼んだら、モロヘイヤスープ、表面にハーブをのせてカリカリに焼いたチキン、白ご飯が出てきました。非常に美味でした。　　　　　　　　　　　　　　　　　　　　　（在セネガル　Athena　'10春）

フェルフェラ　Felfela Restaurant　　中級　エジプト料理

فلفلة　フェルフェラ

Map P.84B3

- 15 Shaari' Hoda Sha'raawi
- TEL (02)23922571
- FAX (02)23924996
- 営 9:00～24:00　休 無休
- 税+サービス22％別途
- US$ £E
- TC 不可　CC MV

エジプトの代表的な料理を揃える有名店で外国人の利用も多い。タラアト・ハルブ通り沿いにはシャワルマのコーナーがある。カイロ市内各地に支店がある。予算は50£E前後から。野菜料理（9£E～）がおすすめ。席は喫煙側と禁煙側とで区切られている。

😊 何を食べても外れなし。モロヘイヤスープとなすのガーリック炒めは最高でした。（東京都　HEROみねぞう　'09秋）

😊 ここが一番おいしかったです。　　　　　　　　　　　　　　　　　　　　　　（和歌山県　KANA　'09春）

😞 勘定に頼んでも食べてもいない料理の名前と値段が書き込まれていたので注意したら、にこやかに「それはサービス料、こっちは税金です」と言うのですが、サービス料も税金もちゃんと別に欄があってそこに明記されているので再び指摘したら、あからさまにブスっとして正しい勘定書を投げつけられました。　　　　（兵庫県　相楽　'10夏）

フェルフェラ・カフェ　Felfela Cafe　　中級　エジプト料理

كافيتريا فلفلة　カフェテリア・フェルフェラ

Map P.136A

- 27 Alexandria Road
- TEL (02)33761234　FAX なし
- 営 8:00～23:30　休 無休
- 税+サービス22％別途
- US$ € £E
- TC 不可　CC MV

メリディアン・ピラミッズ・ホテル（→P.163）近く。地元の人やツアー客に人気。店内はエアコンが効いていて快適で、2階席からはピラミッドがよく見える。メインは1品20£E～。入口横にはテイク・アウェイ専用のカウンターもある。

アルフィー・ベイ　Alfy Bey　　中級　エジプト料理

مطعم الفي بك　マトゥアム・アルフィー・ベイ

Map P.85C1

- 3 El Alfi St.
- TEL (02)25771888
- FAX (02)25755333
- 営 12:00～翌2:00　休 無休
- 税+サービス22％別途
- £E
- TC 不可　CC 不可

1938年創業の老舗。飲食店の集まるアルフィ通りにあるが、店の雰囲気はこのあたりではずば抜けて高級な感じがする。ファッタ8～37£E、日替わりプレートが45£E。コフタは1kgにつき88£Eで、250gでも注文可能。モーザという牛モモ肉の料理40£E（写真）が名物。

アブー・シャクラ　Abou Shakra　　中級　エジプト料理

أبو شقره　アブー・シャクラ

折込Mapカイロ B3

- 69 Shaari' Qasr el-'Aini
- TEL (02)25316111　FAX なし
- 営 9:00～翌2:00　休 無休
- 税+サービス22％別途
- £E　TC 不可　CC MV

アスル・イル・アイニ通りをひたすら南に直進した左側。派手な店構えなのですぐわかる。コフタ、カバブ、ハトなどは炭焼き。タジンも各種あり。予算は40£Eぐらいだが、8£Eぐらいの安いサンドイッチもある。メニューはかなり豊富。

アブー・ハーリド Abou Khalid　　　庶民的　エジプト料理

حانى أبو خالد　ハーティー・アブー・ハーリド

Map P.84B2

✉ 13 Shaari' Shamboliyoon
TEL (02)25758343
FAX なし
営 24時間　休 無休
料 £E　TC 不可　CC 不可

シャンポリオーン通りにある。メニューはアラビア語のみだが、カバーブ（1kg100£E）をはじめエジプト料理の定番が揃う。リアーシュ（ラムチョップ、250g40£E）やモーザ（250g50£E）がおすすめ。コフタを背脂で巻いたダルブ（1kg100£E）もある。

😊ここのリアーシュはカイロいちおいしいと思います。
（東京都　HEROみねぞう　'09秋）

ダハーン El Dahan　　　庶民的　エジプト料理

الدهان　イッダハーン

Map P.111A2

✉ 2 Shaari' Gawal Had
TEL (02)25939325
FAX なし
営 12:00〜翌1:00　休 無休
税＋サービス20%別途
料 £E　TC 不可　CC 不可

フセイン広場に面した有名なレストラン。2階席や3階席もあって、食事時は地元客や観光客でにぎわう。コフタ（1kg83£E）やカバーブ（1kg135£E）、モーザなどがあり300gからオーダーできる。イスラーム地区にあるためアルコール類は置いていない。

ワディ・ニール Wadi il Nile　　　庶民的　エジプト料理

مسمط ومطعم وادى النيل　マスモゥト・ウ・マトゥアム・ワーディ・インニール

折込Mapカイロ B3

✉ 71 Shaari' Qasr el-'Aini
TEL (02)23652461
FAX なし
営 11:00〜24:00
休 無休
料 £E　TC 不可　CC 不可

アブー・シャクラ（→P.165）から南へ5軒目。ジューシーな炭火焼きチキンを出す店。店頭から香ばしい香りが漂ってくる。ハーフ17£E、1羽34£E。モンバールという腸詰めは1kg34£E。店内にテーブル席が5つある。テイク・アウェイも人気で、行列ができることもある。

フラハト Frahat　　　庶民的　エジプト料理

مطعم فرحات　マトゥアム・フラハト

Map P.111B2

✉ 126 Shaari' il-Azhar
TEL (02)25926595
FAX なし
営 12:00〜23:00
休 無休
料 £E
TC 不可　CC 不可

アズハル広場からアズハル通りを西に行きPharmacie Azharの次の角にあり、客席は路地を入った奥。地元の人は誰でも知っている有名なハト料理の店。ハトのグリル（マシュウィー）のセット23£E（写真）、米を詰めたマフシーのセット25£Eがある。

カッドウラ Kadoura　　　庶民的　シーフード

مطعم اسماك قدورة　マターイム・アスマーク・カッドウラ

折込Mapカイロ A2

✉ 66 Shaari' Gamuit il-duwal il-Arabiiya
TEL (02)33350622
FAX なし
営 11:00〜翌4:00　休 無休
料 £E　TC 不可　CC 不可

モハンデスィーンにあるシーフード店。客席数は多いが、いつも地元の人で込んでいる。店に入ってすぐの所にズラリと並べられだ魚を直接選ぶことができる。魚介類の種類は多く、魚だけなら予算は70£E程度。カニは1kg70£E、ロブスターは1kg240£E。

エル・ニール・フィッシュ El Nil Fish　　　庶民的　シーフード

اسماك النيل　アスマーク・インニール

Map P.84B3

✉ 25 Shaari' il-Bustaan
TEL (02)27940042
FAX なし
営 11:00〜翌1:00
休 無休
料 £E
TC 不可
CC 不可

ファラキ広場の横にあるシーフードレストラン。英語表記の看板は小さいが、魚の焼けるいい匂いでわかる。紅海産のイカは1kg50£E、エビ1kg180£E、魚は1匹22£E〜で、シーフードスープは20£E。横にはテイク・アウェイ部門がある。食事時は多くの人でにぎわっている。レストラン部門はサービス＋税10%別。

😊観光客の姿はほとんど見られず、地元の人でにぎわっていました。大変おいしいのですが、魚料理は少し塩辛かったです。
（在ドイツ　みづほ　'09秋）

カザーズ Kazaz

イル・カザーズ　القزاز

✉38 Shaari' Sabry Abu Alam
TEL(02)23960034　FAXなし
🕒24時間　休無休
💰£E　T/C不可　CC不可

庶民的　ファストフード
Map P.84B3

地元で有名なファストフード店。半地下のテイク・アウェイのカウンターはいつも込み合っている。シャワルマやハンバーガー各種3.25£E～。サイズはMとLの2種類で英語メニューもある。2階席で食べる場合はサービス料10%別途。

ケー・エフ・シー・スフィンクス KFC Sphinx

ケンターキー・アブルホール　كنتاكي أبو الهول

✉3 Ablu Hall Sq.
TEL&FAX(02)33852330
🕒11:00～翌3:00
休無休
💰£E
T/C不可　CC不可

庶民的　ファストフード
Map P.141B3

「スフィンクスの目線の先にある」と日本のテレビ番組に取り上げられて有名になった。2階はピザハット。3階は両店共有のイートインスペースになっている。値段はほかのKFCに比べると少し高い。エアコンの効いた店内からピラミッドやスフィンクスを眺めることができる。

レイクサイド・カフェ Lakeside Cafe

カフェテリヤ・イル・ブヘーラ　كافيتيريا البحيرة

✉Azhar Park
TEL(02)25109162
FAXなし
🕒10:00～23:00　休無休
💰税+サービス22%別途
💰£E　T/C不可　CC不可

中級　カフェ
Map P.107B2

アズハル公園内にあるカフェテリア。湖の向こうにシタデルを見ることができ、噴水に面した席もある。パスタ15～33£E、ピザ12～22£Eなどバラエティ豊か。朝食メニューもある。ミニマムチャージは45£E。

おかし Japanese Restaurant Okashi

イル・マトゥアム・ヤバーニ　المطعم الياباني

✉Shaari' il-Korniish
TEL(02)23651234(内線2121)
FAX(02)23621927
🕒12:00～翌1:00　休無休
💰税+サービス22%別途
💰US$ € JPY £E
T/C不可　CC A D M V

高級　日本料理
折込Mapカイロ B3

グランド・ハイアットのフードコートにある日本食レストラン。メニューは寿司と鉄板焼きがメイン。寿司や刺身は各種25～60£E。鉄板焼きは単品が120～300£E、セットが250～430£E(写真)。ざるそばは55£E(写真)。メインシェフは日本人の下で働いたことのあるエジプト人。

サッポロ Sapporo

マトゥアム・サーボロ　مطعم سابورو

✉Midaan Galaa
TEL(02)33369800(内線163)
FAX(02)33364601
🕒12:00～24:00　休無休
💰税+サービス22%別途
💰US$ £E T/C不可　CC M V

高級　🍴　日本料理
折込Mapカイロ B3

ドッキのシェラトン・ホテル内にある鉄板焼き中心の日本料理店。鉄板焼きセット170£Eや天ぷらセット120£E。日本米を使った寿司は竹(15カン)162£E。焼きそば60£Eや餃子30£E以外にも、アイスのから揚げ25£Eなどもある。

タイ・エレファント Thai Elephant

ターイー・エルファント　تاي الفنت

✉21 Aziz Abaza St., Zamalek
TEL(02)27351846　FAXなし
🕒12:00～24:00　休無休
💰税+サービス22%別途
💰US$ € £E
T/C不可　CC M V

中級　🍴　タイ料理
Map P.87B2

ザマーレクにある在留邦人に人気の店。タイ人シェフが作る、辛くてあっさりとした味が人気の秘密。パッタイ39£E、トムヤムクン35£E、トムカーガイ25£E、サラダ20£E～。辛さの調節も可能。

北京 Peking

マトゥアム・バキーン・イッシーニー　مطعم بكين الصيني

✉14 Saray El Azbakia St.
TEL(02)25912381　FAXなし
🕒11:30～24:00　休無休
💰税22%別途　💰US$ € £E
T/C不可　CC A D M V

高級　🍴　中華料理
Map P.85C1

アズバキーヤ通りにある中華料理店。店内の装飾や、落ち着き気味の照明もよい雰囲気。店員もテキパキとしており、応対もよい。予算は前菜とメインと飲み物で60£Eほど。カイロに9軒の支店とクルーズ船がある。

キムズ Kim's Restaurant　　高級 🍴 韓国料理

مطعم كوري كيمز　マトゥアム・クーリー・キムズ

折込Map大カイロ B2

✉ Maadi Family Land
☎ (02)25272474
FAX (02)25272473
🕐 10:00〜23:00
休 無休
💰 税＋サービス22%別途
💳 US$ € £E
TC 不可　CC A D M V

日本大使館のあるマアーディ地区ファミリーランド内にある大型韓国料理店。韓国人のシェフもいる。骨付きカルビ44.9£E、石焼きビビンバ40.25£E（写真）、餃子15.5£Eなどが人気メニュー。プルコギは牛（写真）と鶏があり41.95〜42.25£E。レンガとカーテンで仕切られた半個室席や、カラオケ設備の整った宴会場もある。

パクシーズ Korean Restaurant Paxy's　　高級 🍴 韓国料理

مطعم باكسيس　マトゥアム・パクスィーズ

折込Mapカイロ A1

✉ Midaan Sfinks Amon Hotel Mohandiseen
☎ 0120111901（携帯）
FAX なし
🕐 10:30〜24:00　休 無休
💳 US$ £E
TC 不可　CC A M V

スフィンクス広場に面するアモン・ホテルの中にあり、味のよさで在住邦人に支持されている。チャーハン各種28〜45£Eの人気が高い。ビビンバ32〜42£E、焼肉は牛タン45£E、カルビ37£Eなど。メニューは韓国料理を中心に麻婆豆腐29£Eなど中華料理もある。

カンダハール Kandahar　　高級 🍴 インド料理

مطعم هندي كاندهار　マトゥアム・ヒンディ・カーンダハール

折込Mapカイロ A1

✉ Midaan Sphinx Mohandisiin
☎ (02)33030615
FAX (02)33029494
🕐 12:00〜翌1:00　休 無休
💰 税＋サービス22%別途
💳 US$ € £E
TC 不可　CC A M V

モハンデスィーンのスフィンクス広場東側に面するビルの3階。メナ・ハウスと同じインド資本のオベロイグループの経営。人気メニューはジューシーなタンドリーチキン31£E〜のほか、南インド料理のコースは105£E。しっかりとスパイスの効いたモルグカレー64£Eもおすすめ。インド風炊き込みご飯のビリヤーニもある。

パピヨン Papillon　　高級 🍴 レバノン料理

المأكولات اللبنانية بابيون　イル・マアクラート・イルルブナーニア・バビヨン

折込Mapカイロ A1

✉ Tersana Shopping Center
☎ (02)33471672
FAX なし
🕐 10:00〜翌1:00　休 無休
💰 税＋サービス22%別途
💳 US$ £E
TC 不可　CC A M V

モハンデスィーンのエジプト航空オフィスの向かいにある。本格派レバノン料理の店。1階部分はテイク・アウェイ。メインの肉料理は40〜50£E、魚料理55〜65£E。クッベ・ナイエ（ペースト状の生肉）50£E（写真）はエジプトではなかなかお目にかかれない料理だ。酒類ではアラク25£Eも出す。

ラ・メッザ・ルーナ La Mezza Luna　　中級 🍴 イタリア料理

لامزة لونا　ラ・メッザ・ルーナ

Map P.87C2

✉ Shaari' Aziz Osman Zamalek
☎ (02)27352655　FAX なし
🕐 8:00〜24:00
休 無休
💳 US$ £E
TC 不可　CC A D M V

ザマーレクにあるこぢんまりとしたイタリア料理店。メイ・フェア・ホテルのある通りの小路の奥にある。各種ラビオリや自家製のパスタ（24〜42£E）が自慢。人気のパスタはチキンとマッシュルーム、ドライトマトの入ったクリームソース39£E（写真）。オムレツ18£Eなど朝食メニューも出す。

シーズンズ Seasons　　高級 🍴 イタリア料理

سيزونز　スィーズンズ

折込Mapカイロ A4

✉ 35 Shaari' Giza
☎ (02)35731212
FAX (02)35681616
🕐 6:30〜11:30、12:00〜17:00、18:00〜翌1:30（金6:30〜11:00、12:00〜24:00）　休 無休
💰 税＋サービス22%別途
💳 US$ € £E
TC 不可　CC A D J M V

フォーシーズンズ・ファースト・レジデンス（→P.161）に併設されたイタリア料理店。メインは160£E〜。ビュッフェなどのイベントも充実しており、水曜の夜にはシーフードビュッフェ270£Eや、日本食も1〜2品出される金曜の夜のビュッフェ250£E、日曜夜にはベルギー産のチョコレートを用いたチョコレートサンデー（ビュッフェ）250£Eなどのイベントが行われる。

セコイア Sequoia

高級　バラエティ

Map P.87A2

سيقويا　セコイヤ

- Shaari' Aboul Feda Zamalek
- TEL (02)27350014
- FAX なし
- 13:00～翌1:00
- 無休
- 税+サービス22%別途
- US$ £E
- TC不可　CC M V

ザマーレクの北端にある高級感あふれるカフェ。落ち着いた雰囲気で外国人に人気が高く、テラス席からはナイル川を眺められる。シーシャは8£E～。予算はひとり100£E前後。ミニマムチャージは木～土曜90£E、日～水曜75£E。寿司バーもある。

ハードロック・カフェ Hard Rock Cafe Cairo

高級　バラエティ

折込Mapカイロ B3

هارد روك كافيه　ハルド・ロック・カフェ

- Shaari' il-Korniish
- TEL (02)25321277
- FAX (02)25321289
- Inet hardrock.com
- 11:00～翌6:00
- 無休
- 税+サービス22%別途
- US$ € £E　TC不可
- CC A D M V

グランド・ハイアット・ホテルの横から階段を下りた所にある。名物のシーザーサラダ18～30£E、ジャンボコンボ85£E、ナチョス37～62£E、バーガー32£E～でレジェンダリーバーガーは50£E。人気カクテルはバハマ・ママ60£E。ダンスフロアは深夜0:00から盛り上がる。Hard Rock Cafeグッズ・ショップも併設されており、ファラオ・ベア（→P.63）が人気。

グロッピ Groppi

庶民的　スイーツ

Map P.84B2

جروبي　グローピ

- Midaan Tala'at Harb
- TEL (02)25743244
- FAX なし
- 8:00～24:00　無休
- £E
- TC不可　CC不可

タラアト・ハルブ広場にある、1891年に創業したお菓子屋。バクラワなどのアラブ菓子（1kg37£E～）やエクレアなどのケーキ（5.2£E～）、アイスクリーム（4.5£E～）がある。店内奥の喫茶室での飲食はミニマムチャージ10£E。

アブド El Abd

庶民的　スイーツ

Map P.84B2

العبد　イル・アブド

- 25 Shaari' Tala'at Harb
- TEL (02)3924407
- FAX なし
- 7:00～24:00
- 無休
- £E　TC不可
- CC不可

タラアト・ハルブ通りにある大人気のお菓子屋。店先のアイスクリーム売り場や店の中はいつも混雑している。アラブ菓子は1kg16£E～。各種ナッツの詰め合わせ1kg26£E～、ケーキはひとつ3.25£E～。アイスクリーム3£E～の支払いは店内にて。

😊地元の人でごった返していますが、並ぶだけの価値はあります！　特にマンゴーのアイスがおすすめです。
（愛媛県　四国のバース#16　'10夏）

ダワール El-Dawar

庶民的　スイーツ

折込Mapカイロ A2外

الدوار　イル・ダワール

- 42 Shaali Libnan, Mohandsiin
- TEL (02)33025836
- FAX なし
- 9:30～翌5:00　無休
- £E
- TC不可　CC不可

モハンデスィーンのレバノン通りの中ほどにあるフティール専門店。店頭で生地伸ばしを実演しているのですぐわかる。持ち帰りやデリバリーが主体だが、夜には歩道にテーブルを出して即席のカフェテラスに早変わりする。（フティールは50種類以上あり、小は3.5～18.5£E。カイロ市内に4軒の支店がある。

フォンタナ Fontana

庶民的　スイーツ

折込Mapカイロ B3

حلواني فونتانا　ヘルワーニー・フォンタナ

- 8 Shaari' Dr. Handuusa
- TEL (02)27949312
- FAX なし
- 24時間
- 無休
- £E
- TC不可　CC不可

アスル・イル・アイニ通りを南に行き、アブー・シャクラの次の角を右に入った所にあるお菓子屋さん。クリームをトッピングしたロズ・ビ・ラバーン5£E（写真）が絶品。持ち帰りがメインなので、店内は狭いが、カウンター席もある。ハチミツや乳製品も地元っ子に人気。

SHOP

観光地だけあって、おみやげ屋は多いが粗悪な品物を置いている店もあるのでよく確認しよう。高級ホテルにはショッピングモールが併設されているところも多く、値段は高いが品揃えは豊富。郊外には大型ショッピングセンターもいくつかあるが、外資系の高級ブティックが多い。

シティ・スターズ City Stars
سيتي ستارز スィティ・スタルズ

ショッピングセンター
折込Map大カイロ C1

✉ Al Forsan St., Heliopolis　TEL (02)24800500
inet www.citystars.com.eg　🕐 10:00〜24:00　休無休

タフリール広場からタクシーで片道25〜30£E。ラムセス広場からアッパース・イル・アカーブ行きのマイクロバスに乗り、City Starsの看板近くで下車。徒歩3分ほど。550もの店が軒を連ねるカイロ最大のショッピングセンターだ。Virginやスターバックスも出店し、日本食レストラン「ワガママ」もオープンした。大型スーパーマーケットや21面ものスクリーンを備えたシネマコンプレックスもある。

ラムセス・ヒルトン・アネックス Ramses Hilton Annex
رمسيس هيلتون أ نيس ラムスィース・ヒルトン・アネクス

ショッピングセンター
Map P.84A2

✉ 1115 Shaari' il-Korniish　TEL (02)25777444　🕐 11:00〜23:00　休無休

ラムセス・ヒルトン(→P.159)の隣にあるショッピングセンター。ダウンタウンの中心にあり、いつも人でにぎわっている。ショッピングセンター内にある店のほとんどは雑貨や衣類などが中心だが、CDショップや本屋もある。6階には2.5£Eショップもあり、若者にも好評。

ネフェルタリ Nefertari
نفرتاري ネフェルタリ

石けん・コスメ
Map P.87A1

✉ 26A El Gezira El Wosta St.　TEL 0128685251(携帯)　🕐 9:00〜21:00　休日

ザマーレクにあり、タフリール広場からタクシーで約20分。場所はわかりにくいが、店の入口からはネフェルトアリの描かれた壁が見える。自然素材やパッケージデザインにもこだわり、カイロの有名ホテルでアメニティグッズに取り入れられるなど、その評価は高まっている。シティ・スターズのほか、カイロ市内に多く支店をもつ。

ノマド Nomad
نوماد ノマド

民芸品
Map P.87C2

✉ 14 Saraya El Gezira　TEL (02)27361917　🕐 10:00〜20:00　休無休

かわいらしいベドウィン風の民芸品やジュエリーを販売している。ギャラリーはザマーレクにあるチュニジア大使館の隣のブロックにあり、ビルの2階に小さな看板がかけられているだけなので少し見つけづらい。日本人にはベドウィン風のスカーフ30£E〜やポーチ25£E〜、ラクダグッズが人気だとか。マリオット・ホテル(→P.161)にも支店がある。

アルファ・マーケット Alfa Market
الفاماركت アルファー・マルケット

スーパーマーケット
Map P.87B1

✉ El Gezira El Marek St.　TEL (02)27370801　🕐 24時間　休無休

カイロ市内に何店舗かある大型スーパーマーケット。1階は食料品が販売されており、2・3階は生活雑貨が中心。値段も安く、安心して買い物が楽しめる。ザマーレク店では外国ブランドの品揃えが豊富。

古代の灌漑が息づく肥沃な農業盆地
ファイユーム Fayyuum

アラビア語：イル・ファイユーム
الفيوم

市外局番084

田園風景の向こうにラフーンのピラミッドを望む

ギザのピラミッドをあとに、砂漠の一本道を走ること1時間、突然緑の塊が現れる。まるで眼下にオアシスが現れたように錯覚するが、実は中王朝時代から続く、灌漑でできあがった農業地帯だ。盆地の中心にあるファイユームの町も、ナイルの水をもたらすユーセフ運河に沿って形成されている。ファイユーム郊外のハワーラとラフーンには、灌漑事業を進めたふたりの王のピラミッドがある。

旅のモデルルート

ファイユーム～カイロ間はセルビス、バスともに頻発しているので日帰りが充分に可能。

カイロから日帰りピラミッド＆カルーン湖コース

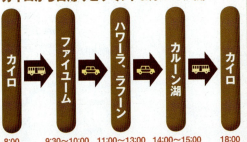

カイロ 8:00 → ファイユーム 9:30～10:00 → ハワーラ、ラフーン 11:00～13:00 → カルーン湖 14:00～15:00 → カイロ 18:00

ファイユームに着いたらタクシーをチャーターし、午前中にハワーラとラフーン、午後からカルーン湖を回る。

■**ファイユームへの行き方**
起点となる町はカイロ。
●**オラリー（→P.81）から**
マイクロバスが頻発
所要：1時間30分～2時間
運賃：10£E
●**アブード（→P.74）から**
アッパーエジプトバス
6:30～19:00に1時間毎
所要：約1時間30分
運賃：15£E
●**ギザ（→P.136）から**
メリディアン・ピラミッズ・ホテルの向かいのリマーヤ広場から多発。
所要：約1時間30分
運賃：7£E

■**中央郵便局** Map P.172
24時間 無休
電話局も併設。国際電話もかけられる。

■**ファイユームの観光案内所**
地図外
県庁内にある。すぐ横には動物園もある。
TEL (084)5434728
10:00～16:00 無休

■**カルーン広場の観光案内所**
Map P.172
9:00～15:00 無休

■**カルーン湖の観光案内所**
Map P.173
9:00～15:00 無休

運河沿いに広がる町並み

カルーン広場の観光案内所

マオガフ・マスル

カルーン広場にある水車

■カルーン湖
●ファイユームから
🚌市内の郊外西にあるサンフール・ターミナルからサンフール行きマイクロバス(所要30分、1.50£E)に乗り、サンフールでシャクシューク行き乗合トラック(所要20分、2£E)に乗り換え。
●カイロから
🚌ギザ広場やリマーヤ広場からイブシュワイ行き、ブレイシュ行きのマイクロバスが多発。所要約1時間30分。8£E。

カルーン湖では漁業が盛ん。湖岸には海の家やレストランが並ぶ

■ハワーラのピラミッド
🚕ファイユーム市街地からラフーンとセットで回って50£Eほど。
⏰8:00〜17:00(冬期〜16:00)
💰35£E(学生20£E)

水路のそばにあるハワーラのピラミッド。地下の埋葬室は水没したため現在立ち入ることはできない

ピラミッドの南に広がるラビリントスの跡

歩き方

カイロからの長距離バスは中心部南にあるバスターミナルに着く。カイロ行きのマイクロバスはバスターミナルからさらに南へ200mほど行ったマオガフ・マスル(マイクロバスターミナル)から発着する。銀行や郵便局があるカルーン広場 Midaan il-Qaruunまでは少し距離があるが、徒歩圏内。市内にはマイクロバスが縦横に走っているが、ルートは複雑で旅行者には利用しづらい。

市内の南にあるバスターミナル

砂漠の中の湖でボート遊び
カルーン湖
Lake Qarun

ビルキト・カルーン
بركة قارون
MAP P.173

その昔、カルーン湖にはワニがいた。ハワーラのピラミッドを建てたアメンエムハト3世は、ファイユームの西方にあるマディーニト・イル・マーディーにワニの頭部をもつソベク神を称えた神殿を建てた。プトレマイオス朝時代にはギリシア人が別の地にクロコディポリスという神殿を建て、この神殿のあったセディトが今のファイユームの町へと発展した。

現在のカルーン湖は塩湖で、湖畔には、コテージや魚料理を出す海の家風のレストランが並び、ボート遊びや釣りも楽しめる。

小高い山のような
ハワーラのピラミッド
Pyramid of Hawara

ハラム・イル・ハワーラ
هرم الهوارة
MAP P.173

ファイユームの中心部から南東へ10km、西方砂漠と緑地の境にある古代エジプト中王国第12王朝時代のアメンエムハ

ファイユーム

ト3世の墓。南側には日干しレンガで造られたラビリントス（迷宮）と呼ばれている葬祭殿の跡がある。ラビリントスの記述はヘロドトスの『歴史』にも登場している。12の中庭と3000以上の部屋があったというから驚きだ。

■ラフーン遺跡
ファイユームでタクシーをチャーターしてハワーラとともに回ることもできる。50£Eほど。
8:00～17:00（冬期～16:00）
35£E（学生20£E）

緑豊かな村に遠くピラミッドを望む
ラフーン
Lahun　　　　イッラーフーン　اللاهون
MAP P.173

ラフーン村は、ユーセフ運河がファイユーム・オアシスに流れ込む地点にあり、古代から農耕地として潤ってきた。広大な農耕地に、泥レンガで造られたラフーンのピラミッドがある。ピラミッドの中には入れず、泥レンガで造られているため、登ることもできない。

ラフーンからの見晴らしはよく、遠くにはハワーラのピラミッドも見える。マスタバ墳には途中まで入ることができる。狭い通路を潜るように進んだりと、冒険気分もたっぷりだ。内部は暗いので懐中電灯を持参しよう。

ラフーンのピラミッド

●**センウスレト2世のピラミッド**　底辺の長さが107m、高さは58mあったと考えられている。古代エジプトの中王国時代（紀元前1850年頃）のセンウスレト2世の墓だ。このピラミッドは、石灰岩のブロックを十字形に組み、その周りを泥の日干しレンガで埋め、その上から石灰岩の板で表装するという変わった工法で築かれている。このピラミッドが造られた中王国時代は、王の権力が小さかったからだといわれている。

石灰岩ブロックを十字に組んだ独特の工法が見てとれる

●**マスタバ墳と女王のピラミッド**　センウスレト2世のピラミッドの北側には、8つのマスタバ墳が並んでいる。そのなかで最も東側にあるのが、比較的小さな女王のピラミッド。また、センウスレト2世のピラミッドの南には、4つの竪穴墳がある。おそらく王家の人々のために造られたものだろう。マスタバ墳のひとつ、シト・ハトホル・イウネト王女の墓からは、バラの文様が施された金の王冠など多数の宝飾品が発見されている。古代エジプトで最も高度な細工を施した美しい宝石として、ダフシュール、リシュトの宝石とともに有名。現在はカイロのエジプト考古学博物館などに収められている。

マスタバ墳は8つある

●**河岸神殿とパピルスの町**
このピラミッドコンプレックスの河岸神殿は、東に約1kmの地点にある。ちょうど農地と砂漠の境目で、周囲には当時の町の遺跡も残る。センウスレト2世が造ったこの町はカフーンと呼ばれた。町が3つの地区に分かれていることから、高官、神官、労働者が住んでいたことが推測できる。

ラフーンのピラミッド付近の田園風景

ファイユーム近郊

HOTEL

日本からホテルへの電話
| 国際電話会社の番号 | + | 010 | + | 国番号 20 | + | 市外局番の最初の 0 を取った掲載の電話番号 |

ゆっくり観光するならファイユームで1泊したい。町の中心部のほか、カルーン湖の湖畔にもホテルが点在している。

モンタザ Montaza　　　　　　　　　　経済的　Map P.172

فندوق المنتزه　フンドゥク・イル・ムンタザ

✉6 Shaari' il-ismaa'iil il-madnii
TEL (084)6348662
FAX なし
S W ✈ 60£E
S W 🛁 100£E
S W AC 🛁 120£E
£E　TC不可　CC不可

運河沿いの道から少し入った場所にある。古びているが、部屋はシンプルで清潔。エアコン付きの部屋もある。英語はほとんど通じないが、スタッフは陽気。朝食は付かない。

ニュー・パノラマ New Panorama Shakshouk　　中級　Map P.173

نيو بانوراما شكشوك　ニュー・パノラマ・シャクシューク

✉Shakshouk Karoon Lake, Fayyum
TEL (084)6830746
FAX (084)6830314
S AC 🛁 220£E
W AC 🛁 330£E
US$ € £E
TC不可
CC A M V

カルーン湖畔にあるリゾートホテル。全室エアコン完備。プライベートビーチやプール、貸しボートもあるが、全体的に古びていて手入れもいいとはいえない。ワディ・ライヤーンなど周辺への車の手配も可能。夕食は45£E。

クイーン Queen　　　　　　　　　　中級　Map P.172

فندوق الكوين　フンドゥク・イル・クイーン

✉Minshaat Lotfillah
TEL (084)6346819
FAX (084)6346233
S AC 🛁 200£E〜
W AC 🛁 300£E〜
US$ € £E
TC不可　CC不可

ファイユームの中心部にあるきれいなホテル。全室エアコン、バスタブ付き。客室は改装済みで家具の趣味もいい。バスルームもきれい。レストランも併設されており、ランチや夕食は約60£E。

ヘルナン・オーベルジュ Helnan Auberge　　高級　Map P.173

فندوق هلنان أوبرج　フンドゥク・ヘルナン・オーベルジュ

✉Karoon Lake, Fayyum
TEL (084)6981200
FAX (084)6981300
Inet www.helnan.com
S AC 🛁 200US$
W AC 🛁 250US$
US$ € £E　TC不可　CC M V

1937年に王族の狩猟用別荘として建てられ、その後高級ホテルに生まれ変わった。落ち着いた豪華な雰囲気がロビーから客室まで漂っている。レストランやプールも併設。近郊へのツアーの手配も可能。

RESTAURANT

ファイユームではぜひ、カルーン湖で獲れた魚を食べてみたい。カルーン広場の周辺には軽食店や小さなレストランが数軒ある。カルーン湖の湖畔にもレストランがある。ただし冬期は閉鎖している。

Information
ファイユームで焼き物のおみやげはいかが？

カルーン湖のほとり、トゥニス村の中に陶芸学校がある。スイス人陶芸家のイヴリーヌ・ポレットさんが、満足に美術教育を受けられない子供たちのために開いたもの。生徒の創造性に任せているというが、おしゃれな焼き物に仕上がっている。カイロの店舗でも販売している。

■Fayoum Pottery School　Map P.173
⏰10:00〜20:00(団体は要予約)　休無休
TEL (010) 023222(携帯)

■ナガーダ（カイロの店舗）Nagada　折込Mapカイロ A3
⏰10:00〜18:30　休無休
✉13 Refa'a St., Dokki
TEL (02)37486663　Inet www.nagada.net

Egypt

ナイル川中流域に
巨大遺跡を訪ねて

ルクソール 192
ナイル川中流域の遺跡 223

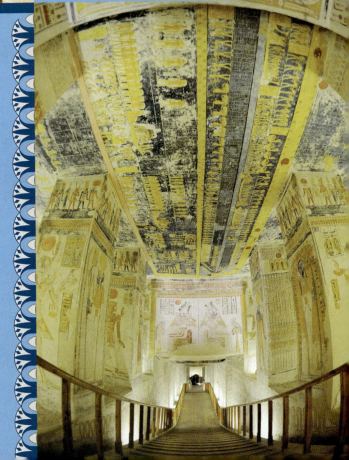

ナイル川中流域 旅のガイダンス

ナイル川中流域
Nile Valley & Luxor

フルーカから大型船までが行き交うナイル川

ナイル川の地形

　ナイル川流域は、ナイル谷（ナイルバレー）といわれ、地形的にはナイル川と、その流域のナイル谷の黒色の沖積土によって造られている。この肥沃な沖積土はアスワンハイダム完成前、毎年夏の3ヵ月間に起きたナイルの氾濫によってもたらされたものだ。ダム完成後は、肥沃な沖積土もせき止められ、ナイル谷には行き渡らなくなった。

　ナイル谷とひと口にいっても、日本の谷とはずいぶん違う。幅は最小300mからベニ・スウェーフ付近で最大25kmにもなる。地中海に向かう下りの傾斜があるのだが、斜度はとても小さく緩やかな流れ。なんとカイロからアスワンまでは、12kmごとに1mほどの落差しかないのだ。

　ところで、このナイル谷を囲む段丘は、ルクソール付近では400m、アスユート付近では200m、そしてカイロまで来ると150mほどになり、だんだん低くなっているのがわかる。それに反比例するように、沖積土の厚さが河口に向かうに従い厚くなる。上エジプト付近では8.3m、河口付近では9.8mという具合だ。そして上エジプトの土壌は砂の含有率が高いが、河口に行くに従って粘土の含有率が高くなっている。アスワンは古代から花崗岩の産地として知られ、上エジプトのエスナからカイロまでは石灰岩が多く採れることで有名だ。

ナイル川中流域の気候

ナイル川中流域は河岸の山が険しい

　中エジプトと呼ばれる、ベニ・スウェーフからミニヤまでは半砂漠気候、ミニヤ以南の上エジプトは砂漠気候である。半砂漠気候は砂漠気候に似ているが、ギザの気候と同じように、気候はしばしば激変する。当然のことながら、北側の地区と比べると湿度は低い。日照時間は長く、冬期の気象の乱れは少ない。

　また、ミニヤ以南の砂漠気候の上エジプトは、昼夜、夏冬の温度差が大きい。雨が降るのは極めて稀で、まったく降らないことも多い。しかし、20年に一度ぐらいの割合で嵐のような大量の雨が降ることもある。一度雨が降るとワーディを雨が伝わり、まるで洪水のようになる。

　また、乾いた北風が年中規則的に吹くことで知られている。

ナイル川中流域の人々

　「エジプトはナイルの賜」といわれるように、ナイル川付近は沖積土に富み、古代から農耕が盛んであった。この地域の人たちは「サイーディ」と呼ばれ、田舎者で頭がカタい人々と考えられている。

　エジプトのジョーク「ノクタ」のたとえ話でも、サイーディは生真面目で融通の利かない人として頻繁に登場する。

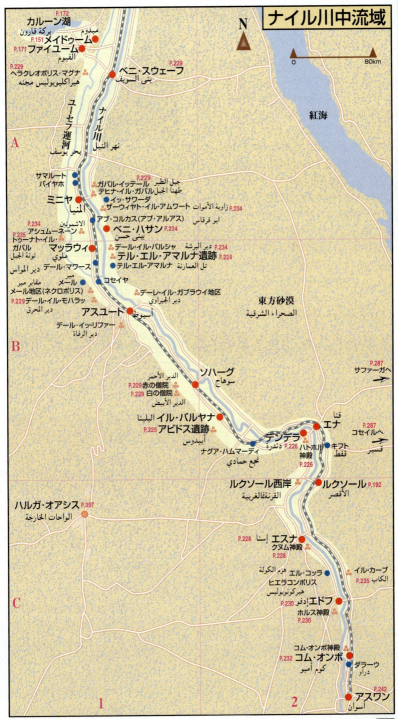

ナイル川中流域 旅のガイダンス

プランニングのコツ

このエリアでの中心は何といってもルクソール。東岸と西岸を合わせて最低でも2日は滞在したいところ。

ナイル川中流域は旅行者の移動の自由が制限されているので、少しずつ南下するのは現実的ではない。カイロからまず飛行機や夜行列車、バスなどでルクソールに移動してしまうのが得策といえる。

駅からの移動はセルビスが基本

●日帰り観光

ルクソールからは列車かコンヴォイと呼ばれる護衛隊で近郊の遺跡に行くことができる。なかでもおすすめはエナ近くのデンデラのハトホル神殿。ルクソールの南側ならエドフのホルス神殿が大規模で見ごたえがある。

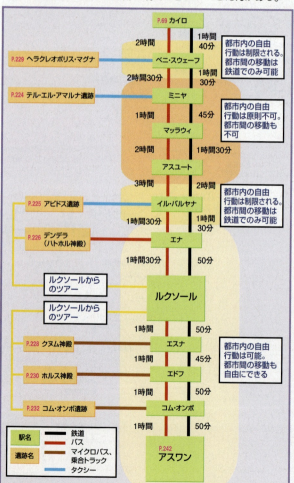

移動のコツ

●移動が制限される地域もある

ルクソールやその周辺の遺跡を観光する分には治安は問題ないと言っていいほどだが、それ以外の地域、特にルクソール以北のナイル川中流域では散発的だがテロ事件が発生している。

旅行者が巻き込まれることはまずないが、警察は旅行者の移動を制限しており、2010年7月現在ベニ・スウェーフとデンデラの間の各都市では自由に行動することができない。また、デンデラ〜アスワン間は都市内では自由に行動できるが、ルクソール〜アスワン間の一部の列車は外国人の利用不可など、都市間の移動が制限されている。

行動が制限される地域では、警察によるエスコート、あるいはグループの場合護衛隊（コンヴォイ）を組み、移動することになっている。以前はルクソールやアスワンから周辺の遺跡まで定期的にコンヴォイが運行されていたが、2010年7月現在運休中。そのため、ルクソールやアスワンを起点としてツアーで観光することをおすすめする。

特にミニヤ～ソハーグ間では厳しい警備体制が敷かれており、警護なしの自由旅行は非常に困難。駅などターミナルやホテルには警察官が常駐しており、短い距離でも原則として警察に行き先を申告し、護衛を付けてもらわなければならないこともある。町から遺跡までの往復も同様。

情勢は常に流動的なので、まず各都市の観光案内所で最新情報を確認しよう。

● 列車での移動
　各町を結ぶ観光客用の列車は限定されている。カイロ～ルクソール、ルクソール～アスワン間は1日に25便程度列車が走っているが、すべての列車が利用できるわけではない。情勢により外国人は途中で乗下車することができないこともある。

● 船での移動
　ルクソール～アスワン間にはクルーズ船が就航している。船はエスナ、エドフ、コム・オンボを通るが、エスナのクヌム神殿は訪れない。クルーズの日程に含まれる遺跡はエドフとコム・オンボのみ。

ルクソール駅前にある観光案内所

デンデラ遺跡の起点となるエナ駅。外国人でも途中下車可

旅のモデルルート

ルクソール以北の遺跡では、旅行者も多く、ルクソールから日帰りができるアビドスとデンデラへ行くのがおすすめだ。また、ルクソール以南の遺跡群へ行く場合、荷物を持ってそのままアスワンへ向かうと効率がよい。

ナイル川中流域、主要遺跡巡り

ルクソール → アビドス → デンデラ → ルクソール → エドフ → コム・オンボ → アスワン

1～2日目　　3日目～　　　　　4日目～

ルクソールでは東岸と西岸を1日ずつかけて、3日目はツアーに参加してアビドスとデンデラを見学。ルクソール以南へはルクソールからタクシーをチャーター移動すれば、1日でエドフ、コム・オンボを見学してアスワンまで行くことができる。日程とお金に余裕のある人は、ナイルクルーズに参加し、3泊4日かけてゆっくりとナイル川の旅を楽しむのもおすすめ。

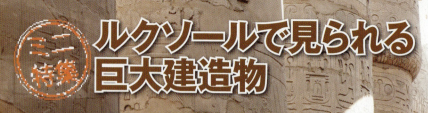

ミニ特集 ルクソールで見られる巨大建造物

古代エジプトでは、ピラミッドのほかにも巨大な建造物がある。特に新王国時代になり、首都がテーベ（現ルクソール）に移されると、王の権力を誇示するという意味合いがより大きくなり、神殿や葬祭殿は競うように大きくなっていった。

新王国時代の葬祭殿はピラミッドの付属施設としての役割を終え、独立した建築物として建設が開始され始めた。ルクソールのナイル川西岸地域に建ち並ぶハトシェプスト女王の葬祭殿やラメセス2世の葬祭殿であるラメセウム、そしてラメセス3世の葬祭殿であるメディネト・ハブ神殿などの巨大な建造物は、王の功績を知らしめる記念的建造物の意味合いが強くなっていった。

カルナック神殿の大列柱室。その大きさには圧倒される

ミニ特集●ルクソールで見られる巨大建造物

カルナック神殿はアムン神を祀った、古代エジプト最大級の巨大神殿。供物が捧げられ、毎年壮大な祭りが行われていた。建造から数千年の年月が経った現在では茶色くすけた姿をしているが、建造当時、神々やファラオのレリーフは極彩色で彩られていた。今でも列柱室の一部にその面影を見ることができる。

1 空から眺めたラメセウム（ラメセス2世葬祭殿）　**2** メムノンの巨像はもともとはアメンホテプ3世の葬祭殿の前に置かれていた座像だった　**3** セティ1世葬祭殿には秀逸なレリーフが残る　**4** カルナック神殿のスフィンクス参道。かつてはルクソール神殿まで続いていた　**5** ライトアップされたルクソール神殿　**6** ラメセウムに残る倒れた巨像。大迫力！

何をするところ？

神殿
アムン神やオシリス神など特定の神や神々が住む場所であり、我々が「崇拝」と呼ぶ熱狂的宗教活動が行われた場所。古代エジプト人は神殿を「神の館」「神の家」と呼んだ。

葬祭殿
王個人のために造られた礼拝用の建造物であり、その最も基本的な目的は、死した王が来世で使用するために必要な奉納品を供え、彼の快適な来世での生活を確実なものとすることである。

どんな役割があったの？

神殿
神官たちによって演じられた神への洗浄、着替え、お供えという日々の神殿儀礼の主人公的役割を果たした。神々は奉仕の見返りとして、王を中心とするエジプトの人々に国土の安定と秩序の維持を約束した。

葬祭殿
王の再生復活を願う建築物から、やがて王個人の記念碑的性格をもつようになり、葬祭殿は次第に王位継承の正当性や王が行った功績をレリーフなどに描き記念する建造物としての役割を果たすようになった。

ピラミッドのような山があるからルクソールのナイル川西岸は墓所として好まれたという説もある

岩山を借景としたようなハトシェプスト女王葬祭殿

ミニ特集●ルクソールで見られる巨大建造物

王墓を飾る彩色壁画

現世と同様の死後の世界

古代エジプト人は、死んだあとも来世において現世とまったく同じ生活ができると考えていた。死者の魂は、定期的に墓に戻り、供物を糧とすると考えられていた。だからこそ、肉体が失われることをおそれて「ミイラ」を作り、「死者の家」である墓には死後の生活に必要なものが一緒に埋葬されたのである。

このような考え方は、墓内にある壁画やレリーフなどから見て取ることができる。そこには、現世と同じように家族とともに楽しそうに過ごす日々の生活の様子が描かれていた。

そのような墓の代表は、何といっても王家の谷のものだろう。ヒエログリフの解読で知られるシャンポリオンによって命名された王家の谷（→P.208）には、新王国時代のほとんどのファラオが眠っている。ここを選んだのは谷の上にあるピラミッド型をしたイル・クルン山が太陽神ラーを象徴していると考えられたためだとか、盗難を防ぐために狭い谷を選んだともいわれる。

古代の墓泥棒と19世紀のヨーロッパ人によって墓の副葬品はことごとく略奪されてしまったが、王墓を彩る彩色レリーフは、かなりの王墓で残っている。建造当時の生活や人々の考え方を知る大いなる手がかりを残してくれているのだ。

ミニ特集 ● 王墓を飾る彩色壁画

鮮やかなレリーフが残るカーエムヘトの墓

ラメセス9世の墓の壁画は色彩が綺麗に残っている

地下へと続く回廊にも神々が描かれているセティ2世の墓

時代により変遷する絵画の流行

現在、王家の谷（→P.208）では60を超える墓の存在が確認されている。

これらの王墓には偉大なファラオにふさわしく、美しい壁画やレリーフなどの装飾が施されていた。しかし新王国時代といっても500年余りの長い期間があり、その間には、壁画やレリーフに描かれる内容も変化、変遷する。

第18王朝初期の王墓には、埋葬室など墓の一部にだけ装飾が施された。そこには、太陽神の夜の航行を表す葬送文書の一種である「アムドゥアトの書（冥界の書）」の内容が壁画に描かれていた。第19王朝になると、壁画やレリーフは墓のあらゆる場所に描かれるようになり、王墓の入口の上の部分に太陽円盤が描かれるようになる。さらに「アムン・ラー讃歌」などの太陽信仰と結びつく碑文も描かれるようになる。

続く第20王朝になると、王はさらに太陽神とのつながりを強め、自らを太陽神と同一視するまでにいたるのである。また壁画は墓のほぼ全面に施されるようになってくる。

美しさとしては頂点を極めた古代エジプトの新王国時代の王墓の壁画には、王と太陽神とを中心とした古代エジプトの宇宙観が描かれていたのである。

壁画でわかる古代エジプト

1 産業がわかる

デール・イル・マディーナ（→P.211）のセンネジェムの墓に描かれた壁画には、妻とともにあの世で農作業を行う王墓造営職人センネジェムの姿がある。鎌を用いて麦を刈る様子や、牛を使って田畑を耕しながら種をまく様子が克明に描かれ興味深い。農業に関わる役人であったミンナの墓（→P.207）には、麦の収穫から脱穀、穀物の計量場面が描かれている。

ミンナの墓は、パピルスの生い茂るナイル川において家族で鳥や魚を獲るレジャーを表した場面がいきいきと描かれていることでもよく知られている。書記ナクトの墓（→P.207）はぶどう棚から収穫したぶどうを足で踏んで果汁を搾り、容器に入れるワイン作りの過程が見て取れる。緑あふれるあの世での生活は人々の理想であった。

牛を使って田畑を耕しながら種を撒く様子。センネジェムの墓

種を撒く人々。ナクトの墓

2 行事の様子がわかる

テーベ知事の役職を務めたラモーゼの墓（→P.207）は、内部に列柱室をもつ大規模なものであるが、その壁面には両手を額の上に掲げ、悲しみのポーズをとる「泣き女たち」が描かれている。また死者に生命を与えるための儀式である「開口の儀式」やミイラ製作の場面も、しばしば壁画に登場する。

これらの壁画に見られるような葬儀にまつわる儀式や儀礼から、我々は当時の人々の宗教観、葬送作法などを知ることができるのである。

感情がダイナミックに描かれた泣き女。ラモーゼの墓

葬儀の宴会で演奏をしている女楽師。ナクトの墓

バフレイヤ・オアシスのバンネンティウの墓（P.382）にもミイラ製作の壁画が残っている

3 庶民の生活がわかる

レクミラの墓 (→P.207) やネブアムンの墓には、女性のダンサーやミュージシャンが来客をもてなす場面が描かれている。精巧に作られたかつら、胸飾り、腕輪、イヤリングで着飾った人々からは、華やかな当時の宴会の雰囲気を感じる。

古代エジプト人たちは、身分にかかわりなくゲームを楽しんだことが知られている。最もよく知られているのはセネトと呼ばれたボードゲームであった。盤上には10個ずつ3列に並んだ正方形の升目があり、サイコロを投げ移動させた。ネフェルトアリの墓 (→P.211) の壁画では、彼女がひとりでセネトを行っている。古代エジプトにおける生活に欠かせない工芸品の製作過程も、トゥトモセ (トトメス)3世の宰相を務めたレクミラの墓などに描かれている。

ナイル川で釣りをする人々。メンナの墓

ブーメランのようなもので狩りをする。ナクトの墓

4 神性、宇宙観がわかる

王の墓の内部にも古代エジプト人たちを理解する手がかりがある。例えばラメセス6世によって完成された墓の天井部には、彼らの宇宙観が明確に描かれている。暗青色で表された夜空と黄色で描かれた神々と人々のコントラストは、強烈な印象を残す。天井部いっぱいに弓なりに描かれているのは天空の女神ヌトである。ヌトは毎日西方の空の彼方に沈む太陽であるラーを自らの体内に飲み込み、翌朝再びラーを子宮から産み落とすのである。ヌトの体内を抜けるラーの様子は太陽を表す赤色で描かれている。

王家の谷 (→P.208) のセティ1世の墓の天井には星座を描いた天体図が残っている。北斗七星を中心として北の夜空を表現している。このように美しい壁画からは、当時の思考を読み取ることができるのだ。

ラメセス6世の墓の天井部。中央に見えるのが女神ヌト

エドフのホルス神殿の礼拝堂。小さな星がたくさん描かれている

ミニ特集 古代エジプトの神々

神殿の壁やミイラの入った棺を彩る
古代エジプトの神々は多種多様。
各地でさまざまな神様が存在していた。
だが、エジプトがひとつの国として統一されていく過程で、
これらの神々は体系化されたり、
同一視されたりするようになる。

ラー神

もともとはヘリオポリスの太陽神で、王はこのラー神の息子と考えられていた。古王国時代から国家の最高神となり、ジェデフラーやカフラー王などこの神の名を入れた王が何人もいる。

アムン神

もとはヘルモポリスの守護神だったが、テーベの守護神となる。テーベ侯が全エジプトを支配するに従って、ラー神と習合し、アムン・ラー神となった。アムン神は羊の頭をした神としても描かれる。

3000年も続いた古代エジプトの歴史では、メンフィスが強い時代にはラーが最高神になったり、テーベに都がおかれた時代にはアムン信仰が盛んになるなど、時代によって神々の位置づけも性格も変わる。

エジプト航空のロゴマークは空の神、ホルス神がデザインされている

アビドス、ラメセス2世神殿に残るトト神のレリーフ

ミニ特集● 古代エジプトの神々

オシリス神
冥界の神、再生復活の神であった。アビドスはオシリス崇拝の中心地。

イシス神
オシリス神の妻およびホルス神の母とされる。死者の保護者としてもよく描かれる。

ホルス神
ハヤブサの頭部をもつ天空の神。オシリス神とイシス神の子供。最古の神のひとつ。

ハトホル神
牛の女神で角と太陽円盤をもつ。エジプトだけでなく、外国でも崇拝された。

バステト神
ネコの頭をした女神で、ブバスティスを中心に信仰された。普通は、とても友好的な神とされる。

アテン神
腕を伸ばした形の光線をもつ太陽円盤。アクエンアテンの治世に唯一神となり、この時代に盛んに描かれた。

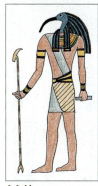
トト神
トキ、あるいはヒヒの頭をもつ文字と智恵の神。円盤と三日月の飾りを付ける場合もある。

アヌビス神
犬の姿をした死者の神で、墓地の守護者でもある。ミイラ製作と密接な関連をもつ。

ネフフティス神
イシス神の妹。死者の守護神。新王国時代の棺に翼をもった姿で表される。

ミン神
頭に2本の羽をもつ最古の神のひとつ。勃起した男性器をもつ豊穣神。

マアト神
頭上のダチョウの羽は秩序、真理、正義を表すマアトを具現化したもの。

クヌム神
ろくろで人間を作り上げたとされる創造神。牡羊の頭をもつ。

189

古代エジプトを彩る
有名王の夢の跡

新王国時代、テーベと呼ばれたルクソールは首都として栄え、歴代のファラオたちは競うように美しい建造物を残していった。この町には王墓や葬祭殿、神殿など、ファラオが関わった建造物は枚挙にいとまがない。ここでは歴代のファラオたちが建てた代表的な建造物を紹介する。時代の流れを理解すれば遺跡見学がもっと楽しくなるハズ。

カルナック神殿は歴代のファラオたちによって増設された複合的な建造物

第18王朝
（B.C.1570頃〜1293頃）

B.C.

- 1550頃 A アメンホテプ1世（カルナック神殿の増築→P.199）
- 1520頃 A トトメス1世（カルナック神殿の増築→P.199）
- 1470頃 ♥ B ハトシェプスト女王（ハトシェプスト女王葬祭殿→P.207） トトメス2世
- 1450頃 C トトメス3世（トトメス3世の墓→P.208）
- 1380頃 D アメンホテプ3世（メムノンの巨像→P.206）
- 1350頃 ♥ アクエンアテン（アメンホテプ4世） ネフェルトイティ E ルクソール博物館→P.202

建築王ラメセス2世

歴代の古代エジプト新王国時代のファラオのなかでも、その生涯のスケールの大きさからひときわ目立つ存在がラメセス2世である。100人以上もの子供をもち、90歳を超える天寿を全うしたラメセス2世は、黄金期を迎えていたエジプトにおける莫大な富を背景とした建築事業を積極的に推進した。カルナック神殿の大列柱室の装飾やアブ・シンベル神殿には、今も彼の即位名「ウセルマアトラー・セテプエンラー」がいたるところに刻み込まれている。

ラメセス2世が巨大建築にこだわった理由は、侵入者への威嚇、強い自己顕示欲などといわれている。また長生きしたので、ほかのファラオよりも多くの建造物を残すことができたとも考えられる。もっともそれらの理由をさしおいても、彼が残した建築物を見ればやはり偉大な王であることに違いはないことがわかる。

第18王朝	第19王朝 （B.C.1293頃〜1185頃）	第20王朝 （B.C.1185頃〜1070頃）

B.C.1330頃　ツタンカーメン♥アンケセナーメン（**F** ルクソール神殿→P.199）

1280頃　セティ1世（**G** セティ1世葬祭殿→P.210）

1250頃　ラメセス2世（**H** ラムセウム→P.210）♥ネフェルトアリ

1170頃　ラメセス3世（**I** ラメセス3世葬祭殿→P.210）

1145頃　ラメセス6世（**J** ラメセス6世の墓→P.208）

F

G

I

H

J

市外局番095

ファラオたちの安眠の地
ルクソール Luxor

الأقصر　アラビア語：ロッソル

■ルクソールへの行き方
●カイロ（→P.69）から
✈毎日9〜12便
所要：1時間
運賃：527£E
🚌アブード（→P.74）発
20:30
所要：12時間　運賃：100£E
トルゴマーン（→P.74）発
21:00
所要：10時間　運賃：100£E
ムニーブ（→P.75）発
17:30
所要：9時間　運賃：100£E
🚆ラムセス駅（→P.75）発
22:00
所要：10時間
運賃：1等165£E
アベラ・エジプトの寝台
ギザ駅発20:00、20:50、21:35
運賃：S80US$
　　　W120US$
アベラ・エジプトの支払いは
US$か€のみ。
※上記以外にもルクソール行き
の列車は何便かあるが、基本的
に外国人にはチケットを販売し
ていない。

●ハルガダ（→P.280）から
🚌10:30、16:00、18:30、
20:00、22:30、翌0:30発
※スエズが始発のため時間は
30分〜1時間ほど前後すること
もある。深夜便あり。
運賃：35〜40£E　所要：5時間

●アスワン（→P.242）から
✈2010年8月現在運休中
🚌2010年8月現在運休中
🚆5:00、18:00、20:00発
※アスワン駅窓口では外国人に
対する発券を上記列車に制限し
ている。7:00、15:00発は車内精
算のみ。
所要：約3時間
運賃：2等25£E、1等40£E

ライトアップされたカルナック神殿

　ルクソールはかつてテーベと呼ばれ、中王国、新王国、そして末期王朝時代の一時期には首都として栄えた。首都となったのは中王国時代第12王朝で、全盛期は新王国時代の第18〜20王朝だ。中王国時代まではピラミッドコンプレックスのように墓と葬祭殿、河岸神殿が一体になっていたが、新王国時代には王家の谷のような岩窟墳墓とハトシェプスト女王葬祭殿に代表される巨大建造物に分かれ、遺跡となって残っている。

　太陽の沈むナイル川西岸の砂漠は、古代エジプト人にとってあの世がある場所であり、墓地であった。

　新王国時代になるとファラオ（王）たちは、盗掘を防ぐために、ルクソール西岸の奥深い谷に死後の安住の地を求めた。これが、有名な王家の谷である。しかし、金銀財宝を狙う盗人を防ぐことはできず、ほとんどの王墓は略奪の憂き目に遭っている。そのなかでひとつだけ残されたのが、かのトゥトアンクアムン（ツタンカーメン）王の墓である。その輝くばかりの副葬品はあまりにも有名になってしまったが、実は18歳で早世したため権力は弱く、墓が「質素」だったために盗掘を免れたといわれている。それでもカイロのエジプト考古学博物館の2階半分を占めるだけの財宝があるのだから、強大な王の墓はいかばかりであったか、想像もできないくらいだ。

　西岸に沈む夕日に輝くナイル川は、生涯忘れられない思い出になるだろう。

旅のモデルルート

ルクソールは遺跡の数が多く、しかも一つひとつの規模が大きい。できるだけたくさんの遺跡を見たいところだが、無理をすると体調を崩してあとの日程に支障をきたしかねない。観光のポイントを絞り、自分のペースで見学しよう。

1 東岸と西岸を1日で回るハイライトコース

7:00～7:30　7:45～8:45　9:15～10:15　10:30～12:00　12:30～15:00　16:00～17:00　20:00～21:00

　早朝スタートしてお昼までに西岸のおもだった見どころを観光。昼時は強い日差しを避けるため、休憩を入れるかルクソール博物館の見学に充てよう。気温が下がったらルクソール神殿を見学し、夜はカルナック神殿で音と光のショーを楽しむ。昼に休憩を入れなければ自転車で1日かけて回ることも可能だが、相当体力に自信がある人以外はやめたほうがいい。

2 自転車で巡るルクソール東岸

8:00～10:00　10:15～11:30　12:00～13:00

　カルナック神殿からルクソール神殿までは約3km。適度にサイクリングを楽しむにはちょうどよい距離だ。朝スタートしてもいいが、夕日に染まるナイル川を眺めながらのサイクリングも楽しい。ただし、カルナック神殿は冬期は16:30、夏期は17:30に門が閉まるので、夕方に観光する人は、先にカルナック神殿を見学してから、ルクソール神殿に移動しよう。また、ルクソール神殿は閉まるのが遅い。

3 気球ツアーにも参加する1日たっぷり西岸観光

5:00～9:00　12:00　12:05　12:15～14:00　14:15～15:00　15:15～16:15　16:30～17:00

　気球ツアー（→P.212）は、早朝5:00にホテルまで迎えが来る。のんびりと空の旅を楽しんでホテルに戻ったら、しばらく休憩して再び西岸に繰り出そう。ラメセウムのチケットはメムノンの巨像を見学したあとにチケットオフィスで購入しておこう。

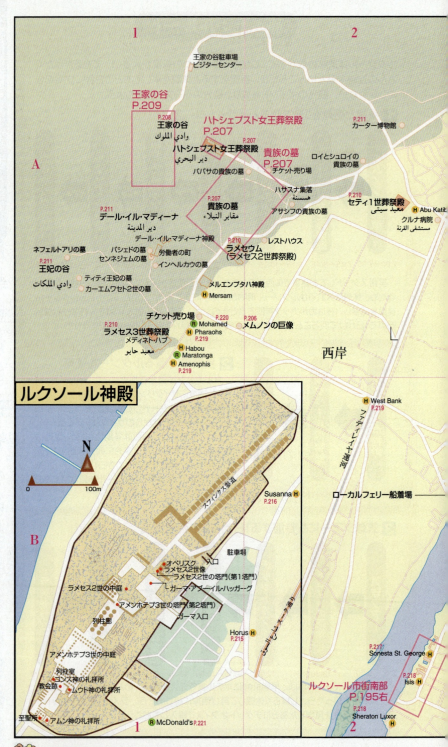

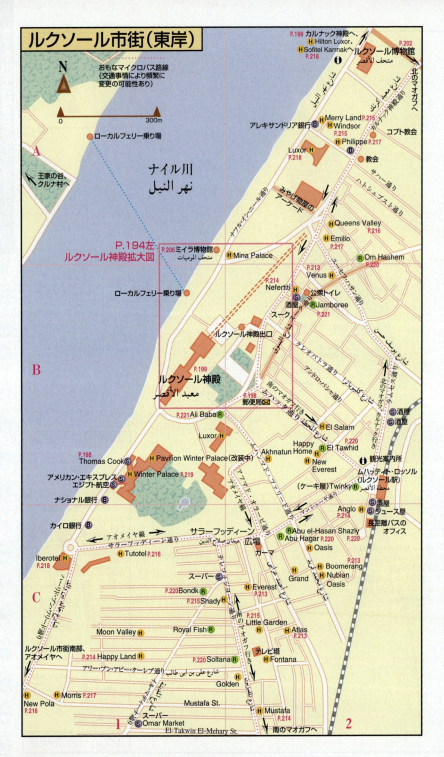

歩き方

　ルクソールはナイル川の東岸と西岸に分けられる。鉄道駅や安いホテルは東岸に、見どころの多くは西岸にある。

●**滞在拠点の東岸**　東岸ではカルナック神殿、ルクソール神殿が観光の中心となるが、ルクソール市街もスークを中心として、エジプトの暮らしに触れられる楽しい場所だ。

●**東岸はルクソール神殿を目印に**　東岸の中心地はルクソール神殿周辺。メインストリートはルクソール神殿前の広場から駅前にかけて伸びるムハッタ通りShaari' il-Mahatta。ここには安宿や軽食を出す店が軒を連ね、安宿や中級宿の客引きもたむろする。また、ルクソール神殿の東側には広場があり、その北東方面にスークが延びている。ここからカルナック神殿へはコルニーシュ通りを北へ3kmぐらい行く。ルクソール神殿の南側にあるウィンター・パレスの前には、みやげ物屋や旅行会社が集まっている。

●**市街南部**　ホテル・イベロテルのあるロータリーから南に延びるハーリド・ブン・ワリード通りShaari' Khalid Ibn Walidは、高級ホテルやレストランが並ぶにぎやかな通り。

●**東岸と西岸を結ぶ船と橋**　東岸と西岸はルクソール神殿の入口近くに発着するローカルフェリーと、9km南にあるルクソール橋で結ばれている。

●**見どころが多い西岸**　西岸は、テーベの人々の墓地として利用されてきた死者の都（ネクロポリス）であり、王家の谷をはじめ、貴族の墓など見どころが多い。また、サトウキビ栽培も盛んで、クルナ村などの集落もある。

●**交通手段を考えて西岸の観光プランを練る**　西岸の見どころはすべて回ると20～30km移動することになり、マラソン選手でもない限り徒歩では無理。交通手段は自転車、ロバ、馬、バイク、マイクロバス、タクシーなどがある。

●**西岸の船着場～チケット売り場**　ローカルフェリーで西岸に着いたら、マイクロバスに乗ってチケット売り場へ。売り場はメムノンの巨像からさらに西にあり、運賃は50pt.が相場だが、ぼったくりも多い。自転車ならローカルフェリーを降りたら真っすぐ延びているメインロードを行けば、15～20分くらいで着く。売り場では各遺跡のチケットを購入できるが、王家の谷、トゥトアンクアムン（ツタンカーメン）の墓、王妃の谷、ハトシェプスト女王葬祭殿、貴族の墓の一部のチケットはそれぞれの遺跡の入口で購入する。

●**ホテルからのツアー**　経済的～中級ホテルで申し込めるツアーは西岸の王家の谷、王妃の谷、ハトシェプスト女王葬祭殿、メムノンの巨像の4ヵ所を回るのが一般的。朝8:00頃出発で14:00頃着。英語ガイドが付くが、遺跡内では解説しないことが多い。

ルクソールのスーク

東岸を走る観光馬車の列

● **観光馬車**
ホテルに行く約束で利用しましたが、ホテルの手前2kmくらいの所で下ろされました。非常に悪質なので、気を付けてください。
（在ドイツ　みづほ　'09秋）

東岸のローカルフェリー乗り場

● **ローカルフェリーを使おう**
ルクソールでナイル川を渡るにはフェリーが断然安いです。フェリー乗り場付近で「フェリー10£E、ボート5£E」と現地人が言ってきますが、デタラメです。フェリーは片道1£Eです。無視しよう。
（京都府　ゆきぶん　'10春）

西岸のチケット売り場

● **クルーズには望遠鏡**
クルーズに参加するのなら、ぜひ望遠鏡を持参してください。デッキから両岸の人々や生活がかいま見られます。
（在ドイツ　おしゅう&ハンちゃん　'10春）

空港タクシーの料金表

■**パスポートオフィス**
Map P.195欄外
1ヵ月から1年までのビザの延長が可能。再入国、トリプル・エントリービザの発給も可能。写真1枚と、パスポートの顔写真のあるページと入国ビザのページのコピーが必要。込み具合にもよるが、1～2時間で発給される。
℡(095)2380885
営9:00～14:00
休金
料6ヵ月未満11.5£E
　6ヵ月以上1年未満61.10£E
　1年91.10£E

■**レンタサイクル**
西岸のチケット売り場の反対側や、ニュー・クルナ村にレンタサイクル店が何軒かある。東岸では一部の経済的ホテルでレンタルを行っている。料金は1日10£E～。

■**ムハッタ通りの郵便局**
Map P.196B2
✉Shaari' Muhatta
営8:00～22:00　休金

■**トーマスクック**
●**オールド・ウィンターパレス内**
Map P.196B1
℡(095)2372402
FAX(095)2376502
営8:00～20:00　休無休
●**ハーリド・ブン・ワリード通り**
Map P.195欄外
℡(095)2371770
営9:00～21:00　休無休

■**ルクソールの観光案内所**
●**鉄道駅前のオフィス**
Map P.196B2
℡(095)2373294
営8:30～19:30　休無休
●**ナイル川沿いのオフィス**
Map P.196A2
℡(095)9280004
営8:00～20:00　休無休

◾**ターミナルから市の中心部へ**◾
●**空港**　ルクソール空港は町の南東約7kmに位置している。空港から市内への公共交通機関はなく、タクシーで片道25～35£Eくらいが相場。空港ターミナルからタクシー乗り場へ行く途中に目的地への料金表が掲示されている。市内から空港へはタクシーで行くと空港入場料5£Eが別途必要。

　空港ゲート前の道路を左へ折れ、500mほど進んだ交差点からは、市街地北部にあるルクソール博物館近くのバスターミナルへ行くマイクロバスが頻発している。運賃は1£E。
●**鉄道駅**　駅前広場からカルナック神殿方面と、安宿の多いテレフィジヨーン通り方面へのマイクロバスが頻発。1£E。
●**長距離バスターミナル**　長距離バスターミナルはルクソールの北東約8kmの所にある。ただしカイロやハルガダへのバスは駅前からも発着している便もある。

◾**市内の交通**◾
●**マイクロバス**　南北各2系統の4系統の路線があり、町の北側のカルナック神殿（行き先の通称はカルナック）か、北のマオガフ（マイクロバスターミナル、行き先の通称はマオガフ）のいずれかと、町の南側のテレフィジヨーン通り（行き先の通称はマオガフ）か、ハーリド・ブン・ワリード通り（行き先の通称はアオメイヤ）のいずれかを結ぶ。運賃は50pt.。
●**ローカルフェリー**　東岸と西岸を結ぶ足になるのがローカルフェリー。東岸の乗り場はルクソール神殿入口斜め向かいの河岸にある。24時間運航しており、昼間は20分おきと便利。運賃は片道1£E。自転車の持ち込みは無料。
●**プライベートボート**　プライベートボートでも西岸に行けるが、運賃は片道5£E～。最初の言い値は10£E以上と高く、自転車は別料金と、あまり利用価値はない。おまけに「今日はナイル川の水位が高いからローカルフェリーは欠航だ」とおかしなことを言ってきたりするので気を付けて。
●**観光馬車**　駅前や観光地の観光用馬車は、町をひと回りして5£E～無限大。途方もない金額を請求されたり、高額のバクシーシを要求されることがある。
●**レンタル自転車**　1日10£E前後。ただし、タイヤ、サドル、ハンドル、チェーンなどよく点検してから決めよう。26～27インチの男性用が多く、小さなサイズはあまりない。

◾**両替・郵便・電話・旅の情報収集**◾
●**銀行**　銀行はコルニーシュ通りに点在し、ほとんどの高級ホテル内にもある。ATMも多いのでクレジットカードでのキャッシングも可能。トーマスクックは2ヵ所にある。
●**郵便**　郵便局はムハッタ通りにある。
●**インターネットカフェ**　市内のいたるところにある。
●**観光案内所**　鉄道駅とルクソール博物館近くにある。

東岸の見どころ

教会やガーマも造られた
ルクソール神殿
世界遺産 Luxor Temple　マアバド・イル・ウッスル　معبد الأقصر　Map P.196B1

ルクソールの町の中心部にある神殿

アムン大神殿の付属神殿として建立されたもの。かつて、カルナック神殿とは、スフィンクスが両脇に並ぶ参道によって結ばれていた。第1塔門には2本のオベリスクが建っていたが、現在あるのは左側の1本だけ。右側のオベリスクはなんと、パリのコンコルド広場に建っているのだ(ヨーロッパ各地には、エジプト各地から持ち出されたオベリスクが建っている)。第1塔門の前には、

修復中の神殿前のスフィンクス参道

ラメセス2世の1対の座像と2対の立像がある。第1塔門を入ると、ラメセス2世の中庭、列柱廊、アメンホテプ3世の中庭と続く。

神殿の中央部を壊して建てられているガーマは、ガーマ・アブー・イル・ハッガーグ。毎年ラマダーンの半月前に大きな祭りが行われる。舟やみこしも出る活気ある祭りだ。

■ルクソール神殿
圓6:00〜22:00(冬期〜21:00)
囚無休
囲50£E(学生25£E)

神殿上のガーマ・アブー・イル・ハッガーグ

ガーマ・アブ・イル・ハッガーグの建設には神殿の石が使われた

ライトアップされた神殿

まさに圧巻!
カルナック神殿
世界遺産 Temple of Karnak　マアバド・イル・カルナク　معبد الكرنك　Map P.195A3

カルナックにはいくつかの神殿があるが、そのなかでもアムン大神殿は、エジプトで最大規模の遺跡だ。

アムン神は、もともと小部落でしかなかったテーベの地方神だった。だが、中王国時代からテーベが発展するに従い、太陽神ラーと結合して国家の最高神となった。古王国時代には王自身が神であったが、新王国時代になると、ファラオはいわばアムン神の庇護のもとにある存在となった。そのため歴代のファラオはアムン神信仰の地に、神殿、オベリスク、神像などを寄進し、かくしてカルナックは巨大な建物群となったのである。

特に、その大きさに圧倒されるのが大列柱室。入口から、スフィンクス参道、第1塔門、第2塔門を経て奥へ行った所にある。立ち並ぶ列柱の上部をよく見ると、傘のように広がったものと、つぼみのような形のものとがある。中央通路沿いの12本は高さが23mとほかの柱より高く、外光があたるため

■カルナック神殿
市内北行きのマイクロバスの一部が、カルナック神殿のコルニーシュ通りに面した入口の横を通る。
圓6:00〜17:30(冬期〜16:30)
囚無休
囲65£E(学生35£E)

■野外博物館
カルナック神殿内にある。チケットはカルナック神殿内で買う。
圓カルナック神殿と同じ
囲25£E(学生15£E)

神殿入口にあるスフィンクス像

削られたハトシェプスト女王のレリーフ

音と光のショー

に花が開くさまを表しているといわれている。なお第2塔門の前の巨像はラメセス2世だ。

　大列柱室から正面に進むと、トゥトモセ（トトメス）1世のオベリスク、ハトシェプスト女王のオベリスクを経て、トゥトモセ（トトメス）3世の祝祭殿、大列柱室から右側に第7塔門、聖なる池へと続いている。

　神殿内を歩いていると、警備のおじさんがやってきて、高い所に上って眺めを楽しまないかと聞きに来るかもしれない。場所は第8塔門やネクタネボ神殿なのだが、たいした眺めではないし、当然バクシーシも要求される。

　また、入口から入ってすぐ左は野外博物館になっており、ムート神殿で発掘された像などが展示されている。

　カルナック神殿では、毎夜音と光のショーが催され、昼間とは違う幻想的な神殿の様子を楽しめる。ショーは、入口付近、第2塔門前、大列柱室、第7塔門前、そして聖なる池

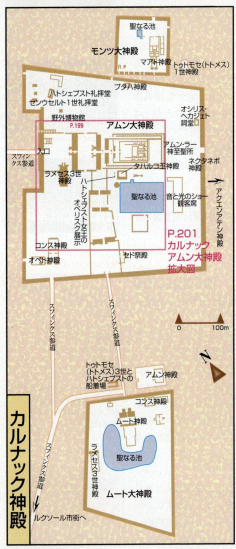

カルナック神殿

聖なる池の近くにあるスカラベの周りを反時計回りで7周すると願いがかなうといわれている

ラメセス2世戦勝レリーフ

エジプトでも最大規模の遺跡だ

へと、広大な神殿の中を光と音で案内しながら進む。音もかなり奥行きのあるステレオで、なかなかの迫力だ。最後の聖なる池に設置された席から見える満天の星空もすばらしく、忘れられない思い出となるに違いない。

■音と光のショー
最新スケジュールは下記のウェブサイトで確認できる。
TEL (095)2372241
Inet www.soundandlight.com.eg
料 100£E(学生75£E)

音と光のショー 上演スケジュール

	1回目	2回目	3回目
夏期	20:00	21:15	22:30
冬期	18:30	19:45	21:00
月曜	英	仏	西
火曜	日	英	
水曜	独	英	仏
木曜	英	仏	アラビア語
金曜	英	仏	
土曜	仏	英	独
日曜	独	英	伊

※ スケジュールは予告なく変更の可能性あり。最新スケジュールはウェブサイトで要確認。

大列柱室の柱

第2塔門の前にあるラメセス2世の巨像

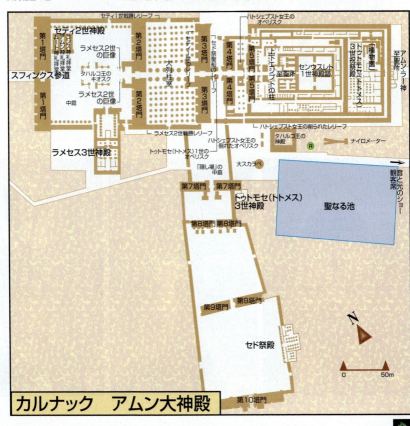

カルナック　アムン大神殿

■ルクソール博物館
圏夏期 9:00～15:00
　　　17:00～22:00
　　冬期 9:00～15:00
　　　16:00～21:00
入場は閉館30分前まで
圏80£E（学生40£E）

ルクソール博物館のチケット売り場

照明に映える遺物
ルクソール博物館
Luxor Museum

マトハフ・イル・ウッソル
ممتحف الأقصر

Map P.196A2

　ルクソールとその周辺にある数多くの遺跡から発掘された遺物が陳列されている。規模的には、カイロのエジプト考古学博物館には及ばないものの、秀逸なコレクションとわかりやすい展示は高く評価されており、エジプトでも屈指の博物館であることは間違いない。収蔵品は中王国時代やローマ帝国時代の品もあるが、圧倒的多数はテーベが全盛を誇った新王国時代のもの。ソベク神とアメンホテプ3世の方解石製の像や、トゥトアンクアムン（ツタンカーメン）の顔をしたスフィンクス像、彩色鮮やかなトゥトモセ（トトメス）3世のレリーフ、第18王朝のファラオ、アフモーゼのミイラなど、博物館を代表する収蔵品は、いずれも新王国時代のものだ。

　入口を入ってすぐ右側の特別展示室には、ルクソール神殿のアメンホテプ3世の中庭から1989年に発見された、24体の彫像が展示されている。

ルクソール博物館の入口

ラメセス6世像

おもに新王国時代の像が並ぶギャラリー

アメンホテプ3世の頭像。ルクソール西岸で発見された

王家の谷にあるツタンカーメン墓から発見された雌牛の頭像

トトメス3世の立像。カルナック神殿で発見された

アメンホテプ3世とワニの神ソベクの像

アクエンアテン（アメンホテプ4世）の像。ほかにももう一体展示されている

パブの子アメンヘテプの像。彼はアメンホテプ3世の治世に活躍した建築家

入口横にある特別展示室。1994年に増築された

アテフ王冠をかぶったトゥトモセ（トトメス）3世のレリーフ

特別展示室前にあるツタンカーメンの顔をしたスフィンクス像

アクエンアテン（アメンホテプ4世）によるアテン神殿壁画

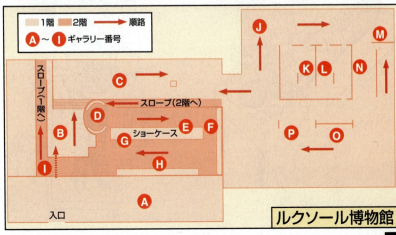

ナイル川中流域 ●ルクソール　見どころ

ミニ特集 古代エジプトの文化

古代エジプトには、高度な文化や独特の思想がたくさんあった。そのなかから、死生観を象徴するミイラ作りと文字を自在に使うことができるようになったパピルス作りを紹介しよう。

ミイラの作り方

古代エジプトでは人間はバー（魂）とカー（一般的に精神や人格のようなものとされている）、そして肉体で構成されると考えられていた。人が死ぬと、バーやカーは昼の間は天空を舞い、夜になると肉体へと戻る。戻るところがなくならないよう、永久に保存しようと考えてミイラは作られたのだ。

ミイラ作りが始まったのは古王国時代。試行錯誤を繰り返した後、新王国時代には、ミイラの作り方が確立したといわれている。人間はもちろん、犬や猫などさまざまな動物がミイラにされた。

バーは一般的に鳥のような外観で描かれる

①遺体の鼻の穴から鉤棒のようなものを入れ、脳みそを取り出す。
②死者の内臓を取り出す。
③取り出した内臓をソーダで洗う。
④内臓をカノープスの壺に入れて保管する。カノープスの壺は4個で1セット。蓋の部分にはホルス神の子供たちがデザインされている。
⑤遺体をよく洗う。
⑥遺体を乾燥させる。乾燥の際、全身にソーダをまぶし、脱水処理を施した後、約40日間乾燥させる。
⑦乾燥が終わると、遺体が小さくしぼんでしまう。完成後の見栄えをよくするため、樹脂を染みこませた布などを使って詰め物をする。
⑧ていねいに包帯を巻く。

パピルスの作り方

パピルスは、葦を叩いて繊維をつぶし、1枚の紙のようにしたもの。古代エジプトの大発明品だ。

1. パピルスを用意する

独特の形をした穂先は太陽光線を表しているといわれている

2. 皮をむき内側を薄く切る

三角のピラミッド型をしている茎の皮をむいて、白い芯を薄く切る

3. 麺棒でつぶす

薄くそいだ芯を麺棒でころころと繊維をつぶすように延ばす

4. 水に浸ける

薄茶色い汁が出て、へなへなになった芯は茶色く変色する

5. すきまなく縦横に並べる

麻布の上に1列にパピルスを並べ、その上に直角の方向に1列に並べる

6. 木槌または石などで叩く、踏む

上からも麻布をかけ、木槌などで叩くと、樹液が出て紙のようになる

写真:ファラオ村 (→P.128) 参考:ナイルストーリー www.nilestory.co.jp/diy1.html(→P.412)

■ミイラ博物館
夏期　9:00～13:30
　　　17:00～21:30
冬期　9:00～13:30
　　　16:00～20:30
入場は閉館30分前まで
50£E(学生25£E)

館内に展示されたカノープス壺

■メムノンの巨像
24時間　無料

ミイラ作りの行程がわかる
ミイラ博物館
Mummyfication Museum

マトハフ・イル・ムーミーヤート
متحف المومیات
MAP P.196A1

ミイラに特化した博物館。規模は小さく、30分ほどでひととおり見られる。ネコ、ワニ、トキ、ヒツジなど一風変わったミイラが数多く展示されているが、これらはいずれも神の化身と考えられていた動物たちだ。そのほかにもカノプス壺や、ミイラ作りの際に用いられたメスなどの器具、ミイラ作りに欠かせない薬品なども展示されている。

═══ 西岸の見どころ ═══

巨大な1対の座像
メムノンの巨像
世界遺産 **Colossi of Memnon**

メムノーン
ممنون
MAP P.194A1

西岸に渡ってまず目にするのがこの巨像。座像は新王国時代絶頂期の王アメンホテプ3世のもの。もともと座像の後ろには、彼の葬祭殿があったが、後の王たちが石材として使用し、完全に破壊された。プトレマイオス朝には、ギリシア神殿のメムノンのものとされ、現在の名が付いたという。ローマ時代に起きた地震によりヒビが入り、激しい温度差によるきしみ、または風によって「像が歌う」といわれ、不思議がられていた。その後の補修工事により、今では静かになった。見学無料。

西岸のおもな見どころの料金

■下記の遺跡群
6:00～17:00(冬期～16:00)

●王家の谷	80£E
トゥトアンクアムン(ツタンカーメン)を除くどれでも3つの墓で1枚	
●トゥトアンクアムン(ツタンカーメン)の墓	100£E
●ラメセス5世と6世の墓	50£E
●ハトシェプスト女王葬祭殿	30£E
●貴族の墓(パバサの墓)	25£E
●貴族の墓(アサシフの墓)	30£E
●王妃の谷	35£E

■西岸チケット売り場　Map P.220B1
6:00～17:00(冬期～16:00)
学割(IDカード提示)はすべて半額(5£E未満は5£Eに切り上げ)
※墳墓内での写真撮影は禁止されている。

●ラメセス3世葬祭殿	30£E
●ラメセウム	30£E
●貴族の墓(ナクト、ミンナの墓共通)	25£E
●貴族の墓(レクミラ、センネフェルの墓共通券)	25£E
●貴族の墓(ラモーゼ、ウセルヘト、カーエムヘトの墓共通券)	30£E
●デール・イル・マディーナ	30£E
●貴族の墓　ホーハ地区 El-KhoKhaにある3つの墓共通券(ネフェルレンペト、ネフェルセケル、トゥトモセ)	25£E
●セティ1世葬祭殿	30£E
●貴族の墓(コンス、ウセルヘト、ベニアの墓共通券)	15£E
●貴族の墓(ロイとシュロイの墓共通券)	15£E
●メルエンプタハ神殿	15£E
●パシェドの墓	15£E
●ネフェルトアリの墓	

※2010年8月現在で閉鎖中。再開時期は未定。

メムノンの巨像

ハトシェプスト女王葬祭殿。内部には美しい壁画が残る

壮大で美しい女王の建築物
ハトシェプスト女王葬祭殿
デール・イル・バフリ　دير البحري
世界遺産 Deir el Bahri　MAP P.194A1

エジプト初の女王ハトシェプストは、夫のトゥトモセ（トトメス）2世の死後、まだ幼かったトゥトモセ（トトメス）3世の摂政となったが、後に自らファラオとなった。通商に力を注ぎ、香料を求めてプント（現在のソマリア）と貿易していたことが、葬祭殿の壁画よりわかる。

美しいレリーフ
貴族の墓
マアービル・イン・ヌバラー　مقابر النبلاء
世界遺産 Tombs of Nobles　MAP P.194A1

すばらしい壁画が残る貴族の墓は、ラメセウムの西側からハトシェプスト女王葬祭殿の北側までの広い範囲に点在している。チケットは墓ごとに事前にチケット売り場で購入する必要があるので、見たい壁画を選んで絞り込んで訪問しよう。貴族の墓は、駆け足で回るツアーの観光客はなかなか足を踏み入れないので、比較的静かに鑑賞できる。もし暗いようなら

ミンナの墓のレリーフ

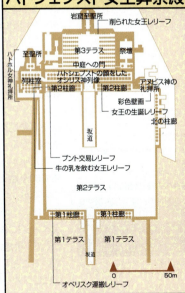

■ハトシェプスト女王葬祭殿
開園→P.206
遺跡内の観光列車2£E
■貴族の墓
開園→P.206

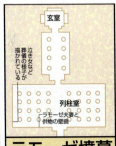

ラモーゼ墳墓

公開されているおもな貴族の墓

ラモーゼ	アクエンアテンの宰相。泣き女の壁画。
ウセルヘト	アメンホテプ2世時代の書記。
カーエムヘト	アメンホテプ3世時代の書記。
レクミラ	トゥトモセ（トトメス）3世、アメンホテプ2世の建設大臣。
センネフェル	アメンホテプ2世時代の軍人。
ナクト	トトメス4世時代の書記。宴会の図。
ミンナ	トゥトモセ（トトメス）4世時代の土地検査官。収穫や徴税の様子の壁画。
パバサ	養蜂や川漁など生業の壁画。

😊 ツタンカーメンの墓

ツタンカーメンの墓はどんなに行列かと思いきや、ガラガラ。100£Eが高いからでしょうか？ラメセス6世も50£Eと別料金でガラガラ。40℃の炎天下で大行列の3つの墓で80£Eに入るより、ツタンカーメンとラメセス6世を150£Eで見る方をおすすめします。
（神奈川県　小滝 篤子　'10春）

■王家の谷
Inet www.thebanmappingproject.com
開 用 →P.206
遺跡内の観光列車2£E

観光列車はビジターセンターから王家の谷入口の間を往復している

番人が鏡2枚を巧みに使って光を入れて壁画を見せてくれる。このときは少々バクシーシが必要だ。墓は小さいので、ポケットライトがあると便利だ。通常公開されているおもな墓はP.207下の表のとおり。

新王国時代に造られた岩窟墓
王家の谷
世界遺産 Valley of the Kings

ワーディ・イル・ムルーク
وادي الملوك

MAP P.194A1

　すべての墓は新王国時代に岩を掘って造られたもの。地表から階段を下りると、前室などを経て石棺の置いてある玄室へいたる。第18王朝の墓のプランは前室から玄室の間で直角に曲がるが、第19王朝以後は直線的なものが多い。全部で60を超える墓が発見されているが、現在公開されているのは、そのうちの十数ヵ所。次ページにおもな墓を挙げておくが、状態によって閉鎖されていることもある。入口の手前にビジターセンターがある。

王家の谷はいつも人でいっぱい

トゥトアンクアムン（ツタンカーメン）の墓

ラメセス6世の墓。天井に描かれているのは女神ヌト

王家の谷で公開されているおもな墓

第18王朝	トゥトモセ（トトメス）3世	Map P.231C1 ㉞	玄室の線描画が美しいが、室内が暗い。
第18王朝	トゥトアンクアムン（ツタンカーメン）	Map P.231B1 ㊱	王のミイラは玄室に安置されている。玄室正面の壁にはオシリス神の形をしたトゥトアンクアムンと後継者のアイ王が描かれている。
第19王朝	セティ2世	Map P.231C1 ⑮	ミイラがある。
第19王朝	メルエンプタハ	Map P.231B1 ⑧	赤色花崗岩製石棺。
第19王朝	タウセルト女王	Map P.231C1 ⑭	セティ2世の妻。
第20王朝	ラメセス1世	Map P.231B2 ⑯	美しい壁画。
第20王朝	ラメセス4世	Map P.231B2 ②	巨大な石棺。
第20王朝	ラメセス5世と6世	Map P.231B1 ⑨	天井いっぱいに描かれたヌト女神の「夜の書」。
第20王朝	ラメセス9世	Map P.231B2 ⑥	ラメセス6世のものに似ているが、小型。

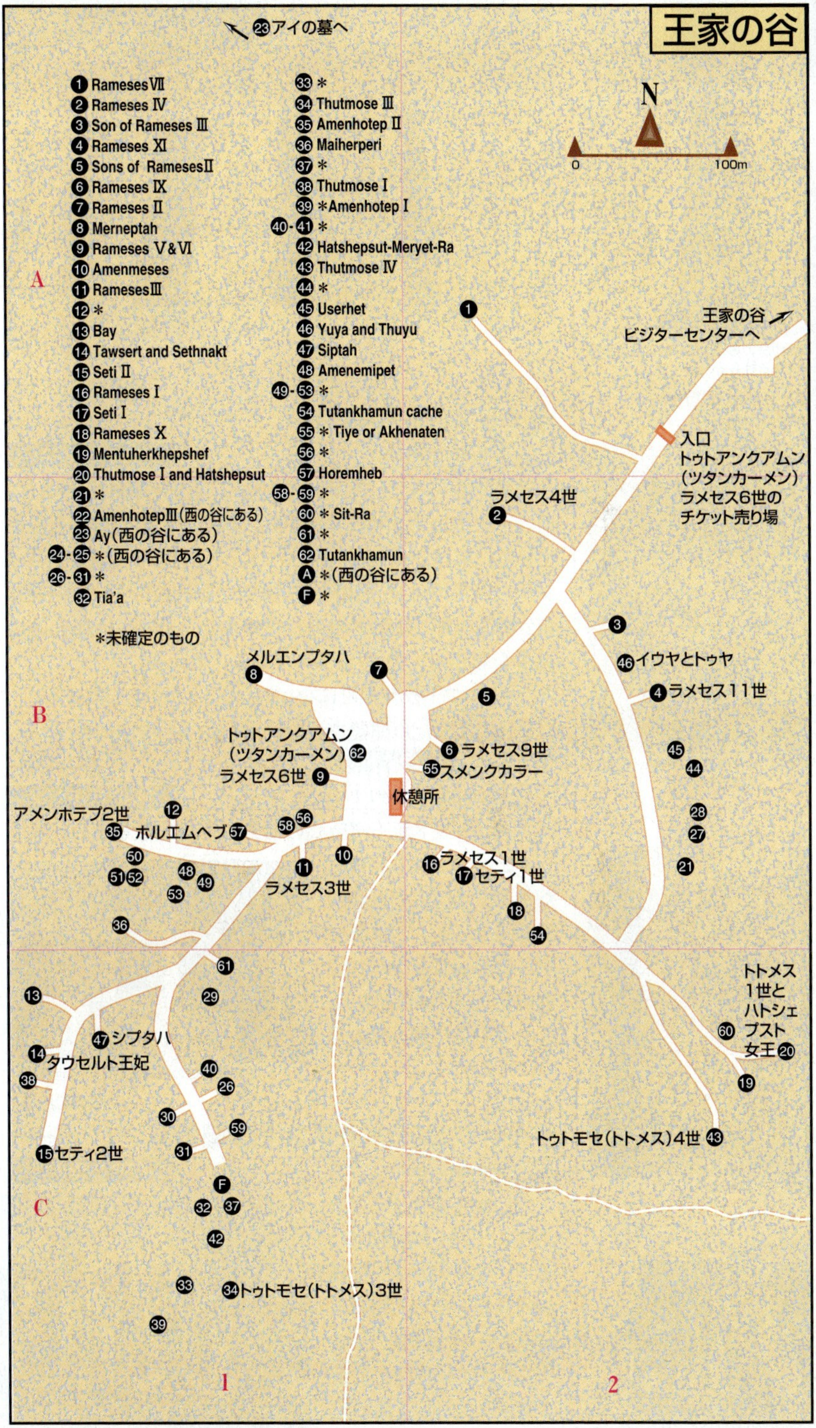

王家の谷

ナイル川中流域 ● ルクソール 見どころ

❶ Rameses VII
❷ Rameses IV
❸ Son of Rameses III
❹ Rameses XI
❺ Sons of Rameses II
❻ Rameses IX
❼ Rameses II
❽ Merneptah
❾ Rameses V & VI
❿ Amenmeses
⓫ Rameses III
⓬ *
⓭ Bay
⓮ Tawsert and Sethnakt
⓯ Seti II
⓰ Rameses I
⓱ Seti I
⓲ Rameses X
⓳ Mentuherkhepshef
⓴ Thutmose I and Hatshepsut
㉑ *
㉒ Amenhotep III(西の谷にある)
㉓ Ay(西の谷にある)
㉔・㉕ *(西の谷にある)
㉖-㉛ *
㉜ Tia'a
㉝ *
㉞ Thutmose III
㉟ Amenhotep II
㊱ Maiherperi
㊲ *
㊳ Thutmose I
㊴ *Amenhotep I
㊵-㊶ *
㊷ Hatshepsut-Meryet-Ra
㊸ Thutmose IV
㊹ *
㊺ Userhet
㊻ Yuya and Thuyu
㊼ Siptah
㊽ Amenemipet
㊾-53 *
54 Tutankhamun cache
55 * Tiye or Akhenaten
56 *
57 Horemheb
58-59 *
60 * Sit-Ra
61 *
62 Tutankhamun
Ⓐ *(西の谷にある)
Ⓕ *

＊未確定のもの

㉓アイの墓へ

王家の谷
ビジターセンターへ

入口
トゥトアンクアムン
(ツタンカーメン)
ラメセス6世の
チケット売り場

ラメセス4世

メルエンプタハ

イウヤとトゥヤ
ラメセス11世

トゥトアンクアムン
(ツタンカーメン)
ラメセス6世

ラメセス9世
スメンカラー

休憩所

アメンホテプ2世
ホルエムヘブ

ラメセス1世
セティ1世

ラメセス3世

シプタハ
タウセルト王妃

トトメス1世と
ハトシェプスト女王

セティ2世

トゥトモセ(トトメス)4世

トゥトモセ(トトメス)3世

209

第2中庭の奥には部分的に色彩が残っている柱もある

■ラメセス3世葬祭殿
開園→P.206

第1塔門には勇ましいラメセス3世のレリーフが残っている

■セティ1世葬祭殿
開園→P.206

正面テラスの列柱レリーフ

■ラメセウム
開園→P.206

カルナック神殿ほどではないが、列柱室の保存状態はいいほう

ラメセス3世葬祭殿の凱旋門

ラメセス3世の勇姿を見よう
ラメセス3世葬祭殿
マアバドゥ・ハーブー
معبد حابو

世界遺産 **Medinet Habu** MAP P.194A1

　凱旋門を入ると、正面が高さ22m、上部の幅63mの第1塔門。その奥は第1中庭、第2中庭、列柱室、至聖所へと続いている。第1塔門には敵を討つラメセス3世の姿や野牛狩りのレリーフ（塔門外壁南側）など勇ましい題材のレリーフが残る。第2中庭の奥には24本の列柱室があり、天井には部分的に見事な彩色のレリーフが残っている。紀元後に入ると、このあたりはコプト教徒の町になっていたことがわかっている。

父子2代にわたり建設された
セティ1世葬祭殿
マアバドゥ・スィーティー
معبد سيتي

世界遺産 **Temple of Seti 1** MAP P.194A2

　古代エジプト新王国時代のセティ1世が建設を始め、息子ラメセス2世により完成した神殿。現在は至聖所部分しか残っていないが、セティ1世とラメセス2世のレリーフは傑作。王家の谷の見学後、帰る途中に見よう。

ラメセス2世葬祭殿の横にあるセティ1世葬祭殿

壮麗なレリーフ
ラメセウム（ラメセス2世葬祭殿）
ラムスィユーム
رمسيوم

世界遺産 **Ramesseum** MAP P.194A1

　入口から直進すると第2中庭に出る。左側が第2塔門、第1中庭で、右側が列柱室。その入口に破損したラメセス2世のオシリス柱が4本並び、手前にラメセス2世座像の首がある。

ラメセス2世のオシリス柱

ネフェルトアリの墓は修復中
王妃の谷
ワーディ・イル・マリカートゥ・ワ・マアーバラ・ネフェルターリー
وادي الملكات ومقبرة نفرتاري

世界遺産 Valley of the Queens　　MAP P.194B1

歴代の王の妻や子供たちが眠る

　チケット売り場から西へ1.5km、自転車で上っていくと着く。最大の見どころであるネフェルトアリ（ラメセス2世の妃）の墓は、残念ながら2010年8月現在修復のため入場することができない。再開のはっきりとした時期は未定。

　ほかに開いているのはハトホル神殿、アメンヘルケペシェフ王子の墓（ラメセス3世の息子）とティティ王妃の墓。王子の墓の玄室には生後6ヵ月のえい児のミイラが保管されている。また、ラメセス3世の王子カーエムワセト2世の墓が見学可能。

労働者の町
デール・イル・マディーナ
デール・イル・マディーナ
دير المدينة

世界遺産 Deir el Medina　　MAP P.194A1

斜面に墓があるデール・イル・マディーナ

　チケット売り場から見える小高い丘の裏側にある。ここは、王家の谷を建設した労働者の町だった。丘の下に集合住宅の跡があり、丘の斜面に墓地がある。現在センネジェムの墓、インヘルカウの墓、パシェドゥの墓（別料金）、デール・イル・マディーナ神殿がある。

20世紀を代表する考古学者の家
カーター博物館
イスティラーハ・カルテル
أستراة كارتر

Carter Museum　　MAP P.194A2

　トゥトアンクアムン（ツタンカーメン）の墓を発掘したイギリス人考古学者ハワード・カーター Howard Carterが実際に使用していた家が博物館として公開されている。館内ではカーターのオフィスや寝室、暗室などが当時のまま再現されている。

　また、トゥトアンクアムンの墓が発見された11月4日から2日間、実際に宿泊することもできる。ウィンター・パレス（→P.219）経営のカフェもオープンする予定。

ハワード・カーターのオフィス

■王妃の谷
→P.206

アメンヘルケペシェフの墓のレリーフ

■デール・イル・マディーナ
→P.206

パシェドゥの墓のレリーフ

■カーター・ハウス
（→P.14）
圏 6:00～17:00
困 無休　圉 無料

当時のメモや写真も展示されている

Information

大空から王家の谷を見下ろす気球ツアー

空からの遺跡見学にいざ出発!

地上とは違った角度で遺跡を眺められるのがポイント

　気球に乗って上空から西岸の遺跡を見下ろすツアーが人気。料金は高いが、鳥の視点で見下ろすルクソール西岸のパノラマは最高の思い出になる。

　ホテルに迎えが来るのは早朝5:00頃。ホテルから東岸船着場へ行き、ローカルフェリーにて西岸へ。フェリーの船内にはテーブルが用意され、パンと紅茶のサービスがある。

　西岸に到着後、車でゴルナ村へ行く。ゴルナ村の空き地にはまだ膨らんでいない状態の気球が待っている。熱い空気を吐き出すボイラーの音がボウボウとすさまじく響く。風で動かないよう、10人ほどのスタッフが気球を押さえる。

　気球を膨らませてから、乗客はバスケットによじ登り、お客が内側におさまると、キャプテンが誇らしげにボイラーをボウボウいわせて少しずつ上昇させていく。

　すうーっと天に引き寄せられるように上がっていくと、眼下に広がる眺めはすばらしい。ハトシェプスト女王葬祭殿が眼下に。切り立つ渓谷、はるか向こうに広がる荒れ野、ナイルと両袖の緑野……。ラメセウムの真上から列柱室、中庭などを眺めると、地上から見るのとは違うまったく新鮮な眺めだ。すっかり壊れてしまった葬祭殿跡も、上空から見るとそこに遺構があるのがくっきりわかる。

　飛行時間は30～45分で、着陸後に飛行証明書がもらえる。ホテルへの戻りは9:00頃。気球ツアーは要予約。各ホテルやウィンター・パレス・ホテル横のトーマスクックなどで申し込みが可能。下記をはじめとする数社が催行している。料金はシーズンによっても変わるが、ひとり90～200US$。

■**Sky Cruise**　　Map P.195欄外
TEL (095)2276515　　FAX (095)2270638
@mail reservations-lxr@skycruise-eg.com
■**Magic Horizon Balloons**　　Map P.195欄外
TEL (095)2365060　　FAX (095)2276651

空の上からメムノンの巨像を眺める

早朝のルクソール西岸は気球だらけ

HOTEL

日本からホテルへの電話
国際電話会社の番号 ＋ 010 ＋ 国番号20 ＋ 市外局番の最初の0を取った掲載の電話番号

ルクソールのホテル選びには注意が必要。駅に着くと客引きがやってくるからだ。また、近くの駅で乗車して車内客引きをすることもある。客引きの提示した条件を鵜呑みにせず、実際に部屋を見せてもらって料金を確認しよう。ホテルの名刺を見せて、偽スタッフを装い、「満室だ」とか「同じ経営のホテル」と言って別のホテルに連れていく手口も横行している。目当てのホテルがあるなら実際にホテルに行くなどして自分で確かめるようにしたい。西岸ツアーやレンタル自転車などの料金も宿選びの重要なポイント。安宿は駅前からテレフィジヨーン通りあたりに数多く点在している。中級ホテルはユーセフ・ハサン通り周辺とテレフィジヨーン通りに多い。高級ホテルはナイル川沿いや町の南のハーリド・ブン・ワリード通りに並んでいる。

経済的なホテル

エヴェレスト Everest Hotel
経済的　Map P.196C2

فندق ايفرست　フンドゥク・エヴェレスト

✉ Shaari' Tilifiziyuun
TEL (095)2282070
FAX (095)2282020
@ everesthotel@hotmail.com
D A/C 📺 🚿 15£E
S A/C 📺 🚿 25£E
W A/C 📺 🚿 40£E
💰 £E　不可　不可

ベージュ色の外観のホテル。部屋は周辺の経済的な宿のなかではきれいなほうで、テレビや冷蔵庫がある。ドミトリーは1部屋あたり3ベッドで男女混合。洗濯機も利用可。自転車レンタル1日15〜20£E、西岸ツアーは60£E。

😔 うす暗く、廊下も真っ暗であまり良い印象をもちませんでした。
（群馬県　39　'09夏）

アトラス Atlas Hotel
経済的　Map P.196C2

فندق اطلس　フンドゥク・アトゥラス

✉ Shaari' Ahmad Orabi
TEL (095)2273514
FAX (095)2273263
S 📺 🚿 25£E
S A/C 📺 🚿 50£E
W 📺 🚿 50£E
W A/C 📺 🚿 80£E
💰 £E　不可　不可

住宅街の中だが途中に看板が出ている。全50室。ロビーは広々としているが、部屋はシンプルでバスルームもやや古い。自転車レンタル1日20〜25£E。ツアーの手配はしていない。

ヴィーナス Venus Hotel
経済的　Map P.196B2

فندق فينوس　フンドゥク・ヴィヌース

✉ Shaari' Yusuf Hasan
TEL (095)2372625
FAX (095)2361327
@ venushotelluxor@hotmail.com
S A/C 📺 🚿 50£E
W A/C 📺 🚿 60£E
💰 US$ € £E　不可　不可

スークの近くにある経済的なホテル。客室は3階より上階にあり、2階にはレストランと宿泊者用の冷蔵庫がある。館内の掃除も行き届いている。無線LANは1〜3階にて無料で利用可能。

ブーメラン Boomerang Hotel
経済的　Map P.196C2

فندق بومرنج　フンドゥク・ブーメラング

✉ Shaari' Muhammad Farid
TEL 0191361544(携帯)　FAX なし
Inet www.boomerangluxor.com
D A/C 📺 🚿 25£E
S A/C 📺 🚿 5.99€
W A/C 📺 🚿 11.99€
💰 US$ £E　不可　不可

ムハンマド・ファリード通り沿いにある。2009年に開業したのでホテルの設備は真新しく、清潔に保たれている。屋上には床に座ってくつろげる場所がある。無線LANは1階のロビーにて無料で利用可能。朝食はパンケーキやオムレツなど、日によって異なる。

😊 本当にキレイなのでオススメです。ツアー、チェックアウト後のシャワー、クリーニングもお願いできます。
（埼玉県　田中理　'09秋）

アングロ　Anglo Hotel　　経済的　Map P.196C2

فندق الجلو　フンドゥク・アングロ

✉ Midaan il-Muhatta
TEL (095)2382133
FAX (095)2381679
S A/C 🛁 🍴 📶 60£E
W A/C 🛁 🍴 📶 80£E
💴 US$ € £E
TC 不可
CC 不可

駅を背にして左側の道沿いにあるホテル。全22室。建物は新しく、部屋もとても清潔。レストランのセンスもよい。トリプル(120£E)にはバスタブもある。キッチンを使用することも可能。レセプションではステラ・ビールを販売している。朝食は10£E。

ムスタファ　Mustafa Hotel　　経済的　Map P.196C2

فندق مصطفى السياحي　フンドゥク・ムスタファ・イッシヤーヒ

✉ Shaari' Tilifiziyuun
TEL&FAX (095)2274721
S A/C 🛁 🍴 📶 40£E
W A/C 🛁 🍴 📶 70£E
💴 £E
TC 不可
CC 不可

テレフィジョーン通りを南に下り左側。南のマオガフ行きのマイクロバスも走っている。全20室でこぢんまりしている。冷蔵庫はないが、部屋は清潔。レストランも併設。トイレ、バスは廊下を挟んで外付けのこともある。

ネフェルティティ　Nefertiti Hotel　　経済的　Map P.196B2

فندق نفرتيتي　フンドゥク・ネフェルティティ

✉ Shaari' El Sahaby
TEL&FAX (095)2372386
Inet www.nefertitihotel.com
S A/C 🛁 🍴 📶 120£E
W A/C 🛁 🍴 📶 160£E
💴 £E
TC 不可
CC M V

スークのすぐそばにある、全30室の小規模なホテル。部屋はシンプルな造りでテレビも冷蔵庫もないが、外国人旅行者に人気が高い。屋上のテラスからの眺めも自慢。客室は改装中だが改装済みの客室もある。事前に連絡しておけば鉄道駅には無料、空港には40£E、長距離バスターミナルには30£Eで、迎えに来てくれる。無線LANは無料で利用することができる。

ハッピー・ランド　Happy Land Hotel　　経済的　Map P.196C1

فندق هابي لاند　フンドゥク・ハピ・ランド

✉ Shaari' El-Qamr
TEL (095)2271828
FAX (095)2271104
Inet www.luxorhappyland.com
S 🍴 📶 50～55£E
S A/C 🍴 📶 65～70£E
W 🍴 📶 70£E
W 🍴 📶 75£E
W A/C 🍴 📶 80£E
💴 £E　TC 不可　CC 不可

イル・マディーナ通りを南へ徒歩7〜8分の所にある。非常に清潔な部屋と明朗会計が自慢で、バックパッカーに人気が高い。オーナーは頑固で自信家。冷蔵庫、蚊取りマット、トイレットペーパーなどを完備。インターネット1時間8£E。屋上にはレストランとジャクージが完備されている。西岸ツアーは昼食付きで人数によりひとり75〜150£E(各遺跡の入場料は含まれない)。

😊 朝食はパンケーキやミックスジュースなどボリュームもあってすばらしく、屋上のテラスでゆったりと食べられた。スタッフも親切で楽しい人ばかり。部屋も清潔でタオルが付いていた。
(茨城県　dream　'09夏)

Information

安宿で盗難あり。貴重品の管理に気を付けよう

ルクソールの経済的な宿からは、しばしば現金や貴重品の盗難に遭ったという報告が寄せられています。特に投稿の多いのは「ハッピー・H」、「N・オアシス」、「N・エヴェレスト」(一部イニシャル)です。これらの宿に限らず、貴重品の管理には充分注意し、最新の情報を収集して自己防衛を行ってください。値段の安い宿に泊まっても、貴重品を盗られてかえって高くつかぬよう、慎重な行動を心がけてください。

(編集室)

小規模な中級ホテル

リトル・ガーデン Little Garden Hotel 　中級　Map P.196C2

فندق الحديقة الصغيرة　フンドゥク・イル・ハディーキト・イッスガイヤラ

✉ Shaari' Radwaan
TEL (095)2279090　FAX なし
Inet www.littlegardenhotel.com
S AC 🛁🚽📶 60£E
W AC 🛁🚽📶 75£E
● £E
TC 不可
CC 不可

テレビ塔の裏にある、隠れ家的雰囲気のプチホテル。値段のわりに部屋は豪華で、設備も新しい。居心地がよい中庭も自慢。空港と長距離バスターミナルからの送迎あり（要予約）。無線LANは別料金で利用可能。

ロイヤル・ハウス Royal House Hotel 　中級　Map P.195B4

فندق رويال هاوس الاقصر　フンドゥク・ローヤル・ハウス・イル・オッソル

✉ 20 Shaari' Muhammad Farid
TEL (095)2280077
FAX (095)2270666
Inet www.royalhousehotel.net
S AC 🛁🚽📶 150£E
W AC 🛁🚽📶 220£E
● US$ € £E　TC 不可　CC A M V

市街南部のハーリド・ブン・ワリード通りから少し離れた場所にある。市内の中級ホテルのなかでは比較的新しく、欧米人のグループ客にも人気。タイル張りの客室は比較的広め。

メリー・ランド Merry Land Hotel 　中級　Map P.196A2

فندق ميري لاند　フンドゥク・メリ・ランド

✉ Shaari' Nefertiti
TEL (095)2376903
FAX (095)2381746
S AC 🛁🚽📶 60£E
W AC 🛁🚽📶 80£E
● US$ € £E
TC 不可
CC 不可

ウィンザー・ホテルの向かい。部屋は清潔で広々しており、値頃感がある。テレビは全室完備されているが、冷蔵庫は部屋によってないことも。ルーフガーデンからは西岸やナイル川を楽しみながら、食事できる。

ホルス Horus Hotel 　中級　Map P.194B2

فندق حورس　フンドゥク・ホールス

✉ Shaari' Ma'bad Karnak
TEL (095)2372165
FAX (095)2373447
S AC 🛁🚽📶 55£E
W AC 🛁🚽📶 75£E
● £E　TC 不可　CC 不可

ルクソール神殿、みやげ物屋の並ぶスークに近く、立地条件はかなりよい。西側に面している部屋からルクソール神殿が見えるが、やや騒音が気になる。

😊ルクソール神殿を眺める部屋は絶景です。（東京都 HEROみねぞう '09秋）

シャディ Shady Hotel 　中級　Map P.196C1

فندق شادي　フンドゥク・シャーディ

✉ Shaari' Tilifiziyuun
TEL (095)2381377
FAX (095)2374859
@mail shady-hotel@hotmail.com
S AC 🛁🚽📶 100£E
W AC 🛁🚽📶 150£E
● US$ € £E
CC M V（手数料10%別途）

テレフィジヨーン通りにある。屋上からはナイル川を挟んで西岸も見え、中庭にはプールがある。全室エアコン、テレビ付きで、客室の掃除も行き届いている。無線LANは別料金で利用可能。

ウィンザー Windsor Hotel 　中級　Map P.196A2

فندق وندسور　フンドゥク・ウィンドソール

✉ Shaari' Nefertiti
TEL (095)2375547
FAX (095)2373447
@mail windsor@click.com.eg
S AC 🛁🚽📶 100£E
W AC 🛁🚽📶 150£E
● US$ € £E　TC 不可　CC 不可

メリー・ランド・ホテルの向かいにある3つ星ホテルで、エジプトやアラブ系の客が多い。部屋は広く、清潔。全室テレビ、冷蔵庫付き。無線LANはロビーにて別料金で利用可能。

3つ星スタンダードクラスの中級ホテル

ガッディス Gaddis Hotel　中級　Map P.195B4

فندق قديس　フンドゥク・ガディース

✉ Sharia' Khalid Ibn Walid
TEL (095)2382838
FAX (095)2382832
Inet www.gaddis-hotel.co.uk
S A/C 🛁🚿📺🍴 35US$
W A/C 🛁🚿📺🍴 44US$
💳 US$ € £E
TC 不可　CC M Ⓥ

ハーリド・ブン・ワリード通りの南側、イシス・ホテルの向かい側にある。全55室の3つ星ホテルで、プールとバーのある中庭を客室が囲む造り。エレベーターの仕掛けが楽しい。1階にて無線LANは無料で利用することができる。

スザンナ Susanna Hotel　中級　Map P.194B2

فندق سوزانه　フンドゥク・スーザンナ

✉ Shaari' Ma'bad Luxor
TEL (095)2369915
FAX (095)2369904
Inet www.susannahotelluxor.com
S A/C 🛁🚿📺🍴 30〜40US$
W A/C 🛁🚿📺🍴 35〜45US$
💳 US$ € £E
TC 不可　CC 不可

2008年にオープンしたホテル。客室は新しく、落ち着いた雰囲気。ほとんどの部屋がバスタブ付き。無線LANはロビーにて別料金で利用することができる。朝食をとるレストランからはルクソール神殿が見える。

クイーンズ・バレー Queens Valley Hotel　中級　Map P.196A2

فندق وادي الملكات　フンドゥク・ワーディ・イル・マリカート

✉ Shaari' Yusuf Hasan
TEL (095)2370085
FAX (095)2381738
Inet www.queensvalley.net
S A/C 🛁🚿📺🍴 30US$
W A/C 🛁🚿📺🍴 40US$
💳 US$ £E
TC 不可　CC M Ⓥ

エミリオ・ホテルの近くにある3つ星ホテル。ルクソール神殿やスークに近くて便利で、マイクロバスも通る。併設のバーではビールなどを買うこともできる。朝食はビュッフェ式。無線LANは無料で利用することができる。

ニュー・ポーラ New Pola Hotel　中級　Map P.196C1

فندق نيو بولا　フンドゥク・ニュー・ポーラ

✉ Sharia' Khalid Ibn Walid
TEL (095)2365081
FAX (095)2365085
Inet www.newpolahotel.com
S A/C 🛁🚿📺🍴 120£E
W A/C 🛁🚿📺🍴 200£E
💳 US$ £E　TC 不可　CC M Ⓥ

ハーリド・ブン・ワリード通りにある新しいホテル。8階建てなのでバルコニーからの眺めがよい。大きな窓で部屋も明るく清潔。無線LANはロビーにて別料金で利用することができる。

セント・ジョセフ St. Joseph　中級　Map P.195B4

سنت يوسف هوتيل　セント・ユースフ・ホテル

✉ Sharia' Khalid Ibn Walid
TEL (095)2381707
FAX (095)2381727
Inet www.xanga.com/stjos
S A/C 🛁🚿📺🍴 25US$
W A/C 🛁🚿📺🍴 35US$
💳 US$ € £E　TC 不可　CC M Ⓥ

ハーリド・ブン・ワリード通りにある。全75室。周辺の高級ホテルに比べると豪華さはないが、客室はドライヤー付きでレストランがふたつ、プールなど設備は整っている。無線LANは無料で利用することができる。

トゥトテル Tutotel　中級　Map P.196C1

توتوتيل　トゥトテル

✉ Shaari' Salaah id-Diin
TEL (095)2377990
FAX (095)2272671
@ tutotelluxor@yahoo.com
S A/C 🛁🚿📺🍴 56US$
W A/C 🛁🚿📺🍴 75US$
💳 US$ € £E　TC 不可　CC M Ⓥ

サラーフッディーン通り沿いにあり、派手な外観でよく目立つホテル。全79室で、衛星放送が映るテレビ、冷蔵庫付き。無線LANはロビーにて別料金で利用可能。ディスコ、プールも完備。

フィリップ　Philippe Hotel　　中級　Map P.196A2

فندق فيليب　フンドゥク・フィリブ

✉ Shaari' Dr. Labeb Habashy
℡ (095)2372284
FAX (095)2380050
inet www.philippeluxorhotel.com
S A/C 30〜40US$
W A/C 40〜50US$
US$ € £E
T/C 不可
C/C 不可

欧米のツアー客に人気が高く、1階にはみやげ物店とレストランがある。改装済みなので施設、内装ともにとてもきれい。ナイルビューの部屋もある。屋上には小さなプールやバーもあり、食事もでき る。冷蔵庫、衛星放送が映るテレビも完備。

モリス　Morris Hotel　　中級　Map P.196C1

فندق موريس　フンドゥク・モーリス

✉ Sharia' il-Horia
℡ (095)2279833
FAX なし
email m_morrishotelluxor@yahoo.com
S A/C 38US$
W A/C 55US$
US$ € £E
T/C 不可
C/C 不可

ニュー・ポーラ・ホテル近くの路地を東側に入った所にある。比較的新しいホテルで、ロビーは豪華な感じ。客室は白を基調としており、清潔感にあふれている。各部屋はバルコニー付きでセーフティボックスも備わる。ロビーにて無線LANは無料で利用可能。全60室。

エミリオ　Emilio Hotel　　中級　Map P.196A2

فندق اميليو　フンドゥク・エミーリオ

✉ Shaari' Yusuf Hasan
℡ (095)2376666
FAX (095)2370000
email emilio_hotel@yahoo.com
S A/C 45US$
W A/C 55US$
US$ € £E
T/C 不可
C/C A D M V

充実した設備が自慢の中級ホテル。1階はレストランとカフェになっている。屋上にはプールやルーフガーデンもあり、ここからのナイル川の眺めがよい。部屋には衛星放送が映るテレビ、冷蔵庫などを完備。朝食はビュッフェ式。全101室。

ナイル川沿いの高級ホテル

ソネスタ・セント・ジョージ　Sonesta St. George　　高級　Map P.195B4

فندق سونستا سنت جورج　フンドゥク・ソネスタ・セント・ジョルジュ

✉ Shaari' il-Korniish
℡ (095)2382575
FAX (095)2382571
inet www.sonesta.com
S W A/C 59US$〜
US$ € £E
T/C 不可
C/C A D M V

ハーリド・ブン・ワリード通りのなかほどにある。部屋からの眺めもよく、バスルームも機能的。鉄板焼きレストラン「ミヤコ」(→P.222)もある。プールやジャクージなどホテル内の設備も充実している。インターネットへの接続は別料金で利用することができる。

マリティム　Maritim Jolie Ville Luxor Island Resort　　高級　Map P.195B4

فندق ماريتيم الأقصر　フンドゥク・マリティム・イル・オッソル

✉ Gazirat il-Timsah
℡ (095)2374855
FAX (095)2374936
inet www.maritim.com
S A/C 65US$
W A/C 75US$
US$ €
T/C 不可
C/C A D M V

ルクソールの中心から4km南に行った、クロコダイル島にある。全327室はすべてバンガロータイプ。町の中心から離れているので、まるで別世界のよう。無線LANは無料で利用可能。ウィンター・パレス・ホテル(→P.219)との間に無料送迎バスが1日5便運行。

イシス Isis Hotel Luxor　　　高級　Map P.195B4

فندق ايزيس・ホテル

✉ Shaari' Khalid Ibn Walid
TEL (095)2370100
FAX (095)2372923
Inet www.pyramisaegypt.com
S AC □□□□ 120US$〜
W AC □□□□ 150US$〜
US$ € £E
不可　CC AMV

ピラミサ・グループが経営する全480室の大型ホテル。大半の部屋がナイルビュー。ナイル川に面した庭も広く、プールもある。レストランも中華、イタリア、エジプト料理など多数揃う。無線LANは別料金で利用可能。

ソフィテル・カルナック Sofitel Karnak　　　最高級　Map P.196A2

سوفيتيل الكرنك　ソフィテル・イル・カルナック

✉ Shaari' il Zina Gebly
日本の予約先 ☎無料 00531-61-6353
TEL (095)2378025
FAX (095)2378021
Inet www.sofitel.com
S AC □□□□ 130US$〜
W AC □□□□ 180US$〜
US$ € £E
　　　CC ADMV

市街地からコルニーシュ通りを北へ4kmほど行った所にある。ナイル川沿いの広い敷地に低階層のコテージ群が並ぶ、リゾートタイプのホテル。プールも開放的な感じで、プールサイドにはレストランもある。市街地への移動はマイクロバスも利用できる。

😊 敷地内にあるナイル川のほとりまで散歩しましたが、トリのさえずりが美しく、遠くには王家の谷を望み、ゆったりと流れるナイル川を堪能しました。
（東京都　髙加奈美　'09秋）

シュタイゲンベルガー・ナイル・パレス Steigenberger Nile Palace　　　最高級　Map P.195B4

نيل بارس　ニール・パラス

✉ Shaari' Khalid Ibn Walid
TEL (095)2366999
FAX (095)2365666
Inet www.steigenberger.com
S AC □□□□ 180US$(中庭)
S AC □□□□ 200US$(ナイルビュー)
W AC □□□□ 230US$(中庭)
W AC □□□□ 250US$(ナイルビュー)
US$ € £E
不可
CC AMV

パティオ風の中庭を囲むように、南欧リゾート風の客室棟がある。リゾート感あふれる造り。全304室の約半分がナイルビュー。ナイル川を望むプールも心地よい。レストランはイタリア料理とレバノン料理などがある。毎日20:30より、中庭でオリエンタルダンスのショーが行われている。無線LANは別料金で利用可能。

ルクソール Luxol Hotel　فندق الاقصر　フンドゥク・ロッソル

✉ Shaari' il-Korniish　　　　　　　　　　　　　　　　　　　　　Map P.196A2
TEL (095)2380944　FAX (095)2374912　Inet www.el-luxor-hotel.com
□□　US$ € £E 不可　CC ADMV

● ナイル川に面し、周辺のランドマーク的存在。ナイルビューの部屋はやや料金が高い（5〜10€プラス）が、眺めはさすがよい。ルクソール神殿やスークにも近い。建物を囲むように庭やスイミングプールがある。

イベロテル・ルクソール Iberotel Luxor　ايبيروتيل الاقصر　イベロテル・ロッソル

✉ Shaari' Khalid Ibn Walid　　　　　　　　　　　　　　　　　　Map P.196C1
TEL (095)2380925　FAX (095)2380972　Inet www.iberotel.com
□□　US$ € £E 不可　CC AMV

● ハーリド・ブン・ワリード通りの入口にあり、まずまずのロケーション。全185室の大型ホテル。ロビーは吹き抜けで、気持ちがよい。ナイル川に面した庭も手入れが行き届いていて、眺めがすばらしい。1階にはみやげ物屋が集まっている。無線LANは別料金で利用することができる。

シェラトン Sheraton Luxor　فندق شيراتون الاقصر　フンドゥク・シェラトン・イル・オッソル

✉ Shaari' Khalid Ibn Walid　　　　　　　　　　　　　　　　　　Map P.194B2
日本の予約先 ☎無料 0120-003-535　TEL (095)2274544　FAX (095)2274941　Inet www.starwoodhotels.com
□□　US$ € £E

● ハーリド・ブン・ワリード通りの南端にあり、町からはやや遠いが、ルクソール博物館との間で送迎バスを運行しており、1日7便程度往復している。ナイル川に張り出した形のプールは非常に気持ちがいい。無線LANは別料金で利用することができる。全280室。

ウィンター・パレス Winter Palace Hotel

最高級　Map P.196B1

فندق قصر ونتر　フンドゥク・カスル・ウィンテル

100年以上の歴史をもち、映画の舞台になったこともあるホテル。宿泊客でないと建物内に入れない。併設された「1886」は、とても格式のあるフランス料理店として有名だ（要予約）。新館のパビリオン・ウィンター・パレスは建設中。

✉Shaari' il-Korniish
日本の予約先: 00531-61-6253
TEL (095)2380422　FAX (095)2374087
Inet www.sofitel.com
⑤W A/C 🚿450€〜
US$ € £E TC不可 CC A D M V

😊建物全体が遺跡のようだとガイドさんが言っていました。その分、設備の古さは感じます。2泊しましたが、3回停電しました。レストラン「1886」は味もスタッフの対応も良かったです。
（茨城県　ラー油　'09夏）

😊「1866」で食事をする際、ネクタイはレストラン入り口の木製の小さな棚の中から無料で借りることができる。
（東京都　なおゆみ　'09秋）

ナイル川西岸のホテル

ウエスト・バンク West Bank Hotel

経済的　Map P.194B2

فندق بر الغربي　フンドゥク・バッル・イル・ガルビー

✉Shaari' Nagtot il-Beriat, West Bank
TEL 0166366886(携帯)　FAX なし
Inet pop_tetol@yahoo.com
S A/C 🚿40£E
W A/C 🚿60£E
US$ € £E TC不可 CC不可

西岸の交差点に面したホテル。6室しかないが、清潔に保たれている。朝食は5〜10£E、レンタル自転車は10£E。西岸は蚊が多いので、蚊取り線香のリクエストを忘れずに。無線LANは無料で使用可能。

ファラオズ Pharaohs Hotel

中級　Map P.194A1

فندق الفراعنة　フンドゥク・イル・ファラーアナ

✉West Bank
TEL (095)2310702　FAX なし
Inet www.hotelpharaohs.com
S 🚿95£E
S A/C 🚿120£E
W 🚿120£E
W A/C 🚿140£E
US$ € £E TC不可 CC不可

西岸のチケット売り場とラメセス3世葬祭殿の間にあり、西岸観光には抜群の立地。客室は36室あり、エアコン付きの部屋が多くシンプルかつ清潔。ロビーのみ無線LANが無料で利用することができる。

アメノフィス Amenophis Hotel

中級　Map P.194A1

فندق امنوفيس　フンドゥク・アメノウフィス

✉Medinat Habu, West Bank
TEL (095)2060078
FAX (095)2060680
Inet www.luxor-westbank.com/amenophis.htm（ドイツ語）
W A/C 🚿100£E
W A/C 🚿180£E
US$ € £E TC不可 CC不可

ラメセス3世葬祭殿から徒歩3分、ホテルの前は用水路になっている。3階建ての建物で、全室エアコン、バルコニー付き。屋上のレストランからは西岸の田園風景を眺めながら食事をすることができる。

Restaurant

観光客向けの店が多いので、探すのは簡単。ムハッタ通りやマンシェーヤ通りには安い定食を出す店がある。ルクソール神殿周辺やテレフィジヨーン通り、ハーリド・ブン・ワリード通りには観光客向けの店が多い。

アブル・ハサン・シャズリ　Abu el-Hasan Shazly

庶民的　エジプト料理

مطعم أبو الحسن الشاذلي　マトゥアム・アブルハサン・イッシャズリ

- Il-Mansheya
- TEL 0109195729（携帯）
- FAX なし
- 10:00～翌2:00
- 無休
- £E
- TC 不可　CC 不可

Map P.196C2

マンシェーヤ通りとムハンマド・ファリード通りの交差点に面している。横にはテラス席もある。店内は狭いが冷房が効き、こぎれい。英語メニューもある。2階席のほか、外にテラス席が出ることもある。カバーブ25£E、コフタ20£Eなど。

アブー・ハージャル　Abu Hagar

庶民的　エジプト料理

مطعم أبو هاجر　マトゥアム・アブー・ハージャル

- Il-Mansheya
- TEL (095)2376306
- FAX なし
- 8:00～翌4:00　無休
- US$ € £E
- TC 不可　CC 不可

Map P.196C2

駅前からマンシェーヤ通りを進み、ムハンマド・ファリード通りとの交差点を越えた左側。気軽に入れる雰囲気。2階席もあり、エアコン付きで快適。カバーブ25£E～、ハト料理25～30£Eなど。スタッフも気さく。

ソルターナ　Soltana

庶民的　エジプト料理

مطعم سلطانة　マトゥアム・スルターナ

- Shaari' Tilifiziyuun
- TEL 0103141481（携帯）
- FAX なし
- 9:00～24:00　無休
- £E
- TC 不可　CC 不可

Map P.196C2

テレフィジヨーン通りにある。カバーブやシシタウック、ハトのグリルのほか、ピザやスパゲティ、チキンカレーなども出す。店のおすすめは壺焼き料理のキャセロール。メインの料理は15.5～25£Eでライスとサラダ付き。

モハメド　Mohamed

庶民的（西岸）　エジプト料理

مطعم محمد　マトゥアム・ムハンマド

- West Bank
- TEL (095)2060878
- FAX なし
- 24時間　無休
- £E
- TC 不可　CC 不可

Map P.194A1

ナイル川の西岸のチケット売り場から南へ徒歩約2分の所にある。メニューはコフタと野菜のタジン（写真）、またはローストチキンのセットで30£E（サラダとフライドポテト付きは40£E）。野菜のタジンとパン、ライスは15£Eで、これだけでも充分な量。

タウヒード　Restaurant El Tawhid

庶民的　エジプト料理

مطعم التوحيد　マトゥアム・イッタウヒード

- Shaari' il-Muhatta
- TEL 0181373395（携帯）
- FAX なし
- 12:00～23:00
- 金
- £E
- TC 不可　CC 不可

Map P.196B2

チキンや牛など肉の壺焼きセット20～25£E、野菜の壺焼きセット10£E。セットメニューはワジュベといえば通じる。駅前通りから西側の路地にちょっと入った所で、店の前まで行かないとわからない。

😊最高のお店とシェフです。モロヘイヤスープも新鮮でおいしい！　（東京都　HEROみねぞう　'09秋）

オンム・ハーシム　Om Hashem

庶民的　エジプト料理

مطعم كويك بيتزا　マトゥアム・オム・ハシーム

- Shaari' Yusuf Hasan
- TEL (095)2386521
- FAX なし
- 24時間
- 無休
- £E
- TC 不可　CC 不可

Map P.196A2

スークの近くにある、地元の人に大人気のケバブ店。緑色の看板と、店頭で勢いよく焼いているケバブから出される煙が目印。店員のおすすめは炭火焼きのコフタ25£E（写真）で、ケバブ35£Eやタジン25～30£Eも人気がある。メインは20～35£E。

ボンド Bondk

庶民的　**コシャリ**

Map P.196C1

بندق ボンド

- ✉ Shaari' il Madina
- TEL 0118841141（携帯）
- FAX なし
- ⏰ 24時間
- 休 無休
- 💰 £E
- T/C 不可

イル・マディーナ通り沿いにある、地元の人に大人気のコシャリの専門店。料金はボンドと称する小盛り3£E、中盛りはスーパーボンドで6£E、大盛りはルークスボンドで8£E。1階はテイク・アウェイのカウンターになっており、広くてゆったりとしている2階席で食べる場合はプラス50pt.。

😊 コシャリ自体はボリュームもあり、おいしかったです。ただ、注意が必要です。その日、気温が50℃近かったと思います。食材が常温保管だったためか、体調を壊しました。　　　　　　　　　　　　　　　　（茨城県　ラー油　'09夏）

アリ・ババ Ali Baba

中級　🍴　**エジプト料理**

Map P.196B1

علي بابا アリ・ババ

- ✉ Shaari' Ma'bad Karnak
- TEL 0163693101（携帯）
- FAX なし
- ⏰ 10:30～24:00
- 休 無休　💰 US$ € £E
- T/C 不可　CC 不可

ルクソール神殿を眺める屋上テラス席のカフェ・レストラン。ステラビールが10£Eとレストランとしては安い。シャクシューカ55£E、コフタ45£Eといったエジプト料理のほか、ピザ30£E～（写真）などもあり、バラエティ豊か。

ジャンボリー Jamboree

中級　🍴　**エジプト料理**

Map P.196B2

مطعم جامبوري マトゥアム・ジャーンボリー

- ✉ 29 Shaari' il Montazha
- TEL 0127813149（携帯）
- FAX なし
- ⏰ 9:00～23:00
- 休 無休
- 💰 £E T/C 不可　CC 不可

ルクソール神殿の北側のスークにあるレストラン。レストランは建物の2階にある。メニューはシーフードからヨーロッパ料理まで幅広く、フィッシュ・タジン36£E（写真）などのタジン23～38£Eが人気。他のメインは21£E～。

😊 フィッシュ・タジンはとてもおいしかったです。　　（群馬県　39　'09夏）

マクドナルド McDonald's

中級　**ファストフード**

Map P.194A1

ماكدونالدز マクドナルズ

- ✉ Shaari' Ma'bad Karnak
- TEL (095)2379670
- FAX (095)2374891
- ⏰ 6:00～翌2:00
- 休 無休
- 💰 US$ € £E
- T/C 不可　CC 不可

ルクソール神殿の前にあり、2階や3階なら、すばらしい景色を眺めながら食事ができる。マック・アラビーヤなどのエジプト限定メニューを試してみたい。モーニングメニューも用意している。オリジナルの大判タオルは50£Eでおみやげにも人気の品。

カーサ・ディ・ナポリ Casa di Napoli

中級　🍴　**イタリア料理**

Map P.195B4

كازا دي نابولي カーザ・ディ・ナーボリ

- ✉ Shaari' Khalid Ibn Walid
- TEL (095)2366999
- FAX (095)2365666
- ⏰ 12:00～23:00
- 休 無休
- 💰 US$ € £E
- T/C 不可　CC A M V

シュタイゲンベルガー・ナイル・パレス内にあるイタリア料理店。ピザ52～66£Eとパスタ45～78£E。ピザは専用の釜で焼かれている。中庭に面したオープンテラス席もあり、涼しげな噴水を見ながら食事をすることもできる。ワインの種類も豊富。

ディーンズ・ビストロ Deans Bistro

中級　🍴　**バラエティ**

Map P.195B4

مطعم دين بيسترو マトゥアム・ディーン・ビストロ

- ✉ Shaari' il Sharefa
- TEL (095)2371030
- FAX なし
- ⏰ 11:30～21:30（金18:00～）
- 休 夏期の金
- 💰 US$ € £E
- T/C 不可　CC 不可

ハーリド・ブン・ワリード通りから少し入った所にある。オーナーはイギリス人だが、タイカレー（写真）などのタイ料理やエジプト料理などさまざまな料理を出す。メインの料理は35£E前後。地元の有機野菜を使用している。店先の看板には日替わりメニューが記載されている。

マキシム Maxime   高級　バラエティ

مطعم ماكسيم　マトゥアム・マクスィム

✉Shaari' Khalid Ibn Walid
TEL(095)2386315
FAXなし
営12:30～23:00
休無休
料US$ € £E
TC不可　CC不可

Map P.195B4

ハリード・ブン・ワリード通り南端のロータリーに面したビルの2階と3階。サーロインステーキ41£Eや紅海産のフィッシュ・フィレ30£E～など、きちんとした西洋料理を出す店として在住の邦人にも人気が高い。鳥と羊のミックスグリル45£Eも人気。予算はひとり50£E程度。

ミヤコ Miyako Restaurant   高級♀　日本料理

مطعم الميابكو　マトゥアム・イル・ミヤコ

✉Sonesta Saint George Hotel
TEL(095)2382575
FAX(095)2381571
営17:00～23:00
休無休
料US$ € £E
TC不可　CCADMV

Map P.195B4

ソネスタ・セント・ジョージ・ホテル内にある日本料理店。料理は寿司と鉄板焼きがメイン。鉄板焼きのセット125～180£Eで、ミヤコスペシャル146£Eが人気。シーフードのセット125£E。アラカルトは25～138£E。セットメニューは焼き飯付き。スシバーでは刺身との盛り合わせで150£E。個室もある。

キムズ Kim's   中級♀　韓国料理

كين　キン

✉Shaari' Khalid Ibn Walid
TEL0105551450(携帯)
FAXなし
@luxorkims＠hotmail.com
営10:00～22:00　休無休
料US$ € £E
TC不可　CC不可

Map P.195B4

ハリード・ブン・ワリード通り南端のロータリーの近くにある。韓国、中華料理レストラン。日本人グループの利用も多く、メニューは日・英・韓国語。メインは32～65£E、各種チャーハンは26～55£E。日本人には特にプルコギ45～50£Eの人気が高い。

☺チャプチェとプルコギは絶品です。　　　（東京都　HEROみねぞう　'09秋）

ボンベイ Bombay   中級　インド料理

بومبي　ボンベイ

✉Shaari' Khalid Ibn Walid
TEL0114767094(携帯)
FAXなし
営12:00～23:00
休無休
料US$ € £E
TC不可　CC不可

Map P.195B4

ルクソールでは珍しいインド料理のレストラン。ハリード・ブン・ワリード通り沿いに看板があるので、入口をくぐり奥へ行くとレストランへと続く階段がある。カレーは各種30～65£E。カレーの具は主にチキン、ラム、エビ、魚、野菜のなかから選ぶことができる。ライスやナンは別料金。ランチメニューもあり50£E～。

マーフィーズ Murphy's Irish Pub   中級♀　バー

مافيز　マーフィーズ

✉Shaari' Il Gawzat
TEL&FAX(095)2278112
営10:00～翌2:00
休無休
料US$ € £E
TC不可　CC不可

Map P.195B4

パスポートオフィスの裏にあるアイリッシュパブ。大型スクリーンでサッカーを中心とした衛星放送のスポーツ中継を見ることができる。各種ビンビールのほか、ハイネケンの生ビールもある。チキンカレー40£Eのほか、ピザやパスタ30～45£Eなども出す。

キングズ・ヘッド King's Head   中級♀　バー

كنجز هيد　キングズ・ヘッド

✉Shaari' Khalid Ibn Walid
TEL&FAX(095)2280489
営10:00～翌2:00
休無休
料US$ € £E
TC不可　CC不可

Map P.195B4

ハリード・ブン・ワリード通り沿いのビルにある名物パブ。年季の入ったバーカウンターがいい雰囲気。各種ビンビール12.9～16£Eのほか、ハイネケンの生ビールを出す。チキンティッカ25.9£E、タンドリーチキン42.35£E、チキンカレー42.35£Eなどのインド料理がある。19:00～20:00はハッピーアワー。

ナイル川中流域の遺跡

ナイル谷Nile Valleyと呼ばれるナイル川中流域には、多くの遺跡が点在している。ここでは代表的なものを紹介しよう。

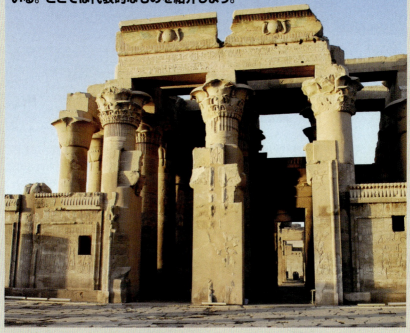

テル・エル・アマルナ遺跡	224
アビドス遺跡	225
ハトホル神殿	226
クヌム神殿	228
ヘラクレオポリス・マグナ	229
ホルス神殿	230
コム・オンボ神殿	232
ナイル川中流域の遺跡	234
ナイル川クルーズ	236
蒸気船スーダン号の旅	238

テル・エル・アマルナ遺跡
テッル・イル・アマルナ Tell el Amarna　Map P.177B1

遺跡をバスで案内してくれる運転手

北の宮殿

アクエンアテンの小神殿

　古代エジプト新王国時代の第18王朝アメンホテプ4世は、それまでの国家の最高神アモン神を中心とした多神教を廃して、太陽神アテンを唯一神とした。そのとき、自らの名前もアクエンアテン（アテンに有益なもの）と改名。当時強い勢力を誇っていたテーベの神官団に対抗して、アケトアテン（アテン神の地平線）という新都をここアマルナに築いた。

　この都の繁栄は、後にトゥトアンクアムン（ツタンカーメン）王が再びアモン神を崇拝し、テーベに戻るまでの約10年間しか続かない。アクエンアテン1代限りの短い都で終わるのである。この時代を地名からアマルナ時代という。

　「うたかたの夢」に生きたアクエンアテンの幻の都は瓦礫と化し、過去の繁栄を想像するのは難しい。そのなかで保存状態のよいのが北の宮殿だ。さらに先へ進むと、北の岩窟墳墓群がある。高級神官メリラーの墓や、大司祭パネヘスィの墓、4kmほど南に行くと、警察長官マフの墓やアクエンアテン王の墓などが残っている。当時の戦闘の様子を描いたものなどが興味深い。

　また、アクエンアテンの残した美術は評価が高い。アマルナ時代の美術品には、それまでのものとは違う特徴が見られる。それまで人物像が写実的で緻密な計算によるバランスや「型」が重要視されたが、アクエンアテンの時代初期に見られる彫像などには、明らかにデフォルメが見られ、人々のポーズも生き生きとしたものが多くなっている。

テル・エル・アマルナ

DATA
テル・エル・アマルナ遺跡　Map P.224
遺跡内は広いので有料のバスが出る。
開6:00～17:00　料30£E
アクエンアテン王の墓は別途20£E。各墓の入口または出口で番人にバクシーシ。墓の内部の写真撮影は不可。
※最新情報はミニヤの観光案内所で確認できる。TEL(086)2371521

アビドス遺跡

アビドス Abydos　　Map P.177B2

アビドス遺跡

セティ1世葬祭殿の奥には、美しい彩色壁画が残された7つの至聖所がずらりと並んでいる

セティ1世葬祭殿の正面テラスに描かれた、ホルス神とクヌム神から王権を授けられるセティ1世の姿

それぞれの至聖所には美しい壁画が残っている

　アビドスは、オシリス神話の中心地で最も神聖とされた町。オシリスは再生の神で、王が死ぬと神になると信じられた。だからこそかつての人々は、この聖なる都に巡礼し、建造物を寄進したり空墓(実際には埋葬されなかった形だけの墓)を造った。

　見ごたえがあるのは、古代エジプト新王国時代第19王朝の神殿跡、セティ1世の葬祭殿。第19王朝セティ1世(紀元前1318～1304年)の在位中には完成しなかったため、息子ラメセス2世(紀元前1304～1237年)が完成させたといわれている。

　この葬祭殿はエジプトの葬祭殿のなかで最も美しいもののひとつとされている。そのレリーフは、アマルナ時代に伝統的な美術が途絶えたあとに、新たに生まれた美術が到達したひとつの頂点だといえる。一般の神殿は聖所がひとつしかないのに対し、ここは7つの聖所が横一列に並んでいる。中央がアムン・ラー神、西側がオシリス神、イシス神、ホルス神、ラー・ホルアクティ神、プタハ神、そして神格化されたセティ1世の聖所になっている。

　ラメセス2世神殿は、今では屋根もなく、ほとんどが崩れているが、現存する装飾は実に美しく、建設当時を偲ばせる。神殿後部にあるレリーフは保存状態もよく色鮮やかだ。

DATA

アビドスへの行き方
デンデラと合わせてルクソールからのツアーで訪れるのが一般的。アビドス周辺は観光客の自由行動が禁止されている。鉄道で行く場合は最寄り駅のイル・バルヤナで下車したあと、付近にいる警察官に申し出ると警護のアレンジをしてくれる。タクシーは遺跡での2時間待ちを含め往復20£E程度。

アビドス遺跡　Map P.225
開 6:00～17:00(冬期～16:00)　休 無休
料 30£E

ハトホル神殿

デンデラ Dendera
Map P.177B2

ハトホル神殿は、エジプトがローマの支配となる前の、古代エジプト最後の偉大な宗教的建造物。プトレマイオス朝末期に建てられたものと、ローマ支配時代に建造された部分が残る。もともとは、イシス神殿、ホルス神殿、ハトホル神殿があったが、ほとんど破壊され、現在見ることができるのは、ハトホル神殿だけだ。しかし、このハトホル神殿は古代神殿のなかでも、最も保存状態がよいもののひとつ。ほぼ完璧な形で残されている。

入口を入るとすぐ右側にローマ支配時代のものである誕生殿、その横にコプト教会跡、さらに聖なる池がある。これらの周囲は日干しレンガで囲まれていた。

ハトホル神殿の本殿には巨大な牛の頭をもつ女神が彫られている。これはここだけでしか見られない特徴だ。

コプト教会跡の外壁には、乳を飲ませるハトホル神の姿が描かれている

有名なクレオパトラのレリーフは神殿の南側の壁にある。彼女とシーザーとの間にできた息子であるプトレマイオス16世(カエサリオン)がくっきりと浮かび上がっている。クレオパトラの姿を描いたレリーフは、大変珍しい。また、神殿内のレリーフも天井まで彩色された状態で美しく保存されており、必見だ。

ハトホル神殿の南側外壁に描かれたクレオパトラ(左端)。隣はカエサル。ふたりの足下にいる子供がカエサリオンだ

ナイル川中流域の遺跡

中庭に並ぶ彫像。なかにはユニークなものもある

神殿内にあるオシリス神のミイラのレリーフ

　列柱室にある柱は、上部が顔の形をしている。これはこの神殿に祀られている愛の女神のハトホル神の顔を表したもので、ハトホル柱と呼ばれている。ここでしか見られないものではないが、保存状態がとてもよいので、じっくりと見ておこう。
　神殿の天井にある壁画は、人間の体を描いたものや女性の子宮内に胎児がいる絵など、興味深いものが多い。

柱の上部にハトホル神が描かれている

大列柱室の天井には、太陽航行の図が色鮮やかに残っている

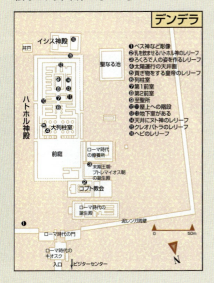

デンデラ

❶ベス神など彫像
❷乳を飲ませるハトホル神のレリーフ
❸ろくろで人の姿を作るレリーフ
❹太陽運行の天井画
❺貢ぎ物をする皇帝のレリーフ
❻列柱室
❼第1前室
❽第2前室
❾至聖所
❿屋上への階段
⓫天井にヌト神のレリーフ
⓬地下室がある
⓭クレオパトラのレリーフ
⓮ヘビのレリーフ

DATA

デンデラへの行き方
アビドスと合わせてルクソールからツアーで訪れるのが一般的。最寄り駅のエナとデンデラの間は自由行動が可能なので、列車で訪問すればコンヴォイの時間に左右されない。エナ駅からマオガフ・ナグア・ハムマーディまでバスに乗り、そこからデンデラ方面のバスに乗り換える。タクシーならエナ駅から往復15～20£E。

ハトホル神殿　Map P.227
圏6:00～20:00(冬期～19:00)　困無休
料35£E

クヌム神殿
エスナ Esna　　Map P.177C2

上・下エジプトの女神に連れられて、クヌム神の前に出るローマ皇帝のレリーフ

　エスナは、ルクソールから南に58kmさかのぼったナイルの西岸にある町。かつて聖魚ラトスを崇拝したギリシア人たちは、この町をラトポリスと名付けた。町から10km西に離れた山あいの墓からは、ラトスのミイラが多く発見されている。美しい細工の施された飾り窓や中世の面影の残るマスギドも、スーダンとエジプトの交易の場だった時代を偲ばせる。

　町の南にあるクヌム神殿は、プトレマイオス朝からローマ時代にかけて建てられたもの。クヌムとは、この地方で信仰されていた牡羊の頭部をもった神の名で、ろくろ台の上で最初の人間を作ったといわれており、土器作りの神としてもあがめられていた。

　神殿は幅33m、奥行き16.5mの列柱室を残すのみだが、13.3mの高さの24本ある柱は、完全な形を保っている。

　壁面の題材や形は古代エジプトの様式を受け継いでいるが、表現方法はエジプト美術というよりはむしろギリシア美術に近い。

　神殿の入口の両側のレリーフは、ローマ時代のもの。ローマ皇帝ティトゥスが上・下エジプトそれぞれの女神に連れられて、クヌム神の前に出る様子を表している。神殿の前には、初期キリスト教の教会の跡などが今もなお残っている。

DATA

エスナへの行き方
外国人観光客は鉄道(エスナ駅は全便が停車する)でも行くことができる(コンヴォイは運休中)。エスナ駅前の運河の対岸から乗合トラックでナイル川対岸のエスナ中心部まで行き(所要15分、2£E)、マアバド(神殿)行きのバスに乗り換える(所要10分、2£E)。チケットオフィスはバスを降りたナイル川沿いの道路にあるので注意。神殿まではスークを通って5分。

クヌム神殿　　Map P.177C2
圏6:00〜18:00(冬期〜17:00)
休無休
料30£E(学生10£E)

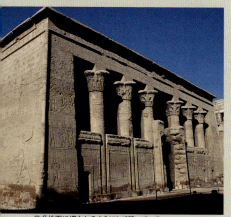
半分地下に埋もれるようにして建っている

柱頭の細工が美しい

ヘラクレオポリス・マグナ

ベニ・スウェーフ Beni Sweif　　　Map P.177A1

列柱と遺構が残るだけ

　ヘラクレオポリス・マグナは、ベニ・スウェーフの西15kmにある、古代エジプトの町の遺跡。現在はイフナーシャ（ヘネシア）村の中にあり、イフナーシャ・オンム・イル・キマーンと呼ばれている。

　ここは、もともと古代エジプトの州都があった場所で、古王国時代から繁栄していたことで知られている。特に栄えたのが第1中間期で、その頃はこの土地の豪族が遠くアビドスのほうまで、その勢力を及ぼしていた。

　グレコ・ローマン時代に入っても、ここは州都として栄え、特にヘリシェフ神と呼ばれる羊の頭の神の信仰の中心地として広く知られていた。ユーセフ運河の西側には、ネクロポリスだったセデメント・イル・ガバルがある。

ナイル中流域のコプト教会

ガバル・イッテール

　ミニヤの東北11kmの地点にある。この山には幼いイエスを連れた聖家族が身を隠したといわれている洞窟があり、デール・イル・アドラー（聖処女修道院）と呼ばれる修道院になっている。

　この修道院は、川から130mの高さにあり、27mの外壁に囲まれている。昔はロープでしか登ることができなかったそうだ。コプト教時代に東ローマ帝国の女帝ヘレナによって建てられたといわれている。

今でも信者が集うガバル・イッテール

→Map P.177A1

デール・イル・モハラッ

　アスユートの北にある別名聖処女修道院。この修道院が現在建っている場所は、イエスが子供の頃、エジプトに逃げたときに立ち寄った場所のひとつという伝説が残る。コプト修道院のなかで最も規模の大きな修道院のひとつで、毎年6月21〜28日は、5万人の巡礼者がマウリドに集まる。→Map P.177B1

白の僧院・赤の僧院

　ソハーグから西に10kmほどの所にある修道院。白の僧院は、4世紀にコプト教会の聖人、シュノーダによって建てられ、何度も修復されながら使われてきた。修道院を建てる際、古代エジプトの神殿にあった石材を使ったため、修道院の入口近くなどに古代の壁画が残る石も見られる。

　赤の僧院の壁の内側には、コプト語で書かれた落書きや太陽時計の跡、10世紀頃のフレスコ画などが残っている。また、襲撃されたときに修道士が隠れるための部屋もある。両僧院では、毎年7月中旬から8月中旬にかけて盛大に祭りが催される。→Map P.177B1

紅いフレスコ画の残る赤の僧院

古代の建造物を利用した白の僧院

ホルス神殿

エドフ Edfu
Map P.177C2

　エドフの町はナイル川の両岸にまたがっており、西岸のほうがにぎわっている。グレコローマン時代には、上エジプトの州都として栄え、アポリノポリス・マグナと呼ばれていた。

　西岸にあるホルス神殿は、エジプトの数ある遺跡のなかでも、最も保存状態がよい。高さ36mという巨大な塔門は、東岸を走る列車からも眺められる。

　この神殿の主であるホルス神の像のレリーフが、建物のあちこちで見られる。第1列柱室にある柱の上部のパピルスなどをモチーフにした装飾は、それぞれ少しずつ違っていておもしろい。

　至聖所の手前にある前室の天井は黒くすすけている。後にキリスト教徒たちが台所として使っていたため、こんなふうになってしまったのだそうだ。

　ホルス神殿の塔門の前には誕生殿があり、ホルス神の誕生や、母イシス神の乳を飲んでいるホルス神のレリーフを見ることができる。神殿の西側からは、古代の町やネクロポリスが発掘され、それによる穴が無数に開いている。

DATA

エドフへの行き方
外国人観光客は鉄道（エドフ駅は全便が停車）でも行くことができる（コンヴォイは運休中）。駅南東500mの、ナイル川を渡る橋のたもとにバスターミナル（マオガフ）があり、西岸の街の中心マスヌワート広場へ行くマイクロバスが頻発している（10分、2£E）。遺跡は広場からすぐだが、チケットオフィスと入口は反対側にあるので、南側まで徒歩15分ほど。

ホルス神殿　Map P.230
開 6:00〜15:00 16:00〜22:00（冬期〜21:00）
休 無休　料 50£E（学生25£E）

第2塔門を入ると中庭が広がり、その先に第1列柱室が見える

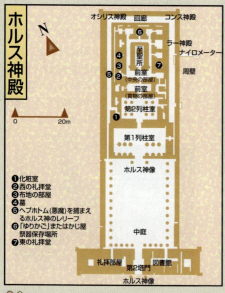
ホルス神殿
①化粧室
②西の礼拝堂
③布地の部屋
④墓
⑤ヘブホトム（悪魔）を捕まえるホルス神のレリーフ
⑥「ゆりかご」またはかじ屋　祭器保存場所
⑦東の礼拝堂

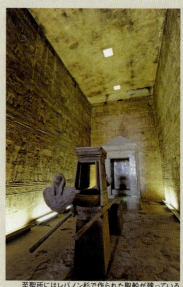
至聖所にはレバノン杉で作られた聖船が残っている

ナイル川中流域の遺跡

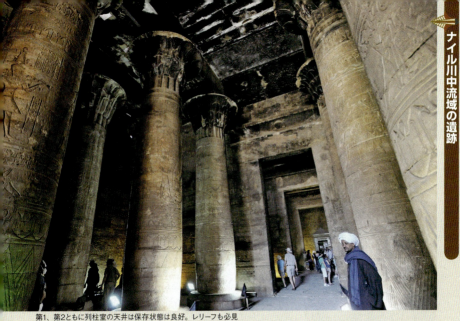

第1、第2ともに列柱室の天井は保存状態は良好。レリーフも必見

ホルス神の活躍を描いたレリーフが多い

イシス神の乳を飲むホルス神の姿が描かれている

中庭に建つホルス神像はかなり大きい

中庭から見た第2塔門

神殿内のいたるところで、ホルス神の姿を目にすることができる

コム・オンボ神殿

コム・オンボ Kom Ombo
Map P.177C2

左右で異なる神殿が合体したユニークな造りのコム・オンボ神殿。至聖所もふたつある

コム・オンボは、アスワンから北へナイルを46km下った東岸にある町。地名はアラビア語でオリンポスの丘という意味で、かつてはオリンポスと呼ばれていた。

コム・オンボ神殿は、町の中心から4kmばかり離れた丘の頂上に建っている。ナイルに突き出た丘の上に建つ神殿は、ルクソールやアスワンからのフルーカやクルーズ船からもよく見える。

神殿はプトレマイオス朝時代に建てられ、ローマ皇帝アウグストゥスの時代に完成した。一見したところ、ギリシアのアクロポリスのような印象を受けるのはそのためだ。

この神殿はちょっと変わった構造になっている。普通の神殿は建物の中央に通路が1本あるだけなのだが、この神殿に限って、通路が2本あるのだ。また、塔門の入口や部屋の入口もふたつずつあり、至聖所も南北ふたつに分かれている。つまり、神殿全体が2重構造になっているというわけ。コム・オンボ神殿は、ホルス神と、ワニの神であるソベク神のために建てられたものだから、といわれている。

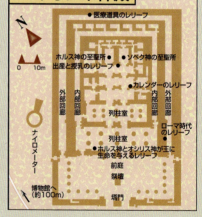

DATA

コム・オンボへの行き方
外国人観光客は鉄道(コム・オンボ駅は全便が停車)でも行くことができる(コンヴォイは運休中)。駅西側のコプト教会の裏側を500mほど入った所からビヤーラ行きの乗合トラックで15分、2£E。終点で降りると、遺跡まではナイル川沿いに徒歩5分。

コム・オンボ神殿　Map P.232
圏7:00〜21:00(冬期〜20:00)
料30£E(学生15£E)

地球の歩き方 E02 エジプト 2011～2012年版
訂正のお知らせ

以下のページの情報に誤りがありました。お詫びして訂正させていただきます。なお、発行後に変更された情報については「地球の歩き方」ホームページの「ガイドブック更新情報掲示板」でもご確認いただけます。 [inet]support.arukikata.co.jp

---

●**P.43** ひとりでも話せる「旅の会話」の青、黄色、緑のアラビア語に誤りがありました。訂正部分を切り取って、訂正箇所に貼り付けてもご使用いただけます。

●**P.54** 2段目中央の「アエーシ・カイザル」のアラビア語に誤りがありました。訂正部分を切り取って、訂正箇所に貼り付けてもご使用いただけます。

ナイル川中流域の遺跡

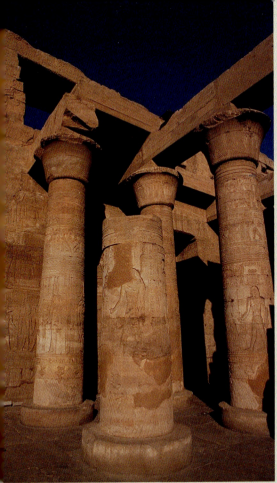
柱頭部に花が開いたパピルスをあしらった石柱が連なっている

プトレマイオス13世のレリーフ

遺跡の北には新しく博物館がオープンした

円形の井戸の形をしたナイロメーター

医療道具を描いた珍しいレリーフもある

ライトアップされたコム・オンボ神殿

ナイル川中流域の遺跡

ベニ・ハサンの岩窟墳墓群

　ミニヤからナイル川に沿って約20km南にある岩窟墳墓群。ここには合計39基にも及ぶ第1中間期から中王国時代にかけての岩窟墳墓があり、そのうち12基には絵画とレリーフが施されている。見られるのは4つの地方豪族の墓（アメンエムハトの墓、クヌムホテプの墓、ケティの墓、バケト3世の墓）だけだが、戦いのポーズが連続で描かれた壁画や日常生活のレリーフなどが興味深い。

岩窟墳墓
　　　　　→Map P.177A1

ザーウィヤト・イル・アムワート

　ミニヤ近郊のイッ・サワーダ村から南に4kmの地点にある、古代エジプトのネクロポリス。古王国時代第3王朝に造られた未完成階段ピラミッドと考えられるものもある。また、ここには古王国時代からの貴族の墓が19あるが、現在見ることができるのは、ネフェル・セケルの墓（新王国時代第18王朝）と、現代の墓地ザーウィヤト・スルターンのふたつ。きれいに並ぶドームが美しい。→Map P.177A1

ザーウィヤト・イル・アムワートの墳墓群

デール・イル・バルシャ遺跡

　マッラウィ近郊の崖にある岩窟墳墓群。ここには20近くに及ぶ古代エジプト古王国時代と中王国時代の墓が発見されている。ただし、地震や石材採掘などで破壊され、現在見られるものはジェフティヘテプ総督の墓ただひとつだ。→Map P.177B1

デール・イル・バルシャ遺跡の岩窟墳墓

アシュムーネーン遺跡

　マッラウィ近郊の遺跡。古代エジプト時代にはクムヌと呼ばれ、トト神の町として知られていた。プトレマイオス朝からローマ時代は、ヘルモポリスと呼ばれ繁栄した。

　新王国時代の前から栄えていたが、保存状態はよくない。見どころは遺跡の入口にある2体の東を向いた巨大な砂岩製のヒヒの像。このヒヒは、トト神の聖獣とされている。もうひとつは、赤色花崗岩の柱。この柱は、プトレマイオス朝時代の市場の跡という説と、ローマ時代以降のコプト教会の跡というふたつ説がある。

→Map P.177A1

アシュムネーン遺跡内にある列柱とヒヒ像

ナイル川中流域の遺跡

トゥーナト・イル・ガバル遺跡

アシュムーネーン遺跡から7kmほど西に入った、砂漠との境界にある遺跡。ここには、いくつかの見ごたえのある墓がある。墓のほとんどは、プトレマイオス朝時代当時の家をそのままデザイン化したものだ。中のレリーフは古代ギリシアと古代エジプトのモチーフが融合した独特の美が感じ取れる。

ローマ時代の井戸やアケトアテン市の境界線としての岩窟画も残る。この井戸の近くには、トト神殿の跡も見られる。この遺跡で発見されたミイラや発見物の多くは、マッラウィ博物館に展示されている。

→Map P.177A1

イアフメスの墓に残る壁画と碑文

アメンホテプ3世の神殿にあるハトホル柱。管理人の頭上に注目

トゥーナト・イル・ガバル遺跡のレリーフやミイラ

イル・カーブの遺跡

ネケブの町の遺跡は、中王国時代に造られたものとみられ、泥レンガの壁はなんと厚さが11.5mもある。その規模は約600m四方と巨大。入口は3ヵ所、東と南にそれぞれ付いている。この壁面の全面積のほぼ4分の1は、ネクベト神殿。これも外壁に囲まれている。

ネケブの町の遺跡から道の反対側には貴族の岩窟墓が31ある。現在公開されているのが4つで、なかでも重要なのがイアフメスの墓とパヘリの墓だ。新王国時代にイル・カーブの市長だったパヘリの墓の中には非常に美しく保存状態のよいレリーフが残る。

さらに1kmほど砂利道を奥に行くと、アメンホテプ3世の神殿が見える。これもやはり、ネクベト神に捧げられたもので、神殿内にはハトホル柱がある。

プトレマイオス朝の神殿も見ごたえがある。至聖所にあたる部分は第18王朝の墓で、そのレリーフの上にプトレマイオス朝の王のレリーフなどが描かれた。プトレマイオス朝の至聖所の入口の前、東側にあるのがラメセス2世の石碑。ラメセス2世が、ラー・ホルアククティ神とネクベト神の前で祝福を受けている。この手前には、トト神の小礼拝堂もある。

イル・カーブからナイル川を挟んだ対岸には、ヒエラコンポリス、現在のコム・イル・アフマルがある。現在見ることができるのは古代エジプト時代の神殿の外壁と都市の遺跡である。新石器時代、古代エジプト中王国時代、および新王国時代第18王朝の共同墓地も残っている。

→Map P.177C2

カジュアルに楽しむ ナイル川クルーズ

ナイルには大小さまざま400隻を超すクルーズ船が航行している。川面を彩る白い船に乗ってみよう!

ルクソール〜アスワン間をゆっくりと航行するナイルクルーズは、遺跡観光とナイルの眺めの両方が楽しめる人気の船。

停泊中は遺跡の観光も付いているし、航行中はプールサイドでのんびりしたり、ナイルの水面に落ちる夕日を眺めたり……。さらに夜はガラベーヤ・パーティやヌビアン・ショーなど、さまざまなイベントが用意されている。いろんな国の人と仲よくなれるかも?

リバークルーズは波もなく、船酔いの心配もない。移動と宿と観光を兼ねているから便利で楽しいクルーズを旅程に取り入れてみよう。

1日目

- 13:00　集合、ランチ
- 16:00　ルクソール東岸観光
        ルクソール神殿、カルナック神殿
- 19:30　カクテル・パーティ
- 20:00　ディナー

サービス心旺盛なスタッフ

※船や時期によって寄港地や観光箇所が変わることがあります。

●エスナのロック（閘門）
河川には高低差がある。それを船で越すための施設が、ロック（閘門）で、ナイル川にはエスナにある。船がロックへ入る→ロック内の水位を上昇させて船を持ち上げる（下流へ行くときは逆）→上流へ、というシステムで航行が可能になる。

エスナのロックは一度に2隻しか入れないので、船が順番を待っている間、地元のエジプト人がガラベーヤ・パーティで着るためのガラベーヤや絨毯を売りにボートでやってくる。彼らは甲板めがけて商品を投げつけてきて、それを見た観光客と船越しに値段交渉を始める。なかなかユニークな光景だ

2日目

5:00	起床、朝食
6:00	ルクソール西岸観光 王家の谷、王妃の谷、ハトシェプスト女王葬祭殿
13:00	ランチ
16:30	ティー・パーティ
20:00	ディナー
21:30	ガラベーヤ・パーティ

ガラベーヤ・パーティ

サンセットの前はティー・パーティ

3日目

6:00	起床、朝食
7:00	エドフ観光　ホルス神殿
13:00	ランチ
15:00	コム・オンボ観光 コム・オンボ神殿
16:30	ティー・パーティ
20:00	ディナー
21:30	ヌビアン・ショー

4日目

6:20	起床、朝食
7:30	アスワン観光 切りかけのオベリスク、アスワンハイダム、フィラエ島
11:00	解散

※問い合わせ：クルーズを組み込んだ日本発のツアーが一部の旅行会社から出ている。クルーズのみの手配はナイルストーリー。TEL東京（03）5229-5601

ミニ特集
アガサ・クリスティの時代を彷彿とさせる
蒸気船スーダン号の旅

19世紀、イギリスを中心としたヨーロッパではアジアやアフリカのエキゾチズムを求めて、旅行ブームが起こった。トーマスクックが初めてのツアーを売り出したのもこの頃。エジプトも人気だったが、当時は陸路で移動できず、もっぱらナイルの水運を利用して旅をした。その頃の船を復元したのが、スーダン号。古きよき時代にタイムスリップできる素敵な船旅だ。

ルクソールに到着したスーダン号

風が吹き抜ける心地よい廊下

客室は19世紀当時の雰囲気を醸し出している

ウエーターの衣装にも注目

ナイル川に浮かぶクルーズ船はたくさんあるが、いまだに現役で活躍する蒸気船があるのをご存知だろうか？　この蒸気船スーダン号は1885年にイギリスから当時の国王、フアドⅠ世に贈られた由緒正しき船。アガサ・クリスティの作品『ナイルに死すDeath on the Nile』で登場するカルナック号のモデルとして知られ、1900年から35年間、客船としても利用されていた。

しかし、その後現役を引退し、70年近く深い眠りにつく。次に脚光を浴びたのは2000年。かつての雰囲気をそのまま再現し、見事に復活を果たした。

この船のすばらしさは何といっても、19世紀当時の世界を体験できる船の雰囲気だ。客室、レストラン、ロビー、そこで働く従業員……すべてがクラシカルな雰囲気に包まれている。王族の船であっただけに、もちろんサービスや料理も一流。ルクソールからアスワンまで、アガサ・クリスティの時代に思いをはせながら船旅をするのも楽しい。

船内にはムハンマド・アリ朝の王、ファルークⅠ世の写真が飾られていた

手配：オーシャンドリーム
TEL日本 (042)773-4037　Inet www.oceandream.net

Egypt

独自の文化を誇る
ヌビア地方

アスワン 242
アブ・シンベル 258
ナセル湖クルーズと遺跡 265

ヌビア地方 旅のガイダンス

ヌビア地方
Aswan & Nubia

イシス神殿の至聖所

ヌビア地方の特色

ヌビア地方はエジプト国内を流れるナイル川の上流で、最南の地。背後にアスワンハイダムやアブ・シンベル神殿がそびえる。

ヌビア地方は、世界で最も日照率の高い地方といわれる典型的な砂漠気候だが、アスワンハイダムができてから気候が大きく変化した。ダムの水面から水蒸気が上がることによって雲が発生するようになったのだ。とはいえ、暑さが厳しいことに変わりはない。砂漠の特徴である、夏と冬、昼と夜の温度差が激しいことも特筆に値する。観光シーズンは冬場で、飛行機なども増便されるが、どの季節も飲料水を確保し、帽子やサングラスを忘れないこと。日差しから肌を守り、夜の冷え込みから体を守る上着もあったほうがいい。

ヌビア地方独特の文化

ヌビア地方に入ると、色黒で縮れた髪をもつ人々が急に増える。彼らはヌビア人で、風貌は旅行者でもはっきりと見分けがつくほどエジプト人とは異なる。彼らはもともとこの地に住んでいたが、古代エジプト末期王朝の100年間を除いて、ほとんど、エジプトの属国の民として支配されてきた。しかし、ヌビア人は独特の言語、文化をもち続け、現在もその面影を見ることができる。ヌビア人同士の話し言葉はヌビア語だが、ヌビア語には文字がなく、表記することはできない。現在では彼らも小学校からアラビア語教育を受けるので、たいていの人はアラビア語も話すことができる。

プランニングのコツ

ヌビア地方の中心はアスワン。忘れてはならないアブ・シンベル神殿もここまで来たなら絶対に見ておきたいモニュメント。アスワンとアブ・シンベルを回るのには最低2日は欲しいところだ。

●アスワン

アスワンの見どころはナイル川の中洲の島や西岸、市街地の南部などに散らばり、イシス神殿やカラブシャ神殿のように船を使わないと行けない見どころが多いのが特徴。当然、移動時間とお金もかかる。

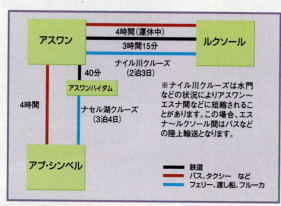

240

●アブ・シンベル

アスワンから日帰りで訪れる人が多い。アスワン発のミニバスツアーに参加するなら深夜3:00ぐらいには起きておこう。もちろん水やお菓子などは前の日のうちに調達しておきたい。アブ・シンベルで1泊すれば、音と光のショーや、朝日に映えるアブ・シンベル神殿を見ることができる。

移動のコツ

アスワン市内はタクシー料金が非常に高い。少しの距離で10£Eと、基本的に観光客料金を要求してくる。ナイル川沿いやバスターミナルへの移動だけならマイクロバスでも充分事足りる。

カラブシャ神殿やイシス神殿行きのボートにも公定料金があるが、必ずふっかけてくるのでねばり強い交渉が必要。ナイル川沿いでよく声をかけられるフルーカでも同様だ。

旅のモデルルート

アスワンからアブ・シンベルに行く方法で、最も一般的なのは、日の出前に出発するバスツアーに参加するもの。しかし、深夜に起きるのを避けたいなら飛行機、安くしかも1泊して音と光のショーを見るのであれば公共のバス。お金と時間に余裕があり、ナセル湖に浮かぶヌビアの遺跡群も見学したいのであれば、ナセル湖クルーズといった行き方もあるので、予算と日程に合わせて検討しよう。

アスワンからアブ・シンベル日帰りコース

アスワンでは着いた初日に滞在先のホテルなどで、アブ・シンベルへ行くツアーを申し込んでおこう。アブ・シンベルへのツアーは、アブ・シンベル往復のみのショートツアー（→P.259）と、フィラエ島とアスワンハイダム、切りかけのオベリスクに行くロングツアーの2種類があるので、ロングツアー（→P.244）に参加するのであれば、初日のアスワン観光は見どころを絞って観光しよう。

市外局番097

ヌビア地方への入口
アスワン Aswan

أسوان　アラビア語:アスワーン

■アスワンへの行き方
●カイロ（→P.69）から
✈毎日3～9便
所要:1時間25分、ルクソール経由は2時間25分
運賃:685£E
🚌アブード（→P.74）発
17:30
所要:16時間
運賃:100£E
🚆ラムセス駅（→P.75）発
22:00
所要:16～17時間
運賃:1等167£E
アベラ・エジプトの寝台
ギザ駅発
20:00、20:50、21:35
運賃:[S]80US$ [W]120US$
●ルクソール（→P.192）から
✈2010年8月現在運休中。
🚌2010年8月現在運休中。
🚆7:35、9:35、18:00発
所要:約3時間15分
運賃:1等47£E、2等37£E
●アブ・シンベル（→P.258）から
✈毎日4便
所要:40分
運賃:409£E
🚌6:00、13:30発
所要:4時間30分
運賃:25£E

フルーカに乗ってランチを楽しもう

　ルクソールから南に200kmのアスワンの町は、ナイル川の東岸に位置する。かつては、このあたりから南1000kmにかけての広大な地域を、ヌーバ族という民族が支配していた。そのため今でも町を歩いていると、ヌビア人といわれる色の黒い人が多いことに気付く。彼らはアラブ人と比べて人なつっこく、愛らしい顔だちをしている。また、ヌビア人は、自分たちがエジプシャンでもアフリカンでもない、ヌビア人だということにとても強い誇りをもっている。
　アスワンの西を流れるナイル川の中洲に、エレファンティネ島がある。この島には先王朝時代から人々が住み着いていた。古代エジプト時代には、ヌビアとの交易の拠点、前線基地として重要な島であった。クヌム神やその娘アヌキス女神、ナイル川の神ハピ神信仰の中心でもあった。
　グレコローマン時代になっても、国の最南端にあったため、キリスト教の伝来は遅かった。5世紀までフィラエ島を中心にイシス神信仰が盛んだった。同様にイスラーム時代にも12世紀になるまでは改宗は進まなかった。
　ナイル川のほとりにはクルージングの豪華客船が停泊している。その付近にフルーカという小さな白い帆のヨットが客待ち顔に並ぶ。ヌビア人船長のフルーカに乗りながら、ヌビアの話を聞くのも楽しいし、何もする気が起きないほどの強烈な日差しの午後は、岸辺のカフェテラスに座ってナイルの風景を満喫すれば、旅の疲れが消えていくだろう。

ナイル川を遊覧するフルーカ

アスワン

ヌビア地方●アスワン

A
- アスワン P.243
- P.249 岩窟墳墓群（貴族の墓） مقابر فرعونية
- P.249 聖シメオン修道院
- オベリスク
- P.249 アガ・ハーン廟 قبر اغا خان
- アスワン駅 محطة أسوان
- エレファンティネ島 جزيرة الفنتين
- マオガフ（長距離バス、マイクロバスターミナルへ）700m
- 切りかけのオベリスク مسلة غير كاملة
- P.250 北の石切場
- 未完の石棺
- 未完の石像
- 南部花崗岩石切り場 المحجر
- ヌビア村 P.250
- イシス神殿へのボート乗り場
- P.251 フィラエ（アギルキア）島（イシス神殿）
- アスワンダム خزان أسوان
- P.252

ナイル川 نهر النيل

0 500m

B
- 空港、アブ・シンベルへ
- أبو سمبل المطار
- ハイダム駅 محطة السد العالي
- アスワンハイダム السد العالي أسوان P.252
- ハイダム完成記念塔
- カラブシャ神殿へのボート乗り場
- P.252 カラブシャ神殿
- ナセル湖 بحيرة ناصر
- 港
- 聖シメオン修道院
- P.249
- キッチナー島（植物園）P.248
- Mövenpick Resort Aswan P.256
- ホテル専用ボート
- アガ・ハーン廟 قبر اغا خان P.249
- 岩窟墳墓群（貴族の墓）P.249
- 小型乗合トラック乗り場（ヌビア村入口）P.250
- ボート乗り場
- マハッティド・アスワーン（アスワン駅）محطة أسوان
- アスワン中心街 P.245
- スーク

0 3km

C
- エレファンティネ島 جزيرة الفنتين P.247
- アスワン博物館 متحف أسوان P.247
- ナイロメーター مقياس منسوب مياه النيل P.247
- クヌム神殿 معبد خنوم P.257
- Amon H
- El-Dokka R
- ボート乗り場
- ボート乗り場 (R) El Dokkaへ
- プトレマイオス朝の神殿（未公開）
- شارع قصر الحجاج
- New Cataract（改装のため閉鎖中）
- Old Cataract（改装のため閉鎖中）H
- ヌビア博物館 المتحف النوبي P.248
- Pyramisa Isis Island Resort & Spa Aswan H P.256
- Basma H P.256
- ムバラク病院
- 切りかけのオベリスク P.250 مسلة غير كاملة

243

旅のモデルルート

アスワンの見どころは、大きく分けて南部、ナイル川西岸、中洲の島々の3ヵ所。これらの見どころを回るには、フルーカやタクシーのチャーターなどが不可欠。移動のコストを低く抑えるには、何人か仲間を集めるのがベスト。

1 アブ・シンベル＆アスワンのロングツアー

アスワンのホテル　3:30
アブ・シンベル神殿　7:00～9:00
アスワンハイダム　12:00～12:30
イシス神殿　12:45～14:00
切りかけのオベリスク　14:45～15:15
ホテルで休憩　16:00～17:50
スーク　18:00～

アスワンの主要な見どころとアブ・シンベル神殿を1日で回る定番コース。経済的または中級ホテルの多くがこの行程でツアーを催行している。効率的に多くの見どころに行けるので、時間とお金に余裕がない人におすすめ。ツアーの相場は70～120£Eほど。ツアーが終わるのは15:30頃。ゆっくりと休んだら、日が暮れてからにぎやかなスークに繰り出そう。

2 アスワン2日目、主要な見どころ攻略コース

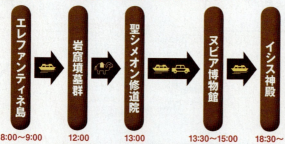

エレファンティネ島　8:00～9:00
岩窟墳墓群　12:00
聖シメオン修道院　13:00
ヌビア博物館　13:30～15:00
イシス神殿　18:30～

フルーカをチャーターして回ってもらうのも手

ロングツアーで回らないアスワンの見どころを網羅したコース。ツアーの翌日に回るのに最適。イシス神殿はロングツアーにも組み込まれているが、今回は音と光のショーでライトアップされた姿を堪能。ショーの時間は夏期と冬期で異なるので確認を（→P.251欄外）。

3 フルーカでのんびりコース

エレファンティネ島　8:00～9:00
キッチナー島　9:30～10:30
岩窟墳墓群　10:45～11:30
ヌビア村　11:45～13:00

フルーカのチャーターは1時間30£Eほど。左の見どころをすべて回って100£E前後だが交渉次第で高くも安くもなる。ヌビア村の入口で小型トラックをチャーターして10£E。風がやまなければ、ゆっくり回って4～5時間。お昼ごはんを持ってフルーカで昼寝するのもオツ。

歩き方

アスワンの町はいたってシンプル。ナイル川沿いに2kmほどにわたって延びるメインロード（コルニーシュ通り）があり、その東側に2本の広い通りがあるだけだ。駅を出ると、南へ延びるサアド・ザグルール通りShaari' Saa'd Zaghluulがある。門をくぐると歩行者天国のスークが始まり、スーク通りShaari' is-Suuqとも呼ばれている。通り沿いにはサンドイッチ屋、安宿が並ぶ。その先には香辛料を売る店、大量の野菜が並び、おみやげ屋が軒を連ねている。

夜になるとにぎわうアスワンのスーク

駅を背にして200mほど真っすぐ歩くと、ナイル川にぶつかる。川沿いの大通りコルニーシュ通りShaari' il-Korniishは、アスワンのメインロード。銀行や商店が並ぶ。

●**町は歩けるサイズ**　アスワンの町の中心は端から端まで歩いても30分ほど。広い道路はナイル川と並行しているので、迷う心配はないだろう。常にナイル川の方向と駅の位置関係を把握しておくこと。

ターミナルから町の中心部へ

●**空港**　神殿を模した外観がユニーク。市内までは公共交通機関はない。タクシーで50〜60£E（町から空港へ入る場合は空港への入場料5£Eが別途必要）、所要約30分。

●**鉄道駅**　エジプト国鉄の終点はアスワンハイダム駅だが、ほとんどの列車はひとつ手前のアスワン駅が終着駅。

タクシーの客引きが多い、アスワンの鉄道駅

●**長距離バスターミナル**　長距離バスターミナルは町の北側にある。バスターミナルは通称「マオガフ（カイロ方言だとモウイフ）」と呼ばれている。アブ・シンベル行きなど長距離バスのほかに近郊行きマイクロバスや、市内を走るマイクロバスも発着している。町の中心へはコルニーシュ通りを行くマイクロバスに乗ればよい。乗る前に「コルニーシュ？」と聞いて確認しよう。運賃は50pt.〜。市内からバスターミナルへは、ナイル川沿いのコルニーシュ通りを北に行くマイクロバスに「マオガフ？」と聞いて乗ればよい。

●**アスワンハイダム港**　スーダン行きフェリーやナセル湖クルーズが発着。町の中心へはタクシーで約30£E。

アスワン中心街

渡河用ボートは頻繁に運航されているので対岸に行くときは便利

■エジプト航空
Map P.245C
TEL(097)2315000
開8:00～20:00
休無休
■アスワン駅発アスワンハイダム（スィッド・アーリー）行きの列車
●アスワン駅発
8:00、9:40、11:30、13:40
このほか、カイロからの長距離列車のうち数便がハイダムへ行くが、列車が遅れるため発車時刻はあてにならない。
所要:40分　運賃:1.5£E
■長距離バスターミナル
Map P.243A2外
■渡河用ボート
24時間運航　料50pt.
■トーマスクック
Map P.245C
TEL(097)2304011
開8:00～20:00
休無休
日本円の現金の両替可。T/CはアメックスとトーマスクックのT/Cのみ。
■郵便局
Map P.245B
開8:00～15:00
休金
■電話局
Map P.245C
開24時間（国際電話）
夏期8:00～21:00（郵便業務）
冬期8:00～20:00（郵便業務）
休無休

■市内交通■

● **マイクロバス**　バスターミナルを起点にコルニーシュ通りを南に行き、エジプト航空オフィスの交差点からアスル・イル・ハッガーグ通りに入るものが多い。コルニーシュ通り内での乗り降りなら50pt.。

● **タクシー**　切りかけのオベリスクやイシス神殿のあるフィラエ島などは、市街地の南に集中している。タクシーをチャーターすると効率的に回ることができる。公定料金があるが、実際にはほとんど守られていない。料金は交渉によるが、だいたいの目安は観光案内所でも教えてくれる。1日チャーターで100£Eほど。降りるときに料金交渉をしてくる悪質なドライバーもいるので要注意。

● **フルーカ**　フルーカは島や西岸への移動手段のほか、ナイル川に浮かぶ島々の観光にも利用できる。エレファンティネ島、熱帯植物園があるキッチナー島を回るのがオーソドックスなコースだ。料金の目安は1時間で30～35£Eほど。人数や場所を確認して交渉しよう。古代エジプトの岩壁画が見られるサヘイル島までは、往復3時間ほどだが、風に左右されるので、時間単価を決めておくことが大切。

● **渡河用ボート**　西岸の岩窟墳墓群へは、駅前の道とナイル川がぶつかるあたりから渡河用のボートでも行ける。

■両替・郵便・電話■

● **銀行**　銀行が集まっているのは、コルニーシュ通り沿い。特にアッバース・ファリード通りとの交差点の南には、私設の両替所や、T/Cの両替も可能なトーマスクックもあって便利だ。

● **郵便局**　郵便局はコルニーシュ通りにあるアスワン文化センターの隣。電話局横のコミュニケーション・サービスセンターでも郵便を扱う。

● **電話局**　電話局はコルニーシュ通りを南に行ったエジプト航空のオフィスの南側にある。

■旅の情報収集■

● **観光案内所**　アスワンの観光案内所❶は駅のすぐ前にあるのでわかりやすい。タクシーやフルーカの料金相場、見ど

Information

アスワンハイダム発のフェリー

アスワンハイダム発のフェリーは、アブ・シンベル行きのナセル湖のクルーズ船のほかにも、スーダンのワーディ・ハルファ Wadi Halfa行きのフェリーもある。

ワーディ・ハルファ行きフェリー
月曜10:00出発だが、早めに到着しよう。所要約17時間、1等489£E、2等311£E。スーダンのビザは、カイロにあるスーダン大使館（折込MAPカイロB3）で取得しておくこと。
　ワーディ・ハルファからは鉄道でハルトゥームへ向かう。チケットはアスワン市内のナイル・ヴァレー・トランスポートNile Valley Transportで前の週の火曜から発売する。ワーディ・ハルファ発は水曜の午後。

■ **Nile Valley Transport**　Map P.245A
TEL&FAX(097)2303348　開9:00～13:00　休金

ころへのアクセス情報、音と光のショーのスケジュールなど、気さくに答えてくれる。町なかにあるもうひとつのオフィスは閉まっていることが多い。ナイル川沿いにある、Nubia Tourist Book Centerでは外国語のガイドブックの取り扱いが豊富。

中心部と島の見どころ

アスワン博物館
「エレファンティネ島の玄関口」ではまずここに
マトゥハフ・アスワーン
متحف أسوان
Aswan Museum Map P.243C2

ミイラが入ったままの棺

エレファンティネ島にある博物館。島内で発掘された遺物が集められている。カイロなど北の地方のものと比べると、その違いがわかっておもしろい。ガゼルのミイラなど、興味深い収蔵品もあるが、全体的に展示品は少なく、30分ほどで見学できる。

クヌム神殿
古王国時代からの遺跡のひとつ
マアバドゥ・フヌーム
معبد خنوم
世界遺産 **Temple of Khnum** Map P.243C2

ところどころに残る残骸が、かつての神殿の大きさを物語る

アスワン博物館の裏側には遺跡が広がっている。最も大きなものがクヌム神殿。ほかに、土着の神であるサティ神を祀った神殿や、ヘカ神殿などもある。近年修復が進んでいるが、まだまだ瓦礫の山といった雰囲気。神殿には非公開のものも多い。

ナイロメーター
ナイル川の氾濫を予測する
ミーヤース・マンスーブ・ミヤーフ・イン・ニール
مقياس منسوب مياه النيل
世界遺産 **Nilometer** Map P.243C2

上記神殿のナイル川沿いに2ヵ所あるのが、ナイロメーター。これは氾濫することが多かったナイル川の水位を測定するためのもの。ナイル川に下りていく90段の階段が造られていて、その階段の壁に目盛りが彫り込んである。この目盛りを使って水位を測ったといわれている。

オリジナルの水位目盛りは左側

ヌビア地方 ● アスワン 見どころ

■ **アスワンの観光案内所**
Map P.245A
TEL (097)2312811
夏期 8:00～14:00、19:00～21:00(金9:00～15:00)
冬期 8:00～14:00、18:00～20:00(金9:00～15:00)
無休

■ **Nubia Tourist Book Center**
Map P.245B
TEL 0114119777(携帯)
8:30～23:00 無休
ネットカフェもあり、1時間10£E。

■ **パスポートオフィス**
Map P.245C
8:30～14:00 金
コルニーシュ通りにある警察署内。3階に上がった左側の突きあたり。ビザ取得のためには写真1枚とパスポートのコピーが必要。ビザの延長は1年まで61£E。

■ **エレファンティネ島**
Map P.243C1～B2

アスワン博物館の建物は、少し東洋的な雰囲気

■ **アスワン博物館**
7:00～17:00
無休
30£E(学生15£E)
入口でアスワン博物館とナイロメーター、クヌム神殿の共通チケットを買う。

■ **クヌム神殿**
アスワン博物館と同じ

■ **ナイロメーター**
アスワン博物館と同じ

クヌム神殿からナイロメーターへ

■キッチナー島
圏 7:00〜17:00(冬期〜16:00)
困 無休
圍 10£E(学生5£E)

キッチナー島の植物園

島全体に熱帯植物が茂る
キッチナー島
Kitchener's Island

ゲズィーリト・イン・ナバータート

جزيرة النباتات

Map P.243B1〜2

緑豊かなキッチナー島

イギリス支配時代に英国人将校キッチナーが住んでいた島。キッチナーは19世紀末にスーダンで起こったマフディーの乱を鎮圧したことでも知られる。彼の部下には若きウィンストン・チャーチルもいたとか。彼の趣味であった熱帯植物集めが高じて、島自体が植物園となった。現在では、アジアやアフリカ産の熱帯植物が所狭しと植えられている。フルーカを借りて西岸とセットで回ってもらうとよい。

■ヌビア博物館
TEL (097)2319111
FAX (097)2317998
圏 9:00〜21:00
困 無休
圍 50£E(学生25£E)
※館内の撮影は自由。
三脚持ち込み20£E。

ヌビア博物館

美しい中庭のある近代的博物館
ヌビア博物館
Nubian Museum

マトゥハフ・イン・ヌービーヤ

المتحف النوبية

Map P.243C2

ユネスコの援助によって、アスワンの町の南に1997年にオープンした近代的博物館。照明なども凝っており、先史時代からイスラーム時代にかけてのヌビア地方の歴史、習俗を中心に展示している。歴史の展示では、ヌビア人の伝統的な生活風景をマネキンを使って再

ヌビア人の生活風景をマネキンで再現

オベリスクの周りにはサルの像が建っている

ガルフフセイン出土のラメセス2世像

現していたりと、幅広いジャンルの展示が見られる。また、アブ・シンベル神殿をはじめとする遺跡の移築作業の模型も展示されている。整備されたきれいな中庭にもさまざまな展示物があり、見ごたえ充分の観光スポットだ。

アブ・シンベル神殿の移築がひと目でわかる

古代エジプトの岩壁画が見られる
サヘイル島

ゲズィーリト・スヘール
جزيرة سهيل

Sehel Island　　　　Map P.243A1

キッチナー島より4km上流にある島。フルーカで往復3～4時間はみておこう。ナイル川第1瀑布のすぐ下流にあり、古代から聖地とされてきた。エレファンティネ島の主神クヌム神の娘であるアキヌス神の神殿など、少なくともふたつの神殿が建っていたといわれる。250以上もの岩壁画は、島の南端、第1瀑布を見下ろす岩山に見られる。

■サヘイル島
開7:00～17:00（冬期～16:00）
休無休
料25£E(学生15£E)

サヘイル島の岩山にある壁画のひとつ。左からジョセル、クヌム、サティ、イヌキトの姿が描かれている

=== 西岸の見どころ ===

人骨が散らばっている
岩窟墳墓群（貴族の墓）

マアービル・フィルオネーヤ
مقابر فرعونية

世界遺産 Tombs of the Nobles　　Map P.243B2

墓の内部には色鮮やかな壁画が残る

ナイル川西岸の丘の北。エレファンティネ島を支配していた古代エジプト、ローマ支配時代の貴族たちの墓群。そのなかでもサレンプト2世（中王国時代）とヘカイブの墓が見もの。墓の内部やその付近には、人骨のかけらが無数に散らばっている。墓群のある丘からの眺めがすばらしい。

■岩窟墳墓群
開7:00～17:00（冬期～16:00）
休無休　料30£E(学生15£E)
チケット売り場は坂道の下、左側の小さな小屋。渡河用ボート船着場から徒歩で約5分。鍵のかかった墓内部を見るときはバクシーシが必要。

ヌビア村の入口から見た岩窟墳墓

ビザンツ時代の修道院跡
聖シメオン修道院

デイル・マール・スィムーン
دير مارسيمون

世界遺産 Monastery of St. Simeon　Map P.243B1

もともとは聖ハトレ（またはヒドラ）修道院という名前だったが、後世の学者からは聖シメオン修道院と呼ばれている。聖ハトレは4世紀の修験者とされる。修道院の建物は13世紀に廃墟となるまで、何度も増改築された。保存状態はあまりよくないが、壁画が残っており、僧房や厨房もある。

廃墟となっているが、修道院の規模はかなり大きい

■聖シメオン修道院
アガ・ハーン廟の船着場から徒歩30分。ラクダも利用できる。岩窟墳墓群下の渡河用ボート船着場からラクダで約45分。往復で25£Eが相場。
開8:00～17:00（冬期～16:00）
休無休　料25£E(学生15£E)

■アガ・ハーン廟
Map P.243C1
フルーカで廟の真下まで行くことができるが、丘の上へは登れない。

船着場近くの丘に見えるのがアガ・ハーン廟だ。アガ・ハーンはイスラーム・イスマーイール派の最高権力者で、第48代イマーム。1959年に没した彼の墓は夫人によって建てられた。内部に入ることはできない。

アガ・ハーン廟はナイル川を見下ろす丘の上に建つ

■ヌビア村
岩窟墳墓群の下の船着場の近くから、小型乗合トラックが出ている。チャーターして回ることもできる。約10£E。交渉可。

ヌビア村への入口は岩窟墳墓群下にあるボート乗り場

旅の記念にヘナはいかが!?

■切りかけのオベリスク
圓8:00〜17:00(冬期〜16:00)
困無休
料30£E(学生15£E)
コルニーシュ通りの終点から徒歩で所要約40分。アブ・シンベルとアスワンのロングツアーで立ち寄ることもできる。

作成途中のオベリスク

のどかな生活がかいま見られる
ヌビア村
Nubian Villages　　イル・アルヤ・イン・ヌービーヤ　القرية النوبية
Map P.243A1-2

ヌビア村の住居の壁は青く塗られている

岩窟墳墓群のある丘から北を見ると集落が広がっているのがわかる。それがヌビア村。西岸の船着場から小型の乗合トラックが出ているので、チャーターして回るのもよい。家々の壁にはハッジ(巡礼)の絵やヌビアの絵が描かれている。ヌビア村にはレストランもある。また、ヘナと呼ばれる天然染料でタトゥーを施してくれる。デザインはヌビア風のきれいな幾何学紋様。3週間ほど消えない。

=== 南部の見どころ ===

高い石切り技術
切りかけのオベリスク
世界遺産 **Unfinished Obelisk**　　ミサッラ・ゲール・カムラ　مسلة غير كاملة
Map P.243C2

コルニーシュ通りの終点から1kmほど南下、左側に曲がって15分ほど歩くと古代の石切り場がある。そこにある切りかけのオベリスクは、古代の石切り技術がわかって興味深い。まず石に切り込みをつけてそこに木のくさびを打ち込み、次にくさびを水で濡らす。するとくさびが膨張し、自然に石が割れるのだ。切り口はほとんど凹凸がなく、滑らかに切れるそうだ。切りかけのオベリスクは長さ42m、重さはなんと1168トンと推定されている。完成すればエジプト最大となったはず。

またこの入口には、8〜12世紀のムスリムの墓地が広がっている。ファーティマ朝期のものが多く、丸屋根が特徴的。

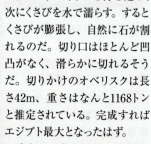

アスワンのスークでお買い物

😊 カイロのハーン・ハリーリよりもっとおすすめです。観光地化していないので、現地の雰囲気も味わえますし、しつこくないです。エジプト綿のストール等を購入したい方は、アスワンがデザイン的にも良かったし、品数も多かったように思います。

(和歌山県　オオガシ　'09夏)

聖なる島
イシス（フィラエ）神殿
世界遺産 Temple of Isis(Philae)

マアバドゥ・イル・フィーラ
معبد الفيلة

Map P.243A1

■イシス神殿
圏7:00～17:00(冬期～16:00)
困無休　圏50£E(学生25£E)
音と光のショー 75£E
※島への渡し船は別料金。運賃は10人以上でひとり5£E(最低1艘50£E)で、夜間でもひとり6£Eが相場。ぼったくりが横行しているので、しっかり確認すること。

音と光のショー 上演スケジュール

	1回目	2回目	3回目
夏期	20:00	21:15	22:30
冬期	18:30	19:45	21:00
月曜	英	仏	英
火曜	仏	英	英
水曜	仏	英	独
木曜	仏	西	英
金曜	英	仏	伊
土曜	英	アラビア語	仏
日曜	独	仏	英

※スケジュールは予告なく変更の可能性あり。最新スケジュールは下記で要確認。
Inet www.soundandlight.com.eg

　フィラエ島は、古代エジプトでは聖なる島とされていた。当時の神話では、この島はオシリス神の島であり、イシス神がホルス神を生んだ島でもあった。イシス神殿の至聖所にはそのシーンを描いたレリーフがあるので必見だ。

　この島では古代エジプト末期王朝時代からローマ支配時代にさまざまな神殿が建てられた。なかでも最も重要な建物はイシス神殿。またハトホル神殿や後に建てられた教会の遺跡もあり、コプト十字が残っている。

　この美しい神殿群も、アブ・シンベル神殿と同様、アスワンハイダムができてから水没する運命にあった。そこで隣の現在地アギルキア島への移転が行われ、1980年に完了した。

　船着場まではアスワン市内からタクシーをチャーターして、往復20£Eくらいが目安。チケット売り場の裏が船着場になっており、島内待機1～2時間込みで昼間1艘50£Eが公定料金。乗り合いも一般的なので、少人数でもほかのグループと一緒になれば安く済む。料金は確認しないと当然ぼったくられる。また、島では、音と光のショーも催されている。夜に時間のある人はぜひ行ってみよう。

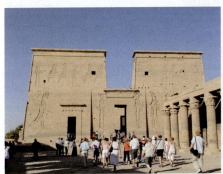
イシス神殿の塔門はかなり大きい

イシス神殿の至聖所のレリーフ

イシス神殿

■アスワンダム
ダムの上を、空港やアブ・シンベルへの道路が通っている。アスワン市内からアスワンハイダム西側の集落スィッド・アーリ行きのマイクロバスで行くことができる。

イシス神殿から眺めたアスワンダム

■アスワンハイダム
写真撮影は禁止されているが、観光客は問題にされないことが多い。ただし、周りに人がいるようであれば場の雰囲気を尊重して。ビデオ撮影は禁止。
圏8:00～17:00(冬期～16:00)
料20£E(学生10£E)

アスワンハイダムからの眺め

■カラブシャ神殿
アスワンハイダムの西端にある船着場からボートで行く。料金の相場は60£E～。要交渉。
圏7:00～17:00(冬期～16:00)
休無休
料35£E(学生20£E)

空港から町に行くとき必ず通る
アスワンダム
Aswan Dam

ハッザーン・アスワーン
خزان أسوان
Map P.243A1

イギリス支配時代の1898年にイギリスが着工し、1902年に完成したダム。完成時は世界最大のダムだった。長さ2140m、高さ51m。花崗岩製。当時爆発的に増加する人口に対し、毎夏氾濫するナイル川をコントロールすることでエジプト農業の生産性向上を図り、問題を解決しようとした。しかし結局この目的は達成されず、さらにアスワンハイダムを建設することとなった。

現代の巨大建造物
アスワンハイダム
High Dam

イッサッドゥ・イル・アーリ
السد العالي
Map P.243B1

アスワンの町から南方12kmの地点にある、幅3600m、高さ111mの巨大なダム。体積はクフ王のピラミッドの92倍にあたる2億379万m³(東京ドーム約164個分)。1970年、ドイツとソ連の協力によって完成した、エジプトが誇る現代の巨大建築だ。ここから上流に向けて、全長500kmに及ぶ人造湖、ナセル湖が続いている。湖の面積は、琵琶湖の7.5倍といわれている。

ヌビアの神に捧げられた
カラブシャ神殿
世界遺産 Temple of Kalabsha

マアバドゥ・カラーブシャ
معبد كلابشة
Map P.243B1

ほかのヌビア地方の遺跡同様、ナセル湖の水面下に沈まぬよう1970年、ドイツにより現在の位置に移された。

もともとは、アスワンの南50kmにある古代エジプトのタルミスという町にあった。タルミスは、新王国時代第18王朝まで存在し、神殿建設にはアメンホテプ2世やトゥトモセ(トトメス)3世が寄与している。後にプトレマイオス朝、ローマ支配時代を通して再建が行われた。

この神殿の特徴は、ヌビアの神々に捧げられたこと。太陽とも関わりのあるヌビアの豊作の神マルルや、デドウェン神が信仰の中心だった。

カラブシャ神殿の敷地内には、アスワン南方40kmの地から救われた、グレコローマン時代建立のケルタシのキオスク、ラメセス2世のベイト・イル・ワリ神殿がある。

カラブシャ神殿の塔門

HOTEL

日本からホテルへの電話
国際電話会社の番号 + 010 + 国番号 20 + 市外局番の最初の0を取った掲載の電話番号

　安宿はスーク周辺に点在している。1泊10£Eクラスの安い宿も何軒かあるが、アブ・シンベルへの日帰りツアーを希望する人は、ツアー料金とセットで考える必要がある。アスワンはホテル料金が安いので、贅沢してエアコン付きの部屋に泊まるのもよい。高級ホテルは、市南部の小高い丘の周辺や中洲の小島がそのままホテルになっている。
　なお、アスワンを代表する高級ホテル、オールド・カタラクトは2010年4月現在、長期にわたる改装のため閉鎖中だ(ソフィテル・カタラクトとして営業を再開する予定)。

駅周辺とスーク通り

マルワ　Marwa Hotel　　　　　　　　　経済的　Map P.245A

マルワ・ホテル　مروه هوتيل

✉ Shaari' Amir, Shaari' Abtal it-Tahriir
TEL 0107198830(携帯)　FAX なし
D 7£E
D A/C 10£E
S A/C 15£E
W A/C 20£E
US$ € £E　TC 不可　CC 不可

駅からスーク通りを進み、薬局の先の細い路地を入って50m。アスワンにある安宿のなかでも、ドミトリーがある数少ない宿のひとつ。ドミトリーは一応男女別。アブ・シンベルのロングツアーは75£E。

ヌル・ハン　Noor Han Hotel　　　　　　経済的　Map P.245A

ヌール・ハーン・ホテル　نورخان هوتيل

✉ Shaari' Saad Zaghloul
TEL (097)2316069
FAX (097)2326069
S 25£E
S 30£E
W 35£E
W 40£E
£E　TC 不可　CC 不可

エアコン付きの部屋は5£E増し。屋上にルーフガーデンがあり、ビールなども出している。アブ・シンベルのロングツアーは80£E。コム・オンボ、エドフへのフルーカツアーは食事付きで1泊につき100£E。

ヤスィーン　Yaseen Hotel　　　　　　　経済的　Map P.245A

フンドゥク・ヤスィーン　فندق ياسين

✉ Shaari' Saad Zaghloul
TEL (097)2317109　FAX なし
@ yassenhotel2@yahoo.com
D A/C 15£E
S A/C 35£E
W A/C 50£E
US$ € £E
TC 不可　CC 不可

ヌル・ハン・ホテルの横にある、韓国人旅行者に人気が高いホテル。古いが掃除は行き届いている。ドミトリーのベッド数は3〜4。洗濯機の使用は無料。インターネットは1時間5£E。アブ・シンベルへのロングツアーは80£E。

😊 帰りの列車が取れなくて困っていると話したところ、ツアー参加中に切符をおさえてくれてました(往路の値段とほぼ同じだったので、仲介料なしで手配してくれたんだと思います)。　　(東京都　フラミンゴフライ　'10春)

キーラーニー　Keylany Hotel　　　　　経済的　Map P.245C

フンドゥク・イル・キーラーニー　فندق الكيلاني

✉ 25 Shaari' Amir, Shaari' Salah od-Din
TEL & FAX (097)2317332
@ www.keylanyhotel.com
@ www.hostelworld.com(予約先)
S A/C 16.5US$
W A/C 24US$
US$ € £E　TC 不可
CC M V (手数料3%別途)

サラーフッディーン通り近くにある人気ホテル。客室は手入れが行き届き、快適に滞在することができる。アブ・シンベルのロングツアーは70£E。予約の申し込みは、宿泊予約サイトのホステル・ワールドからのみ可能。無線LANは無料で利用可能。

😊 プチリゾート感がある清潔なホテル。朝食のクレープはとてもおいしかったです。　(在アメリカ　若林 利佳子　'10夏)

253

サファ El-Safa Motel

経済的 Map P.245A

فندق الصفا　フンドゥック・イッサファー

✉ Shaari' Kamal Nour, il-Den-Atlas
TEL (097)2314672
FAX なし
S 45£E
S/A/C 60£E
W 55£E
W/A/C 75£E
£E　不可　不可

駅前通りを北上し、ガソリンスタンドの隣にある通りを入るとすぐ見えてくる。全60室で、客室はシンプルだが清潔。さまざまなタイプの部屋があり、選択の幅が広い。日本語を読むことのできるPCもあり使用料は1時間3£E。

パラダイス Paradise Hotel

中級 Map P.245A

فندق باراديس　フンドゥック・パラダイース

✉ Shaari' Saad Zaghloul
TEL (097)2329690
FAX (097)2329692
Inet www.paradisehotel-aswan.com
S 80〜110£E
W 160〜180£E
US$ € £E
不可　不可

駅側からスークの門をくぐってすぐ左側にある。6階建てなので駅からもよく見える。2008年春に開業したばかりの全60室のホテル。設備も新しく、バスタブ付きの部屋もある。屋上のカフェからの眺めも自慢。

ヌーバ・ニール Nuba Nile Hotel

中級 Map P.245A

فندق نوبا نيل　フンドゥック・ヌーバ・ニール

✉ Shaari' Abtal it-Tahriir
TEL (097)2313267
FAX (097)2313553
@ hussein45@hotmail.com
S/A/C 150£E
W/A/C 200£E
US$ € £E
不可　M V

駅のすぐ近くにある。すべての部屋が改装済みで、冷蔵庫、テレビ、エアコンを完備して3つ星並みの設備をうたっている。無線LANは別料金で利用可能。トリプルルームは240£E。アブ・シンベルのロングツアーは130£E。

オスカル Oscar

中級 Map P.245B

فندق اوسكار　フンドゥック・オスカル

✉ Shaari' il-Barka
TEL (097)2310742
FAX (097)2306066
S/A/C 80£E
W/A/C 100£E
US$ € £E
不可
不可

スーク通りの1本東側のバルカ通りに面している。ガラス張りの外観が印象的な建物。全体的に老朽化しているが、すべての部屋にエアコン、テレビ、電話付きで、ほとんどの部屋にバスタブが完備している。一部の部屋は冷蔵庫付き。

クイーン・エヌ Queen N Hotel

中級 Map P.245A

فندق كوين إن　フンドゥック・クイーン・エヌ

✉ 1 Awal Shaari' Atlas
TEL & FAX (097)2326069
S/A/C 65£E
W/A/C 80£E
£E
不可
不可

駅のすぐ近く。全室にエアコン、テレビ、ミニバー付き。やや狭いが、エレベーターも設置されており、料金に比べ設備が整っている。客室は上の階から順次改装中。トリプルルームは95£E。アブ・シンベルのロングツアーは80£E。

クレオパトラ Cleopatra Hotel

中級 Map P.245A

فندق كليوبترا　フンドゥック・クレオパトゥラ

✉ Shaari' Saad Zaghloul
TEL (097)2314001
FAX (097)2314002
S/A/C 45US$
W/A/C 60US$
US$ € £E
不可　不可

スーク通り沿いにある。全130室とアスワンの中級ホテルのなかでは最大規模で、かなり豪華な感じ。落ち着いた雰囲気のカフェもある。全室エアコン、テレビ、ミニバーが完備されており、部屋も広くて快適。屋上にはスイミングプールもある。

コルニーシュ通り沿い

イッサラーム El-Salam　中級　Map P.245B

فندق السلام　フンドゥク・イッサラーム

- 101 Shaari' il-Korniish
- TEL (097)2303649
- FAX (097)2302651
- Mail elsalamhotelaswan@yahoo.com
- S A/C 75£E
- W A/C 100£E
- US$ € £E
- TC 不可
- CC 不可

コルニーシュ通り沿いに並ぶ中級ホテルのひとつ。部屋は若干老朽化しているが、シンプルで清潔に保たれている。ナイルビューのカフェも備えている。一部にバスタブ、バルコニー付きの部屋もある。窓から眺めるナイル川はとても美しいと評判だ。全70室。

ホルス・アスワン Horus Aswan Hotel　中級　Map P.245B

فندق حورس أسوان　フンドゥク・ホールス・アスワーン

- 89 Shaari' il-Korniish
- TEL (097)2303323
- FAX (097)2313313
- Mail arh-2002@yahoo.com
- S A/C 60〜80£E
- W A/C 80〜100£E
- £E
- TC 不可
- CC 不可

コルニーシュ通り沿いにあり、近くにはみやげ物屋や銀行が多い。通り沿いではなく、ビルの横にある入口からエレベーターで4階へ上ると、レセプションがある。部屋はシンプルだが汚くはなく、眺めはすばらしい。寝室がふたつあるファミリールームもある。

メムノン Memnon Hotel　中級　Map P.245C

فندق ممنون　フンドゥク・メムノーン

- Shaari' il-Korniish
- TEL (097)2300483
- FAX なし
- Inet www.memnonhotel-aswan.com
- S A/C 70£E
- W A/C 100£E
- £E
- TC 不可
- CC 不可

フィラエ・ホテルの隣のビルにある。銀行の裏が入口。階段で上った3階のレセプションは古いが、廊下、部屋はともに改装されており、料金に比べて値頃感がある。ナイル川の眺めもいい。バスタブ付きの部屋もある。冷蔵庫はない。全54室。小さいながらも屋上にはプールがある。

フィラエ Philae Hotel　中級　Map P.245C

فندق فيلة　フンドゥク・フィーラ

- Shaari' il-Korniish
- TEL (097)2312090
- FAX (097)2324089
- Mail hanan-attiatalla@web.de
- S A/C 250£E
- W A/C 300£E
- £E
- TC 不可
- CC V

コルニーシュ通りにある2つ星ホテル。全30室で、2階の改装済みの部屋は衛星放送が映るテレビや、冷蔵庫、電話、バスタブと豪華な設備が自慢で、広くて清潔。客室は順次改装中。自慢はナイル川の眺め。スタッフやオーナーも親切で英語も通じる。アブ・シンベルへのロングツアーは120£E。

マルハバ・パレス Marhaba Palace Hotel　中級　Map P.245A

فندق مرحبا بالاس　マルハバ・パラス

- Shaari' il-Korniish
- TEL (097)2330102
- FAX (097)2330105
- Inet www.marhaba-aswan.com
- S A/C 75US$
- W A/C 126US$
- US$ € £E
- TC 不可
- CC M V

2005年にできた比較的新しいホテル。カテゴリーは3つ星だが、部屋の設備は最新。スイミングプールやジムを備えており、4つ星にも負けない設備が自慢。夜にはナイル川越しに見える貴族の墓のライトアップが美しい。

高級ホテル

バスマ Basma Hotel Aswan
高級　Map P.243C2

فندق بسمة　バスマ・ホテル

✉ In Front of Nubian Museum
TEL (097)2310901
FAX (097)2310907
Inet www.basmahotel.com
S A/C 🛁🚽📺📞 160US$
W A/C 🛁🚽📺📞 228US$
💴 US$ € £E
🚭 不可
💳 A D J M V

ヌビア博物館のすぐ向かい。町やナイル川を見下ろす小高い丘の上に建っている。プールを取り囲むような形で客室があるので、敷地が広いわりにはコンパクトにまとまっていて移動が楽。ナイル川の眺めが自慢のレストランも併設している。スタッフの応対もしっかりしている。ロビーとテラスにて無線LANは無料で利用することができる。

イシス Isis Hotel
高級　Map P.245B

فندق إيزيس　フンドゥク・イジス

✉ Shaari' il-Korniish
TEL (097)2315200
FAX (097)2315100
@ isiscorniish@pyramisaegypt.com
S A/C 🛁🚽📺📞 100US$
W A/C 🛁🚽📺📞 120US$
💴 US$ € £E
🚭 不可
💳 M V

コルニーシュ通りとナイル川の間にある4つ星高級ホテル。町の中心に近く、移動に便利な立地。部屋はすべてコテージタイプになっている。スイミングプールでは泳ぎながらナイル川を眺めることができる。2軒のレストランやプールバー、マッサージサービスの設備も併設されている。

メーヴェンピック・リゾート・アスワン Mövenpick Resort Aswan
高級　Map P.243B2

موفنبيك اسوان　モーヴェンピック・アスワーン

✉ Elephantine Island Aswan
Inet www.moevenpick-aswan.com
TEL (097)2303455
FAX (097)2303485
S A/C 🛁🚽📺📞 120〜320US$
W A/C 🛁🚽📺📞 160〜390US$
💴 US$ €
🚭 不可
💳 A D M V

エレファンティネ島の北部にあり、どこからでも見える高層建築。モーヴェンピック系列のホテルだが、旧名のオベロイでもよく通じる。バルコニーからアスワンの夜景がきれいに見える。中心街から客室がある島へのボートも頻繁に出ている。室内は広く、機能的。無線LANは別料金で利用可能。朝食はビュッフェ式。

イシス・アイランド Pyramisa Isis Island Resort & Spa Aswan
最高級　Map P.243C1

فندق أسيس أيلاند　フンドゥク・イシス・アイランド

✉ Pyramisa Isis Island
TEL (097)2317400
FAX (097)2317405
Inet www.pyramisaegypt.com
S A/C 🛁🚽📺📞 110€
W A/C 🛁🚽📺📞 140€
💴 US$ € £E
🚭 不可
💳 M V

島全体がホテルになっており、全室ナイルビュー。スポーツ施設やサウナ、マッサージなどの各種設備はアスワンで最も揃っている。エジプト航空オフィスの向かい側から専用無料送迎ボートが出ている。食事はランチが120£E、ディナーが150£E。ロビーにて無線LANは無料で利用することができる。左記の料金は2010年春の実勢価格。

😊 ベランダからのナイル川の景色は絶景でした。またぜひ泊まってみたいホテルです。（東京都　高 加奈美　'09秋）
😊 部屋もかわいく女性好みです。ベランダからの眺めもよくて、のんびりできました。　（大阪府　moon　'09夏）

Restaurant

レストランは駅前やスーク、ナイル川沿いにある。特に、スークや駅前では10£E以下でおなかいっぱい食べられる庶民的な店や軽食店も多い。中級レストランはナイル川沿いに数軒並んでいる。イタリア料理などのレストランは高級ホテル内にある。

アビール Abir 　　　　庶民的　エジプト料理

مطعم كافتيريا عبير マトゥアム・カフェテリア・アビール

Map P.245A

✉Shaari' Abir
TEL (097)2308532
FAX なし
営 7:00〜翌4:00
休 無休
料 £E
TC 不可
CC 不可

マルワ・ホテルの入口にあるので、地元の人はマルワ・レストランとも呼ぶ。店頭では大将が黙々とコフタを焼いており、いい匂いがするのですぐわかる。コフタは1本3.50£E。テイク・アウェイもでき、店頭はいつも地元の人でにぎわっている。ケバブは250g20£E。

エル・ドッカ El Dokka 　　　　中級　エジプト料理

مطعم النوبي الدوكه マトゥアム・イン・ヌービー・イッドカ

Map P.243C1

✉Aswan's Island Port, Eissa's Island
TEL (097)9108000
FAX (097)9109000
営 11:00〜23:00
休 無休
料 US$ € £E
TC 不可 CC 不可

エイサ島のレストラン。テラス席と、エレファンティネ島を眺めることができる屋内の席とで分かれている。メインはタジンやハト料理などがあり、スープとサラダなどの前菜付き(写真)。月・木・金曜の20:00よりショーが行われている。無料の送迎ボートもある。

アスワン・ムーン Aswan Moon 　　　　中級　エジプト料理

مطعم اسوان مون マトゥアム・アスワン・ムーン

Map P.245B

✉Shaari' Kornish
TEL (097)2316108
FAX なし
営 8:00〜24:00
休 無休
料 US$ € £E
TC 不可
CC 不可

ナイル川にボートのように浮かぶ観光客向けレストランで人気の高い店。景色がよい分、値段も若干高め。代表的なエジプト料理のほか、スパゲティやピザもある。メインの料理は30〜60£E。タジン(写真)は肉入りと魚入りが選べ、35£E。予算はひとり約50£E。

シェイフ・ハリール Il-Sheikh Khalil 　　　　中級　シーフード

مطعم الشيخ خليل マトゥアム・イッシェイフ・ハリール

Map P.245A

✉Shaari' Saad Zaghloul
TEL (097)2310142
FAX なし
営 12:00〜24:00
休 無休
料 £E
TC 不可
CC 不可

駅前からスークの門をくぐってすぐ左側にある、魚料理の専門店。ナイル川や紅海で獲れた魚介類をメインに出し、味は地元でも評判。サラダなどが付いたセットメニュー(写真)は25〜60£E。スビエト(イカ)のセットは40£E。英語のメニューもある。

イスム・エー Ism ee 　　　　庶民的　スイーツ

اسم أية イスム・エー

Map P.245A

✉Next Nuba Nile Hotel, Aswan
TEL (097)2326697 FAX なし
営 9:00〜翌2:00
休 無休
料 £E
TC 不可
CC 不可

アスワンの駅前に近いヌーバ・ニール・ホテルの隣にある。ガラス張りで明るい店内ではケーキや各種のビスケットであふれ、アスワンの誰もが味を認めるスイーツ専門店。店名は「名前は何?」という意味。ナツメヤシのペースト入りのビスケット・ビル・アグワ(写真)は1kg19£E。

市外局番097

アブ・シンベル Abu Simbel
ナセル湖に映える巨大神殿

أبو سمبل　アラビア語:アブ・スィンベル

■アブ・シンベルへの行き方
●カイロ(→P.69)から
✈毎日2便（アスワン経由）
5:00、8:00発
運賃:917£E
●アスワン(→P.242)から
✈人数が少なければ欠航の可能性あり。予約状況や季節によってスケジュールが変わることが多いので、確認しよう。ホテルや旅行会社では割引航空券を扱っている。
7:30、10:10、10:55、12:50発
帰りは8:50、11:30、14:00、14:10発
所要:45分　運賃:409£E
🚌8:00、17:00発
帰りは6:00、13:00発
所要:4時間　運賃:25£E
ほかにマイクロバスが頻発。運賃は16£Eだが、外国人にはぼったくってくることが多い。マイクロバスの場合、外国人旅行者は往路はチェックポイントで警察に止められることがある。復路はアブ・シンベルのマイクロバス乗り場に警察官がいるので、乗車の許可が出れば問題ない。
🚐ホテルやツアー会社からのツアーが出ている。アブ・シンベル行きのコンヴォイは、アスワン発4:00、11:00の2回。公共バスやマイクロバスはコンヴォイと無関係に走る。

アブ・シンベル空港

アブ・シンベル空港と神殿を結ぶ、エジプト航空の送迎バス

高さ20mのラメセス2世像が並ぶアブ・シンベル大神殿

　アブ・シンベル神殿は、アスワンの南280km、ナセル湖のほとりにある。北回帰線を越え、スーダンとの国境まであとわずか。エジプト最南端の見どころである。
　この神殿は、アスワンハイダム建設時に神殿が水没の運命にさらされ、ユネスコが国際キャンペーンにより救済した。1964年から68年にかけて工事が行われ、大小ふたつの神殿をブロックに切断する方法で、もとの位置より60m上にそっくり移動することに成功したのだ。

─ 歩き方 ─

●暑さ対策　アブ・シンベルでは日中に観光することが多いが、またここが暑い。気温が40℃を超えることはザラ。ときには50℃を超えることだってある。もちろんミネラルウオーターやサングラス、帽子は冬であっても必携だ。

上空から見下ろしたアブ・シンベルの町

●アブ・シンベルの町　アブ・シンベルの人口は5万人。飛行機でもマイクロバスでもツアーの場合はアブ・シンベルの町には寄らないが、空港から神殿の中間ぐらいに町が広がっており、食堂や雑貨店が集まるスークもある。メインストリートが1本あるだけなので迷うことはない。町の中心は橋の北側にある広場。アスワン行きのバスやマイクロバスが発着する。

■空港から神殿へ■

●**荷物を預ける** カイロやアスワンからアブ・シンベルに飛行機で日帰りで行く人は、約3時間後に指定の便で戻る。カウンターで預けた大きな荷物はエジプト航空が帰りの便に積み換えてくれる。ただしアブ・シンベルで1泊する人は荷物を受け取ろう。

●**シャトルバスに乗る** 飛行機の到着に合わせて、karnakと書かれたエジプト航空の無料送迎バスが待っているので、それに乗ろう。乗客の数に合わせて何台か来ているから座れないということはまずない。神殿まで行って、帰りの飛行機の時間

アブ・シンベル市街図

旅のモデルルート

飛行機でカイロ、ルクソールからも行くことができるが、アブ・シンベルへはアスワンを起点とするのが一般的だ。

1 ツアーバスで訪れるアブ・シンベル神殿

アスワンの各ホテル 3:00～4:00 → アブ・シンベル神殿 7:30～9:30 → アスワン着 13:00～14:00

アスワンの各ホテルから出ているツアーは、だいたいこのようなスケジュールとなる。料金は65～80£E前後（入場料別）。アブ・シンベル見学後、アスワンの見どころを回るロングツアー（→P.244）も多い。夏期は50℃以上の猛暑になるので、エアコンなしの車内は想像を絶する灼熱地獄となる。最近はエアコン付きバスのツアーも増えているが、水分補給などの準備は万端に。

2 飛行機で訪れるアブ・シンベル神殿

カイロ市内 3:00 → カイロ空港 4:15 → アブ・シンベル空港 7:00 → アブ・シンベル神殿 7:30～9:30 → アブ・シンベル空港 10:15 → アスワン空港 11:00 → アスワン市内 14:00～16:00

カイロからは早朝の便に乗らなければならないので、遅くとも深夜3:00には起きておきたい。空港まではタクシーしかない。無料のシャトルバスで神殿を見学後、アスワンへ。このままアスワンを見学するか、時間のない人はカイロへ戻ろう。アスワン空港からルクソール行きの便までは少し時間があるので、アスワンの見どころを軽く回ることができる。

■郵便局　Map P.259
圏8:00～15:00

アブ・シンベル

■アブ・シンベル神殿
圏5:00～18:00(冬期～17:00)
（音と光のショー見学者は一度出てチケットを買い直す）
困無休
圏90£E(学生50£E)

朝日に照らされる神殿奥の至聖所。この現象が起きるのは毎年2月22日と10月22日前後

入口の上にあるホルス神像

に合わせて戻ってくれる。空港前のタクシーは、たまに1台ほど停まっているぐらいなので、あまり期待しないほうがよい。
●帰りのバス　帰りは約2時間後に空港行きのバスが出る。もし乗り遅れると、預けた荷物だけが先に行ってしまうので要注意。

=== 町から神殿へ ===
●アスワンからのバス　アスワンからのバスはアブ・シンベルの町の広場に到着する。ここから神殿へは徒歩20分ほど。一本道のうえ、神殿の山が東側に見えるので迷うことはない。この区間に市内バスなどはないが、一般車両のドライバーと交渉すればタクシー代わりでいってくれることも多い。

=== 見どころ ===

世界遺産といえば　　　　　　　　マアバドゥ・アブー・スィンベル・イル・アクバル
アブ・シンベル大神殿
世界遺産 **Great Temple of Ramses 2**　　معبد أبو سمبل الأكبر
MAP P.260

　この大岩窟神殿を建設したのは、古代エジプト新王国時代第19王朝のラメセス2世。今から約3300年前のことだ。ラメセス2世は、カルナック神殿やルクソール神殿に自分自身の巨像を多く残していることからもわかるように、自己顕示欲が強かったといわれている。数多い遺跡のなかでも極めつけがこのアブ・シンベル神殿だ。大神殿正面の4体のラメセス2世像の前に立つと、ナイルの果てに、これほどの巨大建築物を造らせたラメセス2世の強大な権力に驚いてしまう。砂に埋もれかけていた神殿は1813年にスイスの探検家ブルクハルトによって発見された。

　正面の4体のラメセス2世の巨像は高さ20m。その大きさには圧倒されるばかり。巨像の上を見上げると、日の出を喜ぶ22体のヒヒ像が並んでいる。入口手前の壁には向かって右側にシリア人捕虜、左側にヌビア人捕虜が縄でつながれた姿が、顔つきも体つきも異なって描かれている。隣には上下エジプト統一のレリーフがある。

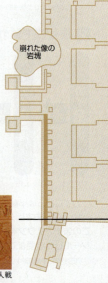

入口近くの壁に描かれたヌビア人戦争捕虜のレリーフ

Information

アブ・シンベル神殿発掘史

　古代エジプト以降、長らくその存在が忘れられていたアブ・シンベル神殿だが、再び脚光を浴びるのは19世紀以降になってからだ。

　1813年にスイス生まれの東洋学者ヨハン・ルートヴィヒ・ブルクハルトは、砂に埋もれていたアブ・シンベル神殿の上部分を発見した。その後、彼はイタリア出身の探検家ジョヴァンニ・バッティスタ・ベルツォーニにその遺跡について語る。その話に興味が湧いたベルツォーニはアブ・シンベルを訪れ発掘を始めたが、あまりにも砂の量が多く、その年はすべてを撤去することはできなかった。その4年後の1817年に彼は再びアブ・シンベルを訪れ、今度は神殿の入口を発見する。

　しかし、歴史的な大発見にもかかわらず、ベルツォーニは不満だったといわれている。なぜなら神殿内からは目立った遺物が発見されなかったからだ。実はベルツォーニはこの砂に埋もれた神殿からは多くの宝が発見されるであろうとおおいに期待していたのである。それでも壁画や列柱はすばらしい芸術品であると賞賛していた。

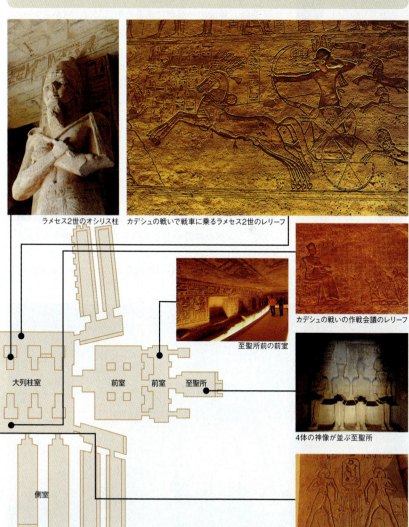

ラメセス2世のオシリス柱

カデシュの戦いで戦車に乗るラメセス2世のレリーフ

カデシュの戦いの作戦会議のレリーフ

至聖所前の前室

大列柱室　前室　前室　至聖所

側室

4体の神像が並ぶ至聖所

上下エジプト統一レリーフ

ヌビア地方 ●アブ・シンベル 見どころ

261

オシリス柱が並ぶ列柱室のさらに先には至聖所が見える

内部のいたるところに壁画が描かれている

ラメセス2世とそのひざの下にあるネフェルトアリの像

●**大列柱室のレリーフ**　神殿の大列柱室は、オシリス神の姿をした高さ10mのラメセス2世の立像8体で構成されている。大列柱室の両側の壁のレリーフは、ラメセス2世のカデシュ（現在のシリア）でのヒッタイトとの壮大な戦闘場面を描いたもの。戦車に乗り、敵に向かって弓を引く勇壮なラメセス2世の姿は躍動的だ。また、史上最古の講和条約とされるヒッタイトとの協定の内容が記されたヒエログリフのレリーフも必見だ。

●**前室**　列柱室の奥の前室には、ラー・ホルアクティ神やアムン・ラー神に捧げ物をするラメセス2世のレリーフや王妃ネフェルトアリのレリーフが見事だ。

●**至聖所**　神殿の一番奥にある至聖所には、右からラー・ホルアクティ神、神格化されたラメセス2世、アムン・ラー神、プタハ神の座像が並ぶ。

●**神殿の岩山内部**　神殿は、いくつかのブロックに切られて今の場所に移されたが、なんと岩山の中に大ドームを造り、その中に神殿が納められている。大神殿の向かって右側にそのドームへの入口がある。中は工場のようになっており、神殿がコンクリートで支えられている。3000年前の建築と最新技術がドッキングしたおもしろいところだが、安全上の問題から、入場できない。

神殿の岩山に美しい映像が映し出される　アルド・イッソートゥ・ワ・ッダウ
音と光のショー
Sound and Light Show　عرض الصوت والضوء　MAP P.259

　アブ・シンベル神殿の音と光のショーは、神殿をライトアップさせるだけでなく、プロジェクターを使い、神殿の岩山をスクリーンに見たて、美しい映像をスクロールさせる迫力のあるもの。

暗闇の中に浮かび上がる大神殿

ユネスコによる神殿の救済から始まり、ラメセス2世とネフェルトアリのむつまじい夫婦愛、ラメセス2世の治世やヒッタイトとの抗争など、彼の偉大さを語る歴史絵巻のような構成になっている。座席の下にイヤホンジャックがあり、スイッチをひねれば言語の選択が可能。日本語もある。

ラメセス2世にまつわる歴史を中心としたショー

■音と光のショー
チケット売り場はみやげもの屋の神殿入口側2軒目にある。1回目で終わることが多いが、見学希望者が多ければ、2回目、3回目のショーが行われる。ヘッドホンで選択可能な言語は英語、フランス語、ドイツ語、スペイン語、イタリア語、日本語、アラビア語など。スケジュールは予告なしに変更されることがある。詳しくは、下記ウェブサイトを参照。
🌐www.soundandlight.com.eg
⏰夏期20:00～20:35
　冬期18:00～18:35
🚫無休　💰75£E

ラメセス2世の家族が刻まれた
アブ・シンベル小神殿
世界遺産 Temple of Hathor

マアバドゥ・アブー・スィンベル・イル・アスガル
معبد أبو سمبل الأصغر
MAP P.263

ネフェルトアリとハトホル神に捧げられたアブ・シンベル小神殿

雌牛に化身したハトホル神に捧げ物をするレリーフ

ラメセス2世が王妃ネフェルトアリのために建造した岩窟神殿。大神殿と比べると確かに小さいが、それでも正面にラメセス2世の立像4体とネフェルトアリ2体が並ぶ姿は圧巻。足もとには彼らの子供たちの像が刻まれている。中の列柱室にはハトホル神のレリーフの彫られた柱があり、王妃の彩色レリーフが壁画を飾っている。ラメセス2世がハトホル神の化身である雌牛に捧げ物をするレリーフも必見。

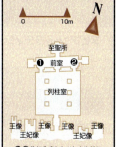
アブシンベル小神殿

❶❷牛に化身したハトホル神に捧げものをするレリーフ

アブ・シンベル小神殿列柱室のハトホル柱

HOTEL

日本からホテルへの電話　国際電話会社の番号　＋　010　＋　国番号 20　＋　市外局番の最初の 0 を取った掲載の電話番号

音と光のショーや日の出を見るには、ここに宿泊しないと難しい。アブ・シンベルには現在6つのホテルがあるが、あまり経済的なホテルはない。送迎バスでホテル名を運転手に告げ、途中下車しよう。

ツーリスト・ビレッジ　Abu Simbel Tourist Village　経済的　Map P.259

قرية ابو سمبل السياحية　カルイト・アブ・シンベル・イッスィヤーハ

✉ Abu Simbel Tourist Village
TEL (097)3400092　FAX なし
S AC 🛁 🚻 📶 ▢ 100£E
W AC 🛁 🚻 📶 ▢ 150£E
💳 US$ € £E
TC 不可　CC 不可

アブ・シンベルで最も安いホテル。町の中心から徒歩で10分ほど。部屋は狭くて古い。英語を話せるスタッフは少ないが、この値段は魅力的。朝食20£E。

アプリケーターズ　Applicators Hotel & Club　中級　Map P.259

فندق ونادي التطبيقين　フンドゥク・ワ・ナーディ・イッタッビキーン

✉ Abu Simbel
TEL & FAX (097)3401284
S AC 🛁 🚻 📶 ▢ 180£E
W AC 🛁 🚻 📶 ▢ 280£E
💳 US$ € £E
TC 不可　CC 不可

バス乗り場から北へ約500m。2006年にオープンした比較的新しいホテル。客室は冷蔵庫、テレビ付き。屋上はレストランで朝食20£E、昼・夕食は40£E。

ヌビアン・トラディショナル・ハウス　Nubian Traditional House　中級　Map P.259

بيت نوبي　ベイト・ヌービー

✉ Abu Simbel
TEL (097)3401288
FAX (097)3401143
📧 eskaleh@tele2.ch
S W AC 🛁 🚻 📶 ▢ 40～70€
💳 US$ € £E
TC 不可　CC 不可

伝統的ヌビア様式で建てられた新しいホテル。部屋の内装もヌビア様式で、地元産の食材を使用した夕食50£Eもおすすめ。インターネットは無料で無線LANも完備。5室だが別棟も建設中。

ネフェルタリ　Nefertari Abu Simbel Hotel　中級　Map P.259

فندق نفرتاري ابو سمبل　フンドゥク・ネフェルタリ・アブスィンベル

✉ Abu Simbel Tourist City
TEL (097)3400508
FAX (097)3400510
S AC 🛁 🚻 📶 ▢ 100US$
W AC 🛁 🚻 📶 ▢ 130US$
💳 US$ € £E　TC 不可　CC M V

アブ・シンベル神殿入口の前から徒歩5分ほどと、神殿からも近い。全119室で、設備も標準的。プールからの眺めもよい。昼食80£E、夕食90£E。

😊 午前に到着したにもかかわらず、好意でチェックインさせていただきゆっくりできました。神殿にも近く、朝日や音と光のショーを見に行くのにも便利です。朝日を見たあと神殿内部へ一番乗りできます。　（北海道　ポンタ　'09秋）

😐 冷房はよく効いていますが、風量の調節があまり利きません。木製の扉で隙間が開いているため、虫が入ってくることもあります（蚊はいませんでした）。意外と快適でした。　（千葉県　山本 祐敬　'09夏）

セティ・ファースト　Seti I Abu Simbel Hotel　高級　Map P.259

فندق سيتي فرست　フンドゥク・セティ・フェルスト

✉ Abu Simbel Tourist City
TEL (097)3400720
FAX (097)3400829
TEL (02)7360890（カイロ）
🌐 www.setifirst.com
S AC 🛁 🚻 📶 ▢ 150US$
W AC 🛁 🚻 📶 ▢ 205US$
💳 US$ € £E　TC 不可　CC M V

アブ・シンベルの町からは橋を渡って、右折し直進した所。全142室がレイクビューの豪華リゾートホテル。敷地内には色とりどりの花が咲き乱れる。プールからのナセル湖の眺めもよい。朝食14US$、昼食24US$、夕食28US$。

RESTAURANT

上記のホテルにはすべてレストランが併設されている。神殿周辺にはカフェが1軒だけある。また、町の広場には庶民的な食堂やカフェテリアなどもいくつかある。

ミニ特集●ナセル湖クルーズ

ワンランク上のエレガントな船旅
ナセル湖クルーズで
ヌビアの遺跡を訪ねる

アスワンハイダムによって
ナイル川が堰き止められてできた
世界最大の人造湖、ナセル湖。
ナセル湖クルーズは、
この雄大な景観を楽しむこととアスワンから
南端のスーダンまで水没の危機に瀕した
遺跡を堪能することにある。

大海原のようなナセル湖を航行するカスル・イブリーム号

ティータイムを楽しむ乗客

デッキにはプールも完備

独特なベッドメイキング

ナセル湖クルーズは、アスワン〜アブ・シンベル間を3泊または4泊かけて航行する。川幅が狭く、沿岸の町のにぎわいが手に取るように見えるナイル川と違って、ナセル湖は周囲にはほとんど何もない静寂の世界が広がっている。赤い砂漠と濃紺の湖……、このコントラストが美しい。

ナセル湖クルーズに参加するのはヨーロッパからの観光客が多い。年齢層も比較的高く、アールデコ調のレトロなインテリアの船が似合う落ち着いた大人の旅といった風情だ。なにしろ、普通ならアブ・シンベル日帰り旅行のところを、数泊しようという贅沢な旅なのだ。

だが、贅沢する価値はある。船旅の優雅さはもちろん、沿岸のヌビアの遺跡に行くには現実的にはクルーズで行くしか方法がない。そのため訪れる人はクルーズの乗客だけ。静けさに満ちた神秘的な古代遺跡を存分に楽しむことができるのだ。

ラクダに乗って遺跡まで行く

世界遺産 クルーズでしか見られないヌビアの遺跡群

❶ アマダ神殿

第18王朝期に創建された、ヌビアで最も古い神殿。内部の装飾を傷つけないように神殿まるごとをそのままの形で2.6km移動させた。色鮮やかな装飾が残された壁画は見ごたえ充分。

❷ デッル神殿

ラメセス2世により、アムン・ラー神に捧げられた神殿で、色鮮やかなレリーフが残る。この地方の神殿で唯一ナイル川の東岸に建てられたもの。神殿の構造は、アブ・シンベルの規模を小さくし、シンプルにしたもの。

❸ ワーディ・セブア神殿

ワーディ・セブアとは、獅子の谷という意味。神殿のスフィンクス像にちなんでおり、入って第1の中庭には、スフィンクスが6体、第2の中庭には、鷲の頭をもったスフィンクスが4体置かれている。

❹ モハッラカ神殿

ダッカ神殿のそばにある小さな神殿。移築前は現在の場所より50kmほど北に位置していた。ローマ皇帝アウグストゥスにより造営されたものだが未完成で、後にはキリスト教会として利用されたという。

ミニ特集 ●ナセル湖クルーズ

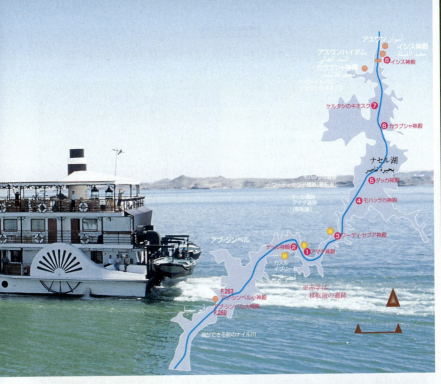

⑤ ダッカ神殿

もともとは紀元前3世紀の末頃にヌビア人よって造られた神殿であったが、ローマの支配時代になってから拡張された。移転工事により、ワーディ・イル・セブア神殿の近くに運ばれた。

⑥ カラブシャ神殿

ローマの支配下になった1世紀に皇帝アウグスティヌスによって造営された神殿。ヌビア人に信仰されている太陽神マンドゥリス（ホルス神にあたる）に捧げられており、ヌビアの神殿としては最大の大きさを誇っていた。

⑦ ケルタシのキオスク

プトレマイオス朝期もしくは初期ローマ支配時代に建てられた神殿で、かつては、屋根で覆われていたが、今は崩れてしまっている。小規模な神殿ながら、かつて屋根を支えていた柱は花をモチーフとした柱頭が印象的。

クルーズの問い合わせ：ナイルストーリー　TEL 東京 (03)5229-5561

⑧ イシス神殿

フィラエ島は、イシス神がホルス神を生んだとされる聖なる島。島内にはイシス神殿をはじめ、末期王朝期からローマ支配時代まで建てられたさまざまな神殿が残されている。

Information

世界の国々が協力したユネスコの遺跡移転計画

アスワンハイダムは1970年、ドイツとソ連（当時）の協力によって完成したダムだ。当時、エジプトは急激な人口増加という問題をかかえていた。そのため、ナセル大統領はダムを造ることによってナイルの氾濫をコントロールし、農業用水の安定した確保と生産性の向上、そして電力の生産によって近代化を図ろうとしたのである。

ここで問題になったのが、ダムの建設によって周辺の遺跡などが水没の危機にさらされること。特に、アブ・シンベル神殿などはラメセス2世が威信をかけて造った巨大建造物。おいそれと動かせるものではない。そこでユネスコは、アブ・シンベル神殿をはじめとした、アスワンハイダムの建設により水没の危機にさらされた神殿を救済するために、国際的なキャンペーンを行った。募金だけでなく、どのような形で移動したらよいのか広く意見を集めた。この運動は世界的な広がりをみせ、国際的協力のもと、結果的に神殿は1036個ものブロックに切断され、元の位置より約60m上にそっくりそのまま無事に移転されたのだ。大神殿の裏側へ回ると、コンクリートで造られた丸い補強ドームの形がはっきりわかる。

移転するだけで世界中から資金や技術を集めねばならない巨大建造物。あらためてラメセス2世の強大な権力に圧倒されてしまうところだ。

エジプトの最南端に位置するアブ・シンベル神殿は、1817年にイタリアのジョヴァンニ・ベルツォーニによって発掘された。しかし、この神殿を世界的に有名にしたのは、この国際キャンペーンだった。

さらに、このキャンペーンによって人類の宝ともいえる貴重な文化遺産、自然遺産を保護しよ

アスワンハイダムの発電設備

うという機運が高まり、それが1972年の世界遺産条約採択として実を結ぶのである。キャンペーンによって救われた遺跡群も「アブ・シンベルからフィラエまでのヌビア遺跡群」として、1979年の第2回世界遺産委員会で世界遺産に登録された。

さて、ダムが完成して、一時的に農業生産は向上し、電力供給はかつてに比べて安定した。経済性という面では、まずまずの成果が上がったアスワンハイダムの建設だが、巨大な人造湖ナセル湖の登場により新たな問題が起きている。

それは自然現象。今までまったく発生しなかった雲や、時には雨が降るなど、自然のバランスが崩れ始めているのだ。そのためベドウィンの移動ルートも変化したという。

また、洪水が起こらなくなって土壌に塩分がたまってしまい、環境破壊という問題も表面化している。そのため、一時は伸びた農業生産も、人口の急激な増加に追いつかず、かえって塩害が農民を悩ませるという、当初予想もしなかった結果になってしまった。ダムの建設に対する自然のしっぺ返しが起きているのだ。

満々と水をたたえたナセル湖

Egypt

紅海沿岸と
シナイ半島

ハルガダ	**280**
聖カトリーナ	**297**
シャルム･イッシェーフ	**304**
ダハブ	313
ヌエバア	319
ターバー	321

紅海沿岸とシナイ半島 旅のガイダンス

紅海沿岸とシナイ半島
Red Sea & Sinai Peninsula

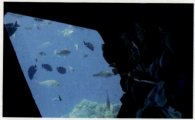
観光用の潜水艦で紅海の海底をのぞく

紅海沿岸とシナイ半島の地形

アラビア半島とアフリカ大陸を隔てる海、それが紅海だ。かつてフェニキア人が帆船を連ね、地中海から遠くインド洋まで航海した重要なルートである。アジアとアフリカ、そしてヨーロッパの文明が、最小幅200km余りの細長い海を行き来した。マムルーク朝時代、香辛料貿易で莫大な富を得て、繁栄の一翼を担ったカリーミー商人が活躍したのもこの紅海沿岸である。

紅海の美しさは、その時代から不変のもの。あふれんばかりの太陽光線を受けた群青色の海面がキラキラ輝く。透明度抜群の海だから、海面からも色とりどりの珊瑚礁が見える。ゆらりゆらりと群れをなして泳ぐ魚たち。かつて、フランスの海洋学者クストーが世界で最も美しい海と称えた紅海は、まだまだ汚されずに生きている。世界中のダイバーにとって最後の憧れの地だ。

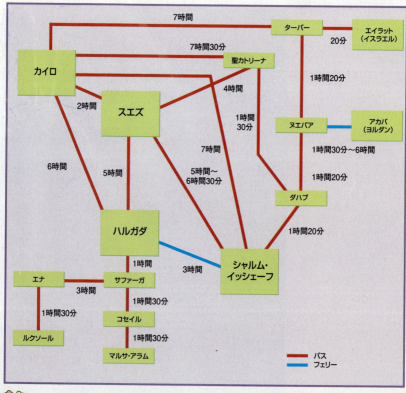

紅海沿岸の地形と気候

シナイ半島は、アジア大陸の西端、そしてアフリカ大陸の東側にある。両大陸を分かつ紅海は北へ行くほど幅が狭くなり、シナイ半島の西でスエズ運河となる。いわばアジアとアフリカの接点、それがシナイ半島だ。

半島は逆三角形の高地で、エジプトの国土の約8％を占めている。地質は東方砂漠によく似ており、大半が砂漠地帯。北部は石灰岩高原で、南部は複雑な構造をした花崗岩の山岳を形成している。

そんな紅海の沿岸地域、ナイル川の東側から紅海までの一帯は東方砂漠。紅海のリゾート地から内陸を眺めても、その荒々しい岩肌が目にしみる。紅海という名は海の色ではなく、この大地の色。草木1本ない赤茶色の大地は、群青色の海によく映える。日に焼けた山々が、日没とともにピンク色へ、薄紫色へと変わっていく姿に感動しない人はいないだろう。

東方砂漠はエジプト全土の約20％を占めている。南北に細長い山脈をもつ岩砂漠だ。西方砂漠と比べると起伏が激しいのが特徴。岩山にはワーディ（水無川）と呼ばれる涸れ谷が縦横に走り、かつてこのあたりにも水が流れていたことを物語っている。

紅海沿岸とシナイ半島

紅海沿岸とシナイ半島 旅のガイダンス

何年かに1度、突風をともなう豪雨が吹き荒れることがある。硬い岩盤にしみこまない水は、濁流となって、一気にワーディを駆け抜ける。こんなとき、もし車で砂漠を走っていれば、とても危険だ。間違いなく車ごと押し流されてしまう。しかし、大洪水が去ったあとの砂漠には、一面緑の草が生え、とても美しい。わずか1日、いや半日で、まったく風景が変わってしまうのだ。

今も昔もラクダは生活に欠かせない

シナイ半島の自然と動物

シナイ半島の南方には紅海が広がっている。紅海は「世界一美しい海」として世界中のダイバーに定評がある。沿岸には大きな都市はなく、注ぎ込む川もない。そもそも雨が少ない。だからこそ汚染もなく、これだけの美しさを保っているのだろう。また、シナイ半島は、野生動物が豊富なことでもよく知られている。草食動物ではカモシカや野生のヤギ、肉食動物ではヒョウやハイエナなどが生息している。また、ヨーロッパからアフリカへと飛来する渡り鳥の休息地でもあり、さまざまな鳥類が季節の訪れとともにやってくる。

透明度が高いので、魚もくっきりと見える

シナイ半島の文化

シナイ半島には、今でもベドウィンと呼ばれる人々が暮らしており、ベドウィン文化が残っている。ただし北部と南部では違う習慣があり、方言も違う。現在、彼らの多くは定住化の道を選び、村を形成しているので、機会があれば訪ねてみよう。ラクダでベドウィン村を訪ねるツアーも楽しい。なかには簡単な食事をサービスしたり、バンガロースタイルの宿を提供するところもある。ベドウィン手作りの伝統的な民芸品もおみやげにピッタリだ。

東方砂漠地域に昔から住んでいたのは、ベジャ族と呼ばれるベドウィンだ。

しかし現在は、上エジプト（ナイル川上流域）から移ってきたベドウィンのほうが多くなっている。旅行中もベドウィンを見かける機会は多い。

プランニングのコツ

紅海とシナイ半島はエジプトが世界に誇る一大リゾートエリア。ヨーロッパから安価のツアーが多く組まれていることもあり、1年を通してリゾート客でにぎわっている。ここでは遺跡のことは忘れて、青い海とさんさんと降り注ぐ陽光太陽の下でリゾートライフを満喫しよう。

● 拠点を定める

1泊や2泊で次の町へ移動するといったスタイルの旅では、リゾートの楽しみは半

ダハブには経済的なホテルやレストランが多い

減してしまう。できれば3泊ぐらいして、ダイビングやスノーケリングなどのマリンアクティビティに挑戦したい。滞在拠点には一大リゾート都市のハルガダ (→P.280)、シナイ半島の高級リゾート、シャルム・イッシェーフ (→P.304)、バックパッカーでにぎわうダハブ (→P.313) などが挙げられる。ほかにもハルガダの北にあるエル・ゴウナEl Gounaやハルガダの南にあるコセイル (→P.287) などにも設備の整ったホテルが多い。

● ダイビング

ダイビングのオープンウオーターのライセンスなら、およそ3～4日で取得することができる。安価にあげるならハルガダやダハブがおすすめ。宿泊施設にこだわるなら多少高くてもシャルム・イッシェーフがよいだろう。ライセンスがなくても、ファン・ダイブと呼ばれる体験ダイブなら、ダイビングの醍醐味と海の中の美しさを手軽に満喫することができる。

どの町にもダイビングショップはある

● 日帰り旅行

ハルガダからはルクソールへの日帰りや1泊2日のパックツアーが多く出ている。ハルガダ～ルクソール間のバスはいつも混雑しているので、ツアーに参加するのも手。またダハブやシャルム・イッシェーフからは聖カトリーナへのツアーがある。

移動のコツ

● カイロからのバスは3社が競合

紅海沿岸やシナイ半島へはカイロから多くのバスが出ている。カイロ～ハルガダ間のバスは、3社が競合する人気路線。このなかでエアコン付きの最新バスを使用し、特に評判がよいのがエル・ゴウナのバス（マスピロ・モール前発）。

シナイ半島内はバスの便が少なく、特にダハブ～ヌエバア～ターバー間は非常に少ないので、急いでいる場合は、料金は高いがセルビス（マイクロバス）の利用も考えよう。数人仲間を集めれば安くなる。ただ、交渉は必要だ。

● 船の欠航、遅延に注意

ハルガダ～シャルム・イッシェーフ間のスピードボート、ヌエバア～アカバ間のフェリー、高速フェリーは、欠航、遅延が日常茶飯事に起こる。特にヌエバア～アカバ（ヨルダン）間は国際路線で出入国手続きもあり、数時間～半日も遅れることがある。海上交通を使う場合は、時刻表を鵜呑みにせず日程に余裕をみておこう。

珊瑚礁が美しい紅海はスノーケリングに最適

旅のモデルルート

紅海のリゾート地は、ハルガダ、シャルム・イッシェーフ、ダハブ、ヌエバアなど多数存在するが、リゾートの滞在は同じホテルに腰を据えるのが一般的で、リゾート地を一度にいろいろ巡るのは、あまり現実的とはいえない。ホテルは1ヵ所に決めて、そこからダイビングやスノーケリングなどのマリンスポーツを楽しみたい。ダハブからなら聖カトリーナへショートトリップをするのもおすすめだ。

ミニ特集
エキゾチックなアラブを満喫♥
紅海リゾート

アラビア半島とアフリカ大陸の間にある紅海は、
ダイバー憧れの美しい海としても知られている。
紅海沿岸のリゾート基地は、
エジプトのシャルム・イッシェーフとハルガダ。
この地域は早くからリゾートとして愛されてきたが、
近年近郊のエリアに新リゾートが
続々登場！ 素敵な海のバカンスはいかが？

　真っ青な海、色とりどりの珊瑚と熱帯魚で知られる紅海は、両岸が砂漠地帯であることから「紅」の海という。夕暮れ時、オレンジ色に輝く周囲の山とそれを映す海を見渡せば、この名も納得の美しさだ。
　周囲が砂漠であるから流入河川が少ない。定住している人も少ないから汚染もない。これが紅海の美しさを育んできた。
　もともと、ヨーロッパ人のバカンス地として発展してきたシャルム・イッシェーフとハルガダ。町は郊外にと広がり、新しいリゾートエリアが次々とできている。ヨーロッパの洗練された設備はもとより、アラブの雰囲気たっぷりのインテリア、さらにはエジプトならではのユニークな仕掛けもあちらこちらに。古代エジプトをちょっぴり離れて、旅の最後にのんびりしてはいかがだろう。

シャルム・イッシェーフ→P.304

❶エジプトならではのトリートメントも用意されている ❷ゴルフで汗を流したあとはゆっくりスパを楽しもう ❸マリティム・ジョリー・ヴィル・ゴルフのプールサイドで ❹広大な敷地をもつシェラトンは屋外プールのほか、800mに及ぶ砂浜を有している ❺シェラトンは総面積1600㎡を誇る広大なスパ・タラソで有名 ❻徐々に日が落ちてゆき、ロマンティックな雰囲気に包まれるマリティム・ジョリー・ヴィル・ゴルフ ❼紅海の海底を堪能できる潜水艦ツアー

ミニ特集●紅海リゾート

ハルガダ→P.280

1 気軽に紅海を体験したいのなら、スノーケリングがおすすめ　2 ピラミッドをモチーフとしたシェラトンの噴水　3 コンチネンタルの開放感のある広大な吹き抜けのホール　4 ケンピンスキ・ホテルは2008年にオープンしたばかり　5 プライベート・スイミング・プールが備えたオベロイのロイヤル・スイート　6 シェラトンのプールサイド　7 カスケードの客室　8 カスケードにあるトリートメントルームはタイ風に装飾されており、エジプトでは珍しい

ミニ特集 紅海でダイビング

地中海 / ドミアーット / アリーシュ / スエズ運河 / シナイ半島 / ●カイロ / アイン・ソフナ / ターバー / P.319 ヌエバア / アカバ湾 / エル・ゴウナ / ダハブ P.313 / P.280 ハルガダ / シャルム・イッシェーフ P.304 / P.287 サファーガ / 紅海 / P.287 コセイル / P.290 マルサ・アラム

紅海でどんなダイブができるの？

　紅海沿岸では各地でダイビングが可能だが、シャルム・イッシェーフ、ハルガダではボートダイビングが中心、ダハブやヌエバアではビーチダイビングが中心と、場所によって楽しめるダイビングの種類に多少の違いがある。

　基本的には、朝出航して夕方に戻る1日2〜3本のボートダイビングが可能だが、ポイント、海況、個人のスキルに応じて、ドリフトダイビング、モーリングダイビング、また、希望すればビーチダイビングも楽しむことができる。

　おもなものとしてファン・ダイビング、体験ダイビング、PADIなど各団体のライセンス取得、3〜7日間のサファリクルーズやスノーケリングトリップがあり、ヨーロッパからの旅行客でにぎわっている。日本人インストラクターも常駐しているので、言葉の不自由を感じることなく、ダイバー

紅海で見られる魚

アケボノチョウチョウウオ

テッポウウオの仲間

エンゼルフィッシュ

クマノミの紅海固有種

マダラエイの仲間

ハルガダからクルーザーで出発

エントリーの風景

憧れの紅海でライセンス取得をする日本人も増えつつある。また、ダイビングと遺跡観光を組み合わせた1週間からのパッケージツアーもある。キャメルダイビング（ラクダツアーとダイビングのセット）の予約も受け付けているので、ダハブまで足を延ばして、エジプトでしかできない体験をしてみてはどうだろう。中級者以上の人にはダイブサファリがおすすめ。日帰りでは行くことのできないポイントにも潜れて、3～7日間の日程で参加できる。

スキルに合ったダイビング
初級者おすすめスポット

紅海は浅場に多くの種類の魚が生息しており、ダイビングといってもほとんどの時間を深さ10～15mで過ごすので、時間のない人や、心身上問題があるという人でも比較的容易に海中を見ることができる。最近ではデジタルカメラなどで写真を撮ったり、ダイビングライセンスをもっていなくても、フィン、マスク、スノーケルのみでスノーケリングトリップに参加する家族連れも増えている。

紅海で見られる魚

これが体長1mを超えるナポレオンフィッシュ。このあたりの海域ではかなりの確率で出合える

ハルガダ P.280

　真っ白な砂地と美しいコーラルのポイント、ミドルガーデンMiddle Gardenがおすすめ。深さ10mほどのボトムがあって流れも少ないので初日でも安心して潜れる。メインアイランド沿い南のポイント、テンプルでは大きなナポレオンや、ものすごい数のハナダイが舞っているのを見ることができる。それ以外にも海況によりラス・ムハンマドなどでも潜れることもある。

ドキドキするエントリーの瞬間

シャルム・イッシェーフ P.304

　港から10分で行ける所から1時間以上かかる所まで、多くのダイビングサイトが点在している。紅海で見られる魚の種類は多く、固有種も17%と多いことから、フィッシュウォッチングや写真を撮る人には特に楽しめるスポットだ。

　ローカルエリアと呼ばれる近場のポイントでは流れはほとんどなく、初心者でも安心して潜ることができる。ラス・ボブ、ラス・ラスラーニといった北のポイントのコーラルは美しく、特に10m以内の浅瀬では、カラフルな色合いとエジプトの日差しの強さがダイバーの興奮をかきたてることだろう。また、港寄りのポイント、ラス・ウンム・スィードでは、ドロップオフの壁沿いに見事なほどに付着した大きなウミウチワが広がっており、バラクーダやツバメウオの群れを見ることができるので、ファン・ダイブを楽しめる絶好のポイントにもなっている。

ソフトコーラルとハナダイ

ニシキヤッコ

ハナミノカサゴ

ウミガメ

市外局番065

ハルガダ Hurghada
紅海最大のリゾート地

الغردقة

アラビア語：イル・ガルダア

■ハルガダへの行き方
●カイロ（→P.69）から
✈毎日6〜7便
所要:1時間　運賃:408£E

🚌トルゴマーン（→P.74）発
アッパーエジプトバス
8:00、13:00、18:30発
所要:6〜7時間　運賃:75£E
スーパージェット
7:30、14:30、23:30発
運賃:65£E

🚌ラムセス・ヒルトン横のマスピロ・モール前発
エル・ゴウナ
7:15〜翌3:00に15便程
運賃:70〜150£E

🚌アブード（→P.74）発
アッパーエジプトバス
17:30、20:30、22:00発
運賃:75£E

●スエズ（→P.356）から
🚌5:00〜23:00に1時間毎
所要:5時間
運賃:42£E

●アレキサンドリア（→P.327）から
🚌モウイフ・ゲディードゥ発
スーパージェットバス
20:00発　所要:11時間
運賃:95£E
エル・ゴウナ
4:45、7:30、21:00、24:00発
所要:11時間
運賃:90〜105£E

●シャルム・イッシェーフ（→P.304）から
🚢2010年8月現在運休中
🚌18:00発
所要:10時間
運賃:85£E

のんびり過ごすのに適したリゾート地、ハルガダ

　紅海沿岸で最大の都市ハルガダは、世界で最もきれいな紅海への基地として、世界中のダイバーに人気がある。

　1年中気温が高く、寒さや雨とは無縁のリゾート地ハルガダ。ヨーロッパでは安価な長期滞在型リゾート地としても有名。白いビーチと青い海を求めて、ドイツ人やロシア人などヨーロッパ人観光客が大挙してやってくる。ヨーロッパ主要都市からのチャーター便もハルガダにダイレクトで乗り入れる。これに対応し、南のリゾートホテル群をはじめ、続々と滞在型のホテルが建てられ、おしゃれなレストランやナイトクラブができている。また、ダイビングで有名なだけあり、ダイビングショップは星の数ほどある。

　町は20世紀後半から変わりはじめた。上エジプト（ナイル川上流域）から来た5つの主要部族で構成されていた漁村が、外国人を大量に受け入れる観光都市となった。かたやイッ・ダハールにある丘の麓には、ロバが道端にいる庶民の典型的な住宅地が広がる。ハルガダは現代エジプトの縮図のような町でもある。

旅のモデルルート

ハルガダでは、見どころをせかせかと回るような旅行は向かない。朝から夕方までダイビングに熱中するとか、ちょっとしたクルーズに出るとか、優雅なナイトライフを楽しむとか。とにかく荷物を置いて、のんびり過ごそう。

歩き方

エジプト最大のリゾート地ハルガダは、ダウンタウンのイッ・ダハール、港があるスィガーラ、リゾートホテルが連なるコラ地区の3つの地域から成り立っている。

みやげ物屋が多く並ぶイッ・ダハールのスーク

●**イッ・ダハール** ハルガダの中心である、最も北のイッ・ダハールは、中央部分にある小高い丘を囲んでいる。この丘と、西側のメインロード、**ナスル通り**Shaari' Nasr、ビーチ沿いの**コルニーシュ通り**Shaari' il-Korniishは把握しておこう。市街地は広いので、市内を循環するマイクロバスの利用価値が高い。

市街地の中心部は小高い山の西側にある**スーク**周辺と、海岸近くの**エンパイア・ホテル**周辺。このあたりは安宿やレストラン、ダイビングショップが多く、小さなスーパーマーケットも数軒あるので、自炊派には便利。

スーク西側にあるナスル通りにはアッパーエジプトバスのターミナルや、郵便局、電話局などの施設がある。

パブリックビーチのあるコルニーシュ通りは中級〜高級ホテル、ダイビングショップが点在する。

●**スィガーラ** イッ・ダハールと高級リゾート地区の中間にあたる。シャルム・イッシェーフ行きのスピードボートの発着点でもある。

広場の周辺にリーズナブルなレストランや中級ホテルなども増えてきた。広場から西に行くと、高級ホテルやレストラン、ショッピングセンターなどが多くなる。また、南側の港周辺は開発され、おしゃれなレストランなどが増えている注目のエリア。

スィガーラの港周辺

●**コラ地区** スィガーラから南に海岸線に沿った広大なリゾートエリア。ハルガダ空港があるのもここ。北の旧シェラトン・ホテル(閉鎖中)から南に約8kmにわたり、外資系の高級ホテルを中心にリゾートホテルが林立している。

ターミナルから市の中心部へ

●**空港** 市内各地へは公共の交通機関はなく、タクシーでしか交通手段はない。タクシーはメーター式で、イッ・ダハールまでの距離ならメーターを使用すると10£E前後なので、メ

ハルガダ空港から市内へは、公共交通機関はないので、タクシーを利用することになる

ブルーとオレンジのカラーリングのタクシーは、エジプトでは珍しいメーター式。ただし、「メーターを倒して!」と告げないと、メーターを入れないこともあり、あとで料金でもめることになりかねない

空港までのタクシー
イッ・ダハールから空港までタクシーはなかなかメーターを倒してくれません。「メーター倒せ!」と言ったら、「じゃあ、降りろ!」と言われ、10台ほどやり過ごしました。どうしてもメーターの料金で行こうと思うなら、時間に余裕をもったほうがいいかもしれません。ちなみに交渉したときの底値は15£Eです。
（千葉県　初芝神　'10夏）

■トーマスクック
Map P.283下A
シャルム・イッシェーフ行きのスピードボートのチケットなどを取り扱っている(2010年8月現在運休中)。
TEL (065)3541870
FAX (065)3546799
圏9:00～21:00 困無休

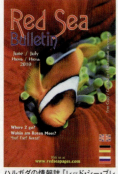
ハルガダの情報誌『レッド・シー・ブレティン』。国際的リゾート地にふさわしく、英、独、露の3ヵ国語で書かれている

ーターを使いたがらないドライバーが多い。市内から空港への車両入場料は5£E。

また、メインロードまで出れば、マイクロバスをつかまえることもできる。送迎バスを出しているホテルもある。

●**長距離バスターミナル**　ハルガダのバスターミナルは3つ。メインのターミナルはイッ・ダハール南東にある**アッパーエジプトバス**のターミナル。このターミナルからはルクソールなどの上エジプトのほかにカイロ、スエズにも便がある。ただしルクソール方面へのバスのほとんどがスエズ始発なので、チケットはバスの中で買うしか

イッ・ダハールの南にあるアッパーエジプトバスのターミナル

ないが、満席で乗れないこともある。

スーパージェットのバスターミナルはアッパーエジプトのバスターミナルの南600mほどの所にある。ここからはカイロ、アレキサンドリアへの便が出ている。

エル・ゴウナ社のバスターミナルは、スーパージェットのバスターミナルからさらに東に500mほど行った所。ここからはカイロへ1日13便バスが出ている。

●**港**　ハルガダとシャルム・イッシェーフを結ぶスピードボートはスィガーラから出ている(2010年8月現在運休中)。チケットはトーマスクックや多くの旅行会社や各ホテルでも取り扱っている。

市内交通

●**マイクロバス**　市内を巡回するマイクロバスは、イッ・ダハールの移動や、パブリックビーチのあるスィガーラ、高級リゾートホテルのあるコラ地区への移動に欠かせない。運賃はイッ・ダハールの中なら50pt.。ただし、通常運賃の2倍ほどの外国人料金を請求してくる運転手も多い。イッ・ダハールから終点のスィガーラまでは1£E、スィガーラからコラ地区南端のタイタニック・アクア・パークくらいまで2£E。

おもな路線は、ソリマン・マフザル通り～エンパイア・ホテル～海岸通り(コルニーシュ通り)～パブリックビーチ～ヒルトン・プラザ前。そのまま海岸沿いにスィガーラを経由してアッパーエジプトバスのターミナル方面に行くものも多い。コラ地区へはスィガーラで乗り換える。コラ地区へのおもな路線はスィガーラ～空港前～タイタニック・アクア・パーク方面。コラ地区のホテルには寄らない場合が多いので、乗る前に確認しよう。

●**タクシー**　ハルガダのタクシーはメーター式。初乗りの運賃は1kmまで3£E。以降20m進むごとに1pt加算される。イッ・ダハールからスィガーラまで6～7£E、空港まで10£E前後、コラ地区まで15£E前後。

両替

● **両替** イッ・ダハールには多くの銀行、私設両替所がある。銀行はナスル通り沿いに点在しており、ATMを設置している銀行もある。私設の両替所は金曜も開いているので便利。イッ・ダハールにあるトーマスクックでは、T/Cの両替もできる。南の高級リゾート地区では、多くのホテルに銀行が入っており、両替には困らない。

● **郵便・電話** 郵便局はイッ・ダハールのメインストリートであるナスル通りにある。電話局はナスル通りを西に行った交差点に面している。

旅の情報収集

● **観光案内所** ハルガダの観光案内所は、南の高級リゾート地区のエジプト航空オフィスから南へ行った所。エジプト全土に関するパンフレットが揃っているが、ハルガダに関する資料はそれほど多くない。

● **情報誌** ハルガダには『レッド・シー・ブレティンRed Sea Bulletin』という情報誌がある。新しいレストランやナイトスポット、ハルガダ発の最新交通状況などのの情報が満載。無料。観光案内所やホテルのロビー、イッ・ダハールの私設両替所に置いてある。人気があるので早めにゲットしよう。

● **インターネット** インターネットカフェはイッ・ダハールのナスル通りやスィガーラなどに数軒ある。日本語が読めるPCも多い。

■ **郵便局**　　　　　Map P.283下B
ナスル通りにある。
TEL (065)3546372
圏 8:00〜15:00 17:00〜24:00
休 金

■ **電話局**　　　　　Map P.283下A
ナスル通りの西にある。国際電話は不可。
圏 8:00〜22:00

■ **パスポートオフィス**
Map P.281A
イッ・ダハールの西にあるガーマからメインロードを北西に行った所。最長1年間のビザの延長が可能。
圏 9:00〜14:30　休 金
料 6ヵ月未満11.25£E
6〜11ヵ月61.25£E　1年91.25£E
再入国ビザ61.25£E

■ **ハルガダの観光案内所** ⓘ
Map P.281B
TEL (065)3463220
圏 8:00〜20:00　休 無休

スィガーラ

イッ・ダハール

ハルガダの見どころ

■紅海水族館
圏 9:00～22:00
困 無休
園 15£E
カメラ5£E　ビデオ15£E

紅海水族館

固有種が見られる
紅海水族館
Red Sea Aquarium

マアラド・アファー・イル・バフル・イル・アフマル

معرض احياء البحر الاحمر

MAP P.283下A

紅海の固有種を中心に美しい魚を見ることができる。ダイビングやスノーケリングの予習にはよいが、魚の種類や英語名がある程度わからないと退屈する。

ダイビングの前に予習しておこう

■パブリックビーチ
園 無料～10£E

スィガーラのパブリックビーチの入口

😊パブリックビーチ
心地よく過ごせます。騒がしい場所が苦手な人におすすめです。(岐阜県　ゆっこ　'09夏)

家族連れでにぎわう
パブリックビーチ
Public Beach

イッシャーティ・イル・アーンム

الشاطئ العام

MAP P.281A・B、P.283下B

ハルガダのビーチは、ホテル直営のプライベートビーチと公共のパブリックビーチに分かれている。パブリックビーチはイッ・ダハールにひとつと、スィガーラに3つある。エジプト人の家族連れでいつもにぎわっており、子供たちが無邪気に遊んでいる。スィガーラのパブリックビーチは設備も充実しており、有料のビーチベッドやカフェテリアを完備しているところもある。
　ホテル直営のプライベートビーチの使用料は15～50£E。しかし、南の高級リゾート地区のプライベートビーチは宿泊者以外は利用できない。

Information

ダイビングショップ選びは慎重に

　ハルガダでは、安くダイビングのライセンスが取れるため、それを目的に行く人は多いはず。そのため、安宿などでは、宿代を安くして客を集め、ダイビングコースなどの勧誘をして、その仲介料を儲けとしているところが多いのが実状。安いコース料で、しかも高い仲介料を取る、ということは当然コースの質が落ちるわけだ。宿泊先ですすめられると、ほかを探すのも面倒だし、断りにくい……なんて考えて、ついつい言われるままに申し込んでしまいがち。
　しかし、ダイビングは一歩間違えれば、非常に危険なスポーツだ。ハルガダでは、インストラクターが未熟であることや、器材の質の悪さから実際に事故も起きている。だから、ダイビングをする場合には、必ず自分でダイビングショップを訪れて、右記の項目をチェックしてほしい。日本人が多く利用しているから大丈夫だと思っていても、逆にそれを利用して勧誘していたり、日本人は文句を言わないから、と軽く見られていたり、また日本人が集中しすぎることで手が足りなくなり、結果として質が落ちることもある。ほかの旅行者とも情報を交換するようにしたい。

ダイビングショップを選ぶポイント
1) コース内容をきちんと確認する。学科教習、ダイビング理論、エクササイズのないライセンス取得コースはありえない。
2) 誰が教えるのか。インストラクターの能力、できればインストラクターライセンスの確認もする。
3) コミュニケーションに問題がないかどうか確認する。教材、試験問題などに日本語のものがあるか、または英語で大丈夫か。きちんとしているダイビングショップなら、インストラクターとのコミュニケーションがとれない場合、断られることもあるはず。
4) ダイビングショップの器材についても、きちんと整備されているか、自分の目で確認する。

潜水艦クルーズ
シンドバッド号
Sindbad Submarine Tour

ゴーラ・ビルガッワーサ
جولة بالغواصة

MAP P.281B

　本格的な潜水艦シンドバッド号に乗って紅海の海底巡り。ただし、視界は季節や透明度に左右されるので賛否両論。
　大きな窓から眺めるだけでなく、ふたりのダイバーが一緒に潜って魚とたわむれたり、餌付けをしてくれる。申し込みはコラ地区のシンドバッド・ホテルのほか、イッ・ダハールの大きなホテルでも予約可能。

広大な敷地のレジャー施設
タイタニック・アクア・パーク
Taitanic Aqua Park

タイタニック
تيتانيك

MAP P.281C

敷地内には何種類ものスライダーがある

　4つ星ホテルのタイタニック・リゾート&アクアパークは、大型プールや波の出るプール、何種類ものスライダーをもつエジプト屈指のウォーターレジャー施設で、1日中楽しむことができる。宿泊客以外でも入場料を払えば施設を利用できる。

ハルガダでこれをしなけりゃ始まらない
ダイビング
Scuba Diving

イル・ガウス
الغوص

　何といってもハルガダの醍醐味はスノーケリングとダイビング。必要な器材はすべて用意してくれるので、水着だけを持っていけばよい。ハルガダのほとんどのホテルには提携するダイビングショップがあるので、すぐにツアーに申し込むことができる。しかし、忘れてはいけないのが、ダイビングは下手をすれば命にかかわるスポーツであるということ。実際のところ最近、何件も事故が起きている。安易に考えずにダイ

■**シンドバッド号**
シンドバッド・ホテルから出航。
9:00、10:00、13:00発。
℡(065)3444688(予約)
料1人45€
　12歳以下22.5€

海中散歩が楽しめる潜水艦

■**タイタニック・アクア・パーク**
℡(065)3408900
圏10:00～18:00(冬期～17:00)
困無休
料1日券35US$

世界中の旅行者に大人気

クルーザーの上で楽しい昼食

地球の歩き方 関連書籍のご案内

ダイバー必携!
世界中の海で潜ってみよう

地球の歩き方リゾート
317→R11 世界のダイビング&スノーケリング完全ガイド

　本書は海の中の世界にすっかりハマったダイバーたちに贈る、ダイビング旅行の専門ガイド。世界中の美しいダイビングスポットを1冊にまとめ、ベストシーズンや楽しみ方はもちろん、個人手配の方法やツアーの上手な選び方など、ベテラン海外ダイバーのノウハウをぎゅっと詰め込んだ、今までにないガイドブックです。

1995円(税込)

●表示価格は定価(税込)です。改訂の際に価格が変わることがあります。

■ダイビング料金の目安
●オープンウオーターコース
　250〜300US$。ライセンス取得まで4〜5日。Cカード申請料が別料金のこともある。
●アドバンスコース
　220US$〜。経験者向き、料金はダイブ数、ショップによって異なる。
●レスキューコース
　200US$〜。
●2ボートダイブ
　50€〜。ランチ付き。スポットによって料金は異なる。器材は別料金のところも。
●スノーケリング
　20€〜。朝から夕方までの昼食付きツアー。

ビングショップ選びには細心の注意を払ってほしい。また、レンタル機材にしても、ウエットスーツに穴が開いていたり、BCDの空気が抜けるなどといった不具合もあるので、機材のチェックも忘れずに行おう。

チョウチョウウオの仲間

★おもなダイビングコースとツアー

　今、世界中のダイバーの憧れの海となっている紅海。海の透明度の高さと固有種の魚の多さ、そして珊瑚の美しさで感動することうけあい。ハルガダではシナイ半島のシャルム・イッシェーフなどより割安にボートエントリーのダイビングができる。経験者向きのコースはCカードが必要。1日のコースはだいたい8:00〜16:00。夜間に潜るナイトダイブもアレンジ可能だ。

Diving Spots

ハルガダ周辺の ダイビング&スノーケリングスポット

　ハルガダは紅海有数のダイビング基地。スィガーラ港を起点にボートエントリーできる。シャルム・イッシェーフ近くのポイントからスーダン国境付近まで、ボートに乗れば行動半径がぐっと広がるが、ハルガダ周辺でスノーケリングや体験ダイブができるところを中心に、いくつかポイントを紹介する。

ファナディール　El Fanadir
　イッ・ダハールの沖合にある。リーフの内側は1.5〜3mぐらいの深さなので、まるでプールのよう。リーフの外側は14〜40mのドロップオフと、スノーケリングをやってみたい人から本格的なダイビングをしたい人まで、幅広い層の人が楽しめるポイント。また、浅い所には小魚がたくさん群れており、エイ、ウミガメ、運がよければイルカも見られる。珊瑚もとても美しい所。

ギフトン・サギール　Giftun Saghir
　ギフトン諸島はグラスボートなどでも訪れることができる有名なスポットだが、小さいほうの島がギフトン・サギールだ。英語でスモール・ギフトンとも呼ばれる。こちらも浅い所と深い所があるので、ダイビング初心者から上級者まで、レベルに合わせた楽しみ方ができる。このスポットは、ナポレオンフィッシュが比較的よく現れることでも有名な所だ。

ファヌース／タートゥルベイ　El Fanus / Turtle Bay
　いずれもギフトン諸島の大きいほうの島、ギフトン・ケビールGiftun Kebirの北西にある。ワンセットで回ることが多い。こちらも初心者向けのポイントで、運がよければイルカが見られる。

カルレス・リーフ　Carless Reef
　リーフの周りはウツボ、ナポレオンフィッシュ、サメなどが見られ、ドロップオフもあるので、近くにあるウンム・ガマルUmm Gamar(26mぐらい潜った所に洞窟がある)とともに、中級者以上に人気のポイント。

●**スノーケリング** スノーケリングはフィン（足ヒレ）とスノーケル（口にくわえる管）と水中メガネを使って水中を見るスポーツ。初心者でも簡単にできるうえ、ただ泳ぐのとはまったく違う水中の美しさを楽しめる。一般的なコースは、8:30にホテルを出発、9:30にスィガーラの港を出発。2ヵ所のスポットとギフトン島で潜り、17:00頃帰着。器材はレンタルできるが、早めに自分に合ったものを確保しておくのが鉄則。残り物はゴムが切れていたり、使いものにならないようなものだったりする。

クルーザーの上からダイビング

ダイビング＆スノーケリングスポットには数多くのクルーザーが集まる

ハルガダ周辺の見どころ

ナイル谷とアラビア半島、インド、東アフリカを結ぶ航路は古代エジプト時代から発達していた。紅海地方は、このルートの重要な拠点として繁栄してきた地。新王国時代のハトシェプスト女王がプント（現在のソマリア）との貿易を行ったのもここから。ファーティマ朝～オスマン朝時代には多くの巡礼者をメッカに送り出していた。しかし19世紀に入り、スエズ運河が開通すると、次第にその重要性が失われ、衰退していくことになる。現在はリン鉱石の輸出港となっているが、ハルガダに続くリゾート地域として外国資本の豪華リゾートが建設ラッシュを迎えている。

リゾートホテルのビーチ

高級リゾートとして発展中
サファーガ
ミーナー・サファーガ
ميناء سفاجا
Safaga　　　MAP P.271

ハルガダから南へ60km、ルクソールなどからのバスが最初に立ち寄る紅海の港。リン鉱石を産出する港としても知られる。ここもハルガダのコラ地区のようにリゾート開発がめざましく、大型ホテルの数が増えている。

貿易港として栄えた
コセイル
イル・コセイル
القصير
Quseir　　　MAP P.271

サファーガから南85kmにある静かな港町。ここもサファーガやエル・グウナのように高級ホテルが続々とオープンしている。エナやキフトからワーディ・ハンママートを通る隊商の終着点として、古代から栄えてきた。モンスーンが来ても、楽に船が着けられる自然の良港をもっていたからだ。グレコローマン時代にはおもにトウモロコシがここから輸出され、イスラーム時代にはメッカへの大巡礼用の港として19世紀のスエズ運河開通まで栄えた。

コセイルのパブリックビーチ

■サファーガ
●ハルガダ（→P.280）から
アッパーエジプトバス
10:00～翌1:00に1時間毎
所要：1時間
運賃：10£E

新たなリゾート、サファーガ

サファーガ市役所前にある魚のモニュメント

■コセイル
●ハルガダ（→P.280）から
5:00、20:00、翌1:00発
所要：2時間30分
運賃：20£E

ミニ特集

人里離れた修行の地
― 聖パウロ修道院と聖アントニウス修道院 ―

エジプトではごく初期の頃から修道生活が営まれてきた。砂漠の奥で神と向き合う修道院を訪ねてみよう。

世界初の修道者、聖パウロゆかりの修道院

✚ 聖パウロ修道院

　この修道院は、世界初の修道者テーベの聖パウロが修行した洞窟の上に建てられた。5世紀にはすでに存在しており、6世紀からは巡礼者が多く訪れている。

　ここには、パウロが修道生活を行ったとされる洞窟と大理石の墓がある。建物の古い部分は6世紀にさかのぼるといわれているが、大部分は中世に造られたものだ。ドームや壁に、中世のフレスコでできた宗教画が多い。天井からぶら下がるダチョウの卵像は、イエスの復活を意味する。

●**聖ミカエル教会**　17世紀の建立で修道院内最大の教会。ふたつの至聖所があり、聖ミカエルと洗礼者ヨハネに捧げられている。18世紀に描かれた珍しい宗教画『皿に載った洗礼者ヨハネの首』や、聖ルカが40年に描いたといわれている宗教画もある。

✚ 聖アントニウス修道院

　聖パウロ修道院の近くにある。4世紀中頃に、キリスト教修道院の創始者聖アントニウスの弟子たちによって、聖人が修行した山の麓に建立された、エジプト最古で最大の修道院。12世紀から15世紀にかけて、コプト語で書かれた書物がアラビア語に訳され、修道院がフレスコで飾られた。1979年から修道院の修復が行われ、現在も修道生活が営まれている。

●**聖アントニウス教会**　聖母マリアに捧げられた修道院内最古の教会。聖アントニウス生存中に建立され、死後この下に埋葬されたとされる。エジプト最古のフレスコ画をはじめ、中世の宗教画も多い。

●**聖マルコ教会**　18世紀建立の12のドームが付いた教会。聖アントニウスの弟子の聖マルコの墓がある。

●**洞窟**　聖アントニウスが312年から356年まで修行をした洞窟。修道院の背後の山を276m登った所にある。

アクセス　折込Mapエジプト全図B3

　ハルガダとスエズの間の東方砂漠にある。聖アントニウス修道院や聖パウロ修道院へは、公共交通機関で行くことは不可能。

　聖パウロ修道院は幹線道路からも近く、標識も出ているのでタクシーをチャーターしていくのも比較的簡単。ただし、聖アントニウス修道院はさらに幹線道路をスエズ方面に向かい、内陸に入った所にある。修道院への道も悪く、かなり時間がかかってしまう。ふたつの修道院を1日で訪れたいのならハルガダのトーマスクックが催行するプライベートツアーに参加するのがおすすめ。問い合わせはハルガダのイッダハールにあるトーマスクック☎(065)3541871まで。

ミニ特集 ● 人里離れた修行の地

①現在のコプト教徒の間ではアラビア語が使用されている ②聖パウロ関連のおみやげやコプト・グッズはいかが？ ③修道院は何層もの増改築を重ね、砂漠の要塞のようになった ④聖パウロ修道院の門。ここから修道院まではまだ2kmほどの道のりがある ⑤ハルガダからやってきたキリスト教徒の家族 ⑥清貧の修道生活を送った聖パウロの肖像画 ⑦修道院の門には聖パウロの生涯が描かれている

■マルサ・アラム
●ハルガダ（→P.280）から
🚌5:00、20:00、翌1:00発
所要4時間
運賃:30£E

穴場的リゾート
マルサ・アラム
Marsa Alam

マルサ・アラム
مرسى علم
MAP P.271

　コセイルの南138kmにある。かつてはひなびた漁村だったが、近年リゾート開発が進むエリアだ。マルサ・アラムには空港も新たに建設され、フィッシングやダイビングの基地として注目を浴びている。美しい珊瑚礁や沖合の島々などダイビングスポットも多い。西にはエドフまで280kmの舗装道路が延びている。

HOTEL

日本からホテルへの電話
| 国際電話会社の番号 | + | 010 | + | 国番号 20 | + | 市外局番の最初の0を取った掲載の電話番号 |

　安宿はイッ・ダハールの郵便局の南や、パブリックビーチ近くに集中しており、バスが着くと同時に客引きがやってくる。スィガーラ地区にも手頃な中級ホテルが多い。狙い目はコラ地区の中級ホテル。30～50US$ぐらいで、プライベートビーチ、プール付きのホテルに泊まることもできる。

イッ・ダハールからスィガーラのホテル

ハッピー・ランド Happy Land　経済的　Map P.283下A

فندق هابي لاند　フンドゥク・ハビ・ランド

✉Shaari' Sheikh Sabeq
TEL (065)3547373
FAX なし
S 🛏🛁📺❄ 30£E
S 🛏🛁📺❄ 35£E
W 🛏🛁📺❄ 40£E
W 🛏🛁📺❄ 50£E
💰£E
T/C 不可　CC 不可

　アスル・イン・ニール通りからシェリーフ通りに入り、少し行くと右側に看板が見える。近くには商店や庶民的なレストランも多い。部屋は簡素ながらもよく掃除されて、床は白い。バスルームも清潔にされている。全21室。英語はあまり通じない。

4シーズンズ 4 Seasons　経済的　Map P.283下A

فندق فور سيزنز　フンドゥク・フォル・シーズンズ

✉Shaari' Sa'id il-Qorayed
TEL (065)3545456　FAX なし
@ forseasonshurghada@hotmail.com
S 🛏🛁📺❄ 40£E
S A/C 🛏🛁📺❄ 50£E
W 🛏🛁📺❄ 60£E
W A/C 🛏🛁📺❄ 80£E
💰US$ € £E
T/C 不可　CC 不可

　イッ・ダハールにある経済的なホテル。ホテルの周囲はレストランや商店が多く、何かと便利な立地。全14室中10室はエアコンと衛星放送視聴可能なテレビ、冷蔵庫付き。客室の掃除も行き届いている。サンド・ビーチ・ホテルのプライベートビーチは20£Eで使用することができる。

シービュー Seaview Hotel　中級　Map P.283下B

فندق سي فيو　フンドゥク・シービュー

✉Shaari' il-Korniish
TEL (065)3545959
FAX (065)3546779
🌐www.seaviewhotel.com.eg
S A/C 🛏🛁📺❄ 90～100£E
W A/C 🛏🛁📺❄ 140£E
💰US$ € £E
T/C 不可
CC 不可

　部屋は改装済みで、エアコン、衛星放送視聴可能なテレビ、ミニバーなど、中級ホテルとして必要なものはすべて揃っており、気持ちよく過ごすことができる。全42室のうち、ほとんどの部屋がシービューになっている。バスタブがあるのは3室のみ。

シンドレラ Cindrella　　　中級　Map P.283下B

فندق سندريلا　フンドゥク・スィンドレラー

✉ Shaari' il-Korniish
TEL&FAX (065)3556571
@ cindrella-seaview@yahoo.com
[S] A/C 🛁 📺 110£E
[W] A/C 🛁 📺 150£E
💳 US$ € £E
🆔 不可
CC 不可

パブリックビーチの近くにある3つ星の中級ホテル。客室数は36室、各部屋にはエアコン、テレビ、電話などを備えている。規模や設備的には同クラスの宿と大差はないものの、パステル色を基調にした部屋は清潔感にあふれている。無線LANは1階にて無料で利用することができる。

ゲイスーム Geisum Hotel　　　中級　Map P.283下B

جيسوم　ゲイスーム

✉ Shaari' il-Korniish
TEL (065)3547995
FAX (065)3547994
[S] A/C 🛁 📺 35US$
[W] A/C 🛁 📺 50US$
💳 US$ € £E
🆔 不可
CC M V

パブリックビーチの西にある。青系統の色で統一された部屋はとても涼しげだ。プライベートビーチはあるが、漁港のような感じであまり手入れはされていない。あまり大きくはないが、プールもある。無線LANはロビーにて無料で利用することができる。

サンド・ビーチ Sand Beach Hotel　　　中級　Map P.283下A

ساند بيتش　サンド・ビーチ

✉ Shaari' il-Korniish
TEL (065)3547992
FAX (065)3547822
@ sandbeach@access.com.eg
[S] A/C 🛁 📺 50US$
[W] A/C 🛁 📺 70US$
💳 US$ € £E
🆔 不可
CC M V

ゲイスーム・ホテルの西隣にある。白い外観の3つ星ホテル。ヨーロッパからのツアー客が多い。階段状のプールを囲むように、客室棟が並んでいる。ホテル内には銀行などの設備が整っている。無線LANは1階にて別料金で利用することができる。非宿泊者のビーチ使用料は30£E。

エンパイア・ビーチ・リゾート Empire Beach Resort　　　中級　Map P.283下A

أمباير بيتش ريزورت　インパイル・ビーチ・リゾルト

✉ 2 Shaari' il-Korniish
TEL&FAX (065)3547816
Inet www.threecorners.com
[S] A/C 🛁 📺 48€
[W] A/C 🛁 📺 82€
🍴 3食付き
💳 US$ € £E
🆔 不可
CC A M V

コルニーシュ通り沿い。エンパイア・ホテル（→P.292）とは同経営。周辺のホテルと比べると小規模だが、リゾートホテルの基本設備はひととおり整っている。ビュッフェ式のレストランもある。宿泊客はヨーロッパからの家族連れが多い。全141室。

Information

数泊かけてじっくり楽しみたいならダイブサファリ

ダイブサファリとは、大型クルーザーを使った2泊3日〜6泊7日のダイビングツアーのこと。日帰りツアーではなかなか行けないようなすばらしいポイントも、クルーズ船を基地とすることで行くことが可能になる。

ダイブサファリの基地となる豪華クルーザーは設備が整っており、生活はもちろん快適。時間にとらわれずにのんびりとダイビングを楽しむことができるのも、ダイブサファリの魅力だ。

世界中からやってきたダイバーともダイビングを通して親しくなり、世界中のスポットの情報交換ができるというメリットもある。

エンパイア　Empire Hotel　中級　Map P.283下A

فندق أمباير　フンドゥク・インパイル

✉Hospital & Sayyed Kharrim St.
TEL (065)3549200
FAX (065)3549212
Inet www.threecorners.com
S A/C 🚿🚽📺 33€
W A/C 🚿🚽📺 38€
💵 US$ €
TC 不可　CC M V

イッ・ダハールのランドマーク的存在。シーフードレストランのシェ・パスカルや旅行者に人気のピーナッツ・バーが隣にある。同系列のエンパイア・ビーチ・リゾート(→P.291)のビーチを無料で利用できる。朝食はビュッフェ形式で品数もなかなか豊富。

ロイヤル・シティ　Royal City Hotel　中級　Map P.283上

فندق رويال سيتي　フンドゥク・ロイヤル・シティ

✉Shaari' Sheraton
TEL&FAX (065)3447195
S A/C 🚿🚽📺 80£E
W A/C 🚿🚽📺 150£E
💵 US$ € £E
TC 不可
CC 不可

スィガーラにある。港に近く、夜遅く船で着いたときにも便利。このあたりには似たようなクラスのホテルが並ぶ。部屋はかなり広め。ホテルから離れているが、プライベートビーチもある。眺望室付きのスペシャルルームもある。

シェドワーン　Shedwan Golden Beach Hotel　高級　Map P.283下A

فندق شدوان　フンドゥク・シェドワーン

✉Shaari' il-Korniish
TEL (065)3547007
FAX (065)3548045
Inet www.redseahotels.com
S A/C 🚿🚽📺 85US$
W A/C 🚿🚽📺 130US$
💵 US$ € £E
TC 不可
CC A M V

イッ・ダハール中心部では最大の規模と設備を誇る。広い敷地内にはコテージタイプの客室が点在している。プライベートビーチも美しく整備され、スイミングプールは3種類ある。無線LANは1階にて別料金で利用することができる。全270室。

ヒルトン・プラザ　Hilton Plaza Hotel　最高級　Map P.283下B

هيلتون بلازا إل الغردقة　ヒルトンプラザ・イル・ガルダア

✉Gabal il-Kharim Shaari' il-Korniish
日本の予約先:TEL (03)6863-7700
TEL (065)3549745
FAX (065)3547597
Inet www.hilton.com
S A/C 🚿🚽📺 150US$
W A/C 🚿🚽📺 210US$
🍴3食付き 💵 US$ €
TC 不可　CC A D M V

イッ・ダハール地区東部の丘にそびえる大型リゾートホテル。全224室すべてがシービューの部屋。プライベートビーチの規模と美しさはハルガダ有数。高台の上にあるので、ホテルやプールからは、眼下に三日月状の湾のパノラマが広がる。無線LANは別料金で利用することができる。

😊プライベートビーチが見渡せるベランダがよかった。女性ひとり旅でしたが、安心して滞在できました。サウナ、スパ、最高でした。
(東京都　小杉　博美　'09秋)

コラ地区のホテル

サフィール　Safir Hurghada　中級　Map P.281B

سفير الغردقة　サフィール・イル・ガルダア

✉Hurghada Red Sea
TEL (065)3442901
FAX (065)3442904
Inet www.safirhotels.com
S A/C 🚿🚽📺 80US$
W A/C 🚿🚽📺 100US$
💵 US$ € £E
TC 不可　CC A M V

規模は大きくはないが、プール、ビーチともによく整備されている。部屋の内装はオリエンタルテイスト。無線LANは1階にて別料金で利用することができる。イッ・ダハールからのマイクロバスは、このホテルを経由しないものが多いので、よく確認してから乗ろう。

イッ・サマカ　El Samaka Beach Club　中級　Map P.281B

فندق السمكة　フンドゥク・イッサマカ

✉ Hurghada Red Sea
TEL (065)3442228
FAX (065)3422227
Inet www.samakahotels.com
S AC ▫▫▫ 55US$
S AC ▫▫▫ 55US$(コンフォート棟)
W AC ▫▫▫ 60US$
W AC ▫▫▫ 65US$(コンフォート棟)
⊞2食付き
US$ € £E
T/C不可　CC不可

プリンセス・パレスの隣にある。中庭にコテージが雑然と並んでおり、部屋はベドウィン風石造りのベッド。もちろんプライベートビーチもある。このあたりでは安いほうだ。プールの横には4つ星の新しいコンフォートと呼ばれる客室棟もある。ドイツ人の長期滞在客が多い。スパやサウナも併設されている。全163室。

プリンセス・パレス　Princess Palace Hotel　中級　Map P.281B

برنسس پالاس كلب　プリンシス・パラス・クラブ

✉ Hurghada Red Sea
TEL (065)3465000
FAX (065)3465007
Inet www.princess-hurghada.com
S AC ▫▫▫ 40US$
W AC ▫▫▫ 60US$
US$ € £E
T/C不可　CC不可

ホテルが林立するコラ地区のほぼ中央にあたる。ピンク色の外観が印象的。ホテル本館の客室とコテージ棟に分かれている。プールの造りもこのクラスにしてはなかなかのでき。無線LANは別料金で利用することができる。全325室。

フレンドシップ・ビレッジ　Friendship Village　中級　Map P.281B

فرندسيب فيلدج　フレンドシップ・ヴィリジ

✉ Hurghada Red Sea
TEL (065)3465000
FAX (065)3465013
S AC ▫▫▫ 150£E
W AC ▫▫▫ 240£E
⊞2食付き
US$ € £E
T/C不可
CC不可

このあたりではかなり良心的な料金の2つ星ホテル。客室はシンプルだが、吹き抜けになったレストランの感じがよい。ビーチには面していないが、宿泊者は道路を挟んだ向かい側にあるプリンセス・パレスのビーチとプールを無料で使用することができる。

シンドバッド　Sindbad Beach Resort　高級　Map P.281B

سندباد بيتش ريزورت　スィンドバード・ビーチ・レゾルト

✉ Hurghada Red Sea
TEL (065)3443261
FAX (065)3443267
S AC ▫▫▫ 150US$
W AC ▫▫▫ 180US$
⊞2食付き
US$ €
T/C不可
CC A M V

潜水艦シンドバッド号（→P.285）でおなじみのホテル。アトラクションの豊富さには定評がある。プールのスライダーも大きく、子供たちに人気で、家族での滞在にぴったり。セキュリティ面もしっかりしているので安心。無線LANは別料金で利用可能。

ギフトン　Giftun Tourist Village　高級　Map P.281B

قرية الجفتون للسياحة　カルイット・イル・ギフトン・リッシヤーハ

✉ Hurghada Red Sea
TEL (065)3463040
FAX (065)3463050
Inet www.giftunbeachresort.com
S AC ▫▫▫ 85€
W AC ▫▫▫ 120€
⊞3食付き
US$ € £E
T/C不可
CC M V

総客室数522とかなり大型のリゾートホテル。ホテルの両翼にはさまざまな店、レストランなどが充実している。ロビーを抜けるとバンガロータイプの客室が点々としている。さらにその先には、スイミングプールや、プライベートビーチもある。インターネットカフェも併設されている。

タイタニック・リゾート　Titanic Resort　　　高級　Map P.281C

تيتانيك رزورت　　タイタニック・リゾルト

✉ Hurghada Red Sea
TEL (010)3408900
FAX (010)3408909
[S][AC][🛁][🍴][📺]60€
[W][AC][🛁][🍴][📺]100€
🍽3食付き
💵US$ € £E
TC不可
CC [M][V]

　広大なウオーターレジャー施設をもつ4つ星ホテル。もちろん宿泊者は無料で利用できる。プライベートビーチは道路を挟んだホテル、アリ・ババ・パレスAli Baba Palaceの横のビーチを利用できる。無線LANは1階のロビーにて無料で利用することができる。全331室。

ビーチ・アルバトロス　Beach Albatros Hurghada　　　最高級　Map P.281C

بيتش الباتروس الغردقة　　ビーチ・アルバトロス・イル・ガルダア

✉ Hurghada Red Sea
TEL (065)3464001
FAX (065)3464000
inet www.pickalbatros.com
[S][AC][🛁][🍴][📺]178US$
[W][AC][🛁][🍴][📺]272US$
🍽3食付き
💵US$ € £E
TC不可
CC [M]

　全730室の大型リゾートホテル。広大な敷地を誇っており、ビーチはもちろんのこと、さまざまな種類のスイミングプール、テニスコート、パットゴルフのコース、ディスコなど、レジャー関連の設備はハルガダでも有数。合計5種類のレストラン、4軒のバーなど、併設の店舗は13軒。無線LANは1階にて別料金で利用することができる。

ツアーでよく使われる大型ホテル

ヒルトン・リゾート　Hilton Resort　هيلتون رزورت الغردقة　ヒルトン・レゾルト・イル・ガルダア

✉ Hurghada Red Sea Safaga Rd.　　　　　　　　　　　　　　　　　　　　　　Map P.281C
日本の予約先:TEL(03)6863-7700　TEL(065)3465036　FAX(065)3465035　inet www.hilton.com
🏨🍴🏊　💵US$ €　TC不可　CC[A][D][M][V]
●コラ地区の南部にある。エントランスの形状が印象的。中庭のプールを囲むように低階層のコテージ風客室が並ぶので、開放感がある。もちろん各種設備も充実している。レストランはメインレストランのほか、イタリア料理とシーフードの3店舗。

メルキュール　Mercure　ميركيور　メルキュール

✉ Hurghada Red Sea　　　　　　　　　　　　　　　　　　　　　　　　　　　　　Map P.281C
日本の予約先:無料00531-61-6353　TEL(065)3464641　FAX(065)3464640　inet www.mercure.com
🏨🍴🏊(3食付き)　💵US$ € £E　TC不可　CC[A][D][M][V]
●全312室。ホテルの敷地は40ヘクタールあり、外観、館内ともにオリエンタル風な雰囲気が魅力的。マリンアクティビティ関連の施設が充実しており、ダイビングやスノーケリングはもちろん、ウインドサーフィンやフィッシングなども楽しめる。

ハルガダ・マリオット　Hurghada Marriott Beach Resort　ماريوت الغردقة　マリヨット・イル・ガルダア

✉ Hurghada Red Sea　　　　　　　　　　　　　　　　　　　　　　　　　　　　　Map P.281B
日本の予約先:無料0120-142-536　TEL(065)3446950　FAX(065)3446970　inet www.marriott.com
🏨🍴🏊　💵US$ €　TC不可　CC[A][D][M][V]
●旧シェラトン・ホテルの西側。建物の外観もさることながら、自慢は凝った造りでよく整備されたプライベートビーチ。桟橋や小さな島もあり、高級リゾートを演出している。オリエンタルな雰囲気のパティオも開放的でくつろげる。1階のカフェで無線LANを無料で利用することができる。

コンチネンタル　Continental Hotel　كونتيننتال　コンティネンタール

✉ Hurghada Red Sea　　　　　　　　　　　　　　　　　　　　　　　　　　　　　Map P.281C
TEL(065)3465100　FAX(065)3465101　inet www.continentalhurghada.com
🏨🍴🏊　💵US$ € £E　TC不可　CC[A][D][M][V]
●ハルガダでも最大級の規模と設備を誇る。全252室で、全室シービュー。巨大なプールが自慢。レストランもシーフードやイタリア料理など各種揃っている。

294

Restaurant

　リゾート地のハルガダに庶民的な店は少ない。看板にはメニューや料金が書かれていることが多いので、見比べながら探すのも楽しい。ターメイヤやシュワルマなどの軽食は、イッ・ダハールのナスル通りやスィガーラ周辺で。コラ地区ではホテル内のレストランの利用が便利。2食付きや3食付きの料金プランを用意しているホテルもある。

イル・ジョーカー　El Joker

庶民的　シーフード

Map P.283上

- ✉ Midaan Sekkala
- TEL (065)3443146
- FAX なし
- 営 11:00〜翌1:00
- 休 無休
- 料 US$ £E
- T/C 不可
- C/C 不可

　スィガーラの広場西側に面したレストラン。値段も手頃で、このあたりでは人気がある。カラマリとエビのフライはさすがにおいしい。スープ4〜10£E、サラダ2〜8£E、魚1kg20〜50£E、ボリュームたっぷりのセットメニューは50£Eと70£E。

イル・ミーナー　El Mina Restaurant

庶民的　シーフード

Map P.283上

- ✉ Shaari' il-Mina
- TEL (065)3445910
- FAX なし
- 営 12:00〜翌1:00
- 休 無休
- 料 US$ £E
- T/C 不可　C/C 不可

　魚屋の食事コーナーから始まり、味のよさと値段の安さが評判となり、隣に3階建てのレストランビルまで建った人気店。魚1kg40〜100£E、ピザ16〜30£E、パスタ12〜17£Eなど。イッ・ダハールにも支店がある。

フェルフェラ　Felfela

中級　シーフード

Map P.281

- ✉ Shaari' Sheraton
- TEL (065)3442411
- FAX なし
- 営 9:00〜24:00
- 休 無休
- 料 US$ € £E
- T/C 不可
- C/C 不可

　サフィール・ホテルの北に建つ。地中海風に飾られた屋外で食事ができ、ここから眺める紅海はとても美しい。夕暮れ時には、ダイビングから戻ってきたクルーザーが見られる。ターメイヤ5£E〜、カラマリ37£E、魚40£E、カバーブ46£E。

パパ・ディモス　Papa Dimos

庶民的　ファストフード

Map P.283下A

- ✉ Shaari' il-Nasr
- TEL (065)3557710
- FAX なし
- 営 9:00〜翌3:00
- 休 無休
- 料 £E
- T/C 不可
- C/C 不可

　イッ・ダハールの中心部にあるファストフード店。メニューはサンドイッチとピザが中心。ピザは全10種でMサイズが12〜40£E、Lサイズが22〜55£E。スパゲティ15〜35£Eもある。店内は狭く、庭には一応テーブルやイスがあるが、基本的にはテイク・アウェイが中心だ。デリバリーも行っている。

ホワイト・エレファント　White Elephant

中級　タイ料理

Map P.283上

- ✉ Hurghada Marina B16
- TEL 0124558940（携帯）
- FAX なし
- 営 11:00〜24:00
- 休 無休
- 料 £E
- T/C 不可
- C/C M V

　スィガーラ地区のマリーナにあるタイ料理店。タイ人シェフの作るメニューは60種類を超え、トムヤムクンやトムカーガイ各30£E、各種カレー30〜35£Eが人気料理。持ち帰り可能なメニューもある。また、周囲にはオシャレなレストランが何軒かある。

ゴールデン・ドラゴン Golden Dragon

高級　🍴　中華料理

Map P.283下A

التنين الذهبي　イル・ティニィーン・イル・ダハビ

✉Shedwan Garden Hotel
TEL (065)3555051
FAX (065)3555054
営 16:00～24:00
休 無休
料 US$ € £E
TC 不可
CC ADMV

シェドワーン・ガーデン・ホテル内にある中華料理店。味、雰囲気ともにハルガダの中華料理店では最高クラス。そのぶん値段もやや高め。スープが24～35£E、ヌードル18～48£E、メイン60£E前後、シーフード48～85£Eなど。量は少なめで、日本人にはちょうどいいサイズ。中国人シェフがふたり働いている。

😊魚料理もおいしいですが、お肉もおいしかったです。ここは本当においしかった！。　（和歌山県　KANA　'09春）

マンダリン Mandarine

高級　🍴　レバノン料理

Map P.281B

مندارين　マンダリン

✉Siva Grand Hotel
TEL (065)3463131
FAX (065)3463130
営 13:00～翌2:00
休 無休
料 US$ € £E
TC 不可
CC ADMV

シヴァ・モール入口のオープンテラスにある、レバノン料理の店。前菜の種類が豊富でセットがお得。マンダリン・スペシャル（メザ）は10種類の前菜が入って55£E、ほかにもカバーブやシシ・タウックなどの肉料理からサンドイッチ類まで幅広く用意している。予算は60£E～。

ガウチョ Gaucho

高級　🍴　ステーキ

Map P.281B

جاوتشو　ガウチョ

✉Siva Grand Hotel
TEL (065)3463131
FAX (065)3463130
営 13:00～翌2:00
休 無休
料 US$ € £E
TC 不可
CC MV

マンダリンと同経営で、シヴァ・モール入口のオープンテラスにある。炭火で焼いたジューシーな肉が美味。ミックスグリル110£Eのほか、Tボーンステーキ110£Eもある。ガスパチョ43£Eやファヒータス65£E、ナチョ35£Eなど、スペイン、メキシコ系の料理も出す。

ハード・ロック・カフェ Hard Rock Cafe Hurghada

中級　🍴　バラエティ

Map P.281B

هارد روك كافيه　ハルド・ロック・カフェ

✉Hurghada Red Sea
TEL (065)3465170
FAX (065)3465166
URL hardrock.com
営 12:00～翌3:30
休 無休
料 US$ € £E
TC 不可
CC AMV

❶の南、デザート・インのすぐ北側に位置する。入口横にある大きなギターが目印。店内はレコードやギターなど、ロックミュージシャンの記念品がずらりと展示されている。メニューはサラダ15～50£E、サンドイッチ39～68£E、ハンバーガー30～50£Eなど。サッカーラやハイネケンなどの生ビールもある。

リトル・ブッダ Little Buddha

高級　🍴　バラエティ

Map P.281B

لتل بودا　リトル・ブーダ

✉Hurghada Red Sea
TEL (065)3450120
FAX なし
営 13:00～翌3:00
休 無休
料 US$ € £E
TC 不可
CC ADMV

ラスベガスやアムステルダムなどにも店舗があるハルガダ屈指の大型レストラン。店内の中央は吹き抜けになっており、大仏が鎮座している。スシバーもあり、寿司と刺身の盛り合わせ210£E。フィッシュ＆チップス40£Eや中華料理各種68£E～もある。毎晩23:30からナイトクラブにもなる。

パパ・マトリックス Papa Matrix

中級　🍴　カフェバー

Map P.283下A

بابا ماتوريكس　パーパー・メトリクス

✉Opposite to Hospital
TEL 0161429995（携帯）
FAX なし
営 10:00～翌3:00
休 無休
料 US$ € £E
TC 不可
CC 不可

エンパイヤ・ホテルとシェドワーン・ホテルの間にあるレストラン・バー。店の雰囲気はイングリッシュパブのよう。サッカーの試合を店内の巨大スクリーンで放映しており、毎週金曜は音楽の生演奏も楽しめる。ビールはステラ、サッカーラのほか、ハイネケンなどもあり、13～20£E。

聖カトリーナ St.Catherine

モーセが十戒を授かった、有史以来の聖なる地

アラビア語：サーント・カートリーン
سانت كاترين

市外局番069

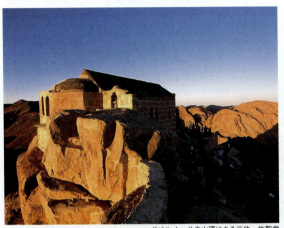

ガバル・ムーサの山頂にある三位一体聖堂

旧約聖書には、モーセが神から十戒を授かったことが出てくる。その場所といわれているガバル・ムーサ（シナイ山）をはじめ、このあたりには、ユダヤ教、キリスト教、イスラーム教にとって宗教的に重要な意味をもつ場所が散在する。

4世紀には、ローマ帝国各地からキリスト教信者がここに集まってきた。337年にはローマのコンスタンティヌス帝の母のヘレナの命令により「燃える柴」の周りに聖堂が築かれた。たび重なるベドウィンの襲撃にもかかわらず、巡礼者の数は増え続けた。6世紀にはユスティニアヌス帝が聖堂の周りに砦を築き、今の修道院の基礎を造った。また守備隊を送って警備にあたらせていたという。

イスラーム時代になってもカイロとの関係は良好で、18世紀末のナポレオン侵攻まで盛衰を繰り返し、最大時には400人の修道僧が修行していた。ナポレオンは技術者を送って補修作業にあたらせ、この作業はムハンマド・アリによって受け継がれた。歴史を見ても明らかなように、修道院はギリシア正教など東方教会との関係が強く、今でもギリシアからの修道僧が多い。

ここシナイ山は標高が高く、ほかのシナイ半島南部とは違って寒いので、暖かい支度をしていこう。

■聖カトリーナへの行き方
　ダハブ、シャルム・イッシェーフやヌエバアの各ホテル、旅行会社では、聖カトリーナへのツアーを出している。なかでも最も利用しやすいのはダハブからの御来光ツアー。夜半前に出発し、翌日の昼頃に戻ってくるというもので、ガイド料込みで100£E程度。修道院の開いている日の前日に、ホテルや旅行会社で催行される。

●カイロ（→P.69）から
🚌トルゴマーン（→P.74）発
イーストデルタバス　11:00発
所要：7時間30分
運賃：45£E

●ダハブ（→P.313）から
🚌2010年8月現在運休中。聖カトリーナへ行くにはツアーに参加するか、もしくはタクシーをチャーターするしかない。

■聖カトリーナから各都市へ
●カイロへ
🚌6:00発
運賃：45£E

●スエズへ
🚌6:00発
運賃：31£E

●ダハブ、ヌエバアへ
🚌2010年8月現在運休中。タクシーをチャーターするしかない。

聖カトリーナ修道院のファサード

御来光登山にチャレンジ

ゴツゴツした岩山に、神秘的な御来光が降り注ぐとき
あたりは荘厳な雰囲気に包まれる。
ここは、モーセが十戒を授かった聖なる山、シナイ山。

1. あなたはわたしのほかに、なにものをも神としてはならない。
2. あなたは自分のために、刻んだ像を造ってはならない
3. あなたは、あなたの神、主の名を、みだりに唱えてはならない。
4. 安息日を覚えて、これを聖とせよ。
5. あなたの父と母を敬え。
6. あなたは殺してはならない。
7. あなたは姦淫してはならない。
8. あなたは盗んではならない。
9. あなたは隣人について、偽証してはならない。
10. あなたは隣人の家をむさぼってはならない。

　三日目の朝となって、かみなりと、いなずまと厚い雲とが、山の上にあり、(中略)シナイ山は全山煙った。(中略)ラッパの音が、いよいよ高くなったとき、モーセは語り、神は、かみなりをもって、彼に答えられた。主はシナイ山の頂に下られた。そして、主がモーセを山の頂に召されたので、モーセは登った。(中略)神はこのすべての言葉を語っていわれた。(後略)

(出エジプト記19:20)

ガバル・ムーサと修道院
→P.301

　現在、ガバル・ムーサ(シナイ山)と呼ばれるその山は、長い間モーセが十戒を授かった地と信じられてきた。山の麓にある聖カトリーナ修道院では、修道士が今も暮らしている。毎日のように人々が巡礼に訪れ、なかにはかなり年をとった人もいる。若い者にとっても、決して楽な道のりとはいえないこの真っ暗な道を、杖を持って一歩一歩かみしめるように登る姿に、心を動かされずにはいられない。

①神々しいシナイ山(ガバル・ムーサ)の御来光　②聖カトリーナ修道院に残る井戸はモーセの井戸と呼ばれている　③朝日が差し込む三位一体聖堂　④登山客は三位一体聖堂で御来光を待つ　⑤ラクダを使ってシナイ山を登頂することもできる。しかし、途中では階段道になるのでラクダから降りなければならない

旅のモデルルート

バスの運休が頻繁に起こる聖カトリーナへは、ダハブなど近郊のリゾート地からのバスツアーに参加すると効率がよい。ガバル・ムーサで御来光を拝み、その後、聖カトリーナ修道院を見学するのが定番だ。

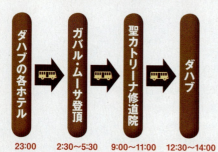

ダハブからのツアー

時期により日の出の時間が異なるので、それに合わせて出発の時間も変わる。登山はきつく、リタイアする人も出てくるので、体力に自信のない人はやめておこう。山頂は冷えるので、暖かい服装をして行こう。暗闇の中を登っていくので懐中電灯も必携。

■ビジターセンター
Map P.300

聖カトリーナには公共の❶はないが、ビジターセンターがある。
圏9:00～12:00
休金・日、正教会の祝祭日
2011年の祝祭日
1/7・14・19、2/15、3/7・8・9
4/7・21・22・25・27、6/2・13
8/19、9/27、12/7・8
なお、1/6・18、4/16・23、7/12、11/14は10:45～11:45の開館となる。

☹悪質なタクシードライバー

カイロ発聖カトリーナ行きのバスで、聖カトリーナに到着すると、タクシードライバーがバスに乗り込んできてホテルまでの送迎を勧誘します。わずか300mの距離でも「4kmある」と嘘をつき、バスから降ろされるので、要注意。
（在ドイツ みづほ '09秋）

■レストラン

修道院と山以外ほとんど何もない聖カトリーナの町では、夕食や朝食はホテルで食べるのが一般的。町のバス停付近にレストランが数軒ある。売店などは登山道入口の事務所周辺にもある。ガバル・ムーサへのラクダ道沿いの休憩所では、シャーイなどが飲める。

歩き方

聖カトリーナには、山と修道院以外に、小さな町がある。バスが発着するのは町の外れにある停留所。そこからさらに1kmほど行った道沿いには中級ホテルが数軒並んでいる。

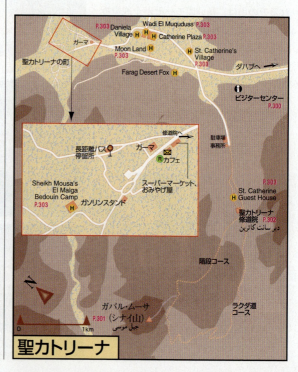

聖カトリーナ

見どころ

モーセの十戒で有名な
ガバル・ムーサ（シナイ山）

世界遺産 Mount Sinai

ガバル・ムーサ
جبل موسى
MAP P.300

ガバル・ムーサ（モーセ山という意味）は別名シナイ山と呼ばれており、標高2285m。聖書ではモーセはここで神から十戒を授けられたことになっている。この山に登るには、おもにふたつのルートがある。短いが、かなりキツイ階段コースと、19世紀に造られたラクダが通れる道がある。ちなみに階段は3750段。ただしラクダ道を通っても、結局最後は階段コースと合流するため、800段ほどは上らなければならない。

ガバル・ムーサから眺める朝日

聖カトリーナの町に宿泊したなら、深夜3:00頃から山に登り、御来光を拝んで下りてくる。少なくとも往復4時間はかかる。これはかなりキツイ。修道院の横から登っていくわけだが、もしつらいと思うなら途中でラクダをレンタルできるのでチャーターしてもよい。

このような形での巡礼は、5〜6世紀頃に始まった。下りの途中には聖エリヤの礼拝堂なども見ることができる。山の頂上は冬になると雪が積もり、とても寒い。夏でも夜は相当冷え込み、1年中突風が吹き荒れている。したがって防寒具が必要。頂上には、1930年に建てられた三位一体聖堂と小さなマスギドが並んで建っている。日の出の景色は壮観だ。

聖カトリーナ修道院

聖カトリーナの町

■聖カトリーナ保護区域
料 3US$

麓にある駐車場

■ガバル・ムーサ

途中で迷う登山者が少なからずいるという理由で、近年、登山するためにはガイドが必要になった。ツアーに参加すればガイドを自分で手配する必要はないが、個人で登るためには、必ずガイドを雇わなければならない。聖カトリーナ修道院に入る前にある駐車場にはツーリストポリスがおり、個人で登る人は、ここでガイドを雇うことができる。85£E。ガイドはグループにひとりいればよい。

山頂にある三位一体聖堂

😊 寒いけど御来光はすばらしい

ダハブでシナイ山ツアーを申し込みました。深夜1:00頃から登り始め、3:00過ぎに頂上に到着。とてもハードで登っている間は暑いのですが、日の出が5:30頃だったので、待っている間はとても寒く、レンタル毛布を借りて寒さをしのいでいました。頂上では防寒具は必須だと思いました。ただ、御来光はすばらしく寒さを忘れるほどでした。

（群馬県 39 '09夏）

紅海沿岸とシナイ半島●聖カトリーナ

■聖カトリーナ修道院
問い合わせはカイロにある修道院のオフィスまで。
✉18 Midaan il-Daher, Cairo
TEL (02)24828513
FAX (02)24825806
⏰9:00～12:00
休金・日、正教会の祝祭日
　2011年の祝祭日
　1/7・14・19、2/15、3/7・8・9
　4/7・21・22・25・27、6/2・13
　8/19、9/27、12/7・8
なお、1/6・18、4/16・23、7/12、11/14は10:45～11:45の開館となる。
料無料（寄付歓迎）
　博物館25£E

数多くのイコンが歴史を語る
聖カトリーナ修道院

デール・サーント・カートリーン
دير سانت كاترين

世界遺産 Saint Catherine's Monastery　MAP P.300

　330年にローマ皇帝コンスタンティヌスの母のヘレナが建てた「燃える柴礼拝堂」がもとになっている。シナイの荒野で羊を飼っていたモーセが、いつまで経っても燃え尽きることのない柴を見て不思議に思い、近づこうとすると、「ここは聖なる地なので近づいてはいけない」という神の声を聞いたという場所。後に十戒を授かるガバル・ムーサの麓にあたる。

　修道院の建物は、いびつな四角形をしている。縦85m×横76mで、高さ15mほどの壁に囲まれている。この壁の南と西の部分は14世紀に起こった地震のときに崩れ、後に再建されたもの。

●聖カトリーナ教会堂　このバシリカは鐘楼をもち、修道院の中でもひときわ高い建物。内部には歴史的なイコンが多く飾られている。中心には修道院の名前の由来となった聖カトリーナが埋葬された大理石の石棺がある。

●燃える柴礼拝堂　おそらくバシリカのなかで最も古い部分。モーセが聖なる山に入ろうとしたときに、燃えているのに燃え尽きなかったといわれる「燃える柴」があった所。銀の板がはめ込まれた部分は、神がモーセの前に現れた場所だそうだ。

●博物館　修道院が誇る多数の貴重なイコンを展示。世界中探しても珍しい、ビザンツ帝国のイコノクラスム（偶像破壊運動）以前に描かれたイコンなども展示されている。イコン以外にも、古い聖書の写本やタペストリー、工芸品などを収蔵している。

●マスギド　バシリカの反対側にある。12世紀の建設。

●図書室　ギリシア語をはじめ、シリア語、コプト語、ペルシア語、グルジア語、アルメニア語、教会スラブ語、アラビア語などの写本が保存されている。蔵書は現在も整理中。

シナイ半島の最高峰
カトリーナ山

ガバル・カートリーン
جبل كاترين

世界遺産 Mount Catherine　地図外

　標高2642mで、シナイ半島の最高峰でもある。ガバル・ムーサよりもルートは険しく、登山にはまる1日かかる。この山は、キリスト教徒であることを宣言した聖カトリーナがローマ帝国によって処刑された場所である。

　遺体は300年もの間山頂に置かれ、その後聖カトリーナ修道院に安置されたという。山頂には小さな礼拝堂があり、ここからの眺めはすばらしい。

連なる山の間にひっそりとたたずむ聖カトリーナ修道院

聖カトリーナ教会堂の鐘楼

シナイ山から眺めたカトリーナ山

HOTEL

日本からホテルへの電話
国際電話会社の番号 + 010 + 国番号20 + 市外局番の最初の0を取った掲載の電話番号

宿の数は増えつつあるとはいえ、世界遺産にも登録され、巡礼者も数多い一大観光地で、イースターやクリスマスは大変込む。満室の場合、シャルム・イッシェーフやダハブからのツアーに参加しよう。

シェイフ・ムーサ Sheikh Mousa's El Malga Bedouin Camp　　経済的　Map P.300

شيخ موسى مخيم البدوية الملجة
シャイフ・ムーサ・ムハイヤム・イル・バダウィーヤ・イル・マルガ

St. Catherine, South Sinai
TEL 0106413575(携帯)　FAX なし
D 25£E
S 50£E
W 80£E
£E 不可 不可

町の近くにあり、バス停からも近くて便利。部屋は簡素な造りでベッドがあるぐらいだが、清潔にはされている。朝食メニューは豊富で20～25£E程度。シャワー・トイレ付きの部屋もあり、S 75£E、W 105£E。

ムーン・ランド Moon Land Hotel & Camp　　経済的　Map P.300

فندوق ومخيم دانييلا مون لاند
フンドゥク・ワ・ムハイヤム・ムーン・ランド

St. Catherine, South Sinai
TEL & FAX (069)3470085
mnland2002@yahoo.com
S 30£E
W 60£E
US$ € £E 不可 不可

町の近くにある。部屋のタイプはさまざまで、シャワー・トイレ付きの部屋は S 75£E、W 120£E。レストランはベドウィンスタイルで朝食は15£E、昼食と夕食はそれぞれ35£E。

ダニエラ Daniela Village　　中級　Map P.300

قرية دانييلا
カルイト・ダニエラ

St. Catherine, South Sinai
TEL & FAX (069)3470379
www.daniela-hotels.com
S AC 70US$
W AC 110US$
US$ € £E 不可 不可

石造りのバンガローが並ぶ3つ星。暖炉のある雰囲気のよいレストランもある。ロビーも広々している。部屋の内装もシック。夕食のビュッフェは80£Eプラス。

●シャワーのお湯は最初の5分くらいしか出ず、徐々に冷たくなっていきます。スタッフはとてもフレンドリーでした。(在ドイツ　みづほ　'09秋)

修道院のゲストハウス St. Catherine Guest House　　中級　Map P.300

استراحة دير سانت كاترين
イスティラーハ・デイル・サント・カトリーン

St. Catherine, South Sinai
TEL (069)3470353
FAX (069)3470543
S AC 35US$
W AC 60US$
US$ € £E 不可 不可

聖カトリーナ修道院が運営するホスピス。左は2食付きの料金。ランチは別料金でひとり5US$。修道院内にあり、ガバル・ムーサに登るには最高の立地。

ワーディ・イル・ムアッディス Wadi El Muquduss　　中級　Map P.300

الوادي المقدس
イル・ワーディ・イル・ムアッディス

St. Catherine, South Sinai
TEL (069)3470225　FAX なし
S AC 130£E
W AC 200£E
US$ € £E
不可 不可

聖カトリーナにある中級ホテルのなかでは最も料金が低く抑えて設定されているが、スイミングプールも完備されているなど、設備はよい。室内も広く、落ち着いた感じの内装で快適。

セント・カトリーナズ・ビレッジ St. Catherine's Village　　قرية سانت كاترين للسياحة　カルイト・サント・カトゥリーン・リッシヤーハ

St. Catherine, South Sinai　TEL & FAX (069)3470333　www.misrsinaitours.com　　Map P.300
(2食付き)　US$ € £E

●聖カトリーナ最大規模のホテル。入った左側にレセプション棟がある。広い敷地の中に石造りのバンガローが点々と並ぶ。丘の上にあるレストランからの眺めがよい。ビュッフェのランチはひとり35£E。

カトリーヌ・プラザ Catherine Plaza Hotel　　كاترين بلازا هوتيل　カトリーン・プラザ・ホテル

St. Catherine, South Sinai　TEL & FAX (069)3470293　www.catherineplaza.com　　Map P.300
(2食付き)　US$ € £E

●全150室。敷地内にはスイミングプールをはじめ、みやげ物屋、ベドウィンテント、ふたつのレストランなど、充実した設備を誇る。室内もミニバーを備えている。衛星放送が映るテレビがある部屋もリクエストできる。

市外局番069

エジプトが世界に誇るダイビング基地
シャルム・イッシェーフ Sharm El Sheikh

شرم الشيخ　アラビア語：シャルム・イッシェーフ

■シャルム・イッシェーフ
　への行き方
●カイロ (→P.69) から
✈ 毎日5〜7便
所要:1時間
運賃:408£E
ハルガダ経由は2時間
🚌トルゴマーン (→P.74) 発
イーストデルタバス
6:30〜翌1:30に6便
所要:6時間30分
運賃:60〜80£E
スーパージェットバス
7:30、15:30、23:00、24:00発
所要:6時間30分
運賃:85£E
●アレキサンドリア (→P.327) から
🚌スーパージェットバス
23:30発
所要:10時間
運賃:110£E
🚌エル・ゴウナ
4:45、7:30、21:00、24:00発
所要:10時間
運賃:95〜125£E
●スエズ (→P.356) から
🚌11:00、13:30、15:00、18:30
発
所要:5〜6時間
運賃:35£E
●ダハブ (→P.313) から
🚌7:30〜20:30に10便
所要:1時間20分
運賃:25£E
●ハルガダ (→P.280) から
🚢2010年8月現在運休中

マーヤ・ベイのビーチ。海岸沿いにホテルが並ぶ

　シャルム・イッシェーフは、イスラエル占領時代に造られた町で、シナイ半島の南端に位置する軍事拠点。イスラエルは最後までこの地のエジプト返還を拒み続けた。そのため町にエジプトの雰囲気はあまりない。海岸の北に位置する、公式名ナアマ・ベイ（ナアマ湾）もイスラエル占領時代の名前マリーナと呼ばれることがある。政府はナアマ・ベイの高級リゾート地化を進めているため、5つ星ホテルが乱立し、エジプトとは思えないほどに物価が高い。低予算で旅行しようとする人はダハブを目指しているのが現状だ。
　1年を通じてマリンスポーツを楽しむことができ、比較的安価なパッケージプランも多いため、ヨーロッパ、特にイタリアからのバカンス客が多い。ティーラーン諸島やラス・ムハンマドなど紅海を代表するダイビングスポットが多く、世界中のダイバーが集まってくる。

旅のモデルルート

　この町は、エジプトで一番のリゾート地だけあって、サファリツアー、ダイビングやスノーケリングのツアーなど、旅行者を退屈させない仕掛けがいくつもある。お金がなければつまらない町だが、逆にいえば、エジプトではなかなかできない楽しみ方が、この町ではできる。今日は何をしようか。

歩き方

シャルム・イッシェーフのリゾートは、ふたつのエリアに分かれている。南部の市街地（ここをシャルム・イル・ミーヤもしくはただシャルムと呼ぶ）と北のナアマ・ベイだ。シャルム・イル・ミーヤにはフェリーが発着するマーヤ・ベイ、スーク（オールド・マーケット）がある。ユース・ホステルがある丘の上は、イル・ハドバと呼ばれる町の中心で、銀行も多い。7km北のナアマ・ベイは高級リゾートが並び、ショッピングセンターやダイビングショップの数が多い。ナアマ・ベイの北のビーチ沿いにもホテルが点在している。

レストランやショップが数多く集まるナアマ・ベイ

オールド・マーケットとも呼ばれるスークの入口

ターミナルから市の中心部へ

●**空港** ナアマ・ベイから北に8kmほど。ナアマ・ベイまではタクシーで約60£E。シャルム・イル・ミーヤまでマイクロバスで2£E～。

●**長距離バスターミナル** バスターミナルは、シャルム・イル・ミーヤとナアマ・ベイのちょうど中間あたりにある。バスターミナルの前の通りにはマイクロバスが通るが、ナアマ・ベイやシャルム・イル・ミーヤへ行く直通の便はない。マイクロバスを利用する場合は、まず東へ向かうマイクロバスに乗り、メインロードまで行ってからマイクロバスを乗り換えればよい。タクシーも何台か待機しており、ナアマ・ベイやシャルム・イル・ミーヤへ20£Eが相場。

●**港** ハルガダからの高速船はマーヤ・ベイに到着する（2010年8月現在運休中）。シャルム・イル・ミーヤへはタクシーで20£E、ナーマ・ベイまでは40£E程度。

市内交通

●**マイクロバス** シャルム・イル・ミーヤとナアマ・ベイを頻繁に往復する交通手段。おもなルートはスークの南にある駐車場に発着し、ナアマ・ベイの北端まで。料金は1£E。本数は少ないが空港まで行くものもある。こちらの料金は2£E。マイクロバスは貴重な市民の足だが、近年はテロ警戒のため、マイクロバスのみを対象にした検問がしばしば行われている。運悪く検問にひっ

マイクロバスの色はすべて青で統一されている

■なぜこんなに高いの？

シナイ半島南東部地域、特にシャルム・イッシェーフの物価は、おそらくエジプト国内で最も高い。外国人がこの地域を訪れる場合、14日以内ならビザが不要なので、休日などに物価の高いイスラエルなどから観光客が押し寄せるからだ。直行便があるイタリアからの旅行者も多い。すべての価格が外国人料金といっても過言ではない。

ナアマ・ベイのビーチではスノーケリングが楽しめる

町の郊外にある長距離バスターミナル。タクシーの客引きがしつこい

■メナツアーズ
Map P.306A1
ハルガダ行きのスピードボートのチケットなどを取り扱っている（2010年8月現在運休中）。
TEL (065)3600936
時 10:00～21:00（金14:00～）
休 無休

■クレオ・パーク Cleo Park
Map P.306C2
ヒルトン・シャルム・ドリームズ・リゾート（P.311）の裏側にある大型ウォーターレジャー施設。6つの大型のスライダーや7つの温水プールなどがある。
Inet www.cleopark.net
TEL (065)3604400
時 10:00～日没
休 無休（冬期は閉まる日もある）
料 35US$

クレオ・パークの入口

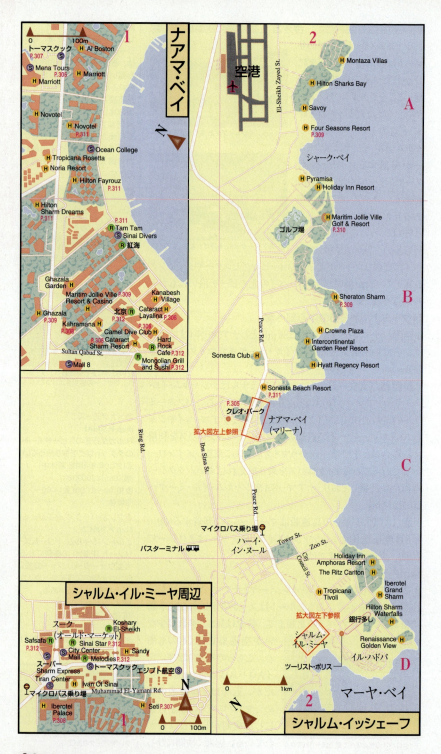

かかると、場合によっては1時間以上も待たされることもあるので、できるだけタクシーを利用したい。
●**タクシー** 物価の高いシャルム・イッシェーフではもちろんタクシー料金も高い。シャルム・イル・ミーヤ〜ナアマ・ベイは20£E〜。ナアマ・ベイ〜シャーク・ベイは30£E〜。交渉すれば多少安くなることもある。

両替・郵便・電話
●**両替** ほとんどのホテルに銀行が入っている。また、ナアマ・ベイにはトーマスクックなどもあるので、T/Cの両替も可能。

ナアマ・ベイのトーマスクック

●**郵便・電話** 郵便局、電話局はシャルム・イル・ミーヤからイル・ハドバのほうへ歩き、丘の上へ行かずに進んだあたりにある。メナテルなどの電話ボックスも多い。

旅の情報収集
●**観光案内所** シャルム・イッシェーフには観光案内所❶はない。だが、ダイビング基地だけあり、旅行会社は多い。

見どころ
ダイビングやスノーケリングなどのマリンスポーツや、周辺の山や砂漠を回るラクダツアー、4輪バギーで回るサファリツアーなど、シャルム・イッシェーフならではのアトラクションがたくさんある。ホテルのフロントや旅行会社で手配してアクティブな休日を過ごそう。

グラス・ボトム・ボート

■**トーマスクック**
Map P.306A1
TEL & FAX (069)3601808
圏9:00〜22:00
休無休

■**ダイビング料金の目安**
●オープンウオーターコース
　295€〜
●アドバンスコース
　225€〜
※いずれのコースもライセンス申請料別途35€
●1日2ボートダイブ
　50€
●体験ダイブ
　60€〜
●スノーケリング1日ツアー
　25€〜

■**気を付けたい海の生物**
ストーンフィッシュと呼ばれる、コブラの数倍もの毒をもった魚がいる。岩にへばりついてじっとしているが、毒は背ビレにあるので注意。間違って踏んだりしたら大変だ。また、珊瑚に刺されるととても痛い。そのほか、近寄っても逃げない魚は、基本的に毒があると考えられるので、充分に気を付けよう。

HOTEL

日本からホテルへの電話
国際電話会社の番号 + 010 + 国番号20 + 市外局番の最初の0を取った掲載の電話番号

世界中から観光客が集まるリゾート地だけあって、ホテルの数は多い。時期により宿泊料金は大きく異なる。以下のホテルは個人旅行者向けの公式レートがある所はそれを掲載しているが、それ以外のホテルは実勢料金だ。

シャルム・イル・ミーヤ（南の市街地）

セティ Seti Sharm Hotel　　　　　　　　　　　高級　Map P.306D1

フンドゥク・セティ・シャルム

✉Sharm El Sheikh
TEL(069)3660870
FAX(069)3660877
Inet www.setifirst.com
S AC 🛁 📺 🍽 900£E
W AC 🛁 📺 🍽 1200£E
🍴2食付き
💳US$ € £E
T/C不可
CC A D M V

マーヤ・ベイ沿いにある4つ星ホテル。プライベートビーチも広い。プール、インターネットカフェなどの設備も整っており、室内も広め。セキュリティもしっかりしており、安心して滞在できる。無線LANは一部レセプションでのみ無料で使用可能。左は調査時の実勢料金。

イベロテル・パレス　Iberotel Palace　　最高級　Map P.306D1

イベーイロテル・バラス　ايبيروتيل بالاس

✉ Sharm El Sheikh
TEL (069)3661111
FAX (069)3661293
Inet www.iberotel.com
S A/C 86〜101€
W A/C 116〜131€
US$ € £E
T/C 不可　CC A D M V

このあたりでは最大規模で全263室。ふたつのプールと3つのレストランがある。中庭のプールを囲む客室は、全室バルコニー付き。紅海の眺めを堪能することができるシービューの部屋は約半数。左は調査時の実勢料金。

ナアマ・ベイ（北の市街地）

カフラマーナ　Hotel Kahramana　　中級　Map P.306B1

フンドゥク・カフラマーナ　فندق كهرمانه

✉ Naama Bay, Sharm El Sheikh
TEL (069)3601071
FAX (069)3601076
S A/C 150US$
W A/C 250US$
US$ € £E
T/C 不可　CC A M V

ジョリー・ヴィル・リゾートの横にある中級ホテル。このクラスにしてはプールが大きい。このプールを囲んでコテージ棟が並ぶ。緑が多く、噴水もあって開放的な雰囲気。夜はプールがライトアップされて美しい。海には面してはいないが、徒歩5分で行けるプライベートビーチもある。左は公式料金で実際はもっと安い。

カタラクト・ラヤーリナ　Cataract Layalina　　高級　Map P.306B1

カタラクト・レゾルト・ラヤーリナ　كاتاراكت ريزورت ليالينة

✉ Naama Bay, Sharm El Sheikh
TEL (069)3600280
FAX (069)3601829
Inet www.cataracthotels.com
S A/C 110US$
W A/C 140US$
⊟ 2食付き
US$ € £E
T/C 不可　CC A M V

ピンク色の外観がかわいらしい雰囲気の4つ星高級ホテル。目の前には大きなショッピングモールもあり、便利な立地。夏期は観光客でいっぱいになる。プールやオリエントレストランなどを備えており、居心地もよい。プライベートビーチもある。左は公式料金。

キャメル・ダイブ　Camel Dive Club Hotel　　高級　Map P.306B1

キャメル・ダイヴ・クラブ・ホテル　كامل دايف كلب هوتيل

✉ Naama Bay, Sharm El Sheikh
TEL (069)3600700
FAX (069)3600601
Inet www.cameldive.com
S A/C 120€
W A/C 150€
US$ € £E
T/C 不可　CC A M V

ナアマ・ベイの有名なダイビングショップのキャメル・ダイブ・クラブの系列ホテル。ダイビングが目的の人には大変便利だ。部屋は中庭のプールを囲むように配置されている。ホテル内のインド料理レストランも人気。左は調査時の実勢料金。

カタラクト・シャルム　Cataract Sharm Resort　　高級　Map P.306B1

カタラクト・シャルム・リゾルト　كاتاراكت شارم ريزورت

✉ Naama Bay, Sharm El Sheikh
TEL (069)3601820
FAX (069)3601829
Inet www.cataracthotels.com
S A/C 120US$
W A/C 180US$
⊟ 2食付き
US$ € £E
T/C 不可　CC A D M V

スルタン・カーブース通りにある全124室のホテル。建物はやや古めだが、プールはもちろん、プライベートビーチ、フィットネスセンターやジム、サウナ、マッサージ室、テニスコートなど充実の設備を誇る。無線LANは無料で利用可能。左は調査時の実勢料金。

ジョリー・ヴィル・リゾート　Maritim Jollie Ville Resort & Casino　高級　Map P.306B1

マリティム・ジョリ・ヴィル・リゾルト　ماريتيم جولي فيل ريزورت

✉ Naama Bay, Sharm El Sheikh
TEL (069)3600100
FAX (069)3600111
Inet www.maritim.com
[S][A/C][📺][🛁][🍴] 240US$〜
[W][A/C][📺][🛁][🍴] 280US$〜
💴 US$ € £E
T/C 不可
CC A D M V

以前はメーヴェンピックだったが、名称が変更された。敷地の広さと396の部屋数はナアマ・ベイでも最大級を誇っている。広い敷地内には専用のカートも巡回しているので、部屋まで戻るのが面倒なときや荷物が多いときは利用しよう。レストランとバーは全部で13軒もあるため、食事の選択肢も非常に多い。左は調査時の実勢料金。

ガザーラ　Ghazala　高級　Map P.306B1

ガザーラ・ホテル　غزالة هوتيل

✉ Naama Bay, Sharm El Sheikh
TEL (069)3600151
FAX (069)3600155
Inet www.redseahotels.com
[S][A/C][📺][🛁][🍴] 165US$
[W][A/C][📺][🛁][🍴] 195US$
💴 US$ € £E
T/C 不可　CC A D M V

3つのスイミングプールと、広いプライベートビーチが自慢。レストランは鉄板焼きの紅海、エジプト料理のタム・タムをはじめ、イタリア料理、スイス料理などバラエティ豊か。ダイビングセンターのサイナイ・ダイバーズも入っており、日本人インストラクターも働いている。左は調査時の実勢料金。

シェラトン　Sheraton Sharm Hotel, Resort, Villa & Spa　最高級　Map P.306B2

シェラトン　شيراتون

敷地内の客室数は800を超える大型リゾートホテル。併設のスパ、シェラトン・シャルム・タラソSharaton Sharm Thalassoは、総面積は1600㎡ある。ここではタラソセラピーをはじめ、さまざまなトリートメントを受けることができる。プライベートビーチも広い。左は調査時の実勢価格。

✉ El Pasha Coast, Sharm El Sheikh
日本の予約先: 無料 0120-003-535
TEL (069)3602070　FAX (069)3602099
Inet www.sheraton.com/sharm
[S][W][A/C][📺][🛁][🍴] 124US$　💴 US$ €　T/C 不可　CC A D M V

フォーシーズンズ・リゾート　Four Seasons Resort Sharm El Sheikh　最高級　Map P.306A2

フォル・シーズンズ・リゾルト　فور سيزنز ريزورت

空港近くにある、シャルム・イッシェーフで最も贅を尽くしたリゾートホテル。芝が敷かれたホテルの庭は手入れが行き届いており、紺碧の紅海と絶妙のコントラストを見せる。客室からの眺めによって料金は異なる。客室面積は60㎡とシャルム・イッシェーフのホテルでは最も広い。このほかに5種類のスイートルームも用意されている。併設するスパは地元で採れた天然素材を使用しているのが自慢。トリートメントは一般的なものから、クレオパトラ・トリートメント、ファラオニック・マッサージ、エジプシャン・ビューティなど、エジプトならではのプログラムまで幅広い。

✉ Four Seasons Boulevard, Sharm El Sheikh
日本の予約先: 無料 0120-024-754
TEL (069)3603555　FAX (069)3603550
Inet www.fourseasons.com
[S][A/C][📺][🛁][🍴] 285US$〜
[W][A/C][📺][🛁][🍴] 325US$〜
💴 US$ €　T/C 不可　CC A D J M V

マリティム・ジョリー・ヴィル・ゴルフ　Maritim Jollie Ville Golf & Resort　最高級　Map P.306B2

マーリーティム・ジョリ・ヴィル・イル・ゴルフ　ماريتيم جولي فيل الجولف

ゴルフという名称からもわかるように、このホテルの最大の特徴は18ホールのゴルフコースを所有していること。ダイビングショップやスパ施設も備えている。客室数は418と規模も大きく、レストランとバーは11を数える。ロビー周辺では無線LANは無料で利用可能だが、客室では利用できない。左は調査時の実勢価格。

✉ Um Marikha Bay, Sharm El Sheikh
TEL (069)3603200　FAX (069)3603225　Inet www.maritim.com
⑤ W A/C ⓟ ⓢ 190US$〜
💰 US$ € 亿　TC 不可　CC A M V

Diving Spots

シャルム・イッシェーフ周辺の
ダイビング&スノーケリングスポット

シャルム・イッシェーフ周辺のポイントはすべてボートで行く。ダイビング初体験の人から上級者まで楽しめる多くのスポットがある。

テンプル／ラス・キャティ　Temple / Ras Katy

いずれも体験ダイブやスノーケリングで行くポイント。ここの海の美しさを充分満喫できる。かわいらしい魚がたくさん見られる。カラフルな魚がいっぱいの、写真で見たような風景を肉眼で見たければ、まずここに来よう。

ラス・ウンム・スィード　Ras Umm Sid

テンプルの近く、イル・ハトバの灯台のすぐ沖にあるポイントなので、手軽に行くことができる。こちらもきれいな魚が多い。水深15〜25mほどまでなだらかなコーラルの勾配が続いている。

ラス・ムハンマド　Ras Muhammad

シナイ半島の先端付近は、透明度が高い海として知られる。先端の岬はアフリカ大陸側が珊瑚礁、アラビア半島側が砂浜となっている。その最先端に位置するのが、ラス・ムハンマド。フランスの海洋学者、ジャック・クストーがこの岬沖で海中映画の撮影に成功して有名になった。

水の色が水色から紺色に変わる所は、水深約70m。思い切って飛び込むと、ほぼ垂直に落ちていく。珊瑚の崖の美しさは言葉にできない。

ダイビングをしない人は靴を履いて水に入ろう。太陽で温められた海水は天然のウォーター

紅海に生息するウミガメ

ベッドだ。ただし日焼けに注意。岬の先端は展望台になっている。

ただ、スノーケリングや初心者ダイバーにとっては、流れが速いし、船も多いため、はっきりいって危険。体験ダイブやダイビング初日にここに連れていくようなところは、危険を認識していないおそれがある。

ティーラーン　Tiran Island

ラス・ムハンマドと並びシャルム・イッシェーフを代表するポイントだが、中級者以上のレベルが必要。流れが速くなることがあり、それに対応できる力がいるからだ。そのため、初日にいきなりこのポイントへは行かない。しかし、ジャクソン・リーフでは安定して大物が多く、サメなどが見られる。

※ラス・ムハンマドは国立公園なので、入域料5€が必要。ツアー料金に含まれるところと、別料金を請求するところがあるので要確認。

ツアーでよく使われる大型ホテル

ヒルトン・ファイルーズ Hilton Sharm El Sheikh Fayrouz Resort فيروز هيلتون فيلدج ファイルーズ・ヒルトン・ヴィリジ

✉Naama Bay, Sharm El Sheikh　　　　　　　　　　　　　　　　Map P.306A1
日本の予約先:TEL(03)6863-7700　TEL(069)3600136　FAX(069)3601043　Inet www.hilton.com
冷 ☕ US$ € £E TC不可 CC ADMV
●広い敷地内に多くの花や木が茂っていて美しい。部屋はすべてコテージタイプ。食事はビュッフェ式。ユニークな内装のパイレーツバーも人気。インターネットカフェあり。ホテル内にはサイナイ・ダイブ・クラブというダイビングショップもある。

ヒルトン・シャルム・ドリームズ・リゾート Hilton Sharm Dreams Resort هيلتون شارم دريمز ヒルトン・シャルム・ドリームズ

✉Naama Bay, Sharm El Sheikh　　　　　　　　　　　　　　　　Map P.306B1
日本の予約先:TEL(03)6863-7700　TEL(069)3603040　FAX(069)3602828　Inet www.hilton.com
冷 ☕ US$ € £E TC不可 CC ADMV
●ナーマ・ベイのヒルトン・ファイルーズの向かいにある、同じくヒルトン系列のホテル。横には東南アジア風の森と木造の建物があるエキゾチックな造り。ビーチには面していないが、なかなか凝った造りの大きなプールがあり、プールを囲んで客室棟近くを運河のように流れている。

ノヴォテル Novotel فندق نوفوتيل フンドゥク・ノヴォテル

✉Naama Bay, Sharm El Sheikh　　　　　　　　　　　　　　　　Map P.306A1
日本の予約先:無料00531-61-6353　TEL(069)3600172　FAX(069)3600193　Inet www.novotel.com
冷 ☕ US$ € £E TC不可 CC ADJMV
●全400室の5つ星ホテル。すべてがバルコニー付きの部屋になっており、バルコニーからは、部屋により、海やスイミングプール、ガーデンなどが見られる。スイミングプールは温水を使うので、冬期も利用可能。レストランはイタリア料理とビュッフェ形式の計2軒。

ソネスタ・ビーチ・リゾート Sonesta Beach Resort سونستا بيتش ريزورت ソネスタ・ビーチ・レゾルト

✉Naama Bay, Sharm El Sheikh　　　　　　　　　　　　　　　　Map P.306C2
TEL(069)3600725　FAX(069)3600733　Inet www.sonesta.com
冷 ☕ US$ € £E TC不可 CC AMV
●ナアマ・ベイの北部に位置し、ヌビア風の丸屋根ドーム建築のコテージが美しいホテル。客室数は520あり、現在も増築を進めている。ヌビア風の民族衣装を着た従業員も感じがよい。スイミングプールは全部で6つ。料金は3食付き。

Restaurant

シャルム・イッシェーフはイタリア人観光客が多いせいか、パスタやピザなどを出す店が多い。特にナアマ・ベイには、高級ホテル内にさまざまな種類のレストランがある。ただし、値段はちょっと高め。安くあげたいという人は、シャルム・イル・ミーヤのスークに直行しよう。庶民的なレストランもあり、20£Eほどでボリュームのある食事ができる。しかし、このようなリゾート地では、紅海の魚を堪能するのも大きな楽しみのひとつ。ときには思い切り贅沢をして、新鮮なシーフードに舌つづみを打つというのもいいものだ。

ナアマ・ベイはレストランの種類は多いが、どの店も高め

タム・タム Tam Tam　　　　　　　　　中級 ♀ **エジプト料理**

مطعم تامتام マトゥアム・タム・タム　　　　　　　　　　　Map P.306B1

✉Ghazala Hotel, Sharm El Sheikh
TEL(069)3600150
FAX(069)3600155
⏰12:00〜24:00
休無休
US$ € £E
TC不可
CC ADMV

ガザーラ・ホテルのビーチ付近にあるエジプト＆レバノン料理のレストラン。ナアマ・ベイでは値段も比較的良心的なのがうれしい。ファラフェル（ターメイヤ）16£E〜、シシタウック65£E、コフタ65£E〜など、手軽に食べることができるファストフードのメニューが豊富。

サイナイ・スター Sinai Star Restaurant

レストラーン・ナグミト・スィーナーイ ﻣﻄﻌﻢ ﻧﺠﻤﺔ ﺳﻴﻨﺎء

庶民的　シーフード

Map P.306D1

✉ Markaz Tugari, Sharm El Sheikh
TEL (069)3660323
FAX なし
営 10:00〜翌2:00　休 無休
card US$ € £E
T/C 不可　CC 不可

大通りから少し入った所にある。地元の人から観光客まで、さまざまな客層に人気のあるシーフードレストラン。魚、エビ、イカなどの素材を、フライかグリルを選んで調理してもらう。カラマリ32£E、シュリンプ42£Eなど。パンとサラダも一緒に付いてくる。

サフサファ Safsafa

サフサファ ﺻﻔﺼﻔﺎ

中級　シーフード

Map P.306D1

✉ Markaz Tugari, Sharm El Sheikh
TEL (069)3600474
FAX なし
営 12:00〜24:00　休 無休
card US$ € £E
T/C 不可　CC Ⓥ

オールド・マーケットにある、おしゃれな感じのシーフードレストラン。地元の人にも観光客にも人気が高い。テーブル数も少ないので、20:00頃になるとけっこう込み合う。魚、エビ、イカのほか、シーフードリゾットなどもある。予算は50£E前後。

モンゴリアン Mongolian Grill and Sushi

マトゥアム・イル・マングーリヤ ﻣﻄﻌﻢ ﺍﻟﻤﻨﻐﻮﻟﻴﻪ

中級　鉄板焼き

Map P.306B1

✉ Naama Bay, Sharm El Sheikh
TEL 0101666385(携帯)
FAX なし
営 7:00〜翌3:00
休 無休
card US$ € £E
T/C 不可　CC 不可

シャルム・イッシェーフでも珍しいモンゴリアン・バーベキューのレストラン。モンゴリアン・バーベキューとは、肉やシーフード、野菜、ソースを自分で選んで、鉄板の上でシェフに炒めてもらうという豪快な料理。選べる素材によって異なるが、250gで70〜90£E。ほかには寿司も用意していて、カウンターで職人が握ってくれる。

北京 Peking

マトゥアム・バキーン・イッシーニー ﻣﻄﻌﻢ ﺑﻜﻴﻦ ﺍﻟﺼﻴﻨﻲ

中級 ♀　中華料理

Map P.306B1

✉ Naama Bay, Sharm El Sheikh
TEL (069)3603306
FAX なし
Inet www.peking-restaurants.com
営 13:00〜24:00　休 無休
card US$ € £E
T/C 不可　CC ＡⓂⓋ

エジプト国内に多数の店舗をもつ中華料理店。ナアマ・ベイの中心部、スターバックスカフェの上階にある。テラス席もあり、のんびりとくつろぐことが可能。中華料理だけにメニューは豊富で、鶏肉料理42〜43.5£E、牛肉料理43.5〜46£E、魚介類48〜64£Eなど。ご飯物は普通の米とバスマティ米の2種類から選ぶことができる。

メロディーズ Melodies Restaurant Cafe

ピッツア・メロディーズ ﺑﻴﺘﺰﺍ ﻣﻴﻠﻮﺩﻳﺰ

中級 ♀　イタリア料理

Map P.306D1

✉ Markaz Tugari, Sharm El Sheikh
TEL (069)3664044
FAX なし
営 10:00〜翌1:00　休 無休
card US$ € £E
T/C 不可　CC ＡⓂⓋ

オールド・マーケットの近くにある。スパゲティ15.5〜39£Eは、アルデンテの注文もでき、ピザ15.5〜35£Eはパリパリで、とてもおいしい。イタリア料理のほか、シシカバーブやステーキなどの肉料理、シーフードなどもある。テイクアウトも行っている。

ハード・ロック・カフェ Hard Rock Cafe Sharm Sheikh

ハルド・ロック・カフェ ﻫﺎﺭﺩ ﺭﻭﻙ ﻛﺎﻓﻴﻪ

中級 ♀　バラエティ

Map P.306B1

✉ Naama Bay, Sharm El Sheikh
TEL (069)3602665
FAX なし
Inet hardrock.com
営 12:00〜翌4:00　休 無休
card US$ € £E
T/C 不可　CC ＡⓂⓋ

トレードマークの巨大なギターが目印。メニューは世界中にあるハード・ロック・カフェとほぼ共通。もちろんステラビールもある。カクテル、ハンバーガー、ファヒータなどもある。24:00以降はディスコになり、エントリーに120£Eが必要(1ドリンク付き)。オリジナルグッズを扱うショップも併設されている。

ダハブ Dahab

دهب　アラビア語:ダハブ

市外局番069

シャルム・イッシェーフ同様、イスラエル占領下に造られたリゾート地。その中心マシュラバは、ほかのエジプトの町ともシャルム・イッシェーフともまったく違う雰囲気が漂う。アジアからやってきた旅行者にとっては「タイのリゾートみたい」と感じるだろうし、アメリカ人のなかには「カリブ海のようだ」と思う人もいる。

小さなメインストリートからビーチにかけては、小さなキャンプやレストラン、みやげ物屋が並んでおり、長期滞在する若いイスラエル人やヨーロッパの旅行者の姿が多く見られる。

シャルム・イッシェーフの物価が高くなりすぎたため、旅行者は安く滞在できるダハブに集まるようになったのだ。

旅行者が増えているため、このエリアは拡大している。その陰で、もともとのベドウィンの村がどんどん押し出されているのが現状だ。

■ダハブへの行き方
●カイロ (→P.69)から
トルゴマーン (→P.74)発
イーストデルタバス
7:15、13:30、19:30、翌0:15発
所要:9時間
運賃:90£E

●シャルム・イッシェーフ
(→P.304)から
5:30〜翌0:30に10便
所要:1時間20分
運賃:20£E

●ヌエバア (→P.319)から
16:00発
所要:1時間20分
運賃:11£E

●ターバー (→P.321)から
15:00発
所要:2時間30分
運賃:25£E

マシュラバのビーチ。海のグラデーションが美しい

Diving Spots

ダハブ周辺の
ダイビング&スノーケリングスポット

ダハブでもライセンスが取れる。ハルガダやシャルム・イッシェーフのようにボートでスポットまで出かけるのではなく、すぐそこでビーチエントリーできるので、ライセンス取得費用もツアーの費用も安い。ただ、値下げ競争も激しく、質の悪いダイビングショップもあるので、値段だけで決めるのはやめよう。浅い所が多いので、スノーケリングもほかの場所より気軽に楽しむことができる。

マシュラバ・リーフ Mashraba Reef
マシュラバのすぐ前のビーチ。ちょっと潜ってみようか、という人におすすめ。スノーケリングも手軽にできる。

イール・ガーデン Eel Garden
たくさんのアナゴが白い砂から顔を出している。

アイランド Island
コーラルが美しい水中庭園。

キャニオン Canyon
切り立ったキャニオンで、40〜50mのケーブダイビング。差し込む光がとてもきれいだ。

ブルーホール Blue Hole
ラス・ムハンマドに匹敵する69mのドロップオフを誇る。ダイビングの快感を得たいならうってつけ。スノーケリングのスポットとしても有名。

■ディープ・ブルー Deep Blue
Map P.314B

日本人スタッフが数名いるダイビングショップ。ラス・ムハンマドへのツアーも行っている。
Inet dahab.japan@hotmail.co.jp
TEL (065)3640416
料 体験ダイブ45US$～
　オープンウォーターコース
　　(2名以上から)260US$～
　アドバンスコース
　　(2名以上から)200US$～

ダハブは、大きく3つの地域に分けられる。バス停や電話局などがあるほんの小さな**市街地**と、小さなキャンプや安宿、中級ホテルなどが多いビーチ沿いの**マシュラバ**（マスバトとも呼ばれる）。南側の湾（ラグーナ)の、ヒルトンやコーラリア・クラブといった高級ホテルがある**休暇村**だ。

ダハブのビーチは、砂浜から入っていくと、そのままビーチエントリーでダイビングやスノーケリングができる。また同じ紅海沿岸でも、ハルガダなどに比べると大きな魚が多い。冬でもマリンスポーツは可能だ。

各キャンプやホテルでは砂漠や山、聖カトリーナなどへのツアーを組んでいる。シナイ半島の雄大な自然にも、ぜひ触れてみたい。

●**長距離バスターミナル**　市街地のバスターミナルから海岸沿いのマシュラバへはタクシーで5～10£E。

●**両替**　銀行はマシュラバに増加中。キャッシングができるATMが町の中心部にあるので便利。

●**郵便・電話**　郵便局と電話局はバスターミナルのある市街地にある。マシュラバにも国際電話オフィスが多い。

●**観光案内所**　ダハブには観光案内所はないが、多くの旅行会社がある。特に聖カトリーナに行くツアーはほかの町からと比べアクセスもよく、値段も手頃。送迎のみのツアーだが、長距離バスの便はないので利用価値は高い。

マシュラバには海沿いにレストランが連なる

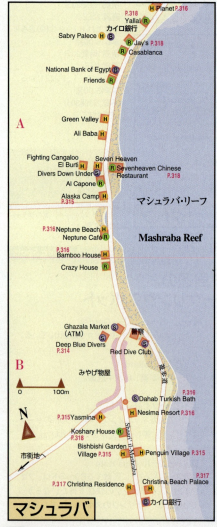

マシュラバ・リーフは遠浅なのでダイビングの講習に最適

HOTEL

日本からホテルへの電話
国際電話会社の番号 ＋ 010 ＋ 国番号 20 ＋ 市外局番の最初の 0 を取った掲載の電話番号

マシュラバには小さなキャンプ場やホテルが多い。経済的な宿に泊まるのなら、チェックしたいのはマットレス、それから共同シャワーの数。お湯はちゃんと出るか、扇風機の有無など。ハット（バンガロー風の建物）なら丈夫な造りか、ちゃんと施錠できるかなどをあらかじめ確認しておこう。

マシュラバのキャンプ、ホテル

ビシュビシ　Bishbishi Garden Village　経済的　Map P.314B

フンドゥク・ビシュビシ

✉il-Masbat, Dahab
TEL(069)3640727　FAXなし
Inet www.bishbishi.com
⑤🚿🛏🛋40£E
Ⓦ🚿🛏🛋50£E
⑤AC🚿🛏🛋70£E
Ⓦ🚿🛏🛋100£E
💴US$ € £E　TC不可
CC M V（手数料3%別途）

マシュラバ通り沿いにある薬局（サイダリーヤ・ドクトル・イクラーミー）の脇の狭い入口を入る。中は意外に広く、さまざまなタイプの部屋があり、レストランも併設されている。レンタサイクルも用意。聖カトリーナへ行くツアーやターバーへ行くミニバスなどの手配も行っている。

😖蚊が異常なほど多く、蚊取り線香は必需品です。
（東京都　HEROみねぞう　'09秋）

アラスカ　Alaska Camp　経済的　Map P.314A

アラスカ・カンプ

✉il-Masbat, Dahab
TEL&FAX(069)3641004
Inet www.dahabescape.com
⑤🚿🛏🛋70£E
Ⓦ🚿🛏🛋90〜120£E
ⓌAC🚿🛏🛋150〜180£E
💴US$ € £E
TC不可
CC不可

マシュラバの北と南を結ぶ橋のたもとに小さな入口がある。全30の部屋は改装が完了して間もないため真新しく、すべての部屋にシャワー・トイレが備わっている。部屋の料金はエアコン、バルコニーの有無で異なる。ランドリーサービスも行っている。スタッフは親切で、ツアーやダイビングの相談に気軽に乗ってくれる。

ペンギン・ビレッジ　Penguin Village　経済的　Map P.314B

ペングイーン・ヴィリジ

✉Shaari' il-Mashraba il-Santar
TEL(069)3640117　FAXなし
Inet www.penguindahab.com
⑤🚿🛏🛋13€
Ⓦ🚿🛏🛋15€
⑤AC🚿🛏🛋21€
ⓌAC🚿🛏🛋26€
💴£E　TC不可
CC A M V（手数料3%別途）

さまざまな種類の部屋をもつ人気の宿。料金は設備やシービューかどうかで異なる。シャワー・トイレなしの部屋は⑤8€、Ⓦ16€。ダイビングセンターやレストランも併設されている。

😊シーズン中でもないのにいつも満室。要予約。
（東京都　HEROみねぞう　'09秋）

ヤスミナ　Yasmina　中級　Map P.314B

フンドゥク・ヤーセミーン

✉Dahab
TEL(069)3640461
FAXなし
Inet www.yasminahotel.com
⑤AC🚿🛏🛋100£E
ⓌAC🚿🛏🛋150£E
💴US$ € £E
TC不可
CC不可

マシュラバの入口付近にあるホテル。道沿いからは見えないが、建物の裏側にはスイミングプールもある。無線LANは1日10£Eで利用可能。館内にはダイビングセンターやレストランも併設されている。聖カトリーナへ行くツアーの手配も可能。

ネプチューン・ビーチ Hotel Neptune Beach　中級　Map P.314A

فندق نبتون بيتش　フンドゥク・ネブドゥーン・ビーチ

✉ Dahab
TEL (069)3640568
FAX (069)3640262
S A/C ■□ 50£E
S A/C ■□ 110£E
W A/C ■□ 160£E
€ US$ € £E
T/C 不可
CC M V

マシュラバのちょうど中心にかかる橋の南側。全14室はすべてツインで、そのほか、ドミトリーが2室ある。1階にはおしゃれな雰囲気のカフェバーがあり、なんとミラーボールまである。2階からの眺めがすばらしい。無線LANは無料で利用可能。

プラネット Planet　中級　Map P.314A

فندق برانت　フンドゥク・プラネト

✉ Dahab
TEL (069)3641325
FAX (069)3641030
Inet www.planetdivers.com
S A/C ■□ 9€
S A/C ■□ 14～16€
W A/C ■□ 10～22€
W A/C ■□ 18～32€
€ US$ € £E
T/C 不可
CC M V

マシュラバのなかでも北のほうに位置する中級ホテル。部屋によって料金は異なり、海側の部屋の料金は内側の部屋と比べると2倍くらい高い。スイミングプールやダイビングセンターなど、このクラスのホテルにしては設備は整っている。無線LANは無料で利用可能。

バンブー・ハウス Bamboo House Hotel　中級　Map P.314A

فندق بامبوهاوس اوتيل　バンブー・ハウス・オテル

✉ Dahab
TEL (069)3640263
FAX (069)3640466
Inet www.bamboohouse-dahab.com
S A/C ■□ 20€～
W A/C ■□ 23€～
€ US$ € £E　T/C 不可
CC M V (手数料10％別途)

バンブー(竹)という名前どおり、建物全体に竹をテーマにした装飾が施されている。室内自体はオーソドックスな造りで、各部屋にはエアコン、衛星放送が映るテレビ、ミニバーが完備。海側の部屋は料金が高くなる。1階はカフェ兼バー。

ナスィーマ Nesima Resort　中級　Map P.314B

نسيمة　ナスィーマ

✉ il-Mashraba, Dahab
TEL (069)3640320
FAX (069)3640321
Inet www.nesima-resort.com
S A/C ■□ 46€
W A/C ■□ 59€
€ US$ € £E
T/C 不可
CC M V

ドーム型の屋根とオリエンタルな内装がエキゾチックな中級ホテル。このあたりでは比較的規模の大きなリゾートホテルで、全51室。スイミングプール、レストランがふたつあるなど、設備も充実。ダイビングセンターもある。左記は調査時の実勢価格。

Information

マリンスポーツのあとはハンマームで汗を流そう

ハンマームとはイスラーム社会のスチーム風呂。ケセと呼ばれるあかすりと、マッサージをしてくれるスタッフもいる。ここのハンマームは男女混浴だが、女性のスタッフもいるとのことなので、事前に確認しよう。

ハンマームの入口

●ハンマーム Dahab Turkish Bath
Map P.314B
TEL 0100511380(携帯)
営 10:00～13:00　14:00～22:00
休 無休
料 入浴：35€(60分)
マッサージ：種類と時間により25€～

クリスティーナ・レジデンス Christina Residence　中級　Map P.314B

クリスティーナ・レジデンス　كريستينا ريزيدنس

✉ Dahab
TEL (069)3640390
FAX (069)3640296
[Inet] www.christinahotels.com
S ✈🏠🍴🍽 133£E〜
S A/C 🏠🍴🍽 162£E〜
W 🏠🍴🍽 170£E〜
W A/C 🏠🍴🍽 200£E〜
💳 US$ € £E
T/C 不可　CC A D M V

マシュラバの南部にあるかわいらしいホテル。部屋は広々としており、シンプルながらも、統一された調度品にはセンスを感じる。ドーム型の天井から入る光が心地よい。門が閉じているときは、同系列のクリスティーナ・ビーチ・パレスへ。

クリスティーナ・ビーチ・パレス Christina Beach Palace　中級　Map P.314B

クリスティーナ・ビーチ・パラス　كريستينا بيتش بالاس

✉ Dahab
TEL (069)3640390
FAX (069)3640296
[Inet] www.christinahotels.com
S ✈🏠🍴🍽 270£E〜
S A/C 🏠🍴🍽 305£E〜
W 🏠🍴🍽 370£E〜
W A/C 🏠🍴🍽 405£E〜
💳 US$ € £E　T/C 不可
CC A D M V

クリスティーナ・レジデンスの向かいにある姉妹ホテル。こちらにはプライベートビーチやスイミングプール、ダイブセンターがある。レジデンスと同様、部屋は白を基調にしながら、センスのいい装飾で落ち着いた雰囲気が醸し出されている。無線LANは無料で利用可。

休暇村の中級〜高級ホテル

ガネット・サイナイ Ganet Sinai Touristic Village　高級　Map P.313

ガンネット・スィーナーツ　جنة سيناء

✉ Dahab
TEL (069)3640439
FAX (069)3640441
S 🏠🍴🍽 60US$
W A/C 🏠🍴🍽 80US$
🍴 2食付き
💳 US$ € £E
T/C 不可　CC M V

ダハブでは老舗の部類。ロッジ風の造りの2階建ての客室棟が、海を目の前にして並んでいる。敷地内には小さいプールとプライベートビーチがある。アウトドア、各種マリンスポーツの施設も充実している。左は調査時の実勢価格。

コーラリア・クラブ Coralia Club Dahab　高級　Map P.313

コウラリヤ・クルブ・ダハブ　كوراليا كلوب دهب

✉ Dahab
TEL (069)3640301
FAX (069)3640305
[Inet] www.accorhotels.com
S A/C 🏠🍴🍽 68US$〜
W A/C 🏠🍴🍽 79US$〜
💳 US$ €
T/C 不可　CC M V

全140室。アコー・グループが経営している4つ星ホテル。敷地は広く、砂浜のプライベートビーチは長さ650m。充実した設備のわりに料金は手頃なのがうれしい。レストランは4軒あり、メインのレストランは毎日メニューが変わる。左は調査時の実勢価格。

スイス・イン Swiss Inn Golden Beach Resort　高級　Map P.313

ゴルデン・ビーチ・レゾルト　جولدن بيتش ريزورت

✉ Dahab
TEL (069)3640054
FAX (069)3640470
[Inet] www.swissinn.net
S A/C 🏠🍴🍽 160US$
W A/C 🏠🍴🍽 200US$
💳 US$ € £E
T/C 不可
CC A D M V

白いコテージ風の建物が中庭に並ぶ、設備充実の4つ星ホテル。ダイビングセンター、ウインドサーフィンセンター、スイミングプールやビーチ、さらにヘルスセンターなどを備えている。マシュラバへのシャトルバスが1日7便運行されている。

ヒルトン・ダハブ　Hilton Dahab Resort　　最高級　Map P.313

ヒルトン・ダハブ　هيلتون دهب

✉Dahab
日本の予約先:℡(03)6863-7700
℡(069)3640310
FAX(069)3640424
Inetwww.hilton.com
S A/C ❏❏❏120US$〜
W A/C ❏❏❏140US$〜
💰US$ € £E
🅃🄲不可　🄲🄲ADMV

バスターミナルの南、高級ホテルが連なる通りにある。広い敷地内には水が流れ、岸辺に白いコテージが並んでいる。青と白のコントラストがリゾート気分を引き立てる。左の料金は調査時の実勢価格。

Restaurant

マシュラバ（マスバト）のビーチ沿いにはホテルと並んで手頃な値段のレストランが軒を連ねる。敷物の上に直接座る「ベドウィンスタイル」のレストランや、シーシャ（水パイプ）を出す店も多い。休暇村にはほとんど食べるところがないので、食事はホテルでとるのが原則だ。

ジャイズ　Jay's　　庶民的 🍴　エジプト料理
Map P.314A

ジャイズ　چايز

✉il-Masbat, Dahab
℡01731783216（携帯）
FAXなし
⏰8:00〜23:00
休無休
💰£E
🅃🄲不可
🄲🄲不可

イスがなく、絨毯に座って食べるベドウィンスタイルのレストラン。メニューはサラダ14〜22£E、サンドイッチ10〜30£E、パスタ18〜50£E、ピザ30〜70£E、肉類45〜60£Eなど。朝食12〜18£Eもあり、ディナーにはスペシャルメニューが用意される。ビーチ側にも店舗がある。

コシャリ・ハウス　Koshary House　　庶民的　コシャリ
Map P.314B

コシャリ・ハーウス　كشري هاوس

✉il-Masbat, Dahab
℡0171085530（携帯）
FAXなし
⏰8:00〜24:00
休無休
💰£E
🅃🄲不可　🄲🄲不可

マシュラバの南部にあるコシャリ専門店。もともと安いレストランが多いダハブだが、さらに安くあげようと思ったらここ。コシャリは小3£E、大5£E。ビーフ4£Eやツナ3£Eをトッピングとして加えることもできる。マハラベーヤなど、デザートメニューもある。

中国飯店　Sevenheaven Chinese Restaurant　　中級　中華料理
Map P.314A

イル・マトゥーム・イッスィーニー　المطعم الصيني

✉il-Masbat, Dahab
℡0121866874（携帯）
FAXなし
⏰11:00〜23:00
休無休
💰£E
🅃🄲不可
🄲🄲不可

マシュラバのレストランでは珍しい中華料理店。周辺のレストランと同様に海に面したテラス席が心地よい。メニューは肉料理32〜68£Eやシーフード35〜80£Eが中心で種類も豊富。チャーハンは10種類から選べて10〜30£E。テイクアウトも行っているが、料金は同じ。

ヤッラ！　Yalla!　　中級 🍴　バー
Map P.314A

ヤッラ　يالله

✉il-Masbat, Dahab
℡&FAX(069)3642166
⏰7:00〜翌2:00
休無休
💰US$ € £E
🅃🄲不可
🄲🄲不可

アラスカ・キャンプ（→P.315）と同経営。欧米人に人気のバーで、夜遅くまでにぎわっている。ビールやカクテル類が中心だが、食事もできる。18:00〜22:00の間はハッピーアワーでビールが1杯10£E、カクテルは1杯注文するともう1杯は無料になる。ビーチ側にも店舗があり、海を眺めながらくつろげる。

ヌエバア Nuweiba

نويبع アラビア語:ヌエバア
市外局番069

ダハブに比べて旅行者が少なく静かなヌエバアは、海はさすがにきれいに。海を眺めながらのんびりと過ごすのに最適だ。

ヌエバアのビーチ

●**町は3つに分かれている** ヌエバアは南北に広く、大きく3つの地域に分けられる。

ひとつは**港周辺**で、旅行者にとってはヨルダンのアカバとを結ぶフェリーの発着点となるところ。周辺の町から来るバスはこの港周辺に停車する。到着時間は30分〜1時間前後ずれることも多いので、余裕をもって行動しよう。時間をむだにしたくない人は港に待機しているセルビスをチャーターして移動するのもよいだろう。ただし値段は高めだ。港の北から車で10分ほどにある小さな**市街地**には商店や郵便局、電話局などがある。

もうひとつは市街地からビーチを15分ほど歩いた所にある**タラビーン村**だ。タラビーン村には小さなキャンプが並ぶヌエバア滞在の中心地。交通手段が乏しいので、港からの移動はタクシーを使うことになるだろう。運賃は20〜30£Eほど。

3つの地域はいずれも、小さな商店などはあるものの、町の中心といえるほど施設が集まった場所ではない。リゾートホテルの多くは、港から市街地へ向かう海岸沿いに点在している。ホテル内には食事やアクティビティなど、すべての施設が集まっているので、リゾート滞在をする人は、バス停やフェリー乗り場への移動以外にホテルから出る必要は特にないだろう。

●**ダイビング** ダイビングセンターはホテルの中にある。ダイビング(フル装備)は1日75€ぐらい。オープンウオーターのライセンス取得コースもあるが、ダハブより料金は高め。

Information
ヌエバアからヨルダンへ

ヌエバアからヨルダンのアカバまでは、フェリーが出ている。種類は高速フェリー(所要約1時間)とフェリー(所要3時間)のふたつ。チケットオフィスは、港の西にある。高速フェリーは80US$+50£Eで16:00発(土曜運休)。フェリーは70US$+50£Eで15:00発。欠航や時間変更の可能性があるので、事前に確認を。また、日程には余裕をもとう。

■**チケットオフィス** Map P.319 圏9:00〜15:00 困無休

■**ヌエバアへの行き方**

●**カイロ(→P.69)から**
🚌トルゴマーン(→P.74)発
イーストデルタバス
6:00、9:30、22:00、23:00発
所要:8時間
運賃:70〜80£E

●**シャルム・イッシェーフ**
(→P.304)から
🚌9:00、17:00発
所要:2時間30分
運賃:25£E

●**ダハブ(→P.313)から**
🚌10:30、18:30発
所要:1時間 運賃:11£E

市街地にはみやげ物屋が並ぶ

フェリーのチケットオフィス

HOTEL

日本からホテルへの電話
国際電話会社の番号 ＋ 010 ＋ 国番号 20 ＋ 市外局番の最初の0を取った掲載の電話番号

ホテルの数はそれほど多くはないが、近年リゾートホテルの数は増加傾向にある。それでもシャルム・イッシェーフやダハブなどに比べるとまだまだ少なく、静かにビーチリゾートを楽しむにはうってつけの場所といえる。

チャオ Chao Hotel　　中級　Map P.319

フンドゥク・チャオ　فندق تشياو

- Duna Beach
- TEL & FAX (069)3501205
- S AC 25US$
- W AC 35US$
- US$ € £E
- TC不可
- CC不可

市街地から南へ行き、ドゥナ・ビーチに抜ける未舗装の道を直進するとある。2005年にオープンした比較的新しい宿で、部屋はシンプルだが、プールやプライベートビーチなども備えている。

ヌエバア・ビレッジ Domina Plaza Nuweiba Village　　高級　Map P.319

カルイト・ヌエバア・イッシィヤヘーヤ　قرية نويبع للسياحية

- Nuweiba
- TEL (069)3500401
- FAX (069)3500407
- S AC 60US$
- W AC 70US$
- US$ € £E
- TC不可
- CC ADMV

ヌエバアの市街地から徒歩圏にあるリゾートホテル。ダイビングセンターがあり、マリンスポーツもできる。レストランは館内に併設されているが、ホテルの近くにも数軒ある。左は調査時の実勢価格。

ヌエバア・ヒルトン Nuweiba Hilton Coral Resort　　最高級　Map P.319

ヌエバア・ヒルトン・コラル・レゾルト　نويبع هيلتون كورال ريزورت

- Nuweiba
- 日本の予約先: TEL (03)6863-7700
- TEL (069)3520320
- FAX (069)3520327
- inet www.hilton.com
- S W AC 120US$〜
- 3食付き US$ € £E
- TC不可
- CC ADMV

ヌエバアでは最高級のホテル。プライベートビーチのほか、ふたつのプールがある。また、レストラン、ショップ、ダイビングやウインドサーフィンなどのマリンスポーツの施設も充実している。無線LANは別料金で1日150£E。

RESTAURANT

ヌエバアの町の中心部にはいくつかレストランがある。ヌエバア・ビレッジの前にもレストランが何軒か並ぶが、ホテルで食事を取るのが無難だ。港の近くには地元の人でにぎわうカフェテリアがあり、客待ちをしているタクシーの運転手もよく利用している。

ハン・カン Han Kan Restaurant　　中級　韓国料理
Map P.319

ハーン・カング　هان كانج

- In Front of El Waha Village
- TEL (069)3500970　FAXなし
- 営 10:00〜23:30　休 無休
- 税10%別途
- US$ € £E
- TC不可　CC不可

ヌエバア・ビレッジの南にあるイル・ワーハ・ビレッジEl Waha Villageの向かいにある。オーナーはエジプト人だが、奥さんが韓国人。プルコギ75£Eやビビンバ（55£E〜）などを注文すると、キムチの小皿が数種付いてくる。刺身100£Eもある。

クレオパトラ Cleopatra Restaurant　　庶民的　エジプト料理
Map P.319

マトゥアム・クレオパトゥラー　مطعم كليوبترا

- In Front of El Waha Village
- TEL (069)3500503
- FAXなし
- 営 9:00〜24:00　休 無休
- £E
- TC不可　CC不可

ヌエバア・ビレッジのほぼ向かいにある。シェフはヌエバア育ちで地元の食材に詳しい。メインは25〜110£E。グループならば近くの山に登り、大自然の中でディナーを出すプランもアレンジ可能で、大人気だそうだ。

ターバー Taba

اطبة アラビア語:ターバー

市外局番069

すぐそこはイスラエル。国境警備隊のものものしい雰囲気があると思えば、イスラエル人観光客が陽気にマリンスポーツやテニスをしている、何とも不釣り合いな所。

国境から15分ほど歩いた所にバス停があり、ここからカイロやダハブ方面のバスが出ている。

ターバーとひと口にいっても広い。イスラエルの国境の近くには数軒のホテルがあり、さらに南下した所でエジプト入国税を支払う。バス停の先を6kmほど進むと、ターバー随一の見どころフィルオーン島Fir'on Islandがあり、さらに15km先には高級ホテルが集まるターバー・ハイツTaba Hightsがある。

陸地に近いフィルオーン島は、食料や兵器が供給しやすく、飲料水が豊富で、周りに見晴らしが利くことから、ローマ時代から要塞として使われていた。12世紀にはサラーフッディーン城が建てられたが、これは、紅海沿岸を十字軍から守るためにアイユーブ朝のサラーフッディーンによって造られたという説と、聖カトリーナへの道を確保するために、エルサレム王国のボードウィン1世により建てられたという説がある。その後もこの城はマムルーク朝、オスマン朝時代を通じて使用された。

このあたりの海もまた、すばらしく美しい。見学後には、ぜひダイビングやスノーケリングも楽しんでおきたい。

■ターバーへの行き方
●カイロ(→P.69)から
🚌トルゴマーン(→P.74)発
イーストデルタバス
6:00、9:30、22:00、23:00発
所要:7時間　運賃:70〜80£E
●ダハブ(→P.313)から
🚌10:30、18:30発
所要:2時間30分　運賃:25£E
■ターバー発のバス
●カイロ(→P.69)へ
🚌10:30、16:30発
所要:7時間　運賃:65£E
■フィルオーン島
Map P.271A
フィルオーン島とはアラビア語で「ファラオの島」の意(ジェズィーラト・フィルオーン)。島へ行くにはサラーフッディーン・ホテルで申し込み、敷地内にあるボート乗り場にて料金を払う。
圏9:00〜17:00
休無休　料9US$

ターバーの沖合にそびえるフィルオーン島。対岸はヨルダンとサウジアラビアの大地

フィルオーン島でスノーケリング。イスラエルやエジプト発のツアーのほか、フィルオーン島にはヨルダンのアカバから直接船で乗り付けることもできる

Information
国境を越えてイスラエルへ

国境からイスラエルのエイラットまでは、町の中心部にあるセントラル・バスステーションまで、エゲッドバスが、8:00(土曜9:00)〜18:00(金曜〜15:00、土曜〜19:00)の1時間おきに走っている。所要約20分。エジプトに戻る場合はビザがまた必要になる。このあたりでは再入国ビザが取得できるところが少ないので、カイロやハルガダなどであらかじめ取得しておこう。エジプト国内で再入国ビザを取り忘れていた場合は、エイラットのエジプト領事館でエジプトのビザを再度取得することにより入国は可能。真っすぐカイロに行く場合、ターバーからカイロへのバスの便数は少ないので、発車時刻の1時間前にはターバーにいるようにしたい。また、エジプトへの入国がシナイ半島南東部に限られる場合は、2週間までの滞在ならビザは不要だ。

HOTEL

日本からホテルへの電話
国際電話会社の番号 ＋ 010 ＋ 国番号 20 ＋ 市外局番の最初の 0 を取った掲載の電話番号

　ターバーはリゾートエリアだけあって安宿はなく、高級ホテルが並んでいる。国境周辺にホテルが数軒あるほか、原則として宿泊者以外は内部に入れないリゾートホテルエリアであるターバー・ハイツのホテルが安全面からも人気が高まっている。国境周辺からターバー・ハイツまでの移動はホテルの送迎バスか、タクシーのみ。

サラーフッディーン Salah el Deen Hotel　　中級　地図外

فندق صلاح الدين　フンドゥク・サラーフッディーン

✉ Taba
TEL (069)9220003
FAX (069)9220035
Ｓ AC 🚿🚽🍴 70〜90US$
Ｗ AC 🚿🚽🍴 90〜110US$
💳 US$ € £E
TC 不可
CC 不可

フィルオーン島の向かいにある老舗ホテル。設備は新しくはなく、ターバーのほかのホテルと比べるとかなり見劣りするが、格安料金で泊まれるのはうれしい。とにかく城塞と紅海の眺めがすばらしく、中庭もきれいに手入れされている。左の料金は夕食付き。

ターバー・ヒルトン Taba Hilton　　最高級　地図外

هيلتون طابا　ヒルトン・ターバー

✉ Taba
日本の予約先:TEL(03)6863-7700
TEL (069)3530140
FAX (02)25787044(カイロ)
inet www.hilton.com 🇯🇵
Ｓ AC 🚿🚽🍴 240US$
Ｗ AC 🚿🚽🍴 260US$
💳 £E　TC 不可　CC ADJMV

イスラエル〜エジプト国境の、エジプト側検問所横にある。国境で隔てられているものの、エイラットのリゾート地区の延長といった印象だ。中東和平の象徴的な場所でもあり、数々の国際会議も行われている。左記は調査時の実勢料金。

ソフィテル Sofitel Taba Heights　　最高級　地図外

سوفيتيل طابا هايتس　ソフィテル・ターバー・ハイツ

✉ Taba Hights
日本の予約先:無料 00531-61-6353
TEL (069)3580800
FAX (069)3580808
Ｓ AC 🚿🚽🍴 150US$〜
Ｗ AC 🚿🚽🍴 190US$〜
inet www.sofitel.com
💳 US$ € £E
TC 不可　CC AMV

ターバー・ハイツにあるリゾートホテル。広々とした敷地内には海水プールや温水プールを含む6つのプールがあり、ヘルスクラブやスパ施設も完備している。基本的にすべての施設利用、全食事、ドリンクも込みのオールインクルーシブスタイル。左記は調査時の実勢料金。

ハイアット・リージェンシー Hyatt Regency Taba Heights　　最高級　地図外

هيات ريجنسي طابا هايتس　ハイヤット・リージェンシー・ターバー・ハイツ

✉ Taba Hights
日本の予約先:TEL(03)3288-1234
TEL (069)3580234　FAX (069)3580235
Ｓ AC 🚿🚽🍴 160US$〜
Ｗ AC 🚿🚽🍴 175US$〜
inet www.hyatt.com
💳 US$ € £E
TC 不可　CC ADMV

アメリカのポストモダン建築の旗手、マイケル・グレイヴスのデザインによるホテル。全426室、プールが3つとかなり大型。レストランはイタリアン、レバノン料理、インド料理、シーフードなどラインアップも豊富。左記は調査時の実勢料金。

地球の歩き方書籍のご案内

地球の歩き方を持って イスラエルへ行ってみよう!

E05 イスラエル　　　　　1800円(税込)

ユダヤ教、キリスト教、イスラーム教、それぞれにとって聖地、イスラエルは世界屈指の観光立国。海抜マイナス400mの死海リゾート情報もおまかせ。近隣諸国の情報も充実しています。イスラエルからターバー経由でシナイ半島東部を訪れる場合、エジプトのビザなしでも14日間の滞在が可能です。

●表示価格は定価(税込)です。改訂の際に価格が変わることがあります。

Egypt

デルタ地域と スエズ運河

アレキサンドリア ……………… 327
ロゼッタ …………………………… 346
アブー・ミーナー ………………… 348
アラメイン ………………………… 350
マルサ・マトルーフ ……………… 351
サーン・イル・ハガル ………… 354
スエズ ……………………………… 356
イスマエーレーヤ ………………… 360
ポート・サイド ………………… 361

デルタ地域とスエズ運河周辺

Surrounding of Delta Region & Suez Canal

地中海沿岸ではぜひひともシーフードを!

ナイル川に挟まれた三角地帯。土壌は黒色沖積土で、上エジプトと比べると粘土質が高く、肥沃なので農業に適している。

地中海沿岸地域の気候

アレキサンドリアからマルサ・マトルーフまでの間は地中海性気候帯にあたり、エジプトの他地域に比べて夏の暑さはやわらいでいる。しかし冬は雨期で寒い。旅行シーズンは夏。雨の多い年の3月や4月には、エジプトでは珍しく多くの緑が見られるはずだ。

デルタ地方の地形

ナイル川はカイロの北部でふたつの支流に分かれている。デルタ地方は、その

デルタ地方の気候

この地方は北部の地中海性気候区(アレキサンドリアを含む)とその南のタンタ

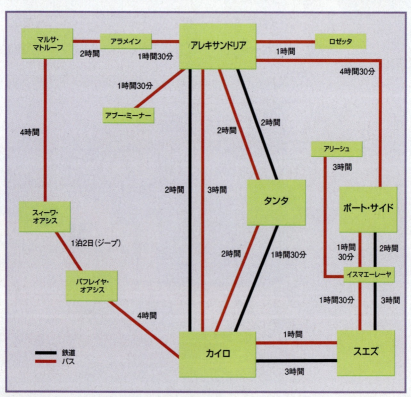

やザアズィーツなどを含む半乾燥気候区に分かれている。

地中海性気候は1年中温暖で、エジプトのほかの地方と比べ雨が多い。しかも冬のアレキサンドリアでは、気温が低く、みぞれも降る。

デルタ地方の大部分、カイロにいたるまでの地域は半乾燥気候で、降雨量をはじめ気候の変化が年によって大きい。地中海性気候に比べ冬は寒く夏は暑いという、寒暑の差が激しい気候区だ。

プランニングのコツ

このエリアの中心はアレキサンドリア。カイロとはひと味違う地中海都市の風情を味わいたい。アレキサンドリアでは、アレキサンドリア図書館、アレキサンドリア国立博物館といった新たな見どころがここ数年の間にオープンしている。これらの博物館巡りと、カーイトゥベーイの要塞付近で海岸の散策をし、シーフードに舌つづみを打つのががおすすめの過ごし方。もう1日余裕があればポンペイの柱やコームッシュアーファのカタコンベにも行ってみたい。夏ならアブー・イールのビーチで泳ぐのもよいだろう。

●地中海沿岸

アラメインからマルサ・マトルーフにかけては、これといった見どころがないが、エジプト人やアラブ人用のカラフルな休暇村が点在している。世界遺産のアブー・ミーナー、オスマン朝時代の家屋が残るロゼッタはアレキサンドリアから日帰りで行ける。

●スエズ運河

アレキサンドリアからもスエズ運河沿いの各都市へのバスが出ているが、カイロ発のほうが断然便利で便数も多い。スエズ運河を行き交う大型船を見たいならスエズに行こう。ポート・サイドも風情ある港町だが、ショッピングタウンでもあるので掘り出し物が見つかるかも。ヨーロッパから入ってくる古着も狙い目。

●デルタ地域

古代エジプト時代の遺跡が点在しているのだが、交通の便が悪く、保存状態や規模の点でもいまひとつ。サーン・イル・ハガルは見ごたえのある遺跡だが、交通の便がネック。イスマエーレーヤからタクシーをチャーターするか、セルビス(→P.439)を乗り継いでいくのがスムーズだ。

デルタ地域とスエズ運河周辺 旅のガイダンス

移動のコツ

●バス

このエリアはどの路線も便数が多く、移動には苦労しない。特にアレキサンドリア～カイロ間は30分おきと便数が多い路線。各社とも競争が激しい。タフリール広場やアフマド・ヘルミからはアレキサンドリア行きのセルビスが出ているが、こちらはバスより安く、場合によってはバスより早く着く。

●鉄道

アレキサンドリア～カイロ間の急行路線は外国製の車両（フランス製とスペイン製のものがある）を使っているので乗り心地もよくてスピーディ。カイロ～アレキサンドリアを2時間で結ぶノンストップの便は、1日10便程度と便数もそれなりにあるが、人気も高いので予約しておいたほうが無難。

アレキサンドリアからマルサ・マトルーフへは旅客列車が運行されている。カイロからの便は夏期のみの運行。

マルサ・マトルーフ発カイロ行きの2等車両内

旅のモデルルート

デルタ地域とスエズ運河周辺は、範囲も広く見どころも多いので、ルート作りには苦労するところ。デルタ地域と地中海沿岸の拠点となる町はアレキサンドリアなので、ここからロゼッタやアブー・ミーナー、アラメインといった見どころを日帰りで回るといいだろう。リゾートを満喫したいなら、マルサ・マトルーフに数日滞在するのもよい。スエズ運河周辺は、スエズが拠点に最適。デルタ地域最大の遺跡、サーン・イル・ハガルへはスエズからイスマエーレーヤ経由で日帰りで訪れるのがいいだろう。また、スエズは交通のハブでもあるので、この地域の観光のあとはカイロに戻ってもいいし、東のシナイ半島や南のハルガダ、ルクソール方面へ旅を続けてもいいだろう。

デルタ地域とスエズ運河周辺、周遊コース

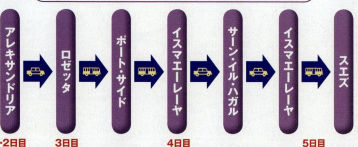

アレキサンドリアでの滞在日数は2日。2日間はアレキサンドリアで過ごし、3日目はロゼッタへと日帰りで出かけ、帰ってきたらその日のうちにスエズまで移動する。ただし、アレキサンドリアを出るのが遅ければ、ポート・サイドからスエズへ行く便がなく、ポート・サイドで宿泊になるかもしれない。翌日はイスマエーレーヤ経由でサーン・イル・ハガルまで日帰りする。スエズに戻ってきたら、スエズ運河をゆっくりと散策しよう。

地中海の表玄関にして古代からの国際都市
アレキサンドリア Alexandria

الإسكندرية　アラビア語：イル・イスカンダレーヤ

市外局番03

カーイトゥベーイの要塞から見た東湾

■アレキサンドリアへの
　行き方
●カイロから（→P.69）
✈日・月曜を除く毎日1～2便
所要:45分　運賃:194£
🚂ラムセス駅（→P.75）から6:15
～23:00に頻発
所要:2～4時間
運賃:20～52£
🚌トルゴマーン（→P.74）発
ウエスト・アンド・ミドルデルタバス
5:30～翌1:00の1時間毎
所要:3時間（砂漠ロード）
運賃:30£
🚌アブード（→P.74）発
ウエスト・アンド・ミドルデルタバス.
6:00～20:00の1時間毎
所要:4時間30分（農業ロード）
運賃:18£
※アブード発のバスはスィーディ・
ガベル駅の手前が終点。モウイ
フ・ゲディードゥには行かないの
で要注意。
🚌カイロ国際空港バスター
ミナル前（→P.79）発
ウエスト・アンド・ミドルデルタバス
5:30～翌4:30の1時間毎
所要:4時間（砂漠ロード）
運賃:40£
スーパージェット
10:30～19:30の1時間毎
所要:4時間（砂漠ロード）
運賃:40£
●マルサ・マトルーフ
　（→P.351）から
🚌7:00～翌2:00の1時間毎
所要:3時間30分
運賃:25～35£
●スィーワ・オアシス
　（→P.371）から
🚌7:00、10:00、22:00発
所要:9～10時間
運賃:35£
●ポート・サイド
　（→P.361）から
🚌7:00、11:00、14:00、16:00、
18:00、20:00発
所要:4時間
運賃:25£

　カイロに次ぐエジプト第2の都市、アレキサンドリア。穏やかな気候、明るい陽光、大きく弧を描く海岸通りに打ち寄せる波。典型的な地中海都市で、ヨーロッパ各地から毎年、たくさんの観光客が押し寄せる。
　アレキサンドリアは紀元前4世紀、アレクサンドロス大王によって建設された街。アレクサンドロス大王の死後、プトレマイオス朝時代に首都がここにおかれた。そして、アレキサンドリアは、地中海世界の文化の中心地として全盛期を迎えるのである。その王朝最後の女王がクレオパトラだ。アレキサンドリアは、「クレオパトラがいた町」でもある。
　クレオパトラというと、オカッパの黒髪という印象を浮かべるけれど、彼女は実は金髪のギリシア系だった、といわれている。クレオパトラの健闘むなしく、アレキサンドリアはローマに征服され、ビザンツ時代は、コンスタンティノープルやローマに次ぐキリスト教会の第3の主教座がおかれ繁栄したあと、7世紀にはアラブの侵入を受ける。
　首都がカイロに移って以降、19世紀の近代化が始まるまで、アレキサンドリアは廃墟の多いさびれた港町だった。だが、ムハンマド・アリ朝の時代になって、西欧化の波が押し寄せてくるとともにアレキサンドリアは復権した。今この町を歩いていても、やはりどこかヨーロッパの歴史と色彩が強く感じられる。カイロのほこりと騒音に疲れたら、ここは、願ってもない休養の町となる。

旅のモデルルート

アレキサンドリアのおもな見どころを効率よく見るのであれば、タクシーの利用が望ましい。2日目はアブー・イールやモンタザ宮殿などにも足を運んでみたい。

1 1日でアレキサンドリアを回るハイライト

アレキサンドリア国立博物館 → グレコローマン博物館 → ポンペイの柱 → コームッシュアーファのカタコンベ → カーイトゥベーイの要塞

9:00～10:15　10:30～12:00　13:30～14:00　14:15～15:00　15:15～16:30

午前中は博物館を見学。アレキサンドリアには博物館が多いので自分の興味に応じて時間配分をしよう。昼食後、ポンペイの柱とコームッシュアーファのカタコンベ、カーイトゥベーイの要塞を見学。

2 海岸沿いを行くピクニックコース

アレキサンドリア図書館 → モンタザ宮殿 → アブー・イール

9:00～10:15　11:30～15:00　15:20～16:30

前日に上記のコースを回った人向けのコース。まずは、前日回りきれなかった博物館を見学してから、海岸通り沿いを走るミニバスに乗り、モンタザ宮殿へ。お弁当を持ってきた人は、モンタザ宮殿の敷地内か横のマアムーラ海岸でお昼をとろう。午後はそのままマアムーラ海岸で遊ぶのもよい。時間があれば、モンタザ宮殿からさらに東のアブー・イールに行くのもよい。

アレキサンドリア広域

歩き方

●**町の中心** 街の中心は西側の**オラービ広場**Midaan 'Oraabiだが、旅行者にとって街歩きの起点として便利なのは、少し東寄りの**サアド・ザグルール広場**Midaan Sa'd Zaghluulだ。広場周辺には観光案内所や路面電車のラムル駅や手頃なホテルなどがある。また、ここからマスル駅周辺にかけて、裁判所やオペラハウスなどの歴史的建造物が建ち並ぶ。

ムハンマド・アリーが建てたオペラハウス

●**マスル駅周辺** サアド・ザグルール広場から南へ向かう**ナビー・ダニエル通り**Shaari' in-Nabii Daniyilを歩いてみよう。この通りを直進すると国鉄**マスル駅**Mahattit il-Masrのある**ゴムホレーヤ広場**Midaan il-Gumhuuriiyaに出る。途中、ショッピング街となっている**ホレイヤ通り**Tariiq il-Huriiyaを東へ行った左側が**グレコローマン博物館**。ここからホレイヤ通りに戻りさらに東へ600mほど進むと**アレキサンドリア国立博物館**、マスル駅へ向かう途中には**ローマ円形劇場**がある。ゴムホレ

アレキサンドリア国立博物館

サアド・ザグルール広場は海に面する

アレキサンドリアの湾岸通り

ムハンマド・アリー像前にある裁判所

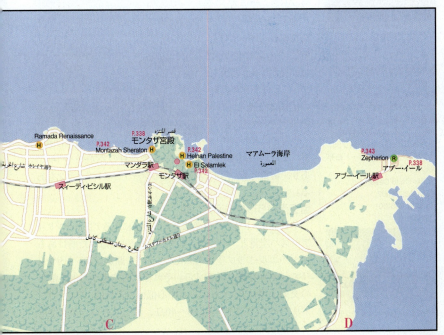

ポンペイの柱からコームッシュアーファのカタコンベへと続く道

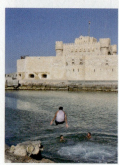
カーイトゥベーイの要塞前の海に向かって飛び込む少年たち

アブー・イールのビーチ

■アレキサンドリア・シティ・
センター
Map P.328A
街の郊外、アレキサンドリア-カイロ・デザート・ロード沿いにあるショッピングセンター。館内にはフランス系の大型スーパーのカルフールや、高級ブティックがあり、フードコートも充実している。
✉ Alx-Cairo Desert Rd.
☏ (03) 3970007
⌚ 10:00〜23:00
✖ 無休

郊外にあるアレキサンドリア・シティセンター

ーヤ広場には市内バスの乗り場がある。またカイロから列車を利用した場合にはこの広場に面したマスル駅に着く。

● **市街南部** 広場の南の**イブン・カッターブ通り** Shaari' ibn Kattaabには食料品スークが続く。ポンペイの柱に向かう**バーブ・スィドラ通り** Shaari' Bab is-Sidraには布だけを売るちょっと変わった巨大スークもある。このあたりまでは距離があるので、市電かタクシーを使おう。

アレキサンドリア国立博物館内にある、海底遺跡から引き上げられた像。長年の浸食であちこち摩耗している

● **ベイエリア** サアド・ザグルール広場から海岸通りを西へ進むと、海岸線の先に**カーイトゥベーイの要塞**が見える。カーイトゥベーイの要塞の反対の突端にある**ラスルティン宮殿** Qasr Ras it-Tiinは王家の別荘だったが現在は政府の庁舎になっており、内部の見学はできない。

● **スタンレー・ブリッジ〜アブー・イール** オラービ広場から海岸の通りをずっと東へ進むと、4つの塔が配された宮殿のような橋を目にするだろう。この橋はスタンレー・ブリッジと呼ばれ、周囲の交通渋滞の緩和と観光施設の開発を目指して建設されたもの。スタンレー・ブリッジの周辺はアレキサンドリア屈指の人気スポットとなっており、おしゃれなカフェやレストランが並んでいる。

スタンレー・ブリッジの東側からモンタザ宮殿までの海岸沿いには高級ホテルが点在している。モンタザ宮殿の庭園は公園として一般公開されており、多くの人でにぎわってい

夕暮れ時のスタンレー・ブリッジ

る。また、海岸線の東端にはひなびた漁村のアブー・イールがあり、新鮮な魚介類を堪能できるシーフードレストランもある。

空港から市の中心部へ

アレキサンドリアの空港はノズハ地区にあるアレキサンドリア・ノズハ空港と、中心部から南西へ約40km離れた所にあるボルグ・エル・アラブ空港のふたつ。おもな路線はアレキサンドリア・ノズハ空港に発着する。それぞれの空港から中心部への交通手段はタクシーのみ。中心部への運賃は、アレキサンドリア・ノズハ空港からは25〜40£E、ボルグ・エル・アラブ空港からは150£E前後。

長距離バスターミナルから市の中心部へ

アレキサンドリアの長距離バスターミナルは町の南端、マリュート湖近くにある**モウイフ・ゲディードゥ**（略して単にモウイフとも呼ばれる）。2010年7月現在、ターミナルの東側は工事中。セルビスはターミナルの西側に発着し、近郊の町への便がある。バスは入口の東にあるチケットオフィスの隣に発着する。カイロやマルサ・マトルーフ、スィーワ・オアシス、ポート・サイドなどエジプト各地への便がある。

市中心部へはマイクロバスが出ている。マスル駅行き（車体にはムハッタ محطة と表示されている）に乗ればゴムホレーヤ広場に行くことができ、マンシェーヤ行き（車体にはマンシェーヤ منشية と表示されている）に乗れば、サアド・ザグルール広場やオラービ広場まで出ることができる。ゴムホレーヤ広場やオラービ広場までの所要約15分、運賃は75pt.。

大型バス乗り場はターミナル西側の入口にあり、ほとんどのバスがマスル駅かスィーディ・ガベル駅方面へ向かう。運賃は25pt.。タクシーは大型バス乗り場付近に待機していることが多い。ラムル駅周辺まで6〜8£Eが相場だが、相場の何倍もの額を要求するドライバーも多い。

モウイフ・ゲディードゥのセルビス乗り場

■モウイフ・ゲディードゥ
Map P.328A

モウイフ・ゲディードゥの入口

2010年7月現在、モウイフ・ゲディードゥの東側は工事中。完成後は長距離バスターミナルになる予定

セルビス乗り場の看板は表がアラビア語（写真上）で行き先が表示され、裏は英語（写真下）で表示してあるのでわかりやすい

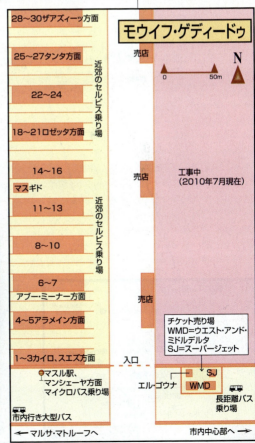

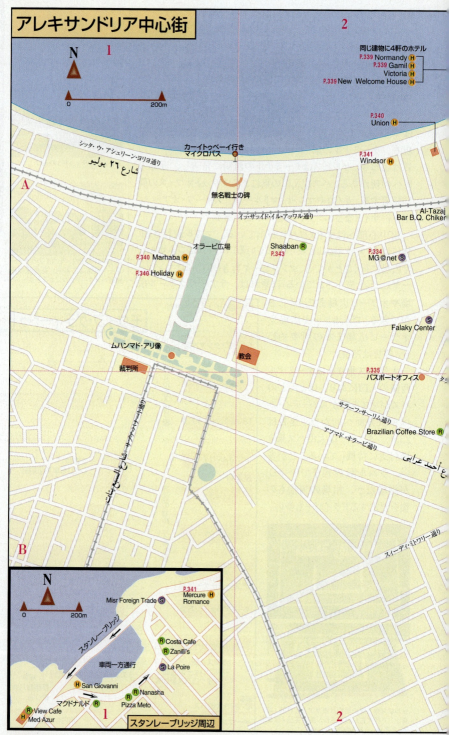

■マスル駅　Map P.333B4

連なるアーチが美しいマスル駅

アブー・イール行きの列車

マイクロバスは市民の足

■トーマスクック
Map P.333A3
TEL(03)4847830
開 9:00〜17:00
困 無休

■ラムル駅前の
　アレキサンドリア銀行
Map P.333A3
開 8:00〜15:00
困 金・土

■サアド・ザグルール広場の
　観光案内所❶
Map P.333A3
TEL(03)4851556
開 8:30〜18:00
困 無休

■マスル駅の観光案内所❶
Map P.333B4
TEL(03)3925985
開 9:00〜18:00
困 無休

■インターネットカフェ
　MG@net
Map P.332A2
TEL(03)4806981
開 10:00〜翌1:30
困 無休
料 1時間3£E　日本語使用可

MG@net

鉄道駅から市の中心部へ

　アレキサンドリアの中央駅であるマスル駅から、サアド・ザグルール広場までは約1km。駅前のゴムホレーヤ広場からナビー・ダニエル通りを海に向かって真っすぐ北に行く。
　マスル駅のひとつ手前のスィーディ・ガベル駅で降りて路面電車（駅の南口に路面電車の駅がある）に乗り換えればラムル駅まで行くことができる。
　マスル駅にはエジプト国鉄の主要路線が通っている。チケット売り場は正面入口を入った左側に窓口が並んでいる。アブー・イール行きの列車は青と黄色の車両が目印。1番ホームに発着することが多い。アブー・イールまではどこで降りても1£E、車内を巡回する車掌さんから切符を買う。

市内交通

●**市内バス**　おもな乗り場はマスル駅前のゴムホレーヤ広場。ここからはアブー・イール、マアムーラ海岸やモウイフ・ゲディードゥにバスが出ている。

●**マイクロバス**　おもな乗り場はゴムホレーヤ広場や、スィーディ・ガベル駅南口。料金は50〜75pt.。コルニーシュ通りを走るマイクロバスは路面電車より速くて便利。

●**路面電車**　市民の最もポピュラーな交通手段は路面電車。ラムル駅発着の路線が多い。カーイトゥベーイ、アンフォーシ方面など市の西側への路線が黄色。シャトビー、スィーディ・ガベル方面、ヴィクトリア終着の東側への路線は青い車両と黄色い車両。ノズハ、モハッラム・ベイからゴムホレーヤ広場横を通ってポンペイの柱方面に行く路線は黄色の車両。料金は25pt.。

ラムル駅の近くを走る路面電車

両替・郵便・旅の情報収集

●**両替**　銀行が集中しているのはタラアト・ハルブ通り（Map P.333B2）。ATMもある。ラムル駅周辺にも支店があるので両替で困ることはない。T/Cはセシル・ホテルやラムル駅近くのトーマスクックなどで両替可能。

●**郵便**　郵便局はマスル駅横、ラムル駅内にある。

●**電話**　電話局はラムル駅、ゴムホレーヤ広場、スィーディ・ガベル駅北口にあるが、メナテルの公衆電話が市内随所にあり、カードもいたるところで販売している。

●**観光案内所**　アレキサンドリアの観光案内所はマスル駅とサアド・ザグルール広場の2ヵ所。サアド・ザグルール広場のメインオフィスは情報量も多く対応もよい。この2階にはツーリストポリスもある。

サアド・ザグルール広場の❶

ビザの延長

パスポートオフィスはタラアト・ハルブ通りの西の突きあたり左側にある。2階のResidence Touristiqueの窓口で申し込む。手続きには証明写真1枚とパスポートのコピー1枚が必要。ない人はオフィス近くに写真店とコピー屋があるので、そこで作成してもらおう。

■パスポートオフィス
Map P.332B2
✉ Shaari' Tala'at Harb
TEL (03)4847873
開 8:00〜12:00
休 金
料 53.1£E（1〜6ヵ月の延長）

パスポートオフィス

見どころ

古代のロマンがよみがえった
アレキサンドリア図書館
マクタビト・イル・イスカンダレーヤ
مكتبة الإسكندرية
Alexandria New Library　　MAP P.328A

さまざまな言葉がデザインされた外壁

■アレキサンドリア図書館
✉ El Shatby
TEL (03)4839999
Inet www.bibalex.org
開 11:00（金15:00）〜19:00
休 無休
料 図書館10£E（学生5£E）
写本博物館20£E（学生10£E）
考古学博物館20£E（学生10£E）
（館内地下の考古博物館入口で購入する）
※手荷物はチケット購入時に預ける。

■英語の無料ガイドツアー
館内のガイドツアーは45分おき。金・土曜は要予約。セキュリティをくぐった所にあるビジター・ガイド・インフォメーションで申し込む。所要約20分。

プトレマイオス1世が開いたといわれるアレキサンドリア図書館は、ヘレニズム時代に世界最大の図書館として名をはせた。幾何学の父として名高いユークリッドが通い、文献学者アリスタルコスが館長を務めた伝説の図書館だ。

アレキサンドリア図書館は、その古代の図書館を現代に復活させたもので、入口を入って右側が図書館、左側が国際会議場、奥に見える球形のプラネタリウムの3つから成り立っている。図書館は地上地下合わせて11階建て、総床面積8万5000㎡（東京ドーム1.8個分）、直径160m、高さ35mの円筒を斜めに切った形はエジプトの太陽をイメージしている。

内部の書架は階段状で、太陽光が降り注ぐ開放感あふれる造り。コンピュータ端末の数も多い。開館当初の蔵書は25万冊。書棚にはまだまだ隙間がたくさんあり、人類の英知の到着を心待ちにしている。館内にはアレキサンドリアの古地図、20世紀初頭の写真、絵画を展示したアワド・コレクションThe Awad Collectionや、イスラーム世界の古典名作が展示された写本博物館Manuscript Museumがある。

図書館の地下には考古学博物館もあり、東湾やアブー・イール沖の海底で発掘された彫像などが展示されている。古代アレキサンドリア図書館の床を彩っていたモザイクは必見。

海側にはユニークなオブジェが建ち並ぶ

■グレコローマン博物館
✉ Shaari' Mathaf il-Romani
TEL (03)4876434
※2010年7月現在閉鎖中。

エジプト屈指の博物館
グレコローマン博物館
イル・マトゥハフ・イル・ユーナーニー・イッルーマーニー
المتحف اليوناني والروماني
The Graeco-Roman Museum　　MAP P.333A4

プトレマイオス朝の紀元前3世紀から、アラブがエジプトに入ってくる紀元後7世紀にいたるグレコローマン時代、およびビザンツ時代の遺物を約7万点を収めている。ほとんどがデルタ地域と中エジプトの発掘物。

ギリシア神殿のような外観が印象的。2011年に再オープン予定

■アレキサンドリア国立博物館
110 Shaari' Fawwade
TEL (03)4835519
開 9:00～16:30
休 無休
料 35£E(学生20£E)

海底からの発掘物は必見
アレキサンドリア国立博物館
Alexandria National Museum

イル・マトゥハフ・イスカンダレーヤ・イル・アウミー

متحف إسكندرية القومي

MAP P.328A

1926年に建てられた宮殿を改築した博物館。地下は古代エジプト、1階はグレコローマン時代、2階は近代とコプト教、イスラームについての展示がされている。展示品の数は少ないが、海底からの発掘物は特に見ごたえがある。

アレキサンドリアの海底遺跡で引き上げられた遺物も展示されている

古くから交易都市として栄えたアレキサンドリアの沖合には、何かしらの遺物が眠っているのではないかといわれてきた。1967年に第3次中東戦争が勃発し、アレキサンドリア周辺が軍事地域に組み込まれたのをきっかけにユネスコによる救援活動がスタートした。その後、数々の遺物や遺跡が発見され、その一部がアレキサンドリア国立博物館にも置かれている。

ヘレニズム時代のプトレマイオスの王妃像

エジプト王冠のカラカラ帝の胸像

クレタ産の壺

ローマ時代の女性像

アレキサンドリア出土のローマ風彫像の頭部

太陽の円盤を頭にのせたハトホル女神。母性の象徴でもある

マスル駅のすぐ横
ローマ円形劇場
The Roman Amphitheater

イル・マスラフ・イッ・ルーマーニー
المسرح الروماني
MAP P.333B4

保存状態のよい円形劇場

マスル駅のすぐ横にあるこの劇場は、ローマ帝国時代の2世紀に建てられたと思われ、当時の落書きも残っている。同敷地内にはローマ式大浴場の跡もある。また、ローマ時代の邸宅では当時のモザイクが、入口近くの屋外博物館ではアレキサンドリア近海から発掘されたスフィンクスやオベリスクなどが展示されている。

たった1本だけ残った
ポンペイの柱

アームードゥッサワーリー
عامود السواري
MAP P.328A

小高い丘に建つポンペイの柱

ローマ皇帝ディオクレティアヌス帝が建てた図書館の柱の1本とされるポンペイの柱は高さ約27m、アスワンの赤色花崗岩でできている。かつてはこの柱が400本はあっただろうといわれている。歴史の不思議さと、実在した当時に思いをはせてみよう。

古代からの墓場
コームッシュアーファのカタコンベ
The Catacombs of Kom El-Shoqafa

マアービル・コームッシュアーファ
مقابر كوم الشقافة
MAP P.328A

門を入って奥に行くと、庭に井戸のような入口がある。薄暗い階段を下りていくとそこがカタコンベ。小さな部屋に分かれており、本来は貴族階級の墓だったが、3世紀以降は一般の共同墓地となった。懐中電灯があると便利。

地中海に突き出た
カーイトゥベーイの要塞
Qaitbey Fort

アルイト・カーイトゥベーイ
قلعة قايتباي
MAP P.328A

要塞は、もともと古代世界の7不思議のひとつといわれたファロスの灯台の跡に、15世紀んにマムルーク朝スルタン・アシュラフ・カーイトゥベーイにより建てられた、3層構造の堅固な要塞。内部は海軍博物館になっている。

ファロスの灯台はアレクサンドロス大王の案に基づくといわれ、プトレマイオス2世により紀元前3世紀に建立。高さはなんと120mで、56km先からも光が見えたという。14世紀の大地震で崩壊した。

■ローマ円形劇場
✉ Shaari' Yuusef
⏰ 9:00～16:30
休 無休
💰 20£E(学生15£E)
　ローマ時代の邸宅
　15£E(学生8£E)
※2010年7月現在、ローマ式大浴場は立ち入り不可。

海底から発掘されたオベリスクなど

■ポンペイの柱
ゴムホレーヤ広場から黄色の路面電車の2番で西方向へ。25pt.。
✉ Shaari' Amoud il-Sawari
⏰ 9:00～16:30
休 無休
💰 20£E(学生15£E)

■コームッシュアーファのカタコンベ
ポンペイの柱を出て道沿いに行き、次の角を右に入り直進。徒歩7～8分。
⏰ 9:00～16:30
休 無休
💰 35£E(学生20£E)
※内部の写真撮影禁止。

コームッシュアーファの入口

■カーイトゥベーイの要塞
コルニーシュ通りからマイクロバス、またはラムル駅から黄色の路面電車15番でも途中まで行ける。サアド・ザグルール広場からタクシーで3£Eほど。
⏰ 9:00～16:00
休 無休　💰 25£E(学生15£E)

カーイトゥベーイの要塞

■ノズハ動物園
🚃マスル駅から路面電車黄1、2、7、18番など。
🚌スィーディ・ガベル駅からマイクロバスが頻発。
🕘9:00～16:30
休無休
料3£E

■モンタザ宮殿
🚌海岸通りを通るミニバスで行くのが便利。ゴムホレーヤ広場からは大型バス736番など。マスル駅などから列車でも行ける。モンタザ駅は宮殿入口のすぐ前。
🕘9:00～日没
休無休 料6£E

緑が多い庭

■アブー・イール
🚃マスル駅1番線発。アブー・イールまでは1£E。切符は車内で車掌から買う。
🚌ゴムホレーヤ広場からマイクロバスも頻発。

アブー・イールの生ウニ（夏限定）

■各墳墓群
🕘9:00～16:30 休無休
■アンフォーシ墳墓群
ラスルティン宮殿正門を左に曲がり、路面電車の駅の横。すぐ横が小中学校の敷地。
料20£E(学生15£E)
■シャトビー墳墓群
🚃路面電車でシャトビー駅下車。Saint Marc Collegeの道を挟んだ横。
料20£E(学生15£E)
■ムスタファ・カメル墳墓群
🚃路面電車でロシディ駅下車。
料20£E(学生15£E)

金曜はお客さんでにぎわう
ノズハ動物園
ハディーキット・イル・ハヤワーナート・ヌズハ
حديقة الحيوانات نزهة
Zoological Gardens　MAP P.328B

スィーディ・ガベル駅の南にある動物園。平日はがらんとしているが、金曜には家族連れでにぎわう。敷地内には動物園のほかに、遊園地や広い公園もある。

ノズハ動物園の遊園地

かつての王家の別荘
モンタザ宮殿
アスルル・ムンタザ
قصر المنتزه
Montazah Palace　MAP P.329C

アレキサンドリアの中心から東へ17kmの海に近い広大な敷地に建つ宮殿は、1892年に建てられたもので、王家の夏の別荘として使われていたが、内部は一般公開されていない。でも、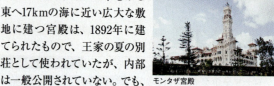
モンタザ宮殿

ナツメヤシの木と花々の咲く庭を歩いていると、ここがエジプトだということを忘れてしまいそう。地元の若者のデートスポットとしても有名。

ナポレオンとネルソン提督が戦った
アブー・イール
アブー・イール
أبو قير
Abu Qir　MAP P.329D

アレキサンドリア市街の東にある村。海岸に並ぶシーフードレストランを除けばとりたてて何もない、小さな漁村だ。かつて、このあたりの海域でナポレオン率いるフランス艦隊が1798年にネルソン総督指揮下のイギリス艦隊に大敗を喫した（アブー・イール湾の戦い）ことで、世界史にその名をとどめる古戦場でもある。駅前の通りを直進し、道沿いに左を曲がると海岸に出る。砂浜を歩いていると魚やウニを売るおじさんがいることも。

アレキサンドリアの数少ない遺跡
墳墓群
マアービル
مقابر
Necropolises　MAP P.328A・B

●アンフォーシ墳墓群　ラスルティン地区にある、入口は少しわかりにくい。紀元前3～2世紀の墓。5つある墓のうちふたつは保存状態がよい。

●シャトビー墳墓群　シャトビー地区。ポール・サイード通り沿いにある。紀元前4～3世紀のもので、アレキサンドリアでは最古。発見された像はグレコローマン博物館にある。

●ムスタファ・カメル墳墓群　ロシディ地区、モアスカルルロマーニ通りにある。紀元前2世紀のもので、4基の墳墓から成っている。

HOTEL

日本からホテルへの電話
国際電話会社の番号 + 010 + 国番号20 + 市外局番の最初の0を取った掲載の電話番号

アレキサンドリアのホテルは質、量ともに豊富。安宿はラムル駅やサアド・ザグルール広場周辺に集中し、海岸通り沿いには海の見える小さなホテルがある。アレキサンドリアの安宿はカイロの安宿と同じく、全体的に建物が古く、部屋は天井の高いヨーロッパ風の部屋が多い。高級ホテルは海岸通り沿いやモンタザ宮殿周辺に点在している。ハイシーズンは6月から9月。

ラムル駅の東側周辺

ハイド・パーク Hyde Park Hotel　経済的　Map P.333A3

فندق هايدبارك　フンドゥク・ハイド・バルク

- 21 Shaari' Amiin Fakhri Ramlah Station
- TEL (03) 4875666
- FAX なし
- S/W 60£E
- S/W 100£E
- £E
- TC 不可　CC 不可

ビルの8階にあり、看板がないのでどの建物なのかややわかりにくい。設備は古いが清潔。部屋の雰囲気は典型的な南ヨーロッパの安宿といった感じ。上階からエレベーターを利用する際は1階のエレベーター係を呼ぶ。

シー・スター Sea Star Hotel　経済的　Map P.333A3

فندق سي ستار　フンドゥク・スィー・スタール

- 24 Shaari' Amiin Fakhri
- TEL (03) 4805343
- FAX (03) 4872388
- S 190£E
- W 250£E
- £E
- TC 不可　CC 不可

アラビア語が縦に並んだ看板が目印。ラムル駅からも近くて便利。建物も比較的新しく、全室シャワー付きで、テレビ付きの部屋も多い。部屋やバスルームはきれい。レストランも併設している。

サアド・ザグルール広場～オラービ広場周辺

ガミール Hotel Gamil　経済的　Map P.332A2

فندق الجميل　フンドゥク・イル・ガミール

- Gamal el-Din Yasin St.
- TEL (03) 4815458
- FAX なし
- S/W 70～100£E
- £E
- TC 不可　CC 不可

セシル・ホテル裏のビルの5階にある。同じ料金でもベッドが新しい部屋や古い部屋、海の見える部屋など、部屋によって広さや条件が異なるので、いくつか見せてもらってから部屋を決めよう。

ノルマンディー Normandy Hotel　経済的　Map P.332A2

فندق نورماندي　フンドゥク・ノルマンディ

- 8 Gamal el-Din Yasin St.
- TEL (03) 4806830
- FAX なし
- S/W 30～85£E
- £E
- TC 不可　CC 不可

ガミールと同じ階にある。このあたりでは旅行者に人気のあるホテル。全12室で、共同シャワーはあまりきれいではないが、部屋は清潔。

ニュー・ウェルカム・ハウス New Welcome House　経済的　Map P.332A2

فندق ويلكم هاوس الجديد　フンドゥク・ウェルカムハウス・イル・ゲディードゥ

- Gamal el-Din Yasin St.
- TEL (03) 4806402
- FAX なし
- S 40£E
- W 60£E
- £E
- TC 不可　CC 不可

ビルの6階にある。廊下、ロビーなどのスペースはあまりきれいとはいえないが、この建物の中では最も安い。内装はまずまずで、海が見える部屋もある。ダブルの部屋はほとんどバス付き。

アクロポール Acropole 　　経済的　Map P.333A3

فندق اكروبول　フンドゥク・アクロポール

✉ Gamal el-Din Yasin St.
TEL (03)4805980 　FAX なし
@ acropole_hotel@yahoo.com
S 🚿🍴🚶 70£E
S 🛁🍴🚶 130£E
W 🚿🍴🚶 100£E
W 🛁🍴🚶 170£E
💰 £E　TC 不可　CC 不可

サアド・ザグルール広場から1本西の酒屋の角を入る。ビルの5階にある。ロビーは広いが客室はやや狭い。お湯が出ないこともあり、シャワーの湯量は運次第。ロビーにて無線LANは無料で利用することができる。

トゥリヨンフ Triomphe 　　経済的　Map P.333A3

فندق النصر　フンドゥク・インナスル

✉ 26 El Gorfa el-Togaria St.
TEL (03)4807585 　FAX なし
S 🚿🍴🚶 70£E
S 🛁🍴🚶 90£E
W 🚿🍴🚶 100£E
W 🛁🍴🚶 130£E
💰 £E　TC 不可　CC 不可

アクロポール・ホテルの向かいのビルの5階にある。部屋の改装も終わり、以前に比べて中級ホテル並みにきれいになった。英語を話すことのできるスタッフもいる。全30室。

ニュー・カプリ Hotel New Capri 　　経済的　Map P.333A3

نيو كابري　ニュー・カブリ

✉ Midaan Saad Zaghloul
TEL (03)4809310
FAX (03)4809703
S 🚿🍴🚶 81£E
S 🛁🍴🚶 95£E
W 🚿🍴🚶 130£E
W 🛁🍴🚶 155£E
💰 £E　TC 不可　CC 不可

観光案内所の北側から入っていく。同じビルの8階。エレベーターで7階まで昇っていき、最後は階段を上る。朝食を出すレストランからの眺めはすばらしい。全28室。併設のPCは無料で利用できるが、日本語の読み書きは不可。

マルハバ Marhaba Hotel 　　経済的　Map P.332A1

فندق مرحبا　フンドゥク・マルハバ

✉ 10 Midaan Orabi Mansheya
TEL & FAX (03)4809510
S 🚿🍴🚶 100£E
S 🛁🍴🚶 125£E
💰 £E
TC 不可　CC 不可

オラービ広場の近く。エレベーターが非常に狭く、老朽化は否めないが、部屋は比較的広い。大きなバスタブはやや汚れている。朝食は4階のレストランにて。1階にはカフェも併設されている。

ホリデイ Holiday Hotel 　　経済的　Map P.332A1

فندق هوليداي　フンドゥク・ホリデイ

✉ 6 Midaan Orabi Mansheya
TEL (03)4803517
FAX (03)4801559
S 🚿🍴🚶 65£E
S 🛁🍴🚶 100£E
W 🚿🍴🚶 100£E
W 🛁🍴🚶 135£E
💰 £E　TC 不可　CC 不可

マルハバ・ホテルと同じ並びにある。部屋は少し老朽化しているが、まずまずきれい。全室テレビ付き。2階にはバーがあり、酒類が充実している。ビール、ワインなど酒類も館内で販売しているので便利。全41室。

ユニオン Union Hotel 　　中級　Map P.332A2

فندق يونيون　フンドゥク・ユニオン

✉ 164 Shaari' Sitta wa 'Ashriin Yoliyo
TEL (03)4807312 　FAX (03)4807350
S 🚿🍴🚶 66£E
S 🛁🍴🚶 80£E〜
S A/C 🛁🍴🚶 120£E
W 🚿🍴🚶 103£E
W 🛁🍴🚶 115£E〜
W A/C 🛁🍴🚶 140£E
💰 US$ € £E　TC 不可　CC 不可

このあたりでは人気の高い中級ホテル。特に夏期はエジプト人客でいっぱいなので予約したい。部屋によって値段と設備は異なるが、全体的に清潔にされている。ロビーからはカーイトゥベーイの要塞がはるかに見える。ロビーにて無線LANは無料で利用可能。

高級ホテル

ラグーン Lagoon Alex Hotel & Spa 　　　　　高級　Map P.328A

فندق لاجون ال اسكندرية　フンドゥク・ラグーン・イル・イスカンダレーヤ

✉ International Garden
TEL (03)3826500
FAX (03)3825330
Inet www.lagoon.com.eg
Ⓢ A/C 🚻🛁🛏 125US$
Ⓦ A/C 🚻🛁🛏 140US$
💴 US$ € £E
TC 不可　CC A D M V

アレキサンドリア・シティ・センター（→P.330欄外）の向かいにある。全室ミニバー、衛星放送視聴可能なテレビ付き。入口からは見えないが、建物の裏にスイミングプールがある。周辺にはレストランやスーパーマーケットがある。

ウィンザー Paradise Inn Windsor Palace 　　　高級　Map P.332A2

فندق ويندسور　フンドゥク・ウィンドソール

✉ 17 Shaari' Shohada
TEL (03)4808123
FAX (03)4809090
Inet www.paradiseinnegypt.com
Ⓢ Ⓦ A/C 🚻🛁🛏 140～180US$
💴 US$ € £E
TC 不可
CC A D M V

オラービ広場から東に6ブロックの海岸沿いにあるホテル。クラシックな外観と雰囲気が自慢。1階のロビーはまるで宮殿のような豪華な装飾が施されている。全室ミニバー、衛星放送視聴可能なテレビ付き。無線LANは無料で利用可能。

メトロポール Paradise Inn Le Metropole 　　　高級　Map P.333A3

فندق متروبول　フンドゥク・メトロポール

✉ 52 Shaari' Saad Zaghloul
Inet www.paradiseinnegypt.com
TEL (03)4861465　FAX (03)4862040
Ⓢ Ⓦ A/C 🚻🛁🛏 139～179US$
💴 US$ € £E　TC 不可　CC A M V

ラムル駅のすぐ近くにあり、1902年の創業とアレキサンドリアで最も古いホテルのひとつ。また、この場所はクレオパトラがカエサルのために建築し、オクタヴィアヌスの時代に完成したカエサリウムがあった場所でもある。建物内部はアンティークな調度品であふれ、格式の高さをうかがわせる。部屋の値段はシービューとサイドビュー、シティビューで異なる。無線LANは別料金で利用可能。

ソフィテル・セシル Hotel Sofitel Alexandria Cecil 　　高級　Map P.333A3

سوفيتيل سيسيل　ソフィテル・セシル

観光にはベストのロケーション。1929年創業の、アレキサンドリアを代表するホテルのひとつ。クラシックでエレガントな雰囲気が漂う。

✉ Midaan Saad Zaghloul
日本の予約先：📞無料 00531-61-6353
TEL (03)4877173　FAX (03)4855655
Inet www.sofitel.com
Ⓢ A/C 🚻🛁🛏 145€
Ⓢ A/C 🚻🛁🛏 175€（海側）
Ⓦ A/C 🚻🛁🛏 180€
Ⓦ A/C 🚻🛁🛏 210€（海側）
💴 US$ € £E　TC 不可　CC A M V

😊とても落ち着いて美しいホテルでした。イチゴジュースもおいしい。　　（在ドイツ　おしゅう&ハンちゃん　'10春）

341

エル・サラムレク El Salamlek Palace

最高級　Map P.329C

فندق السلاملك بالاس　フンドゥク・イッサラームレク・パーラース

モンタザ宮殿の敷地内にあり、かつては王家の迎賓館として使われていた由緒ある建物。全20室しかないが、それぞれに、英・仏・トルコ調の意匠を凝らしたインテリアとアンティークな装飾が目を引く。スイートのベッドルームの豪華さは圧巻。一番高い部屋は1泊1120US$。また、ダイニングの壁や天井は当時のままである。メイン・ダイニングのインテリアの装飾も必見。無線LANは無料で利用することができる。

✉ Qasr el-Montaza
TEL (03) 5477999
FAX (03) 5473585
S A/C 〜180US$〜
W A/C 〜275US$〜
US$ £E
TC不可 CC ADMV

ツアーでよく使われる大型ホテル

メルキュール Hotel Mercure Romance
فندق ميركيور رومانس　フンドゥク・メルキュール・ロマンス

✉ 303 Tariq el-Geish Saba Pasha　日本の予約先：無料00531-61-6353　Map P.332B1
Inet www.mercure.com　TEL (03) 5840911　FAX (03) 5870526
US$ € £E TC不可 CC AMV

●海岸沿いの、サバア・パシャ地区にある白い外観の建物。全81室のスタンダードクラスのホテル。タクシーやマイクロバスが多く通るので、交通の便もよく、部屋からの眺めもよい。館内にはフランス料理レストランが入っている。

ヒルトン・グリーン・プラザ Hotel Hilton Green Plaza
هيلتون جرين بلازا　ヒルトン・グリン・ブラーザー

✉ 14th Of May Bridge Road Smouha　Map P.328B
日本の予約先：TEL (03) 6863-7700　TEL (03) 4209120　FAX (03) 4209140　Inet www.hilton.com
US$ € £E TC不可 CC ADJMV

●運河を渡ってすぐのスムーハ地区にある。グリーン・プラザというショッピングセンター内にあり、買い物や食事には困らない。スイミングプールやヘルスクラブといった設備も充実。

モンタザ・シェラトン Montazah Sheraton
فندق شيراتون المنتزه　フンドゥク・シェラトン・イル・ムンタザ

✉ Shaaria' il-Korniish　Map P.329C
日本の予約先：無料0120-003-535　TEL (03) 5480550　FAX (03) 5401331　Inet www.starwoodhotels.com
US$ € £E TC不可 CC ADMV

●モンタザ地区、モンタザ宮殿の向かい側。客室数289を誇るアレキサンドリア最大のホテル。夜にはロシアンダンスショーがあり、夏期にはベリーダンスショーが水曜に行われる。無線LANは別料金で、客室でも利用可能。

フォー・シーズンズ Four Seasons Hotel Alexandria at San Stefno
فور سيزنز الاسكندرية　フォル・シーズンズ・イル・イスカンダレーヤ

✉ 399 Tariq el-Geish San Stefano　Map P.328B
日本の予約先：無料0120-024-754　TEL (03) 5818000　FAX (03) 5818080　Inet www.fourseasons.com
US$ € £E TC不可 CC ADJMV

●海岸沿いのサン・ステファノ地区にある。館内には西洋風の調度品が多く置かれており、豪華な雰囲気が漂う。サン・ステファノ・モールというショッピングセンターも併設されている。入口横にはスターバックス・コーヒーもある。

ヘルナン・パレスタイン Helnan Palestine Hotel
فندق هلنان فلسطين　フンドゥク・ヘルナン・フィラスティーン

✉ Qasr el-Montaza　Map P.329C
TEL (03) 5473500　FAX (03) 5473378　Inet www.helnan.com
US$ € £E TC不可 CC ADMV

●モンタザ宮殿敷地内にあり、ビーチに面する高級ホテル。その立地条件を最大限に活かしたリゾート施設には、海を眺めるテラスカフェなどもある。内装は高級感にあふれている。客室数218。

RESTAURANT

海岸通りには多くのレストランが点在しているが、中級のシーフードレストランはラムル駅北側の海岸通りに集中。カーイトゥベーイの要塞方面にも評判のよい店が多い。メニューの料金は、魚やエビはkg単位で記載されている。魚の調理法などもフライや塩焼きなど注文に応じてくれる。

フィッシュ・マーケット Fish Market　　　　中級　シーフード

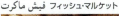
مطعم فيش ماركت　フィッシュ・マルケット

Map P.328A

⊠Shaari' Sitta wa 'Ashriin Yoliyo
TEL(03)4805114
FAX(03)4809842
圏13:00～翌1:00　休無休
US$ € £E
TC不可　CC M V

海岸通り沿いにある、大型シーフードレストラン。店内中央に並んだ魚のなかから選んで調理法を指定する。カラマリ30£E、シーフードライス36£E～、エビは199£E～（時価）。カニは66£E～（時価）。

デニス Denis　　　　中級　シーフード

مطعم دنيس　マトゥアム・デニス

Map P.333A3

⊠1 Shaari' Ibn Bassam
TEL(03)4861709
FAXなし
圏12:00～24:00
休無休
£E
TC不可
CC不可

ラムル駅を東に行き、2つ目の道を入った右側にある。周囲には同じような魚料理のレストランがいくつもあるが、そのなかでもわりと人気で、家庭的な感じのする店。カラマリ300gあたり25£E、魚1匹あたり30£E～、エビのグリル300gあたり45£E。

ゼフェリオン Zepherion　　　　中級　シーフード

مطعم زفيريون　マトゥアム・ゼフィリヨン

Map P.329D

⊠14 Khalid Ibn Walid
TEL(03)5621319
FAXなし
圏13:00～23:00
休無休
£E
TC不可　CC不可

アブー・イールにある有名なシーフードレストラン。創業1929年と、約80年にもわたり営業している老舗。海岸の手前を右に入っていく。魚は1kg70£E～。季節によってはカキも出している。サービス料10％は別途。

シャアバーン Shaaban Fish Restaurant　　　　庶民的　シーフード

مطعم السمك شعبان　マトゥアム・イッサマク・シャアバーン

Map P.332A2

⊠Behind Rix Cinema
TEL(03)4817660
FAXなし
圏11:00～翌2:00
休無休
£E
TC不可　CC不可

場所はわかりにくいが、探しても行く価値あり。地元の人にも有名。無名戦士の碑から路面電車の線路に沿って東に行き、最初の曲がり角を右折、次を左に入った路地の奥、右側。魚の種類が豊富で安い。テイク・アウェイもできる。魚は1kg40£E～、エビは1kg80£E。

☺すごい込みようでしたが、評判通りすごくおいしかったです。20時を過ぎた頃からすいてきたので、時間をずらすといいかもしれません。　　　　（在ドイツ　みづほ　'09秋）
☹会計のときに魚の料金がエビの料金として計算されていた。　　　　（大阪府　エカ86　'10夏）

タヴァーン Tavern　　　　庶民的　ファストフード

تافرن　タヴェルナ

Map P.333A3

⊠Muhattat il Ramleh
TEL(03)4878591
FAXなし
圏9:00～翌3:00
休無休
£E
TC不可　CC不可

ラムル駅周辺では人気の店。ピザは種類豊富で1枚14.5£E～。目の前の窯で焼いてくれるのでアツアツ。値段はどれも少し高いがおいしい。全品テイク・アウェイ可能。パスタ類は10£E～。カラマリは19£E。

☺釜でオリエンタルパイを焼いています。ぜひお試しください。　　　（在ドイツ　おしゅう＆ハンちゃん　'10春）
☺ピザ、パイはおいしい。カラマリのフライがおすすめ。テイク・アウェイにするとかなり安くなります。（和歌山県　KANA　'09春）

ガド Gad

مطعم جاد マトゥアム・ガド

庶民的　ファストフード

Map P.333A3

✉Muhattat il Ramleh
TEL(03)4860135
FAXなし
営24時間
休無休
料£E
T/C不可
CC不可

人気のテイク・アウェイの専門店。サンドイッチ、シャワルマなど種類が豊富。エビ、チキンなどいろいろと揃っているが、どれもおいしい。ファラフェル1£E、シャワルマ6.50〜9£E、チーズバーガー4.5£Eなど。

☺地元の人でごった返していました。安くておいしい。
（在ドイツ　おしゅう＆ハンちゃん　'10春）

モハメド・アフマド Mohamed Ahmad

محمد أحمد ムハンマド・アフマド

庶民的　ファストフード

Map P.333A3

✉17 Shakour St.
TEL(03)4873576
FAXなし
営6:00〜翌1:00
休無休
料£E
T/C不可　CC不可

観光案内所を東に行ったアレキサンドリア銀行の角を入った左側。若者に大人気のベジタリアンレストラン。フールやターメイヤが中心。2階席はとても清潔。従業員がテキパキと働くので、客の回転が日本並みに早い。ターメイヤは4つで1£E。

中国飯店龍金金荘 China House

イル・マトゥアム・イッスィーニー

高級　中華料理

Map P.333A3

✉Midaan Saad Zaghloul
TEL(03)4877173
FAXなし
営12:00〜24:00
休無休
料US$ € £E
T/C不可　CCⒶⓂⓋ

セシル・ホテルの屋上にある眺めのよい中華料理店。アレキサンドリアで数少ない中華レストランなのでディナー時は大変混雑する。メニューも豊富で、春巻など13£E、スープは13.5£E〜。メインの肉料理は26.75£E〜。ほかにタイ料理と日本料理も出している。

アステリア Asteria

أستيريا アスティルヤ

中級　カフェ

Map P.333A4

✉40 Safia Zaghloul
TEL(03)4862238
FAXなし
営8:00〜24:00
休無休
料£E
T/C不可　CC不可

イタリア風のカフェ兼レストランで、朝食からディナーまで楽しめる。料理はピザ12£E〜、オムレツ5.5£E〜、カラマリ6.5£E、ステーキ18.5£Eなど。デザート類も充実している。隣にあるレストラン、サンタルチアも同系列でともにギリシア人オーナーが運営している。

ブラジリアン Brazilian Coffee Store

مخازن البن البرازيلي マハージヌ・イル・ブン・イル・バラージーリー

中級　カフェ

Map P.333A3

✉44 Shaari' Saad Zaghloul
TEL(03)4865059
FAXなし
営7:00〜24:00
休無休
料£E
T/C不可　CC不可

サアド・ザグルール広場の南側の交差点にあるカフェ。店内の雰囲気は南米風。1階はコーヒー豆を販売しており、2階がカフェテリアとなっている。カフェテリアでは軽食やケーキ類も出している。自慢のエスプレッソ3.25£E〜はもちろん、カプチーノ4.5£E〜やラテ5.5£Eまで幅広い。

スルターナ Sultana

سلطانة スルターナ

庶民的　スイーツ

Map P.333A3

✉Muhattat il Ramleh
TEL(03)4862962
FAXなし
営8:30〜翌4:00
休無休
料£E
T/C不可
CC不可

地元の人に大人気のアイスクリームパーラー。緑色の看板が印象的。アイスの種類は豊富で、スタッフも気さく。店内は改装済みで、以前に比べてきれいになった。カップ、ハードコーンともに1スクープ6£E〜。冷たいアイスケーキも販売している。生クリームのトッピングは無料。人気のアイスはマンゴーとストロベリー。

ミニ特集 コプトの修道院を見に行こう！
―ワディ・イン・ナトルーン―

ワディ・イン・ナトルーンの修道院はアレキサンドリアからもカイロからも行きやすい。クリスマス（1月7日）やイースターなど時期が合えば、コプト教（→P.103）独特の儀式を見学してみて！

ヤシの木に囲まれたシリア修道院

ワディ・イン・ナトルーンにキリスト教がもたらされたのは、330年のこと。やがて修道士が増えると安息日や祭りの集合場所として教会ができ、ワディ・イン・ナトルーンは宗教的共同体として発展して、1000年には修道院の数が50にのぼったという。

✚ 聖ビショイ修道院

聖マカリウスの弟子、聖ビショイが390年に建立した、9世紀の建築物。城壁内には5つの教会があるが、ここは夏期のみ利用されている。城塔は12世紀に建てられた。出入口は2階のつり上げ橋のみ。3階の天使ミカエル教会では、18世紀の聖12使徒画像が見られる。

聖ビショイ修道院

✚ シリア修道院

ヤシの木に囲まれた修道院。6世紀に建てられたが8世紀になるとシリア商人に買い取られ、シリア人修道士の修道院として使用されていた。16世紀には廃墟となっていたが、コプト教修道士によって再び利用されている。城壁内の聖処女教会には、980年に建てられ聖ビショイがこもっていたと伝えられる洞窟がある。フレスコ壁画、化粧漆喰画、象牙を使った象嵌細工の扉などが見ごたえがある。

✚ 聖マカリウス修道院

聖マカリウスによって4世紀に建立されたとされる、エジプト国内で最も重要な修道院。歴代のコプト派総司教は、ここで選出されている。一番古くて重要な聖マカリウス教会の下には、多くの総司教や聖マカリウスなどの聖人が葬られている。またキリスト復活後、聖使徒たちによって作られたとされる聖油が伝えられている。4〜5世紀ぐらいの聖画像や11〜12世紀のフレスコ画も見もの。

聖マカリウス修道院

✚ バラモス修道院

ローマ皇帝バレンティニアヌスのふたりの皇子が開いたとされている。9世紀に建築された城壁内には5つの教会がある。

アクセス　Map P.325A

アレキサンドリアのモウイフ・ゲディードゥ発砂漠ロード経由カイロ行きに乗り、ビルホーケル村レストハウスの前で途中下車。カイロからはトルゴマーン発、所要約2時間。レストハウスからは乗合タクシーと交渉して見どころを回ってもらう。2〜3時間で50£E〜。

ロゼッタ Rosetta

رشيد アラビア語:ラシード

市外局番03

■ロゼッタへの行き方
●アレキサンドリア
(→P.327)から

🚌モウイフ・ゲディードゥ
(→P.331)発
6:00～20:00にセルビスが多発
所要:1時間　運賃:3.5£E

🚆マスル駅(→P.334)からマアムーラで乗り換えのものがあるが、便数は少なく、鉄道駅はロゼッタの中心から遠いのでおすすめできない。

イル・アマスヤリーの家

　アレキサンドリアからロゼッタまでの道中は湖の近くを通って清々しい。ナツメヤシ畑を過ぎ、周りに家が建ち並び、馬車などがたくさん見えてきたら、そこがロゼッタだ。

　この町は、プトレマイオス朝期には小さな船着場だったが、9世紀頃になるとやっとその重要性が増す。16世紀のオスマン朝になるとアレキサンドリアの衰退に従い、ロゼッタは地中海沿岸最大の港となった。19世紀まではエジプトとトルコの貿易の重要拠点として栄え、アレキサンドリアよりも大きな都市となっていた。オスマン朝時代には、多くの商家などが建てられ、現在でも残されている。

　1799年にロゼッタがフランス軍に占拠されたとき、かの有名なロゼッタストーンが発見され、これがきっかけとなって、初めて古代エジプトのヒエログリフが読めるようになったことはあまりにも有名だ。しかし、ムハンマド・アリの時代になると、アレキサンドリアがエジプト第2の都市として重要性を帯び、それに従ってロゼッタも次第に衰退していくことになる。現在は、人口約4万の小さな町。

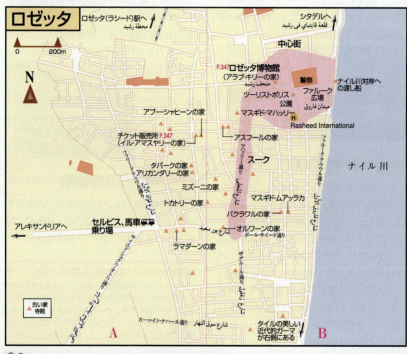

ロゼッタ市内の見どころは、オスマン朝時代の建物が中心。町が小さいので徒歩で充分。ナイル川にはフルーカも出ているので船遊びもできる。町の中心はセルビス乗り場の前にある広場。その周辺はにぎやかなスークになっていて、ナイル川で取れた魚を売る店なども多い。

スークのお菓子屋さん

ロゼッタ博物館前の公園にはツーリストポリスのオフィスがあり、博物館のチケットはここで購入する。また、オスマン朝時代の家々のチケットはイル・アマスヤリーの家の前で買う。

ヒエログリフが見つかったカーイトゥベーイの要塞は、ロゼッタの町からナイル川沿いに北に7kmほど行った地点にある。ファルーク広場からタクシーで行こう。これはアレキサンドリアのカーイトゥベーイの要塞と形がそっくり。

ロゼッタストーンが発見されたカーイトゥベーイの要塞

■カーイトゥベーイの要塞
タクシーで往復10£Eほど。
圏9:00～16:00
圏15£E(学生8£E)

■ロゼッタ共通チケット販売所
（イル・アマスヤリーの家の前）
Map P.346A
圏8:00～16:00
圏共通チケット
　15£E(学生8£E)

ロゼッタの歴史がわかる
ロゼッタ博物館
マトゥハフ・ラシード
متحف رشيد
Rosetta Museum　　　MAP P.346B

18世紀当時のロゼッタの知事アラブ・キリーの家を博物館に改造し一般に公開したもの。ロゼッタ付近の遺跡からの発掘物があり、ロゼッタストーンのレプリカなどが展示され、知事の執務室や寝室も再現されている。

■ロゼッタ博物館
圏9:00～16:00
圏25£E(学生15£E)

再現された知事の執務室

出窓の装飾を見てみよう
オスマン朝時代の家々
イル・ブユートゥ・イル・アディーマ
البيوت القديمة
Turkish-era Houses　　　MAP P.346A・B

ロゼッタには、17～19世紀に建てられた家が多く残っている。特に有名なのがエル・ファタリー、アリカンダリー、イル・アマスヤリー、ラマダーン、トカトリーなど。改装中の家もあるが、アブー・シャヒーンの家などは内部を見学することができる。どの家も窓の装飾が美しい。

■ホテル
ナイル川沿いに小さなホテルがあるが、アレキサンドリアから日帰りで充分。

■レストラン
ボール・サイード通りには、小さなレストランが数軒ある。また、セルビス乗り場やスーク周辺にもコシャリ屋が多い。

Information
ロゼッタストーン

1799年、ナポレオンのエジプト遠征に従軍していたピエール＝フランソワ・ブシャール大尉はロゼッタ近郊のカーイトゥベーイの要塞で3つの言語で刻まれた碑文を発見する。碑文には上からヒエログリフ、デモティック、ギリシア文字が刻まれており、発見当初からその史料的価値が認められていた。しかし、フランス軍はイギリスとオスマン帝国による連合軍によって徐々に追い詰められていった。フランスは最後までロゼッタストーンの引き渡しに反対していたが、後に大英博物館の館長を務めることとなるウィリアム・リチャード・ハミルトンらの活躍により、イギリスの手に渡ることとなる。その後、イギリスの大英博物館に置かれ、現在にいたっている。

後に解読が進められ、1822年にフランスのエジプト学者ジャン＝フランソワ・シャンポリオンによってついにヒエログリフが解読された。ちなみにこの碑文の内容はプトレマイオス朝時代の王、プトレマイオス5世を称えるものだった。

現在は大英博物館にある

アブー・ミーナー Abu Mena

أبو مينا

アラビア語：アブー・ミーナー

市外局番03

■アブー・ミーナーへの行き方
●アレキサンドリア
（→P.327）から
🚗モウイフ・ゲディードゥ
（→P.331発）
8:00～18:00にセルビスの便がある。金曜は増発。修道院には行かないものもあるので、「イッ・デイル（修道院）？」と聞こう。
所要1時間30分
運賃：4£E

■聖メナス市遺跡
見学の許可は修道院内の事務所でもらおう。頼めば簡単な資料も分けてもらうことができる。修道院から聖メナス市遺跡まではバスなどの交通機関はなく、一般の旅行者は歩いて行くしかない。徒歩で30分ほど。
🕐早朝〜日没
🅿寄付歓迎

　アブー・ミーナーは史上最大のコプト都市で、コプト教（→P.103）時代、最大の巡礼地だった聖メナス市の遺跡がある。アレキサンドリアからセルビスで約1時間30分。砂漠にポッカリと浮かぶ1959年建立の大きな新修道院が見えてくる。世界遺産に登録されているアブー・ミーナーはこの新修道院の横に広がる広大な遺跡。保存状態は決してよいとはいえないが、バジリカやローマ時代の浴場など見ごたえは充分。

奇跡を呼ぶ町として巡礼者が絶えなかった　　アーザール・マディーニト・アンバー・ミーナー

聖メナス市遺跡

| 世界遺産 St. Menas Ampullae | 地図外 |

آثار مدينة أنبا مينا

　4世紀に聖メナスが埋葬された直後から奇跡が起こり始め、巡礼者が来るようになった。4世紀には聖廟を囲むようにバジリカ（聖堂）ができ、5世紀には巡礼者のために町が造られたという。聖メナスとその奇跡はますます有名になり、何千という巡礼者が中東各地はもちろん、遠くフランス、スペインからも訪れた。この繁栄は8世紀まで続いた。しかし、ファーティマ朝のカリフ・マアムーンにより、バジリカの大理石は寺院の建築資材として持ち去られ、町はベドウィンの略奪に遭う。そして12世紀には廃墟となってしまった。

おみやげにコプト教グッズはいかが？

点々と基石が残る遺跡

Information
聖メナスの生涯

　聖メナスが生まれたのは285年、現在のメンフィス近くといわれている。両親ともどもキリスト教徒で、父アウデシオスは政府の役人であった。アウデシオスはメナスが11歳のときにこの世を去り、その後メナスは軍隊に入隊した。父のコネもあって彼はけっこうな役職を得て、アルジェリアへと赴任した。しかし、3年後には軍隊も辞め、父の財産もすべて貧しい者に与えて、神の道へと入り、砂漠の中で隠遁の生活を送るようになった。

　やがて5年の歳月が過ぎたとき、彼は殉教者に戴冠する天使の姿を見た。そして天使の声は、「メナスよ。若年より敬虔に神の道を進む汝に祝福あれ。独り身を貫き、禁欲を守り、殉教した汝に、神は3つの冠を授けるであろう」と言った。メナスは開眼し、その地の総督のもとに向かい、自らがキリスト教徒であることを告白した。当然のごとく厳しい拷問を受けた末、頭部を切断され、殉教した。メナスの遺体は火にかけられ、3日間も燃やされ続けたが、何の変化もなかったという。

　メナスを慕う者たちは彼の遺体をラクダの上に乗せ、西方砂漠へと向かった。とある場所に着くとラクダは突然動かなくなった。メナスはそこに埋葬され、そこからは水が湧き出たという。ここが現在のアブー・ミーナーの遺跡がある場所であるといわれている。

聖メナスのモザイク

●**大バジリカ跡** 新修道院を出て壁沿いに左へ進むと出口がある。修道院を出て右方向にぐるっと回ってしばらく歩くと遺構が見えてくる。遺跡の最も奥の部分にあるのが大バジリカ。このバジリカは5世紀初頭、ビザンツ帝国のアルカディウス帝の援助によって建てられたものだ。石柱などがゴロゴロと転がっている。遺跡の中央には小さな教会も建てられている。

大バジリカ跡には白い列柱が点在する。現在も小さな教会が建てられ、コプト教徒の信仰の場となっている

●**巡礼者の宿泊所跡** 都市遺跡のようにも見えるのが、巡礼者たちが泊まっていた宿泊所の跡。世界各地から巡礼者が訪れていただけあってかなりの部屋数がある。

●**ローマ浴場跡** 巡礼者たちが泊まる宿泊所の入口あたりにあり、かなり大規模な浴場だったことがうかがえる。温水と冷水のふたつの浴槽があり、さらに男湯と女湯にも分かれていた。近くにはワイン工場の跡もある。アブー・ミーナーのワインは美酒としてかなり有名だったそうだ。

ローマ浴場跡は遺跡のなかでは保存状態がよいほうだ

●**東の教会跡** 6世紀中頃の建築といわれており、現在もまだ発掘が続けられている。修道僧たちの房や洗礼用に使われた井戸などが残っている。

修道院から遺跡までは矢印に沿って歩けばよい

砂漠にぽっかりと浮かぶ大きな
アブー・ミーナー修道院
The Monastery of St. Mena

デール・マール・ミーナー
دير مار مينا
地図外

　廃墟となってしまった遺跡とは対照的に、今でも金曜には多くの信者が訪れるアブー・ミーナーの新修道院は、聖メナスを熱烈に信奉するコプト大司教のキュリロス6世が、ギリシア正教会の援助を得て1959年に完成させた大規模な近代的な修道院だ。立派な門を入ると右側には大きな修道院の建物がある。1階は食堂になっており、礼拝にやってきた人に対してフールなどの簡単な食事やシャーイを提供している。さらにその奥にある立派なファサードの建物が大聖堂だ。正面にそびえるふたつの塔は高さ45m。約3000人を収容できる大きな教会だ。そのすぐ近くにある教会が聖マリア教会だ。

アブー・ミーナー修道院

■**アブー・ミーナー修道院**
イースター前の1ヵ月はコプト教の断食のため見学不可。
TEL(03)4593401
Inet www.stmina-monastery.org
早朝～日没
寄付歓迎

　修道院の入口付近にはさまざまなコプト教グッズを売る店がある。カレンダー、十字架まで多彩な品揃えが目を引く。

週末の聖マリア教会には多くのコプト教徒が訪れる

聖メナスはエジプトのキリスト教徒の間で絶大な人気を誇る

アラメイン　El Alamein

العلمين　アラビア語：イル・アラミーン

市外局番046

英連邦軍戦没者墓地

■アラメインへの行き方
●アレキサンドリア
(→P.327)から
🚌モウイフ・ゲディードゥ
(→P.331)からセルビスが頻発
している。運賃は5.5£E。
●マルサ・マトルーフ
(→P.351)から
🚌アレキサンドリア行きなど
で途中下車。
所要：2時間30分
運賃：20〜25£E

■軍事博物館
TEL (046)4100021
開 9:00〜16:00
料 10£E　カメラ10£E
　　ビデオカメラ20£E
休 金

中庭に並ぶ戦車や自走砲

人形を使った展示は細部まで作り込まれている

■ホテル
博物館の前に1軒ホテルがあるが、アレキサンドリアなどからの日帰りで充分。

■レストラン
博物館の前や近くに小さな店はあるが、レストランはない。

　アレキサンドリアを出て北側を眺めていると、信じられないほど美しい光景が続く。コバルトブルーの地中海を背景に、白いハト塔やベドウィンの家々、太陽光線の当たる角度で美しさが変化する地中海。対照的に永遠に続く砂漠。そんな地中海沿岸道路を走っていくと巨大な塔が見えてくる。
　このあたり一帯がアラメイン。第2次世界大戦で激戦地となった地だ。1942年夏〜秋に、エジプトを攻略しようとしたロンメル将軍率いる枢軸国軍が英連邦軍により撃退され、双方で8万人の負傷者が出た。その後連合国側はリビア、チュニジア、イタリアへと攻め入ることになる。つまりアラメインの戦いが転機となり、連合国側が勝利を得たのだ。

近代兵器が並ぶ
軍事博物館
Military Museum

マトゥハフ・イル・ゲーシュ

متحف الجيش

MAP P.350

　アラメインの戦いの様子がわかる。第2次世界大戦中の兵器類、戦略地図、将軍たちの蝋人形などがある。今は存在しないカイロのカスル・イル・アイニ宮殿の模型がおもしろい。また、敷地内には戦車や高射砲が並んでいる。

見渡す限りの墓地
英連邦軍戦没者墓地
The Commonwealth Cemetery

マアービル・ヘルフル・コムノーレス

مقابر حلف الكومنولث

MAP P.350

　第2次世界大戦で命を落とした約8000人の墓が、見渡す限り整然と並んでいる。また記念塔には、ギリシアや北アフリカ戦線で死んだ約1万2000名の戦死者の名前が刻まれている。

戦争のむなしさを物語る
ドイツ軍戦没者墓地
The German Cemetery

マアービル・イル・アルマーン

مقابر الألمان

MAP P.350

ドイツ軍戦没者墓地

　この戦没者墓地は1959年に建てられ、4280名の遺体が収容されている。さらに西に行くと、イタリア軍戦没者墓地がある。ふたつとも町からはかなり離れているが、マトルーフ・ロードを西に向かうセルビスに乗れば入口の近くで降ろしてもらえる。

マルサ・マトルーフ Marsa Matruh

アラビア語:マルサ・マトルーフ مرسى مطروح

市外局番046

砂漠の中を突き進むマトルーフ・ロードを何時間も走った末に現れるリゾート地、マルサ・マトルーフ。「こんな所にこんな町が」というのが率直な感想だろう。縦横

マルサ・マトルーフの海岸

に整然と並んだ町並みはまるで西部劇に出てくる町のよう。町を囲むコバルトブルーの海と白い砂のビーチは圧巻だ。

ここにはプトレマイオス朝時代から村があり、アレクサンドロス大王はここを通ってスィーワ・オアシスに行った。以前は真っ白な家々と緑色の並木道、背後に広がる青い空と海が見事に調和した美しい町だった。だが観光ブームや閉ざされていたリビア国境の再開で観光客向けの建物が乱立し、町の美観は急速に損なわれてしまった。

● **バスターミナル** メインのターミナルは町の中心から南に約2kmほどの場所に新たにできたターミナル。アレキサンドリアやカイロからのバスはここが終点。各都市へのセルビスもここに発着する。バスターミナルから市内へはマイクロバスで移動する。1回50pt.。市内とターミナルを結ぶマイクロバスはイスカンダレーヤ通りShaari' il-Iskandariiyaを往復している。タクシーなら市内中心部まで6£E。

バスターミナル

● **鉄道駅** 鉄道駅は町の南、市内とバスターミナルとの間にある。

● **町の中心** メインストリートは**イスカンダレーヤ通り**。銀行などはガラー通りShaari' il-Galaaにある。ナショナル・バンクにはATMもある。観光案内所は海岸通りの近く。スタッフの応対もよく、情報量も豊富だ。

● **市内交通** マルサ・マトルーフではマイクロバスでの移動が便利。ブルーと白のタクシーも市内を流している。夏期はカレッタと呼ばれるロバ車が海岸通りを行き来している。

● **ベストシーズンは夏** シーズンは5月から10月。この期間は町全体の物価(特にホテル代)も急上昇する。しかし、ディスコ、ボート、マリンスポーツ施設はシーズン中のみの営業なので、やはり楽しみたければシーズン中に来ることになる。この時期は非常に込むので早めにホテルの予約をしたほうがよい。水着も忘れずに持っていこう。

■ **マルサ・マトルーフへの行き方**

● **アレキサンドリア (→P.327)から**

🚌モウイフ・ゲディードゥ (→P.331)発
6:00～翌2:00に毎時発。
運賃:20～35£E

🚐モウイフ・ゲディードゥ (→P.331)からセルビスが頻発している。
運賃:16£E

🚂マスル駅 (→P.334)発 13:30発
所要:5時間30分～6時間30分
運賃:40£E

● **カイロ (→P.69)から**

🚌トルゴマーン発 (→P.74)
ウエスト・アンド・ミドルデルタバス
6:15～翌0:30に13便。冬期減便。
所要:7時間30分～8時間
運賃:55£E

● **スィーワ・オアシス (→P.371)から**

🚌1日5便
7:00、10:00、14:00、20:00、22:00発
所要:4時間
運賃:15£E

● **アラメイン (→P.350)から**

🚌マルサ・マトルーフ行きのバスは乗車拒否をすることも。
所要:2時間
運賃:25£E

🚐途中のイル・ダバやフーカで乗り換えになることも多い。
所要:2時間30分
運賃:16£E

■ **マルサ・マトルーフの観光案内所**

Map P.352A
TEL & FAX (046)4931841
圖 9:00～15:00
困無休

他の都市と比べて、マルサ・マトルーフの観光案内所は情報量が多い

■近郊のビーチ
ナショナル・バンクの斜め向かいにあるバスステーションからは、夏期のみシャット・アギーバ方面への小型バスが出ている。アギーバまでは2£E。

アギーバ方面へ行く小型バス

■ロンメル博物館
市内からタクシーで5£Eほど。冬期は閉館していることが多い。
圏9:00〜17:00(冬期〜15:00)
園10£E
困金

ロンメル博物館の入口

●近郊のビーチ　マルサ・マトルーフに数あるビーチのなかで特に有名なのは、町の西側にある「恋人たちの浜」という意味のシャット・イル・ガラーム。さらに西に10kmほど行くと、クレオパトラの浜（シャット・クレオパートラ）がある。ここには「クレオパトラの風呂」と呼ばれる自然にできた岩の家のようなものがある。これはもともと岩が波によってえぐられてできたもの。さらに、西24kmの地点にアギーバと呼ばれるビーチがある。岩山や崖、洞窟なども多く、断崖の上からの景色がすばらしい。

ロンメルの遺物がある小さな洞窟
ロンメル博物館
Rommel Museum

マトゥハフ・ロメール
متحف روميل
MAP P.352B

第2次世界大戦中「砂漠のキツネ」と呼ばれたドイツのロンメル将軍が、アラメインの戦いのとき、作戦室として使用した洞窟が博物館となった。旧ドイツ軍のヘルメットや軍服などの展示があり、ロンメル将軍の息子が遺品を寄贈し、内容も充実した。アラメインの戦いを説明したパネルもある。

洞窟の中はひんやりとしている

HOTEL

日本からホテルへの電話
国際電話会社の番号 + 010 + 国番号 20 + 市外局番の最初の 0 を取った掲載の電話番号

マルサ・マトルーフの旅行シーズンは5月から10月で、ピークは7･8月の2ヵ月だ。この時期は料金をぐっと上げるホテルも多い。逆にシーズンオフの冬は多くのホテルが閉まる。町一番の高級ホテルは西端のボースィテBeau Site。小さくて安いホテルはイスカンダレーヤ通り沿い付近に集まっている。

ダーリーン Dareen　　中級　Map P.352A

فندق دارين　フンドゥク・ダーリーン

- 2 Shaari' il-Shaati
- TEL (046)4933780
- FAX (046)4930808
- S A/C 150£E
- W A/C 220£E
- £E
- T/C不可　C/C不可

町の中心にあって便利なホテル。全52室で全室テレビ、電話付き。設備はやや古めだが、外観や室内は改装されている。シーズンオフの冬期も営業しており、割安な料金で宿泊可能。

アルース・イル・バフル Arouse El Bahr　　中級　Map P.352A

فندق عروس البحر　フンドゥク・アルース・イル・バフル

- Shaari' il-Korniish
- TEL (046)4934420
- FAX (046)4934419
- S A/C 360£E
- W A/C 650£E
- US$ € £E
- T/C不可
- C/C不可

海岸通りにある青い外観のホテル。全40室。改装が終了して室内やレストランなども新しくなった。政府系のホテルにしては優秀。冬期は割引あり。階下にKFCやファストフード店が並んでいる。

RESTAURANT

海岸沿いにはピザ屋やアイスクリーム屋も数軒あるが、冬期は閉まる。庶民的なレストランは、イスカンダレーヤ通りに多い。また、中級以上のホテルの中にもレストランが入っている。

Information
ロンメル将軍とアラメインの戦い

エルウィン・ロンメルは北アフリカ戦線で活躍したドイツの将軍。数の上でははるかに上回る連合軍を、迂回攻撃や側面攻撃などの奇襲作戦により無力化させたという戦歴もさることながら、捕虜に対する人道的な扱いでも評価の高い軍人である。

第2次世界大戦、北アフリカ戦線は当時地中海の覇権を握っていたイギリスに対して、ムッソリーニが挑んだ戦いだった。ドイツにとって北アフリカは軍事的に最重要地域ではなかったものの、イタリアの瓦解を防ぐには介入する以外に方法はないという判断から、連戦連敗で敗走するイタリアへの支援のためにドイツの派兵が決定された。

この北アフリカ戦線で、イギリスのモンゴメリーとドイツのロンメルが雌雄を決した戦場がマルサ・マトルーフの東約200kmに位置するアラメインだった。

この戦いにはドイツ・イタリア軍10万、連合軍20万の兵士が投入された。「できるだけ多くのシャーマン戦車を、中東に送ってほしい」とイギリス首相チャーチルがアメリカ大統領ルーズベルトに要請したその言葉のとおり、北アフリカの陸戦は戦車戦となった。枢軸軍の戦車は合計300両、それに対しシャーマン、グラント戦車を含む連合軍の戦車は合計1000両を超えた。結果はアメリカの全面的な物資支援を受けたイギリスの勝利となったが、両軍とも多数の死者を出した。

アラメインの戦いの後、ロンメル将軍はヒトラー暗殺事件に関わったとされ、服毒自殺を強要されて亡くなったが、それでも人気は衰えることなく、国葬にされたほどだった。

ロンメル博物館にあるロンメル将軍の像

訪れる人も少ないデルタ地方最大の遺跡
サーン・イル・ハガル San el Hagar

市外局番055

アラビア語：サーン・イル・ハガル
صان الحجر

横たわったままの巨大な像や石柱がゴロゴロしている

■サーン・イル・ハガルへの行き方
●カイロ（→P.69）から
🚌アブード発（→P.74）
まずはホセイネーヤ行きのマイクロバスを探そう。本数がそれほど多くないので、なければライトバン型のセルビスでファウースへ。ファウース〜ホセイネーヤ間は乗合タクシーやマイクロバス、小型トラックなどが頻発している。ホセイネーヤからサーン・イル・ハガル行きのマイクロバス（所要30分、1.5£E）に乗る。遺跡は町の東側にある丘の上。
EGYTRAV（→P.86）の1日ツアーの場合、遺跡入場料別で車とアシスタント付きで750£E。

●イスマエーレーヤ（→P.360）から
🚌町の北側にあるモウイフ（バスターミナル）の、長距離バス乗り場の隣がデルタ地域への乗り場になっている。サウード行きのライトバン型セルビス（所要1時間、5.5£E）に乗り、サウードでサーン・イル・ハガル行き小型乗合トラック（所要30分、1.5£E。一部にマイクロバスもある）に乗り換える。サウードでは運転手にサーン・イル・ハガルに行くことを告げ、町なかを通り抜けて北側の運河のそばで降ろしてもらおう。橋を渡った所にサーン・イル・ハガル行きの乗り場がある。
🚕バスターミナルでタクシーをチャーターすると見学時間も含めて往復80〜100£E。

■野良犬に注意！
訪れる人が少ない遺跡だけに、夏の午後など、野良犬が石柱の裏で昼寝をしていることがある。特に襲ってくることはないが、万が一を考え、遺跡の警備を担当する警官に護衛してもらうなどの対策をとろう。

　観光客も、エジプト人の押し売りもいない遺跡で、ひとり、古代エジプトの感傷に浸りたいと思う人にぴったりなのが、このサーン・イル・ハガルだ。4km四方のいくつかの丘からなるだだっ広い遺跡をひとりで歩き回り、突然、古代の神の石像や王の墓に出くわすときの感動は何ともいえない。
　サーン・イル・ハガルは、古代エジプトではタニスと呼ばれ、古王国時代からセト信仰の中心として繁栄していた。第2中間期には、エジプトが他民族ヒクソスに100年間占領されたときの首都となった。

旅のモデルルート

サーン・イル・ハガルの遺跡に最も近いのはイスマエーレーヤ。ここからセルビスを乗り継いで行くのが経済的かつスピーディ。見学時間も多く取れる。

イスマエーレーヤ 8:00 ➡ サウード 9:00 ➡ サーン・イル・ハガル 10:30〜12:00 ➡ サウード 12:30 ➡ イスマエーレーヤ 14:00

歩き方

　現在見られるおもな遺跡はアムン大神殿と、末期王朝時代の王家のネクロポリスだけ。入口の小屋でチケットを買う。遺跡内は警察が案内、警護してくれる。頼めば、ムート神殿も見られるかもしれない。

　この遺跡を見るには、1～2時間見ておくこと。この遺跡全体が、観光用に造り直されていないため、発掘されたときの姿がそのまま見られるのが魅力だ。

広大な遺跡内では、いたるところに発掘物が見られる

見どころ

巨大な廃墟
アムン大神殿
マアバドゥ・アムーン
معبد أمون
Amoun Temple　MAP P.325、355

　幅15mの泥レンガで400m四方を囲った外壁の中にある。最初、ラメセス2世によって建築され、その後、末期王朝時代とプトレマイオス朝に改築や増築が行われた。構造はオーソドックスだが、プトレマイオス朝になって造られた井戸が神殿入口手前の左側にある。

　アムン大神殿の後ろには、黒色花崗岩だけでできた東の神殿がある。ここでは古王朝時代の柱を見ることができる。アムン大神殿の南側にあるのが、小さなホルス神殿。末期王朝時代最後に造られたものだ。

末期王朝時代に造られた像

衰退したエジプトを感じさせる
王家のネクロポリス
イル・マアアビル
المقابر
Royal Necropolis　MAP P.355

　末期王朝時代の王の墓が、6つまとまって残されている。もともと地下に造ったものだが、発掘されたため、現在は地上にある。ピラミッドや王家の谷と比べるとあまりにも小さいが、それでもここから出土した宝飾品は、カイロの考古学博物館の2階の1室（2号室：タニスの王の墓）を埋め尽くすほどだ。

シャンク王の墓に施された緻密なレリーフ

■サーン・イル・ハガル
圏8:00～17:00（冬期～16:30）
困無休
料20£E（学生10£E）

😊時間をかけても行く価値あり
ガイドブックのおすすめのとおり、興味深いところでした。この遺跡に1日を費やした価値はありました。ヒエログリフもくっきり残っていて、感動です。
（東京都　Y.S　'09夏）

😊ゆっくりと見学できる
遺跡はその日の見学者が私だけという閑散ぶりでした。発掘されたままの姿の遺跡をゆっくり見学できました。行くのがかなり大変な場所でしたが、それでも充分行く価値のある遺跡だと思います。
（千葉県　izumi　'09秋）

■ホテル
サーン・イル・ハガルやその周辺にもホテルはない。カイロかイスマエーレーヤから日帰りするのが原則。

■レストラン
サーン・イル・ハガルの近くに小さな食堂があるが、水や軽食などは持参したほうがいい。

サーン・イル・ハガル

市外局番062

上エジプトとシナイを結ぶ交通の拠点
スエズ Suez

アラビア語:イッ・スウェース
السويس

ポート・タウフィークから眺めるスエズ運河

■スエズへの行き方
●カイロ (→P.69) から
🚌トルゴマーン (→P.74) 発イーストデルタバス
6:00〜21:00に30分毎
所要:2時間　運賃:15£E
🚕アイン・シャムス駅発
6:10、9:30、13:10、17:15、18:35、21:30発 (金曜減便)
所要:3時間　運賃:3.25£E
🚕ラムセス駅 (→P.75) 周辺から頻発
●アレキサンドリア (→P.327) から
🚌モウイフ・ゲディードゥ (→P.331) 発
6:00、9:00、14:30、17:00発
所要:5時間　運賃:30£E
🚕モウイフ・ゲディードゥから頻発　運賃:30£E
●ルクソール (→P.192) から
(ハルガダ経由)
🚌8:30、10:30、14:00、18:30、19:30、20:00発
所要:9時間　運賃:60〜75£E
●シャルム・イッシェーフ (→P.304) から
🚌7:00、9:00、10:00、16:00発
所要:5〜6時間　運賃:40£E
●イスマエーレーヤ (→P.360) から
🚌7:00〜17:00に30分毎
所要:1時間30分
運賃:6£E
🚕7:05〜22:30に7便
所要:3時間
運賃:1.5£E

ポート・タウフィークは子供の遊び場でもある

　スエズの歴史は意外に古く、グレコローマン時代プトレマイオス朝ではクリスマと呼ばれていた。現在のスエズの原型はイスラーム時代の15世紀にでき、港として栄え、オスマン朝時代には軍港となった。特にメッカへの大巡礼の出発点として繁栄を極めた。そして1869年のスエズ運河の完成以降、ますます巨大な港としての重要性を帯びてくる。
　スエズは砂漠気候。紅海の魚料理などがおいしく、スビエトというイカのフライが名物料理だ。スエズ運河を行く大型船を岸壁に座ってのんびりと眺めてみたい。

歩き方

　スエズは中心部のスエズ (地元の人たちはスウェースと呼ぶ) とスエズ運河のあるポート・タウフィークに分かれ、両者をマイクロバスが結ぶ。マイクロバスは町の東のアルバイーンから各方面へ行く。ここからはスエズ、ポート・タウフィーク方面とバスターミナル (モウイフ、またはマハッティト・オトビース) 方面が多い。運賃は1区間50pt.均一。

スエズのマイクロバスやタクシーはこの色に統一されている

旅のモデルルート

　スエズは、アフリカ大陸とシナイ半島を結ぶ交通の要衝として訪れる人も多いが、町自体に見どころは多くない。スエズではポート・タウフィークへ足を延ばして、スエズ運河を眺めたり、新鮮な魚介類を堪能したり、ゆっくりして、旅の疲れを癒したい。

■ターミナルから市の中心部へ

● **鉄道駅** 鉄道駅（マハッティト・アタール）は市の北西にはずれた所にある。駅前からゲーシュ通りのヘドラー広場まで行くマイクロバスに乗れる。所要約20分、50pt.。

● **長距離バスターミナル** 町から南に5kmのムバラク市にある。シナイ半島やハルガダ、ルクソール、アレキサンドリア行きの便が発着する。特にハルガダ、ルクソールへはカイロよりも本数が多くて便利。ターミナルを出て東に500mの交差点からアルバイーン行きマイクロバスが出ている。所要20分、50pt。タクシーなら15£E程度。

イスマエーレーヤ方面から来る便などは、長距離バスターミナルへは到着せず、中心街から1kmほど離れたイーストデルタ社のチケットオフィスに停車することもある。チケットオフィスの前にはマイクロバスが通るので、これに乗ればアルバイーンへと行くことができる。

どちらに停車するのかは出発前にバスの運転手に確認しておこう。

■旅の情報収集

スエズの観光案内所はポート・タウフィークのスエズ運河沿いにある。スタッフは親切に町や周辺の見どころについて教えてくれる。

■郵便局　Map P.357
圕 8:00～20:00　休金

中心街はピンクの教会がランドマーク

スエズ中心街

スエズ

イーストデルタ社のチケットオフィスは中心部から西へ1kmほど先にある

■**スエズの観光案内所**
Map P.357下B
✉Shaari' il qanal
TEL&FAX(062)3191141
圏8:00〜15:00
休金

■**スエズ運河**
ポート・タウフィーク行きのマイクロバスで終点下車。ちなみにスエズ運河での写真撮影は禁止されている。

ポート・タウフィークの北側には、イギリス支配時代の古い住宅が残る

見どころ

すばらしい夕暮れの景観
スエズ運河と湾
Canal and Bay of Suez

アナートゥッスエース・ワル・ハリーグ
قناة السويس والخليج
MAP P.357下B

運河には、タンカーなどの船がゆっくりと行き来し、運河の向こうにはシナイ半島のなだらかな砂地が広がる。岸壁に座って、大型船が行き来する様をのんびりと見てみたい。また、スエズ湾の北側は遊歩道になっている。薄茶色の険しい山々と紺碧の海との対比はすばらしい。

スエズ湾からはアタカ山脈に沈む夕日が望める

HOTEL

日本からホテルへの電話
国際電話会社の番号 + 010 + 国番号20 + 市外局番の最初の0を取った掲載の電話番号

ホテルやレストランはゲーシュ通りにあるピンクの教会を過ぎたあたりに集まっている。また、ポート・タウフィークにある中級ホテルでは部屋からスエズ運河を眺めることができる。ズー・アル・ヒッジャ月(→P.408)の最後に行われる、ハッジ(巡礼)の時期にはメッカへ向かうエジプト人でいっぱいになるので、早めの予約を心がけよう。

マデナ El Madena　経済的　Map P.357上

فندق المدينة フンドゥク・イル・マデナ

✉Shaari' Talaat Harb
TEL(062)3224056　FAXなし
[S]　50£E
[S]　75£E
[W]　100£E
[W]　125£E
[W A/C]　160£E
£E　TC不可　CC不可

レストランのフィッシュ・センターの向かいの道を入って4ブロック目。角の建物に看板が出ている。部屋は簡素だが、清潔。エアコン、バスルーム付きの部屋は広い。共同バスルームは5つある。朝食は出ないが、スークの中にあるので食事には困らない。

スィーナー Sina Hotel　経済的　Map P.357上

فندق سينا フンドゥク・スィーナー

✉Shaari' Banque Misr
TEL(062)3334181
FAXなし
[S A/C]　45£E
[W A/C]　65£E
[W A/C]　70£E
£E
TC不可　CC不可

フィッシュ・センターから南に延びる道を進んでバンク・ミスル通りで右折した所にあるホテル。このクラスにしては部屋の設備は良好。スタッフは女性が多く、雰囲気はよい。エジプト人客で満室のときもある。

レッド・シー Red Sea Hotel　　中級　Map P.357下B

فندق البحر الأحمر　フンドゥク・イル・バフル・イル・アフマル

✉Shaari' 13 Shaari' Riad
TEL&FAX (062)3190190
[S] A/C 📶 🍴 📺 380〜438£E
[W] A/C 📶 🍴 📺 469〜528£E
💵 US$ € £E
TC 不可
CC M V

ポート・タウフィークの住宅街にある、きれいな中級3つ星ホテル。バルコニーからはスエズ運河が見え、大型船が目の前に迫る。運河が見渡せる部屋はやや高い。無線LANは無料で使用可能。

グリーン・ハウス Green House Hotel　　中級　Map P.357下B

فندق جرين هاوس　フンドゥク・グリーン・ハウス

✉Shaari' il-Geesh
TEL&FAX (062)3141553
✉green-house@hotmail.com
[S] A/C 📶 🍴 📺 477£E
[W] A/C 📶 🍴 📺 578£E
💵 US$ € £E
TC 不可　CC M V

中心部とポート・タウフィークの間にある3つ星ホテル。部屋は広めで、全室バスタブ完備。1階にはレストランやカフェもあり、スエズで最も設備が整っている。無線LANは無料で使用可能。

Restaurant

港町スエズでは、カバーブやコフタは似合わない。何といってもシーフード。中心部では紅海で獲れたばかりのシーフードを出す店がある。特にスビエトは、ぜひここで試したい。スビエトもカラマリと同じイカの一種だが、甲羅の付いたタイプ。ターメイヤやシャワルマなど、安く済ませるなら、タラアト・ハルブ通りShaari' Tala'at Harbや、ゲーシュ通りの1本南のバンク・ミスル通りShaari' Bank Misrにスタンドがたくさんある。アルコール類を出す店はほとんどない。

コシャリ・パレス Koshary Palace　　庶民的　コシャリ

Map P.357上

كشري باراس　コシャリ・パラス

✉Shaari' Saad Zaghloul
TEL (062)3300920
FAX なし
🕐24時間
休 無休
💴 £E
TC 不可
CC 不可

サアド・ザグルール通りにあるコシャリ店。店内は狭いがエアコンが効いており、客席も快適。コシャリは大きさにより1.7〜3.2£E。全体的にやわらかく炊かれており、米の配分は少なめ。ロズ・ビ・ラバーン2£Eもある。

フィッシュ・センター Fish Centre　　庶民的　シーフード

Map P.357上

مطعم السمك الخليفة　マトゥアム・イッサマク・イル・ハリーファ

✉320 Shaari' il-Geesh Midaan Il-Newsaa
TEL (062)3337303
FAX なし
🕐10:00〜24:00
休 無休
💵 US$ € £E
TC 不可　CC 不可

ゲーシュ通りに面したシーフードレストラン。メニューはアラビア語しか書いていないが、魚の種類はダントツに多い。1kgの単価はスビエト70£E、ボーリー（ボラ）40£E、ガンバリ（エビ）100〜140£E。セットメニューも豊富。2階席も広々している。

シーサイド Seaside Restaurant　　中級　シーフード

Map P.357上

مطعم سي سايد　マトゥアム・スィー・サイド

✉Shaari' Saad Zaghloul
TEL (062)3223254
FAX なし
🕐11:00〜翌4:00
休 無休
💴 税+サービス10%別途
💴 £E
TC 不可　CC 不可

スエズのレストランのなかではやや高級な部類に入る。各種シーフード、チキン、ハトなどのほか、サンドイッチなどの手頃なメニューもある。メニューはアラビア語のみだが、スタッフは英語が少し話せる。スビエト30£E、マス50£Eなど、種類も豊富。

イスマエーレーヤ Ismailia

الإسماعيلية

アラビア語：イル・イスマエーレーヤ

市外局番064

イスマエーレーヤという地名は、スエズ運河が建設されたときのムハンマド・アリ朝の国王、イスマーイールにちなんだものというから、エジプトにしては、新しい町だ。中東戦争で大きなダメージを受けたが復興を遂げている。8月頃に町の北西にあるスタジアムで行われる国際民俗舞踊大会には、世界中から多くのダンサーが参加して大パフォーマンスが繰り広げられる。

オラービ広場

■イスマエーレーヤへの行き方
●カイロ（→P.69）から
🚌トルゴマーン（→P.74）発
イーストデルタバス
6:00～21:00に30分毎
所要:2時間　運賃:10£E
●スエズ（→P.356）から
🚌6:00～16:00の1時間毎
所要:1時間30分
運賃:5.5£E
●ポート・サイド（→P.361）から
🚌6:30～18:00の1時間に1便
所要:1時間30分　運賃:6£E

■レセップスの家
※一般開放はしていない。

欧風の外観をしたレセップスの家

■ホテル
市街地とティムサーフ湖畔に点在している。夏はエジプト中から避暑客が長期滞在するので、予約したほうがいい。
●New Palace Hotel
Map P.360
☎(064)3916327
S130£E　W170£E
●Crocodile Inn
Map P.360
☎(064)3912555
S200£E　W300£E
●Mercure Forsan Island
Map P.360外
☎(064)3916316
S97€　W117€

■レストラン
郷土料理は魚介類。イカや魚の料理もあるが、特に貝料理がおいしい。

エジプト随一の美しさを誇る
ティムサーフ湖
Lake Timsah

ブヘーリト・イッティムサーフ

بحيرة التمساح

MAP P.360外

ティムサーフとはアラビア語でワニを意味する。エジプトではワニを神聖視していた時期もあり、なじみ深い動物だ。エジプト航空オフィスから歩いて行くと、道沿いにプライベートビーチやシーフードレストラン、リゾートホテルが建ち並び、湖沿いに遊歩道も整備されている。

湖でボート遊び

スエズ運河の父
レセップスの家
Ferdinand de Lesseps house

マトゥハフ・レーセーブス

متحف ليسيبس

MAP P.360

フランス人外交官のレセップスは、スエズ運河の建設に尽力し、近代的な運河を完成させた人物。その彼が住んでいた家がここだ。イスマエーレーヤの美しい町とよく合うヨーロッパ風のたたずまいだ。

イスマエーレーヤ

運河を行き交う船を眺めよう
ポート・サイド Port Said

بور سعيد　アラビア語:ボール・サイードゥ

市外局番066

ポート・サイドから対岸のポート・フアードを眺める

　ポート・サイドはスエズ運河の北の玄関。運河建設が始まった1859年に造られた新しい町。現在の人口は約50万人。ほこりと車で埋め尽くされた喧噪と混乱のカイロからやってくると、その静けさがまるで異次元のように思えるほど、落ち着いたきれいな町である。
　港は規模のうえではアレキサンドリアに及ばないが、重要度からいえばエジプトナンバーワン。また、この町はフリーゾーン（非関税地帯）。さまざまな非関税の外国製品がショーウインドーを華やかに飾っている。

歩き方

　中心部は徒歩で充分行けるが、バスターミナルや軍事博物館は遠い。マイクロバスやタクシーをうまく利用して効率的に歩こう。タクシーは安く、町なかなら1£Eが相場。

ターミナルから町の中心部へ

●**鉄道駅**　駅はムスタファ・カメル通りShaari' Mustafa Kamalにある。町の中心部までは徒歩で行けるが、セルビスでも行ける。50pt.、所要3分。

●**バスターミナル**　バスターミナルは町外れのハーイ・モバーラク地区にある。町の中心部へは直通のマイクロバスはなく、タクシーを利用することになる。タクシー料金は5£Eが相場。

旅の情報収集

　観光案内所は、フィラスティーン通り沿いと鉄道駅の2ヵ所ある。ホテルリスト付きの町の地図をもらえる。

■ポート・サイドへの行き方

●**カイロ（→P.69）から**
🚌トルゴマーン（→P.74）発
イーストデルタバス
6:00〜21:00に1時間毎
所要:3時間
運賃:23£E
🚃オラリーから頻発

●**アレキサンドリア（→P.327）から**
🚌モウイフ・ゲディードゥ（→P.331）発
6:00、8:00、11:00、13:30、14:30、16:00、17:00、18:00発
所要:4時間30分
運賃:25£E

●**イスマエーレーヤ（→P.360）から**
🚐5:30〜22:40に8便
所要:2時間
運賃:1.25〜10£E
🚌7:00〜18:00に1時間毎
所要:1時間30分
運賃:6£E

●**スエズ（→P.356）から**
🚌9:00、11:00、12:15、15:30発
所要:3時間
運賃:12£E

ポート・サイドの長距離バスターミナルは、イーストデルタとスーパージェットが共同で使っている

■ポート・サイドの観光案内所

●**メインオフィス**
Map P.363A2
✉Shaari' Filastiin
TEL&FAX (066)3235289
🕐8:00〜20:00（土〜17:00）
休無休

●**鉄道駅構内**　Map P.363B2
✉Shaari' Mustafa Kamel
🕐9:00〜13:00　休金

■トーマスクック
Map P.363A1
✉43 Shaari' Gumhoriya
TEL (066)3336260
FAX (066)3236111
圃8:00〜17:00 圀無休
日本円の現金の両替も可能。アメリカン・エキスプレスのT/Cも両替可能。

■郵便局 **Map P.363A2**
県庁の近くにある。
圃8:00〜20:00 圀金

■電話局 **Map P.363A1**
圃24時間

■エジプト航空 **Map P.363A1**
✉39 Shaari' Gumhoriya
TEL (066)3224129
圃9:00〜17:00 圀無休

■スーク・アフランギ
Map P.363A1〜2
■スーク・トガーリ
Map P.363A・B1〜2

スーク・アフランギ

■19世紀の家
フィラスティーン通りやメンフィス通りに点在。

フィラスティーン通り

■軍事博物館
✉Talaata wa 'Ashriin Yoriyo
TEL (066)3224657
圃8:00〜18:00
圀5£E カメラ2£E
　　ビデオカメラ20£E
圀無休

■ポート・サイド国立博物館
2010年8月現在改装中のため閉館。再開時期は未定。事前に観光案内所で確認すること。

見どころ

食料品店からブティックまで店はいろいろ
スーク
Souq イル・スーゥ السوق
MAP P.363

スーク・トガーリにはさまざま種類の店が並ぶ

ポート・サイドの見どころは、何といってもスークだ。なかでもおすすめはスーク・アフランギ（外国製品市場）とスーク・トガーリ（商業市場）。どちらも敷地は細長く狭いが、活気いっぱい。8:00から20:00ぐらいまでやっている。

独特のたたずまい
19世紀の家
House of the 19th Century ブユートゥ・ビル・アルン・イッサービッ بيوت بالقرن السابق
MAP P.363

フィラスティーン通りや、その周辺に散在する木造4階建ての建物は、アーチとバルコニーが特徴的で、エジプトというより、むしろ戦前の上海や香港の租界といった感じだ。スエズ運河とともに、ポート・サイド特有の景観といえるだろう。

エジプトにおける戦争の歴史
軍事博物館
Military Museum イル・マトゥハフ・イル・アスカリ المتحف العسكري
MAP P.363B1

タラータ・ウ・アシュリーン・ヨリヨ通り沿いにある。スエズ運河の軍事史をテーマにした博物館。1956年のスエズ運河国有化戦争や4次にわたる中東戦争を再現したジオラマや、戦中に使用された武器なども展示されている。

ジオラマを使って当時の戦闘の激しさを再現

ミイラも展示している
ポート・サイド国立博物館
Port Said National Museum マトゥハフ・ボール・サイード متحف بور سعيد
MAP P.363A1

スエズ運河沿いにある。ギザやサッカーラで発掘された新王国時代のミイラやグレコローマン時代の遺物が展示されていたが、長期に渡って改装中。

対岸の美しい町
ポート・フアード

Port Fouad

ポール・フワード
بور فؤاد

MAP P.363A2

両岸を結ぶフェリー

フェリー（24時間運航で歩行者は無料）で運河の対岸に渡ると、緑と公園の多い近代的な町造りの姉妹都市ポート・フアードに着く。フェリーの渡し場あたりからメインストリートが延びていて、ポート・サイドとはまた違った風情を感じながら歩くのも楽しい。

ポート・フアードの町並み

HOTEL

日本からホテルへの電話
国際電話会社の番号 + 010 + 国番号20 + 市外局番の最初の0を取った掲載の電話番号

比較的安いホテルはゴムホレーヤ通りShaari' il-Gumhuuriiyaに集まっている。ポート・サイドはカイロからの1泊旅行者が多く、夏の週末は大変な混雑が予想される。高級なホテルはスエズ運河沿いに数軒ある。❶でもらえる地図はホテルリスト付きで便利。

デ・ラ・ポステ　Hotel de la Poste　中級　Map P.363A2

أوتيل دي لا بوست　オーテル・デー・ラー・ポスト

✉ 42 Shaari' il-Gumhuuriiya
TEL&FAX (066) 3229994
S A/C 🚿 🚽 95£E
W A/C 🚿 🚽 110£E
£E
T/C 不可
CC 不可

ゴムホレーヤ通りに面した入口には、「Hotel」としか書いていない。全室シャワー、トイレ付きで、値段と設備を比較すると、かなりお得といえよう。1階はカフェになっているが、メニューはドリンクのみ。

レスタ　Resta Port Said Hotel　高級　Map P.363A1

فندق ريستا بور سعيد　フンドゥク・レスタ・ポール・サイード

✉ 17 Shaari' Sultan Hoseyn
TEL (066) 3325511
FAX (066) 3324825
S A/C 🚿 🚽 160US$
W A/C 🚿 🚽 205US$
US$ € £E
T/C 不可
CC A D M V

国立博物館のすぐそばにある4つ星ホテル。スイミングプールもあるし、スエズ運河から地中海に流れ込むあたりの景色もすばらしい。料金は運河側と町側とで異なる。全110室。無線LANは1日132£E。

ヘルナン　Helnan Port Said Hotel　最高級　Map P.363A1

فندق هلنان بور سعيد　フンドゥク・ヘルナン・ポール・サイード

✉ Shaari' Aatef il-Sadat
TEL (066) 3320890
FAX (066) 3323762
Inet www.helnan.com
S A/C 🚿 🚽 150US$
W A/C 🚿 🚽 200US$
US$ € £E
T/C 不可
CC M V

全202室の、ポート・サイドで最大規模の高級ホテル。ゴムホレーヤ通りの北側に位置し、部屋からはスエズ運河や地中海が見渡せる。ヘルスクラブやボウリング場なども整っている。左記は調査時の実勢料金。

RESTAURANT

肉料理のカバーブではなく値段も安くて定番のシーフード、カラマリを試してみよう。ゴムホレーヤ通りにはピザなどを出すおしゃれな店が多い。

ボルグ　El-Borg　中級　シーフード

سلسلة مطاعم البرج　スィルスィラ・マターイム・イル・ボルグ

Map P.363B1

✉ Shaari' Aatef il-Sadat
TEL (066) 3323442
FAX なし
⏰ 12:30～翌2:30
休 無休
£E
T/C 不可
CC A M V

アーティフ・アッサダート通りを西に進んだ所にある。ここのウリはウナギが食べられることで、白焼きしたものは1kg150£E。前菜、スープ、ライス付きのセットメニューも豊富で58£E～と値段も手頃。カイロにも支店がある。

リナ　Reana Restaurant　中級 ♀ 中華料理

المطعم الكوري الصيني　イル・マトゥアム・イル・クーリー・イッスィーニー

Map P.363A2

✉ 5 Shaari' il-Gumhuuriiya
TEL 0124909223 (携帯)
FAX なし
⏰ 11:00～23:00 (水18:00～)
休 無休
税12%別途
US$ € £E
T/C 不可
CC 不可

1階はポート・サイドで数少ないバー、セシルCecil。メニューは中華がメインだが、オーナーは韓国人で、ビビンバ26.5£Eなど韓国料理も出す。日本語のメニューあり。メインの肉料理は30£E～、シーフードは47.5～66.5£Eほど。

Egypt

西方砂漠と
オアシスの村

スィーワ・オアシス	**371**
バフレイヤ・オアシス	**378**
ワディ・イル・ヒタン	388
ファラフラ・オアシス	390
ダフラ・オアシス	392
ハルガ・オアシス	397

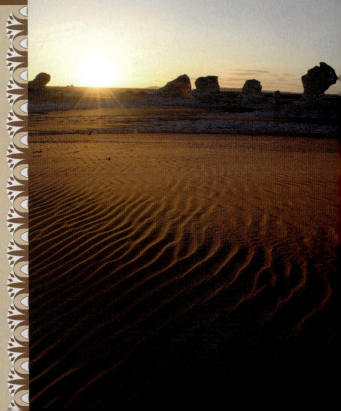

砂漠をひとりじめするような魅惑の体験

ミニ特集
喧噪を離れ、オアシスのリゾート
「アル・タルファ」へ

ナイル川の西岸、ギザやルクソールの観光地を一歩離れると、そこは砂の大地。
北アフリカの大半を占める「サハラ」の東端にあたる場所だ。
エジプトで、西方砂漠と呼ばれるこの地にはオアシスが各所に点在し、
美しい砂や奇岩の造形はもとより、古代エジプトのミイラが発見されたり
何千万年という年月を経た巨大生物の化石が世界遺産に登録されたり、
話題には事欠かない。このように、単調に見える砂漠も実は変化に富んでいる。
砂漠リゾートは、そんな魅力を満喫するために最近増えてきた高級ホテル＆スパ。
砂漠に溶け込むようなたたずまいに、最高のホスピタリティでもてなす。
さえぎるもののない風景、満天の星……
ここにいる者だけに与えられる贅沢を味わってほしい。

すべての建物に自然の建材を使っている

静かなオアシスの眺めをひとり占めすることができる

土壁の味わいを活かしながら豪華な雰囲気を醸し出すサハラ・スイート

キリリと冷えたワインでサンセットを観賞

自然の温もりが伝わるレセプション

オアシス内のプールは家族にも人気

ミニ特集● 「アル・タルファ」へ

　アル・タルファ（→P.396）はダフラ・オアシス郊外にあるエコ・リゾート・ロッジ。過去にはロバート・デ・ニーロやニコラ・ブルガリなど世界中のセレブリティも訪れている。

　客室に一歩踏み入れるとホッとするような空間が広がる。自然の素材が使われていることや、クラシック・モダンスタイルの家具が置かれ、あたたかみのある雰囲気が作り出されているからだろう。

　プールサイドのラウンジにはバーも併設されている。屋上から見渡すオアシスと砂丘、特にオレンジ色に染まる日没のひとときは必見。また、スパやサウナも併設されており、タイ人セラピストによる本格的なマッサージなどを受けることもできる。

　リゾートでは周辺の砂丘ツアーや乗馬ツアーなどを催行しており、砂丘ツアーではワインなどのサンセットドリンクを片手に、砂丘に沈み行く太陽を観賞することができる。

協力：オーシャンドリーム　TEL日本 (042)773-4037
net www.oceandream.net　Al Tarfa Desert Sanctuary→P.396

西方砂漠とオアシスの村 旅のガイダンス

西方砂漠とオアシスの村
Western Desert & Oases

奇妙な形の岩が点在する白砂漠

西方砂漠の気候と地形

気候はとても乾燥した砂漠気候。砂漠の暑さと乾燥度は、まさに日本人がイメージするエジプトだ。砂漠気候は1日の温度差が大きいことも特徴で、日が沈むと急激に寒くなる。砂漠ツアーでテントに泊まる人は防寒対策が必要だ。世界でも、最も降水量の少ない地域で、ときには20年以上も雨が降らないこともある。だから、西方砂漠にはワーディ（涸谷）がなく、地形は平坦で砂丘が多い。岩砂漠のシナイ半島とはずいぶん様相が違う。平坦なのは、太古の地殻変動で土地が褶曲し、何億年という歳月をかけて風化し、突起部分が削られたためだ。

ワーディはないが、西方砂漠には窪地が多い。場所によっては周辺より400mも落ち込んで、海抜0m以下になる。窪地の下には地下水がたまり、人々が集まって農業や牧畜を行っている。

西方砂漠の動物と産業

西方砂漠は砂だらけではあるが、いろいろな動植物が生息している。全域で見られる野ウサギはオアシスの人々の重要な食料。カッターラ低地やバフレイヤ・オアシスとスィーワ・オアシスの間の地域にはカモシカがいる。肉食動物では、キツネやオオカミが全域に生息し、カッターラ低地にはオオヤマネコがいる。ワシ、タカ、フクロウ、トビなどの鳥類も豊富だ。

西方砂漠のオアシスでは農業が営まれている。その歴史は古く、古代からナツメヤシが採れ、現在ではフランスに輸出するほどの規模となった。オリーブや米なども栽培されている。特に1950年代以降の大規模なニューバレー開発計画により、ナイル谷から多くの人々がオアシスに移住し、農地開発を手がけた。また、西方砂漠は、東方砂漠ほどではないが地下の鉱物資源も多い。

西方砂漠の歴史と文化

西方砂漠のオアシスに住む人々には、多くの共通点がある。もともと、旧石器時代に砂漠をさまよっていた狩人が定住したといわれ、古代エジプトの新王国時代までにはエジプトの支配下に入る。やがてエジプトにはキリスト教、さらにイスラームが伝来する。イスラームをもたらしたアラブ人は、それぞれのオアシスにカスル

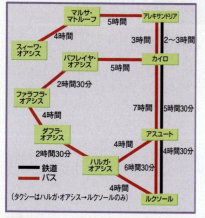

という砦に囲まれた町を建設した。イスラームの伝播は、ナイル谷地方に比べれば遅れたものの、今ではほぼ100%がムスリムである。

　現在のオアシスに住む人々の民族衣装やアクセサリーはベドウィン風。しかし、最近はナイル谷文化の影響を受け、普通のガラベーヤになり、カラフルなベール姿は少なくなってしまった。

　西方砂漠の魅力は、自然の雄大さ、素朴な人々。オアシスには温泉もある。砂漠の温泉に浸かり、平和で素朴な人々に出会うとき、旅の疲れは癒されるだろう。

プランニングのコツ

●砂漠とオアシス

　西方砂漠の旅は、4WDで砂漠を疾走し、鉱泉に浸かるアウトドアアクティビティと、素朴なオアシスの町を散策する町歩きのふたつに大別できる。大方の旅行者の目的は砂漠を4WDで駆け抜け、満天の星空の下でのキャンプが醍醐味の砂漠ツアーだろう。オアシスの小さな村々を散策して村人の素朴な笑顔に歓迎され、シャーイの1杯でもごちそうになるのも、のんびりしたオアシスの村ならではの楽しみ方だ。

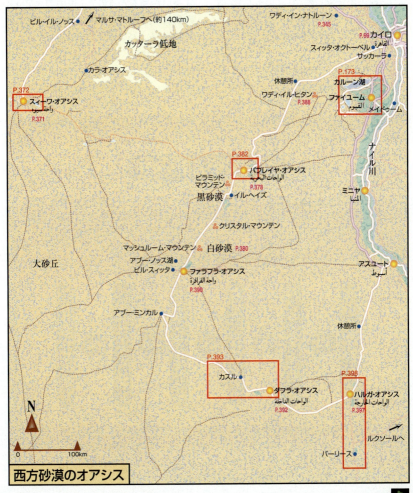

西方砂漠のオアシス

西方砂漠とオアシスの村 旅のガイダンス

●砂漠ツアーでの注意

　砂漠ツアーの命綱はドライバーと4WD。経験の浅い、または砂漠の怖さを知らない素人が砂漠に出たりして、途中で4WDが立ち往生したらまさに命取り。くれぐれもドライバーは経験豊富な人物を選ぼう。また、バフレイヤ・オアシスやファラフラ・オアシスでは飲料水や食料はドライバーが用意してくれるが、念のために確認しておこう。また、砂漠ツアーには許可書が必要なので、パスポートのコピーも忘れずに。

　鉱泉のなかには温泉のような場所もあるが、裸で入るのは厳禁。必ず水着を持参しよう。村人が洗濯に使用しているような鉱泉ならTシャツを着用するのが望ましい。

●4WD以外にもツアーはいろいろ

　砂漠ツアーはだいたいが1泊2日から2泊3日。4WDで回るものが主流だが、ヨーロッパからの観光客にはラクダの背に揺られて砂漠をゆっくり行くキャメルトリップも人気。ほかにもロバで回るツアーや、なんと徒歩で砂漠を行くアドベンチャーツアーといったものもある。

移動のコツ

　カイロ発で西方砂漠に行くバスの便数は少ない。1日2～3便ぐらい。ルートはカイロ～バフレイヤ・オアシス～ファラフラ・オアシス～ダフラ・オアシスと、カイロ～アスユート～ハルガ・オアシス～ダフラ・オアシスのふたつ。スィーワ・オアシスへはアレキサンドリアからアクセスすることになる。大変長い距離を走るので、途中のオアシスの到着、出発時間は1～2時間ずれることがよくある。バス停で気長に待とう。

　アレキサンドリア～スィーワ・オアシス間、ハルガ・オアシス～カイロ間は移動距離が長く、途中で食事をとる場所も限られている（一応食堂らしきものがある休憩所に停車するが）ので、軽食や水の用意をしておくとよいだろう。

オアシス間にある休憩所。冷たい飲み物やお菓子を販売している

旅のモデルルート

　一般的な旅行者にとっては、カイロからバフレイヤ・オアシスに移動し、黒砂漠や白砂漠のツアーに参加してからカイロに戻るというのが定番になっているが、時間に余裕があれば、ファラフラ、ダフラ、ハルガを巡る西方砂漠周遊もおもしろい。

カイロと主要オアシス見学コース

カイロ → バフレイヤ・オアシス → 黒砂漠、白砂漠ツアー → ファラフラ・オアシス → ダフラ・オアシス → ハルガ・オアシス

1日目　2日目　3日目　　　　4日目　5日目

　バフレイヤからの黒砂漠、白砂漠のサファリツアーでは、事前に交渉してバフレイヤに戻らず、ファラフラまで行ってもらうとむだがない。ハルガ（→P.386）からはカイロに戻ってもいいが、タクシーをチャーターして、ルクソールに行くという手もある。

アレクサンドロス大王ゆかりのオアシス
スィーワ・オアシス Siwa Oasis

واحة سيوه　アラビア語:ワーヒト・スィーワ

市外局番046

西方砂漠とオアシスの村 ● スィーワ・オアシス

ライトアップされたシャーリー（旧市街）

　マルサ・マトルーフからスィーワまでは、ときおり見える軍事施設のほかは何もない砂漠道をひたすら進んでいく。スィーワに入ると西部劇の炭鉱の町にでも来た感じ。ほかの町とは違う、静かな雰囲気が漂っている。ここの人々がベルベル系の人たちで、エジプト人とは言語も文化も違うためだ。残念なのは、近年観光ブームで多くのナイル谷のエジプト人が進出してきたことだ。スィーワの中でボリュームいっぱいにラジオをかけている店があったら、エジプト人が働いているとみて間違いない。この騒がしさをスィーワ人は嫌う。そんな心の落ち着くオアシスである。のどかな雰囲気に魅かれてか、エジプトの西の果てとはいえ、世界中から多くの旅行者が集まり、再びここに戻ってくる者も多い。

旅のモデルルート

　スィーワの見どころは自転車をレンタルすれば1日で回ることができる。また、近郊の砂漠や鉱泉を訪れるサファリツアーにも参加したい。夏期は、日中の暑さも相当きついので、昼間は日陰でのんびりと昼寝でもしたりして、スィーワの人たちと同じ生活のリズムで、ゆっくりのんびりと過ごしてみよう。

観光気分に浸りたいときはロバ車で

■ スィーワへの行き方
● アレキサンドリア（→P.327）から
🚌モウイフ・ゲディードゥ（→P.331）発
ウエストデルタバス
8:30、11:00、22:00発
所要:8時間30分〜9時間
運賃:35£E

● マルサ・マトルーフ（→P.351）から
🚌7:30、13:00、16:00、18:30発
所要:4時間　運賃:17£E
🚕客があまり集まらないので1日に何便も出ない。1人17£E。

● バフレイヤ・オアシス（→P.378）から
🚕タクシーやバスの路線はなく、4WDのチャーターのみとなる。移動には車のチャーター料とは別に約5US$の許可証代と10£Eの手数料が必要になる。要事前取得。

■ アレキサンドリア行きのバス
🚌7:00、10:00、22:00発
運賃:35£E
早朝発は必ず事前に予約しておくこと。

■ 乗り物の料金
● レンタル自転車
店は広場周辺に多いが、早朝は誰もいないこともある。朝から乗りたい場合は前日からレンタルしておくのが無難。
料1日15£E〜、1£E
● ロバ車のチャーター
料2〜3時間20£E〜

■ カイロ銀行
Map P.372A2
TEL (046)4600748
開 夏期　9:00〜14:00
　冬期　9:00〜14:00
　　　17:00〜20:00
休 金・土

371

■スィーワ・ハウス
Siwa House
Map P.372A2

民家を改装した、昔ながらのスィーワの人々の暮らしを伝える民俗学博物館。
⏰9:00〜14:00
休金・土
💰5£E

スィーワ・ハウスの入口

■スィーワの観光案内所 ❶
Map P.372A2
☎(046)4601338
✉mahdi_hweiti@yahoo.com
⏰夏期
　9:00〜14:30　17:00〜22:00
　冬期
　9:00〜14:30　16:00〜20:00
休金

▓ 歩き方 ▓

　バスが到着するのは町の北側。到着を待つのはロバ車の子供たち。どこのホテルでも3〜5£Eで連れていってくれる。
　スィーワの町の中心はにぎやかな広場。この広場周辺はレストランやみやげ物屋などが多い。広場の西側はシャーリーと呼ばれる旧市街だ。アムン神殿やファンタジー島など少し離れた見どころへは自転車をレンタルして行くのが便利。

● **サファリツアー**　砂漠や鉱泉などを回るサファリツアーもスィーワでの楽しみ。人気は砂漠にある温泉、ビル・ワヘダ Bir Wahedaへのツアー。通行許可が必要となるが、手続きはスムーズ。多くのホテルで催行しているが、自前の4WDを保有するホテルは少ない。

▓ 旅の情報収集 ▓

　観光案内所の情報量は多く、夕方〜夜に2階で、希望者（昼間に予約する）にスィーワに関するビデオ上映も無料で行っている。また、冷泉や遺跡へのツアーも催行しており、最少催行人数はふたりから（→P.373欄外）。

スィーワの観光案内所

見どころ

神々のレリーフが残る
アムン神殿
The Oracle Temple

マアバドゥ・アムーン
معبد امون

MAP P.372A2

広場からサファリ・パラダイス・ホテルSafari Paradise Hotelへと続く道を真っすぐ行くとアグルミ村に入る。Oracleと書かれた標識が出ているのでそこを右に入ろう。しばらく行くと左側に見

丘の上にあるアムン神殿

えてくるのが神託の神殿だ。これは古代エジプト末期王朝時代に建てられたもの。至聖所の中のアムン神など、神々のレリーフが見られる。また、ここからのアグルミ湖の眺めは絶景。日没の時間に合わせて来ると、すばらしいパノラマが眼前に広がる。

ポツンと建っている
オンムル・イバイダ
Temple of Umm Obeyda

ウンム・イル・オバイダ
ام العبيدة

MAP P.372A2

アムン神殿の神託の神殿から道なりに少し行った所にポツンとある。末期王朝時代に建てられたアムン神殿の一部。
19世紀末、当時の知事が公邸の階段を建設するためにアムン神殿を破壊し、その石材を使ったため、現在遺跡らしいものはほとんど残っていない。しかし『口開けの儀式』と呼ばれる、ミイラを作るときの最初の儀式が描かれているレリーフなどがあり、とても興味深い。じっくり見てみよう。
オンムル・イバイダからクレオパトラ鉱泉までは真っすぐ行け

■**観光案内所主催のツアー**
人数が多いほど安くなる。

●**冷泉と遺跡半日ツアー**
冷泉のアブー・シュルーフ、遺跡と冷泉があるクライシャット、ギリシア時代の遺跡が残る村ゼイトゥーン、ベドウィン村などを訪れる。
出発:夏期17:00 冬期14:00
料75£E

●**古代遺跡巡り半日ツアー**
ローマ時代の墓地があるビラド・イッルームや、ギリシア時代の小さな神殿があるハミーサ、きれいな湖があるバハ・イッディンなどを訪れる。
出発:夏期17:00 冬期14:00
料75£E

●**サンセットツアー**
出発:夏期19:00 冬期16:00
料50£E(夕食込み)

■**アムン神殿**
開 入場自由
料 25£E(学生15£E)

■**オンムル・イバイダ**
開 入場自由
休 無休
料 無料

オンムル・イバイダ

Information

スィーワ・オアシスの歴史

ほかの西方砂漠のオアシスは古代からエジプト領だったが、スィーワが果たしてどうだったのかはよくわかっていない。しかし末期王朝時代には「ヤシの木の場所」と呼ばれ、エジプト領になっていた。当時、スィーワには古代世界に名をはせたアムン神殿があり、神官がいた。ここの神官には御神託が下るというので、各地から人が集まってきた。そこでスィーワは外国からの侵略の対象となった。

末期王朝時代(紀元前525年頃)、ペルシア王のカンビュセス2世がスィーワを攻略しようとハルガ・オアシスから出発し、砂漠で全滅した話は有名である。またグレコローマン時代の幕開

けとなったアレクサンドロス大王のエジプト攻略のとき(紀元前331年)には、アムン神殿で「アレクサンドロス大王はアムン神の子」であると御神託が下ったという。

6世紀半ば、東ローマ皇帝の命令でアムン神殿は閉鎖された。それでもアムン信仰はイスラームの到来まで続き、キリスト教は伝来しなかったと考えられている。イスラーム時代には、北西アフリカからメッカに向かう巡礼者と隊商でにぎわった。また、ベルベル人やベドウィンの襲撃も多く受けた。ムハンマド・アリの時代からエジプト領となり、現在にいたる。

クレオパトラ鉱泉は家族連れに人気

■ガバル・イル・マウター
圏入場自由
休無休
料25£E(学生15£E)
※内部の写真撮影不可。

グレコローマン時代の墓が並ぶ

■シャーリー(旧市街)
圏入場自由
料無料
早起きして、旧市街の上から朝日を見るのもよい。

朝方のシャーリー

■鉱泉
ファンタジー島の鉱泉とクレオパトラ鉱泉が代表的。
圏入場自由
料無料
※水着で泳ぐのはもってのほか。男女とも必ずTシャツなどを着たまま入ろう。

水位が低くなった湖

■ファンタジー島
料無料

ばいい。暑さにちょっと疲れたら、クレオパトラ鉱泉の横にあるテント形式のカフェテリアで昼寝するのもいい。

死者の山
ガバル・イル・マウター
Tombs of Jabal el-Mawta ガバル・イル・マウター جبل الموتى MAP P.372A2

広場から観光案内所のある交差点を右に曲がり直進、小学校が見えたら右の道に入る。死者の山という名のとおり、古代エジプト末期王朝時代からグレコローマン時代にかけての墓。もともとは完璧な形で残っていたこれらの墓も、残念ながら第2次世界大戦中、イタリア軍がスィーワを空爆したとき、防空壕として使用され、多くが破壊されてしまった。きれいに残っているのはシ・アムンの墓、クロコダイルの墓、ニベルパトゥートの墓である。墓守に頼めば墓の中に入れてくれる。山を登りきって、北側を見ればスィーワ湖も一望のもとだ。しかし、軍事基地もあるので写真撮影は控えるようにしよう。

泥レンガでできた廃墟の旧市街
シャーリー
Ancient Fortress of Shali シャーリー شالي MAP P.372A1

スィーワの中心にあるシンボル的存在がこのシャーリー。山肌に泥レンガでできた家がビッシリと建っている旧市街だ。現在でも少数だが、人が住んでいる。ほとんどの人は中世に麓に下りて家を建てたようだ。早起きして日の出を見るには絶好の場所。

スィーワの水がめ
鉱泉
Water Springs イル・ハンマーマートゥ الحمامات MAP P.372

スィーワではあちこちに鉱泉が湧き出している。ここは地元の人にとって、洗濯したり入浴をしたり、日常生活に必要不可欠な場所。いわば井戸端である。村人の日常生活をかいま見ながら水とたわむれてみよう。

枯れてしまいそうな湖にある
ファンタジー島
Fantas Island ゲジーリト・ファトナス جزيرة فاتنس MAP P.372B1

外国人からはファンタジー・アイランドと呼ばれているが、本来の名前はファトナス島。広場からはシャーリーをグルリと半周して道なりに7kmほど行く。鉱泉もあり、さらに少し行くと簡素なカフェテリアもある。以前は満面の水をたたえた湖に浮かんだり泳ぐこともできたのだが、近年はミネラルウオーター工場など、開発の影響か、湖の水が枯れつつあるようだ。

ファンタジー島の鉱泉

HOTEL

日本からホテルへの電話
国際電話会社の番号 + 010 + 国番号 20 + 市外局番の最初の 0 を取った掲載の電話番号

　ホテルの数はあまり多くはない。広場周辺に安い宿が多く集まっている。値段はどこも大差なく、割合に清潔な部屋が多い。最近になって高級なホテルも少しずつ増えている。特に週末（金・土曜）は、カイロやアレキサンドリアからの国内客もスィーワを訪れることが多くなってきた。ただ、どこのホテルでも蚊が異常に多いので、蚊取り線香や防虫スプレーなどは必需品だろう。冬は寒い日もあり、暖房設備もないので防寒具が必要になることも。多くのホテルで砂漠へのサファリツアーを行っているので、参加したい人は聞いてみよう。

パーム・ツリー　Palm Tree Hotel　経済的　Map P.372A1

فندق النخيل　フンドゥク・イン・ナヒール

✉Siwa
TEL (046) 4601703
FAX なし
mail m_s_siwa@yahoo.com
[S] 20£E
[S] 25£E
[W] 35£E
[W] 50£E
£E
T/C 不可　CC 不可

　町の中心の南東にある。バックパッカーに人気の高いホテル。部屋は少し狭いが清潔。ヤシが生えた感じのよい中庭がある。各種ツアーもあり。中庭にコテージ風の客室もある。10人ほど泊まることができるテントはひとり10£E。屋上に泊まってもひとり10£E。朝食は30£E。

クレオパトラ　Cleopatra　経済的　Map P.372A2

فندق كليوباترا　フンドゥク・クレオパトラ

✉Siwa
TEL & FAX (046) 4600421
[S] 25£E（旧館）
[S] 35£E（新館）
[W] 35£E（旧館）
[W] 45£E（新館）
£E
T/C 不可
CC 不可

　広場から南に少し行った所にある。旧館と新館のふたつの棟があり、新館の部屋は広々としていて清潔にまとまっている。新館にはエアコン付きで85～130£Eという豪華な部屋もある。朝食は10£E。新館は全29室、旧館は全18室。

ユーセフ　Yousef Hotel　経済的　Map P.372A1

فندق يوسف　フンドゥク・ユーセフ

✉Siwa
TEL (046) 4602565
FAX なし
[S] 20£E
[S] 30£E
[W] 30£E
[W] 50£E
£E
T/C 不可
CC 不可

　広場に面していて何かと便利な場所にある。日本人や韓国人のバックパッカーに人気が高い。全14室の簡素なホテル。お湯もちゃんと出ることが多い。サファリツアーや、砂丘からサンドボードで滑り降りるツアーも行っている。自転車レンタルができるのもありがたい。

シャーリー　Shaly Hotel　経済的　Map P.372A1

فندق شالي　フンドゥク・シャーリー

✉Bijuwaar Saydariit il-Ansaar
TEL (046) 4601203
FAX なし
[S][W] 30£E
[S][W] 35£E
£E
T/C 不可
CC 不可

　広場から南に行き、薬局のある向かいの道を右へ入る。看板はないが、黄色い壁が目印。全11室。部屋は簡素だが、清潔にまとまっている。自慢は、シャーリー（旧市街）が目前に迫る屋上からの眺め。ライトアップされた夜の姿も美しい。あまり英語は通じないが、スタッフは親切。

キーラーニー Al Kilany Hotel　　経済的　Map P.372A1

فندوق الكيلاني　フンドゥク・イル・キーラーニー

✉ Siwa
TEL (046)4600415
FAX なし
[S][W]… 50〜70£E
[S][W]A/C… 100〜120£E
US$ € £E
T/C 不可　CC 不可

中心部の経済的な宿のなかでは最も設備が整っている。1階は雑貨屋になっていて便利。バスルームも比較的新しく、部屋も清潔。オアシスを見渡せる最上階にカフェテリアがある。朝食は20£E。

アルース・イル・ワーハ Arouse El Waha　　中級　Map P.372A2

فندق عروس الواحة　フンドゥク・アルース・イル・ワーハ

✉ Siwa
TEL & FAX (046)4600028
[S]… 38£E
[W]… 50£E
£E
T/C 不可
CC 不可

長距離バスが発着するバス停に近い。建物は大きいが、案外簡素な造り。観光ブームの前まではスィーワで一番豪華なホテルだった。1階には食堂もあって便利だ。朝食は10£E、昼食、夕食は25£E。

スィーワ・イン Siwa Inn　　中級　Map P.372A2

فندق سيوه اين　フンドゥク・スィーワ・イン

✉ Siwa
TEL (046)4606405
FAX (046)4601287
✉ siwainn2000@yahoo.com
[S]… 90£E
[W]… 163£E
£E
T/C 不可　CC 不可

中心から徒歩40分ほど。途中に看板が出ている。モットーは「フレッシュ&クリーン」というだけあって、自家農園で採れたての野菜や鶏、卵を使った食事が自慢。部屋も清潔で内装も趣味がいい。昼食、夕食は45£Eで出している。

ケヌーズ・シャーリー・ロッジ Kenooz Shali Lodge　　高級　Map P.372A1

فندق كنوز شالي لوج　ケヌーズ・シャーリー・ロッジ

✉ Siwa
TEL (046)4601299
FAX (046)4601799
[S]… 200〜275£E
[W]… 250〜375£E
US$ £E
T/C 不可
CC 不可

広場から少し東に行くとあるホテル&レストラン。シャーリー(旧市街)を見事に再現した雰囲気が自慢。料金は少し高いが、部屋の内装や配された家具やベッドもアンティークな感じで、センスのよさはエジプトでも屈指の宿だ。

サファリ・パラダイス Siwa Safari Paradise　　高級　Map P.372A1

سيوة سفري باراديس　スィーワ・サファリ・パラダイス

✉ Siwa
TEL (046)4601290
FAX (046)4601592
Inet www.siwaparadise.com
[S]A/C… 260〜350£E
[W]A/C… 360〜450£E
US$ € £E
T/C 不可　CC M V

スィーワ中心部では唯一の3つ星ホテル。プライベート鉱泉やジム、サウナなど設備も整っている。レストラン、カフェテリアなども雰囲気がよい。料金は朝・夕食込み。バンガロータイプの部屋は少し安く、[S]190£E、[W]290£E。

スィーワ・シャーリー・リゾート Siwa Shali Resort　　高級　Map P.372A2

مجمتع سيوة شالي السياحي　ムンタガア・スィーワ・シャーリー・イッスィヤーヒ

✉ Dalf Gabal il-Dakhrur
TEL (046)9210064　FAX なし
TEL (02)39741806(カイロ)
Inet www.siwashaliresort.com
[S]A/C… 250〜280£E
[W]A/C… 320〜360£E
US$ € £E
T/C 不可　CC 不可

砂漠に建つリゾートホテル。町からは遠いので、ホテルに電話するか、送迎車を予約して行く。自転車なら20〜30分ほど。敷地内には低層のコテージが並び、中庭には鉱泉もある。左記の料金は夕食付き。

Restaurant

レストランの数は多く、毎年新たな店がオープンしている。メニューはどこもそれほど変わらない。スィーワでぜひ試してほしいのが、北アフリカ地方（マグリブ）の代表的料理のクスクスだ。ほかにスィーワの伝統的料理、シャクシューカがある。スィーワのみならずほかの地域にもあるが、スィーワのシャクシューカはとても有名。またスィーワではなぜかドライカレーやサモサ、ビリヤーニなどのインド料理を出す店が多い。これは以前スィーワに滞在したパキスタン人兄弟が料理法を村の人に伝授したからだそうだ。

アブドゥ　Abdu's Restaurant　庶民的　エジプト料理

Map P.372A1

مطعم عبدو　マトゥアム・アブドゥ

✉Siwa
TEL&FAX (046)4601243
営 8:00～24:00
休 無休
サービス料12％別途
£E
T/C 不可　CC 不可

ユーセフ・ホテルの向かい。スィーワで一番人気のレストラン。夜は旅行者が集まり情報交換の場になる。クスクス15£E～、ピザ15～25£Eなどがあり、チキンパイ18£Eやミートパイ20£Eが好評。夜遅くに行くと、品切れになることもある。

ヌール・エル・ワーハ　Nour El Waha Restaurant　庶民的　エジプト料理

Map P.372A1

مطعم نور الواحة　マトゥアム・ヌール・イル・ワーハ

✉Siwa
TEL (046)4600293
FAX なし
営 8:00～24:00
休 無休
£E
T/C 不可
CC 不可

ケヌーズの近くにある屋外型レストラン。店の雰囲気はオアシス的で開放感があり、床に座ってリラックスできる。チキンパーネ（チキンカツ）や具が選べるスパゲティなどメニュー豊富。メインの肉料理は15～30£E、ピザ20～28£E、カレーライス7£E、タジン20£E。シーシャは5£E～。

ケヌーズ　Kenooz Restaurant　中級　エジプト料理

Map P.372A1

مطعم كنوز　マトゥアム・ケヌーズ

✉Siwa
TEL (046)4601299
FAX なし
営 8:00～15:00
　 17:00～22:00
休 無休
£E
T/C 不可　CC 不可

スィーワで唯一の洗練されたレストランで、お値段も少々高め。スパゲティ12～18£E。メインの肉料理は25～40£E。サラダ、メイン、デザートが付いた特別コースは1人90£E（2人前から。前日までに要予約）。ベジタリアン用のメニューもある。朝食メニューでは、パンケーキやファラフェルなども注文が可能。

ニュー・スター　New Star Restaurant　庶民的　エジプト料理

Map P.372A1

مطعم النجم الجديدة　マトゥアム・インナグム・イル・ゲディーダ

✉Siwa
TEL (046)4601700
FAX なし
@mail siwanewstar@yahoo.com
営 8:00～24:00
休 無休
£E　T/C 不可　CC 不可

ガーデンテラスもあるこぎれいなレストラン。シャクシューカは2種類あり12～15£E、グリルチキン25£E、シシカバーブ30£E、ミックスグリル40£E。朝食メニューではオムレツ6£E、ファラフェル5£Eなどがある。また、ゲストハウスも併設しており、S120£E、W150£E、全4室。

イースト・ウエスト　Restaurant East West　庶民的　エジプト料理

Map P.372A1

مطعم شرقي غربي　マトゥアム・シャルキー・ガルビー

✉Siwa
TEL (046)4601212
FAX なし
営 9:00～翌1:00
休 無休
£E
T/C 不可
CC 不可

シャーリー（旧市街）の近くにある。テラス席が心地よいレストラン。エジプト料理がメインだがピザやクスクスなども出す。シャクシューカ15£E、クスクス15～18£E。パスタ料理は6£E～。ピザは10種類あり15～18£E。オムレツなど、朝食用のメニューもある。また、サファリツアーもやっている。

市外局番02

バフレイヤ・オアシス Bahariyya Oasis

美しい砂漠と温泉で有名なオアシス

الواحات البحرية

アラビア語:イル・ワーハート・イル・バフレーヤ

バウィーティの入口に建つ白砂漠の岩の模型。バウィーティは砂漠ツアーの拠点でもある

■バフレイヤへの行き方

●カイロ（→P.69）から

トルゴマーン（→P.74）発アッパーエジプトバス
7:00、8:00発だが、8:00の便以外は乗りにくい。
所要:5時間　運賃:30£E

ムニーブ（→P.75）発
アッパーエジプトバス8:00、14:00、17:00発
所要:4時間30分
運賃:30£E

●ファラフラ・オアシス
（→P.390）から
9:00～10:00、
21:00～22:00発
所要:2時間30分
運賃:25£E

●スィーワ・オアシス
（→P.371）から
バスの便はない。
4WD1台約1500£E(1人あたり40£Eの許可代などは別料金)

■カイロへのバス
6:30、10:00、12:30、15:00、
翌0:30発
運賃:30£E
できれば予約したい。基本的にムニーブが終点。

■遺跡共通チケット
バフレイヤにある遺跡で入場が可能な6つの見どころ（下記参照）は、すべて共通チケットとなっている。チケットは考古局（→P.381）で購入できる。
45£E
※撮影は別料金。
見学できるのは
1) アメンホテプ・フイの墓
2) バンネンティウの墓
3) ジェドアムンエフアンクの墓
4) アイン・イル・マフテラ神殿
5) アレクサンドロス大王の神殿
6) 考古局のミイラ室

　ピラミッドの横から出ている砂漠ロードをひたすら走ること約3時間。視界にはオアシスの鮮やかな緑が広がる。バフレイヤ・オアシスはカイロから気軽に行くことができ、砂漠とオアシスの雰囲気を楽しめる場所として注目を集めている。

　バフレイヤ・オアシス～ファラフラ・オアシス間には白砂漠や黒砂漠、バウィーティの村とその周辺にはグレコローマン時代の遺跡など観光資源も豊富で、100体を超すミイラの大発見もあり、バフレイヤ・オアシスは今、観光ブームに火がつきそうなスポットだ。

　バフレイヤ・オアシスはほかのオアシス同様、旧石器時代から人が住んでいたが、古代エジプト中王国時代までエジプト文化は浸透していなかった。新王国時代には鉱物の産地として有名になり、末期王朝時代までには現在のイル・カスルとマンディーシャの位置に町ができた。グレコローマン時代の早い時期からキリスト教が普及している。

　エジプトがアラブ軍の手に落ちると、バフレイヤも占領された。10世紀にはベルベル人による独立国となったが、その後、11世紀にはファーティマ朝に併合され、イスラームも浸透して、14世紀までには人口のほとんどがムスリムになった。

バウィーティ内にも鉱泉はある

旅のモデルルート

バフレイヤ・オアシスで最も人気が高いのは、黒砂漠と白砂漠のサファリツアー。日帰りも可能だが、日程に余裕があれば砂漠の中で夜を明かしてみたい。

バウィーティ発、黒砂漠と白砂漠の1泊2日サファリツアー →P.386

バウィーティ	黒砂漠	鉱泉、ランチ、休憩	クリスタル・マウンテン	白砂漠	キャンプ	バウィーティ
10:00	10:10〜12:00	12:00〜14:00	15:00〜15:30	16:00〜	19:00	10:00〜11:00

出発はバウィーティの各ホテルから。黒砂漠、クリスタル・マウンテン、白砂漠と回る。夕暮れが近づくと、砂漠は時とともに色が移り変わり、さまざまな表情を見せる。日没前にはキャンプの準備を行い、日没後に食事。満天の星空の下での食事は格別だ。食事が終わる頃には砂漠に生息するキツネ、フェネックがエサを求めてキャンプにやってくることも。翌朝は朝食のあと、バウィーティへと戻る。白砂漠はファラフラ・オアシスにも近いので、砂漠を南に旅を続けていく人は、事前にファラフラ・オアシスまで行ってもらえるよう交渉しておこう。

歩き方

バフレイヤ・オアシスでの旅行者の拠点となるのは、バフレイヤ最大の村**バウィーティ**だ。村の中なら徒歩でも充分観光は可能だが、鉱泉や温泉、遺跡など、少し郊外に出るなら、ホテルの4WDやレンタル自転車などを利用しよう。

●**バフレイヤの中心・バウィーティ** バウィーティはメインストリートが1本あるだけの小さな村。銀行や郵便局、バスのチケット売り場はバウィーティのメインストリートのちょうど中央にある。

村の北側には**アイン・ビシャモ**の温泉があり、その先には旧市街の**カスル**の遺跡やローマ時代の水道橋跡が残る。

●**観光は4WDで** バフレイヤで効率よく観光しようと思ったら、ホテルのツアーに参加するか、4WDをチャーターするのが便利。ラクダを使った砂漠ツアーもある。

長距離バスは市の中心部へ

バスの乗降ができるのは、シャアビー・レストラン(→P.385)近くのメインストリート。カイロ方面から来る外国人旅行者は観光案内所の前で降ろされ、観光案内所の中に連行されることもある(カイロを夕方発の便の場合はない)。観光案内所でホテルに連絡してもらって迎えに来てもらうことは可能。

■ツーリストポリス
Map P.381
TEL (02)38473900
圏24時間

ホテルの屋上から見たバウィーティ

バスチケット売り場とバス停

■銀行　　　　Map P.381
TEL (02)38472200
FAX (02)38472100
開 8:30～13:30
休 金・土

■郵便局　　　Map P.381
開 8:00～15:00
休 金

■電話局　　　Map P.381
開 8:00～16:00
休 無休

バウィーティの電話局

■バウィーティの観光案内所❶
Map P.381
TEL 0123736567（携帯）
開 8:30～14:00
休 金・土

■白砂漠
Map P.369
料 ひとり5US$（入域料）+10£E（キャンプ料）
※許可書取得のためパスポートのコピーが必要。また、砂漠ツアーには基本的にツーリストポリスが同行する。

両替・郵便・電話

●**両替**　バウィーティ中心部、郵便局の横に銀行（National Bank of Development）がある。USドル、ユーロ、日本円の現金の両替が可能。T/Cは両替不可。

●**郵便・電話**　郵便局はほぼ町の中央に位置している。電話局は❶の南西、アルペンブリック・ホテルAlpenblick Hotelのある広場にある。

旅の情報収集

●**観光案内所**　バウィーティ村の観光案内所はメインストリートにある大きな建物を入った左側の部屋。パンフレットなども用意している。壁にはホテルの料金表も貼られている。

砂漠ツアー

　雄大な自然を満喫できる砂漠ツアーはバフレイヤ・オアシス観光の目玉。ツアーの料金がわりと高額なためトラブルも発生している。また、砂漠ツアーは許可書が必要とされているが、なかには「許可書なしでも大丈夫！」と言ってツアーに誘うドライバーもいる。もちろん違法でもあるしトラブルの元にもなりかねないので、そういった誘いは断ろう。

●**カイロ発の高額ツアー**　カイロでは高額な砂漠ツアー詐欺が横行している。タラアト・ハルブ広場周辺の客引きや、トルゴマーン・バスターミナルでも「今日のバスは満席。ツアーに参加しないと行けない」という詐欺師に注意。

●**客引き＝ドライバー**　バフレイヤ・オアシスではバスの到着と同時に多くの客引きがやってくる。彼らの多くは独立したサファリツアーのドライバー。ホテルに客を連れていく見返りとして、砂漠ツアーの仕事をもらうという仕組み。だから、頼めばどこのホテルにでも連れていってくれる。

●**トラブルに注意**　泊まるホテルを決めたら、そのホテルからの砂漠ツアーに参加するのが原則。別のホテルのツアーを申し込んだりするとややこしいトラブルになるので注意。

バフレイヤ・オアシス（バウィーティ）発のおもなツアー

●**黒砂漠、白砂漠のサファリツアー**（→P.379、P.386）
最もポピュラーなツアーで、ほとんどのホテルが実施している。半日、1日、1泊2日から2泊3日など。代表的な1泊2日のコースで1台700£E～。

●**バウィーティとその周辺のローカルツアー**
バウィーティの村とその周辺の遺跡を回るツアー。半日のものが多い。近郊の温泉と組み合わせて手配するのもよい。車の種類によって値段は異なるが、1台120～300£Eぐらい。

●**ワディ・イル・ヒタンへのサファリツアー**（→P.388）
世界遺産へのサファリツアー。1泊2日のキャンプやピラミッドエリアを含めたツアーも可能。バフレイヤでこの方面に詳しい人は多くはないので、International Hotspring Hotel（→P.385）などで相談してみるとよい。

●**スィーワ・オアシス**（→P.371）**へのサファリツアー**
スィーワ方面へのツアーには許可証が必要。許可証の取得はツアーを催行する会社が代行するが、ひとり約5US$+10£Eかかる。また、金・土曜は許可証の取得ができないため、事前に取得する必要がある。

見どころ

博物館（考古局）
バフレイヤのミイラを展示している

イル・マトゥハフ
المتحف

Museum of the Golden Mummies — MAP P.381

考古局に展示されたミイラ

　正式な博物館ではなく、考古局事務所の1室に過ぎないが、キロ・スィッタ（→P.385）から発掘されたミイラのうち、3体のミイラがケースの中に納められている。グレコローマン時代のミイラは保存状態もよく、色鮮やかな装飾も残っている。

　この考古局のすぐ横にはアイン・イル・フバーガと呼ばれるローマ時代の井戸の跡が残っている。井戸の底からヤシの木が生えているちょっと変わった光景だ。この井戸は1950年代まで使われていたという。バフレイヤ・オアシスにはこのような井戸がいくつもあったとされるが、現在は枯れてしまったものが多いようだ。

墳墓群
色鮮やかな壁画が残る

マアービル
مقابر

Qaret Farargi and tomb of Banentiu — MAP P.381

　バウィーティの村にはグレコローマン時代のものを中心に美しいレリーフをもつ墳墓がいくつかある。現在もまだ発掘は進められており、今後もさらなる成果が期待されている。見学できる墳墓のいくつかを紹介しよう。

●カラート・エル・ファラルギ　「鶏商人の屋根」という意味の大地下墳墓。アルペンブリック・ホテル（→P.384）のさらに南側にある。古代エジプト末期王朝時代（紀元前650年頃）からグレコローマン時代まで使われ、トト神があがめられ、イビス（聖鳥）のミイラが大量に収められた。後ろに転がっている鳥の骨を見て今の地名がつけられたほどだ。

■考古局事務所
開 8:00〜16:00
休 無休
金曜昼の礼拝時間は閉まる。
料 45£E（遺跡共通チケットに含まれる）

考古局事務所

ローマ時代の井戸の跡

■墳墓群
●カラート・エル・ファラルギ
開 8:00〜16:00
休 無休
料 45£E（遺跡共通チケットに含まれる）

色鮮やかな壁画

バウィーティ

バンネンティウの墓内部に描かれたレリーフ。ミイラ作りの過程を表している興味深いものだ

●**バンネンティウの墓**
圏8:00〜16:00
困無休
圉45£E(遺跡共通チケットに含まれる)

■**ガバル・イングリーズ**

麓から見たガバル・イングリーズ

■**鉱泉**
●ビル・マタール
●ビル・ガバ

バウィーティからは少し遠いので、車を手配するか、ツアーに参加しよう。日本のような露天風呂ではないので、最低でも水着は着用しよう。現地の習慣に従うならTシャツの着用が望ましい。

●**バンネンティウの墓** 　古代エジプト末期王朝時代のリビア系大金持ちの墓。彼はワインをテーベなどに輸出することによって巨万の富を得たといわれている。地上にあった礼拝所はすでになく、地下の4部屋が残っている。壁画はとてもよい状態で、特に月と太陽の運行の図は圧巻。昼の暑さを避けて夜に月明かりを頼りに旅行をしたオアシスの人々にとって、月(=トト神)は重要な神だった。月から流れる生命のアンクは、オアシスの人々の生活観をそのまま表しているとても興味深いものだ。すぐ横にはバンネンティウの父である、ジェドアムンエフアンクの墓もある。

バフレイヤのパノラマが広がる
ガバル・イングリーズ

ガバル・イル・インギリーズ
جبل الإنجليز

Gebel el-Engliz　　　　　　　　MAP P.382A

バウィーティの東のブラック・マウンテンにあり、通称イングリッシュ・マウンテン。これは第2次世界大戦中、イギリス軍がドイツ軍のロンメル将軍を迎え討とうと駐屯したときのもの。ここからの眺めは最高だ。

旅の疲れの特効薬、温泉でひと休み
鉱泉

イル・アーバール
الآبار

Water Springs　　　　　　　　MAP P.382A・B

バフレイヤには多くの鉱泉や温泉がある。各ホテルから4WDによるツアーが組まれている。

●**ビル・マタール**　 町から6km離れた地点にある。マタールとはアラビア語で空港の意味。バフレイヤを視察するサダト元大統領を乗せたヘリコプターがこの近くに着陸したことが名前の由来。以前は冷泉だったが、掘削の結果、熱い湯が出るようになり、かなり温泉気分を味わえる。

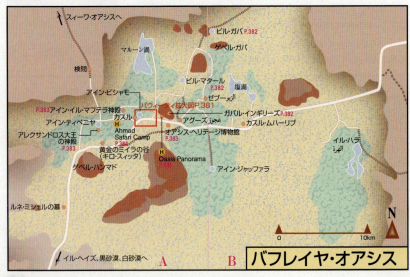

●ビル・ガバ　ビル・ガバはバウィーティの北15kmにある温泉。周囲には木が多く、オアシスの中の温泉といった感じ。

ユーモラスな表情の作品がいっぱい　マトゥハフ・マフムード・エイド
オアシス・ヘリテージ博物館
Oasis Heritage Museum　MAP P.382A

　バウィーティの東に、大きなラクダの像が置いてある、小さな博物館がある。これはバフレイヤの芸術家、マフムード・エイド氏が造ったものだ。オアシスの伝統的な生活風景をユーモラスに表現した作品は、どれもかわいいものばかり。博物館というよりアトリエだが、小さな作品はおみやげ用に販売もしている。

砂漠の中に残る遺構　マアバドゥ・イスカンダル・イル・アクバル
アレクサンドロス大王の神殿
The Temple of Alexander　MAP P.382A

　バウィーティの西の外れの砂漠の中にポツンと残る遺構が、アレクサンドロス大王の神殿。保存状態があまりよくないため、往時の姿を想像するのは難しい。しかしこの神殿で、エジプトで唯一アレクサンドロス大王のカルトゥーシュ（→P.458～459）が発見されたのである。コプト教時代には修道院として使われたため、当時の房の跡が残っている。

神々のレリーフが美しい　マアバドゥ・アイン・イル・ムフティラ
アイン・イル・マフテラ神殿
The Chapels of Ain el-Muftillah　MAP P.382A

　アレクサンドロス大王の神殿の東にある遺跡。リビア王朝ともいわれる第26王朝時代のもの。神殿は損壊を防ぐため屋根で覆われており、現在も修復作業が続けられている。この神殿はふたつの礼拝堂から成り立っており、手前のものは芸能の神ベス神に捧げられたもの。奥の礼拝堂には色鮮やかなレリーフでイシス神やオシリス神といった神々の行進が描かれている。

■オアシス・ヘリテージ博物館
開 随時
休 無休
料 5£E
おみやげ用の品は20～30£E

屋外博物館にはさまざまな作品が陳列されている

■アレクサンドロス大王の神殿
開 9:00～16:00
休 無休
料 45£E（遺跡共通チケットに含まれる）

神殿への入口

■アイン・イル・マフテラ神殿
開 9:00～16:00
休 無休
料 45£E（遺跡共通チケットに含まれる）

屋根で覆われた神殿の建物

HOTEL
日本からホテルへの電話
国際電話会社の番号 ＋ 010 ＋ 国番号 20 ＋ 市外局番の最初の0を取った掲載の電話番号

　バフレイヤのホテルはバウィーティの村に分散しており、村の中心部からは少し遠い所が多い。目当ての宿があれば、予約をして迎えに来てもらうのがよい。また、冬はとても寒くなることがある。多くのホテルは暖房設備はないので、防寒の備えも忘れずに。

デザート・サファリ・ホーム　Desert Safari Home　経済的　Map P.381

Bawiti
TEL&FAX (02)38471321
khozamteego33@hotmai.com
15£E
4.5US$
10US$
US$ £E 不可 不可

村の中心部からは少し離れているが、値段のわりに清潔な宿。オーナーは砂漠ガイドのバドリ氏で、砂漠ツアーはバックパッカーに好評。ドミトリーは要予約。無線LANは無料で利用可能。

アフマド・サファリ・キャンプ　Ahmad Safari Camp　　経済的　Map P.382A

احمد سفاري كامب　アフメド・サファリ・カンプ

✉ El Kassr
TEL & FAX (02)38472090
@mail ahmed_safari@hotmail.com
S🍴🛁🛗 ➡ 🚿 50£E
S A/C 🛁🛗 ➡ 🚿 100£E
W 🍴🛁🛗 ➡ 🚿 80£E
S A/C 🛁🛗 ➡ 🚿 140£E
💳 US$ € £E　TC 不可　CC 不可

バックパッカーでにぎわうホテル。町からは遠いが4WDの無料送迎がある。庭にはブドウやマンゴーの木があり、食べることもできる。サファリツアーも各種ある。レストランも併設。キッチンや無線LANは無料で利用可能。

アルペンブリック　Alpenblick　　経済的　Map P.381

هوتيل البنبليك　ホテル・アルペンブリック

✉ Bawiti
TEL & FAX (02)38472184
@mail info@alpenblick-hotel-oasis.com
S🍴🛁🛗 ➡ 🚿 70£E
S A/C 🛁🛗 ➡ 🚿 100£E
W 🍴🛁🛗 ➡ 🚿 120£E
S A/C 🛁🛗 ➡ 🚿 160£E
💳 US$ £E　TC 不可　CC 不可

バウィーティのほぼ中央にあるので立地条件はよい。全25室でレストランも併設。エアコン付きの部屋が7室ある。部屋は改装されており清潔。無線LANは無料で利用可能。屋上には新しくできたカフェがある。

ニュー・オアシス　New Oasis　　経済的　Map P.381

فندق نيو أوسيس　フンドゥク・ニュー・オアスィース

✉ Bawiti
TEL & FAX (02)38473030
@mail max_rfs@hotmail.com
S🍴🛁🛗 ➡ 🚿 50£E
S A/C 🛁🛗 ➡ 🚿 65£E
W 🍴🛁🛗 ➡ 🚿 100£E
W A/C 🛁🛗 ➡ 🚿 120£E
💳 US$ £E　TC 不可　CC 不可

全21室で、全室にサテライトテレビが設置されている。部屋はシンプルで清潔。中庭にはレストランもある。オーナーのマックス氏はベテラン砂漠ガイド。無線LANはレセプションにて無料で利用可能。

ベシモ・ロッジ　El Beshmo Lodge　　中級　Map P.381

فندق البيشمو لودج　フンドゥク・イル・ベシモ・ロジ

✉ Bawiti
TEL & FAX (02)38473500
@Inet www.elbeshmolodge.com
S🍴🛁🛗 ➡ 🚿 100£E
S A/C 🛁🛗 ➡ 🚿 100£E
W 🍴🛁🛗 ➡ 🚿 150£E
W A/C 🛁🛗 ➡ 🚿 150£E
💳 US$ € £E　TC 不可　CC 不可

全25室のうち、20室がバス付きで、11室がエアコン付き。エアコンやバスの有無は関係なく、料金は同じ。コテージの客室がリゾート風でかわいい感じ。中庭なども雰囲気がよい。レストランやプールが併設。

オールド・オアシス　Old Oasis Hotel　　中級　Map P.381

فندق اولد اوسيس　フンドゥク・オールド・オアスィース

✉ Bawiti
TEL (02)38473028　FAX (02)38471855
@Inet www.oldoasissafari.com
S🍴🛁🛗 ➡ 🚿 90£E
W 🍴🛁🛗 ➡ 🚿 120£E
S A/C 🛁🛗 ➡ 🚿 120£E
W A/C 🛁🛗 ➡ 🚿 180£E
💳 US$ € £E　TC 不可　CC 不可

ベシモ・ロッジの隣にある。ヤシの木や石材など地元産の素材をうまく利用したオアシスらしい造りがよい。室内はかわいらしい感じ。ヤシの木が生い茂るガーデンが自慢。無線LANはロビーにて無料で利用可能。

ウエスタン・デザート　Western Desert Hotel　　中級　Map P.381

فندق الصحراء الغربية　フンドゥク・イッサハラー・イルガルビーヤ

✉ Bawiti
TEL (02)38471600
FAX (02)38470580
@Inet www.westerndeserthotel.com
S A/C 🛁🛗 ➡ 🚿 25€
W A/C 🛁🛗 ➡ 🚿 40€
💳 US$ € £E
TC 不可　CC 不可

周辺にはバス停、❶などがあり好立地。各部屋には衛星放送が映るテレビが置かれている。カフェ、レストランなども併設。屋上にはテラスがあり、バフレイヤを一望できる数少ないスポットだ。無線LANは無料で利用可能。

オアシス・パノラマ Oasis Panorama　中級　Map P.382A

فندق منظرة الواحة　フンドゥク・マンザラ・イル・ワーハート

✉ Bawiti
TEL (02)38473354
FAX (02)38473896
@ info@deyabdeserttours.com
S A/C 🚿 🛁 💰 175£E
W A/C 🚿 🛁 💰 250£E
💳 US$ € £E
TC 不可　CC 不可

バウィーティの門を越え400mほどで左折し直進した所にある。ヤシの木が生える広い中庭やレストランもあり、リラックスできる環境。昼食、夕食はそれぞれひとり50£E。衛星放送が映るテレビも完備されている。全32室。

インターナショナル・ホットスプリング International Hotspring Hotel　中級　Map P.381

فندق بيتر　フンドゥク・ピーター

✉ Bawiti
TEL (02)38473014
TEL 0123508990（携帯）
FAX (02)38472322
inet www.whitedeserttours.com
@ whitedesert@link.net
（日本語可OK）
S A/C 🚿 🛁 💰 50US$〜
W A/C 🚿 🛁 💰 75US$〜
税＋サービス17％別途
💳 US$ € JPY £E
TC 不可　CC 不可

☹ 温泉は深く、温度も熱すぎた。
（兵庫県　相楽　'10夏）
☹ 砂漠は一歩間違えれば危険なので、安心できるツアーに申し込むのが一番です。（神奈川県　祥周　'09夏）

バフレイヤ最大の規模と最高の設備を誇る。全44室。手入れの行き届いた緑あふれる庭や、館内にある温泉が自慢。予約すれば村の中心部からの送迎サービスも可能。砂漠をはじめとする各種ツアーも充実している。日本語OKなので、観光やツアーのアレンジなど、何でも気軽に相談できる。庭にオープンしたバーではビールやワインなどの酒類も楽しめる。無線LANは別料金でロビーのみ利用可能。左記の料金は夕食込み。

Restaurant

バフレイヤ・オアシスのほとんどのホテルには、レストランも併設されている。バウィーティの町にも、レストランやターメイヤを出す軽食屋が数軒ある。砂漠ツアーではドライバーかガイドが豪快な料理を作ってくれる。大自然の下で食べる最高のご馳走だ。

シャアビー Popular Restaurant　庶民的 ♀　エジプト料理　Map P.381

مطعم الشعبي　マトゥウム・イッシャアビー

✉ Bawiti
TEL 0167238878（携帯）
FAX なし
⏰ 4:00〜22:00
🚫 無休
💰 £E
TC 不可
CC 不可

バス停の近くにあるレストラン。以前から旅行者でにぎわう有名な店。地元ではバヨーミと呼ばれている。メニューも豊富で、3品のフルコースでも25£Eほど。英語を話す店員もいる。朝食セットメニューもあり5£E。冷えたビールは15£E。

Information

100以上のミイラが発見された黄金のミイラの谷

1999年3月、バフレイヤ・オアシスのバウィーティの西6kmの地点で、大発見があった。当時のギザ考古局長ザヒ・ハワース博士により、なんと105体ものミイラが発見されたのである。世界中のマスコミがこれを大きく報道し、日本のテレビ番組でも報道されたほどだ。氏によれば、その周辺には1万体にも及ぶミイラが埋葬されている可能性もあり、すべてを発掘するには50年以上も要するのではないかという。

このミイラは第26王朝、グレコローマン時代にバフレイヤ・オアシスを統治した高官のものといわれ、謎の多いオアシスの歴史を解明するうえで重要な発見だったといわれる。

この現場はアフマド・ファフリ博士によって1940年代に発掘が始まり、バウィーティから約6km離れていることからキロ・スィッタ（アラビア語で6kmの意）と呼ばれ、一般の立ち入りは禁止されている。

ミニ特集

4WDで走る 体験! 砂漠ツアーへGO! →P.379

ファラフラ・オアシス近くの白砂漠で。砂漠の上に点在する奇岩は幻想的で美しい

1 1日目 9:45 バハレイヤをスタート!

訪れるときは、日よけや水など暑さ対策を忘れずに

2 1日目 11:00

●黒砂漠
ピラミッドの形をした黒い山がいくつもあるエリア。なかにはギザのピラミッドそっくりに3つの山が連なっているものもあり、車窓から見るだけでもおもしろいスポットだ。

3 1日目 12:15

●鉱泉
黒砂漠の山々を見ながら鉱泉に浸かる。水着とタオルの用意をお忘れなく。

386　※ツアーによって訪問箇所や訪問時刻は変わります。また、日没などの時刻は時期によって変わります
　　ツアー協力：インターナショナル・ホットスプリング・ホテル (→P.385)

4 1日目 13:23
ランチタイム

●イル・ヘイズ
バフレイヤ・オアシスと黒砂漠の間に広がる小さなオアシス群がイル・ヘイズだ。いくつかの村があり、村内の鉱泉や素朴な生活風景をかいま見ることができる。

5 1日目 16:15

●クリスタル・マウンテン
山全体がクリスタルでできている。アラビア語ではハガル・イル・マフルームと呼ばれる。太陽光で部分的にキラキラ光っている。

近づいてみると、キラキラ光っているのがよくわかる

6 1日目 17:40

●白砂漠
観光客を引きつける最大の見どころは何といっても白砂漠。鳥やマッシュルームの形をした高さ5m前後の石灰岩の巨石が林のように並ぶ風景は幻想的。フラワーストーンと呼ばれる花や貝の化石が無数に落ちている一帯もある。白砂漠を抜けると、ファラフラ・オアシスまではもう近い。

いろいろな形をした奇岩が無数に点在している。近づいてみるとその大きさに驚く

7 1日目 20:00
日没

地平線の向こうに日が沈むと、満天の星空が砂漠を覆う

9 1日目 21:36
フェネック発見！

砂漠のキツネ、フェネックがやってきた。大きな耳がかわいい

8 1日目 21:09
夕食

砂漠で夜明かしする人は、貸してくれる毛布だけでは寒いので何か上に掛けられるものがあったほうがいい

10 2日目 8:18
撤収

ベドウィン風のテントを片づける

ミニ特集 ●砂漠ツアーへGO!

クジラ谷に行こう！
世界遺産 ワディ・イル・ヒタン

Map P.369

2005年に自然遺産として世界遺産に加えられたのが、ワディ・イル・ヒタンだ。ワディ・イル・ヒタンはガバル・ゴハンナムの麓に広がる谷である。ガバル・ゴハンナムはアラビア語で「地獄の山」を意味する。

ここを通り過ぎた人々が、砂漠の中にある山の麓にたくさんの骨が散乱しているのを見つけた。そうたくさんの生き物が暮らしているわけではない砂漠の環境で、これほど多くの骨が落ちているということは、ここが地獄であるからに違いない。そう考えた人々は、おそれの気持ちを込めて「地獄の山」という名を付けたのだ。

バシロサウルス

人々からおそれられ、キャラバンルートからもはずれていたこの地に、研究者たちは興味を抱いた。ここにあるのは、ただの骨ではなく、何千万年も前の化石ではないだろうか。彼らはこの谷を調査した結果、化石は巨大なは虫類の一種のものだと考え、「トカゲの王」を意味するバシロサウルスと名付けた。

しかし、その後の研究が進むなか、この説は現在では完全に否定されている。この化石は、は虫類ではなく、ほ乳類であったのだ。ここで見つかったバシロサウルスの化石はクジラの祖先であると考えられている。バシロサウルスには小さいながらも前足のようなものがあり、これが現在のクジラにあるひれへと進化していったらしい。

現在の砂漠はかつての海底跡

この場所はかつてはテーシス海と呼ばれる海の底であった。よく見るとこのあたりには、ついさっきまで海水が入っていたかのような地形が広がっている。まるで水が引いたあとの砂浜のように、なだらかな地形が続いているのだ。かつて浅瀬だったと思われる部分には、横たわるように数々の大きな骨が散乱している。浅瀬にバシロサウルスをはじめ、クジラの仲間の化石が多いのは、集団で迷い込んでしまったのか、それともエサを求めて追い込まれたのだろうか。

散乱する化石

ほかにもワディ・イル・ヒタンにはさまざまな化石がある。貝やマングローブといったものの化石も多い。貝は、今見られるものよりもずいぶん大きく、何千万年も前の海の底がどんな様子だっ

バシロサウルスの化石

奇岩もあちこちで見られる

Information

砂漠ツアーに参加する際注意したいこと

最近、特に西方砂漠で問題になっているのが観光客のマナー。観光客が捨てるゴミが増加しているのだ。砂漠を案内してくれるベドウィンの人々はゴミは必ず持ち帰る。砂漠ツアーはエコツアーであることをはっきり自覚しよう。また、ワディ・イル・ヒタンは自然保護区。地面には化石がゴロゴロ転がっているが、もちろんひろって持ち帰るのは厳禁。ルールはきちんと守って観光したい。

海底の地形がそのままの形で残っているのがワディ・イル・ヒタンの魅力のひとつ

不思議な形の岩がいっぱい

ワディ・イル・ヒタンは変化に富んだ風景の美しさでも知られている。西方砂漠をくまなく訪ねた西方砂漠の専門家カサンドラ・ヴィヴィアンは、「ワディ・イル・ヒタンは白砂漠よりずっと美しい」と述べている。夕方になると、さまざまな形の岩が刻々とその色を少しずつ変えていく。

ワディ・ライヤーン

ワディ・イル・ヒタンの東はワディ・ライヤーンと呼ばれ、もともと谷沿いに小さなオアシスが点在しており、修道院などもあった。現在はその北に治水対策で造られた湖を中心に自然保護区が設定されて、エジプト人観光客の人気を集めている。湖のほとりには小さな滝と、ビジターセンターがある。周囲にはキャンプ場もある。

アラビア語で「アッラー」という文字が刻まれているように見える岩

エジプトではあまりお目にかからない滝もある

⑧ワディ・ライヤーン自然保護区の入域料としてひとり3US$、キャンプ料としてひとり10£E必要。

■ワディ・イル・ヒタンへの行き方

🚙ワディ・イル・ヒタンはワディ・ライヤーン自然保護区の西端に位置する。公共の交通機関はない。砂漠の中にあるので、4WDを使ってのツアーで行く。バフレイヤ・オアシスから行くのが一般的だが、カイロから日帰りツアーを催行している旅行会社もある。バフレイヤからは距離はあるがダイナミックな風景の変化を楽しむことができる。

●バフレイヤ・オアシス（→P.378）から

ワディ・イル・ヒタンはピラミッドエリアとバフレイヤ・オアシスの間にある。バフレイヤ・オアシスを午前に出発し、日中にワディ・イル・ヒタンを観光、夕方にピラミッドエリアへ到着するルートが何かと便利（逆ルートも可能）。バフレイヤ・オアシス発の1泊2日のキャンプも可能。それぞれの料金は食事込みで車1台350US$〜。インターナショナル・ホットスプリング・ホテル（→P.385）で手配可能。カイロ発EGYTRAV（→P.86）の日帰りツアーは車1台200US$。

ファラフラ・オアシス Farafra Oasis

アラビア語:ワーハト・イル・ファラフラ واحة الفرافرة

市外局番092

■ファラフラへの行き方
●カイロ(→P.69)から
トルゴマーン(→P.74)発
アッパーエジプトバス
7:00、18:00発
所要6時間 運賃:55£E

●バフレイヤ・オアシス
(→P.378)から
13:00~14:00、24:00~翌
2:00発
所要2時間30分 運賃:25£E

●ダフラ・オアシス
(→P.392)から
6:00、17:00発
所要4時間 運賃:25£E

■ファラフラ発のツアー
料金はバダウィーヤ・ホテル発のもの。4WDは4人乗り。許可書代は別料金。
1)白砂漠&クリスタル・マウンテン1泊2日ツアー
ひとり80€
2)白砂漠サンセットツアー
車1台200€
3)ラクダツアー(所要3日~1週間)
ひとり1日あたり80€
4)アブー・ノッス湖、ビル・スィッタなど近郊半日ツアー
ひとり20€

■ニットの職人 Dr. Sox
ラクダの毛で編んだ靴下20~35£Eやセーター75~200£E。バダウィーヤ・ホテルで販売。とても暖かいと評判。

ニットの職人、ドクターソックス

■美術館
⊙9:00~日没
バドル氏がいないときはバダウィーヤ・ホテルに頼む。
休無休
寄付大歓迎

白砂漠から約30km。ファラフラ・オアシスはニューバレー県に属している。ここのオアシスは、主要オアシスのなかで最小だが歴史は古い。旧石器時代から遊牧民が行き来し、古代エジプト初期王朝時代から定住し始めた。古王国時代からは「牛の土地」(ハトホル神に捧げられたものらしい)と呼ばれ、新王国時代第19王朝メルエンプタハの頃はリビア人に占領されていた。ここは古代から現代にいたるまで、リビアからエジプトを守る重要な軍事拠点である。また、観光客にとってはバフレイヤ・オアシスとともに砂漠観光の拠点となるオアシスだ。

近郊のアイン・ティリーン鉱泉

●町はシンプル メインストリートが南北1kmほど続くだけの小さな町。商店などが多いのは北のほう。バフレイヤやダフラからのバスはこのメインストリートを通るので、好きな所で降りられる。

●銀行 メインストリート沿いに建設中だった銀行が完成したが、両替は受け付けていない。郵便局と電話局も市内にある。

砂漠ツアーで頼りになるサアド氏と彼が所有する農場のラクダ

●車のチャーター ファラフラ・オアシスでサファリツアーを催行しているのは、バダウィーヤ・ホテルのみ。コースやメニューもいろいろあるので、よく相談しよう。

町を見下ろす旧市街
カスル
Qasr

イル・アスル القصر

MAP P.391外

町の中心から西に見える丘が旧市街のカスルだ。泥レンガでできたこの町は1958年に崩壊してしまった。しかし、カスル跡からは今でもグレコローマン時代の壺の破片やお守りなどが出てくるという。

ファラフラのカスル

ユニークな展示物が並ぶ
美術館
Badr's Museum

イル・マトゥハフ・イル・ファンニ المتحف الفني

MAP P.391

ファラフラの芸術家、バドル氏が建物から展示物まですべて造った美術館。この地方の伝統的な風俗を素焼きの人形

で表したミニチュアや
絵画などが展示され
ている。テーマは伝
統的な生活様式。実
在の人物をモデルにし
ているところもおもし
ろい。

野外展示ではちょっとシュールな像も置かれている

のどかな温泉
ビル・スィッタ

ビル・スィッタ
بئر ستة

Bir Sitta MAP P.391外

■ビル・スィッタ
圖随時
休無休

勢いよく出る温泉

町の中心から北に約6kmの地点に
ある。観光開発のために掘削された
温泉だが、地元の人も洗濯などに利用
している。ポンプから勢いよくお湯が
出ており、浴槽も大きい。周辺には草
が生い茂る。近くにはホテルのアクア・
サンAqua Sunがある。

HOTEL

日本からホテルへの電話
国際電話会社の番号 + 010 + 国番号20 + 市外局番の最初の0を取った掲載の電話番号

ファラフラ・オアシスは町の規模も小さく、宿泊施設も少ない。ホテルはカイロにオフィスを構えているものもあるので、そこで予約ができるほか、ツアー会社でもアレンジしてもらえる。

バダウィーヤ El Badawiya Safari & Hotel　　　中級　Map P.391

フンドゥク・イル・バダウィーヤ　فندق البدوية

✉Farafra
TEL(092)7510060　FAX(092)7510400
TEL(02)25260994(カイロ)
FAX(02)25287273(カイロ)
Inet www.badawiya.com
S✈A/C🚿🚽📺20€
S A/C🚿🚽📺25€
W✈A/C🚿🚽📺35€
W A/C🚿🚽📺50€
CUS$ € £E 不可 不可

ファラフラ観光のパイオニア、
サアド氏の経営。バフレイヤとダ
フラを結ぶ幹線上にあり、頼めば
バスも停まってくれる。建物も新
しくて室内も清潔。床に座ってく
つろげる部屋が多い。メゾネット
タイプの部屋もある。レストラン
やスイミングプールなど設備も充
実。砂漠ツアーも各種あり。

アクア・サン Aqua Sun Hotel　　　中級　Map P.391外

フンドゥク・アクア・サン　فندق اكواصن

✉Farafra, Bir Sitta
TEL 0106357340(携帯)
TEL 0128139372(携帯)
FAXなし
S A/C🚿🚽📺40€
W A/C🚿🚽📺50€
CUS$ € £E
不可 不可

ファラフラの中心部から6kmほ
ど離れた温泉ビル・スィッタのすぐ
そばにある。部屋数は23と少なめ
だが、部屋数に比べて敷地は広く、
レストランも併設されている。左は
夕食込みの料金。

RESTAURANT

町の中心部とメインストリートの北側には庶民的な軽食屋やレストランが数軒あるが、閉まっていることも多い。観光客向けのレストランは、バダウィーヤ・ホテル内にあるレストラン1軒のみ。

ダフラ・オアシス Dakhla Oasis

アラビア語：ワーハト・イッダフラ الواحات الداخلة

市外局番092

ダフラ・オアシスもほかのオアシス同様、古くからベルベル人などが定住していた。エジプト古王国時代からグレコローマン時代までの遺跡が多数存在することを見ても、古代からの重要性がうかがえる。農産物の主役が古代のブドウ栽培や牧畜から現在の米やナツメヤシに変わっても、まるで変わらないのが水の大切さ。だが、昔は相当あった鉱泉、池、湖も、今では700に減ってしまった。それに追い討ちをかけたのが1970年代から始まったニューバレー開発計画だ。これによって多くのナイル川流域のエジプト人が移住してきた。現在の人口は約6万人。エジプト第2の人口のオアシスである。このオアシスは全体的にハエが多い。特に夏はかなりのもの。

ムートの旧市街

● **中心はムート**　ダフラ・オアシスの中心はムート。ムートは古代エジプトの神、アムン神の妻の名前である。人口約1万5000人、西方オアシス第2の町だけあって、市街地も広い。バスなどが発着するのはムートの南にあるガーマ広場Midaan Gaami'。町の中心は北側のタフリール広場Midaan Tahriirだ。周辺には店も多く、銀行も広場の南にある。

ムートの十字路。タフリール広場

● **長距離バス**　バフレイヤからのバスはカスルの方向からやってきて、タフリール広場を右折してガーマ広場へ行く。逆にハルガ方面からのバスはバシェンディー方面からやってきてタフリール広場を左折する。

ガーマ広場はこのガーマが目印

● **市内の交通手段**　小型トラックやマイクロバスが市内を回っているが、ガーマ広場からタフリール広場へは徒歩20分ほど。

● **観光案内所**　ダフラ・オアシスの観光案内所はタフリール広場から西に少し行くとある。情報量も豊富で、スタッフの応対もいい。局長のオマール・アフマド氏Mr. 'Omar Ahmadは頼りになる人物。ダフラの情報はもちろん、遺跡など近郊のツアーのアレンジや車の手配なども彼に頼むことができる。

ムートの観光案内所

■ダフラへの行き方
● **カイロ（→P.69）から**
✈ 2010年7月現在運休中。
🚌 トルゴマーン（→P.74）発
アッパーエジプトバス
7:30、20:30発
所要：10〜11時間
運賃：70£E

● **ファラフラ・オアシス（→P.390）から**
🚌 13:00〜14:00、翌1:00〜2:00発。カイロ発バフレイヤ経由のため、到着時間は前後する。ホセイン・レストランの先にあるカフェテリアがバスの待合所。
所要：4〜5時間
運賃：22£E
🚐 人が集まらないと出発しないが、セルビスの便が12:00〜16:00ぐらいに1日1便ほど。
所要：4時間
運賃：25£E

● **ハルガ・オアシス（→P.397）から**
🚌 7:00、11:30、14:00、23:00、翌1:00、翌3:30、翌5:00発
所要：3時間30分
運賃：15£E
🚐 アスユート発ハルガ経由で、セルビスの便もバスにほぼ並行して出ている。

■郵便局
Map P.393
🕐 8:00〜14:00　休金

■銀行
Map P.393
🕐 8:00〜14:00　休金・土

■電話局
Map P.393
🕐 24時間　無休
ムート市内に4ヵ所の国際電話オフィスがある。

■ムートの観光案内所❶
Map P.393
☎ (092)7821686
☎ (012)1796467（携帯）
✉ desertlord@hotmail.com
🕐 9:00〜14:00 18:00〜21:00
休金

●**近郊への交通手段** カスルやバシェンディー村への小型トラックはタフリール広場の東と西から出ている。運賃は1～1.5£E。

●**ダフラ発のツアー** カスルやバシェンディー村などの遺跡を見学するツアーはクラシックツアーと呼ばれており、近郊の砂漠などと組み合わせたツアーもある。自前の4WDを所有し、砂漠ツアーの経験も豊富なのはナセル・ホテルNasser's Hotelとドゥフース・キャンプEl Dohous Camp(P.395)のふたつのみ。車1台約500£E、砂漠で1泊するものは車1台約750£E(食事付き)。ダフラ・オアシスを巡るツアーなら車1台300£Eほど。

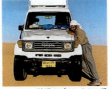
砂漠のプロ、ナセル氏

オアシスの伝統、文化がわかる
民俗学博物館
Ethnographic Museum　イル・マトゥハフ・イル・ファンニ　المتحف الفني　MAP P.393

ムートの東側にある小さな建物。カスルにあるような伝統的家屋をそのまま博物館にしており、ダフラをはじめ、ハルガなどニューバレー県の古い写真や民芸品、農具、民族衣装、アクセサリー、陶器などが展示されている。

泥レンガでできた中世の城塞の町
カスル
Qasr　イル・アスル　القصر　MAP P.393

町の起源は、ウマイヤ朝時代(700年頃)に初めてムスリム

西方砂漠とオアシスの村
ダフラ・オアシス
歩き方・見どころ

博物館は普段は閉まっている

■**民俗学博物館**
TEL (092) 7821769
圏普段は閉まっているので、文化会館(アスル・サカーファ)のイブラーヒーム氏に頼むか、観光案内所のオマール氏に頼んでアレンジしてもらう。
休無休　料3£E

■**文化会館**　Map P.393
圏8:00～14:00
休金・土

■**カスル**
タフリール広場の西から小型トラックで行くことができる。運賃1.5£E。ムートからタクシーをチャーターすると往復100～120£Eほど。

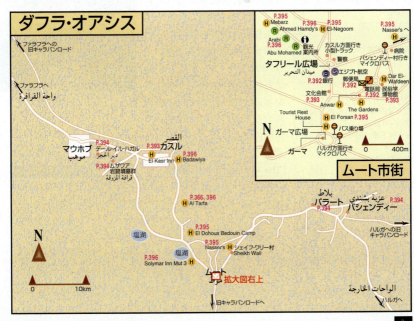

カスルの中は迷路のようだ

が移住してきたときにさかのぼる。ムート市街ができるまでは、ダフラ・オアシスの中心だった。小型トラック乗り場から少し歩いた所にある、迷路のような町には今でも約1000人が住んでいる。学校やミナレットの上からカスルが一望できる。

カスルの中心にそびえるミナレット

見学のポイントは、12世紀に造られた学校と、裁判所だったといわれているマドラサ。その隣の門の外には絞首刑場や、12世紀のアイユーブ朝に基礎が造られた寺院、伝統的陶芸工場もある。また、各家の門の上にある、アカシアの木でできた表札代わりのものにも注目。年代物が多く、その家を建てた人の名前と年を彫ってあり、アラビア語が美しい。

ローマとエジプト文化の融合
ムザワア岩窟墳墓群
アラーフィト・イル・ムザッワア
قرافية المزوقة
Muzawaqa Tombs MAP P.393

各家の入口にはアラビア語で書かれた表札のようなものがある

■ムザワア岩窟墳墓群
2010年7月現在閉鎖中。

ローマ支配時代のマンション墓地で、ペトオシリスとサドオシリスの墓が見もの。壁画は古代エジプトとグレコローマン時代のモチーフが融合していて興味深い。

石の修道院
デール・イル・ハガル
デール・イル・ハガル
دير الحجر
Deir el-Haggar MAP P.393

■デール・イル・ハガル
タフリール広場から小型トラックでカスルの先約8kmの地点で途中下車。幹線道路から道を入っていき徒歩約30分ほど。カスルからはタクシーなら20£E。しかし、ムートでタクシーをチャーターしてカスルと一緒に回ってもらったほうがスムーズ。往復約5～6時間、約120£E。
圏8:00～17:00
困無休
圏25£E(学生15£E)

ローマ帝国時代の1世紀に砂岩で造られ、アムン、ムート、コンスの各神に捧げられた古代エジプト式神殿。砂漠の中に未修復の状態で残っている。

壁画には古代ローマ皇帝ネロのカルトゥーシュが見られる。また柱には、19世紀から20世紀初頭に訪れたヨーロッパの冒険家が刻んだ落書きが残っている。

ローマ時代にも古代エジプトの神殿は造られていた

■バシェンディー村
ガーマ広場からハルガ方面行きのマイクロバスでバシェンディー村下車。運賃2£E。

古代建築の石材で家が建つ
バシェンディー村
アエズビト・バシェンディ
عزبة بشندي
The Village of Bashendi MAP P.393

■バラート
Map P.393
バシェンディー村の手前にあるバラート村は、ナツメヤシとブドウ畑が広がるのどかな村。オアシスの日常風景を見るのにぴったりだ。泥レンガの家々が並ぶ旧市街は、マムルーク朝時代にその基礎が造られた。ここにもイスラームの聖者廟がある。興味のある人はバシェンディー村と合わせて見学してみよう。運賃2£E。

1951年に砂嵐で砂丘が移動し、古代エジプト中王国時代に建てられたムート神殿が偶然出現したが、また砂の移動で隠れてしまった。今見ることができるのは紀元前6世紀からローマ時代までの墓。なかでも必見はケテムスの墓とバシェンディーの墓だ。これらは土台がローマ様式で、ドームはイスラーム様式というユニークな墓。聖者廟として今でも参拝者が絶えない。ちなみに、村の名前はこの聖者のバシェンディーからとっている。

HOTEL

日本からホテルへの電話
国際電話会社の番号 ＋ 010 ＋ 国番号 20 ＋ 市外局番の最初の 0 を取った掲載の電話番号

ダフラのホテルはムートとその周辺にある。また、カスルにはEl Qasr InnというホテルやEl Qasr Tourist Resthouseという政府系ホテルがある。ホテルを出る際は警官に目的地を伝えてから出かけよう。自由行動をする場合は許可証にサインをしなければならない。

フォルサン　El Forsan Hotel　　経済的　Map P.393

فندق الفرسان　フンドゥク・イル・フォルサーン

✉El Dakhla Mut
TEL(092)7821343　FAX(092)7821347
Inet elforsanhotel.piczo.com
S🍴 30£E
S🍴 A/C 44～45£E
W🍴 49£E
W🍴 A/C 71～76£E
US$ € £E　不可　不可

バス乗り場の近くにあるホテル。ムート旧市街の丘にへばりつくように建つ。ベドウィン風のカフェテリアや庭もある。エアコン、テレビ付きの部屋はS50£E、W80£E（朝食なし）。無線LANは1日15£Eで利用することができる。

ナグーム　El-Negoom Tourist Hotel　　経済的　Map P.393

فندق النجوم السياحي　フンドゥク・インナグーム・イッスィヤーヒ

✉El Dakhla Mut
TEL & FAX(092)7823084
S 75£E
S A/C 80£E
W 100£E
W A/C 120£E
£E
不可　不可

タフリール広場からカスル行きトラックが集まる先の道を北に行くとある。室内はいたってシンプルだが、このクラスのホテルとしては清潔感がある。順次改装を進めており、全45室のうち、エアコン付きの部屋は35室。

ムバーレズ　Mebarz Tourist Hotel　　経済的　Map P.393

فندق مبارز للسياحة　フンドゥク・ムバーレズ・イッスィヤーヒ

✉El Dakhla Mut
TEL & FAX(092)7821524
S A/C 90£E
W A/C 140£E
US$ € £E
不可
不可

少し古びてはいるが、ある程度の設備は整っている。全室冷蔵庫付きで、部屋もきれいにまとまっている。レストランもあり、セットメニューは35£Eほど。インターネット1時間15£E。朝食抜きを希望する場合、10£E割引となる。

ナセル　Nasser's Hotel　　経済的　Map P.393

فندق الناصر　フンドゥク・ナースィル

✉Qaryit Sheikh Waali
TEL(092)7822727
TEL 0106826467（携帯）
FAX なし
S 40£E
S 50£E
W 60£E
W 100£E
£E　不可　不可

ムート市内から東に行ったシェイフ・ワリー村にある。ハルガ方面からのバスなら途中下車可。サファリツアーで有名な砂漠のプロ、ナセル氏が泥レンガを使い、手作りで造った宿。部屋はシンプルだが、家庭的な雰囲気が自慢。郊外にも新たなホテルを建設中。

ドゥフゥース・キャンプ　El Dohous Bedouin Camp　　経済的　Map P.393

مخيم البدوية الدهوس　ムハイヤム・バダウィーヤ・イルドゥフース

✉il-Dohous Dakhla
TEL(092)7850480
Inet www.dakhlabedouins.com
S 20£E（テント）
W 40£E（テント）
S 90£E（新棟）
W 130£E（新棟）
£E　不可　不可

カスルに行く途中にあり、幹線道路からは少し歩く。バックパッカーに人気のホテル。丘の上にあるので眺めもよい。サファリツアーで有名。15室のテントがあり、コテージ風の新棟は42室ある。夜はベドウィンパーティ。

ムート・タラータ　Solymar Inn Mut 3
中級　Map P.393

فندق موط ٣　フンドゥク・ムート・タラータ

✉ Mut 3 Dakhla
TEL (092)7821530
Inet www.solymar.com
S AC 45～53€
W AC 60～70€
US$ € £E
T/C 不可
C/C 不可

ムート・タラータの温泉の近くにあり、ムート市内からはやや離れている。ソリマールSolymarグループのホテル。全21室で、敷地中央に温泉が湧いている。料金は夕食も込み。レストランとバーが併設されている。

バダウィーヤ　Badawiya Hotel
中級　Map P.393

فندق البدوية الداخلة　フンドゥク・イル・バダウィーヤ・イッダフラ

✉ El Qasl
TEL (092)7727451
FAX (092)7727453
Inet www.badawiya.com
S AC 50€～
W AC 64€～
US$ € £E
T/C 不可　C/C 不可

ムートから約26km、カスルの近くにあるホテル。周囲は農地で静かな環境にある。全客室にバルコニーが設置されている。レストランも併設されており、昼食は9€、夕食は12€。レセプションの裏側にはプールがある。

アル・タルファ　Al Tarfa Desert Sanctuary
最高級　Map P.393

الطرفة لودج　イル・タルファ・ロッジ

✉ Al-Mansoura Dakhla
TEL (092)9105007
FAX (092)9100058
Inet www.altarfa.travel
S AC 376€～
W AC 492€～
税10%別途
US$ € £E
T/C 不可　C/C 不可

西方砂漠を代表するリゾートホテル(→P.367)。広めの客室にはソファやミニバーが設置され、アメニティの種類も充実。プールやサウナ、スパが併設、ゆったりとくつろげるラウンジもある。地元の有機野菜をふんだんに使用した料理も自慢。左記料金は夕食込み。

RESTAURANT

ムート市内には軽食を出す店や小さな食堂が点在しているので食事には困らない。ガーマ広場にはカフェテリアもある。また、多くのホテルはレストランを併設している。観光客向けのレストランはタフリール広場の西に3軒あり、同じ兄弟が経営している。

アフマド・ハムディ　Ahmed Hamdy's Restaurant
庶民的　エジプト料理
Map P.393

مطعم أحمد حمدي　マトゥアム・アフマド・ハムディ

✉ Mut il-Dakhla
TEL (092)7820767
FAX なし
7:00～23:00
休 無休
£E
T/C 不可
C/C 不可

ムバーレズ・ホテルの横にある。セットメニューは30～35£Eほどでボリューム満点(写真)。朝食は15£E～。20£Eで冷たいレモネードを1.5ℓのペットボトルに詰めてくれる。汗をかく夏にはとてもありがたい。英語OK。同じ家族が経営するナセル・ホテルへの送迎も可能とのこと。

アラビー　Arabi Restaurant
庶民的　エジプト料理
Map P.393

مطعم وكافتريا عربي　マトゥアム・ワ・カフェテリア・アラビー

✉ Mut il-Dakhla
TEL (092)7821180
FAX なし
夏期8:00～23:00
冬期7:00～24:00
休 無休
US$ € £E
T/C 不可　C/C 不可

西方砂漠きっての料理人のアラビー氏の店。食材の多くは裏の自家農園で採れたものを使用している。自慢は自ら飼育するウサギ料理(要予約)。ウサギでダシを取ったモロヘイヤスープ、サラダ、ライスのセットで1人前50£E。季節の野菜を用いたスープセット15£Eもある(写真)。

ハルガ・オアシス Kharga Oasis

الواحات الخارجة　アラビア語:イル・ワーハート・イル・ハルガ

市外局番092

　ニューバレー県の県庁所在地ハルガ・オアシスは西方オアシス最大の町で、人口約7万人。もともといたのはベルベル系住民だが、最近の開発計画でナイル谷やヌビア地方からの移住者も多い。ほかのオアシス同様、ナツメヤシなどの農業が中心産業だ。

● 交通の中心はショアラ広場

　交通の起点は南東にあるショアラ広場。そこから少し北に行った、東西に延びるメインストリートがタラアト・ダルガーム通り。商店や軽食を出す店が集中している。この通りの西端、サーハ広場から北へ延びるガマル・アブドゥン・ナースィル通りは銀行、映画館などがある広い通り。

● 両替　ガマル・アブドゥン・ナースィル通りに銀行がある。

● 観光案内所　ナースィル広場に面している。最新情報はここで確認しておこう。情報量も多く、所長は英語が話せるのでいろいろと相談に乗ってくれる。

● 市内交通　ハルガ市内および近郊には小型トラックやマイクロバスの便もある。タクシーの数も多い。

周辺からの出土品を集めた
ニューバレー博物館
Archaeological Museum

マトゥハフ・イル・ワーディ・イル・ゲディードゥ
متحف الوادي الجديد

MAP P.398右

　西方オアシス周辺の遺跡からの出土品が展示されている。1階にはファラオ時代からローマ時代、2階はコプト時代やイスラーム時代の展示が中心だ。

泥レンガでできた死者の町
バガワート
Bagawat

バガワート
بجوات

MAP P.398左A

　2世紀から7世紀までのハルガの共同墓地。今もコプト文化初期の泥レンガ製霊廟が263基も残されている。ポイントは各霊廟内にある聖書をモチーフにした壁画。見られるのはケニーサト・サラーマ（平和の霊廟）、ケニーサト・ハルージュ（出エジプト記の霊廟）、霊廟No.23、24、25。また婦人や子供のミイラも見ごたえあり。

エジプト支配の歴史を物語る
ヒビース神殿
Temple of Ibis

マアバド・ヒビース
عزبة بشندي

MAP P.398左A

　ハルガ北側の郊外にあるアムン神に捧げられた神殿。最初の建立は古代エジプト末期王朝時代（紀元前600年頃）にさかのぼる。その後、ペルシアに支配されたときに再建され

■ ハルガへの行き方
● カイロ（→P.69）から
トルゴマーン（→P.74）発
アッパーエジプトバス
21:30、22:30発
所要:7時間
運賃:60£E

● ダフラ・オアシス（→P.392）から
カイロまでの乗客が多い場合は乗れない。同じ場所からマイクロバスも出ているので、こちらに乗ろう。
6:00、18:30、19:00、20:00発
所要:2時間30分
運賃:15£E

■ カイロ行きのバス
6:00、21:00～24:00に毎時発
運賃:55～65£E

交通機関が集まるショアラ広場

■ ハルガ・オアシスの観光案内所 ⓘ
Map P.398右
TEL (092)7921206
開 8:30～14:00　休 金

■ ニューバレー博物館
開 8:00～17:00
休 無休
料 30£E（学生15£E）

ニューバレー博物館のミイラ

■ バガワート
小型トラックがあり、分岐点から遺跡まで1本道を徒歩約30分で行けるが、警察から旅行者はタクシーで回るよう要請されている。ハルガ市街から往復で40£Eほど。
開 8:00～17:00
休 無休
料 30£E（学生15£E）

■ ヒビース神殿
※2010年7月現在修復中。

たため、奥にある中庭の右壁には、古代エジプトとペルシアの文化が融合した壁画が見られる。修復作業はプトレマイオス朝まで続いた。

19世紀後半にフランスが近くに工場を造り、最初は倉庫として使っていたが、後には神殿を崩して石材にしていた。

HOTEL

日本からホテルへの電話
| 国際電話会社の番号 | + | 010 | + | 国番号20 | + | 市外局番の最初の0を取った掲載の電話番号 |

大きな町だが、ホテルの数は多くはない。また、ほかのオアシスの町と比べると、外国人旅行者の数は非常に少ない。ハルガのホテルは市内に分散しており、徒歩だとかなり歩くので、バスターミナルからセルビスなどで行こう。ブーラー村にもレストハウスがある。

ワーハ　Waha Hotel　経済的　Map P.398右

フンドゥク・イル・ワーハ　فندق الواحة

✉ Shaari' il-Nabawi il-Muhandis
TEL (092)7920393　FAX なし
S 18£E
W 24£E
W 30£E
W A/C 40£E
£E　TC不可　CC不可

サーハ広場の東側。入口はホテルの西側にある。部屋はシンプルで共同バスルームは清潔とはいえないが、この安さは魅力的。多少英語のわかるスタッフもいる。レストランも隣接している。

ハルガ・オアシス

ハルガ市街

エル・ダール・エル・ビヤダール El Dar El Bidaa Hotel
経済的　Map P.398右

فندق الدار البيضاء　フンドゥク・イル・ダール・イル・ビヤダール

✉ Shaari' Midaan il-Sha'la
TEL (092)7929393　FAX なし
S✖🛏🚿📶 35£E
S AC✖🛏🚿📶 55£E
W✖🛏🚿📶 45£E
W AC✖🛏🚿📶 85£E
💳 US$ € £E
TC 不可　CC 不可

セルビス乗り場の近くにあるので便利。スークも近くて店も多い。建物は古く、設備も簡素だが料金は安い。上階部分のほうが若干新しい。最上階のテラスからは町の全容を見渡すことができる。周囲にはレストランが多い。

ラドワーン Radwan Hotel
経済的　Map P.398右

فندق الرضوان　フンドゥク・イル・ラドワーン

✉ Khalf-i Maglis il-Mediina
TEL (092)7921716　FAX なし
S AC🛏🚿📶 70£E
W AC🛏🚿📶 90£E
💳 £E
TC 不可
CC 不可

ニューバレー博物館近くにある。1階は雑貨屋になっていて便利だ。部屋は清潔でさまざまなタイプがあり、冷蔵庫付きの部屋は少し高い。朝食は10£E。英語はあまり通じない。

ハマダッラ Hamadalla Tourist Hotel
中級　Map P.398右

فندق حمد الله السياحي　フンドゥク・ハマダッラ・イッスィヤーヒ

✉ Shaari' Badl
TEL & FAX (092)7900638
S✖🛏🚿📶 40£E
S AC✖🛏🚿📶 70£E
W✖🛏🚿📶 55£E
W AC✖🛏🚿📶 90£E
💳 £E
TC 不可　CC 不可

建物は古いが、それなりにきれいにしている。エアコン付きの部屋には、テレビや冷蔵庫もあり、設備も悪くない。レセプションも英語が通じる。1階にはレストランもあり、ディナーのセットメニューは45£E。

ハルガ・オアシス Kharga Oasis Hotel
中級　Map P.398右

فندق الخارجة　フンドゥク・イル・ハルガ

✉ Shaari' Gamaal 'Abd in-Naasir
TEL (092)7924940
FAX (092)7921500
S AC🛏🚿📶 22€
W AC🛏🚿📶 33€
💳 € £E
TC 不可
CC 不可

観光案内所の向かいあたりにあるホテル。敷地はとても広く、ホテルの裏にはヤシの木が生える庭もある。外観は病院か学校のような感じ。元政府系のホテルなので部屋はシンプルだが、内装は新しくて清潔。

パイオニア Pioneer Hotel
高級　Map P.398右

فندق بيونير　フンドゥク・イル・ビオニール

✉ Shaari' Gamaal 'Abd in-Naasir
TEL (092)7927982
FAX (092)7927983
Inet www.solymar.com
S AC🛏🚿📶 60€〜
W AC🛏🚿📶 80€〜
💳 US$ € £E
TC 不可　CC Ⓜ Ⓥ

高級ホテルグループに属する、西方オアシス初の4つ星ホテル。全102室を擁する。この地域では最も豪華で、スイミングプールなどもあるリゾート仕様。中庭も広く、ちょっとした散策ができる。左記の料金は夕食付き。

RESTAURANT

レストランや軽食店はタラアト・ダルガーム通りやショアラ広場周辺に集中しており、ほかの地区にはほとんどない。また、ほとんどのホテルはレストランも併設している。なお、ハルガを管轄する警察は、旅行者はできるだけホテルで食事をとるように要請している。

Information

エジプトの10大偉人

> 古代エジプト史
> →P.402

❶メネス王（B.C.3100～3000頃）
伝説ではエジプト史上初めて上・下エジプトを統一し、首都メンフィスを建設したとされている。第1王朝を創始、ここから古代エジプト初期王朝時代が始まる。輝かしい時代の幕を開けた人物だ。メネスという名は、後にギリシア人がつけたもので、実際に誰だったのかは諸説がある。

❷クフ王（B.C.2550頃）
古代エジプトの古王国時代第4王朝の王。世界最大の墓、ギザの第一ピラミッドを建設した王として有名。これだけ大きなものを建てたのに、どんな人物であったかは、ほとんど知られていない。彼の姿は、エジプト考古学博物館に展示されているアビドス出土の象牙製小座像だけが残っている。

❸アクエンアテン王（在位B.C.1379～1362）
古代エジプト新王国時代第18王朝の王。宗教改革を行い、世界初の一神教を創始した。テーベで経済力と宗教力を背景に王権をも脅かし始めた神官たちに対抗するため、首都をテル・エル・アマルナに移し、アテン神以外の神々を否定した。この新宗教は「愛」を重視。当時エジプトにいたモーセに影響を与え、その意味ではユダヤ教、キリスト教、イスラーム教と続く一神教の原点ともいわれている。

❹トゥトアンクアムン（ツタンカーメン王）（在位B.C.1361～1352）
古代エジプト新王国時代第18王朝の王。押しも押されもせぬ古代エジプトで最も有名な王。1922年に発掘された彼の墓から出た秘宝は、世界中を驚かせた。ただ歴史上は9歳で即位し、18歳で死んだ無名の王。その無名さゆえに墓の盗掘を免れた。ミイラから推定すると身長168cm。玉座で見ると腹の出たズングリムックリの体格だった。死因には諸説あり、毒殺ともいわれる。

❺ラメセス2世（在位B.C.1304～1237）
古代エジプト新王国時代第19王朝の王。エジプト各地の神殿に必ず名前を刻んだ自己顕示欲の強い王。正妻4人、側室200人以上。王子や王女は計200人以上にも達する。彼の治世は67年間にもわたり、治世5年目に北の強国ヒッタイトとカデシュの戦いを行い、後に世界最古の和平条約を結んだ。また、モーセが出エジプトを行ったときの王でもある。

❻アレクサンドロス大王（在位B.C.332～323）
ギリシアのマケドニアの王。長期にわたり遠征を行い、ユーラシア大陸からアフリカ大陸にまたがる大帝国を、たった1代で築き上げた。アレクサンドロス大王は古代エジプト末期王朝の混乱のなか、エジプトを征服し、大都市アレキサンドリアを建設した。古代世界に類を見ない大図書館と博物館を有したこの巨大都市は、世界の学問の中心地として栄えた。

❼クレオパトラ7世（在位B.C.51～30）
グレコローマン時代プトレマイオス朝最後の女王。普通クレオパトラは絶世の美女、そして、ひどく淫乱な女性として描かれている。だが実際は9ヵ国語を駆使する語学の天才。その会話は人を魅了する力があったといわれている。1990年にアレキサンドリアのカーイトゥベーイの要塞近くの海底で、クレオパトラとアントニウスが過ごしたとされる神殿跡が発見された。

❽サラーフッディーン（在位1169～1193）
中世カイロにおける、最も輝かしい時代にシタデルやカーヘラの城壁を築いてアラブ世界全体に名を轟かせたアイユーブ朝の初代君主。ヨーロッパの人々にとって十字軍は、聖地防衛のシンボルであったが、アラブ人にとってはまったく逆で、自分たちを脅かす悪魔にすぎなかった。サラーフッディーンはファーティマ朝の宰相になると、しだいに力を増しながら、領土を広げ、十字軍包囲のための体制を築き上げ、ついにはエルサレムの奪回を成し遂げた。

❾ムハンマド・アリ（在位1805～1848）
エジプトの近代化に貢献した英雄で、近代エジプトの父と呼ばれる。ナポレオン占領時代後期の混乱期に力をつけ、1805年に自らのムハンマド・アリ朝を樹立、オスマン朝支配から独立した。また、富国強兵や殖産興業政策をはじめとする一連の行政・経済改革。さらに農業・教育改革に尽力し、その後のエジプト経済に大きな影響を与えた。

❿ナセル（在位1956～1969）
ムハンマド・アリ朝を倒し、エジプトを共和制に導いた自由将校団のリーダー。反英民族運動家出身の政治家、軍人。初代ナギーブ大統領失脚後、実質上の最高指導者となる。その後アラブの星として、そのカリスマ的力を充分発揮しながら、非同盟および民族主義の推進者としてアラブ諸国の頂点に君臨した。彼は自分の勢力拡大のために多くの政敵を殺したが、民衆には人気があった。

Egypt
旅の準備とテクニック

よくわかる古代エジプト史	402	生活習慣	446
ローマ時代以降のエジプト史	406	トラブルの傾向と対策	450
暦と行事	408	エジプトの病気と受診情報	454
情報収集と旅の手続き	411	カルトゥーシュ大全	458
持ち物と服装	415	ヒエログリフで自分の名前を書いてみよう	460
荷物チェックリスト	417		
出国と入国	418	現代アラビア語事情	462
通貨と両替	426	切って使える単語帳	465
旅の予算	429		
郵便＆電話＆インターネット	431	索引	468
国内交通	434	『地球の歩き方』シリーズ年度一覧	473
快適ホテル利用術	442		

よくわかるエジプト史

西暦	時代	エジプトのできごと	世界の動き
紀元前3000	初期王朝	メネス王によりエジプトが統一され、歴史が始まる **ADVICE** ピラミッドが建てられたのはこの時代 首都はメンフィスだから カイロの南に見どころは集中	メソポタミア：青銅器文明
2650 2550	古王国	ジョセル王、サッカーラに階段ピラミッドを建造 P.146 スネフェル王、ダフシュールにピラミッド造営 P.150 クフ王のピラミッド P.142 古王国時代の最盛期には、王は神の化身で、宗教や政治、経済のすべてが王に集約されていたんだ。	メソポタミア：シュメール初期
2490		カフラー王、ピラミッドとスフィンクス造営 P.143 メンカウラー王のピラミッド P.143 サフラー王のピラミッド ウナス王のピラミッドテキスト P.147	インダス：モヘンジョダロ メソポタミア：アッカド王朝 黄河：夏王朝
	第1中間期	古王国時代は衰退し始め、国土は混乱、各地方豪族が力をもつ。特に有力だったのが、ヘラクレオポリスの豪族と**テーベの豪族**だ。 これが次の時代への足がかりだね。	

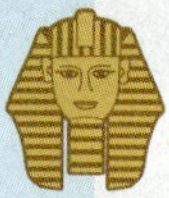

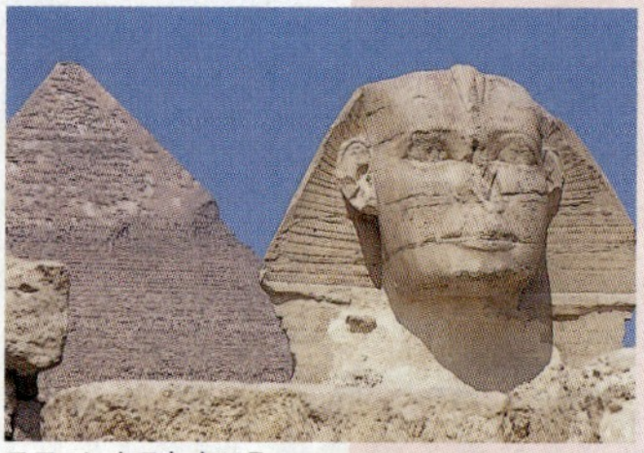

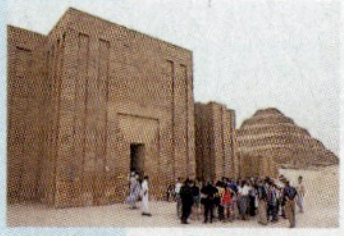

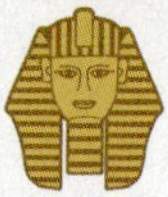

スフィンクスとカフラー王のピラミッド

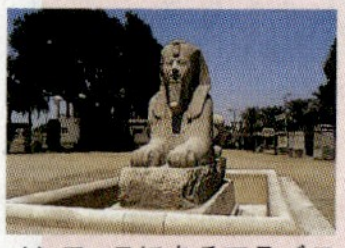

メンフィスにあるアラバスター製のスフィンクス

サッカーラ、ジョセル王のピラミッドコンプレックス

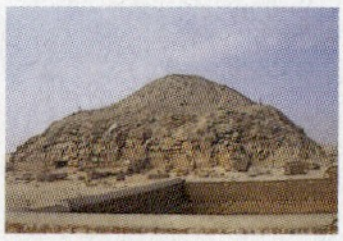

サッカーラにあるウナス王のピラミッド

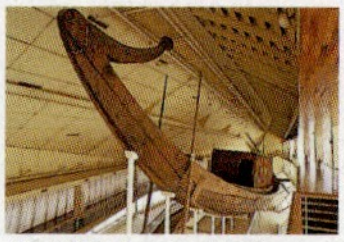

クフ王のものとされる太陽の船

よくわかるエジプト史

初期王朝が成立してからローマの支配下に入るまで、およそ3000年の長きにわたって栄えてきた古代エジプトの世界。そのすべてが紀元前の話だというから、その歴史の重みは驚くばかりだ。まずはおおまかにアウトラインを知ろう。

ナイル川が肥沃な耕地を育んだ

西暦	時代	エジプトのできごと	世界の動き
紀元前 2040	中王国	エジプト再統一、都はテーベに	エーゲ海：クレタ文明
1800		テーベからリシュト付近に遷都 中王国時代は文化的にはそれほど特徴のあるものはなく、ほとんど古王国時代の模倣に終わる。	メソポタミア：バビロニア王国
1720	第2中間期	第2中間期にはエジプトは混乱し、アジアからヒクソスと呼ばれる人々がデルタ地帯に侵入した。	小アジア：ヒッタイト
1680		ヒクソスが下エジプトに王朝を成立させる	
	新王国	**ADVICE** 巨大建造物や壁画ができたのはこの時代 首都はおもにテーベだから ルクソールに行け！ 新王国時代の王は、国民のヒーロー的な立場にあったものの 古王国時代とは違って神性も弱まっており、 王だけが神と交信できるわけではなくなったんだ。 税金も、神官が神殿の荘園から取り立てることができたため、 王自身は徐々に経済力をなくしていったよ。	
1565 1520		アメンホテプ1世によりテーベに第18王朝が成立 **トゥトモセ（トトメス）1世**、ヌビアやパレスチナに大遠征 ルクソールの王家の谷に初めて墓を造った人だよ。 ラメセス6世の墓内部	
1500		ハトシェプスト女王即位 トゥトモセ（トトメス）1世の娘、ハトシェプスト女王は、ハトシェプスト女王葬祭殿 P.207 などを建築、現在のエリトリアであるプントとの交易も積極的に行った。 ハトシェプスト女王葬祭殿	
1470		**トゥトモセ（トトメス）3世により領土が最大になる** トゥトモセ（トトメス）3世は、ハトシェプスト女王の義理の子供（娘婿）。ふたりの間には確執があったようだが、対外的には多くの軍事遠征を行い、エジプトの国土は最大になる。	ギリシア：ミケーネ文明

西暦	時代	エジプトのできごと	世界の動き
紀元前 1365	新王朝	**アクエンアテンの宗教改革** P.224	

この頃になるとテーベのカルナック神殿の神官は、経済力を背景に政治力をも増してきたんだ。王の力が弱くなりつつあったため、アメンホテプ4世（アクエンアテン）は、首都をアマルナに移す。同時にそれまで多神教だったエジプトの宗教がここでアテン神と呼ばれる太陽神だけを信仰する一神教に改革されたよ。

1350		**トゥトアンクアムン（ツタンカーメン）王即位** P.89	

アクエンアテン王の後を継いだのはトゥトアンクアムン王（ツタンカーメン）だ。彼は都を再びテーベに戻し、アムン・ラー神信仰を中心とする多神教が再開される。アクエンアテンの一神教は、わずか一代で頓挫したというわけさ。

トゥトアンクアムン（ツタンカーメン）のマスク

1320		**ラメセス1世即位** P.208	パレスティナ：モーセの出エジプト

将軍ラメセスが即位し、第19王朝を開いたのは紀元前1320年頃。そのラメセスの名をもつ王は11世までに及んだ。

1275		**セティ1世、アジア遠征** P.210	

セティ1世はラメセス1世の息子だよ。

ラメセス2世、カデシュの戦い P.260

ラメセス2世は、シリアでヒッタイト王とカデシュの戦いに挑んだ。カデシュの戦いでは、両国の間に和平が調印され、世界で最も古い和平条約調印文が、アブ・シンベル神殿内に見られる。

アブ・シンベル大神殿に残るラメセス2世のレリーフ

ラメセス3世はラメセス2世とは無関係だよ。

ラメセス2世はセティ1世の息子だよ。

1170		**ラメセス3世「海の民」と戦う** P.210	
1150		王家の谷で労働者のストライキ	

ラメセス1世の墓内部の壁画

よくわかるエジプト史

西暦	時代	エジプトのできごと	世界の動き
	第3中間期	新王国が衰退し、混乱期に。タニスに新王朝ができる	ギリシア：都市国家の成立
紀元前1080	末期王朝	紀元前1080年頃には末期王朝時代を迎える リビア人やヌビア人、アケメネス朝ペルシアなどの支配を受け、ついに紀元前332年に、アレクサンドロス大王にエジプトは征服される。	メソポタミア：イスラエル王国 メソポタミア：バビロン捕囚
667		アッシリアの支配が始まる	
525		カンビュセス2世がエジプトを征服	
521		ダレイオス1世のエジプト支配	中国：戦国時代
404		ペルシア支配より独立	
343		ペルシアがエジプトを再征服	日本：弥生時代
332		**アレクサンドロス大王**エジプトを征服	
304	プトレマイオス朝	プトレマイオス1世が即位	
31		アクティウムの海戦	
30		クレオパトラ7世自殺	
		以降　ローマ時代 P.406 　　　イスラーム時代 P.406 　　　近世 P.406	

> アレクサンドロス大王がいよいよエジプトに侵入。やがてエジプトを征服し、部下のひとりであるプトレマイオスがアレクサンドロス大王の死後、エジプト王となる。紀元前30年にクレオパトラ7世が自殺するまで続いたが、やがてローマ帝国の支配下に入る。

古代エジプト王名　英語・フランス語・ドイツ語対応表

本書の表記	教科書など	英語	フランス語	ドイツ語
アクエンアテン	イクナートン	Akhenaten	Akhenaton	Echnaton
アメンホテプ	アメンホテプ	Amenhotep	Aménophis	Amenophis
アレクサンドロス大王	アレキサンダー大王	Alexander The Great	Alexandre le Grand	Alexander der grosse
カフラー王	カフラー王	Khafra	Chéphren	Chephren
クフ王	クフ王	Khufu	Khéops	Cheops
ジョセル王	ジェセル王	Djoser	Djéser	Djoser
スネフェル王	スネフェル王	Snefer	Snéfrou	Snofru
セティ	セティ	Sety, Seti	Séthi	Sethos
トゥトアンクアムン	ツタンカーメン	Tutankhamun	Toutankhamon	Tutanchamon
トゥトモセ	トトメス	Thutmose	Thoutmosis	Thutmosis
ネフェルトアリ	ネフェルタリ	Nefertari	Nefertari	Nefertari
ネフェルトイティ	ネフェルティティ	Nefertiti	Nefertiti	Nefertiti
ハトシェプスト女王	ハトシェプスト女王	Hatshepsut	Hatchepsout	Hatschepsut
プトレマイオス	プトレマイオス	Ptolemy	Ptoléméé	Ptolemaios
メンカウラー王	メンカウラー王	Menkaura	Mykérinos	Mycerinus
ラメセス	ラムセス	Rameses	Ramsés	Ramses

※ガイドブック、パンフレット、遺跡により、上記の表とは異なる表記の場合もあります。

ローマ時代以降のエジプト史略年表

西暦	時代		エジプトのできごと
40年	ローマ帝国とビザンツ帝国時代		聖マルコがコプト教会を設立
272年			パルミラのゼノビア女王、エジプト遠征
313年			キリスト教が公認
337年			聖カトリーナ修道院創建
389年			アレキサンドリア図書館焼失
395年			ローマ帝国、東西に分裂
451年			カルケドン公会議でコプト教が異端に
641年	イスラーム時代	正統カリフ時代	アラブ軍がエジプトを征服
705年		ウマイヤ朝時代	ワリード1世即位、ウマイヤ朝最盛期
750年		アッバース朝時代	バグダッドにアッバース朝興る
868年		トゥールーン朝時代 868〜905	トゥールーン朝興る
909年		イフシード朝時代 935〜969	チュニジアにファーティマ朝興る
969年		ファーティマ朝時代 969〜1171	将軍ジャウハル、エジプト征服
972年			カリフ、ムイッズ即位
996年			カリフ、ハーキム即位
1163年			エルサレム王国のエジプト遠征
1169年		アイユーブ朝時代 1169〜1250	サラーフッディーン、アイユーブ朝を興す
1250年		マムルーク朝時代 1250〜1517	バフリー・マムルーク朝興る
1260年			アイン・ジャールートの戦い
1347年			ペストの大流行
1382年			ブルジー・マムルーク朝興る
1509年			インド洋沖でポルトガル軍に敗れる
1517年			マムルーク朝滅亡
1798年		オスマン朝時代 1517〜1805	ナポレオンのエジプト遠征
1801年			ムハンマド・アリ、エジプトに赴任
1805年		ムハンマド・アリ朝時代 1805〜1953	ムハンマド・アリ、エジプト総督に
1818年			スーダン遠征
1869年			スエズ運河開通
1881年			スーダンでマフディーの乱
1881年			アフマド・オラービーの革命運動
1914年			イギリスの保護国となる
1919年			サアド・ザグルールの反英民主化運動
1922年			イギリスから独立
1939年			第2次世界大戦始まる
1942年			アラメインの戦い
1948年			第1次中東戦争
1952年			自由将校団のエジプト革命
1953年		エジプト・アラブ共和国時代 1953〜	初代大統領にムハンマド・ナギーブが就任
1956年			第2次中東戦争
1956年			ナセル大統領就任、スエズ運河国有化宣言
1967年			第3次中東戦争
1970年			ナセル、心臓発作で死亡
1970年			サダト大統領就任
1971年			アスワンハイダム完成
1973年			第4次中東戦争
1977年			サダト大統領、イスラエル訪問
1978年			サダト大統領、ノーベル平和賞受賞
1978年			国民的歌手ウンム・クルスーム没
1979年			イスラエルとの和平条約調印
1981年			サダト大統領暗殺
1981年			ムバラク大統領就任
1982年			シナイ半島返還
1988年			ナギーブ・マフフーズ、ノーベル文学賞受賞
1997年			ルクソールでテロ事件。観光客が犠牲に

聖カトリーナ修道院の屋根

エジプト最古のガーマ・アムル

ガーマ・ハーキムのミナレット

マムルーク朝時代のガーマ

ナイロ・メーターの天井装飾

スエズ運河のポートサイドの港

日本が協力した「ムバラク平和橋」

406

ローマ時代以降のエジプト史

■キリスト教が伝播したローマ時代

クレオパトラ7世がオクタヴィアヌスに敗れたアクティウムの海戦（紀元前30年）以降、エジプトはローマの属州となった。395年にローマ帝国が東西に分裂すると、エジプトは東ローマ帝国領となり、原始キリスト教であるコプト教の文化が栄えた。

■現代のカイロの基礎を造ったイスラーム時代

641年にエジプトを征服したアムル・ブン・アル・アース率いるアラブ軍によって、イスラームがもたらされる。やがてサラディンとして知られるサラーフッディーンが建てたアイユーブ朝を経て、1250年、マムルーク朝が興る。マムルーク朝はインド洋と地中海を結ぶ交易などで富を得、14世紀初頭に最盛期を迎える。マムルーク朝はイスラーム世界の中心となったが、1517年にオスマン朝スルタンのセリム1世により滅亡する。

オスマン朝時代の1798～1801年にはフランスのナポレオンの侵略を受け、以後は西欧がエジプトを蹂躙することになる。そんな中オスマン朝からの独立を果たしたのが、1805年に始まるムハンマド・アリ朝。王朝の創始者ムハンマド・アリはフランス軍を撤退させ、支配階級の内紛に乗じて総督となり、富国強兵政策を実施し国力の充実に努めるが、その反面、対外債務が膨らんでいく。1882～1921年の間にはイギリス支配を受けるなど苦難続きだった。

■和平に向けて発言力が問われる国際社会の中のエジプト

エジプトを一民族国家として国際社会に再登場させたのはナセルだ。1952年7月23日、当時中佐だったナセルは「自由将校団」という若き軍人のグループを率いてクーデターを起こした。このエジプト革命により、約2300年ぶりにエジプト人による国家を建てたのである。ナセルは「アラブ」という共通の大義名分を掲げて、西欧列強によって混乱させられてしまったアラブをひとつにまとめようと尽力した。1956年にスエズ運河の国有化を宣言したときには「宿敵ヨーロッパ世界に勝った」とばかりに歓迎され、第3世界の希望とされたこともあったが、1970年心臓発作のため志半ばで亡くなった。

ムバラク大統領の肖像

ナセルを継いだのがサダトであるが、彼はナセル路線を継承すると言いながらも、結果的にはまったく別の方向へエジプトをシフトさせた。1973年の第4次中東戦争では序盤戦を有利に進め、1977年にイスラエルを訪問した。1979年のキャンプデービッド合意にいたって、より西側に傾倒していく。サダトは「アラブの大儀」からすれば裏切者とみなされ、エジプトはアラブ世界のリーダーの名目を失っていく。

サダト路線の忠実な後継者といわれたムバラクは、華々しさはないが着実に政策を進めている。1990年8月に始まった湾岸戦争では、アメリカを中心とした多国籍軍に協力。アメリカの介入を容認したことで、結果的にアラブの独自性を損なわせ、エジプトの地位をも相対的に低下させた。

戦争の一応の終結とともに再開されたパレスチナとイスラエルの和平交渉は1993年9月には、PLOとイスラエルの間でパレスチナ暫定自治協定が調印され、中東和平への歩みがようやく進みだした。このようななか、ひと足早くイスラエルとの和平を確立しているエジプトの役割は大きい。

1997年11月、ルクソールにおいてイスラーム原理主義者過激派集団によるテロ事件が発生、日本人を含む多数の観光客が犠牲となってしまった。エジプト政府は断固たる態度でテロリストの検挙にあたり、どの観光地も以前のにぎわいを取り戻した。しかし根底にある経済問題、貧富の格差など、まだムバラク政権の抱える問題は少なくないのが実状だ。

暦と行事

結婚を祝う人たちのダンス

エジプトはイスラームの国なので、西暦とイスラーム暦のふたつが使われている。通常の生活は西暦に従って行われるが、イスラームの習慣によって、1週間は土曜から始まり、休日は金曜となる。イスラーム暦はおもにイスラームの行事に使われている。

● イスラーム暦

ヒジュラ暦と呼ばれる。ヒジュラとは移住という意味で、預言者ムハンマドがメッカからメディナに移住した年を紀元元年としたもの。

イスラーム暦は太陰暦である。月は29日半かけて地球を1周するので、1ヵ月は29日か30日となる。1年は12ヵ月354日で太陽暦より11日短い。そうして日がずれていき、1月1日が32年半に1回重なることになる。1日は日没に始まり、その次の日の日没に終わる。

年間の祝祭日は、西暦で祝う固定祝祭日と、イスラーム暦で祝う移動祝祭日に分けられている。観光地ではあまり影響はないが、それ以外の所では、どちらの祝祭日もほとんど休みになってしまうので注意が必要。特にラマダーン明けのイードル・フィトルは3日間の祝日が続く。

マスギドの時計は西暦ではなく、イスラーム暦に設定してある

月名対照表

月名	イスラーム暦月名		2010年の該当月1日	2011年の該当月1日	2012年の該当月1日
第1月	ムハッラム	محرم	12月7日	11月26日	11月15日
第2月	サファル	صفر	1月17日	1月6日	12月14日
第3月	ラビーウルアウワル	ربيع الأول	2月15日	2月4日	1月24日
第4月	ラビー・アッサーニー	ربيع الثاني	3月17日	3月6日	2月23日
第5月	ジュマーダ・アルウーラ	جمادي الأولى	4月16日	4月4日	3月24日
第6月	ジュマーダッアーヘル	جمادي الاخرة	5月15日	5月4日	4月22日
第7月	ラガブ	رجب	6月14日	6月2日	5月22日
第8月	シャアバーン	شعبان	7月13日	7月2日	6月21日
第9月	ラマダーン（断食月）	رمضان	8月12日	7月31日	7月20日
第10月	シャウワール	شوال	9月11日	8月30日	8月19日
第11月	ズー・アル・カアダ	ذو القعدة	10月10日	9月28日	9月17日
第12月	ズー・アル・ヒッジャ（巡礼月）	ذو الحجة	11月8日	10月28日	10月17日

2010年〜2012年の移動祝祭日

固定祝祭日　→P.11

	2010年	2011年	2012年
イードル・フィトル（断食月明けのお祭り）	9月11〜13日	8月30日〜9月1日	8月19〜21日
イードル・アドハー（犠牲祭）	11月17〜20日	11月6〜9日	10月26〜29日
マウリド・アンナビー（預言者ムハンマド生誕日）	2月26日	2月15日	2月4日
シャンム・イン・ナスィーム（春香祭）	4月5日	4月25日	4月15日

●ラマダーンの断食

イスラーム暦のラマダーン月（第9月）は、ムスリムの五行のひとつ、断食が行われる月。この月の29～30日間、日の出から日没までは一切の飲食を断つ。しかし、日没後は何を食べてもよいので、めいっぱいごちそうを食べる。日没後の食事を終えると、近所の人を訪問し合いお喋りをしたりして夜遅くまでにぎやかに過ごす。そして日の出前に最後の食事をとり、仮眠してから仕事に行くという生活なので、慢性的な寝不足も加わって、会社や役所での仕事の能率はぐんと下がる。

●ラマダーン時間

年に1回来るイスラーム暦ラマダーン月が断食月になっているために、生活時間帯がずれるもの。国民の大部分の人が日の出から日没まで断食するため、労働時間は短くなる。レストランのなかには、まる1ヵ月閉店する店も多い。また、神聖な月とされるため、この月はアルコールを御法度にする店もある。

ラマダーン中のレストランの営業時間は日没後から夜遅くまで（ときには翌3:00まで）になるので、スナック類や果物などの軽食を調達しておくといいだろう。外国人観光客の多いホテル内のレストランは、ほぼ通常どおり営業されている。店は10:00～15:00と20:00～23:00。役所や銀行は10:00～13:00ぐらいだが、営業中に行っても眠そうな人も多く、業務はあまり行われない。交通機関も時間は不正確になりがち。

人々はこの期間、昼と夜が逆になったような生活をしており、子供たちも夜遅くまで遊んでいる。深夜2:00～3:00頃、家族全員で食事をとり、日の出とともに寝る。

●イードル・フィトル

ラマダーンが終わると、イードル・フィトルと呼ばれる断食月明けの祭りが3日間行われる。特別な儀式ではなく、普段離れている親せきに会いに行ったりする。宗教的な意味はまったく異なるが、日本でいえば、帰省ラッシュになるお盆や正月のような雰囲気だ。

●イードル・アドハー

もうひとつの大きな祭りはイードル・アドハーと呼ばれる犠牲祭で、メッカの巡礼の最終日、第12月（ズー・アル・ヒッジャ月、カイロ方言でズール・ヒッガ）の10日に、巡礼が無事終わったことを神に感謝して、ヒツジやラクダを屠る儀式をする。

巡礼者だけでなく、故郷にいる人々もヒツジなどを買って首を切って屠り、それをみんなで食べたり、貧しい人に配ったりしている。

●そのほかの祭り

現在、エジプトで行われている祭りは、イスラームの祭りとコプト教の祭り、さらに公共の祭典に分けられている。コプト教とイスラームの祭りは、特にマウリドと呼ばれている。

ラマダーン中はアザーンが響くと食事開始。とにかく、たくさん食べる

カイロのホセイン広場前でイフタール（断食明けの食事）を楽しむ人々

食事を終えてスークを練り歩く。ラマダーン中は夜のほうがにぎやかだ

マクドナルドのラマダーン限定セット

☹ラマダーンに注意
ラマダーン中に観光しましたが、多くの施設が15:00前後で終了してしまうので、行ったら終了していたということが何度もありました。看板には○○時までと書いてある、と言っても、ラマダーンだから、と言われました。
（宮城県　さるみ　'09夏）

イードル・アドハー前になると、羊をよくみかける

😊 金曜日

金曜日はイスラームの休日で、ショッピングセンターなども昼くらいから掃除をしてその後、店は閉まっているようでした。営業している店はとても少ないです。

(東京都　ちい．'10春)

ラマダーン期間限定のペプシ・コーラ。アラビア語で「よいラマダーン月を」と書いてある

お祭り期間中はテントが立つ

● **イスラームのマウリド**

　イスラームの祭りは、ムスリムの聖人の誕生日を祝う祭りである。マウリドはイスラーム暦で行われるので、毎年その日は違ってきてしまう。祭りでは、信者たちが聖人を通して神に自分たちの願いを聞いてもらおうとする。

　イスラームのマウリドでは、大きな祭りになると、ガガルと呼ばれる人々が集まり、空気銃やメリーゴーラウンドなどを置き、ミニ遊園地を作る。ここで子供たちはおおいに遊ぶ。特に大きなイスラームのマウリドは、エジプト全土で行われるマウリド・アン・ナビー（預言者の誕生祭）や、エナ、ルクソール、タンタ、カイロ（イッサイイダ・ゼーナブ、ホセインなど）のマウリド。これに参加してみると、とてもおもしろい。地方の大きなマウリドは、エジプト各地からスーフィー（ダルウィーシュ）と呼ばれるイスラーム神秘主義者たちが集まり、盛大なお祭りになる。

● **コプト教のマウリド**

　コプト教の祭りもマウリドと呼ばれるが、これはイスラームとは違い、聖人の死亡日を記念する祭りで、エジプト各地にある修道院で行われる。修道院により、祭りの行われる日は違ってくる。

● **イードル・カウミ**

　公的な祭典のひとつには、イードル・カウミと呼ばれるものがある。これは各県の記念日で、政治色が強いもの。各県により違い、その県に住んでいる住民たちが伝統の民謡や舞踊などを披露する。シナイ半島のベドウィンのものが興味深い。

Information
ラマダーン中のエジプト

　太陽が出ている間は一切の食事、水分補給さえも禁じられるラマダーン。空腹からエジプト人はイライラし、そのとばっちりを食う旅行者も少なくない。しかし、陰鬱な日ばかりが続くのかと思いきや、そんなわけでもない。大砲などの日没の合図とともに、イフタールと呼ばれる日没後の食事が一斉に始まる。日中おなかをすかせていた人たちは早めに仕事を切り上げ、急いで家に帰る。この時期のカイロの帰宅ラッシュはまさに地獄と化す。ただでさえうるさいクラクションもこの時期は想像を絶する騒音の洪水に。家路に急ぐ人たちのイライラも最高潮に達する。この時間にバスやタクシーで移動するのは賢明とは言えないだろう。

　イフタールを食べたあと、町は楽しさいっぱいのワンダーランドと化す。ガーマの近くには遊園地、出店もたくさん出て夜遅くまで家族連れでにぎわい、毎日がお祭りのようだ。甘味屋ではラマダーン限定のお菓子も作られ、風物詩となっている。ただし、いくら楽しくてもお酒は厳禁。この時期ばかりは町の酒屋も販売を自粛する。夜遅くまで楽しんだあと、深夜に床につき、そして夜明け前に朝食をとってまた二度寝する。この夜明け前には太鼓を打ち鳴らして夜明けが近いことを知らせる。もしも寝過ごしてこの朝食をとり忘れたら、その日の日没まで何も食べられない。こうしてラマダーンの1日がまた始まっていく。

情報収集と旅の手続き

エジプトは何が起こるかわからないインシャーアッラー・ワールド。地図のとおりに行っても建物がなかったり、来るはずのバスが来なかったり、開いているはずの博物館が閉まっていたり。だから、行きあたりばったりを楽しめなければ、腹が立つことばかりだ。おおらかな気持ちで旅ができたら最高なのだが……。

とはいうものの、旅をするには情報収集が必要だ。エジプト旅行を楽しくするための情報源を少し紹介しよう。

■エジプト・アラブ共和国大使館（→P.412）
✉153-0042 東京都目黒区青葉台1-5-4
TEL (03)3770-8022

■エジプト大使館　エジプト学・観光局
✉106-0041 東京都港区麻布台2-4-2　保科ビル3階
TEL (03)3589-0653
Inet www.egypt.or.jp

■エジプト航空（→P.85）
✉107-0052 東京都港区赤坂2-5-4　赤坂室町ビル1階
TEL (03)3568-8161　FAX (03)3568-8169
Inet www.egyptair.jp

アスワンの❶

■エジプトでの情報源
●在エジプト日本国大使館
Map P.411
折込Map大カイロB2
✉81 Corniche El Nil St., Maadi, Cairo
TEL (02)25285910
Inet www.eg.emb-japan.go.jp
圏8:30〜16:30（各種証明書、届け出等の受付窓口）
休金・土

●Egypt Today
英語の月刊誌。国内の大きなイベントや映画、音楽、スポーツ情報が載っている。

●英字新聞
Egyptian GazetteやAl-Ahram、Midlle East Timesなどがある。中東やエジプトの最新情勢を知るのにはよい。

■**ナイルストーリー**（エジプト専門の旅行会社）
✉162-0842　東京都新宿区市谷砂土原町3-4-1　いづみハイツ市ヶ谷704　TEL(03)5229-5601　FAX(03)5229-5602
inet www.nilestory.co.jp
カイロ本社（Nile Melody→P.86）
✉3 Khadrawy St., Off Mahmoud Bassiuni St.
TEL(02)25783127

■**ミスル・トラベル**（エジプト国営旅行社）
✉102-0085　東京都千代田区六番町6-1　パレロワイヤル6番町508　TEL(03)3263-0298　FAX(03)3239-2242
inet www.misr-travel.net

■再入国にはビザが必要
エジプトからほかの国へ行って、再び戻って来る場合には、再入国ビザが必要（→P.423）。

■在日本　エジプト・アラブ共和国大使館
🚇東急東横線代官山駅下車、徒歩10分。都立第一商業高校前交差点横。
✉153-0042　東京都目黒区青葉台1-5-4
TEL(03)3770-8022
FAX(03)3770-8021
🕐ビザ申請窓口9:30～12:00（電話での問い合わせ13:30～17:00）
休土・日・祝
イスラムの祝日で閉館することもあるので、ビザ申請をする人は事前に電話で開館日を確認しておくのが望ましい。

■入国に際して注意すること
非常に稀なケースながら、空港でビザが取得できない場合や入国を拒否される場合がある。忘れてはならないのは、ビザ取得の可否、入国の可否といったことは現地の係官に決める権利があるということだ。これはエジプトに限った話ではなく、どこの国でも同じこと。エジプトは日本人に寛容な国だが、日本人だからといって、いつもフリーパスではないということは頭に入れておこう。

空港で取得できるビザ

パスポートの取得

●**まずはパスポート**　海外に出かけるときに、必要なのがパスポート（旅券）。パスポートは、本人が日本国民であることを証明し、渡航先国に対して安全に渡航できるように保護を要請した公文書である。つまり、政府から発給される国際的な身分証明書なので、旅行中は常に携帯しなければならないし、盗難や紛失といったことがないよう、大切に保管しなければならない。

10年間有効のパスポートは赤色

パスポートの発給は、各都道府県庁の旅券課で行っている。申請から発給まで7～10日間ぐらいかかるので、できるだけ早めに手配しておこう。5年有効のものは1万1000円、10年有効のものは1万6000円が必要。取得方法や必要書類などの詳しい問い合わせは各都道府県庁旅券課まで。

なお、エジプト入国には、パスポートの残存有効期間が査証申請時に6ヵ月プラス滞在期間以上が必要で、余白が見開き2ページ以上必要。

ビザの取得

●**ビザは空港でも簡単に取れる**　エジプトへ入国するには、24時間以内のトランジットを除いて、必ずビザ（査証）が必要。ビザは、もちろん在日エジプト大使館で取得できるが、1ヵ月有効の観光ビザなら、カイロ国際空港到着の際に簡単に取得できる。

空港での取得には、写真などは一切必要ないが、ビザ代として15US$が必要。空港でのビザ取得方法に関する詳しい説明は、入国の項（→P.422）を参照してほしい。

カイロ国際空港以外から陸路、海路などで入国する場合は、以下のとおり。なおビザ取得に関する情報は、現地でチケットを手配するときに、必ず最新情報を確認しよう。

★アレキサンドリア・ノズハ空港、ルクソール空港から入国する場合も、空港でビザを取得することができる。
★ポート・サイド港から入国する場合も、港でビザの取得が可能。ただしポート・サイドへの船便は夏期のみの運航。

●ヨルダンから　アカバからヌエバアへ陸路で入国する場合、ビザは入国時にヌエバアで取得できる。シャルム・イッシェーフ行きの場合はチケット購入時に旅行会社に申告する。シナイ半島南東部だけを回るなら14日以内はビザ不要。聖カトリーナ、シャルム・イッシェーフなどへは行くことができるが、ラス・ムハンマドまでは行けない。

アンマンのエジプト大使館　ジャバル・アンマンのメインストリート、ザハラーン通りを北に行き、4thサークルと5thサークルのちょうど中間あたりの道を入る。査証代は1ヵ月のツーリストビザが18ヨルダンディナール。写真が1枚必要。申請は午前中のみ。近年は、日本人は国境でビザが取れるからと、訪問しても発給してくれないことが多い。

アカバのエジプト領事館　アカバの北部、周囲に領事館が集まっているイスティクラール通りにある。申請は午前中のみなので、早めに行こう。

●イスラエルから　ターバー経由でイスラエルから入国する場合は、シナイ半島南東部だけを回るなら14日以内はビザ不要。聖カトリーナ、シャルム・イッシェーフなどへは行くことができるが、ラス・ムハンマドまでは行けない。シナイ半島南東部以外のエジプトへも行く場合は、エイラットのエジプト領事館かテルアビブのエジプト大使館でビザを取得する。

テルアビブのエジプト大使館　即日発行。写真1枚が必要。査証代は100イスラエルシェケル。混雑することもあるので、早めに行くほうがよい。

エイラットのエジプト領事館　ビザの発給が終わると閉館する。通常1時間ほどで受領可能。

海外旅行保険

普段どんなに健康な人でも、旅行中は暑さや昼夜の温度差、疲労などが原因で、体の調子を崩してしまうことがよくある。しかし、海外では日本の健康保険が使えないので、もし、事故でケガをしたり、病気になったら大変！　また、スリや置き引き、盗難に遭ってしまうこともある。そんなとき、医療費などをカバーしてくれる海外旅行保険に加入しておけば何かと安心だ。

保険の種類　海外旅行保険には、**基本契約**と**特約**がある。基本契約とは、傷害による死亡・後遺障害と治療費用の保険で、海外旅行保険に加入するならば、必ず入らなければならないものだ。特約は基本契約がカバーしていない事

■在ヨルダン
　エジプト大使館（アンマン）
✉Riyad el-Mefleh St., No. 14 Between 4th & 5th Circles, Amman
TEL 962-6-5605176
⏰9:00〜12:00
休金

■在ヨルダン
　エジプト領事館（アカバ）
✉Istiklal St., Wehdet Al-Gharbeia, Aqaba
TEL 962-3-2016171
⏰10:00〜13:30
休金・土

■在イスラエル
　エジプト大使館（テルアビブ）
✉54 Bazel St., Tel Aviv
TEL 972-3-5464151
⏰ビザの申請は9:00〜11:00、受領は13:00〜15:00
休金・土

■在イスラエル
　エジプト領事館（エイラット）
✉68 Ephroni St., Eilat
TEL 972-8-6376882
⏰9:30〜14:00
休金・土

■イエローカードは必要なし
日本から直接エジプトに入国するなら、予防注射は不要。しかし、もし近隣諸国で伝染病が発生した場合に、それらの国から入国するときは、イエローカードの提示を求められることがある。また、夏期にはエジプトでも伝染病が発生することがある。

■海外旅行保険を比較検討！
加入する海外旅行保険は「地球の歩き方TRAVEL 海外旅行保険」で選ぼう。損保ジャパン【off!】、AIU海外旅行保険、三井住友海上「@とらべる」を比較して申し込める。支払い事例や用語解説など実用情報も充実。
[Inet]hoken.arukikata.com

●損保ジャパン
[無料]0120-394956
●東京海上日動
[無料]0120-868100
●AIU保険
[無料]0120-747745

成田空港では出国手続きを終えた後でも海外旅行保険に申し込むことができる

項に掛ける"追加契約"の保険で、以下のようなものがある。
疾病死亡保険／疾病治療費用保険／賠償責任保険／携行品保険／救援者費用保険（旅行中に遭難またはケガをし、死亡または長期入院した場合の救援者の諸経費を補償する）など。海外旅行保険の申し込みは保険会社のほか、旅行会社などが代理業務を行っている。また、空港で申し込むこともできるので、もしものために必ず加入しておこう。

国際学生証

エジプトを旅行するときの強い味方が国際学生証（ISIC）。これを持っていれば、ほとんどの遺跡や博物館の入場料が半額になる。特にルクソールの西岸やアスワンなど、見どころが多くチケット代が高いところでは効力を発揮する。

国際学生証は日本の各大学のプレイガイドや、大学生協事業センターなどで申し込めばすぐに発行してもらえる。

必要書類・発行手数料
1) 在学証明書または学生証のコピー
2) 6ヵ月以内に撮影した顔写真1枚（縦33mm×横28mm、裏面にパスポートネームを記入）
3) 申込書1枚（各窓口にある。郵送の場合は欄外の大学生協事業センターなどから取り寄せる。ホームページからもダウンロード可能）
4) 発行手数料1430円（郵送の場合は別途発送料が必要）

ユースホステル会員証

エジプトではユースホステルに泊まるメリットはあまりない。宿泊料は普通の安宿とあまり変わらないし、国際ユースホステル会員証を提示しないと宿泊することができないところが多い。また、エジプトのユースホステルは国内の学生で満室のことが多く、街の中心部から離れている場合が多いのも難点だ。エジプトだけ旅行する人なら、お金を出してわざわざユースホステル会員証を作る必要はないだろう。

■国際学生証ISICカード
✉ isic.univcoop.or.jp
■大学生協事業センター
● 東京
✉ 166-8532 東京都杉並区和田3-30-22 大学生協会館4階
TEL(03)5307-1155
● 大阪
✉ 532-0004 大阪府大阪市淀川区西宮原2-7-15 大学生協大阪会館2階
TEL(06)6395-3730

■エジプトでの国際学生証の取得
カイロやルクソールなどでは国際学生証の取得が可能。ただし、学生であることを証明する書類（英文などの在学証明書）が必要。バックパッカーが多い宿では申請を代行してくれるところもある。ただし、国際学生証を不正に取得したことが発覚すると多額の罰金を払うことになる。

---

from Readers

エジプト人について

😊 しつこい客引きでも、道がわからなかったり、困ったりしたら快く考えてくれる。アラブ人の心優しい気質なのかもしれない。
（東京都　HEROみねぞう　'09秋）

😊 現地の子供と目が合うとニコッと笑顔を返してくれます。ピラミッドや博物館などで各地の小中学校のグループにたくさん会い、一緒に写真を撮ったり撮られたり、よい思い出ができました。
（香川県　ゆき　'10春）

☹ エジプトは暑いせいか朝が早い！ツアーだと観光のスタートも朝7時～とかが多いです。確かに午後は日差しが強くて外出には適しません。
（東京都　ちい　'10春）

持ち物と服装

●**荷物は軽くコンパクトに** 荷物は軽く。これが旅の第一のコツ。駅に着いてからも観光地に着いたときも「歩く」ことが基本だからだ。最終的な重さとしては10kgぐらいが限度だと思うが、日本を出発する時点で「重い」と感じるようなら一考の余地あり。エジプトでは常に1ℓほどの水（これが重い!!）が必要だし、現地ではほかにもオレンジや昼食用のパンなどで荷物が増えてしまう。

フレーム付きのバックパックは、一定のかさを取り、それ自体重いのでおすすめできない。少し小さめのバックパックか、ショルダーバッグがベスト。バックパックは、フットワークがよいが、荷物の中身をすぐに取り出せない。ショルダーバッグだとそういったことはないが、荷物が重いと疲れが大きい。また、悪路が多いエジプトでキャスター付きのバッグを引いて長い距離を歩くのは現実的ではない。どれを使うかは、重さを目安にするといい。普通に持ってみて腕が疲れるような重さだったら、バックパックを選ぶべきだろう。

どちらの場合も小さなショルダーバッグを別にひとつ用意しておくと便利。大きな荷物はホテルに置いて、その日必要な荷物だけを小さなバッグに入れて外出する。ウエストバッグはスリに狙われやすいので注意が必要だ。使う場合は目の届くところに着け、上着などで隠すとよい。

旅の服装

●**暑いからこそ気を使おう** 服装は、基本的には夏服。それと、ある程度体温調整ができるものがあるといいだろう。エジプトでは、もちろん夏の間は毎日ひたすら暑いのだが、それ以外は、ある日突然冬になったり、夏になったりと気温の移り変わりが激しい。日本の気候のように、日々少しずつ変化するものではないので、そのつもりで。

夏は直射日光による極度の日焼けや熱中症を防ぐために、上に羽織るものを用意するといい。列車やバス、ホテルなどで冷房が効きすぎる（しかも弱くできない）こともある。

また、特にシナイ山や砂漠のキャンプなどへ行く予定の人は、真夏でも朝夕は冷え込むので万全の準備を。

冬に旅行する人は、日本の春ぐらいの気温を想定した服装を中心に。カイロ、アレキサンドリアでは、日本から出かけるときに着ている程度のもの（分厚いコートやセーターは除く）が必要。ルクソール、アスワンでは日中は半袖でOKだが、夕方以降は冷え込むので、常に上着は持っていったほうがいい。また、冬にマリンスポーツを楽しむなら、海から上がっ

両手が空いて便利なバックパック

☺**日差し対策**
5月に行きましたが日差しが強く暑かったです。日除けには、半袖シャツの上に羽織れる長袖があると便利です。あとはスカーフかショールのような物を首に巻いておくと熱中症防止になります。
（東京都　ちい．'10春）

☺**秋でも上着は必要**
アレキサンドリアやアスワンはかなり日差しが強いです。帽子も必要ですが、長袖のブラウスやシャツもよいです。バスの中は思ったよりも寒いので、厚手の上着も必須です。綿のスカーフが1枚あると重宝します。
（栃木県　麦　'09秋）

☺**暑さ対策**
水に浸すと冷たくなるクールネック（首巻）を持参しました。意外とひんやり感が続き、気持ちよかったです。子供たちには携帯のスプレー容器を持たせ、時折吹きかけるようにしました。冷たさがよみがえる感じでよかったです。使い始めにはしばらく水に浸す必要があるので、ジッパー袋を持参しておくと、どこでも使用できて便利です。
（和歌山県　オオガシ　'09夏）

☺**蚊の対策**
蚊に刺されて大変でした！虫よけスプレーとかゆみ止めは必需品。
（愛知県　ふーみん　'09春）

☺**列車は冷蔵庫？**
アレキサンドリア行きの特急列車に乗り込んで仰天！気温18℃だったのが、車内は冷房で体感温度5℃くらい。皆震え上がった。念のためと持参したジャンパーを着て、カイロを使いなんとかしのいだ。
（大阪府　足立 公夫　'09秋）

415

😊 モスクではレギンスはNG
ガーマ・ムハンマド・アリで見学する際、肌の露出は最小限に。ワンピースにレギンスでいると専用のローブ（かなり厚手）を着る羽目になる。靴を脱ぐのでビーチサンダルが楽。
（東京都　ざむらーい　'10春）

😊 のど飴
とても乾燥しているので、のどあめを持っていくとかなり役立つ。
（東京都　ジェシカ　'09夏）

😊 うがい薬
うがい薬を持参しました。のどの不快感を取るには一番です。マスクも持参しましたが、機内の乾燥対策に使用しただけで、現地では使いませんでした。ただし、遺跡内はほこりが舞っているのでご注意ください。
（和歌山県　オオガシ　'09夏）

😊 湿布
遺跡などの観光地では、足元の悪い箇所がたくさんあります。誤って足をくじいてしまうこともあるでしょう。その際に、エジプトでは湿布がありません。氷もすぐに解けてしまいますので、貼るタイプの湿布は、重宝します。実際私も、らくだから降りる際に足をくじいてしまい、重宝しました。
（東京都　ちえちゃま　'09夏）

😊 懐中電灯
アブ・シンベルの音と光のショーからの帰り道は暗いので、懐中電灯があれば便利。ピラミッドの中などを見るときも必要。
（奈良県　北井 賢司　'09秋）

てからボートの上などで意外に長く過ごすこともあるので、防寒対策を忘れずに。

洗濯物は、さすがに数時間のうちに乾いてしまう。エジプトでは、歩いているだけでも砂ぼこりやら何やらで服が汚れやすいので、ジャブジャブ洗えるものがいい。

靴は、町なかはサンダルでもいいが、遺跡を訪れるときは、砂地を歩くことが多いので、履き慣れた靴がいい。

●**服装には宗教的な配慮も必要**　リゾート地や大観光地ではどんな格好をしても基本的には問題ないが、いくら暑い国だからといっても、素肌の出すぎる服装は避けるようにしたい。これはイスラームの宗教的意識からいえることだ。特に観光地以外の場所では注意すること。男性は短パンなどひざ以上と、タンクトップなど肩が見えるものはよくないとされている。女性は、スカートなら長いものを着よう。ひざ以上、ひじ以上見える服はいけないとされているからだ。タイトなジーンズやピチピチTシャツ、キャミソールなど、体の線が見えるものはよくないと考えられている。このようなエジプトの生活習慣を乱さないように気を付けよう。

旅の必需品

帽子、サングラス（このふたつは重要）、スカーフ（日除け、砂除け、寒さ除け）、懐中電灯（遺跡見学）、虫除けスプレー、日焼け止め、リップクリーム、日焼け後のローション、目薬（コンタクトレンズの人）、のどあめ、歯ブラシ、バスタブの栓（ないホテルが多い！）など。持病のある人は、念のため日本から薬を持参しよう。フィルム（ISO100、200）、シャンプー、歯磨き粉、生理用品などは現地調達が可能。

カメラやビデオカメラなどは、ただ持ち歩いているだけなのに、いつの間にか砂が入って壊れてしまうことがある。注意して持ち歩くようにしよう。デジタルカメラなどの精密機器を持っていく人は特に持ち歩きに注意しよう。

---

from Readers

エジプトみやげ

😊 MOLTO（→P.63）のチョコクロワッサンが好評だった。買うならカイロのCity Starsに入っているカルフールが安くてオススメ。
（東京都　ざむらーい　'10春）

😊 エジプト製の商品はほとんどありませんが、ハイビスカスティーは、唯一エジプト産で安く購入でき、会社などへのおみやげに最適。帰国時、カイロの空港の免税店の品揃えはゼロに等しいので、前もっておみやげを調達しておくことをおすすめします。
（東京都　なおゆみ　'09秋）

😞 カイロ空港の免税店で買えるのは酒類、タバコ類、チョコレートなどの菓子類くらいです。買い足りなかったものを買うくらいにしたほうがいいでしょう。各地のホテルのショッピングセンターやスークで買い物したほうが、エジプトらしいおみやげに出合えると思います。品質と値段には注意を。
（和歌山県　オオガシ　'09夏）

荷物チェックリスト

◎=必需品　○=あると便利　△=特定の人に必要

品　名	必要度	持っていく予定	カバンに入れた	現地調達予定	備　考
パスポート	◎				査証申請時に6ヵ月以上の残存有効期間があるか確認
トラベラーズチェックT/C	△				サインはしてありますか？
現金（外貨）	◎				米ドルかユーロの現金が一番両替に便利
現金（日本円）	◎				帰りの空港から家までの交通費なども忘れずに
航空券	◎				出発日時、ルート等をよく確認しておくこと。Eチケットはプリントアウトを用意
海外旅行保険の証書と説明書	◎				旅行保険をかけた場合は忘れずに
カード類	◎				国際学生証、クレジットカードなど
石けん、シャンプー	○				ホテルにある場合も多い
歯ブラシ	◎				高級ホテルも含め、ほとんどのホテルに置いていない
タオル	◎				浴用タオルはたいていホテルにある。外出時に使える薄手のものがあると便利
ヒゲソリ	△				カミソリか電池式のものが便利
ドライヤー	△				高級ホテルには備えられている
チリ紙	○				旅先で少しずつ買い足そう
常備薬	△				持病薬のほかは現地調達可能
洗剤	△				浴用石けんで代用可能。雑貨店で小袋で売っている。1££程度
生理用品	△				現地調達もできる
スポーツドリンクの粉末	◎				体力消耗時や暑さ対策に
下着／靴下	◎				3〜4日分で充分
着替え	◎				旅のスタイルに合わせて。高級ホテルに泊まる人はおしゃれ着も必要
室内着	○				パジャマ兼用になるTシャツやスウェットを日程に合わせて
スリッパ	○				内やホテルで。ビーチサンダルなどで代用してもOK
セーター（トレーナー）	◎				重ね着できると便利
ウインドブレーカー／防寒具	◎				冬のカイロは寒い。冬に砂漠ツアーに行く人は防寒対策を
日傘、日焼け止め	○				強い日差しから肌を守る。日傘は周りの人の迷惑にならないように使おう
懐中電灯	△				エジプトは停電が多い。暗い遺跡内を照らすのにも役立つ
水着	△				高級ホテルにはプールがある
サングラス	◎				強い日差しから目を守る
うちわ、扇子	○				遺跡の中はけっこう蒸し暑い。夏はこれがあると便利
水筒	○				水を保冷できる小型タイプがよい
筆記用具	○				筆談時や入国カード記入時に必要。黒のボールペンがよい
裁縫用具、ツメ切り＆耳かき	△				小型携帯用のもの(糸、針、ハサミなど)
万能ナイフ、スプーン、フォーク	○				小さくても刃物の機内持ち込みは不可
ビニール袋	○				ジッパー付きなら液体の飛行機客室内持ち込み用に使える
錠	○				ドミトリーや列車内で荷物の管理に
顔写真（4.5×3.5cmぐらい）	◎				パスポートの紛失に備え4〜5枚を
蚊取り線香	○				エジプトは1年中蚊が出る。オアシスに行く人は必携
腕時計	◎				アラーム付きが便利
電池	△				高品質の電池はエジプトでは高い
カメラ、フィルム	△				小型で軽いものを。デジカメも便利
計算機	△				毎日の支出管理、値段交渉に
ガイドブック、辞書	○				図を拡大コピーして使いやすくアレンジするのもよい

持ち物と服装

カイロ国際空港第3ターミナルの出発ロビー

■カイロ国際空港
折込Map大カイロ C1

■国際線の機内へは、液体物の持ち込み禁止
日本を出発するすべての国際線では100mℓ以上の液体物は持ち込み禁止（出国手続き後の免税店などの店舗で購入されたものを除く）となった。液体物は事前にスーツケースやバックパックなど、託送荷物の中に入れてカウンターで預けてしまおう。化粧水やベビーフードなどの必需品は指定された透明な容器に入れれば機内持ち込みは可能。

■カイロ発テルアビブ
（イスラエル）行きバス
木8:00、日16:30にドッキにあるカイロ・シェラトン・ホテル発。チケット購入はその近くにあるピラミサ・ホテルの1階にあるミスル・トラベルで。国境でバスを乗り換え、テルアビブのエジプト大使館前が終点。片道115$、往復185$。所要12時間ほど。

■エイラット（イスラエル）からターバーまでの交通
イスラエル南端のエイラットからターバー国境までは、エイラットの中心部にあるセントラル・バスステーションからエゲッドバスEgged Bus No.15で約20分。徒歩で国境を越えたら、そのまましばらく真っすぐ歩くとイーストデルタのバス停がある。バスの便数は少ないので時間に余裕をもっておこう。

出国と入国

エジプトに入国する際にビザが必要なことは、旅の手続き（→P.412）の項で述べたが、ここでは実際の出入国の方法と手順を詳しく説明しよう。ルートや交通手段も合わせて考慮し、旅の始まり、あるいは終わりをスムーズに迎えたい。

エジプトへの道

●**早くて便利な空路**　エジプトの空の玄関、カイロ国際空港までの日本からの直行便は、エジプト航空だけ。成田から週3便と関空から週3便飛んでいる。ともに全便ノンストップ。飛行時間は12〜13時間。ほかにアジア経由、中東経由、ヨーロッパ経由の各社便がある。

ほかにもアレキサンドリア・ノズハ空港へは、ヨーロッパ主要都市から乗り入れがあり、ルクソール空港へは12〜2月の観光シーズンにエジプト航空が関西空港から月・木曜に乗り入れている。

●**航空会社、便によりターミナルが異なる**　カイロ国際空港には、3つのターミナル（2010年8月現在、第2ターミナルは閉鎖中）があり、航空会社によって発着するターミナルが異なる。原則としてエジプト航空の国際便は第3ターミナルに着く。いずれにしてもどのターミナルの発着なのかは、変更の可能性もあるので、到着の際には自分で必ず確認しておこう。第1ターミナルと第3ターミナルの間をタクシーで移動すると、短い距離にもかかわらず約20£Eも請求される。トランスファーバスも運行されているので、そちらを利用しよう。

●**イスラエルから陸路で**　イスラエルから陸路でエジプトに入国するなら、バスが出ている。考えられるルートはふたつ。シナイ半島北部のニツァナを通るルートと、紅海（アカバ湾）沿岸のターバーを越えるルートがある。ともにイスラエルの出国税とエジプトの入国税が必要。比較的簡単に国境越えが可能なターバーを経由したほうが無難。

なお、通常は国境ではビザは取れないので、テルアビブのエジプト大使館か、エイラットのエジプト領事館であらかじめ取得しておかなければならない。ただし、ターバーではシナイ半島南東部を旅行する人に限り、ビザなしで14日間の滞在を許可している（→P.413）。

●**紅海や地中海から**　定期的にエジプトへの便があるのは、ヨルダンのアカバからヌエバアへ紅海を渡るルート。エジプトのビザは船内または上陸時に取得可能だが、事前に確認したほうがよいだろう。このほか、キプロスからポート・サイドへ入る便も夏期のみ運航している（2010年は運休）。

東京/大阪~カイロ間航空便

エジプト航空 (第3ターミナル発着)　TEL(03)3568-8161　inet www.egyptair.jp

日本→カイロ	カイロ→日本
成田:金~水13:10→19:40	成田:木~火17:00→翌11:40
関空:火・金21:45→ルクソール翌5:00→カイロ7:00	関空:月・水・木・土23:01→翌17:30
関空:木23:25→翌6:00	

大韓航空 (第1ターミナル発着)　TEL 0088-21-2001　inet www.koreanair.co.jp

日本→ソウル	ソウル→カイロ	カイロ→ソウル	ソウル→日本
成田:毎日9:20→12:00	月・木・土	火・金・日	成田:毎日9:20→11:25
関空:毎日9:30→11:20	13:15→20:45	11:20→翌7:00	関空:毎日9:45→11:30

エティハド航空 (第1ターミナル発着)　TEL(03)3298-4719　inet www.etihadairways.com

日本→アブダビ	アブダビ→カイロ	カイロ→アブダビ	アブダビ→日本
成田:月・火・木・土・日 20:50→翌4:30	毎日10:15→12:25	毎日13:40→19:10	成田:月・水・金・土・日 22:25→翌13:20

エミレーツ航空 (第1ターミナル発着)　TEL 0570-001-008　inet www.emirates.com/japan

日本→ドバイ	ドバイ→カイロ	カイロ→ドバイ	ドバイ→日本
関空:毎日23:20→翌5:40	毎日15:20→17:25	毎日18:55→翌0:25	関空:毎日3:00→16:50
成田:木~月22:00→翌4:55	金~水8:50→10:55	金~水12:15→17:45	成田:木~月3:55→18:30

カタール航空 (第1ターミナル発着)　TEL(03)5501-3771　inet www.qatarairways.com

日本→ドーハ	ドーハ→カイロ	カイロ→ドーハ	ドーハ→日本
毎日 成田20:50 ↓ 関空23:55 ↓ ドーハ翌5:15	毎日13:15→15:55	毎日17:25→21:30	毎日 ドーハ1:05 ↓ 関空翌16:55 ↓ 成田19:30
	ドーハ→アレキサンドリア 火・木・土日13:15→15:55	アレキサンドリア→ドーハ 火・水・日19:40→23:45	
	ドーハ→ルクソール 火・木・金・土7:20→9:35	ルクソール→ドーハ 火・木・金・土10:55→14:30	
	日・月・水16:15→18:30	日・月・水19:30→23:05	

ブリティッシュエアウェイズ (第1ターミナル発着)　TEL(03)3298-5238　inet www.britishairways.com

日本→ロンドン	ロンドン→カイロ	カイロ→ロンドン	ロンドン→日本
成田:毎日11:10→14:25	毎日17:00→23:40	毎日8:50→12:00 (成田への同日乗継不可)	成田:毎日12:35→翌9:10

ルフトハンザ航空 (第3ターミナル発着)　無料 0120-051-844　inet www.lufthansa.co.jp

日本→フランクフルト	フランクフルト→カイロ	カイロ→フランクフルト	フランクフルト→日本
成田:毎日10:25→14:10	毎日15:10→20:15	毎日10:35→14:10	成田:毎日13:30→翌8:30
成田:毎日12:20→16:30	火・水・木13:40→18:40	月・水・金5:10→8:35	成田:毎日20:45→翌16:05
関空:毎日11:15→15:30	金・月13:30→18:30	火・木4:45→8:10	関空:月~土14:20→翌9:35
	土・日13:15→18:15	土・日4:50→8:10	関空14:15→翌9:30

KLMオランダ航空 (第1ターミナル発着)　TEL(03)3570-8770　inet www.klm.co.jp

日本→アムステルダム	アムステルダム→カイロ	カイロ→アムステルダム	アムステルダム→日本
成田:毎日14:55→18:30	木~火20:55→翌2:15	金~水4:10→翌8:00	成田:木~土13:50→翌8:55
関空:毎日11:00→15:15			関空:毎日14:00→翌9:10

エールフランス (第1ターミナル発着)　TEL(03)3570-8577　inet www.airfrance.co.jp

日本→パリ	パリ→カイロ	カイロ→パリ	パリ→日本
成田:毎日21:55→翌4:20	毎日13:35→19:00	毎日7:35→11:30	成田:毎日13:30→翌9:10
関空:毎日12:35→17:10	火・金16:40→22:00	火・金1:40→5:35	関空:毎日13:40→翌9:20

アリタリア航空 (第1ターミナル発着)　TEL(03)3568-1588　inet www.alitalia.co.jp

日本→ローマ	ローマ→カイロ	カイロ→ローマ	ローマ→日本
成田:毎日14:15→19:00	毎日11:55→16:15	毎日4:55→7:35	成田:毎日15:00→翌11:20
成田:金・日9:20→14:05	毎日21:50→翌2:10	毎日17:15→19:55	成田:木・土10:40→翌7:00
関空:月・水・土14:10→19:05			関空:火・金・日15:15→翌11:20

アエロフロート (第1ターミナル発着)　TEL(03)5532-8701　inet japan.aeroflot.aero

日本→モスクワ	モスクワ→カイロ	カイロ→モスクワ	モスクワ→日本
成田:毎日13:05→17:25	金・日20:20→23:50	月・土0:05→6:05	毎日20:00→翌11:25

トルコ航空 (第3ターミナル発着)　TEL(03)3435-0421　inet www.turkishairlines.com/ja-JP/index.aspx

日本→イスタンブール	イスタンブール→カイロ	カイロ→イスタンブール	イスタンブール→日本
成田:金~水14:25→20:05	毎日23:50→翌2:05	毎日12:30→14:40	成田:木~火17:50→翌12:25
関空:月・火・木・土23:30→翌5:55	毎日10:30→12:45	毎日19:00→21:10	関空:月・水・金・日23:55→翌17:55

※上記は2010年10月現在のスケジュールです。
出発時期によってスケジュールは変更されるので事前に確認してください。

■トランスファーバスのルート

第1ターミナルと第3ターミナルを移動するにはトランスファーバスという無料のバスを利用するのがお得。どちらのバスもターミナル〜空港バスターミナル間しか運行していないので、ターミナル間を移動しようと思ったら空港バスターミナルで乗り換えなければならない。

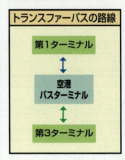

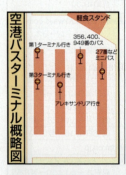

カイロ国際空港

空港からカイロ市内までのアクセス

目的地	タクシー		公共交通機関
タフリール広場	20km 30分	市内→30〜50£E（昼間） 空港→50〜80£E	バス 50分 356、27、400番
ギザのピラミッド	33km 50分	市内→50〜70£E（昼間） 空港→70〜100£E	バス 1.5時間 949番
ラムセス駅	18km 25分	市内→30〜40£E（昼間） 空港→50〜80£E	バス 50分 356、27、400番
ハーン・ハリーリ	17km 30分	市内→30〜50£E（昼間） 空港→50〜80£E	直通なし
オールドカイロ	24km 40分	市内→50〜70£E（昼間） 空港→70〜100£E	直通なし
ザマーレク	21km 40分	市内→40〜60£E（昼間） 空港→60〜90£E	直通なし

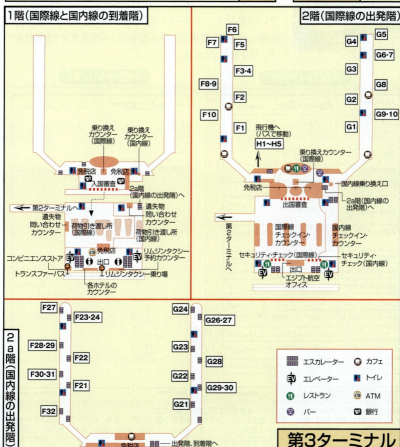

2010年8月現在、スターアライアンス加盟航空会社以外の国際便が発着するのは第1ターミナル

第3ターミナルの到着階の銀行。ここでビザが購入できるが、高額紙幣でないと両替してくれない

荷物引き取り所

入国の手続き

●**空港でのビザ取得** まずは銀行を目指そう。何時に到着しても、2〜3の銀行窓口が開いており、ここで両替とビザ用印紙の購入ができる。窓口の人に、両替するお金を渡すときに「ビザ、プリーズ」などと言えば、そのお金から、ビザ代15US$（ツアーなど団体で一括してビザの申請をする場合は10US$の手数料が上乗せされ25US$になることが多い）を差し引いた額をエジプトポンドに両替し、印紙と一緒にくれる。なお、両替時には小銭を混ぜてもらっておくと便利。カイロ市内へ向かうバスやタクシーに乗るために必要になる。印紙はシール式なので、パスポートの空いているページ（見開き2ページで余白があるほうがよい）に貼ってしまおう。

銀行の両替レートは市内の銀行とあまり変わらない。市内への交通費と最初の1泊分は両替しておきたい。ビザ代と合わせて40〜50US$ほど両替しておけば安心。

ここまできたら、あとは入国審査の列に並ぶだけ。係員に、この印紙付きパスポートと記入済みの入国カード（飛行機内で配られる）を渡すと、査証番号の入ったスタンプと日付のスタンプを押してくれる。

入国カード（表）

入国カード（裏）

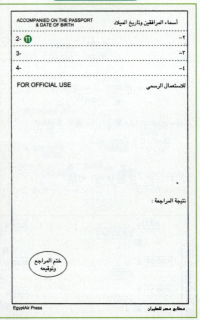

■記入はローマ字のブロック体で。パスポートを参照して同じ綴りで書くこと
❶フライト番号　❷乗機地　❸姓　❹名　❺生年月日と出生地　❻国籍　❼パスポート番号　❽エジプトでの滞在予定住所（ホテル名でよい）　❾入国の目的　左上から観光／留学／会議、集会など／文化／療養／商用／研修／そのほか（該当するものにチェックを入れる）　❿パスポートに併記している子供の生年月日と氏名（新しい日本のパスポートは子供を併記できなくなっている）　⓫パスポートに併記している子供の生年月日と氏名（❿の続き）
※入国カードの絵柄はしばしば変わりますが、記入内容はほぼ同じです。

このときに滞在予定など2、3質問されることもあるが、別に問題なく通過できるだろう。

●**手荷物検査** 入国審査を終えたら、機内預けの荷物を受け取り、手荷物検査へ。質問もゆるやかで、鞄を開けられることもまずない。免税基準は次のように決まっている。

★紙巻タバコ200本、または葉巻50本、そのほかのタバコ200gまで

★贈り物5000£E相当まで

　注意したいのは、エジプトにビデオカメラ（デジタルカメラは問題なく持ち込める）などを持ち込む場合。電化製品の輸入には大変厳しいので、高価な製品を持っていると税金をかけられるおそれがある。課税額は、市価の100～200%と非常に高いので忘れずに申告しておくこと。申告は簡単で、入国時に税関の先のデスクで現物を見せるとパスポートにスタンプを押してくれ、メーカー名などを書き込んでくれる。帰りにも現物とパスポートを見せればOKだ。入国時に申告したものが帰国時にないと、輸入したとみなされて課税されることがある。通常は厳しいチェックはしないが、エジプト人におみやげとして渡してしまってトラブルになったケースもあるので注意しよう。

●**在留許可と再入国ビザ** エジプトに1ヵ月以上滞在する場合は、最初の1ヵ月以内に在留許可ビザ（Residence Permits）の取得、また、ビザの有効期限内にエジプトからほかの国に行き、戻ってくる場合には、再入国ビザ（Re-entry Visa）が必要だ。どちらも、エジプト各地にあるパスポートオフィスで申請できる。ただし、在留許可ビザと再入国ビザは、パスポートの残存有効期間が希望滞在期間終了後2ヵ月以上ないと取得できないので注意しよう。なお、再入国の際にビザの有効期限が切れる場合は、その国でビザを取り直すことになる。

　カイロの場合は、タフリール広場のアスル・イル・アイニ通り寄りにあるモガンマアと呼ばれる庁舎で発給してくれる。入口でセキュリティチェックがあり、カメラは預ける。

　カイロのモガンマアでの申請方法は以下のとおり。

在留許可ビザ 在留許可ビザは1年分までまとめて取れる。写真は1枚でOK。パスポートの写真があるページのコピーでも代用が可能。警官から滞在延長申請書をもらい、必要事項を記入して、パスポートと一緒にTemporary Residence for Tourism Receiving Applicationと書かれている窓口に提出する。同時に申請料を支払う。

　1～2時間程度でTemporary Residence for Tourism Residence Stampの窓口からビザスタンプの入ったパスポートを返してくれる。受領後は期間を確かめること。

再入国ビザ 取得には、まず窓口で再入国申請書を買う。

■**日本帰国時の免税範囲**
●酒類
3本（1本760ml程度のもの）
●タバコ
紙巻きタバコのみの場合200本、葉巻タバコの場合50本
●香水
2オンス（1オンスは約28ml、オーデコロン、オードトワレは除く）
●そのほかのもの
20万円以下
詳しくは、東京税関や成田税関ウエブサイトで確認できる。
[inet] www.customs.go.jp

■**コピー商品の購入は厳禁！**
旅行先では、有名ブランドのロゴやデザイン、キャラクターなどを模倣した偽ブランド品や、ゲーム、音楽ソフトを違法に複製した「コピー商品」を、絶対に購入しないように。これらの品物を持って帰国すると、空港の税関で没収されるだけでなく、場合によっては損害賠償請求を受けることもある。「知らなかった」では済まされないのだ。

■**リコンファーム不要の航空会社が増えているけれど……**
「リコンファームの必要はない」という航空会社でも、オーバーブッキングは起こり得る。実際にヨーロッパ系の航空会社でも「乗れなかった」という体験を耳にすることもある。エジプト流にのんびり待つわけにもいかないのが帰国便。混雑する冬期や、心配な人は、とにかく早めに空港に行ってチェックインするようにしよう。

■**モガンマア**
✉ Midaan it-Tahrir, Cairo
TEL (02)5976301
営 在留許可・再入国ビザの申請は8:00～13:30
休 無休

タフリール広場に面した半円形の建物が、何かとお世話になるモガンマア

■イスラエルへ陸路で行く人へ

再入国ビザ申請の際、イスラエルへ陸路で行く場合には、往復切符の提示を求められることもある。

■検疫

エジプトから日本へは、肉加工品は持ち込めない。詳細は動物検疫所のウェブサイトで確認できる。
[Inet]www.maff.go.jp/aqs

■ワシントン条約の輸入規制

ワシントン条約とは絶滅のおそれがある動植物を保護するため捕獲を禁止・制限する規制。指定の動植物を原料とした製品の輸入は、関係機関が発行した輸出許可証がないと許可されない。例えば希少動物を原料とした漢方薬、ワニやトカゲを材料とした皮革製品などがこれにあたる。

記入後、窓口にパスポートとともに提出。シングルビザとマルチプルビザがあり、所有する観光ビザの期間内のみ有効。手数料は係官に支払う。

カイロ以外でも、アレキサンドリアやルクソール、アスワン、ハルガダなど主要都市のパスポートオフィスで、ビザの延長や再入国ビザの取得が可能。手続きにかかる費用は、それぞれの都市で若干異なることがある。

出国の手続き

● **リコンファーム** 航空会社によっては、飛行機の予約再確認（リコンファーム）を出発の72時間前までに行うことを要求している。自分の航空券がリコンファームが必要かどうかは購入時に確認し、オフィスの場所や連絡先も控えておこう。リコンファームは各航空会社の支店に出向いてE-チケットの控えにシールを貼ってもらうなど、証拠を残すのがベスト。

● **持ち出せないもの** エジプトからの文化財の国外持ち出しは、法律で厳しく制限されている。旅行者が文化財を持ち出すときは、文化省考古局の許可を得た古美術商から購入し、出国の際、古美術証明を税関に提出する。ただし手続きは大変面倒。事実上は持ち出し不可能と考えたほうがよい。

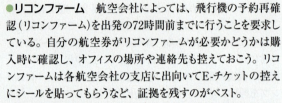

出国カード（表） / 出国カード（裏）

■記入はローマ字のブロック体で。パスポートを参照して同じ綴りで書くこと
❶フライト番号 ❷降機地 ❸姓 ❹名 ❺生年月日と出生地 ❻国籍 ❼パスポート番号 ❽パスポートに併記している子供の生年月日と氏名（新しい日本のパスポートは子供を併記できなくなっている）❾パスポートに併記している子供の生年月日と氏名（❽の続き）

※出国カードの絵柄はしばしば変わりますが、記入内容はほぼ同じです。

●**出国手続き**　航空会社のカウンターでチェックインの手続きを終えると、出国カードをくれる。これに記入したらいよいよ出国。

カイロで取る各国ビザ

カイロには各国の大使館がほぼ揃っている。ビザ取得に日本大使館のレターが必要な国もあるが、日本大使館のレター発給は申請の翌日だ。2010年7月現在、ビザの発給業務を停止している大使館もあり、状況は流動的。常に現地で最新情報を確認しよう。

ヨルダン大使館　カイロの大使館や、マリク・フセイン（アレンビー）橋を除いた国境でビザの取得が可能。3ヵ月のツーリストビザは同日発給で、料金は無料。写真1枚とパスポートが必要。

シリア大使館　シリア大使館ではビザの発給を2007年春頃から停止中。2010年7月現在、ヨルダン側、レバノン側、トルコ側とも陸路、鉄道国境でビザ取得が可能だが、日本であらかじめ取得していくのが無難。

レバノン大使館　日本人は国境や空港で問題なく観光ビザが取れるため、カイロの大使館ではビザの発給を行っていない。

スーダン大使館　1ヵ月のツーリストビザが取れる。所要は5〜7営業日。日本大使館のレターと写真2枚、100US$を用意しよう。ハルトゥーム空港でも取得可能。

エチオピア大使館　1ヵ月（20US$）と3ヵ月（30US$）のツーリストビザが取れる。翌日発行。写真1枚と申請用紙1枚、パスポートが必要。空路で行く場合はチケットのコピーが必要。

■**カイロの各国大使館**
●**日本大使館**（→P.411）
折込Map大カイロ B2
●**ヨルダン大使館**
折込Mapカイロ A3
✉6 Shaari' Basim el-Kateb, Doqqi
TEL (02)7486169
⏰9:00〜12:00
休金・土

●**シリア大使館**
折込Mapカイロ A3
✉18 Shaari' Abd El-Rahim Pasha, Doqqi
TEL (02)37495210
⏰9:00〜14:00
休金・土

●**レバノン大使館**
折込Mapカイロ A1
✉22 Shaari' El-Mansour Mohamed, Zamakek
TEL (02)27382823
⏰9:30〜12:00
休金・土

●**スーダン大使館**
折込Mapカイロ B3
✉4 Shaari' El Ibrahimy, Garden City
TEL (02)27949661
⏰9:00〜13:00
休金・土

●**エチオピア大使館**
折込Mapカイロ A3
✉21 Shaari' Muhammad Ghazaalii, Doqqi
TEL (02)33353696
⏰9:00〜14:00　休金・土

Information

イスラエルと中東、アラブ諸国を回る人へ

アラブ、イスラーム諸国のなかには、まだイスラエルと外交関係がなく、パスポートにイスラエル入国の痕跡があると自国への入国を認めていない国がある。2010年10月現在で、イスラエルの出入国スタンプがあると自国への入国を認めていないのはイエメン、シリア、クウェート、レバノン、イラク、スーダン、サウジアラビア、リビア。OKなのはヨルダン、チュニジア、モロッコ、イラン、カタール、オマーン、パキスタン、UAE。

空路の場合　エジプトの空港から出国したスタンプがあっても、イスラエルの入国スタンプがなければどこへ行ったのか特定できず、イスラエルに滞在したかどうか、パスポートからは判別できない。したがって問題は発生しない。

陸路の場合　イスラエルとエジプトの国境を通過したということはイスラエルに行ったことになる。イスラエル入国のスタンプがなくても、エジプト側のスタンプがあれば、ほかのアラブ諸国から入国を拒否される。

イスラエル入国は旅程も考慮して　多くのアラブ諸国を旅行するためには、イスラエルを最後の渡航地にするか、空路で移動するしかない。イスラエルのイミグレーションでは、旅行者に配慮して、申告があれば別紙に出入国スタンプを押してくれる。だが、そのように頼んでも、言葉の問題などでうまくいかないこともある。イスラエルでビザを取るなど、パスポートを使う行為も、当然イスラエル入国の証となる。

2007年に登場した200£E紙幣。書記座像が描かれている

■エジプトらしさが詰まった紙幣をおみやげに
エジプトの紙幣はキタナイ。ボロボロで、ヘタをすると金額が読めないこともある。だけど、絵柄はとてもエジプトらしい。いろいろな遺跡やイスラーム寺院などが刷り込んであって、切手とともにコレクションしたいくらいだ。

200£E

50£E

20£E

5£E

1£E

25pt.

通貨と両替

●**エジプトの通貨はエジプトポンド** エジプトの通貨はエジプトポンド（エジプト英語風に発音するとエジブシャンパウンド）、アラビア語で「ギニー」、市場などでは" ___ "で表される（本書では£Eと表記した）。補助単位はピアストル。アラビア語で「クルシュ」という。市場などでは" ___ "で表される（本書ではpt.と表記）。1エジプトポンドが100ピアストルに相当する。

紙幣は、25pt.、50pt.、1£E、5£E、10£E、20£E、50£E、100£E、200£E。コインは5pt.、10pt.、20pt.、25pt.、50pt.、1£Eがある。コインは同金額で絵柄の違う2種類のものがあるが、同様に使うことができる。

●**数字はアラビア語で覚えてしまおう** コインには、額面が算用数字で書かれていないものもある。つまり、元祖アラビア数字の表記だけなので、間違えないように。アラビア語の数字を知っていると便利なので覚えておこう（→P.464）。

●**米ドルの現金が便利** エジプトでもともと強いのは米ドルだが、最近は円の両替も可能になった。空港やカイロ、ルクソール、アスワン、シャルム・イッシェーフ、ハルガダなど、大都市の大きな銀行や高級ホテルでは不自由なく両替できるし、レートもよい。大都市だけを回るなら、日本円だけでもOKだ。それに、大きなホテルやレストラン、みやげ物屋では日本円や米ドルをそのまま現金で使えることが多く、大都市の高級施設のみを利用するつもりなら、エジプトポンドに両替する必要すらない。もっとも、そのまま使えるとはいえ、ホテルや店の値段はもちろんエジプトポンドで設定されており、店が便宜的にレートを計算して日本円をそのまま受け取ってくれるということ。このとき計算されるレートは銀行より悪いことが多い。

トラベラーズチェックとクレジットカード

エジプトでも観光地ではトラベラーズチェック（T/C）やクレジットカードが使える。

●**クレジットカード** クレジットカードはカイロ、アレキサンドリア、ルクソール、アスワン、ハルガダ、シャルム・イッシェーフなど、大都市や観光地で多く使える。特に、観光客がよく利用する大きなホテルやみやげ物屋、高級レストランなら問題なく使用することができる。通用度が高いのは、MasterCard、Visa、次いでアメリカン・エキスプレス、ダイナースなど。観光地や大都市のATMでキャッシングができるのも心強い。

●**トラベラーズチェック** T/Cも大都市で両替が可能だ。カイロやアレキサンドリア、ルクソール、ハルガダ、シャルム・イッシェーフなどにはトーマスクックThomas Cookやアメリカン・エキスプレスAmerican ExpressのオフィスがあるのでT/Cの両替に便利。また、米ドルのT/Cなら西方砂漠のダフラ・オアシスやハルガ・オアシスでも両替が可能。日本円のT/Cは両替が不可能なところが多い。

逆に大都市以外では、円やT/Cの両替は不可能なので、小口の米ドルの現金を用意しておくこと。

アスワンのトーマス・クックのオフィス

両替

●**銀行での両替** エジプトには、たくさんの銀行がある。都市はもちろん、そこそこの規模の町なら、必ず銀行がある。観光地なら営業時間にさえ気を付けていれば両替できないということはないはずだ。しかし、ひとたびオアシスの町や紅海沿岸、シナイ半島の小さな村に行くと、外貨を扱っている銀行が少なくなる。あらかじめ何日分かを両替してしまったほうがいい。

2010年10月現在、銀行（公定）レートで1£Eが約15円。2001年にエジプトポンドが暴落して以来、帰国時の日本円への再両替は大変難しくなった。闇両替も再び登場し始めている。

●**銀行の営業時間に要注意** エジプトの銀行で気を付けたいのは営業時間。土曜と月～木曜は8:00～14:00、日曜は10:00～12:00。午後はたとえ開いていても外貨の両替はできないことが多い。なお、金曜は休み。外国資本の銀行は土曜も休み（日曜は営業）。観光地の銀行では18:00～20:00ぐらいの時間帯に外貨両替に限ってオープンするところもある。

ホテルや駅にも銀行の窓口がある。ヒルトンやシェラトンといった高級ホテルなら比較的長い時間営業している。またこれらのホテル内にはATMもあり、クレジットカードでのキャッシングなども可能。ATMの端末はなくても銀行の窓口で頼めばキャッシングが可能な銀行も多い。

●**おつりを用意するのに時間がかかる**

観光地では10US$渡したことが数度ありました。「そんな大きなおつりないから取ってくる。ちょっと待っていてくれ！」と走り出すオジサンたちを見て正直、人を疑いそうになった瞬間もありましたが、全員が息切らし、お釣りを持って戻ってくれました。
（埼玉県　シリルJr　'10年1月）

レシートをもらったらレートと金額をきちんと確認しよう

Information
トラベラーズ・チェック（T/C）がますます安心・便利に

トラベラーズ・チェック（T/C）は、本人のサインがなければ使用できない安全な旅のお金。アメリカン・エキスプレスのT/Cなら、購入者が病気やケガ、パスポートの紛失といった緊急時に、24時間、日本語による電話サービスでしっかりサポートしてくれる。さらに、フライトスケジュールやレストラン、ショップ、予算に応じたホテルの案内など、渡航先で役に立つ現地情報も提供してくれる。

購入はアメリカン・エキスプレス提携の金融機関、外貨両替ショップ、ゆうちょ銀行、郵便局、空港などで。

安心・便利な旅のおカネアメリカン・エキスプレスのT/C

カラフルな両替屋の看板。両替商はアラビア語で「サッラーフ」という

ATMの注意点

空港のATMでキャッシングしたとき、現金が出てこなくてレシートのみ出てきました。隣の別のATM機でも別の外国人がトラブルに遭っているようでした。すぐ横にあった銀行の窓口に問い合わせたところ、「ネットワークダウンのためのアカウントだ。問題ない」と回答されました。しかし日本に帰国してカードのキャッシング状況をチェックすると、無効にはなっておらず引き落としされていました。すぐさまカード会社に連絡して対処してもらうように要請したところ、調査の結果無効にするとの通知がありました。ATMでキャッシングするときは注意が必要だと思いました。

（大阪府　杉本 和也　'10春）

両替所のレート表示。表に日本円が記載されているからといって、日本円の両替が可能であるとは限らない

●**増えつつあるATM**　ATMは最近エジプトでは目に見えて増加の傾向にあり、おもな高級ホテルのほか、銀行にも設置されている。最低50£Eからの引き出しが可能だ。ほとんどのATMにCirrusやPLUS対応の表示があるが、Citibankなどのワールドキャッシュカードは、カイロ銀行やエジプト銀行のATMでは使えないこともある。そういう場合は、カイロやアレキサンドリアにあるCitibank支店か、Bank Audi（アラビア語ではバンクル・オーダ）など外資系銀行に設置されているATMを利用しよう。

ATMは通常24時間利用可能

●**銀行以外での両替**　最近カイロをはじめ、アレキサンドリア、ハルガダ、アスワンなどには、EXCHANGEの看板を掲げた両替屋が増えてきた。観光地の両替屋は銀行が閉まっている時間帯でも開いていることがあるので便利。金曜も開いているところも多い。両替屋といっても闇両替ではなく合法的な施設で、レートは銀行より若干いい場合もある。

●**再両替は非常に困難**　エジプトポンド下落の影響もあって、銀行や両替屋でもエジプトポンドから外貨への両替ができるかどうかは店により、時期によりころころ変わり、流動的。

●**両替は少しずつ**　再両替はできないと思って両替はこまめにして、出国するときに余らないようにするのがコツ。出国日が近づいてきたらあといくらぐらい必要なのかを考え、少しずつ計画的に両替するようにしたい。それでも中途半端に余ってしまったら、おみやげを買うなどして使い切るか、旅の記念として持ち帰るという方法もある。

●**両替レシートは捨てないで**　中級ホテルなどでは、エジプトポンドでの支払いのときに両替時のレシートの提示を求められる。必ず取っておこう。

●**小回りが利かない高額紙幣**　旅行者が使う高額紙幣はせいぜい20£E札（約300円）。しかし2万円ぐらい両替すると、小額紙幣を要求しても断られることがあり、50£Eや100£E札で返ってくることが多い。

●**破れた紙幣に注意**　お金を受け取ったらまず金額を確認。古くてボロボロになった紙幣はお店では受け取ってくれないことも多いので、新しい紙幣に交換してもらおう。

●**小額の紙幣と小銭は必需品**　また、ちょっとした買い物をするときや、町のスタンドなどでは「おつりがない」と言われることがよくある。チップを渡す機会も多いので、なるべく小銭や1〜5£Eの小額の紙幣をためておくようにしよう。特に市内バスやマイクロバス、近距離のタクシーを利用するときは、小額の紙幣が必需品となる。

旅の予算

エジプトの物価は安い。贅沢をしなければ、1日1000円以内で過ごすことも充分可能だ。カイロは大都会だから多少物価が高いけれど、ルクソールやアスワンは観光客プライスというよりいなかプライスがまだまだ通用する。つまり、安く快適にエジプトを旅するには、ケチる日と少しリッチな日をうまく使い分けて、メリハリをつけるのがコツなのだ。

●**食事代**　極端な安宿でない限り、たいていのホテルは朝食付き。昼と夜はレストランで肉か魚の定食。これが15〜30£E（225〜450円）。マクドナルドやケンタッキー・フライドチキンといった外国資本のファストフード店は、セットで約30£E（450円）と、エジプトでは安い食事というイメージはない。安くあげるならばシャワルマやコシャリを食べよう。これなら1£E〜6£E（15〜90円）。飲み物では、オレンジジュースはスタンドで1杯3£E（45円）。ビールは酒屋で買って1本約6.5£E（98円）。レストランで飲んで10£E（150円）〜。

●**ホテル代**　平均的な安宿で1泊30£E（450円）ぐらい。ドミトリーなら15£E（225円）〜。部屋にホットシャワー、エアコンの付くホテルなら、カイロで100£E（1500円）〜というのが相場だ。ユースホステルは会員であれば安くなるが、もともとほかの宿が安いので、エジプト旅行のためだけに会員になる必要はないだろう。また、エジプトのユースホステルは、国内の学生が占拠していることが多く、空きが少ないし、町の中心から離れている場合が多いため利用しにくい。

プールやプライベートビーチ付きの中級リゾートホテルは、30US$〜。ヒルトンなど、外国資本の高級チェーンホテルであっても、時期と場所によっては、100US$以下で泊まれるところも多い。

●**交通費**　町の見どころを歩くためのバスは1回50pt.〜2£E（8〜30円）と、日本とはケタ違いに安い。タクシーを使ったとしても、近くなら2.5£E（38円）ほどだから、あえて計算に入れなくても大丈夫。しかし、エジプトは広いので、長距離移動の予算は必要。カイロからルクソールまで列車で行くなら1等だと165£E（2475円）。しかし、アベラ・エジプトの夜行列車は観光客専用なので、シングルは1泊80US$。

また、町から離れた遺跡は交通手段が乏しいことが多いので、タクシーを1日チャーターする予定のある人は、100£E（1500円）程度みておきたい。

●**遺跡や博物館の入場料**　こんなに物価の安いエジプトだが、旅行者泣かせは遺跡や博物館の入場料。もちろん外国人旅行者料金なのだが、それにしてもほかの物価に比べて

エジプト考古学博物館のミイラ室は入場料なんと100£E

コシャリは安くておいしいエジプト料理の代表格

😊観光地の物価
ルクソールは本当に暑かったです。お水は必携なんですが、観光地で買おうとすると、とても高いです。現地のスーパーで買うことをおすすめします。
（大阪府　みそこ　'09夏）

ルクソールのウィンター・パレス。カイロのメナ・ハウス・オベロイと並び、100年以上の歴史をもつ名物ホテル

TICKETS	
1 HABU TEMPLE	30
2 RAMESSUM TEMPLE	30
3 NAKHT AND MENNA TOMBS	30
4 REKHMIRE AND SENNOFER	30
5 RAMOSE, USERHET AND KHAEMHET	30
6 DIR EL MADINA TEMPLE AND TOMBS	30
7 KHOKHA (NEFER-RONPET, NEFER-SEKHERU, DHUTMOSI)	30
8 SETI TEMPLE	30
9 KHONSU, USERHET, BENIA	15
10 ROY AND SHROY TOMBS	15
11 PASHEDO TOMB	15
12 MERENPTAH TEMPLE	25

ルクソール西岸のチケット売り場の料金表

チケット売り場

フレッシュジュースで水分とビタミン補給を!

エジプトで最近人気の100円均一ならぬ2.5£E均一のショップ。こんなところからもエジプトの物価感覚がわかっておもしろい

ケタ違いに高い。ギザのピラミッドやカイロの考古学博物館などはそれぞれ60£E（約900円）、アブ・シンベル神殿は90£E（1350円）、ルクソールの場合は、各遺跡ごとにそれぞれ入場料を取られるから、東岸・西岸をすべて回ると、軽く500£E（7500円）を超えてしまう。行きたいところをピックアップして、ある程度計算しておいたほうがいい。有名な観光ポイントを精力的に見て回ると、1日200£E（3000円）ぐらいかかる。また、カメラの持ち込みは入場料に含まれる場合がほとんどだが、ビデオカメラの場合は、一部の見どころで、別途持ち込み料を請求されるところもある。知っておきたいのは国際学生証の効力。高い遺跡の入場料も、国際学生証（IDカード）を提示すれば半額になることが多い（学生証の取得に関しては→P.414）。しかし、交通機関には効果はない。

●**旅の予算**　こんな調子だから、かなりきちんとした食事をした日でも、1日の予算として、食費が50£E（750円）、宿泊費が50£E（750円）、遺跡入場料が60£E（900円）、ミネラルウォーターやトイレチップなどの雑費を5£E（75円）ほど予定しておけばいい。これを滞在日数分合計し、長距離移動費とおみやげ代などを加えれば、おおまかな旅の予算となる。

ガンガン観光した20代男性の旅の支出例

●**1日目　カイロ市内**	
ビザ代	15US$
カイロ空港～カイロ市内（バス）	2£E
水（1.5ℓ）	2£E
エジプト考古学博物館	60£E
昼食（コシャリ）	3£E
タフリール広場～オールドカイロ（地下鉄）	1£E
夕食（コフタ定食）	25£E
宿泊費（個室、シャワー・トイレ共同）	60£E
●**2日目　ギザのピラミッド～アスワン**	
タフリール広場～ギザのピラミッド（バス）	2£E
ピラミッド地域入場料	60£E
昼食（ファストフード店）	20£E
音と光のショー	75£E
水（1.5ℓ）	2£E
カイロのレストランで夕食	50£E
夜行列車でアスワンへ(1等)	167£E
●**3日目　アスワン**	
朝食（水、パンを列車内に持参）	3£E
水（1.5ℓ）×2	4£E
遺跡など見どころの入場料（4ヵ所）	120£E
フルーカ（3時間チャーター）	75£E
昼食（シャワルマ）	5£E
夕食（定食）	20£E
宿泊費（シャワー、トイレ、朝食付き）	30£E
●**4日目　アスワン～アブ・シンベル～ルクソール**	
アブ・シンベルへのツアーに参加	90£E
アブ・シンベル入場料	90£E
水（1.5ℓ）×2	4£E
昼食（定食）	20£E
アスワン～ルクソール（1等）	40£E
夕食（ピザ、ビール）	50£E
宿泊（シャワー、トイレ、朝食付き）	45£E
●**5日目　ルクソール西岸**	
遺跡など見どころの入場料（6ヵ所）	300£E
水（1.5ℓ）×2	4£E
タクシー 1日チャーター	100£E
昼食（チキン定食）	30£E
夕食（コシャリ）	3£E
おみやげ（香水ビン、パピルス）	90£E
宿泊（シャワー、トイレ、朝食付き）	50£E
●**6日目　ルクソール東岸～カイロ**	
遺跡など見どころの入場料（4ヵ所）	245£E
レンタサイクル	15£E
昼食（コシャリ）	3£E
水（1.5ℓ）×2	4£E
夕食（シシカバーブなど）	30£E
夜行列車でカイロへ	120£E
●**7日目　カイロ、イスラーム地区**	
ホテル～シタデル（タクシー）	8£E
水（1.5ℓ）	2£E
シタデル入場料	50£E
昼食（ハト）	21£E
おみやげ（Tシャツ、ガラベーヤ）	50£E
カイロ市内～空港（タクシー）	35£E
およその合計3万5550円（1£E=15円で計算）	

郵便&電話&インターネット

郵便局や電話局などの公共機関では窓口に並ばなければならないが、これがけっこうな労力を要する。きちんと列などは作らず、割り込みはあたりまえ。窓口をたらい回しにされることもエジプトならではの光景だ。

メナテルのテレホンカードの看板

郵便

●**手紙を送る**　エアメールは、ハガキ2.50£E。1週間から2週間で日本に届く。大きなホテルではフロントの横にポストがあり、フロントで切手を買うこともできる。ホテルのほか、カイロではアメリカン・エキスプレスの事務所などにもポストがある。

●**小包を送る**　小包郵送の取り扱いは、大都市の大きな郵便局のみに限られる。カイロ市内ではラムセス駅東側にあるアズバキーヤ郵便局が扱っている。日本へは1箱20kgまで郵送可能。最近は、EMS(国際スピード郵便)が普及し、地方都市の郵便局でも取り扱っている。いずれにせよ、手続きにはかなりの時間と根気を要する。また、送った物が届かないこともあるので、大切な物は郵送しないほうがいい。カイロやアレキサンドリアなどの大都市には**DHL**や**FedEx**などがあるので、大切なものを送るならこちらを利用しよう。

カイロのラムセス駅横にある郵便局庁舎。1階のアズバキーヤ郵便局へは東側の入口から入る

古代エジプトを題材にした切手はおみやげにもぴったり

電話

エジプトでは、かつて電話といえば電話局へ行き、長い列に並ばなければならなかったが、現在では、メナテル**Menatel**やリンゴ**RingO**といった民間企業のカード式公衆電話が主要都市はもちろん、デルタや上エジプトの小さな町も含め全国的に普及している。このカード式公衆電話からは直接国際電話をかけることもできる。公衆電話の会社はそれぞれが競合しているため、カードには互換性はない。最も普及しているのが、メナテルの電話機で、カードを販売している場所も最も多い。2010年8月現在、西方砂漠のファラフラ・オアシスを除くエジプトのほぼ全地域にくまなく導入されている。

メナテルの使い方はボックスの裏側に表示されている。最初ディスプレイにはアラビア語が表示されているが、旗のマークのボタ

リンゴの公衆電話

カード式電話のなかで最も目にすることが多い緑のメナテル

■**テレホンカードの値段**
●**メナテル専用**
10〜30£E

メナテルの電話機本体にはアラビア語の数字も併記されている

旗のマークのボタンを押すと言語が英語などに変わる

メナテルのテレホンカード

ハルガダの電話局

ンを押せばアラビア語から英語などの外国語に変わる。あとはカードを挿入して、ボタンを押すだけ。カード残量も表示されるので便利だ。故障しているものもあるので注意。

●エジプトから日本に電話をかける　日本への国際電話は、大きなホテルであれば、室内の電話からダイレクトにかけられる。ダイレクトにかけるならメナテルやリンゴなどの電話局にあるカード式電話でかけることができる。また、大都市や観光地には私営国際電話オフィスもある。

　電話局から　エジプトの電話局はテレホン・セントラールと呼ばれている。窓口で専門のテレホンカードを購入して、専用の電話ボックスで通話するという方式が一般的。カイロの電話局から日本への通話料は、8:00〜20:00の間で1分5.6£E程度。時間帯によって変更する。

　私営国際電話オフィスから　私営の国際電話オフィスは、ハルガダやルクソール、ダハブなどでよく見かける。料金は1分単位だが、かける国によっても料金が異なるので事前に確かめよう。

　携帯電話　エジプトでも携帯電話は非常によく普及しており、旅行者の行く都市のほとんどがカバーされている。日本の携帯電話をそのままエジプトで利用することは、国際サー

■KDDI スーパージャパンダイレクト（オペレーターを通さないクレジットカード通話）
カイロ市内のプッシュ式電話から TEL 23658881、カイロ以外からはカイロの市外局番（02）を付けた(02)23658881。

■KDDI ジャパンダイレクト
TEL 23656081
カイロ市外からかけるときは、最初にカイロの市外局番の（02）を付けた(02)23656081となる。

日本から現地への電話のかけ方

国際電話会社の番号
+
国際電話識別番号 010 ※2
+
エジプトの国番号 20
+
市外局番の最初の「0」を除いた相手先の電話番号

KDDI ※1 ➡ 001
NTTコミュニケーションズ ※1 ➡ 0033
ソフトバンクテレコム ※1 ➡ 0061
au（携帯）※2 ➡ 005345
NTTドコモ（携帯）※3 ➡ 009130
ソフトバンク（携帯）※4 ➡ 0046

※1 「マイライン」の国際区分に登録している場合は不要。詳細は Inet www.myline.org
※2 auは010不要。
※3 NTTドコモは事前登録が必要。009130をダイヤルしなくてもかけられる。
※4 ソフトバンクは0046をダイヤルしなくてもかけられる。

現地から日本への電話のかけ方

国際電話識別番号 00 ※1
+
日本の国番号 81
+
市外局番の最初の「0」を除いた相手先の電話番号 ※2

※1 公衆電話から日本にかける場合は上記のとおり。ホテルの部屋からは、外線につながる番号を頭につける。
※2 携帯電話などへかける場合も、「090」「080」など最初の0を省く。

日本での国際電話の問い合わせ先
❶固定電話
KDDI　無料 0057　Inet www.kddi.com
NTTコミュニケーションズ　無料 0120-506506　Inet www.ntt.com
ソフトバンクテレコム　無料 0120-03-0061
　　　　　　　　Inet www.softbanktelecom.co.jp

❷携帯電話
au　無料 0077-7-111　Inet www.au.kddi.com
NTTドコモ　無料 0120-800-000　Inet www.nttdocomo.co.jp
ソフトバンク　無料 157（ソフトバンクの携帯から無料）　Inet mb.softbank.jp/mb

携帯電話を紛失した際の現地からの連絡先（利用停止の手続き。全社24時間対応）
au※1　　　（国際電話識別番号00）+81+3+6670-6944
NTTドコモ※2　（国際電話識別番号00）+81+3+5366-3114
ソフトバンク　　（国際電話識別番号00）+81+3+5351-3491(有料)
※1 auの携帯から無料、一般電話からは有料
※2 NTTドコモの携帯から無料、一般電話からは有料

日本の電話会社でも下記のようなサービスを行っている
❶国際クレジットカード通話
KDDI→スーパージャパンダイレクト

❷プリペイドカード通話
KDDI→スーパーワールドカード
NTTコミュニケーションズ
　→ワールドプリペイドカード
※利用方法については各社まで問い合わせを

ビス対応携帯電話でのみ可能。海外ローミングの方法は各電話会社ごとに異なっているので、詳しくは各電話会社に問い合わせを。エジプトの携帯会社は3社あり、海外の携帯電話があればエジプトのSIMカード（30～50£E程度）を購入し、利用することもできるが、日本の海外対応の携帯電話にエジプトのSIMカードを挿入しても利用はできない。

インターネット

●**インターネットカフェ**　大都市や観光地ではインターネットカフェもよく見かける。地方都市ではダイヤルアップ接続のため通信速度が遅いところも多いが、カイロなどの大都市にもなると、ブロードバンド環境が整ったインターネットカフェも多い。使用料金は1時間2～10£Eぐらいが目安。また、外資系のカフェを中心に、無料でWIFI（無線LAN）が使えるところも増えている。

●**ホテルのコンピュータを使う**　カイロやルクソール、アスワンなどでは安宿でもホテル内にインターネットルームを設けているところが多く、メールのチェックが可能。日本人客が多い宿では、日本語が入力可能なところもある。

●**ホテルから接続**　外資系の5つ星ホテルなどならほぼLANケーブル、無線LANの設備を完備しているので、ノート型パソコンを持っていっても、簡単に接続が可能。ただし有料の場合がほとんどで、1日約3000円、1週間だと1万円ぐらいかかる。

高級ホテルに併設されたインターネットカフェ

カイロではインターネットカフェの看板もよく見かける

アレキサンドリアでも無線LANが使用できるカフェが増えてきた

キーボードはアラビア語の横にアルファベットも併記されている

Information
インターネットで探すエジプト情報

■**Egypt State Information Service**
inet www.sis.gov.eg
観光から遺跡まで幅広く扱う政府系サイト。

■**Tour Egypt**
inet www.touregypt.net
エジプト観光省のウエブサイト。

■**エジプト国鉄**
inet www.egypttrail.gov.eg
エジプト国鉄のウエブサイト。時刻表もダウンロードできる。

■**Eternal Egypt**
inet www.eternalegypt.org
エジプト文化庁とIBMによるウエブサイト。

■**エジプト大使館　エジプト学・観光局**
inet www.egypt.or.jp
エジプトの最新情報がわかる。新たなスポット情報など更新も頻繁にされている。エジプトに旅行する前に見ておくといいかも。

■**EGYPT.com NEWS**
inet news.egypt.com
政治からスポーツまでエジプトの今がわかる。

■**エジプト考古学博物館**
inet www.egyptianmuseum.gov.eg
館内の図や展示品など写真や解説も豊富。

■**Osiris Express**
inet www.osiris-express.com
ツアー選びのコツやツアー比較、観光最新情報も充実。ツアーで行く人は必見の情報が満載。

■**ルクソールマガジン Online**
inet www.cyclejp.com/luxor
遺跡情報やエジプト観光情報が充実している。メルマガに登録すれば最新情報もチェック可能。

■**バックパッカーズゲットー　情報ノート掲示板**
inet jbbs.livedoor.jp/travel/7927
エジプトをはじめ、世界中のバックパッカー向けの情報が満載。

国内交通

エジプトには、さまざまな交通機関がある。それぞれをうまく使いこなせば、自分のスタイルに合った効率のよい旅ができるだろう。例えば、徹底的に安く旅行したいのなら、長距離移動には鉄道やバスを、市内の移動にはバスや地下鉄などの公共交通機関や徒歩を利用すればよい。逆に、費用はかかっても早くて楽なほうがいいという人なら、長距離移動には飛行機を利用し、市内のホテルへはリムジンかタクシーで移動するのがいい。

国土が広いエジプトでは飛行機で移動すると時間が短縮できる

飛行機

国土の広いエジプトを短時間で快適に移動するなら、飛行機が最も便利。エジプト航空の国内線が、エジプト国内の主要都市をカバーしている。

●**国内線** エジプト航空の場合、国内線の多くはカイロ国際空港の第3ターミナルに発着する。ただし、使用するターミナルは頻繁に変更されることもあり、状況は流動的なので必ず現地で確認するようにしたい。また、チェックインは出発時刻の1時間前には済ませよう。

カイロからエジプト南端のアブ・シンベルまでは所要2時間20分。特にアスワン〜アブ・シンベルは人気の路線。そのほかにも、カイロ〜ルクソール〜アスワン、カイロ〜ハルガダ、カイロ〜シャルム・イッシェーフの路線は便数が多い。

エジプトの空港では乗客に手洗いなど、病気の予防をするように推薦している

長距離鉄道

●**国鉄** 国鉄はクラスによって大きく3つに分けられる。

急行 エキスプレスあるいはアラビア語でムカイヤフ（エアコン付きの意）と呼ばれる。スペイン製やフランス製のエアコン付き車両で運行されており、最高時速120kmで走り、停車駅は各県庁所在地をはじめとした主要都市。横3列シートの1等と、横4列だがリクライニングシートの2等があり、おおむね1等が3〜4両、2等が5〜6両の編成。ビュッフェがあり、スタッフがシャイや軽食のオーダーを取りに来る。運転区間はカイロ〜ルクソール〜アスワン、カイロ〜アレキサンドリア、アレキサンドリア〜マルサ・マトルーフ間など。座席は全席指定だが、空いていれば切符を持っている人が来るまでは座れる。

アーディ エアコンなしの2等車ばかりで走る長距離急行。運賃は3〜4時間乗っても20£E以下と激安だ。カイロ〜アスワンなどもあるが、座

エキスプレスには車内販売もある

エジプト航空路線図

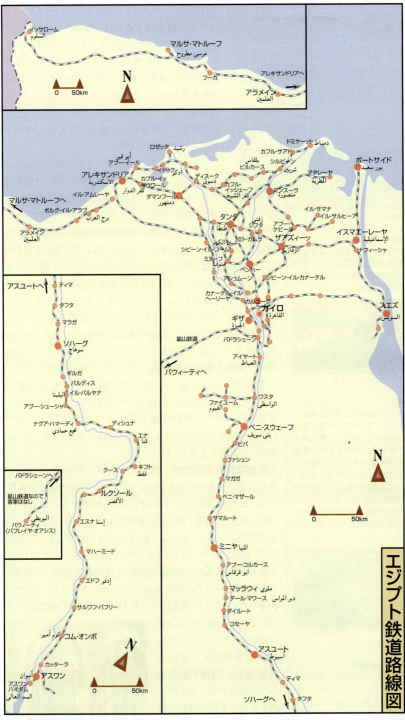

22:00カイロ発ルクソール行き2等列車の切符

■**学生割引はない**
以前エジプト国鉄では学生割引が適用されていたが、2010年8月現在では行われていないので注意しよう。

エキスプレスの2等車両

■**カイロ〜アスワン間の列車**
2010年8月現在、ラムセス駅のチケット売り場で、外国人旅行者がカイロ〜アスワン間の特急列車や夜行列車を利用する場合、2等車のチケットは販売していない。ルクソール〜アスワン間は車内精算のみ、2等車の利用も可能だが、カイロ〜ルクソール間は原則的に外国人旅行者は2等車の利用はできない。

アベラ・エジプト社の寝台車のキャビン

😊**窓口の係員**
エジプト人に聞くと、窓口の係員の気分により、日によって対応が違うとのこと。あきらめずに強く交渉することをすすめる。(北海道 ポンタ '09秋)

席は固いプラスチックの向かい合わせ4人掛けなので長い間乗車するのはかなりきつい。自由席で、切符は窓口では売らず、車内で精算する。

3等車 短距離を走る車両で、横長の座席がのびる。黄色い車体に大きくIIIと書いてある。デルタ地帯のローカル線を走るのはほとんどこの列車で、アレキサンドリア〜アブー・イールなどで利用することが多い。座席はプラスチックのロングシートであることが多い。

予約について エアコン付き列車の座席は基本的に予約制。カイロ〜アレキサンドリア間のエアコン付き1等、2等は、必ず予約をしなければならない。予約は出発4日前から可能。ルクソールやアスワンなど、上エジプト行きの列車は出発1週間前から予約可能で、特に7・8月と12・1月のオンシーズンには、売り切れも出るので切符の手配はお早めに。アスワン〜ルクソール間なら、それほど込んでいない。窓口で指定券を売らない場合もあるが、車内で精算できる。アスワン〜ルクソール間の場合はアベラ・エジプト以外の列車は車内でのみ精算が可能。

途中下車について 途中下車は、予約なし、エアコンなしの列車だけ1回のみ可能。エアコン付き列車を予約した場合は、途中下車はできない。

予約のキャンセル エアコン付き列車の場合、基本的にキャンセルは可能だが、出発前24時間以内にキャンセルをしてしまうとチケット代は全額支払わなけらばならない。出発時刻から数えて24時間以上前（出発前日）であれば、10%のキャンセル料を支払うだけ。

●**快適な寝台列車の旅** アベラ・エジプト社Abela Egyptが運行する、カイロ〜ルクソール〜アスワンの寝台列車があり、エナ、エスナ、エドフ、コム・オンボにも停車する。コンパートメント方式で、1等、2等に分かれており、各室とも温水と冷水が出るようになっている。朝・夕食付きで車掌も親切に世話してくれる。オフィスはカイロ、ギザ、ルクソール、アスワンなど停車駅にあるが、利用の際は、1週間前までに、カイロのラムセス駅(→P.75)内にあるアベラ・エジプトのオフィスで予約をしておくことが望ましい。カイロ〜ルクソールまたはアスワンは、均一料金でシングル80US$、ツインのワンベッド使用が60US$。支払いは原則としてUSドルかユーロの現金のみ。エジプトポンドでの支払いは受け付けないので注意しよう。

ラムセス駅にあるアベラ・エジプト社のオフィス

地下鉄と路面電車

●**地下鉄** 大カイロのヘルワーンとイル・マルグ、ショブラとムニーブを結ぶ2路線がある。ムバーラク（ラムセス）～ヘルワーンは40分かかる。タフリール～ラムセスは5分。

●**路面電車（トラム）** 安いが、遅くて不便。アレキサンドリアとカイロで運行されている。カイロではラムセス駅東～ヘリオポリスを走る。アレキサンドリアでは、カーイトゥベーイやカタコンベなどの遺跡を回るときに便利。カイロのトラムよりさらに遅いのが難点。

長距離バス

5つのバス会社により運営されている。鉄道路線がない西方砂漠、東方砂漠、シナイ半島をはじめエジプト全土を網羅。その守備範囲は、長距離交通機関のなかで最大。列車に比べると少し料金が高いが、便数は列車よりも多く、席も確保しやすい。地域によっては列車よりも早く移動できる。

●**エル・ゴウナ社** 5つの会社のなかでは最も高級。路線はアレキサンドリア～カイロ～ハルガダなど。便によって料金やサービス、使われるバスの設備などが多少異なる。ファーストクラスやVIPクラスでのコーヒーや紅茶とお菓子のサービスは無料。バスターミナルも専用で、カイロはラムセス・ヒルトンの前にあり、ハルガダにある自社ターミナルは、イッ・ダハールとスィガーラの間にある。

●**スーパージェット** エル・ゴウナ社に次いで高級なバス会社。路線はカイロ～アレキサンドリアが最も便数が多く、ほぼ1時間おきに出ている。ほかにも便数は少ないが、カイロ～ハルガダや、カイロ～シャルム・イッシェーフなどの路線もある。車内はトイレ付きで、有料（高い）だがドリンクやお菓子のサービスもある。カイロのトルゴマーンとアレキサンドリアのモウイフ・ゲディードゥが主要ターミナルだ。

●**アッパーエジプト** 上エジプトや西方砂漠、紅海沿岸などカイロから南側の広い範囲を網羅しており、路線は最も多く、バスの種類もさまざま。利用価値が高いのは、カイロ～ハルガダ、カイロ～ルクソール、アスワン、カイロ～西方沙漠のオアシス方面など。おもなバスターミナルはカイロのトルゴマーンやアブード、ムニーブとハルガダのターミナル。

●**ウエスト・アンド・ミドルデルタ** ウエストデルタとミドルデルタという別々の会社が合併して誕生した。デルタの西と中央部、地中海岸が守備範囲だが、スィーワ・オアシスまで行く。カイロ～アレキサンドリア線は便数が多く、安い各停（農

アベラ・エジプトの寝台列車で出される朝食の一例

カイロ地下鉄乗車マナーについての看板。「車両の中央ドアから乗車し、端のドアに移動して下車する」という内容なのだが、残念ながらこのルールを守っている人は皆無に等しい

アレキサンドリア市内を走るトラム

エル・ゴウナ社のバス

スーパージェットのバス

アッパーエジプトのバス

ダハブ発ハルガダ行きイーストデルタバスのチケット

イーストデルタ社のバス

長距離バスではお菓子やジュースを配られることがあるが、これは有料でとても高いので注意

アッパーエジプトバスの西方オアシス路線のバス車内

バスの座席番号は背もたれやイスの横、上などいろいろな場所に記されている。古いバスはアラビア語の数字のみのこともある

カイロ空港からタフリール広場を結ぶ356番のバス。エアコン付きで快適

ミニバスの行き先表示はフロントガラス上に大きく貼られている。左の数字が運賃だ。このバスは125つまり1.25£E

業ロード経由、スィーディ・ガベル駅着)もある。そのほかアレキサンドリア〜マルサ・マトルーフ〜スィーワ オアシス線も使える。おもなバスターミナルはカイロのトルゴマーン、アブードとアレキサンドリアのモウイフ・ゲディードゥなど。カイロのターミナルではウエストとミドルで窓口が別々。

●**イーストデルタ** シナイ半島全域が守備範囲。イスラエルへ行くときの国境越えにも便利。シャルム・イッシェーフやダハブの夜行バスは人気が高いので、前日までに予約しておこう。おもなバスターミナルはカイロのトルゴマーン、シナイ・バスターミナルのほか、シャルム・イッシェーフをはじめ、スエズのバスターミナルも乗り換えに便利。

●**チケットの買い方** 長距離バスのチケットはバスターミナルにあるチケット窓口で買う。窓口が閉まっているときはバスの車内でも購入できる。

●**大きな荷物はトランクに** 大きな荷物は車体側部にあるトランクに入れる。1£Eほどのバクシーシを要求されることもある。

●**座席を確保** 窓口で購入したチケットには、アラビア語で座席番号が書いてある。バスの座席は指定なので、車内に入ったら近くの人にチケットを見せるなどして自分の席を確認しよう。

●**車内サービスは有料** 長距離路線の一部やスーパージェットでは車内で紅茶やお菓子が出ることがある。これは有料で値段も高い。必要なければ断ろう。ただし、エル・ゴウナ社で出されるサービスは無料。

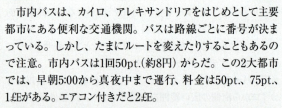

市内バス

　市内バスは、カイロ、アレキサンドリアをはじめとして主要都市にある便利な交通機関。バスは路線ごとに番号が決まっている。しかし、たまにルートを変えたりすることもあるので注意。市内バスは1回50pt.(約8円)からだ。この2大都市では、早朝5:00から真夜中まで運行、料金は50pt.、75pt.、1£Eがある。エアコン付きだと2£E。

●**乗るバスを見つける** 目的地へ行くバスを見極めるには、アラビア語で書かれたバスの番号を読み取ることから始まる。アラビア語といっても、1〜10を覚えれば、数字の順序は変わらないので、読もうと思えば読むことができる。番号は出入口の横やフロントガラスの上に書かれている。しかし、バス停で自分の行きたい場所を叫び続ければ、周りのエジプト人が、乗るべきバスを教えてくれる。

●**バスに乗り込む** バスがバス停の前を通り過ぎる前に、即座にその数字を読み取り、それが目的のバスなら、運転手に乗る意思をオーバーに伝える。ここで、エジプト式「チョット

待った」のジェスチャーをするとよい(→P.49)。客が乗り込むのを待っていてくれることはまずないので、ゆるゆると走っているバスを追いかけながら、しがみついて乗り込まなくてはならない。また、バスターミナルの場合は、起点で待っていても乗れないほど込むことが多いので、バスターミナルに入ってくるバスを狙って飛び乗ったほうが楽。

バスターミナルに停車するバスでも決まった場所に停車しないこともあるので、目的のバスを見つけたらダッシュで乗り込む人もいる

●**バスの中はエジプトの縮図!** バス後部のドアから中に入ったら、乗車口の右側に座っている車掌に料金を払う。前のドアが降車口になっているので、車中が込んでいるときは動きがとれなくなるが、その場合は車掌の横の座席と座席の間、最後尾の一段高くなった場所などに避難するとよい。また、込み合っているときは、前から降りるのは無理なので、なるべく後ろのドアの近くに潜んでいよう。

バス停がなくても、人だかりができていたらバス停である可能性が高い

●**バスを降りる** すいていれば前から降りればよい。混雑しているときや、バス停以外の場所で降りる場合は、後ろのドアから飛び降りる。

●**ミニバス** 市内バスのひとつだが、小型。料金は1.25£E〜1.5£Eと、同一路線を走る大型バスより少し高めだ。原則として満席になると客は乗せない。

降りるときは近いほうのドアからで構わない

●**マイクロバス** バンを改造して造った私営の交通機関。車体に「TAXI」と表示されている。料金は50pt.〜1£E。市内大型バスルートのうち主要ルートを走る。マイクロバス乗り場では行き先を連呼している。手を挙げればどこでも停まってくれるが、大声で行き先を叫ぼう。行き先が同じで空席があれば停まってくれる。満席なら乗車を拒否される。料金は決まっているので、隣の人に確認しよう。また、料金は前の人に渡せば、客のひとりが運転手に渡してくれる。おつりが必要なら、前もって周囲の人たちと精算してからドライバーに渡そう。

バスはいつも混雑している

セルビス(中・長距離マイクロバス)

決まった路線を走り、定員に達するまで乗客を集めてから走るワゴン車またはライトバン。以前はプジョーの車が多く、それがなまってビジョーと呼ばれていたが、現在はトヨタやヒュンダイの車にとって代わられつつある。そのため、ビジョーという言葉もあまり使われなくなり、セルビス(サービスのなまり)と呼ばれている。マイクロバスと同じように「TAXI」と書いてあることが多いが、マイクロバスとの違いはおもに中・長距離を走ること。

料金は100kmの移動につき10£E(約160円)から。夜間は一番後ろの席が楽。前の席なら、ふたり分の料金を払って広く使うと楽だ。

セルビスは途中で降りることができるけれど、途中乗車は

セルビス乗り場では同じ行き先の車が待機していることが多い

最新型のセルビスのフロントガラスに大事に貼られていた伝票。日本から輸入されたことをPRしている

カイロのタクシーは黒と白のツートンカラーがほとんど

黄色いカラーのカイロ・キャブのタクシー。車体に所属する会社の電話番号が書いてあるので、何か問題があったら、あとで連絡できる

カイロでは最近チェッカーが入ったメーター式のタクシーが増えてきている

メーター式タクシーのメーター。稼働するか、乗る前に必ず確認しておこう

コツは立ち去ること
値段交渉のコツは立ち去ることです。自分が提示した料金で承諾しない場合は即、立ち去ります。交渉割れの場合に備え、後ろに他のタクシーが待っていることも多々あります。だいたい最初のドライバーが追いかけてきて、希望した料金で乗せてくれます。
（在セネガル　Athena　'10春）

タクシーを停めるときは堂々と手を差し出す

できない。高速で飛ばすのでときたま事故も起こる。また、チャーターすることもできるので、一定区間内の遺跡を見て回るのに便利だ。もちろん値段や行き先は事前に交渉しよう。

タクシー

旅行者にとって最も便利な足はタクシーだ。エジプトのタクシーは大きく分けてふたつ。ひとつは市内を縦横無尽に走る**流しのタクシー**と、もうひとつは観光地などをチャーターして回る**観光用タクシー**だ。

●**流しのタクシー**　旅行者にとっては身近な存在である流しのタクシーだが、乗りこなすには経験とテクニックが必要だ。タクシーに乗るときには以下のことをぜひ心がけたい。

相場を知る　相場を知ることは何よりも大切。最初のうちは、これもなかなか難しいが、ホテルの人やツーリストインフォメーションなどで聞いておくと役に立つ。時間帯や運転手にもよるが、カイロなら1kmでだいたい2£Eぐらいと思っておけば間違いない。

小銭は持っているか　エジプトのタクシーの運転手はおつりなど用意していないので、たとえ10£E札を渡しても、「ショクラン（ありがとう）」という言葉しか返ってこない。近距離なら1£E札を何枚か、少し遠ければ5£E札を用意しよう。

片手を斜め前方に下げる　エジプトでタクシーを停めるときはこの方法が一般的。運転手が気付いてスピードを落としたら、運転手に向かって行き先を叫ぶ。行き先が一致すれば停まってくれる。ポイントは走ってくるタクシーの運転手の顔をにらみ、「今から乗るよ」という意思を伝えること。

キーワードはインシャアッラー　さて、車に乗ったら「○○○（目的地）＋インシャアッラー」と言って行き先を告げる。ホテルの名前だけではわからないことが多いので、通りや広場の名前も覚えておくほうがよい。なお、2001年に道路交通法が改正され、シートベルトの着用が義務化され罰金も高額になった。助手席に乗ったらシートベルトを締めよう。降りるときは「ヘナ、インシャアッラー（ここで）」と言えばよい。

料金はさりげなく窓越しに　車を降りたら、最後に窓越しに料金を払うわけだが、これが最大の難関。なぜならエジプトのタクシーにはメーターは付いているが、回りもしないことが多く、役に立たない。自分が思った金額を払おう。あまりにも安かった場合は運転手が怒るので、1£Eずつ払っていこう。だから1£E札はたくさん持っておこう。

抗議はお金を払う前に　車内でお金の話はしないこともひとつの手段だ。多額の料金を請求されかねない。多少の距離で10£Eや15£Eはあまりにも高すぎ。納得のいかないときはお金を払う前にきっちり抗議しよう。

●**メーター式タクシー**　料金交渉が苦手な人におすすめ。運行しているのは主にハルガダとカイロ。ハルガダはすべてのタクシーがメーター式だが、カイロでは流しのタクシーの割合が多く、まだ台数は少ない。日本のタクシーと同じく、降りる際にメーターに表示された金額を払えばよいので料金交渉などは一切必要ない。しかし、こちらからメーターを使うように言わないと、あとで料金交渉される場合もあるので、乗車する際は必ず確認しよう。メーターを改造して、少しの距離でも莫大な金額を請求する悪質なドライバーもいる。面倒だがメーターの料金の上がり方はときどき確認しよう。

地方のタクシーは町によってさまざまなカラーがある。これはロゼッタのタクシー

●**観光用タクシー**　おもな観光地や空港、ホテルの前には客を待っている観光客専門のタクシーがいる。ルクソールやアスワンではほとんどが観光用タクシーだ。ある程度英語が通じるので便利だが、料金は高い。事前に行く場所やチャーターする時間、料金などを交渉する。頼んでもいないのにみやげ物屋に連れていったりする悪質なドライバーもいる。

ルクソールの観光用タクシー

■**観光用タクシーの料金相場**
タクシーは市内を1時間チャーターして20£E(320円)、郊外を含み1日チャーターすると50～100£E(800～1600円)。リムジンになると1日100～500£E(1600～8000円)と高くなる。

そのほかの乗り物

●**ナイル川などの船**　水上交通にもいくつかの種類がある。ナイルクルーズ船はルクソール～アスワンを航行する豪華客船(→P.236)が有名だ。フルーカ(→P.246)とは帆掛け船のこと。ナイル川での夕涼みや移動に使う。

水上バス(→P.83)は、カイロ市内のナイル川流域を移動する船のバスだ。ほかにもローカルフェリー(→P.198)というルクソールの東岸と西岸を結ぶフェリーや、アスワンの民間用ボート(→P.246)などの渡し船もある。

アスワンのフルーカのキャプテン

●**レンタカー**　国際運転免許証と日本の運転免許証があれば、レンタカーを借りられる。ただしエジプトの交通事情に不慣れな日本人には危険。利用するなら運転手付きがおすすめ。

●**レンタサイクル**　ルクソールやスィーワ・オアシスにはレンタサイクル(ホテルでも借りられる)店が多く、周辺の観光に役立つ。古い自転車が多いので、サドルやブレーキなど確認を忘れずに。

●**馬車**　観光地ではボられる可能性大。値段交渉は乗る前に必ずすること。ルクソール東岸を回るときに便利。ギザやサッカーラのピラミッドでも多く見かける。

地方では3輪タクシーを見かけることも

●**ロバ&ラクダ**　エジプトならではの交通機関として必須。特にギザのピラミッド付近やサッカーラやルクソール西岸(ラクダはない)、ダハブのビーチなどが有名なロバ&ラクダのスポット。値段交渉は乗る前にすること。バクシーシも高く要求される。ラクダやロバは徒歩と変わらないほどゆっくり進む。ノミでかゆくなったり、すれてお尻が赤くはれたりと、一風変わった旅の思い出になる。

ラクダに乗るのは意外に難しいゾ

😊**ナイルクルーズ**
ナイル川クルーズで3泊。これはとても身体にやさしく、ゆとりもできておすすめ！ 連泊がない旅は、体力的に自信がないとキツイと思います。船内でのショッピングは落ち着いて値段の交渉もできて、とてもよい。
(宮城県　ラムセス三浦　'09夏)

快適ホテル利用術

カイロの経済的ホテル

ホテル併設のレストランも利用価値が高い。写真はアスワンのバスマ

部屋やホテルの掃除をしてくれる女性スタッフ

●**蚊で悩まされることも**
カイロのホテルの部屋には、常に数匹の蚊がいました。ホテルによっては、部屋に殺虫剤が置かれていたけど、かゆみ止め薬など持参するとよいと思います。
（兵庫県　トドすけ　'09秋）

高級ホテルには貴重品を入れるセーフティボックスが備わっている。客室の中にある場合と、レセプションにある場合がある

5つ星ホテルの落ち着いた部屋

何事も両極までいかないと気のすまないのがエジプトだが、ホテルについても、まったく同じことがいえる。遺跡周辺に目を見張るばかりの超豪華ホテルがあるかと思えば、ほこりっぽい通り沿いには簡素な安宿が並んでいる。まるで別世界だ。

●**旅のスタイルに合ったホテルが見つかる**　エジプトのホテルは、高級な5つ星から星なしの安宿まで、6つのランクに分かれている。このランクは政府系のエジプトホテル協会が定めるものだが、またこれが、とてもいいかげん。できたときは4つ星だったとしても、改装もしないまま20年以上も過ぎ、「これで4つ星？」というのもよくあることだ。3つ星クラスにいたっては、星の数はあまり意味をなさない。設備の古い3つ星ホテルは料金だけ高くて、星なしの新しい安宿のほうがよかったなんてこともしょっちゅうある。よほど有名な外資系ホテルや新築のホテル以外は、星の数などあまり意味がない場合も多い。

●**安くてよいホテルを見つけるコツ**　高級ホテルは別として、普通は予約などいらない。ランクの低いホテルほど、設備やサービスに差があり、よいホテルに当たるかどうかは、自分の足で丹念に探し回る根気と運がものをいう。めぼしいホテルを見つけたら、決める前に必ず部屋を見せてもらおう。部屋によって大きさや眺めも相当違うので要チェックだ。バスルームのお湯が出るかどうかも必ず確かめよう。給湯タンクの目盛りなども判断基準のひとつだ。

部屋を決めても、払う前に値段交渉をしてみること。エジプトでは夏がオフシーズンになるため（ただしアレキサンドリアなどは冬）、この時期は割引も期待できる。

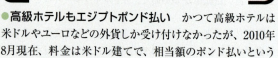

旅部屋代を払うときの注意

●**高級ホテルもエジプトポンド払い**　かつて高級ホテルは米ドルやユーロなどの外貨しか受け付けなかったが、2010年8月現在、料金は米ドル建てで、相当額のポンド払いという高級ホテルも増えている。ホテル内の銀行で両替を強制するか、手持ちのポンドを受け付けるかはホテルによる。外貨しか受け付けないホテルは、ごく一部。また、レストランなどの料金はポンド建ての割合が増えた。トラベラーズチェックはそのままでは受け付けないことが多い。クレジットカードの場合は、4つ星以上のホテルならだいたい可能。3つ星でもクレジットカード払いができるところも最近は増えてきた。エジプトではMasterCardやVISAが主流だ。

5つ星ホテル

　世界の一流ホテルと同じレベル。100以上の部屋数、レストラン、バー、24時間営業のカフェ、ルームサービスなどが利用できる。ツアーなどを手配できる旅行会社、ナイトクラブ、プール、スポーツクラブ、銀行、みやげ物屋、美容院などの付属施設がある。カイロでは、ギャンブル用カジノをもつホテルもある。客室は、冷暖房、テレビ、ミニ冷蔵庫付き。1泊110〜200US$以上。

　このクラスのホテルではインターネット予約専用の割引料金を設定していることが多い。旅程がすでに決まっているなら、ホテル欄で紹介されているウエブサイトやオンライン旅行予約サイトにアクセスしてみよう。

ルクソールのウィンター・パレス内のレストラン「1886」で優雅なひとときを

4つ星ホテル

　レベルの高い私営ホテルと、それほどでもない政府系ホテルがある。私営ホテルは日本の近代的な中級ホテルと考えてよいが、政府系のホテルは、エジプト風でさびれた感じがするところもある。バー、レストラン、ルームサービス、ランドリーサービス、銀行、みやげ物屋などのあるホテルが多い。格安ツアーで利用されることが多いのもこのランクだ。全室とも冷暖房完備、ほとんどの客室がバスタブ付きで朝食はビュッフェ形式。1泊40〜140US$くらい。

リゾートホテルは4つ星でもプールを完備している。写真はアブ・シンベルのセティ・ファースト

3つ星ホテル

　4つ星とあまり変わらないが、付属施設が少ない。客室の冷暖房、個室バスのある確率は4つ星よりは少ないが、おおむね室内の設備は良好。ホテル全体は清潔でよく管理されているところが多い。1泊15〜50US$で、値段はホテルの新しさや立地条件によって大きく変わってくる。部屋代はエジプトポンドでも支払いが可能だが、ホテルによっては外貨での支払いを要求されることも多い。

テレビ付きの3つ星ホテルの部屋

2つ星ホテル & 1つ星ホテル

　このふたつのランクは極めて似通っている。普通は都市の中心部にあり、公共交通機関の発着点にも近くて便利なことが多い。しかし、付属施設は、朝食用レストランだけのところが多い。客室もエアコン付き、扇風機のみ、バス付き、バスなしなど部屋のタイプもさまざま。2つ星が1泊700〜1500円、1つ星は1泊500〜1200円ほど。このクラスの宿はエジプトポンドで支払いが可能。むしろエジプトポンドしか受け付けないところのほうが多い。

　また、このクラスの新しいホテルには、3つ星並みにきれい

中級クラスのホテルの朝食だとアエーシのほかに野菜やチーズが付くことが多い

安いホテルの典型的な朝食例

安宿でも人気のところは朝食の内容もいい

なところもある。これは、星を3つにすると、それに見合った料金設定が義務付けられてしまうため、客を呼ぶために星の数を減らして料金を安くしているからだ。だから、比較的安くて快適なホテルを見つけることができるだろう。

シャワーのタンクはお湯の目盛りを確認しよう。スイッチを入れてから1時間ぐらい待てば目盛りが上がってくる。外出の前にスイッチをオンにしていこう

星なしホテル

安宿といわれているところは、トイレットペーパーや石けん、タオルなどの備品は備え付けていないことがほとんど。でも、殺風景だけれども掃除された部屋、清潔なシーツが期待できる宿も多い。冬場に行く人は、部屋に毛布だけということもあるので、防寒対策をすること。またノミやダニ、南京虫がいることもよくある。皮膚の弱い人や、虫に刺されやすい人は防虫スプレーをかけてから寝よう。蚊は季節を問わず飛んでいるので、蚊取り線香も役に立つ。

シンプルなドミトリーの室内。清潔度と同室者との相性がポイントだ

星なしのホテルも、設備によって微妙にランク分けができる。料金は地方都市へ行くほど安くなるが、ここではカイロの場合をみてみよう。基本的に部屋代はエジプトポンドでの支払いが可能。

15～30£E ドミトリー形式の1ベッドの料金（3～4人でひと部屋を共有する場合）。トイレとシャワーは別（付いていることも）。共同キッチン付きもある。朝食付き。

30～50£E 朝食付き。トイレ、シャワーは共同だが、たいてい熱いお湯が出る。

50～80£E 快適なシングル、あるいは狭めのダブル。トイレ、ホットシャワーまたはバス付き。朝食付き。

80£E以上 エアコン付きで、ロビーや食堂にはある程度の雰囲気が期待できる。このクラスになると、もはや安宿とはいえず、中級ホテルといった感じだ。

高級ホテルのシャワーは日本とあまり変わらない

ホテルが決まったら忘れずに

エジプトのホテルには、停電がときどきあるので、小さな懐中電灯などを持参するとよい。また、いなかの安ホテルでは、水圧が低く夏の日中には水が出ないこともある。水が出る時間を聞いて効率よく使おう。タンク式のホットシャワーは水量が少なくなると水温が下がる。寒い思いをしないようにメーターを確認しながらシャワーを浴びよう。

ホテルによってはエアコンが別料金の場合がある。チェックアウト後の荷物預かりは普通無料のことが多いが、なかには料金を請求してくるところもある。

●**料金トラブル** スタッフの記入ミスで二重に料金を請求されることもたまにある。何泊分かの料金を前払いした場合は手書きのものでよいから何かレシートか、支払いの証明になるものを書いてもらうとよいだろう。

安いホテルでもシーリングファンは付いていることが多い

シーリングファンのスイッチとコントローラー。1の目盛りが最強だったりするのでいろいろ試してみよう

旅行会社を通して割安に

本書のホテルの料金は、原則として個人旅行者用の料金を記載している。しかし中級以上のホテルには旅行会社用の割安な料金があり、特にシナイ半島やハルガダなどの中高級リゾートホテルなどは、旅行会社を通すことによって大幅な値引きが期待できる。オフシーズンは特に狙い目だ。

■トーマスクックで お得なホテル予約

エジプトの主要都市にあるトーマスクックは、高級ホテルについて独自の協定価格をもっている。当日でも割安な料金で予約できるので、飛び込みで高級ホテルに泊まりたいときには寄ってみるのもいい。

Information

熱いシャワーを確保するために

蛇口をひねれば熱いお湯が出る。日本ではあたりまえのことだが、エジプトのホテルでお湯を確保しようと思ったら、いくつかのポイントがある。ホテル選びのときにも、よく見て快適な滞在をしよう。快適なお湯の温度は人によって個人差もあるだろうが、日本人はだいたい40〜43℃ぐらいだ。これはエジプト人にとってはかなり熱い温度に感じることが多い。エジプト人は普通もっとぬるい温度でシャワーを浴びている。こういった感覚の違いも影響してくるのだろう。

■タンク式

経済的ホテルや中級ホテルなどで一般的に使われている方式。リゾート地の中級ホテルもこの方式が多い。タンクの大きさによってお湯が出る時間は違うが、あまり長くは浴びられない。また、タンクにお湯が貯まるのにもけっこうな時間がかかる。ふたりで使用するときは、スピーディに浴びないと、次の人は冷たい思いをすることになる。夜にひとり、朝にひとりと時間帯を分けるのも手。

バスルームに入ったら、まずタンクの目盛りを確認。このタイプの場合、目盛りが右の赤いゾーンにいっていないとダメ。目盛りが中央に来るぐらいからお湯はぬるま湯へと変わり、水圧も低くなる。タンクの大きさにもよるが、使用時間はひとり3〜5分が目安。バスタブ付きのタイプもあるが、お湯を張るだけで、タンクのお湯を全部使い切ってしまうことになる。残念だが、この場合はバスタブは利用価値がない。チェックインのときや、部屋を見せてもらうときにも必ずタンクの目盛りをチェックしておこう。目盛りが完全に上がるのには約半日はみておこう。壁にスイッチがあるので、これを上げておく。本体のスイッチが切られている場合があるのでこちらも確認しよう。タンク下の水道栓は開いていることが多い。

■ガス給湯器式

経済的ホテルの共同シャワーに多いタイプ。シャワールームにお湯タンクが見つからない場合はこの方式だと思えばよい。こちらは、タンクの目盛りを気にせずにお湯を使用することができる。

まずはガスボンベの元栓が開いているか確認。ボンベの上部にあるツマミを左にひねればOK。そのあとお湯の蛇口をひねれば、連動して給湯器が作動する。温度が一定しないこともあるので、柔軟に対応しよう。

■ラムセス・ヒルトン方式

高級ホテルのなかには、日本にあるものと違うタイプの蛇口を採用しているところがあり、操作の仕方が難しいものもある。その最たる典型がカイロの高級ホテル、ラムセス・ヒルトン(→P.159)のものだ。ポイントはレバーをぐるっと回すこと。下の図を参考にして操作すれば「ぬるま湯しか出なかった」ということはまずないだろう。

ラムセス・ヒルトン・ホテルの蛇口はこんな形。これが水が止まった状態。

レバーを右回りに回すと水が出てくる。COLDのところで冷たい水が勢いよく出てくる状態。

このまま右回りに回すとだんだん温かくなってくる。しかしHOTのところに合わせたままではぬるま湯しか出ない。

熱いお湯を出すためにはレバーをさらにぐるっと回転させて図の位置まで持ってこないといけない。これでOK。

エジプトの人は人なつっこい人が多いからすぐに打ち解けられるかも!?

●コミュニティサイト
「地球の歩き方 AMiGO」
海外旅行や留学をテーマに、数え切れないサークルが今日も続々と誕生！サイト風のニュース配信型、わいわい楽しむコミュニティ型、メンバーだけのシークレット型など形式も自由。「公認サークル」になるとさまざまな特典があり、携帯電話でも参加できて写真も取り込める。旅行の前・中・後で楽しめるサイトだ。
[net]amigo.arukikata.jp

☹空港では払う必要ない
空港のトイレを観察してみたが、バクシーシを払っているのは日本人だけであり、欧米人は全員無視していた。ドイツなどで見られるトイレ使用料とは異なるものとわかっているのだろう。
（埼玉県　松本 博成　'09年12月）

☺紙幣のほうが喜ばれる？
同じ金額でも、コインより紙幣のほうが喜ばれました。
（東京都　ちい.　'10春）

☺ボールペンがバクシーシ
ボールペンを大量に持っていきました。バクシーシの代わりにペンを渡すと皆喜んでくれました。
（東京都　高 加奈美　'09秋）

生活習慣

エジプトは観光大国であっても、イスラームの国。人々も敬虔なムスリムが多い。もちろん、イスラームに基づいた生活を送っている。エジプトを旅行するときはイスラーム教徒、つまりムスリムの生活習慣を知らないと、あちこちでヒンシュクをかってしまう。特に、服装や飲酒などに気を付けて行動しよう。

時差とサマータイム

エジプトと日本の時差はマイナス7時間。しかしこれは冬時間で、夏時間（サマータイム）もある。夏時間は4月の最終金曜〜9月の最終木曜に実施され、日本時間からマイナス6時間となる。しかし営業時間そのほかは変わらないので、生活時間が全体的に1時間ずれることになるわけだ。

バクシーシとチップ

エジプトを旅行中に頭を悩ます問題のひとつが、このバクシーシだ。バクシーシとは、チップと考えてもよいが、その性格はかなり違う。もともとイスラームには「喜捨」、つまり金持ちが金のない人にお金または物を与えるという考えがある。これがねじれた形でできたのがバクシーシだ。喜捨が、持つものが持たぬものに与える行為であるのに対して、バクシーシは持たぬものが持つものに積極的にせびる形になる。

旅行者の頭を悩ませる、チップタイプのバクシーシは、いってみれば小さなサービスに対する謝礼という感覚。日本にはない習慣だが、エジプトでは人間関係をスムーズにする潤滑油になっている。これを払うか払わないかで、エジプト旅行の楽しさに大きな差が出る。問題はその場面と額。少なすぎるバクシーシを払うと、エジプト人はバカにされたと怒り、多く払うといいカモだと思われ、しつこく何度も要求されるので何とも難しい。でも、適当な額を支払ったときには、サービスが急によくなり、店に忘れ物などをしても届けてくれたりする。つまり、払わなければサービスは期待できない。

金を人間関係の潤滑油にするとは不純だと考えるのは日本的な考え。イスラームでは神が積極的にこの行為を認めており、悪いことではない。でもムスリムの心理はなかなかわからないもの。そこで、だいたいの相場を考えてみよう。

●レストラン、コーヒー店にて　庶民の店では、ウエーターに25〜50pt.くらい。中・高級店では料金の5〜10%をテーブルの上に置いておこう。これはすでにサービスチャージが請求されていても払うのが普通。

●**トイレで** 日本では公衆トイレは無料という意識が強いが、エジプトの公衆トイレは利用者の支払ったお金で清掃者や管理人の給料をまかなっていることがほとんど。つまり、トイレで払うのは使用料であって、チップでもバクシーシでもない。ただし、場所によっては無料のトイレもあり、そこではチップを要求されることもあるので話はややこしくなる。有料か無料かの明確な見極め方はないが、管理人用のカウンターがあるものは有料と考えてよい。一方カウンターがなくても有料のトイレもあるので、あとは現地の人が払っているかどうかを見て判断するしかない。トイレの使用料、チップともに25〜50pt.くらいが相場。

●**ホテルにて** 小さなホテルには、必ず小間使いのオジサンがいるので、この人を上手に使うのが快適に過ごすコツ。紅茶や食事を部屋に運んでもらったり、お湯を沸かしてもらったり、買い物など何でも頼もう。そして50pt.〜1£Eほどを、サービスの度合いによって払う。適正金額+αぐらいを払うともっとよく働いてくれる。

●**観光地で** バクシーシをせびられてもやたらに払わないように。遺跡などを係の人や警察の人が一緒に回ってくれたら、2〜3£E払うのが普通。これはガイド用チケットがあるアブ・シンベルでも必要。もちろんひとりで回りたい場合にはそのように言えばよい。また、通常入ることのできない王家の墓を開けてくれたり、ミナレットに上らせてもらったり、イスラーム寺

「トイレ掃除にチップを与えないで」という注意書き

😊 **トイレではおつりがくることも**
トイレチップは1£Eで充分だが、5£E札しかなかったので「バック4」と言ったらおつりをくれた。（東京都 カイロで紅茶 '10春）

観光地の遺跡で、こんなシチュエーションでシャッターを押せば間違いなくバクシーシを要求される

Information

エジプト流の口ゲンカ

料金が決まっているのに高額を要求されたり、適当な額のバクシーシを払ったのにしつこくねだられたり、といった不当行為に対しては口ゲンカするしかない。

エジプト式の口ゲンカは、大人がガンガンやり合うストレス解消法。ルールに沿って行われ、サラッとしている。ケンカのあと、お互いに抱き合い、キスし合ったりすることも多い。路上での口ゲンカは、日本と違い恨みは残らない。

まず、ムカついたら大声を出してケンカを始める。ただし手を出してはいけない。これはルール違反だ。もちろん相手も決して手を出さない。大声を張り上げていると必ず第三者が仲介に入ってくれ、「ハラース、ハラース（終わりだ、終わりだ）」と言ってくる。でもそこでやめてはいけない。ある程度ヤジ馬が集まったら、仲介者とヤジ馬に向かって相手がどんな悪いコトをしたかをブチまける。すでに相手もそうしているはずで、

あなたは相手にどんなことを言われても取り合わず、全面的にヤジ馬にアプローチしなければならない。なぜならケンカの勝負は、仲介者とヤジ馬が決めるのだから。しばらくすると、ヤジ馬が採決を下してくれる。よほどこちらに不当なことがない限り客である外国人に有利に判定する。もっともお金に関する口ゲンカでは、払ってしまってからではダメ。払う前にケンカをしないと、勝っても返ってこない。そしてとりあえずケンカが終わったら「マーレーシュ（気にするな）」と言って相手と友達になろう。これがエジプト式なのだ。

チケット売り場の前で口論を始める人。口ゲンカは日常茶飯事だ

☹ **覚悟しておいたほうがいい？**
ホテルやレストランのトイレ以外は、汚いと思ったほうがいい。特に駅のトイレは臭いが相当なもの。夜行列車のトイレのほうがまだよい。トイレを気にする人は、覚悟をするか、行かないかである。
（神奈川県　S.U.　'10春）

☺ **便座ふきシート**
エジプトのトイレは汚いので、便座ふきシートがあると、かなり便利です。
（東京都　ざむらーい　'10春）

☺ **ポケットティッシュ**
トイレに紙がなかったり、あってもチップを取られるので、ポケットティッシュを持ち歩くと便利です。
（愛知県　Cozy　'09年12月）

トイレはアラビア語ではハンマーム（ダウラ・メーヤともいう）だが、上の写真のようにトワーレートと書くこともある

ツマミを上に引っ張ると水が流れるタイプの水洗トイレ

水洗式の清潔なアラブ式トイレ。和式とは反対側を向いて構える。慣れるまでが難しい

水洗式の公衆トイレもある

院の入口で靴にカバーをかけてくれたら当然、相応のバクシーシが必要。ただ、向こうからバクシーシ欲しさに話を持ちかけられることがあっても、遺跡保護の点も考えて行動しよう。

● **旅人としてのバクシーシ**　サービスの代償ではなく、ただせびられる場合。最近は少なくなったが、観光地の村でプロの乞食や子供たちがバクシーシと言って迫ってくる場合があるが、観光客は無視して構わない。イスラーム教徒の間では、乞食にお金や物をあげることは徳を積むことだとされているので、何がしかのお金をあげるエジプト人が多い。だからこそ乞食はプロの場合が多く、実際は大金持ちだったりすることも。一方、子供の場合は、バクシーシをせびることを親から禁じられており、せびった子供は、大人やほかの子供から責められることもある。

トイレの使い方

　エジプトで一般的なのが、便器の脇に水道と空き缶がある、いわゆるアラブ式トイレ。この便器は、日本のように前に囲いがあるものではなく、便器の中央に丸い穴が開けてあるだけのものだ。備え付けの空き缶と水道は、排便の処理をするためのもの。缶に水を入れて左手でお尻を洗い、その水で便器を洗い流す。初めは、このやり方に抵抗があるかもしれない。でもこの方法は、トイレットペーパーを使う国の人と同じくらいたくさんの国で行われている。慣れてくれば、すがすがしい気分を味わえるようになれるはずだ。もちろん、トイレットペーパーを持参してもよいが、必ず缶の水で流しておこう。処理をする左手は、アラブ世界では不浄とされている。素手でパンを食べるときは右手だけを使うことになっているが、実際にはみな、平気で両手を使って食べている。旅行者なら、別に気にする必要もないけれど、握手するときだけは必ず右手を出すこと。

　最近のエジプトでは、西洋式トイレも多い。特に観光客の出入りするホテルやレストランなどはほとんどこのタイプ。だからアラブ式トイレにはお目にかからないで済んでしまうかもしれない。ただし、安宿などの西洋式トイレには、便座がないこともよくある。また、トイレットペーパーを流すと詰まってしまうため、備え付けのゴミ箱に捨てるようになっているところもあるので要注意。

階数の数え方

　エジプトの階数の数え方は、旧英領ということもあって、イギリス式のところがほとんどだ。つまり1階がグランドフロアで、2階が1Fとなる。エレベーターのボタンなどでは1階がGやR

と表示されているところが多い。しかし、このエレベーター、カイロやアレキサンドリアの安宿は建物が古いことが多く、急発進したり、中の電気がつかなかったりすることも多い。自分で扉を開けるタイプのものも多いが、降りたあとはきちんと扉を閉めよう。扉が閉まっていないとエレベーターが動かないので、次の人が使えないからだ。

扉の上部にセンサーが付いており、閉まっていないと動かない仕組みになっている

電圧とプラグ

エジプトの電圧は220V。日本の電気製品は110V用なので、電圧が切り換えられるタイプのものでない場合は、変圧器が必要だ。コンセントの形は日本のものより少し大きく、先が丸いふたつ穴。ヨーロッパで広く使われているものと同じCタイプだ。専用のアタッチメントを用意するのも忘れずに。安宿など、場所によっては3つ穴のこともあるが、丸いふたつ穴のプラグで大丈夫。

エジプトの一般的なタイプのコンセントはこんな感じ

写真撮影の注意

エジプトの法律では、空港およびバスターミナル、橋、軍事施設での写真撮影は禁止されている。このような場所で写真を撮り、当局にフィルムを没収されるというケースもある。カメラを構えて、警官や軍人が「マムヌーァ（ダメ）」と言ってきたら素直に撮るのをやめよう。

もうひとつ、法律で禁止されているわけではないが、注意したいことがある。それは少しいなかのほうへ行くと、写真に撮られるのを嫌う女性がいるということ。これは、土地の習慣で、未婚の女性が外国人の男性に写真を撮られたということが村に広がると、軽蔑されたり親にしかられたりする場合があるからだ。ファインダーをのぞいたときに、相手が少しでもいやな顔を見せたら、強引にシャッターを押したりせず、自粛すること。

デジタルカメラや携帯電話を持って行く人は変換プラグは必須

宗教上のタブー

エジプトはイスラームの国。イスラーム寺院などの宗教施設に入るときは、肌を露出しないこと。また、西方砂漠など保守的な地域では、当地の習慣に従い、町を歩くときにも肌を露出した格好は避けてほしい。

イスラームでは飲酒を禁止しているが、エジプトではビールやワインも生産されており、中東の国々のなかでは、緩やかなほうだ。観光客がよく利用するレストランではアルコール類が置いてあることも多く、高級ホテル内にはバーなども多い。カイロやアレキサンドリアには町なかにもいくつか酒屋があり、ここでも入手が可能。とはいえ、エジプトでは飲酒をしない人が圧倒的に多い。

😊 **ノンアルコールビール**
冷たい飲み物で、お酒以外で甘くないものを探したら、ノンアルコールビールがあった。少し苦味が気になるが、甘いデザートにもぴったり。
（京都府　窓際技師　'09夏）

ステラビールはエジプトを代表する銘柄

イスラームの国のなかでは戒律が比較的緩やかなエジプトでは、少ないがお酒は普通に売られている

トラブルの傾向と対策

ツーリストポリス

エジプトに限らず、海外旅行では何かとトラブルが起こりがち。しかしトラブルの多くは、現地の生活習慣を考慮に入れて旅をしたり、あらかじめ治安情報を入手して気を付けているだけで回避できる。エジプトで多いトラブルは、ツアーや買い物にまつわる金銭トラブル。その原因のひとつは日本とエジプトの経済格差にある。日本では10円では何も買えないが、エジプトではバスにも乗れるし、ちょっとした昼食代にもなる。しかし、観光客の財布には何百ドルも入っている。失業率も低くないこの国で、観光客相手の商売が花開くのも自明の理だ。トラブルが発生したら必ず怒ること。そしてきっちり抗議する。日本語でも構わない。

そのほか、ここではエジプトならではのトラブルと注意点を列挙してみた。出発前に一読して安全な旅を心がけよう。

■パスポートの紛失

パスポートをなくしたら、まず現地の警察署へ行き、紛失・盗難届証明書を発行してもらう。次にカイロの日本大使館（折込Map大カイロ B2, Map P.411）で旅券の失効手続きをし、新規旅券の発給（※1）または、帰国のための渡航書の発給を申請する。
旅券の顔写真があるページと航空券や日程表のコピーがあると手続きが早い。コピーは原本とは別の場所に保管しよう。

必要書類および費用
- 現地警察署の発行した紛失・盗難届出証明書
- 写真（35×45mm）2枚（※2）
- 戸籍謄本または抄本　1通
- 旅行日程が確認できる書類（旅行会社にもらった日程表または帰りの航空券）
- 手数料
10年用旅券1万6000円、5年用旅券1万1000円。帰国のための渡航書はエジプトの場合、150£E（約2400円）。いずれも支払いは現地通貨の現金で。

※1：改正旅券法の施行により、紛失した旅券の「再発給」制度は廃止された。
※2：IC旅券作成機が設置されていない在外公館での申請では、写真が3枚必要。
「旅券申請手続きに必要な書類」の詳細や「IC旅券作成機が設置されていない在外公館」は外務省のウエブサイトで確認を。
Inet http://www.mofa.go.jp/mofaj/toko/passport/pass_5.html

イスラーム原理主義過激派によるテロ

エジプト国内では1992年後半より、イスラーム原理主義過激派による外国人観光客襲撃事件が起きていたが、1997年11月にルクソールのハトシェプスト女王葬祭殿でテロ事件が発生、日本人10名を含む外国人観光客58名が死亡する事態にいたった。この事件以降、エジプト政府は警備の増強に努め、過激派分子の捜索、逮捕などの治安強化策を行ってきた。これによりそれ以来2010年8月現在まで、上エジプトでは観光客を標的としたテロ事件は発生していない。しかし、それと反比例するように最近は爆弾テロが起こる傾向が続いており、2005年4月にはカイロ中心部で2度、2005年7月にはシャルム・イッシェーフで、2006年4月にはダハブで爆弾テロが発生し、犠牲者が増加している。なお、外務省邦人保護課・海外安全相談センターやカイロの日本大使館では、最新安全情報を入手することができる。

カイロ空港の"政府の人間"

カイロに到着し、飛行機を降りた旅行者が最初に遭遇する関門は、入国審査でも税関でもない（もちろんその手続きも必要だが）。実は、自称「ガバメントスタッフ」という旅行会社の人がウロウロしているのだ。

この旅行会社の人は、まず親切にビザの取得や両替を手伝ってくれ、旅行者を信用させる。そして、次の手続きだと言って旅行会社のカウンターに座らせ、異常に高いツアーを買わせるものだ。まだ入国もしていない旅行者にエジプトの物価がわかるはずもなく、素直に払ってしまう人も多い。

もちろん、「政府の人間」というのはウソ。彼らは純粋な営利目当ての旅行会社の人間だ。なかには「このツアーに申し込まないと入国できない」などと言う悪質なケースもある。

特に狙われるのは、深夜に到着して市内までバスもなく困った状態の旅行者たち。ツアーはともかく、今夜の宿くらいは、と妥協して1泊分の宿代を支払ってしまいがちなのだ。さらに、彼らが提携するホテルの多くは、ツアーなどの勧誘がしつこく料金トラブルが多発している。

● **深夜に空港に着いたらどうするか** バスがなくても、タクシーを使えば45£Eでカイロ市内まで行ってくれる。予約したホテルに到着便名を知らせて迎えに来てもらうのもよい手だ。

ピラミッド周辺のラクダ引き

● **乗ったら降りられない!?** ピラミッドの周りをラクダで回る、というのはエジプトならではの楽しみだ。しかし、料金に関するトラブルが絶えないので注意が必要だ。そもそもラクダは乗ってしまうと自分では降りられない。意外に背が高くて、ラクダ引きのおじさんがラクダを座らせないと乗り降りができないのだ。つまり、言葉は悪いが乗ってしまったら人質状態になってしまい、最初に交渉した料金の何倍ものお金を要求される。また、誘うのはラクダ引きだけではない。バス停からの道すがら親切そうに声をかけてきた人が、実はラクダ引きの客引きだったということも。さらにはこれらを商売にしている業者もあり、法外な料金を請求されたという人もいる。

みやげ物屋でのトラブル

エジプト旅行の思い出にと、みやげ物屋でパピルスやビンの美しい香水、カルトゥーシュなどの貴金属を買う人も多いだ

外務省邦人保護課・海外安全相談センター
Inet www.pubanzen.mofa.go.jp

☹ **空港手数料**
カイロ空港まで行くのに夜中にタクシーに乗車したら、運転手が空港に入るにはタクシーチケットが15£Eかかると言い出して、トラブルになりました何度も5£Eだと抗議しても夜中は15£Eになるんだと譲りませんタクシー運転手はあの手この手で乗客からお金を取ろうとしますので要注意です。

（在ドイツ　みづほ　'09秋）

☹ **リコンファーム**
エジプト考古学博物館の近くのエジプト航空オフィスにリコンファームに行く道中、通りでおじさんが待ち構えていて「リコンファームするのか？」と聞いてきました。親切心なのかと思いついていったら、旅行代理店に連れていかれました。知らずにリコンファームをしたら、空港使用料と言われ111£E請求されそうになりました。券の購入代金に含まれているはずなのでおかしいことに気付き、店を出てよく見たら○○TRAVELと書いてありました。その周辺は、旅行代理店がたくさんあって店頭にエジプト航空の名前とかが表示されているので、どれが本当のエジプト航空オフィスなのかわかりにくいです。

（大阪府　井上 裕美　'10春）

Information

治安を揺るがすイスラーム原理主義過激派とは？

イスラーム原理主義とは、エジプトでは社会向上を目指す運動である。社会が危機に陥ったとき、社会を改善しようとするのは世界共通。だが、それを「神の前には皆平等」とするイスラームの原点に戻り、シャリーア（イスラーム法）を政治に導入することで、改革しようとするものだ。

歴史的には、1930年代の英国植民地下で、腐敗した為政者たる英国と傀儡政権・エジプト王家への反対運動として誕生。これがムスリム同胞団で、ナセル率いる自由将校団にも浸透し、1952年に革命を成功させた。現在、支持者は数十万人ともいわれる。原理主義のなかでも主流で穏健派の同胞団は、合法・平和的な政治活動を通して目的を達成しようとしている。

それに対して、サダトの開放経済政策で貧富の差が拡大し、西洋化の波が押し寄せた1970年代に台頭してきたのが、少数の過激派だ。約50あるともいわれる非合法グループ、イスラム集団は、多くは武力による政府転覆を目的とする。1992年秋から外国人観光客襲撃を行ってきたのもこの集団。だが、人数的にはメンバー約3000人、うち、活動家は約1000人といわれ極めて少ない。一般市民には受け入れられず、警察による摘発も終始行われている。

😣「1US$」は嘘
観光地で「1US$、1US$」と声をかけられるが、値段が1US$なわけではない。「これ買って！」という意味だと思っていたほうがいいようです。実際、私も民族楽器のようなものが1US$で安いと思い、買おうとしたら2個で200£E要求されました（結局、値切って100£Eで買いました）。
（宮城県　ラムセス三浦　'09夏）

😣自称ガイド
ヌビア村を歩いて家々を見ていたら、26歳の男が「ガイドしてあげる」と言い、ついてきました。断ってもずっとついてきて、少し口を聞いたのがだめだったのか最後に「バクシーシ、ちょうだい」と言われたので「No!」と言ったら、口をふさいで押し倒されました。たまたま、人が通りがかったので男は逃げていき、なんとか無事でした。民家のある所は、通りから見えないし人目につきにくいので、気をつけたほうがいいです。本当に恐かったです。
（大阪府　ろみ　'10春）

😣女性はなめられている？
タクシーは女性ひとりだと、とりあえず乗せてしまえばあとで文句を言えば払ってくれると思うみたいです。最初に交渉した値段を払って黙って出ます。おつりが必要なのに渡さない場合も目をじっと見て最初に交渉した値段とおつりの額を主張すればだいたい渡してくれました。
（在セネガル　Athena　'10春）

😣警察とタクシーはグル？
カイロの警察官にはタクシーの運転手とグルになっている人もいます。相場10£Eのところ、運転手が20£Eを提示。交渉していると、警官がやってきて運転手と言葉を交わしたあと「相場は20£E」と私を説得。警官は運転手から現金を受け取っていました。
（京都府　ゆきぶん　'10春）

ろう。ところが、何かとトラブルが多いのも、このようなみやげ物屋だ。そもそもみやげ物には定価がないので、いくらふっかけたとしても、こちらがお金を払ってしまったら交渉成立と見なされ問題にならないのだ。だから、ボラれたとしても自分の責任。誰に文句を言っても仕方がない。

ところが、最近は商品の値段はもとより、店に連れてくる客引きに少々問題があるようだ。カイロのタフリール広場あたりで親切そうに声をかけ、案内を買って出たり、ときには食事までごちそうしてくれる。こちらが「いい人だ」「友達だ」と思い込むまで徹底的に親切。気が付くと彼の店で数百ドルの買い物をしている……、という寸法だ。「買わない」と断ると「友達だろう」とすごまれたり、数人に取り囲まれたりするケースもある。交渉の際、紅茶を出してくれるのは、エジプトの商談の流儀であって、もてなされたから買わなければ、などと思う必要はまったくない。

クレジットカードのトラブル

商品の購入に際してはクレジットカードの取り扱いに万全を期すこと。身に覚えのない請求が来たという苦情が増えている。気付くのが帰国後だけに対処も難しい。カードを使うときは、目の前で伝票を切ってもらおう。伝票が重なっていないか、ドルなのか、エジプトポンドなのか、イギリスのポンドなのか、通貨単位もチェックすること。ATMを利用してキャッシングをするときは、暗証番号を見られないように周囲に注意しよう。

日本人女性がエジプトでモテるワケ

エジプトはイスラーム国家。このため男女関係に関する倫理観は日本とはずいぶん違う。例えば、恋愛しても婚前交渉などもってのほか。デートでさえ弟や妹のお目付け役がついてきて、ふたりっきりにすらなれないのがあたりまえだ。そのうえ、男性が女性に支払う結納金も高く、30歳過ぎて独身の男性も珍しくない。そんな国では、外国人女性がどうしても自由奔放に見える。エジプト人がとてもできないような肌を露出した格好をしていれば、アプローチしてもいいという幻想をいだかせてしまうのだ。

日本人女性が特にモテるのは、こういった倫理観のうえに「ヤリやすい」という風評もあることも残念ながら否めない。「Noを言わない」「大騒ぎしない」「多少強引でも訴えない」など、あとくされないから、というのが彼らの言い分だ。

こんな被害を少なくするためには、きっぱりと「No」を言うこと。たいていの場合、毅然とした態度をとっていれば、暴力的な態度をとったり、しつこくすることはない。

日本以上にチカンが多い

　親しくなると手を握ったり、腕を組んだりとスキンシップの多いエジプトだが、チカンは当地でも軽蔑される行為。

　チカンが多く発生するのは混雑しているバスの中やスークなど。エジプト人女性もチカンには悩まされていて、ラッシュのバスを避けている。

　防止法といっても、日本と同じで決定的なものはない。常にスキをつくらず、周りに気を配ることぐらいだ。バスでは座席に座り、しかも浅く腰かけるといいだろう。スークで下半身を押し付けてきたり、いきなり胸を鷲づかみにされたりと露骨なこともある。そんなときは「何すんのよ！」などと、日本語でOKだから、ちゃんと抗議すること。

親切そうに話しかけてくる人にも注意

　エジプトでのトラブルの多くは「声をかけられてついていったら……」というものだ。「ついていったら香水屋だった」「ついていったらチカンされた」など。つまり、ついていかなければ被害は避けられる。各地で被害の多い例を挙げてみよう。
●カイロ　タフリール広場、タラアト・ハルブ広場周辺で観光客に声をかける人は100％下心あり。彼らを介することで値段は何倍にも膨れ上がる。
●ホテルの客引き　ルクソール、アスワン、ハルガダ、ダハブなどではホテルの客引き合戦が熾烈。料金を低く提示して強引に客を引き、料金トラブルとなる。また、自分が泊まりたいホテルの名前を言うと、「そのホテルは同系列」「そこはもう閉鎖された」「そこは満室だ」と言うのも常套手段だ。
●タクシー　急に停まって「どこへ行くんだ？」と声をかけるタクシーや、ホテルの前で客待ちしているタクシーはたいていボる。普通はこちらが合図をしない限り停まらないはず。

ガイドブックに載ることのデメリット

　金払いがよく、文句を言えない日本人をつかまえる手っ取り早い方法が、ガイドブックを利用すること。本に載っているホテルに案内しよう、というのも彼らの手だ。実際についていくと別の店だったりする。また、本当に掲載店であっても、掲載されたことで日本人客が集中し、不当な料金を請求したり、サービスの質が落ちたりすることもある。

　本書では改訂版を発刊するにあたって、追跡調査の結果、悪質な業者は除外または注意を喚起している。しかし、情勢は日々変化する。必ず自分の目で確かめて、納得して利用してほしい。もし、掲載施設に関する情報があれば、編集室までご一報ください。

トラブルの傾向と対策

■絶対に手を出してはいけない麻薬

エジプトでも麻薬は社会問題になっており、当局は麻薬犬などによる取り締まりをより強化している。麻薬の売買密輸入に対しては、死刑または3000〜1万£Eの罰金が科せられる。

特に旅行者が注意したいのはシナイ半島の南東部。イスラエルから入国する外国人が14日間、ビザなしで滞在できるので売人も多い。ベドウィンにも広く蔓延している。

😞親切な人ほど注意しよう

タフリールの市内バスターミナルでギザ行きバスを待っていて、どのバスに乗っていいかわからずに困っているとき、中年男性がフレンドリーに話しかけてきて、自分はギザに住んでいて今から帰るところだから一緒に行こうと言われました。小学校の教師をしていると言い、アラビア語を教えてくれたり、バスの中ではほかの人の喧嘩の仲裁をしたりお年寄りに席を譲ったりと、とても親切な人に思えました。ギザに着くと自分の家からピラミッドが真正面に見えるよと家に案内され、お茶をご馳走になりました。その後、親戚がツアー会社を経営しているので案内され、ラクダツアー（90US＄）を契約してしまったのでした。向こうから必要以上に親切に近づいてくる人は、何らかの金銭的目的があると考えて間違いありません。

（大阪府　杉本　和也　'10春）

😞交通事故

エジプトに6日間滞在したが、その間に2件も交通事故を目の当たりにした。エジプトの交通事情は最悪。事故は気を付けようがないにせよ、常に時間に余裕をもって行動するほうがいいと思う。

（東京都　ジェシカ　'09夏）

エジプトの病気と受診情報

海外旅行では、環境の変化、疲労、ストレスなどからさまざまな病気にかかる可能性がある。また、旅先ならではの風土病や感染症にも気を付けなければならない。ここでは、エジプトを旅するときによく問題となる病気を簡単に解説し、受診に役立つ情報も記載した。帰国後発病することもあるので、旅の前後に一読してほしい。

長野県立須坂病院 海外渡航者外来 担当医 高橋 央

食中毒／旅行者下痢

下痢は、比較的衛生的な地域を旅行するときでもよく経験する症状。水を飲んで様子を見るだけでよいものから、救急治療を要する場合まである。

発病が疑われたときの対策

海外旅行中の下痢に関して多い誤りは、水分を取るとさらに下痢するからといって、飲水を控えること。下痢で失った水分を補給しないと、特に幼児や高齢者は容易に脱水に陥るのだ。下痢は腸内の有害物質を体外へ押し出そうとする生体防御反応なので、**下痢止めを乱用するのも考えもの**。無理に下痢を止めて観光を続けるよりも、スープやヨーグルトなどで栄養と水分を取りながら、宿で安静にしていたほうが、体にも旅の想い出にもプラスになることが多いものだ。

脱水がひどく、朦朧とした受け答えしかできない場合は、至急病院で受診すべき病態と心得よう。女性なら生理用ナプキンをして病院に行くとよい。点滴治療を受ける間にも脱水が悪化するので、飲水できるならスポーツ飲料などをできるだけ飲むべきだ。

下痢症状が軽くても、**血性の下痢（血液が変性して、黒褐色のこともある）**の場合も、ただちに医師の診察を受けるのがよい。キャンピロバクター腸炎、腸管出血性大腸菌O-157、細菌性・アメーバ性赤痢のことばかりでなく、中高年では大腸癌の初発症状のこともある。腸が破れると腹膜炎を合併し、命に関わる。

薬局で抗生剤を入手するためには医師の処方箋が必要。しかし全般的には、旅行中の下痢で抗生剤治療が必要な場合は少ない。抗生剤を服用すると、必要な腸内細菌まで死滅することに注意しよう。

下痢の原因は、微生物だけでなく、ストレスによる過敏性大腸炎のこともある。キノコなどの毒による下痢もあり、その際は食べたものを吐き出させて、病院に行く。ただし、無理に吐かせると気道内に誤飲して危険なこともあるので注意したい。

下痢が消失するまでは、おなかを冷やさない温飲料のほうがよい。コーヒーは胃を刺激するので避ける。例えばお湯に梅干しを入れて飲めば、**塩分補給**も同時にできる。旅行中はけっこう汗をかいているので、塩分が足りなくなって体調不良に陥ることも多い。

⚠ 予防策

下痢を予防するためには、不衛生な食べ物や水を取らないことだ。また旅行中は、疲労や暴飲暴食などで、病原性の微生物を殺菌する胃酸分泌が低下していることが多い。特に高齢者や胃腸の手術を受けた人は要注意。食事のときは、消化の悪いもの、香辛料などの刺激物、脂肪の多いもの、アルコール類を避ける。

水道水のなかには、鉱質分が高いため、下痢をすることもある。成分表示に注意してミネラルウオーターを飲んだほうがよいこともある。食べ物ではハンバーグなど生焼けの肉類や、不衛生な屋台での生ものには注意が必要だ。

高病原性鳥インフルエンザ (HPAI)

トリに感染し、大量死をもたらす新興感染症。2003年末より確認されたインフルエンザA/H5N1型が主要な病原ウイルスで、トリからヒトへ散発的に感染し、将来的なヒト-ヒト感染が懸念されている。

通常のインフルエンザよりも呼吸器症状が重篤で、急激に呼吸不全に陥ったり、小児では下痢から脳症を合併して、約半数が死亡する。SARSと異なり、小児の発症が比較的多い。抗インフルエンザ薬のタミフルが有効とされるが、ベトナムでは耐性ウイルスの出現も報告されており、明確な結論はない。

⚠️ 予防策

H5N1ウイルスは接触感染するので、**病気の鳥と不用意に接触しないことだ**。食肉市場などに行く機会は少ないだろうが、路上で売られている生きたハトやニワトリに安易に近寄らないほうがよい。鶏肉や卵は充分熱したものを食べれば心配ない。

鳥インフルエンザが発生している地域を旅行したあと1週間以内、あるいは病気の鳥を触って劇症のインフルエンザ症状を起こした場合には、**地域の保健所**へ連絡を取り、指定された病院を受診して診察を受けること。

ウイルス性肝炎

肝炎は現在A～E型の5つが知られているが、旅行者が用心しなければならないのは、**経口感染するA型とE型**。感染後4～6週間ほどで急激な発熱、下痢、嘔吐などがあり、数日後には黄疸が出る。1～2ヵ月で肝機能は正常となり、慢性化しない。ただし、劇症化すると死にいたる場合もある。

A、E型ウイルスは、汚染された食品や水を通して感染することが多い。A型肝炎は、**カキなど生鮮魚介類**に、E型は**シカやイノシシの生肉**に注意する。A、E型肝炎の治療は、輸液と解熱など対症療法と安静が主となる。

A、B型肝炎にはワクチンがあり予防接種ができる。どちらも接種歴がない場合は**2～3回接種**が必要であり、出発2～3ヵ月前から渡航者外来を受診したい。

性行為感染症とHIV感染症

性行為感染症とHIV感染症は、21世紀に入っても感染拡大に確実な歯止めがかかっていない。麻薬や覚醒剤の近くに、これらの病気が忍び寄っていることも多い。

性行為感染症については、本人の自覚で防げる病気である。セーフセックスの意味を普段から考えよう。海外でハメをはずすという感覚はもってのほかだ。

ロングフライト症候群
(下肢深部静脈血栓症＋肺静脈血栓塞栓症)

この病気は、水分が不足した状態で機内のような低湿度の環境下で長時間同じ姿勢を取っていると起こりやすい。下肢の奥のほうにある静脈に**血栓**ができ、体動時に剥がれて肺に到達し、肺静脈を詰まらせて**突発性の呼吸困難**が起こり、心臓機能を低下させる。重症の場合死にいたることもある。

日本とエジプトの直行便飛行時間は約12時間。ひところに比べ短くはなったがこの病気のリスクは高い。

血栓症の既往がある人、糖尿病、高脂血症、肥満、動脈硬化などの人は、血栓ができやすいため注意が必要だ。機内では1時間に80ccの水分が失われるので、それ以上の**水分を補給**する。イオン飲料ならば効果的。ビールは利尿作用があり、他の酒類もアルコール分解に水分が必要なため逆効果である。経由便などを使って帰国便を現地深夜発の夜行便にする人は、夕飯で飲酒したり機内で過度に飲酒しないようにしよう。血栓予防に**適宜体を動かすことだ**。

狂犬病／破傷風

狂犬病と破傷風は、ともに中近東、アフリカ全体に蔓延しており、特に狂犬病の場合発病したら全例死亡するので注意が必要だ。狂犬病は犬だけではなく、スカンク、プレーリードッグ、コウモリなどいろいろな動物に見られる。動物には不用意に接近しないようにしよう。

破傷風は、土との接触が多いトレッキングなどをするときに感染リスクが高い。

予防としては、どちらも予防接種を受けておくのが最善だ。破傷風トキソイドは過去5～6年接種歴がない場合、**追加接種**を1回受けておこう。狂犬病ワクチンは充分な予防効果を上げるまでに3回以上接種することが必要なので、発病頻度からすれば旅行前に必ず受けるべき予防接種とはいえない。動物に安易に手を出さないことが現実的予防法だ。

パーソナル・データ PERSONAL DATA

名前 name　　姓 surname	名 first name
生年月日 date of birth　　日 date ／　　月 month ／　　年 year（西暦）	
血液型 blood type　O　A　AB　B　RH　－　＋　　性別 sex　男 male　女 female	
身長 height　　cm（　　ft）　体重 weight　　kg（　　pd）	
持病 chronic disease	
飲んでいる薬 current medication	
アレルギー allergy　□あり yes　□なし no 　食べ物 food allergy 　薬 medicine allergy	
妊娠の可能性 pregnancy　□なし no　□しているかもしれない possibly　□あり yes	
滞在地 present address	
電話番号 phone number	
治療費の支払い方法 payment 　□クレジットカード credit card　　□トラベラーズチェック traveler's check 　□海外旅行保険 insurance　　　　　□現金 cash 　　会社名／証券番号	

海外旅行保険

海外では日本の健康保険は使えないので、旅行期間を満たす**海外旅行保険**に加入しよう。治療費の補填のほか、提携病院の紹介や通訳サービスなどが受けられることもある。インターネットからも加入できる。

inet hoken.arukikata.com

外国人の扱いが多い病院

アングロ・アメリカン病院
Anglo American Hospital

折込Mapカイロ B2

✉ Bi Geziira　　TEL (02)27356164

ミスル国際病院
Misr International Hospital

折込Mapカイロ A2

✉ 12 Shaari' Sarayat　　TEL (02)37608261

※2010年8月現在。情報は予告なく変更になることがあります。現地で必ず確認してください。

症状を伝えるためのシート

※該当する症状があれば、チェックをして医者に見せよう

- ☐ 吐き気 nausea
- ☐ 悪寒 chill
- ☐ 食欲不振 poor appetite
- ☐ めまい dizziness
- ☐ 動悸 palpitation
- ☐ 痙攣 convulsion
- ☐ 熱 fever
- ☐ 脇の下で計った armpit _____ °C／°F
- ☐ 口中で計った oral _____ °C／°F
- ☐ 下痢 diarrhea
- ☐ 便秘 constipation
- ☐ 水様便 watery stool
- ☐ 軟便 loose stool
- ☐ 1日に ___ 回 times a day
- ☐ 時々 sometimes
- ☐ 頻繁に frequently
- ☐ 絶え間なく continually
- ☐ カゼ common cold
- ☐ 鼻詰まり stuffy nose
- ☐ 鼻水 running nose
- ☐ くしゃみ sneeze
- ☐ 咳 cough
- ☐ 痰 sputum
- ☐ 血痰 bloody sputum
- ☐ 耳鳴り tinnitus
- ☐ 難聴 loss of hearing
- ☐ 耳だれ ear discharge
- ☐ 目やに eye discharge
- ☐ 目の充血 eye injection
- ☐ 見えにくい visual disturbance

その他特記事項 others　下記を参考に必要事項を記入しよう

●思い当たる原因を説明する

例1) 昨日、屋台で生魚を食べた　I ate raw fish at the stand yesterday.
例2) 蜂に刺された　A bee stung me.

●食べた、飲んだ
- 水　water
- 氷　ice
- ジュース　juice
- 果物　fruit
- 野菜　vegetable
- 肉　meat
- 魚　fish
- 卵　egg
- チーズ　cheese

●どんな状態のものを
- 生の　raw
- 野生の　wild
- 油っこい　oily
- よく火が通っていない　uncooked
- 調理後時間が経った　a long time after it was cooked

●ケガをした
- 刺された・噛まれた　bitten
- 切った　cut
- 転んだ　fall down
- 打った　hit
- ひねった　twist
- 落ちた　fall
- やけどした　burn

●原因
- 蚊　mosquito
- ハチ　wasp
- アブ　gadfly
- 毒虫　poisonous insect
- サソリ　scorpion
- くらげ　jellyfish
- 毒蛇　viper
- リス　squirrel
- (野)犬　(stray)dog

●いつ
- 今日　today
- 昨日　yesterday
- ～日前に　～day(s) ago
- ～時間前に　～hour(s) ago
- 朝食に　breakfast
- 昼食に　lunch
- 夕食に　dinner, supper

●どこで
- ホテル　hotel
- レストラン　restaurant

●何をしているときに
- ジャングルに行った　went to the jungle
- ダイビングをした　diving
- キャンプをした　went camping
- 登山をした　went hiking (climbing)
- 川で水浴びをした　swimming in the river

カルトゥーシュ大全

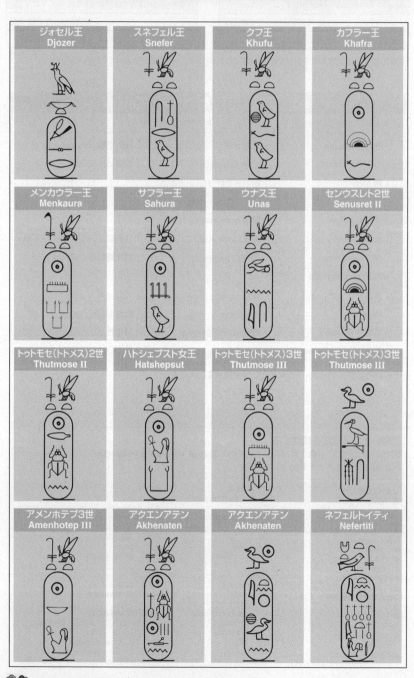

458

カルトゥーシュに彫られるファラオの名前はひとつだけではない。誕生名や即位名など、いくつもあるのが普通だ。例えばハチが書かれているものは即位名で、上エジプトと下エジプトの王という意味だ。中王国以降のファラオは5つの名前をもっている。

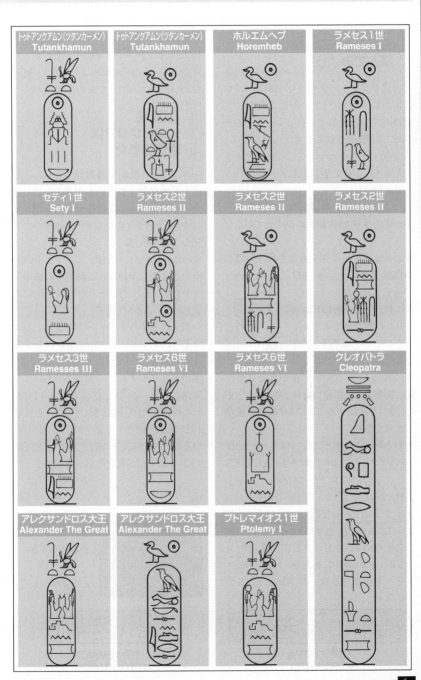

ヒエログリフで自分の名前を書いてみよう

ヒエログリフでカルトゥーシュを読んでみよう!

　古代エジプトの象形文字であるヒエログリフは、メソポタミアの楔形文字から「言語は図式的に表現できる」という考え方を継承し、発明されたと考えられている。約6000文字あるヒエログリフのなかでもよく使用される24文字を基本アルファベットと呼んでいる。

　ヒエログリフの解読に最も貢献したのが、現在大英博物館に所蔵されているロゼッタ・ストーンだ。ロゼッタ・ストーンは、ナポレオンがエジプト遠征を行った際に偶然発見されたもの。3段で構成されており、上からヒエログリフ、次にヒエログリフの草書体であるデモティック、そしてギリシア文字となっている。これら種類の異なる3つの文字で書かれた文章が同じ内容であるに違いないと考えたことから、3つを比較することにより解読に成功したのである。

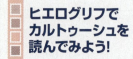
カルトゥーシュのキーホルダーとペンダント

　わかりやすい例として、クレオパトラとプトレマイオスの名前の比較がよく取り上げられる。ふたつの異なるカルトゥーシュ(王名枠)をヒエログリフ、ギリシア文字、ローマ字で書いてみると下図のようになる。プトレマイオスの 𓊪 とクレオパトラの 𓊪 は同じ文字なので、ギリシア文字のΠ(パイ)、つまりローマ字のPにあたる。同じようにクレオパトラの 𓆳 は、プトレマイオスの 𓆳 と同じ文字なのでギリシア文字のΛ(ラムダ)、つまりローマ字のLにあたる。このようにして解読の手がかりが見つかったのである。ちなみにヒエログリフは、紀元後4世紀までエジプトで使用されていた。

こうしてヒエログリフは解読された!

　エジプトの遺跡や博物館で見られる壁画や石碑に描かれている複雑なヒエログリフを読むには訓練が必要であるが、実はカルトゥーシュのなかのヒエログリフを読むことはそう難しいことではない。なぜならカルトゥーシュとは、エジプト王の名前を表す際に用いられる楕円形の枠のことであり、基本的にその内容は王名に限定されているからである。

　例えばギザの大ピラミッドを建造したクフ王のカルトゥーシュの中に描かれた文字を我々は簡単に読むことができる。24文字の基本アルファベット対応表から、クフ王の名前は、◯ 𓅱 〜 𓅱 という4つのヒエログリフから構成されており、それぞれが"Khwfw"というローマ字に対応していることがわかる(下の図を参照)。我々は4500年以上前の人物の名前を読むことによって古代エジプト文明をさらに身近なものとして感じることができるのである。

kh　w　f　w

アビドス遺跡に残るラメセス2世のカルトゥーシュ

ΚΛΕΟΠΑΤΡΑ
KLEOPATRA
　　　　　ΠΤΟΛΕΜΑΙΟΣ
　　　　　PTOLEMAIOS

ヒエログリフで自分の名前を書いてみよう!

　エジプト旅行で大変人気のあるおみやげ品として、自分の名前をヒエログリフでデザインした金製や銀製のペンダントがある。ペンダント職人たちは、24文字の基本アルファベット対応表や下に掲げた50音対応表を用いて作製するため、おおかた正しく、誤りは少ないが、稀に間違った文字が使用されていることがある。

　わざわざエジプトまで行って間違ったおみやげを買って帰るのはまことに残念。このような悲劇を予防するために自分で自分の名前をあらかじめ紙などに書いてお店の人に渡すことをおすすめする。例えば「岩崎」という名字の方ならば下の図左となり、「杉本」という方ならば下の図右のようになる。意外と簡単でしょ！

IWASAKI　SUGIMOTO

24文字の基本アルファベット

文字	音訳	発音
𓄿	ꜣ	ア
𓇋	i	イ／ア
𓏭 または 𓏏	y	イ
𓂝	ꜥ	ア
𓅱 または 𓏲	w	ウ
𓃀	b	ブ
𓊪	p	プ
𓆑	f	フ
𓅓	m	ム
𓈖	n	ヌ
𓂋	r	ル
𓉔	h	フ
𓎛	ḥ	フ
𓐍	ḫ	ク
𓄡	ẖ	ク
𓋴 または 𓊃	s	ス
𓈙	š	シュ
𓈎	ḳ	ク
𓎡	k	ク
𓎼	g	グ
𓏏	t	トゥ
𓍿	ṯ	チュ
𓂧	d	ドゥ
𓆓	ḏ	ジュ

ヒエログリフ50音対応表

ア	イ	ウ	エ	オ
カ	キ	ク	ケ	コ
サ	シ	ス	セ	ソ
タ	チ	ツ	テ	ト
ナ	ニ	ヌ	ネ	ノ
ハ	ヒ	フ	ヘ	ホ
マ	ミ	ム	メ	モ
ヤ		ユ		ヨ
ラ	リ	ル	レ	ロ
ワ		ン		
ガ	ギ	グ	ゲ	ゴ
ザ	ジ	ズ	ゼ	ゾ
ダ	ヂ	ヅ	デ	ド
バ	ビ	ブ	ベ	ボ
パ	ピ	プ	ペ	ポ
シャ		シュ		ショ
チャ		チュ		チョ

461

現代アラビア語事情

アラビア語で書かれた薬局の看板。文字の隣にはロゴマークが入っている

エジプト人と仲よくするには、別にこちらからそれほど努力することはないかもしれない。なぜなら向こうが積極的に話しかけてくるからだ。カイロをはじめ観光地を歩いている限りけっこう英語が通じるが、ほんの2言3言のアラビア語を知っているだけで、向こうの対応だってずいぶん違ってくる。言葉は文化の基礎。相手の言葉を知ろうとすることほど、異文化理解に対する積極的な姿勢を物語っているものはないからだ。

言葉はキミを単なる通りすがりの受動的旅行者から、能動的エジプト探求者に変身させてくれる。つたないアラビア語に相好をくずしたスークのオジサンが値段をまけてくれるかも、なんて下世話な期待はともかく、エジプト体験がこれによって数倍積極的になることは間違いない。

😊 英語の発音はかなり独特
「R」の発音が独特で、「30」は「セルティ」と行っていました。「Paper」は「ペイパル」。慣れるまでは意味がわかりませんでした。（東京都 ちい。'10春）

メントスのパッケージもアラビア語になっている

スターバックス・コーヒーもアラビア語で書くとエキゾチックに感じる

エキゾチックなジャッキー・チェンの映画の看板。アラビア語ではジャキシャーンと書いてある

アラビア語と英語が併記されている場合もあるが、英語はつづりが間違っていることも

● ECC音声旅会話
『地球の歩き方』掲載の英会話（ほか6言語）の文例が"ネイティブの発音"で聞ける！「ゆっくり」「ふつう」の再生スピードがあるので初心者でも安心。
[Inet] www.arukikata.co.jp/tabikaiwa

Column エジプシャンイングリッシュ

エジプトでは日本よりずっと英語が通じる。これは旅行者にとってはとてもありがたいことだ。しかし、問題はその文法と発音。英語を話しているのに文法がアラビア語になってしまい、発音もアラビア語ということもありうる。

● **基本は巻き舌** そのままローマ字読みして、Rの音を思いっきり発音する。例えば、World。これをエジプト風に発音するなら「ウォルリッド」。ほかにも34がサーティー・フォーではなく、エジプトではセルティ・フォルである。Whereがウェールになり Internationalはインテルナショナルとなる。

● **PがBになる** アラビア語のアルファベットには原則としてPを表す文字がない。だから、Pの発音はBになることが多い。例えばピラミッドがベラメッド。「ベン、ベン、ベン」と言ってくる人は、つまりペンを欲しがっているのだ。ほかにもジャパンがジャバン。ペイ（Pay）がベイ。パスポートがバサポルト。エジプシャンはエジブシャンになる。

● **CHがSHになる** アラビア語には「チャ行」のアルファベットがなくシャ行に変わる。彼らがよく言うジャキシャーンとはジャッキー・チェーンのこと。

● **ヤーニ** ヤーニはアラビア語で「えーと」とか「だから」を表す間投詞。英語で話していても間にこの「ヤーニ」が入ってしまうことが多い。

以上の点に気を付けていれば、お互いの意思疎通を図ることは難しくない。もし1回目でわからなくても何回か繰り返してもらえば、基本的に英語であれば理解することは難しくないだろう。

アラビア語ってどんな言葉？

アラビア語は東はイラクやアラビア半島、西は北アフリカのモロッコにいたる20余ヵ国の公用語である。"アラブ人"とは、このアラビア語を母語とする人たちのことだ。

●**フスハー（文語）とアンミーヤ（口語）**　アラビア語はフスハーと呼ばれる正則アラビア語と、アンミーヤと呼ばれる口語のアラビア語のふたつに大別できる。同じアラビア語のアンミーヤといってもこのふたつ、外国語ほど違う。例えばアラビア半島方言とマグリブ方言（モロッコなど北アフリカ）では意思疎通が困難なほど。それもそのはず、フスハーはクルアーン（コーラン）が書かれた7世紀当時のアラビア語、かたやアンミーヤは現代の言葉、両者の間には1000年以上もの隔たりがある。ちょうどラテン語（フスハー）とイタリア語（アンミーヤ）の関係に例えることができるかもしれない。ラテン語は、現代では宗教儀礼などを除いて死語となっている。けれども、アラビア語は1000年以上も前の砂漠のベドウィンの言葉であったフスハーが、今日まで、同じ文法体系で使われている。

インタビューは標準語のカイロ方言で行われることも多い

アラビア語以外への翻訳が禁じられているクルアーン（コーラン）

映画の看板のアラビア語の文字からはその映画の雰囲気が読み取れそうだ

😊 **自分の名前を書いてもらおう**
現地の人にローマ字で書いた自分の名前をアラビア語で書いてもらうのも自分へのおみやげになります。
（奈良県　北井 賢司　'09秋）

現代アラビア語事情

Information
アラブ世界のIBM

アラブ世界のIBMとはインシャーアッラー Inshallah（神が望み給うならば）の**I**、ボクラ Bukra（明日）の**B**、マーレーシュ Maalesh（気にしなさんな）の**M**。それぞれの単語の頭文字をとってアラブ世界のIBMという。

誰かに何かを頼んで「インシャーアッラー」なんて言葉が返ってくると（百発百中そうなんだけど）、「神さまじゃなくてキミはどうなんだい、やる気があるのかね、ないのかね」と日本人としては聞き返したくなる。

●**人間の能力には限りがある**

例えば、友人のエジプト人に、「日本から××を送ってあげるから」と言うと「インシャーアッラーと言いなさい」と優しくさとされた。いわく、「人間の能力には限りがある。未来のことは神さまだけがご存じなのだから、どんなにささいなことを約束する場合でも、インシャーアッラーとムスリムは言うのですよ」。これは、人間が己の分際をわきまえずに力を過信することを戒めている、極めて宗教的かつ論理的な言葉だったのである。

●**「ごめんなさい」**

さて、「マーレーシュ」。「人の足を踏んでおいて、気にするなとはなんだ！」とカッとくるけど、発想を180度転換して、「マーレーシュ」は「ごめんなさい」なんだ、と思ってしまえば何てことはない。

日本人だってしょっちゅう「すいません」というけど、どの程度すまなく思っているかはずいぶんとあやしいものだ。

●**何でもないヨ！**

むしろこちらが何か失敗したとき、それをとがめだてするエジプシャンはまずいない。みな間髪入れず「マーレーシュ（気にしなくていいよ）」と言ってくれる。その言葉に救われることだってけっこう多いのだ。だから、足を踏まれて「マーレーシュ」と言われたら、すかさず「マーレーシュ（何でもないよ）」と答えるだけの鷹揚さをもちたいものだ。

エジプトの有力紙アル・アフラームのロゴ

400と読めるのがこれで400pt.つまり4£Eということ

97£Eから72.5£Eに割引。数字が読めると買い物も楽しい!

😊 **数字は覚えておこう**
バスに乗るのにアラビア語の数字を覚えておくと便利です。アラビア語の文字表記は右から左ですが、バス路線の表記は日本と同じ左から右でした。
（京都府　ゆきぶん　'10春）

● **基本単語 そのほかの数詞**

半分	نص	ノス
4分の1	ربع	ロブウ
1番目	أول	アウィル
2番目	ثاني	ターニ
最後	أخير	アヒール

フスハーは、宗教だけでなく新聞、テレビのニュースなど公式の場面で用いられる、アラブ世界すべての共通語。一方のアンミーヤは、そのフスハーをベースに発達した口語方言で、国により、または地方により異なり、アラビア半島方言、シリア方言、エジプト方言、マグリブ方言などがある。

同じエジプトのアンミーヤでも、カイロ方言、アスワン方言は違う。津軽弁と東京弁と薩摩弁が違うのと同じことだ。しかし、ちょうど東京弁がNHKのおかげで日本のどこでもわかってもらえるように、カイロ方言もエジプトのどこでも通じる。そればかりか、エジプトの映画やテレビドラマはほかのアラブ諸国でも人気があるため、今やカイロ方言は、日本語の関西弁のように、とてもポピュラーな方言なのだ。

学校で公的に習得しなければならない、いってみれば「背広を着た言葉」のフスハーに対して、アンミーヤは「ガラベーヤを着た町のオジサンたちの言葉」。ムバラク大統領と会見しようと思っている人は別として、そうでない旅行者にぜひ覚えてもらいたいのは、もちろん「ガラベーヤ言葉」、アンミーヤのほうだ。

一方、アラブの異国情緒を盛り上げているのは、アラビア文字ではないだろうか。見た人は必ず「ミミズがのたくったような」なんて形容をするアラビア文字でも、見慣れるとこんな美しいミミズはほかにないんじゃないかと思えてくる。ガーマを飾る模様にも、クルアーンの言葉を美しく文字で描いたものが見られる。

このアラビア文字は英語と同じアルファベット（表音文字）だが、英語とは反対に右から左へ書いていく。母音は、長母音を除いて普通表記されない。つまり、子音だけ表記するわけだ。短期間で旅行者が習得するにはちょっと難しい。本書では地図や見どころにアラビア語表記も併記した。カタカナ読みでは通じないことが多いが、発音しながら該当単語を指してみよう。

知らなきゃ困るアラビア語の数字

数	アラビア	読み	数	アラビア	読み	数	アラビア	読み
0	٠	スィフル	12	١٢	イトナーシャル	50	٥٠	ハムスィーン
1	١	ワーヘド	13	١٣	タラターシャル	60	٦٠	スィッティーン
2	٢	イトネーン	14	١٤	アルバターシャル	70	٧٠	サブイーン
3	٣	タラータ	15	١٥	ハムサターシャル	80	٨٠	タマニーン
4	٤	アルバア	16	١٦	スィッターシャル	90	٩٠	ティッスィーン
5	٥	ハムサ	17	١٧	サブアターシャル	100	١٠٠	ミーア
6	٦	スィッタ	18	١٨	タマンターシャル	150	١٥٠	ミーア・ワ・ハムスィーン
7	٧	サブア	19	١٩	ティスアターシャル	200	٢٠٠	ミティーン
8	٨	タマニヤ	20	٢٠	アシュリーン	300	٣٠٠	トゥルトゥミーア
9	٩	ティスア	25	٢٥	ハムサ・ワ・アシュリーン	1000	١٠٠٠	アルフ
10	١٠	アシャラ	30	٣٠	タラーティーン	2000	٢٠٠٠	アリフェーン
11	١١	ホダーシャル	40	٤٠	アルバイーン			

実用アラビア語は→P40参照

切って使える単語帳

アラビア語がわからなくても、単語を組み合わせれば、充分知りたいことを聞くことができる。どこ、いつ、などの疑問詞に続ければ完璧だし、単語を指さして見せるだけでもOK。

地名、地形

通り	شارع	シャーリャ	Street
広場	ميدان	ミダーン	Square
川	نهر	ナフル	River
山	جبل	ガバル	Mountain
海	بحر	バフル	Sea
ビーチ	شاطئ	シャーティ	Beach
湖 (小)	بركة	ビルカ	Lake
湖 (大)	بحيرة	ブヘーラ	Lake
砂漠	صحراء	サフラー	Desert
オアシス	واحة	ワーハ	Oasis
島	جزيرة	ゲジーラ	Island
谷	وادي	ワーディ	Valley
市	مدينة	メディーナ	City
村	قرية	カルヤ	Village

施設名

バスターミナル	محطة الاتوبيس	ムハッティト・イル・オトビース	Bus Terminal
バス停	موقف الاتوبيس	モウイフ・イル・オトビース	Bus Stop
駅	محطة	マハッタ	Station
病院	مستشفى	ムスタシファ	Hospital
薬局	صيدلية / اجزاخانه	エグザハーナまたはサイデリーヤ	Pharmacy
公園	حديقة	ハディーカ	Park
市場	سوق	スーク	Market
レストラン	مطعم	マトゥアム	Restaurant
本、文房具屋	مكتبة	マクタバ	Book Shop
映画館	السينما	イッスィーネマ	Cinema
トイレ	حمام	ハンマーム	Bathroom

ホテル　فندق フンドゥク　Hotel	ユースホステル بيت الشباب ベート・イッシャバーブ Youth Hostel	観光案内所 ℹ مكتب الاستعلامات マクタブ・イル・イスティウラマート Tourist Information
銀行　بنك バンク　Bank	郵便局　بوسطة ボスタ　Post Office	電話　تلفون ティリフォーン　Telephone
空港　مطار マタール　Airport	旅行会社 شركة سياحة シャリキト・スィヤーハ Travel Agency	航空会社 شركة طيران シャリキト・タヤラーン　Airline
警察　بوليس ポリース　Police	大使館　السفارة イッスィファーラ　Embassy	県庁　المحافظة イル・モハーフェザ　Governate
見どころ	イスラーム寺院 مسجد، جامع ガーマ、マスギド　Mosque	教会　كنيسة ケニーサ　Church
博物館　متحف マトゥハフ　Museum	遺跡　الأثار イル・アーサール　Ruins	ピラミッド　الأهرام イル・アフラーム　Pyramids
宮殿　قصر アスル　Palace	動物園 حديقة الحيوان ハディーキト・イル・ハヤワーン Zoo	神殿　معبد マアバド　Temple
交通機関	タクシー　تاكسي タクスィ　Taxi	乗合タクシー سرفيس セルビス　Collective Taxi
鉄道 السكة الحديد イッスィッカ・イル・ハディード Railway	列車　قطر アトル　Train	路面電車　ترام トラーム　Tram
バス　اتوبيس ウトゥビース　Bus	ミニバス ميني بلس ミニバース　Mini-Bus	マイクロバス ميكروباس ミクロバース　Micro-Bus

船、フェリー	مركب	マルカブ　Ferryboat
フルーカ	فلوكة	フルーカ　Felucca
飛行機	طيارة	タイヤーラ　Airplane
ロバ	حمار	ヒマール　Donkey
ラクダ	جمل	ガマル　Camel
自動車	عربية	アラベーヤ　Car
チケット	تذكرة	タズカラ　Ticket
1等	درجة أولى	ダラガ・ウーラ　1st Class
2等	درجة تانية	ダラガ・タニヤ　2nd Class
窓側の席	جنب الشباك	ガンブ・イッシッバーク　Window Seat
通路側の席	جنب الوسط	ガンブ・イル・ワサト　Aisle Seat
エアコン付き	مكيف	ムカイヤフ　Airconditioned
寝台車	قطر النوم	アトル・インノーム　Sleeper Train
出発時刻	مواعيد المغادرة	マワイード・イル・ムガーダラ　Departure Time
到着時刻	مواعيد الوصول	マワイード・イル・ウスール　Arrival Time

地名などでよく使われる単語

日本語（意味）	アラビア語	発音 / English
ゲーシュ（国軍）	جيش	ゲーシュ　Army
ラメセス（人名）	رمسيس	ラムスィース　Ramses
タフリール（解放）	تحرير	タフリール　Tahrir
タラアト・ハルブ（人名）	طلعت حرب	タラアト・ハルブ　Tala'at Harb
ガマル・アブデル・ナセル（人名）	جمال عبد الناصر	ガマル・アブデル・ナセル　Gamal Abd el Naser
ゴムホレーヤ（共和国）	جمهورية	ゴムホレーヤ　Gumuhuriyya
サラーフッディーン（人名）	صلاح الدين	サラーフッディーン　Salah El Din
10月6日	٦ اكتوبر	シッタ・オクトーベル　6th October
7月26日	٢٦ يوليو	シッタ・ウ・アシュリーン・ヨリヨ　26th of July
7月23日（革命記念日）	٢٣ يوليو	タラーラ・ワ・アシュリーン・ヨリヨ　23th of July
イン・ニール（ナイル）	النيل	イン・ニール　El Nil
サアド・ザグルール（人名）	سعد زغلول	サアド・ザグルール　Saad Zaghloul
コルニーシュ（河岸、海岸）	كورنيش	コルニーシュ　Cornich
ポート・サイド（地名）	بور سعيد	ボール・サイードゥ　Port Said

※ここに挙げた単語は、人にものを尋ねるときに使ってください。看板などは表記が異なる場合もあります。

INDEX 索引

都市・町・集落

アスワン	242
アビドス	225
アブー・イール	338
アブー・ミーナー	348
アブ・シンベル	258
アラメイン	350
アレキサンドリア	327
イスマエーレーヤ	360
エスナ	228
エドフ	230
カイロ	69
ギザ	136
コセイル	287
コム・オンボ	232
サーン・イル・ハガル	354
サッカーラ	145
サファーガ	287
シャルム・イッシェーフ	304
スィーワ・オアシス	371
スエズ	356
聖カトリーナ	297
ターバー	321
ダハブ	313
ダフシュール	150
ダフラ・オアシス	392
テル・エル・アマルナ	224
デンデラ	226
ヌエバア	319
バシェンディー村	394
バフレイヤ・オアシス	378
ハルガ・オアシス	397
ハルガダ	280
ビルカーシュ	127
ファイユーム	171
ファラフラ・オアシス	390
ベニ・スウェーフ	229
ヘルワーン	88
ポート・サイド	361
ポート・フアード	363
マルサ・アラム	290
マルサ・マトルーフ	351
メイドゥーム	151
メンフィス	149
ルクソール	192
ロゼッタ	346
ワディ・イル・ヒタン	388
ワディ・イン・ナトルーン	345

古代エジプトの史跡

アイン・イル・マフテラ神殿　バフレイヤ・オアシス	383
赤のピラミッド　ダフシュール	150
アシュムーネーン遺跡　ナイル川中流域	234
アビドス遺跡　アビドス	225
アブ・シンベル小神殿　アブ・シンベル	263
アブ・シンベル大神殿　アブ・シンベル	260
アマダ神殿　ナセル湖	266
アムン神殿　スィーワ・オアシス	373
アムン大神殿　サーン・イル・ハガル	355
アレクサンドロス大王の神殿　バフレイヤ・オアシス	383
イシス（フィラエ）神殿　アスワン	251、267
イル・カーブの遺跡　ナイル川中流域	235
ウナス王のピラミッド　サッカーラ	147
王家の谷　ルクソール	208
王家のネクロポリス　サーン・イル・ハガル	355
王妃の谷　ルクソール	211
音と光のショー　アブ・シンベル	262
音と光のショー　ギザ	144
オンムル・イバイダ　スィーワ・オアシス	373
ガバル・イル・マウター　スィーワ・オアシス	374
カフラー王のピラミッド　ギザ	143
カラブシャ神殿　アスワン	252、267
カルナック神殿　ルクソール	199
岩窟墳墓群　アスワン	249
岩窟墳墓群　ベニ・ハサン	234
貴族の墓　ルクソール	207
切りかけのオベリスク　アスワン	250
屈折ピラミッド　ダフシュール	150
クヌム神殿　アスワン	247
クヌム神殿　エスナ	228
クフ王のピラミッド　ギザ	142
ケルタシのキオスク　ナセル湖	267
コム・オンボ神殿　コム・オンボ	232
ザーウィヤト・イル・アムワート　ナイル川中流域	234
サヘイル島　アスワン	249
ジョセル王のピラミッドコンプレックス　サッカーラ	146
真正ピラミッド　メイドゥーム	151
スフィンクス　ギザ	144
セティ1世葬祭殿　ルクソール	210
ダッカ神殿　ナセル湖	267
デール・イル・ハガル　ダフラ・オアシス	394
デール・イル・バルシャ遺跡　ナイル川中流域	234
デール・イル・マディーナ　ルクソール	211
デッル神殿　ナセル湖	266
テティ王のピラミッド　サッカーラ	147
テル・エル・アマルナ遺跡　テル・エル・アマルナ	224
トゥーナト・イル・ガバル遺跡　ナイル川中流域	235
ハトシェプスト女王葬祭殿　ルクソール	207
ハトホル神殿　デンデラ	226
ハワーラのピラミッド　ファイユーム	172
ヒビース神殿　ハルガ・オアシス	397
ピラミッドコンプレックス　メイドゥーム	152
墳墓群　アレキサンドリア	338
墳墓群　バフレイヤ・オアシス	381
ヘラクレオポリス・マグナ　ベニ・スウェーフ	229
ホルス神殿　エドフ	230
ポンペイの柱　アレキサンドリア	337
マスタバ墳　メイドゥーム	153
マスタバ墳とセラペウム　サッカーラ	148
ムザワア岩窟墳墓群　ダフラ・オアシス	394
メムノンの巨像　ルクソール	206
メンカウラー王のピラミッド　ギザ	143
モハッラカ神殿　ナセル湖	266
ラフーン（遺跡）　ファイユーム	173
ラメセウム（ラメセス2世葬祭殿）　ルクソール	210
ラメセス3世葬祭殿　ルクソール	210
ルクソール神殿　ルクソール	199
ワーディ・セブア神殿　ナセル湖	266

古代エジプト以外の史跡

アブディーン宮殿　カイロ	88
英連邦軍戦没者墓地　アラメイン	350
オスマン朝時代の家々　ロゼッタ	347
カーイトゥベーイの要塞　アレキサンドリア	337
カスル　ダフラ・オアシス	393
カスル　ファラフラ・オアシス	390

ガマル・イッディーン・ダハビの家　カイロ	116
コームッシュアーファのカタコンベ　アレキサンドリア	337
サビール・クッターブ・アブドゥル・ラフマーン・ケトフダー　カイロ	114
シタデル　カイロ	123
シャーリー　スィーワ・オアシス	374
19世紀の家　ポート・サイド	362
水道橋　カイロ	105
ズウェーラ門　カイロ	116
聖シメオン修道院　アスワン	249
聖メナス市遺跡　アブー・ミーナー	348
ドイツ軍戦没者墓地　アラメイン	350
ナイロメーター　アスワン	247
ナイロメーター　カイロ	99
ナスル門　カイロ	115
バガワート　ハルガ・オアシス	397
バシュターク宮殿　カイロ	114
フスタート　カイロ	105
フトゥーフ門　カイロ	115
マニアル宮殿　カイロ	99
モンタザ宮殿　アレキサンドリア	338
レセップスの家　イスマエーレーヤ	360
ローマ円形劇場　アレキサンドリア	337

宗教施設

赤の僧院　ソハーグ	229
アブー・ミーナー修道院　アブー・ミーナー	349
カーイトゥベーイの墓とマスギド　カイロ	125
ガーマ・アズハル　カイロ	110
ガーマ・アフマド・イブン・トゥールーン　カイロ	121
ガーマ・アブル・ダハブ　カイロ	110
ガーマ・アムル　カイロ	105
ガーマ・イッサイイダ・ゼーナブ　カイロ	122
ガーマ・サーリフ・タラアイー　カイロ	118
ガーマ・スルタン・ハサン　カイロ	119
ガーマ・ソリマン・パシャ　カイロ	123
ガーマ・ハリーファ・イル・ハーキム　カイロ	115
ガーマ・ホセイン　カイロ	112
ガーマ・マリダーニー　カイロ	118
ガーマ・ムアイヤド・イッシェイフ　カイロ	116
ガーマ・ムハンマド・アリ　カイロ	124
ガーマ・リファーイー　カイロ	120
ガバル・イッテール　ミニヤ	229
シリア修道院　ワディ・イン・ナトルーン	345
白の僧院　ソハーグ	229
スルタン・カラーウーンのマドラサ　カイロ	113
スルタン・ゴーリーのマドラサ　カイロ	112
スルタン・バルクークのハーンカー　カイロ	126
スルタン・バルクークのマドラサ　カイロ	113
スルタン・バルスバイのハーンカー　カイロ	126
スルタン・バルスバイのマドラサ　カイロ	113
聖アントニウス修道院　東方砂漠	288
聖カトリーナ修道院　聖カトリーナ	302
聖ジョージ教会　カイロ	100
聖セルジウス教会　カイロ	104
聖パウロ修道院　東方砂漠	288
聖ビショイ修道院　ワディ・イン・ナトルーン	345
聖マカリウス修道院　ワディ・イン・ナトルーン	345
デール・イル・モハラッ　アスユート	229
バラモス修道院　ワディ・イン・ナトルーン	345
ブルーモスク（ガーマ・アズラク）　カイロ	119
ベン・エズラ・シナゴーグ　カイロ	104

博物館・図書館・遊園地・公園

アズハル公園　カイロ	112
アスワン博物館　アスワン	247
アレキサンドリア国立博物館　アレキサンドリア	336
アレキサンドリア図書館　アレキサンドリア	335
アンダースン博物館　カイロ	122
イスラーム芸術博物館　カイロ	88
イスラーム陶器博物館　カイロ	98
イムホテプ博物館　サッカーラ	148
ウンム・クルスーム博物館　カイロ	99
オアシス・ヘリテージ博物館　バフレイヤ・オアシス	383
カーター博物館　ルクソール	211
カイロ動物園　カイロ	127
キッチナー島（植物園）　アスワン	248
グレコローマン博物館　アレキサンドリア	335
軍事博物館　アラメイン	350
軍事博物館　カイロ	123
軍事博物館　ポート・サイド	362
現代美術館　カイロ	98
紅海水族館　ハルガダ	284
考古学博物館　カイロ	89
コプト博物館　カイロ	102
タイタニック・アクア・パーク　ハルガダ	285
太陽の船博物館　ギザ	144
ニューバレー博物館　ハルガ・オアシス	397
ヌビア博物館　アスワン	248
ノズハ動物園　アレキサンドリア	338
博物館（考古局）　バフレイヤ・オアシス	381
美術館　ファラフラ・オアシス	390
ファラオ村　カイロ	128
ポート・サイド国立博物館　ポート・サイド	362
ミイラ博物館　ルクソール	206
民俗学博物館　ダフラ・オアシス	393
メンフィス博物館　メンフィス	149
ルクソール博物館　ルクソール	202
ロゼッタ博物館　ロゼッタ	347
ロンメル博物館　マルサ・マトルーフ	352

大自然の見どころ

カトリーナ山　聖カトリーナ	302
ガバル・インギリーズ　バフレイヤ・オアシス	382
ガバル・ムーサ　聖カトリーナ	301
カルーン湖　ファイユーム	172
黒砂漠　黒砂漠と白砂漠	386
鉱泉　スィーワ・オアシス	374
鉱泉　バフレイヤ・オアシス	382
シナイ山　聖カトリーナ	301
白砂漠　黒砂漠と白砂漠	380
シンドバッド号　ハルガダ	285
スエズ運河　スエズ	358
スエズ湾　スエズ	358
ダイビング　ハルガダ	285
ティムサーフ湖　イスマエーレーヤ	360
パブリックビーチ　ハルガダ	284
ビル・スィッタ　ファラフラ・オアシス	391
ファンタジー島　スィーワ・オアシス	374
ワディ・イル・ヒタン　ワディ・イル・ヒタン	388

現代の生活シーン

アスワンダム　アスワン	252
アスワンハイダム　アスワン	252
カイロタワー　カイロ	98
スーク　ポート・サイド	362
スーク・イル・アタバ　カイロ	88
ヌビア村　アスワン	250
ハーン・ハリーリ　カイロ	110
モナステリル橋　カイロ	99
ラクダ市　ビルカーシュ	127

みなさまの声が次の「地球の歩き方」を創ります。
アンケートにご協力ください。

ホームページから
www.arukikata.co.jp/eqt

ケータイから
http://www.arukikata.co.jp/eqt-mobile

上記URLよりアンケートに
ご協力いただいた方に、
抽選で素敵な賞品が当たります。

※当選者の発表は賞品の発送をもって代えさせていただきます。
※ご応募はご購入いただいたタイトル1冊につき、1名様1回限りとさせていただきます。

A スーツケース　毎月**1**名様

B 図書券
3000円分　毎月30名様

毎月末に抽選

※写真はイメージです。

1979»	1981»	1994»	2008»	20XX»

2 タイトル　**3** タイトル　**81** タイトル　**115** タイトル

| 自分で歩く旅を提案する「地球の歩き方」誕生 | インド編の登場により、バックパッカーのバイブルとしての地位を確立 | 旅人からの期待に応えて、秘境といわれる国々も歩き回ってついに発行 | 旅のスタイルやトレンドの変化を的確に捉え、100タイトルを突破 | もしかしたら「地球の歩き方」は地球を飛び出しているかも知れません。 |

地球を歩き続けています

地球の歩き方 MOOK

海外も、国内も雑誌サイズの"歩き方"。
地球の歩き方ムックシリーズ

人気の旅先を歩くモデルプラン、ショッピング、グルメ、ビューティ情報を徹底取材！

好評発売中

ポイント1 旅の計画が立てやすい 使えるモデルプランが満載！

ポイント2 旅のナビゲーターがおすすめの歩き方をご紹介

ポイント3 取り外して便利＆大判だから見やすい！持ち歩けるマップ付！

地球の歩き方MOOK

海外情報版
- 海外1 パリの歩き方
- 海外2 イタリアの歩き方 ローマ・フィレンツェ・ミラノ・ヴェネツィア
- 海外3 ソウルの歩き方
- 海外4 香港・マカオの歩き方
- 海外5 上海 杭州・蘇州の歩き方
- 海外6 台湾の歩き方
- 海外7 タイの歩き方 バンコク・チェンマイ・プーケット
- 海外8 ホノルルの歩き方
- 海外9 ワイキキ完全ガイド
- 海外10 グアムの歩き方
- 海外11 バリ島の歩き方
- 海外12 世界のビーチ&リゾート

国内情報版
- 国内1 北海道の歩き方（全道版）
- 国内2 北海道の歩き方 札幌・小樽・富良野・旭山動物園
- 国内3 沖縄の歩き方 本島＆離島
- 国内4 沖縄の歩き方 那覇＆リゾート完全ガイド
- 国内5 京都の歩き方
- 国内7 九州の歩き方
- 国内10 東京の歩き方

地球の歩き方MOOK 検索

定価：940～1100円（税込）
※価格は変更する場合があります。
判型：AB版（257×210mm）

2010年6月現在

海外旅行の最新で最大級の情報源はここに！　地球の歩き方　検索

地球の歩き方 ホームページの使い方

海外旅行の最新情報満載の「地球の歩き方ホームページ」！ガイドブックの更新情報はもちろん、132カ国の基本情報、エアラインプロフィール、海外旅行の手続きと準備、格安航空券、海外ホテルの予約、「地球の歩き方」が厳選したスーツケースや旅行用品もご紹介。クチコミ情報や旅日記、掲示板、現地特派員ブログもあります。

🔗 **http://www.arukikata.co.jp/**

■ 多彩なサービスであなたの海外旅行、海外留学をサポートします！

「地球の歩き方」の電子掲示板（BBS）

 旅のQ&A掲示板

「地球の歩き方」の源流ともいえる旅行者投稿。世界中を歩き回った数万人の旅行者があなたの質問を待っています。目からウロコの新発見も多く、やりとりを読んでいるだけでも楽しい旅行情報の宝庫です。

🔗 **http://bbs.arukikata.co.jp/**

ヨーロッパ個人旅行の様々な手配が可能

 旅プラザ

「旅プラザ」ではヨーロッパ個人旅行のあらゆる手配ができます。ユーレイルパス・寝台車など鉄道旅行の即日発券が可能なほか、格安航空券、ホテル、現地発ツアー、保険、etc。様々な複合手配が可能です。

🔗 **http://tabiplaza.arukikata.com/**

旅行記、クチコミなどがアップできる「旅スケ」

 旅スケ

WEB上で観光スポットやホテル、ショップなどの情報を確認しながら旅スケジュールが作成できるサービス。旅行後は、写真に文章を添えた旅行記、観光スポットやレストランなどのクチコミ情報の投稿もできます。

🔗 **http://tabisuke.arukikata.co.jp/**

旅行用品の専門通販ショップ

地球の歩き方ストア **STORE**

「地球の歩き方ストア」は「地球の歩き方」直営の旅行用品専門店。厳選した旅行用品全般を各種取り揃えています。「地球の歩き方」読者からの意見や感想を取り入れたオリジナル商品は大人気です。

🔗 **http://www.arukikata.co.jp/shop/**

格安航空券の手配がオンラインで可能

地球の歩き方 **arukikata.com**

格安航空券のオンライン予約なら「アルキカタ・ドット・コム」。全国7空港発着の航空券が手配できます。ネットで検索し照会をすれば、回答はメールで。お急ぎの場合は電話での予約も可能です。

🔗 **http://www.arukikata.com/**

留学・ワーキングホリデーの手続きはおまかせ

 成功する留学 GIO CLUB Study Abroad

「成功する留学」は「地球の歩き方」の留学部門として、20年以上エージェント活動を続けています。世界9カ国、全15都市に現地相談デスクを設置し、留学生やワーホリ渡航者の生活をバックアップしています。

🔗 **http://www.studyabroad.co.jp/**

海外ホテルのオンライン予約「ホテルサーチ」

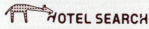

リーズナブルな宿泊施設から高級アパートメントまで全世界約40,000軒以上のホテルプランを掲載。ホテルの価格も随時見直し、おトクな料金設定。さらに、「地球の歩き方カード」で決済すれば、代金が5％OFFに。

🔗 **http://hotel.arukikata.co.jp/**

地球の歩き方　書籍のご案内

『地球の歩き方』を持って行こう！
古代文明の遺跡を訪ね
エキゾチックな
雰囲気漂う国々へ

アラビア半島を旅したら、
古代文明のロマンや中近東の多様な文化を知りたくなった……。
そんなときは、やっぱり『地球の歩き方』。さあ旅に出よう！

イスタンブールのアヤ・ソフィア
はビザンツ建築の最高傑作

モロッコの蛇使いと観光客

地球の歩き方 ● aruco ●
人とはちょっと違った体験ができる「プチぼうけん」など元気な旅好き女子を応援する、旅のテーマがいっぱい詰まっています。

4 トルコ
8 エジプト

地球の歩き方 ● Gem Stone ●

26 美食と雑貨と美肌の王国 魅惑のモロッコ
42 イスタンブール 路地裏さんぽ

地球の歩き方●ガイドブック

E01 ドバイとアラビア半島の国々
進化し続ける大都市ドバイを中心とした、アラブ首長国連邦（UAE）、オマーン、カタール、バーレーン、クウェート、イエメン、サウジアラビアを取り上げた情報満載のガイド。

E02 エジプト
考古学博物館で燦然と輝くツタンカーメンの黄金のマスクやギザのピラミッドなど、古代エジプトの歴史とロマンに触れてみよう。5000年以上のときをさかのぼるナイルの旅。

E03 イスタンブールとトルコの大地
古代から多くの民族が通り過ぎ、いくつもの文化をもたらした文明の十字路・トルコは、壮大な歴史的遺産、自然遺産の宝庫。トルコの大地を満喫できる1冊です。

E04 ヨルダン／シリア／レバノン
ヨルダン、シリア、レバノンは地中海の東端に位置する国々。地中海を背景にそびえる十字軍の砦や、エキゾチックなアラブのスーク（市場）など、異文化の世界へ誘います。

E05 イスラエル
イスラエルはユダヤ教、キリスト教、イスラーム、それぞれにとって聖地。死海リゾート情報もおまかせ。近隣諸国の情報も充実。

E06 イラン
壮大なペルセポリスの遺跡をはじめ、「世界の半分」と讃えられたエスファハーンなど、エキゾチックなペルシアの完全ガイド。

E07 モロッコ
ジブラルタル海峡を渡ればそこはエキゾチックなイスラーム世界。迷路のように入り組んだ旧市街を歩いてみませんか。

E08 チュニジア
ローマと覇権を争ったカルタゴの遺跡、広大な砂漠や緑あふれるオアシス、地中海のリゾートなど、すべての旅人を惹き付ける魅力溢れる国です。

E11 リビア
砂に埋もれた巨大なローマ遺跡と、紺碧の地中海のコントラストが美しいリビアを案内する1冊。サハラの魅力も満載です。

2010年9月現在 ●最新情報はホームページでもご覧いただけます　URL book.diamond.co.jp/arukikata
地球の歩き方 トラベルライター（旅の文章）通信講座開講中！ 詳しくはホームページで　www.arukikata.co.jp/kouza/tabibu

地球の歩き方 シリーズ年度一覧

2010年10月現在

地球の歩き方ガイドブックは1～2年で改訂されます。改訂時には価格が変わることがあります。表示価格は定価(税込)です。
●最新情報は、ホームページでもご覧いただけます。 URL book.diamond.co.jp/arukikata/

地球の歩き方

コード	タイトル	年度	価格
A	**ヨーロッパ**		
A01	ヨーロッパ	2010～2011	¥1890
A02	イギリス	2010～2011	¥1785
A03	ロンドン	2010～2011	¥1680
A04	スコットランド&湖水地方	2010～2011	¥1785
A05	アイルランド	2010～2011	¥1785
A06	フランス	2010～2011	¥1785
A07	パリ&近郊の町	2010～2011	¥1785
A08	南仏プロヴァンス コート・ダジュール&モナコ	2010～2011	¥1680
A09	イタリア	2010～2011	¥1785
A10	ローマ	2010～2011	¥1680
A11	ミラノ、ヴェネツィアと湖水地方	2010～2011	¥1680
A12	フィレンツェとトスカーナ	2010～2011	¥1680
A13	南イタリアとマルタ	2009～2010	¥1785
A14	ドイツ	2010～2011	¥1785
A15	南ドイツ フランクフルト・ミュンヘン、ロマンチック街道、古城街道	2009～2010	¥1680
A17	ウィーンとオーストリア	2010～2011	¥1785
A18	スイス アルプスハイキング	2010～2011	¥1785
A19	オランダ/ベルギー/ルクセンブルク	2010～2011	¥1680
A20	スペイン	2010～2011	¥1785
A21	マドリッド&日帰りで行く世界遺産の町	2011～2012	¥1680
A22	バルセロナ&近郊の町とイビサ島・マヨルカ島	2010～2011	¥1680
A23	ポルトガル	2010～2011	¥1680
A24	ギリシアとエーゲ海の島々&キプロス	2011～2012	¥1785
A25	中欧	2010～2011	¥1890
A26	チェコ/ポーランド/スロヴァキア	2010～2011	¥1785
A27	ハンガリー	2009～2010	¥1680
A28	ブルガリア/ルーマニア	2009～2010	¥1785
A29	北欧	2010～2011	¥1785
A30	バルトの国々	2009～2010	¥1785
A31	ロシア	2010～2011	¥1995
A32	シベリア&シベリア鉄道とサハリン	2009～2010	¥1890
A34	クロアチア/スロヴェニア	2009～2010	¥1680
B	**南北アメリカ**		
B01	アメリカ	2010～2011	¥1890
B02	アメリカ西海岸	2011～2012	¥1785
B03	ロスアンゼルス	2010～2011	¥1785
B04	サンフランシスコ	2010～2011	¥1785
B05	シアトル&ポートランド	2010～2011	¥1785
B06	ニューヨーク	2010～2011	¥1838
B07	ボストン	2010～2011	¥1890
B08	ワシントンD.C.	2009～2010	¥1785
B10	フロリダ	2009～2010	¥1785
B11	シカゴ	2010～2011	¥1785
B12	アメリカ南部 アトランタ他	2010～2011	¥1890
B13	アメリカの国立公園	2009～2010	¥1785
B14	テーマで旅するアメリカ	2010～2011	¥1785
B15	アラスカ	2010～2011	¥1785
B16	カナダ	2010～2011	¥1785
B17	カナダ西部 カナディアン・ロッキーとバンクーバー	2009～2010	¥1680
B18	カナダ東部 ナイアガラ・フォールズ/メープル街道/プリンス・エドワード島	2010～2011	¥1680
B19	メキシコ	2009～2010	¥1785
B20	中米 グアテマラ他	2009～2010	¥1995
B21	ブラジル	2010～2011	¥2100
B22	アルゼンチン/チリ	2010～2011	¥2100
B23	ペルー	2010～2011	¥2100
B24	キューバ&カリブの島々	2011～2012	¥1890
B25	アメリカ・ドライブ	2008～2009	¥1764
C	**太平洋**		
C01	ハワイI オアフ島&ネイバーアイランド	2010～2011	¥1785
C02	ハワイII マウイ・モロカイ・ハワイ・ラナイ・カウアイ	2010～2011	¥1680
C03	サイパン	2010～2011	¥1470
C04	グアム	2010～2011	¥1470
C05	タヒチ/イースター島/クック諸島	2009～2010	¥1785
C06	フィジー/サモア/トンガ	2010～2011	¥1785
C07	ニューカレドニア/バヌアツ	2009～2010	¥1785
C08	モルディブ	2010～2011	¥1785
C09	マダガスカル/モーリシャス/セイシェル	2009～2010	¥1995
C10	ニュージーランド	2011～2012	¥1785
C11	オーストラリア	2010～2011	¥1890
C12	ゴールドコースト&ケアンズ	2010～2011	¥1785
C13	シドニー&メルボルン	2010～2011	¥1680
D	**アジア**		
D01	中国	2010～2011	¥1890
D02	上海 杭州・蘇州・水郷古鎮	2010～2011	¥1680
D03	北京・天津	2010～2011	¥1680
D04	大連・瀋陽・ハルビン 中国東北地方の自然と文化	2010～2011	¥1785
D05	広州・アモイ・桂林 珠江デルタと華南地方	2009～2010	¥1785
D06	成都・九寨溝・麗江 四川・貴州・貴州の自然と民族	2010～2011	¥1785
D07	西安・敦煌・ウルムチ シルクロードと中国北西部	2009～2010	¥1785
D08	チベット	2010～2011	¥1995
D09	香港	2010～2011	¥1680
D10	台湾	2010～2011	¥1785
D11	台北	2010～2011	¥1575
D12	韓国	2011～2012	¥1785
D13	ソウル	2011	¥1575
D14	モンゴル	2009～2010	¥1890
D15	シルクロードと中央アジアの国々	2009～2010	¥1995
D16	東南アジア	2010～2011	¥1785
D17	タイ	2010～2011	¥1785
D18	バンコク	2010～2011	¥1680
D19	マレーシア ブルネイ	2010～2011	¥1785
D20	シンガポール	2010～2011	¥1575
D21	ベトナム	2010～2011	¥1785
D22	アンコールワットとカンボジア	2010～2011	¥1785
D23	ラオス	2010～2011	¥1890
D24	ミャンマー	2010～2011	¥1995
D25	インドネシア	2009～2010	¥1680
D26	バリ島	2010～2011	¥1785
D27	フィリピン	2010～2011	¥1785
D28	インド	2010～2011	¥1890
D29	ネパール	2009～2010	¥1995
D30	スリランカ	2009～2010	¥1785
D31	ブータン	2009～2010	¥1890
D32	パキスタン	2007～2008	¥1869
D33	マカオ	2010～2011	¥1680
D34	釜山・慶州	2010～2011	¥1470
D35	バングラデシュ	2011～2012	¥1995
E	**中近東 アフリカ**		
E01	ドバイとアラビア半島の国々	2010～2011	¥1995
E02	エジプト	2011～2012	¥1785
E03	イスタンブールとトルコの大地	2010～2011	¥1890
E04	ヨルダン/シリア/レバノン	2010～2011	¥1995
E05	イスラエル	2009～2010	¥1890
E06	イラン	2009～2010	¥2100
E07	モロッコ	2009～2010	¥1890
E08	チュニジア	2010～2011	¥1995
E09	東アフリカ ウガンダ・エチオピア・ケニア・タンザニア	2010～2011	¥1995
E10	南アフリカ	2010～2011	¥1995
E11	リビア	2010～2011	¥2100

地球の歩き方 トラベルライター(旅の文章)通信講座 開講中!詳しくはホームページで URL arukikata.co.jp/kouza/tabibun/

地球の歩き方　aruco

#	タイトル	価格
1	パリ	¥1260
2	ソウル	¥1260
3	台北	¥1260
4	トルコ	¥1260
5	インド	¥1260
6	ロンドン	¥1260
7	香港	¥1260
8	エジプト	¥1260

地球の歩き方　リゾート

#	タイトル	価格
R02	ハワイ島&オアフ島	¥1785
R03	マウイ島&オアフ島	¥1785
R12	プーケット／サムイ島／ピピ島／クラビ	¥1785
R13	ペナン／ランカウイ／キャメロン・ハイランド／パンコール	¥1785
302	カウアイ島	¥1785
304	テーマパークinオーランド	¥1890
305	ケアンズとグレートバリアリーフ	¥1785
309	ホノルル&オアフ島	¥1785
310	ハワイ・ドライブ・マップ	¥1890
311	ラスベガス	¥1785
313	カンクン リビエラ・マヤ／コスメル	¥1785
314	バリ島	¥1785
315	テーマパークinロスアンゼルス	¥1722
316	セブ&ボラカイ	¥1785
317	世界のダイビング&スノーケリング完全ガイド	¥1995
318	グアム	¥1575
319	パラオ	¥1680
320	子供と行くハワイ	¥1575
321	子供と行くグアム	¥1575
322	ゴールドコーストとシドニー	¥1785
323	ハワイ バスの旅	¥1155
324	バリアフリー・ハワイ	¥1838
325	フラで旅するハワイ	¥1995

地球の歩き方　ポケット

#	タイトル	版	価格
1	ワイキキ	08～09	¥1050
2	はじめてのグアム	09～10	¥1050
3	ケアンズ		¥1050
4	バリ島		¥1050
5	香港	08～09	¥1050
6	北京	07～08	¥1050
7	ホーチミン		¥1050
8	バンコク	08～09	¥1050
12	シンガポール	09～10	¥1050
13	ロンドン	09～10	¥1050
14	パリ 自転車とメトロでまわる	09～10	¥1050
17	ローマ／フィレンツェ	09～10	¥1050
18	ウィーン／プラハ／ブダペスト	08～09	¥1050
19	ニューヨーク		¥1050
20	ロスアンゼルス		¥1050
21	上海 杭州／蘇州		¥1050

地球の歩き方　BY TRAIN

#	タイトル	価格
1	ヨーロッパ鉄道の旅	¥1785
2	スイス鉄道の旅	¥1890
3	ドイツ&オーストリア鉄道の旅	¥1890
4	フランス鉄道の旅	¥1890
5	イギリス鉄道の旅	¥1890
6	イタリア鉄道の旅	¥1890
7	スペイン&ポルトガル鉄道の旅	¥1890
8	北米大陸鉄道の旅	¥1890
	ヨーロッパ鉄道ハンドブック	¥1260

トーマスクック・ヨーロッパ鉄道時刻表

年2回　6、12月毎月発行	¥2200

地球の歩き方　トラベル会話

1	米語＋英語	¥1000
2	フランス語＋英語	¥1200
3	ドイツ語＋英語	¥1200
4	イタリア語＋英語	¥1200
5	スペイン語＋英語	¥1200
6	韓国語＋英語	¥1200
7	タイ語＋英語	¥1200
8	ヨーロッパ5ヵ国語	¥1200
9	インドネシア語＋英語	¥1200
10	中国語＋英語	¥1200
11	広東語＋英語	¥1200
12	ポルトガル語（ブラジル語）＋英語	¥1200

地球の歩き方　成功する留学

#	タイトル	価格
A	アメリカ留学	¥1995
B	イギリス・アイルランド留学	¥1995
C	カナダ留学	¥1575
F	フランス留学	¥2100
H	ワーキングホリデー完ペキガイド	¥1575
J	オーストラリア・ニュージーランド留学	¥1575
	世界に飛びだそう！目指せ！グローバル人材　成功するアメリカ大学院留学術	¥1500

地球の歩き方　BOOKS

●中学受験・教育関連の本

中学受験 お父さんが教える算数	¥1890
中学受験 お母さんが教える国語	¥1890
中学受験 お母さんが教える国語 ～印付けとメモ書きワークブック～	¥1470
中学受験 親子で成績を上げる魔法のアイデア	¥1365
こんなハズじゃなかった中学受験	¥1575
小学生のための世界の国ぐにでみる学習ブック	¥1575
中学受験 なぜ、あの子は逆転合格できたのか？	¥1575
中学受験 叫ばせて！	¥1000

●日本を旅する本

大江戸東京の歩き方 三訂版	¥2200
やさしく歩く日本百名山	¥1680
田舎の探し方（全150自治体の「田舎暮らし体験プログラム」226）	¥1575
湘南アトリエ散策 ものづくりに会いに行く	¥1260
鎌倉・湘南 とれたて食材レストラン60	¥1260
沖縄 南の島の私の隠れ家	¥1575
京都開運さんぽ道	¥1575
ガイドニッポンの世界遺産 熊野古道 中辺路ルート＆田辺	¥840
御朱印でめぐる鎌倉の古寺 増補改訂版	¥1575
御朱印でめぐる京都の古寺	¥1575
機関車よ、終を鳴らせて！ 思い出の昭和鉄道風景1	¥1890
栄光の国鉄 思い出の昭和鉄道風景2	¥1890
くらげのくに jewels in the sea	¥900
「Angel Ring エンジェルリング」 シワイルからの贈りもの	¥900
東京23区ランキング・青版 仕事に役立つデータ編	¥1260
東京23区ランキング・赤版 各区の意外な素顔編	¥1260
フットパス・ベストコース 北海道I	¥1050
フットパス・ベストコース 首都圏I	¥1050

●視点を変えて個性ある海外旅行を案内する本

世界のラッキーアイテム77 ヨーロッパ編	¥1575
中国・江南 日本人の知らない秘密の街・幻影の村34	¥2600
マレーシアで過ごす1週間 シティリゾートKLの誘惑	¥1260
世界ノ夜景	¥2625
トロピカル・デザイン・ホテルinモルディブ	¥2625
世界の高速列車	¥2625
地球の歩き方 マイ・トラベル・ダイアリー	¥945
着こなせ！アジアン・ファッション (WE LOVE ASIAN FASHION)	¥1575
WE LOVE エスニックファッション ストリートブック	¥1575
へなちょこ日記 ハワイ鳴嗚編	¥1575
キレイもケアもセルフ・ケアのすすめ ハワイ発 成田美和の「アロハ・ビューティーの法則」	¥1575
1週間からできる海外ボランティアの旅 はじめてでもできる「本当の自分が見つかる旅」	¥1260
J-WAVE発！「COLORS OF HAWAII」 ～虹色ハワイのロコ遊び	¥1575
海外旅行が変わるホテルの常識	¥1260
もっとお得に快適に 空の旅を楽しむ100の方法	¥1260
「ハワイ、花とキルトの散歩道」	¥1575
ブルガリアブック バラの国をすてきに出会う旅	¥1575
桜崎香郎の地球 地球の歩き方 花の都、パリを旅する	¥1785
ニューヨーク おしゃべりノート	¥1260
ハワイアンリボンレイのあるALOHA☆LIFE	¥1575
アロハ検定 オフィシャルブック	¥2310
ゴー☆ジャスの地球の学び方	¥1260
TAKAHIRO DANCE in the World	¥1890

●話題の本

おとなが楽しむ旅のぬり絵	¥998
現役東大生プロデュース 脳をシゲキする算数ドリル	¥840
グーグル・アドセンスの歩き方	¥2100
南米チリをサケ輸出国に変えた日本人たち	¥1575
車いすでアジアの街を行く	¥1575

地球の歩き方　GEM STONE

#	タイトル	価格
001	パリの手帖 とっておきの散歩道	¥1575

#	タイトル	価格
003	キューバ 革命と情熱の詩	¥1575
004	極上ホテルからの招待状 フランスを旅する10の物語	¥1470
005	心を揺さぶる 桜の名木100選 関東との周辺	¥1470
006	風街道 シルクロードをゆく	¥1575
007	クロアチア 世界遺産と島めぐり	¥1575
008	京都 絵になる風景 銀幕の舞台を訪ねる	¥1680
009	日本の森と木の職人	¥1575
010	アジアンリゾート プールブック	¥1575
011	チェンマイに溺れる	¥1575
012	日本酒入門 蔵元杉娘の美食を楽しむ	¥1680
013	東京六花街 芸者さんから教わる和のこころ	¥1680
014	世界のトリートメント大集合！スパへようこそ	¥1575
015	モナコ グレース・ケリーと地中海の宝石	¥1575
016	京都半日 とっておきの散歩道	¥1470
017	パリの手帖 とっておきのお菓子屋さんとパン屋さん	¥1575
018	PURE OAHU！ ピュア・オアフ 写真家高砂淳二が案内するオアフの大自然	¥1575
019	アイルランド 妖精に包まれて、ハッピー&ラブリーを探す旅	¥1470
020	田崎真也のシャンパン・ブック	¥1575
021	ウィーン旧市街 とっておきの散歩道	¥1575
022	北京 古い建てもの見て歩き	¥1575
023	ヴェネツィア カフェ＆バーカロでめぐる、12の運河路地物語	¥1680
024	ボルネオ ネイチャーアイランド	¥1470
025	世界遺産 マチュピチュ完全ガイド	¥1575
026	魅惑のモロッコ 旅の雑貨と美剤の王国	¥1575
027	メキシコ デザインホテルの旅	¥1680
028	京都12ヵ月 中行事を楽しむ	¥1470
029	イギリス人は甘いのがお好き プディングと焼き菓子がいっぱいのラブリーな生活	¥1575
030	バリ島ウブド 楽園の散歩道	¥1575
031	コッツウォルズ 英国のマーケットめぐり	¥1575
032	フィレンツェ美食散歩 おいしいもの探しの四季の旅	¥1575
033	フィンランド かわいいデザインと出会う街歩き	¥1680
034	ハワイアン・ミュージックの歩き方 アロハな音楽にあいたい旅	¥1680
035	8つのテーマで行く バリ発、日帰り小旅行	¥1680
036	グランドサークル＆セドナ アメリカの驚異の大自然を五感で味わう体験ガイド	¥1680
037	素顔のベルリン ～過去と未来が交錯する120エリアガイド～	¥1575
038	世界遺産 イースター島完全ガイド	¥1575
039	アイスランド 地球の鼓動が聞こえる…… ヒーリングアイランドへ	¥1680
040	マラッカ ペナン 世界遺産の街を歩く	¥1680
041	パプアニューギニア	¥1680
042	イスタンブール路地裏さんぽ	¥1575
043	ロンドンから南へ、日帰りで愉しむ小さな田舎町	¥1680
044	南アフリカ自然紀行 野生動物とサファリの魅力	¥1890
045	世界遺産 ナスカの地上絵完全ガイド	¥1575
046	プラハ迷宮の散歩道	¥1575

地球の歩き方　MOOK（大型本）

●海外最新情報が満載されたMOOK本

#	タイトル	価格
海外1		¥1100
海外2	イタリアの歩き方 ローマ・フィレンツェ・ヴェネツィア	¥1100
海外3	ソウルの歩き方	¥1050
海外4	香港・マカオの歩き方	¥1050
海外5	上海 杭州、蘇州の歩き方	¥1050
海外6	台湾の歩き方	¥1050
海外7	タイの歩き方 バンコク・チェンマイ・プーケット	¥1050
海外8	ホノルルの歩き方	¥1050
海外9	ハワイの歩き方 ワイキキ完全ガイド	¥1050
海外10	グアムの歩き方	¥1000
海外11	バリ島の歩き方	¥1050
海外12	世界のビーチ＆リゾート	¥1100

●国内最新情報が掲載されたムック本

#	タイトル	価格
国内1	北海道の歩き方	¥960
国内2	北海道の歩き方 札幌・小樽・富良野・旭山動物園	¥940
国内3	沖縄の歩き方 本島＆離島版	¥960
国内4	那覇＆リゾート完全ガイド	¥940
国内5	京都の歩き方	¥960
国内6	九州の歩き方	¥980
国内7	東京の歩き方	¥980
国内10	東京の歩き方 都バスで楽しむ東京	¥980

●旅心を刺激するテーマを絞ったムック本

地球の走り方 Travel & Run	¥980
ソウルの歩き方Special 韓流★トラベラー	¥1100

ダイヤモンドセレクト（雑誌）

今、こんな旅がしてみたい！	¥880

地球の歩き方関連図書のご案内

「GEM STONE」シリーズ（ジェムストーン）

「GEM STONE（ジェム・ストーン）」は「原石」を意味します。地球を旅して見つけた宝石のような輝きを持つ「風景」や「史跡」などを美しい写真とともに綴るビジュアル&ストーリーシリーズです。視点を変えて街歩きを楽しむ「散歩道」シリーズなど、注目タイトルが目白押しです。

- 001 パリの手帖 とっておきの散歩道
- 003 キューバ 革命と情熱の詩
- 004 極上ホテルからの招待状 フランスを旅する10の物語
- 005 心を揺さぶる桜の名木100選 関東とその周辺
- 006 風街道 シルクロードを行く
- 007 クロアチア 世界遺産と島めぐり
- 008 京都絵になる風景 銀幕の舞台を訪ねる
- 009 日本の森と木の職人
- 010 チェンマイに溺れる 上級リピーターのための北タイ紀行
- 011 アジアンリゾート プールブック
- 012 日本酒入門 蔵元を訪れ美食を楽しむ
- 013 東京六花街 芸者さんから教わる和のこころ
- 014 世界のトリートメント大集合 スパへようこそ
- 015 モナコ グレース・ケリーと地中海の休日
- 016 京都半日 とっておきの散歩道
- 017 パリの手帖 とっておきのお菓子屋さん&パン屋さん
- 018 PURE OAHU ピュア・オアフ 写真家 高砂淳二が案内するハワイ・オアフ島の大自然
- 019 アイルランド 緑につつまれて、ハッピー&ラブリーを探す旅
- 020 田崎真也の シャンパン・ブック
- 021 ウィーン旧市街 とっておきの散歩道
- 022 北京 古い建てもの見て歩き
- 023 ヴェネツィア カフェ&バーカロでめぐる、12の迷宮路地散歩
- 024 ボルネオ ネイチャーアイランド
- 025 世界遺産 マチュピチュ 完全ガイド
- 026 美食と雑貨と美肌の王国 魅惑のモロッコ
- 027 メキシコ デザインホテルの旅
- 028 京都12ヵ月 年中行事を楽しむ
- 029 イギリス人は甘いのがお好き 焼き菓子&プディングがいっぱいのラブリーな生活
- 030 バリ島ウブド 楽園の散歩道
- 031 コッツウォルズ&ロンドンのマーケットめぐり
- 032 フィレンツェ美食散歩 おいしいもの探しの四季の旅
- 033 フィンランド かわいいデザインと出会う街歩き
- 034 ハワイアン・ミュージックの歩き方 アロハな音楽にであう旅
- 035 8つのテーマで行く パリ発 日帰り小旅行
- 036 グランドサークル&セドナ アメリカ驚異の大自然を五感で味わう体験ガイド
- 037 素顔のベルリン ～過去と未来が交差する12のエリアガイド
- 038 世界遺産 イースター島 完全ガイド
- 039 アイスランド 地球の鼓動が聞こえる…… ヒーリングアイランドへ
- 040 マラッカ ペナン 世界遺産の街を歩く
- 041 パプアニューギニア
- 042 イスタンブール路地裏さんぽ
- 043 ロンドンから南へ。日帰りで訪ねる小さな田舎町
- 044 南アフリカ自然紀行 野生動物とサファリの魅力
- 045 世界遺産 ナスカの地上絵 完全ガイド
- 047 プラハ迷宮の散歩道

以下続々発刊予定（2010年9月現在）

トラベル・エージェント・インデックス

Travel Agent INDEX

専門旅行会社で新しい旅を発見!

特定の地域やテーマを扱い、
豊富な情報と経験豊かなスタッフが
そろっている専門旅行会社は、
航空券やホテルの手配はもちろん、
現地の生活情報や最新の生きた情報などを
幅広く蓄積しているのが魅力です。
<トラベル・エージェント・インデックス> は、
旅のエキスパートぞろいの
専門旅行会社を紹介するページです。

※ 広告に記載されている内容(ツアー料金や催行スケジュールなど)に関しては、直接、各旅行代理店にお問い合わせください。
※ 旅行契約は旅行会社と読者の方との直接の契約になりますので、予めご了承願います。

旅のセレクトショップ「旅まにあ」で、旅行の目的とエリアからピッタリの旅行会社を探せます。
地球の歩き方ホームページからアクセスできます。

旅のセレクトショップ「旅まにあ」
http://tour.arukikata.co.jp/

■広告掲載のお問い合わせ、お申し込み
「地球の歩き方」プロジェクト／TEL: 03-5428-0320 E-Mail: arukikata@adf-jp.com お申し込み用ホームページ: http://www.travel-ad.com

Travel Agent INDEX

EVCトラベル

〒160-0022 東京都新宿区新宿1-30-16-2404
電話：03-3355-1483　FAX：03-3356-8903

東京都知事登録旅行業第3-6152号

Home Page : http://www.evc.co.jp/rahala
E-mail : info@evc.co.jp

RAHALA
エジプト自由旅行
組み合わせ自由自在
多彩なパーツを組み合わせ
あなただけのエジプト旅行を実現

ホテル
主要都市からリゾートまでエジプト全域をカバー。ご予算に応じて充実のホテルリストから選べます。

観光・送迎
全行程同行の日本語スルーガイドから、都市ごとに必要な部分だけのガイド・専用車の手配も選択可能。

クルーズ・列車
寝台列車を始め、ナイル河、ナセル湖のクルーズもスタンダードからスイート船室までリクエスト可能です。

ミート&アシスト
カイロ空港では、アシスタントが荷物のターンテーブルに出迎え、税関からお車までご案内します。

秘境・オアシス
4WDやラクダで、砂漠のテントやオアシスのキャンプに泊まる体験型ツアーやシナイ登山も特別手配。

航空券・エジプト＋
エジプト航空のカイロ、ルクソール直行便と国内線、エジプトプラスアジア、中近東、ヨーロッパも手配。

エジプト屈指の手配・情報ネットワークと実績を誇る
エジプト国営ミスルトラベルの個人旅行オフィシャルサイト

www.evc.co.jp/rahala

ショッピングカートで自動見積り
ホテル、列車、観光バスなど必要なパーツだけをクリックすれば同時に見積額が表示されます。サイトにない見積り、オーダーはお電話、メールにて承ります。

ご来社・ご相談も承ります
サイトにない口コミ情報、現地事情の確認などエジプト専任スタッフとの相談をご希望の方は、お気軽にご来社下さい。（新宿御苑前、アポイント制）

3営業日以内に見積り回答
オフィシャルサイトのショッピングカートから送信された見積りは、3営業日以内に回答。ピーク時の代案回答には、5～7日要する事もございます。

日本人スタッフによる現地サポート
エジプト滞在中のトラブルや急病など緊急時にはカイロ駐在の日本人スタッフがサポート致します。個人旅行中は事態が大きくなる前にご活用下さい。

ご旅行代金の決済は、クレジットカードもご利用いただけます。

送信いただく個人情報保護のため SSL (Secure Socket Layer Protocol)を採用しております。

(株)エジプトツアーズ

観光庁長官登録旅行業 第67号
(株)トラベル日本代理業
東京都知事登録旅行業者代理業 10979号

〒160-0022 東京都新宿区新宿1-24-7 ルネ御苑プラザ412号
電話:03-3356-5606 FAX:03-3356-5605
Home Page : http://www.egypttours.co.jp
E-mail : info@egypttours.co.jp

豪華旅行も経済的な旅行も
長年の経験を生かした個人旅行のいろいろ手配

世界各国の旅行者より信頼を得て50年のカルナック社
(エジプト航空旅行部門)日本総代理店
- ナイルクルーズ　8日間~12日間
- エジプト全観光地、遺跡手配します
- 紅海ダイビング　● 砂漠とオアシスのサファリ
- エジプト・リビア・チュニジア・シリア・ヨルダン・モロッコ・イラン・トルコ・ギリシャ・南アフリカ・ケニア
格安航空券:エジプト航空・エミレーツ航空・カタール航空・エティハド航空・シンガポール航空・大韓航空

エジプトツアーズ
Egypt Tours
WE KNOW EGYPT BEST

☎ **03-3356-5606**
FAX **03-3356-5605**
http://www.egypttours.co.jp
E-mail : info@egypttours.co.jp

京浜企画インターナショナル(株)

観光庁長官登録旅行業 第1298号

〒143-0006 東京都大田区平和島6-1-1 東京流通センター1F
電話:03-3763-0231 FAX:03-3763-3778
Home Page : http://www.t3.rim.or.jp/~kki/
E-mail : kki@t3.rim.or.jp

中近東の旅を力強くサポート!!
世界遺産の探訪から快適なリゾートまで全てお任せ下さい

悠久の時を刻んで流れるナイル川、その流域に佇む古代遺跡群、世界中の人々を魅了するピラミッドとスフィンクス、そしてダイバーの憧れ紅海でのダイビング。エジプトには旅の魅力が満載です。ナイル川クルーズを楽しむも良し、ホテルからピラミッドを眺めながらティータイムを過ごすのも良し、トルコ、ギリシャ等との組合わせ等、貴方の思いのままの旅をコーディネート致します。

お問い合せは
KKI 京浜企画インターナショナル(株)　JATA正会員
☎ **03-3763-0231** Fax **03-3763-3778**

今回の改訂にあたり、現地調査はどんぐり・はうすが担当しました。古代エジプトに関しては、駒澤大学准教授の大城道則さんに執筆いただきました。峯水亨さん撮影のダイビングの水中写真はエジプト大使館エジプト学・観光局からお借りしました。ご協力いただいたすべての皆様に御礼申し上げます。

写真提供・協力：アケト　岩間幸司　エジプト大使館エジプト学・観光局　エジプト航空
大城道則　オーシャンドリーム　オフィス・ポストイット　KASUMI　河野哲也
堺市博物館　島崎美春　杉原まゆみ　高橋鉄也　田中謙一郎　土屋明
ナイルストーリー　丸山茂樹　参木玲子　峯水亨　Al Tarfa Desert Sanctuary

制　作：池田祐子	Producer：Yuko Ikeda
編　集：どんぐり・はうす	Editors：Donguri House
大和田聡子	Akiko Ohwada
黒須洋行	Hiroyuki Kurosu
平山大輔	Daisuke Hirayama
黄木克哲	Yoshinori Ogi
デザイン：アートワーク	Design：Artwork
表　紙：日出嶋昭男	Cover Design：Akio Hidejima
地　図：どんぐり・はうす	Maps：Donguri House
校　正：槍楯社	Proofreading：Sojunsha
イラスト：参木玲子	Illustration：Reiko Mitsugi
一志敦子	Atsuko Isshi
アラビア語タイプ：木下宗篤	Arabic Type：Sotoku Kinoshita

読者投稿・受付デスク
〒160-0022　東京都新宿区新宿 3-1-13 京王新宿追分ビル5階
株式会社地球の歩き方T&E
地球の歩き方サービスデスク「エジプト編」投稿係
FAX.(03)5362-7891
[Inet] http://www.arukikata.co.jp/guidebook/toukou.html
地球の歩き方ホームページ（海外旅行の総合情報）
[Inet] http://www.arukikata.co.jp
ガイドブック『地球の歩き方』（本の検索&購入、更新情報、オンライン投稿）
[Inet] http://www.arukikata.co.jp/guidebook

地球の歩き方　E02　エジプト　2011〜2012年版
1986年　8月1日　　初版発行
2010年　11月12日　改訂第20版第1刷発行

Published by Diamond Big Co., Ltd.
3-5-2, Akasaka, Minato-ku, Tokyo 107-0052 Japan
TEL.(81-3)3560-2117(Editorial Section)
TEL.(81-3)3560-2113　FAX.(81-3)3584-1221(Advertising Section)

著作編集	「地球の歩き方」編集室
発行所	株式会社ダイヤモンド・ビッグ社
	〒107-0052　東京都港区赤坂3-5-2　サンヨー赤坂ビル
	編集部　TEL.(03)3560-2117
	広告部　TEL.(03)3560-2113　FAX.(03)3584-1221
発売元	株式会社ダイヤモンド社
	〒150-8409　東京都渋谷区神宮前6-12-17
	販売　TEL.(03)5778-7240

■ご注意ください
本書の内容（写真・図版を含む）の一部または全部を、事前に許可なく無断で複写・複製し、または著作権法に基づかない方法により引用し、印刷物や電子メディアに転載・転用することは、著作者及び出版社の権利の侵害となります。
All rights reserved. No part of this publication may be reproduced or used in any form or by any means, graphic, electronic, or mechanical, including photocopying, without written permission of the publisher.

DTP制作　有限会社どんぐり・はうす
印刷製本　凸版印刷株式会社　Printed in Japan
禁無断転載©ダイヤモンド・ビッグ社／どんぐり・はうす2010
ISBN978-4-478-04059-1

あなたの旅行情報をお送り下さい

今回のご旅行、いかがでしたか？ この『地球の歩き方』が少しでもお役に立ったなら、とてもうれしく思います。

編集部では、「いい旅はいい情報から」をモットーに、すでに次年度版の準備に入っています。ご存じのように『地球の歩き方』は、たくさんの旅行者のみなさんからの情報やアドバイスを掲載しています。あなたの旅の体験や貴重な情報を、たくさんの旅人に分けてあげてください。

ご投稿を、心からお待ちしています。

ご投稿が、あなたのお名前（ペンネーム）入りで掲載された場合は、お礼として最初の掲載本1冊をプレゼントさせていただきます。（改訂版で、ご投稿が流用された場合を除く）

ご注意

※原稿は原文を尊重しますが、スペースなどの関係で編集部でわかりやすくリライトすることがあります。

※いただいた原稿、地図、写真などは返却できませんので、あらかじめご了承ください。

※お送りいただきましたご投稿は、必ずしも該当タイトルに掲載させていただかない場合もございますので、ご了承ください。

（例）フランス編としてお送りいただいたご投稿を、ヨーロッパ編に掲載

● この投稿で得た「あなたに関する個人情報を含む投稿用紙の内容」は、

　a. 当社発行書籍の企画及び掲載
　b. 掲載書籍のご本人への送付
　c. 当社からのアンケート
　d. 当社及び『地球の歩き方』のグループ会社からの
　　 各種ご案内（許諾者のみ）

の目的のために利用いたします。それ以外の目的で利用することは一切ありません。

● 原則として投稿用紙の取り扱いは社内において行いますが、編集委託会社、データ委託会社、発送委託会社に預託することがあります。

その際には、委託先においても個人情報保護に努めて参ります。

株式会社ダイヤモンド・ビッグ社

現地最新情報・ご投稿用紙

年齢は「20代」のような表記で記載することがございます。

フリガナ	(姓)	(名)	性別	ご職業	この投稿用紙がどじこまれていた本のタイトル名 (タイトル)	着日 /
お名前			男・女			No.
日本のご住所	〒 — 都道府県　　　　市区郡　　　　区町村			生年月日 (西暦)　　　　年　　月　　日生（　）歳		
				e-mail		
				電話		
ご旅行期間	(西暦)　　　年　　月　　日～　　月　　日（　　日間）				同封物はありますか？ 追加原稿（　）点 地図（　）点 写真（　）点	
訪問地域	□ヨーロッパ　□南北アメリカ　□太平洋＆インド洋の島々　□オセアニア　□アジア　□中近東＆アフリカ					
投稿内容	1, 新発見　　2, 旅の提案　　3, アドバイス　　4, 訂正・反論・追加情報　　5, その他					
掲載の評詰	もし、あなたのご投稿を掲載させていただくことになった場合は、(a)実名を載せていい　(b)匿名 (　　　　　　) で掲載してほしい。					

「地球の歩き方」メールマガジンの配信を希望されますか？　　1, 希望する　　2, 希望しない

当社及び「地球の歩き方」のグループ会社から、各種ご案内（お得な旅行情報、刊行物、展示会やアンケートのお願い、広告主・提携企業等の製品やサービス）の通知を希望されますか？

1, 希望する　　2, 希望しない

※当社は個人情報を第三者に提供いたしません。また、このサービスはこちらにお申し出いただければ、いつでも中止できます。
「地球の歩き方サービスデスク」FAX. (03) 5362-7891　E-Mail: toukou@arukikata.jp

地球の歩き方ストア

あなたは今の旅行かばんに満足していますか？

軽量化や新しい機能の追加など、近年の旅行かばんはどんどん進化しています。
既にお持ちの方も、旅行かばんの「今」をぜひチェックしてみてください。

旅行スタイルに応じた様々な種類が揃っています
耐久性に優れるハードケースや使いやすいソフトキャリーなど、用途に応じたかばん選びが可能です。

ますます軽量化する旅行かばん
軽い特殊素材を用いたり、開口部をジッパーにするなどした軽量のスーツケースが続々登場しています。

旅行かばんの高機能化がさらに進む
必要な時にマチが広がったり、キャスターにストッパーがつくなど、旅行かばんの機能はますます進化。

キャリーハンドル付＆4輪キャスターが主流です
ハンドルは長さを調整できるものが人気。キャスターの静音化や走行安定性も進化しています。

アメリカ旅行に人気の「TSAロック」対応かばん
アメリカ出入国時には荷物を施錠しないで預ける必要がありますが、TSAロック対応であれば施錠が可能に。

旅を楽しくする収納用品も多彩＆おしゃれに
便利な収納ケースや、旅行かばんのキャリーにセットできるサブバッグなど、関連旅行用品も充実。

地球の歩き方ストア
http://www.arukikata.co.jp/shop/

「地球の歩き方ストア」では、ガイドブックで得たノウハウを活かしたオリジナル商品や、旅行者の視点でセレクトした旅行用品を通信販売しています。

地球の歩き方ストア　5つのポイント

1. 地球の歩き方オリジナル商品購入可能
2. セール・キャンペーン情報も満載
3. 5,250円以上お買い上げで送料無料
4. お支払い方法はクレジットカード、代金引換、コンビニ決済など多彩
5. 24時間購入可能。電話注文や携帯サイトも利用可能

0120-730-953
※10:00～18:00　土・日・祝・年末年始休

※QRコードは（株）デンソーウェーブの登録商標です。

取り扱い商品
- スーツケース・ソフトキャリー・バックパック
- 収納用ポーチ
- セキュリティ用品（パスポートケース、貴重品入れ、ダイヤルロック）
- 機内用まくら・スリッパ・アイマスク
- 海外用プラグ・変圧器

など、旅の必需品全般を豊富に取り揃えています。

こだわりのエジプト Egypt

ファイブスタークラブで見つかります。

高品質な手作りの旅を多彩に提供！
現地に精通したベテランスタッフが随時、旅の相談受付中

- すべて1名様催行なので、ツアーキャンセルの心配がありません。
- 下記コース以外にもさまざまなアレンジ手配が可能です。まずは、お気軽にパンフレットをご請求下さい。
- ギリシア、ヨルダン、トルコ、ケニア他周辺国とのコンビネーションプランもあります。ホームステイなどユニークなコース設定もあります。
- 航空券や現地だけの手配も可能。
- 現地情報も万全──毎週土に旅の説明会開催（無料／要予約）。

白砂漠にキャンプはいかが？

ナイル川をファルーカ（帆かけ舟）が漂うアスワン

モハメド・アリ・モスク（カイロ）

ピラミッドとスフィンクスは永遠の憧れ

アブシンベル神殿

人懐こいエジプト人の子供

すべて東京・大阪発着

★3E738-B　¥99,000～¥162,000
5ツ星航空会社で行く
エジプト〈ピラミッド〉スペシャル　6日間

★3E002-MS　¥134,000～¥239,000
エジプト航空直行便で行く!!　エジプト・トルコ2国周遊の旅
ピラミッド・カイロ・イスタンブール　8日間

★3E579　¥224,000～¥329,000
感動!!　夜と朝のアブシンベル神殿と
神秘の古代遺跡　エジプト周遊の旅　8日間

★3E012　¥184,000～¥247,000
憧れのサンゴ礁の海　透明度バツグン!!
紅海縦断クルーズ＆2大リゾート滞在
ルクソール・カイロ　エジプト周遊　10日間

★3E739　¥169,000～¥232,000
感動の白砂漠で1泊キャンプと
ルクソール　エジプト周遊の旅　8日間

★3E006-QR　¥139,000～¥202,000
アブシンベル神殿とピラミッド
魅惑のエジプトを自由気ままに周遊
豪華ナイル特急・4都市フリータイム　10日間

★3E737　¥167,000～¥232,000
豪華エジプト周遊　5ツ星ホテル泊
憧れのアブシンベル&ルクソール　8日間

★3E717　¥218,000～¥353,000
豪華ナイル河クルーズ＆豪華ホテル
直行便で行くエジプト周遊の旅　8日間

お近くの代理店にない旅が、ファイブスタークラブにはあります。

ファイブスタークラブ
(株)ファイブ・スター・クラブ
観光庁長官登録旅行業第1606号

〒101-0051　東京都千代田区神田神保町1-6　神保町サンビルディング3F
TEL:03-3259-1511　FAX:03-3259-1520
〒530-0012　大阪市北区芝田1-1-26　松本ビル9F
TEL:06-6292-1511　FAX:06-6292-1515
http://www.fivestar-club.jp/
E-mail:info@fivestar-club.co.jp（東京）
E-mail:osa@fivestar-club.co.jp（大阪）

Five Star Club
ボンド保証会員
(社)日本旅行業協会(JATA)の正会員です。